PENGUIN
History *of* Britain Vol.5
企鹅英国史卷五

新世界，失落的世界

都铎王朝的统治 1485—1603

NEW WORLDS LOST WORLDS

THE RULE OF THE TUDORS 1485—1603

SUSAN BRIGDEN
[英] 苏珊·布里格登 ♦ 著　　张帆 ♦ 译　　薛瑶 丁敏 ♦ 校译

上海社会科学院出版社
SHANGHAI ACADEMY OF SOCIAL SCIENCES PRESS

图书在版编目（CIP）数据

企鹅英国史. 卷五，新世界，失落的世界 ：都铎王朝的统治 ：1485—1603 / （英）苏珊·布里格登（Susan Brigden）著 ；张帆译 .— 上海 ：上海社会科学院出版社，2024

书名原文 ：New worlds，Lost worlds. The rule of the Tudors，1485-1603

ISBN 978-7-5520-3397-7

Ⅰ. ①企… Ⅱ. ①苏… ②张… Ⅲ. ①英国—历史—1485-1603 Ⅳ. ①K561.0

中国国家版本馆CIP数据核字（2023）第104898号

上海市版权局著作权合同登记号：09-2021-0625

新世界，失落的世界：都铎王朝的统治，1485—1603

New worlds, Lost worlds: The rule of the Tudors, 1485-1603

著　　者：[英] 苏珊·布里格登（Susan Brigden）
译　　者：张　帆
校　　译：薛　瑶　丁　敏
策 划 人：唐云松　熊文霞
责任编辑：熊　艳
封面设计：别境Lab
出版发行：上海社会科学院出版社
上海顺昌路622号　邮编200025
电话总机021-63315947　销售热线021-53063735
https://cbs.sass.org.cn　E-mail: sassp@sassp.cn
印　　刷：上海盛通时代印刷有限公司
开　　本：890毫米×1240毫米　1/32
印　　张：20.5
字　　数：522千
版　　次：2024年5月第1版　2024年5月第1次印刷

ISBN 978-7-5520-3397-7/K · 688　　定价：108.00元

献给杰里米

前言

在本书讲述的新世界中，最为重要的事件是英格兰的文艺复兴和宗教改革。宗教改革造就的全新宗教为信徒提供了一条不同的救赎之路，令笃信罗马天主教的基督教世界支离破碎，导致原本共有天主教信仰的世界分崩离析。对英格兰来说，失落的世界是过去数个世纪的世界，不仅包括天主教这一传统宗教，还包括以信仰之名毁灭的其他一切传统。历史上的英格兰人在思想上与现代人大相径庭。那时几乎所有人都相信上帝的确存在，会作为创世者不停地干预世事，而且还都相信上帝对他的子民有自己的旨意。然而，即使如此，人们通常也不会将一刻不停地献身上帝作为显现宗教信念的手段，很少有人从不违反耶稣基督的大诫命（Great Commandment）[①]。在托马斯·莫尔（Thomas More）所著《灵魂的祈求》（*The Supplication of Souls*，1529）的一个抄本上，同一页的页边空白处有两则同时代古人的留言，一则是谩骂，另一则是虔诚的祈祷：

① 即《新约圣经》两条诫命中的第一条：你要尽心、尽性、尽意爱主——你的神。另，本书脚注均为译者注。

上帝啊，托马斯就是个骗子。

以上帝的名义，阿门。

即便是在那个笃信宗教的时代，人们也会在完全不同的场合呼唤上帝之名。然而，在过去的世界中，最根本的义务之一便是遵从教会及其教义，那些不为信仰做见证的人，无论在俗世还是“另一世界”，都会受到制裁。在宗教改革的年代，个人的良知得到维护，教会的权威受到动摇，基督徒面临选择。本书的主题便是描述当时的人们是如何做出选择的，并且对选择的后果进行分析。改革伴随着分裂。16 世纪，宗教战争的战火席卷了欧洲大陆。英格兰、爱尔兰都深陷战争泥潭，却并不一直并肩作战。

1603 年，苏格兰国王继承了英格兰的王位，历经数个世纪的敌对和相互威胁后，两国终于统一。然而，在 16 世纪的英格兰人看来，苏格兰作为一个独立的王国，仍是异国。爱尔兰则是另一个故事了，早在数个世纪之前，英格兰国王就征服了爱尔兰。多年之后，麦考利（Macaulay）[①] 提出，编写爱尔兰史就好比攀登活火山，要时刻提防灼热的熔岩——相信每一位英格兰历史学家在此问题上都和麦考利想法一样战战兢兢。然而，在 16 世纪，这两个王国的历史却息息相关，不可分割。与英格兰相比，对爱尔兰来说，“失落的世界、新世界”有着完全不同的含意。在这个世纪中，爱尔兰不仅见证了盖尔贵族秩序的消亡，还迎来了反宗教改革和新一代的

① 托马斯·巴宾顿·麦考利（1800—1859），英国历史学家、政治家，著有《詹姆士二世登基之后的英格兰历史》（*The History of England from the Accession of James the Second*）。

英格兰殖民者。在最后一位都铎王朝君主的统治下，爱尔兰遭受了深重的苦难，在一定程度上解释了为何从此之后，爱尔兰极少有风平浪静之时。

亨利·都铎（Henry Tudor，此处指亨利七世）登上英格兰王位时，不列颠岛、爱尔兰岛偏居欧洲一隅，与世隔绝，在更为强大的邻国看来无足轻重。所以亨利七世的孙女伊丽莎白去世时，英格兰、爱尔兰仍然没有摆脱边缘小国的地位。1604 年，本·琼森（Ben Jonson）①写道："这个帝国与外部世界完全隔离。"然而，爱尔兰已经成为英格兰的敌人眼中入侵的桥头堡，而英格兰也能够在 1589 年派出庞大的舰队对抗西班牙，在规模上丝毫不逊于 1588 年时剑指英格兰的西班牙无敌舰队。伊丽莎白一世时代的英格兰人立志扬帆远航，探索未知的领域，在新世界建立殖民地，就这样为缔造自己的帝国埋下了奠基石。

伊丽莎白时代的英格兰人的许多发现和再发现都是智识层面的。他们以古典时期的学问为鉴，寻求正确的生活方式。英格兰文艺复兴时期的文学作品通常都能成为后世的经典，这不仅因为它们的确是传世佳作，还因为英格兰文人中有不少都处于新世界的权力中心，即英格兰王庭——一个经常将艺术凌驾于生活之上的地方。他们充满想象力的作品不仅表达了自己内心的想法，还显露出自己的政治伦理、政治关切，这是其他任何史料都无法比拟的。一些本书中反复提及的历史人物不仅在自己所处的时代，在任何时代都会被看作特立独行，但他们的声音却绕梁不散。

---

① 本·琼森（1572—1637），英格兰剧作家、诗人、演员、文学评论家，对英语诗歌、舞台喜剧的发展做出了很大贡献。

如果想要了解过去的历史，我们就必须选定某些令人印象深刻的范例，但需要铭记，看待它们的方式是多种多样的。本书关注国王、王后甚于普通人；即便如此，对政权制度、政治体系，或议会及枢密院的工作方式，都只会一笔带过。本书虽然对宗教着墨颇多，却极少触及教会机构及教士阶层。尽管经济、贸易、农业是一切上层建筑的基础，但笔者却将分析这些领域的重任交给了其他历史著作。与战争的代价相比，本书更注重描述战争本身。此外，本书也没有过多描述伊丽莎白一世时期所谓的“无权参与统治的第四类人”①（他们甚至没有将女性算在这第四类人之内），尽管他们人数众多，理应占得一席之地。绝大多数生活在过去的人都消失在了历史的长河之中，没有留下任何痕迹，想要了解也无从下手。16 世纪的许多重要发现和重大变革都与为生计劳碌的人们擦肩而过，他们无暇顾及。每个堂区、辖区、选区、村庄都有属于自己的政治生活，都有独特的历史，但笔者在本书中将绝大部分此类地方历史融入一个更大的整体。尽管威尔士拥有与英格兰完全不同的历史、语言、文化，但本书没有将其剥离出来，形成独立的部分——实际上，都铎王朝的统治者不仅拥有威尔士血统，还将威尔士当作桥头堡，在那里率先扯起了与理查三世对抗的大旗。在 16 世纪，威尔士越来越多地参与到英格兰的政治、政府、宗教中去，而且还开始采用包括普通法、议会、国教、地方政府机构在内的诸多英格兰政治制度，爱尔兰虽然也是都铎统治下的又一块凯尔特人区域，却在这一段历史中与英格兰渐行渐远。

---

① 在当时的英格兰，一种公认的观点是臣民应当分为四类，分别是绅士、市民、自由持有农、工匠及劳工。

刚刚受到邀请，得知自己有机会撰写本书的时候，我受宠若惊、兴奋不已，在之后的写作过程中心情也一直没有完全平复下来。如果打算借鉴“鹈鹕英国史”（*Pelican History of England*）[①]中S. T. 宾多夫（S. T. Bindoff）[②]所著经典著作《都铎英国》（*Tudor England*）的叙史方式，那么任何历史学家都会知难而退。本书与宾多夫的著作不尽相同，我也不一定会一直使用与宾多夫相同的主题来作为本书的指导框架。毕竟，现在距“鹈鹕英国史”出版已经过去了半个世纪，在此期间学术界取得了大量的研究成果，历史学家看问题的方法肯定也会随之发生变化。尽管如此，我仍然希望能够在撰写本书的过程中继承宾多夫的精神，既要给对这一时期的历史一无所知的读者讲故事，又要在某种程度上再现当时人们的真实经历，再现他们的笃信和犹疑，他们的希望和恐惧。

文艺复兴时期的人们经常思考友谊的意义，而在写作本书的过程中，我也感受到了友谊的力量。这本书出产自牛津大学的沃土，以及它独特的团体和体系。我衷心感谢林肯学院的院长和研究员们，也感谢林肯学院的支持。保罗·兰福德（Paul Langford）[③]20多年来一直都是无可挑剔的同僚，多亏有他加油打气，我才有勇

① “鹈鹕英国史”在20世纪50年代由企鹅出版集团出版，之后经历了多次修订、重印，是一套“影响了数代人史学观念”的史书。本系列“企鹅英国史”即为企鹅集团为取代虽然影响极大但已经有些落伍了的“鹈鹕英国史”而出版的。

② S. T. 宾多夫（1908—1980），英格兰历史学家，主要研究领域为都铎王朝、伊丽莎白时代，生前是伦敦玛丽王后大学的历史学教授。

③ 保罗·兰福德（1945—2015），英国历史学家，曾任牛津大学林肯学院院长。

气接受企鹅出版社撰写本书的邀请；佩里·戈西（Perry Gauci）[①]总是带给我无尽的欢乐和支持。在此，我要特别感谢他们的帮助。如果我没有花费大量的时间参与本科生的教学工作，那么本书就有可能提前完成，但我仍然要感谢他们在课堂上与我共度美好时光，还让我获取了不少知识。在本书的收尾阶段，罗莎蒙德·奥茨(Rosamund Oates)[②]不仅给予了大力协助，还为我加油鼓劲，我对此感激万分。大学时期的老师、同学的帮助令我受益匪浅，在此我要特别感谢伊恩·阿彻、克利夫·戴维斯、史蒂文·冈恩、克里斯托弗·黑格（我本科时期的导师）、费莉西蒂·希尔、朱迪丝·莫尔特比、斯科特·曼德博、彼得·麦卡洛、乔纳森·伍尔夫森、珍妮·沃莫尔德。

许多学界同仁鼎力相助，不仅回答了我的问题，还为我查找参考资料、寻找参考书籍，更是在我不知所措时给予指点；向我伸出援助之手的人有：安迪·巴尼特、杰里米·卡托、托马斯·查尔斯-爱德华兹、贾森·多塞特、罗伊·福斯特、海勒姆·摩根、帕特·帕尔默、菲奥娜·皮多克、克莱尔·普雷斯顿、迈克·怀特、奈杰尔·威尔逊、露西·伍丁、戴维·伍顿、博德利及历史学院图书馆的全体工作人员。此外，布里奇特·史密斯帮我录入了参考书目部分的文字内容。在此，我要对上述所有人表示感谢。

在写作本书的过程中，我经常想到我已经故去的博士生导师

① 佩里·戈西，牛津大学林肯学院教师，主要研究领域为1650—1750年英格兰的政治及社会发展状况。

② 罗莎蒙德·奥茨，曼彻斯特都会大学历史系教师，研究领域为早期近代史。

杰弗里·埃尔顿（Geoffrey Elton）[①]，我多么希望他能够阅读我的书稿，纠正其中的错误。在他的教导下，我懂得了许多道理，尤其是认识到不能将写史看作一件容易的事情。

对伊丽莎白一世时期的英格兰人来说，书籍就像幼熊一样，是敲打出来的。所以，完成书稿后，“我的这只小熊崽”也交到了学界友人的手中，接受他们的审读，在得到恰到好处的批评之后，质量大幅提升；为我审读书稿的学者有：托比·巴纳德、史蒂文·冈恩、迪尔梅德·麦卡洛克、斯科特·曼德博、彼得·马歇尔、桑迪·沙利文。他们为本书付出了大量心血，在此我要表示由衷感谢；此外，如果书中还遗留有任何错误，那么都是我个人的责任。

在写作本书的过程中，布莱尔·沃登（Blair Worden）[②]一直都给予我支持，是我创作灵感的源泉，给我出了不少主意，之后还多次审读了书稿，为表感谢，我要像 16 世纪的英格兰人致谢时那样，对他说“此恩一生难忘”。我的父母作为大众读者的理想代表，也阅读了本书。

西蒙·温德尔是我遇到的最有耐心、最有学识、最能催人奋进的编辑。即便在我本人已经失去信心的时候，他也仍然对本书充满信心。文字编辑简·伯塞尔敏锐且警觉，而费莉西蒂·布赖恩则提出了许多宝贵的建议，所以我也要向她们表示感谢。

在写作本书的过程中，当我一筹莫展时，乔安娜·麦金太尔和

① 杰弗里·埃尔顿（1921—1994），英国历史学家，曾在剑桥大学克莱尔学院任教，主要研究亨利八世、伊丽莎白一世。

② 布莱尔·沃登，英国历史学家，研究英国内战（1642—1651）的权威，伦敦大学皇家霍洛威学院的历史学教授。

已故的安格斯·麦金太尔，以及维维安·金和理查德·金及时伸出援手。我在此表示诚挚的谢意。

我的爱马让我体会到，为何菲利普·西德尼（Philip Sidney）会将关于马的论述当作《为诗辩护》（*The Defence of Poesy*）的开篇语。

我的丈夫杰里米·沃梅尔完全配得上一本更好的书，但我才疏学浅，只能用本书向他致敬。

牛津大学林肯学院

2000 年 1 月

关于日期与人名

如没有特别说明，本书中所有日期都是旧历日期，即公元前45年尤利乌斯·恺撒（Julius Caesar）制定的历法。1582年2月，教皇格列高利十三世（Pope Gregory XIII）颁布教皇诏书，宣布使用新的历法，规定1582年10月4日之后的那天应当是10月15日，并且提出每年的第一天应当是1月1日，而不是3月25日的圣母领报节。此时，英格兰已经与教廷决裂，不再承认教皇的权威，所以没有使用新的历法，导致直到1751年，英格兰所用历法的时间都比欧洲大陆天主教国家的历法要晚上10天。尽管旧历仍然是爱尔兰的官方历法，但一些盖尔人领主仍然忠于教皇，所以他们没过多久就开始使用格列高利历。在发动反抗英格兰王权的叛乱中，参与叛乱的盖尔领主在与西班牙及罗马的书信往来中使用新历的日期，所以凡遇此类日期，书中皆会标注上（新历）。无论是在英格兰，还是在爱尔兰，本书都将1月1日视为每年的第一天。

爱尔兰人的名字，无论它是专有名词，还是普通名词，在书中大都进行了英语化处理。所以说，本书会使用休·罗·奥唐奈（Hugh Roe O’Donnell）这样的英语名字，而不是他本人使用的爱尔兰语名字艾伊·鲁阿兹·奥多玛尔（Aodh Ruadh Ó Domhnaill）。

目 录

序言

新世界，失落的世界

1515年，时任伦敦代理治安官的托马斯·莫尔创作了一部隐约其词的虚构作品——《乌托邦》(*Utopia*)。在这部作品中，莫尔虚构了一个名叫乌托邦的国家，将其设定为一个远在赤道以南，在长达1200年的时间内与欧洲不相往来的岛国。故事开始时，莫尔作为使节前往安特卫普，而虚构的旅行者哲学家拉斐尔·希斯拉德（Raphael Hythloday）也来到了莫尔生活的现实世界，在教堂门口遇到了刚刚望完弥撒的莫尔。希斯拉德参与了亚美利哥·韦斯普奇（Amerigo Vespucci）[①]后几次前往新世界的远航，在航行的途中遇到了乌托邦人，之后在乌托邦生活了5年，一边与乌托邦人分享自己的知识，一边体验乌托邦的生活。在书中，莫尔以莫鲁斯（Morus）[②]自称，让显得有些愚笨的莫鲁斯与才华横溢的希斯拉德展开了一场论战。莫鲁斯央求希斯拉德说一说自己的所见所闻，希斯拉德应允了。莫尔对《乌托邦》的创作显然受到了古

① 亚美利哥·韦斯普奇（1454—1512），出生在佛罗伦萨共和国，是探险家、金融家、航海家、制图师，曾四次率领船队前往美洲大陆；美洲（America）便是因他（Amerigo）而得名。

② 其实是莫尔（More）英语名字的拉丁文翻译。

典作家的启发，其中尤以柏拉图令他受益匪浅，但柏拉图提出的却只是一个理论上的共和国，而莫尔则将希斯拉德的故事作为叙事工具，把一个公平而快乐的社会描绘得栩栩如生，就好像他真的有过在乌托邦的花园中漫步、与乌托邦的公民觥筹交错的经历似的。

希斯拉德认为，乌托邦是“最完美的共和国”。乌托邦是一个真正的全体公民利益的共同体，因为该国政治制度的基础是财产公有。乌托邦人废除了私有制，像早期基督徒所做的那样，也像朋友间应当做到的那样共享一切，以此对抗人性的弱点，防止傲慢、贪婪、嫉妒等人性的阴暗面作祟。在乌托邦，没有任何东西是私有的。劳动是全体公民共同的义务。尽管乌托邦既没有货币，又没有所有权，但人人富裕，因为与安居乐业、不用为生计发愁相比，还能有什么更大的财富呢？乌托邦人摆脱了一切束缚，可以一心一意为共同利益着想。过去，乌托邦也曾是一个由国王统治的国家，但现在的乌托邦人却有权依据德行选举执政官。暴政是乌托邦人最不能容忍的恶行，所以虽然他们痛恨战争，但也会在邻国的人民遭受欺压时出兵相助。乌托邦的社会安宁祥和，其居民乐善好施、性情温良，希斯拉德说，在所有人看来，乌托邦的社会必将天长地久，永不衰亡。

乌托邦是一个人为建立的国家，其创立者是一位贤明的君主乌托普斯王（King Utopus）。乌托普斯把这个岛国从宗教分裂的混乱中拯救了出来，并对乌托邦人提出了三点要求：其一，要相信灵魂不朽；其二，要相信冥冥中自有天意；其三，要相信善恶终有报。在莫尔的想象中，乌托邦人运用逻辑推理，不断地完善自然神学[①]体系，就典型的基督教美德而论，反倒令欧洲的基督徒相形见绌。他们的生活兼具美德、智慧、公正、慈善，完全符合基督所定戒律的要求。然而，乌托邦人却既不知道耶稣基督，也没有得到过《福音书》的启示。听取希斯拉德一行人讲述基督教的教义后，乌托邦人认识到这些教义与自己追求的真理不谋而合，不仅急切地想要皈依这个旧世界的宗教，还坚信在真正的基督教社会中，信徒肯定能够过上像使徒一般纯洁的生活。只不过，到底应当在哪里寻找这样的生活呢？可以肯定，不是莫尔自己所在的社会。

除了到访过乌托邦，认为该国是最完美的共和国，希斯拉德还十分了解英格兰，它并不完美。当时，在英格兰以及欧洲各国，社会都既不公正，也不幸福，所以在莫尔的著作中，乌托邦虚幻的完美世界与丑恶的现实世界形成了鲜明对比。书中这位虚构的旅行者回想起了 1497 年，与担任坎特伯雷大主教和大法官的枢机主教莫顿（Morton）共同进餐时发生的一场辩论，一一列举辩论过程中提到的英格兰的种种社会弊端。然而，当时在场的人却都充耳不闻。在希斯拉德的口中，欧洲社会为陈规陋习所束缚，根本无力进行改革。乌托邦不存在任何等级制度，评判一个人身份高低的标准只有他的德行，只有品格高尚之人才能得到尊重；在英格兰，世人眼中只有各种荣誉头衔，国家被胡作非为的贵族阶层所统治，而他们之所以有权力施行统治，完全是因为他们的出身和财富，无关德行。富人不仅将财富建立在日夜不停地剥削贫苦大众的基础之上，还制定法律来粉饰压榨的恶行，坐在审判席上去裁判那些因他们而

① 自然神学指通过观察自然来研究神的神学体系，是建立在超自然神明之上的启示神学的对立面。

一无所有的穷苦之人。在英格兰，法律并不能代表正义，而刑罚则更无公正可言。在莫顿大主教的餐桌上，一名律师对严惩窃贼的法律大加吹捧：一次绞死 20 个盗窃犯；之后，他又疑惑为什么还会有那么多人以身试法。在希斯拉德看来，在这样一个畸形的社会中这不奇怪，穷人不得不铤而走险：先偷窃，然后获罪而死。希斯拉德认为，贵族阶层罪上加罪，因为他们一方面像寄生虫一样攫取他人的劳动成果，令领地上的佃户被高昂的地租压得喘不过气来，一方面又让手下成群的仆从过上像自己一样游手好闲的生活。英格兰的一项特殊国情令穷苦大众的处境更为凶险：地主为了获得牧场而大肆圈地，夺走了贫苦农民赖以生存的土地，令他们流离失所，四处乞讨——换言之，绵羊变成了“吃人的恶狼”。英格兰肥沃的土地反倒成了一个诅咒，因为富人想将土地据为己有，任普通民众陷入赤贫。完成对当时欧洲各国社会的调查后，希斯拉德发现一切皆是“富人的阴谋”。

那么，救世主会是谁呢？是国王吗？不太可能。莫尔以莫鲁斯与希斯拉德两人间关于人文学者是否应该向君主建言献策的辩论作为铺垫，描述了乌托邦英明而神圣的政治制度——需要注意的是，在现实生活中，莫尔常在这两人之间游移不定，有时同意莫鲁斯的观点，有时又认为希斯拉德的话很有道理。莫鲁斯敦促希斯拉德，提出他作为一名哲学家，完全有资格为君王建言献策。然而，希斯拉德指出，一旦接受了这样的差事，就等于失去了自由，而且只有傻瓜才会相信君王会乐于听取逆耳的忠言。更糟糕的是，智慧而诚实的大臣反倒有可能成为挡箭牌，用来掩饰他人的邪恶和愚蠢。在现实生活中，莫尔曾就这一论点与挚友伊拉斯谟（Erasmus）进行过讨论，自己心中也纠结不已。希斯拉德描述了法国国王的大臣为制定向外扩张的谋略而密谈时的场景；这虽然只是一个虚构的情节，却几乎完全再现了当时的外交局势。文艺复兴时期的君主在意荣耀甚于和平，所以人臣们提出的都是唯恐天下不乱的方案，尤其是莫尔在真实世界中的君主——英格兰的亨利八世。那么，又有谁能以身作则，约束欧洲各国好战的君主呢？基督在现世的代理人——教皇能起到这样的作用吗？不太现实。在希斯拉德的描述中，乌托邦人根本就不需要签订什么契约，因为对他们来说，人与人之间与生俱来的互信就已经足够了，而在谈到欧洲各国签订的条约时，据此希斯拉德指出，既然条约不但得到了君主的认可，而且在签订时遵从教皇的旨意，那么肯定是神圣不可侵犯的。然而，极具讽刺意味的是，莫尔创作《乌托邦》的那段时间，恰好是教皇率领神圣同盟[①]东征西讨的年代，而这个所谓的同盟既算不上神圣，又完全无法被看作真正的同盟。

莫尔一边幻想乌托邦，思考着应当建立什么样的政治及社会制度，才能抑制住人类容易犯下罪孽的天性；一边又在考虑侍奉国王的可能性。与希斯拉德一样，莫尔也很清楚，侍奉国王无异于戴

① 1508年，教皇尤利乌斯二世为了阻止威尼斯在意大利北部的扩张，联合法国国王路易十二、阿拉贡国王斐迪南二世、神圣罗马帝国皇帝马克西米利安一世，组成反威尼斯联盟。尽管联盟最初取得了胜利，但在1510年时，却由于尤利乌斯与路易爆发了矛盾而解散。此后，教皇掉转矛头，与威尼斯结盟共同对抗法国，最终建立神圣同盟，将法国的势力完全驱逐出了意大利。然而，由于教皇与威尼斯的统治者因利益的分配而发生矛盾，神圣同盟与之前的反威尼斯联盟一样，也土崩瓦解。之后，法国与威尼斯结盟，共同对抗教皇，最终在1515年恢复了1508年时意大利原有的局面。在这一过程中，神圣同盟的参与者为己方利益背信弃义，所以既算不上“神圣”，也无法被看作“同盟”。

上了沉重的镣铐，而且国王还肯定不会喜欢逆耳的忠言。然而，莫尔认为，为了公益而牺牲个人的自由是天经地义的事情；此外，由于子女的数量不断增多[①]，他也急需稳定的经济来源。在特定的历史时期，学者与统治者间的关系会出现调整。文艺复兴正是这样一个历史时期。受过教育的人认为自己受教育的目的是为公众服务，坚信自己能够劝说教会及世俗的统治者推行改革。所以，学者纷纷离开象牙塔，想要用学识去引导君王的思想，进而改变世界。《乌托邦》正是为那些在君主面前建言献策的人而写的。想要推行改革，就必须有权力作为后盾，但权力的所有者正是那些对改革深恶痛绝却又迫切需要改革的机构。写作《乌托邦》时，托马斯·莫尔没有将其作为政治专著，而是选择了讽刺文学的体裁，认为虚构文学也许能够实现单靠哲学无法实现的目的。他将一个完美的社会展现在读者的眼前，令它与丑恶的现实社会形成鲜明的对比，希望借此激发改革的意愿。尽管乌托邦人求知若渴，想要向欧洲学习，改善自己的国家，希斯拉德却担心自己所在的欧洲社会甚至都不会记得乌托邦，更不要提向他们学习了。在《乌托邦》的结尾处，置身虚构世界的莫尔邀请希斯拉德共进晚餐，他承认，他希望在自己的社会中看到乌托邦共和国的许多特点，但他从不指望它们真能推行。

在创作《乌托邦》期间，莫尔就已经开始酝酿自己的下一部政治巨著《理查三世史》(*The History of King Richard* III) 了。这部著作不是编年史，而是一部具有明确道德寓意的历史。此外，《理查三世史》将权力的本质、权力的滥用，以及暴政和导致暴政

① 莫尔的第一任妻子为他生下了4个子女；第一任妻子去世后，莫尔再婚，又多了一个继女。

横行的罪孽作为主题，所以它也是一则寓言、一部悲剧。与利用完美社会进行讽刺的《乌托邦》不同，在《理查三世史》中，魔鬼露出了丑恶的嘴脸——格洛斯特的理查（Richard of Gloucester）获取王位的过程为人不齿，遗臭万年。在莫尔的笔下，理查杀害近亲，是一个泯灭人性的叔叔，是一个无视一切血缘亲情纽带的犹大，简直就是寓意剧[①]中邪恶品质的化身。理查虽为护国主，但却犯上作乱，是一个伪君子、阴谋家，谋害自己的侄子爱德华五世（Edward Ⅴ）和约克的理查德（Richard of York），杀死了这两位挡在自己登基之路上的小王子。在书中，不仅野心勃勃的白金汉公爵，还有一个作恶时面不改色心不跳的教士也是理查的帮凶，就连普通民众也难辞其咎，他们袖手旁观，不去阻止发生在自己眼前的悲剧。莫尔笔下的理查并不是历史上真实的理查，因为莫尔的目的是塑造一个恶贯满盈的奸徒，而非客观地记录历史事件。然而，理查三世永远无法洗清在他统治期间滥杀无辜的罪名。

莫尔在书中描述的是一个“青涩的世界”，这个世界之所以是青涩的，是因为在几个主要阴谋家的策动下，机会主义四处横行，世界仿佛已经回到了最初的混沌状态。莫尔创作此书的时间是 1514—1518 年，所以在他看来，书中的世界还很有可能是一个失落的世界，是一个遗失在他孩提时代（莫尔在 1477 年或 1478 年出生）[②]懵懂记忆中的世界——在这个世界中，英格兰受到内战的威胁，笼罩着恐惧，贵族们你争我夺；在这个世界中，当权者的政敌

① 寓意剧是中世纪及都铎时代早期的一种戏剧模式，剧中主角会遇到各种道德品质的化身，有些会劝主角向善，有一些则会诱使主角为恶。

② 理查三世夺取王位的时间是1483年。

只能在教堂中寻求庇护，但依然前途难卜。莫尔心里也很清楚，自己孩提时代经历的暴政有可能重演，而与乌托邦不同的是，英格兰的政治制度无力抵御暴政。莫尔这部阴郁黑暗而又流光溢彩的史书未完成也未能出版，这可能是因为莫尔不希望这部记录金雀花王朝最后一位国王历史的著作被现任国王用来赞美并歌颂都铎王朝的崛起。对理查三世统治的记忆——篡位和暴政，经不起推敲的继承权，一个并非完全消失而可能归来的世界——缠绕着这个世纪。

事实证明，莫尔在《乌托邦》和《理查三世史》中天马行空的想象极有先见之明，甚至还带有一抹悲剧色彩。莫尔对于出版虚构作品《乌托邦》一事后悔不已——书中对他所在社会的描述过于骇人。莫尔从当时的探险家口中得知，新世界的居民过着原始的生活，天真无邪，共有全部财产，因此获得灵感创作了《乌托邦》。幸运的是，他没有活着看到，在伊丽莎白一世时代，他的理想社会激发了探险者海外殖民、大肆侵占，并沦为为这些恶行辩护的挡箭牌，不仅是新世界，爱尔兰也未能幸免。尽管莫尔在《乌托邦》中将英格兰的法律体系批判得体无完肤，但他仍然在 1529 年成为大法官，成为统领这个为希斯拉德所不齿的体系的最高长官。在之后的历史中，已经对严刑峻法习以为常的英格兰人很快就看到用来惩罚宗教异端的更为严酷的刑罚，这些所谓的异端对乌托邦人而言可能是能够容忍的。在 1515 年的社会环境中，莫尔能够奋笔疾书，描绘想象中乌托邦海纳百川、极具包容性的社会，字里行间中流露出对这个追求完美的异教世界的赞许，但令人意想不到的是，不久之后，莫尔的世界就被宗教分歧所撕裂，残酷程度在欧洲大陆前所未有。之后，基督教虽然在英格兰重生，但其发展方向肯定会令莫尔及其友人大为震惊。在莫尔的笔下，乌托邦人虔诚而朴素，亲如一家，他们的生活与修道院隐修生活极为相似，但在现实世界中，英格兰的宗教生活很快就会被摧毁。希斯拉德在书中警示了侍奉自负虚荣的君主的危险，提出没有任何君主愿意听取逆耳的忠言，而宫廷生活只会令人道德败坏，妄自尊大。莫尔的亲身经历不仅印证了希斯拉德的建议，还让他领教了“触犯君威者难逃一死”这句政治格言的真正含义。莫尔的《理查三世史》终究还是成了后人手中的工具，并非成为告诫当权者远离暴政的寓言，而被当作一部描写前朝国王残暴统治的历史，宣扬暴政已成过去，赞颂都铎王朝获得王权是众望所归。

第一章

与其以德服人，莫如以势压人

亨利七世及其疆土（1485—1509）

亨利·都铎出身并不显赫，而且还常年流亡国外，所以要不是理查三世篡夺王位，谋杀了伦敦塔内两位年幼的王子（这条指控从来没有被证明），之后还统治异常严酷，他绝不会成为英格兰王位的竞争者。1485 年 8 月，亨利结束了长达十余年的流亡生活，在南威尔士登陆，率领一支由法国士兵、苏格兰士兵、英格兰逃亡者组成的军队，开始了争夺王位的征程。亨利以约克王朝、兰开斯特王朝的统合者自居，并且作为两个王朝共同的继承人许下诺言，誓要从理查·金雀花（Richard Plantagenet）这样一个“杀人如麻，有违天理人伦的暴君”手中拯救水深火热的英格兰臣民。在莱斯特郡境内的博斯沃思原野（Bosworth Field），理查率军冲入敌阵中央，却被两面三刀的盟友抛弃，失去了战神的眷顾，最终战死沙场。理查不仅失去了英格兰王国，还丢掉了性命，让亨利·都铎成为眼下无人可与之匹敌的英格兰国王。都铎家族出身的冒险家在权力游戏中大获全胜，靠着克敌制胜的武功和从母亲那里获得的王室血脉，在一阵阵欢呼声中，成为一个自己既不知晓，又无法理解的王国的国王。

1457 年，亨利·都铎在彭布罗克出生，之后又曾在 1470—

1471 年逃往该地避难。1485 年，亨利再次前往威尔士境内的彭布罗克，宣称自己将自由归还广大臣民，想要以此争取民众的支持。在率军沿着沿海地区的低地一路北上的过程中，最先映入亨利眼帘的是各式各样的农田，耕地中一道道的犁沟记录了农业发展的历程。到达威尔士公国的核心地带后，出现在亨利眼前的是奇峰突兀的山岭、一望无际的荒野，除了啃食牧草的牛羊，几乎没有任何农耕的迹象——这里的居民已经接受了自然环境的局限。当时，威尔士的人口数量也许有 20 万，而单从他们以 *Cymry*（意为“同一地区的人”）自称就可以看出，威尔士人拥有强烈的民族认同感。大部分威尔士人都生活在低地地区的村庄中，以农耕为生，而以牧业为主的高地地区则人烟稀少，只能在偏僻的山谷中偶尔找到一两座孤零零的农庄。亨利・都铎率领军队强行军，先是穿越威尔士中部的崇山峻岭，到达威尔士与英格兰的边境，进入英格兰领主的威尔士边境领地，接着又进入威尔士浦（Welshpool），继而来到什罗普郡（Shropshire）的平原。接下来，亨利翻越长山（Long Mountain），沿着罗马人修建的大道进入什鲁斯伯里，来到英格兰中部地区，终于在 8 月 22 日与理查三世交战，大获全胜。

亨利从威尔士出发，到达位于英格兰腹地的博斯沃思原野，沿途充分领略了这个即将由自己统治的王国的多样性。地形是否宜居、土壤是否肥沃、地势是高是低、盛行风吹向何方、降水是否充沛，这一切都早已由大自然注定，人类可以开发利用，而永远无法改变。地形地貌不仅能够决定农耕作业的模式，还能决定遗产的继承方式、地方上的社会关系；一旦地形地貌发生变化，哪怕只是发生在一郡一县境内的小规模变化，也会令人类在当地的定居模式出现重大转变。不管是位于英格兰东部的沼泽地、其他沼泽地带，还是荒凉的高地，每一种地貌都拥有独特的农耕模式和社会结构，加之当时交通闭塞，沟通交流费时费力，所以英格兰每个地区都拥有鲜明的地方特色，呈现出碎片化特征。亨利赢得王冠的莱斯特郡（Leicestershire）是一片开阔原野的核心地带，到处都是肥沃的耕地，当地居民按照敞田制的规则对土地集中耕作。放眼望去，这里的田地就好似由绿色、金色的布块拼接出的地毯，田间无一道栅栏，长着各类庄稼谷物。还有森林，即查恩伍德森林（Charnwood Forest），耕种过的土地总是会还原成森林。英格兰的居民已向大自然宣战了，毁林开荒、排干沼泽、开垦农田，在某些时间和地方花费的精力更多一些。14 世纪中期，黑死病侵袭英格兰，人口数量大幅下降，而在接下来的一个世纪中，流行病持续暴发，人口数量停滞不前，导致英格兰的农耕出现倒退。在亨利入主新的王国后，英格兰与威尔士的总人口为 250 万或 300 万。然而，在之后的一个世代中，英格兰的人口大幅增长，令在人们的记忆中看似亘古不变的乡村社会发生了翻天覆地的变化。

描述地形地貌时，当时的英格兰人并不会将土地分为高地、低地，而是会将其分为开阔地、林地、耕地，以及用来放牧的土地——与世隔绝的农庄，坐落在封闭的牧场中。在以开阔地为主的农村地区，村庄、城镇比比皆是，周围都有大片的公地，房屋、棚舍围绕着堂区教堂、庄园主宅邸修建。在以森林为主的地区，不仅城镇难得一见，定居点的分布也十分零散。农耕区域与畜牧区域不仅存在地貌上的差异，精神气质也有所不同：如果一个地区的土地没有得到开垦耕种，其居民也会被认为是未开化的。森林与牧场代表着一种更为原始、野蛮的状态。

调查王国的情况后，亨利发现绵羊的数量竟然超过了人口的数量；到了几十年后，这些绵羊就变成了莫尔口中“吃人的恶狼”。15 世纪末期，大片敞田制耕作的土地正慢慢地转化成牧场，用来放牧牛羊，令曾经有上百劳工耕作的农田，变成只有寥寥数名牧羊人看守的草场。包括东南方、西南方、北方在内，英格兰大部分地区的农村在早些时候，通常还是在很久以前，就已经用栅栏圈围起来，形成了特殊的地貌特征。到了将近一个世纪后的 1572 年，在受到计划取道哈里奇（Harwich）入侵英格兰的指控时，诺福克公爵（Duke of Norfolk）辩称有谁会蠢到率领军队穿越一个到处都是栅栏，只剩下羊肠小道的地区呢？在英格兰中部地区，亨利·都铎夺取王位的时期，恰好是庄园领主、大自由持有农出于商业上的考虑，将大片农田转变成牧场的时期；他们的做法令当地社区受到了致命的打击，驱逐了那些土地和生活都取决于地主意志的、无力反抗的佃农。社会衰退和人口下降导致圈地运动发生，圈地运动又加剧了这种趋势，因为人口下降会导致劳动力短缺。但现在人口开始上升，为养活更多人口而耕种的驱动力也开始增强。

新王在巡视途中看到了地形地貌和耕作模式。他很清楚，领主权、社会影响力、身份地位全都建立在土地所有权之上，而且也懂得土地所有权的神圣性，君主亦不可侵犯。夺取王位后，亨利成了英格兰最大的地主，之后他还将拥有更多领土。然而，无论是亨利，还是他治下的任何臣民，都无法一眼就分辨出土地所有权的模式：到底哪些人可以自由租种土地，是免于奴役性封建义务的土地持有者，又有哪些人是按照领主意志持有土地的习惯佃农和公簿持有农，要向领主交纳地租、进庄费（或土地易主费）和履行其他封建义务。土地所有权的性质决定了权力的归属，它是维护农村社会的安宁，还是破坏这种安宁。此外，还有一部分土地保留了原始状态，是用作公共牧场的“荒地”，这对整个经济体系，特别是无地者，都意义重大。然而，这些公地即将变得过剩并受到威胁。如果国王留心观察，就会发现社会不公正和民众饥寒交迫的现实，即便在土地肥沃的英格兰中东部也是如此。这里的男性居民中有大约1/3是小屋农和劳工，几乎无望获得属于自己的农场，甚至还要为了保住在公地上放牧的权利而奋起抗争。16世纪初，在莱斯特郡的村庄中，1/4的个人财富集中在仅占总人口4%的富人手中。这种不公平却被看作上帝和自然秩序的一部分，任何人都不得提出异议。国王经过时，普通民众冷眼旁观，并不太在意刚刚路过的是都铎王朝的第一位国王，因为与朝代的更替相比，他们的生活更多地受到1485年丰收的改善。

理查三世战死后，亨利戴上了他的王冠，在士兵的欢呼声中当上了英格兰国王。他不急不徐地开始向伦敦进军，要求沿途的城镇立誓效忠。伦敦不仅是英格兰的首都，还是贸易中心，附近的威斯敏斯特是中央政府的所在地。伦敦虽说是英格兰最大的城市，人口数量却只有大约5万人，仅相当于巴黎人口的1/3，甚至1/4。虽然伦敦市民号称伦敦是全球贸易的枢纽，却仍住在古老城墙里那只有2.6平方公里的地方。伦敦人享有诸多公民权，以自由和财富为傲，心气高。想要稳坐英格兰王位，亨利就必须赢得伦敦市民的忠心，确保他们唯命是从，但在过去漫长的岁月中，他们的表现经常与国王的意志背道而驰。伦敦城很小，一有消息很快众人皆知，一有号召市民能迅速地达成一致；同时伦敦城又大得很，能让支持或反对的呼声高涨，瞬间召集起广大的民众。理查三世篡夺王位那会，伦敦市民勉强默许了，为此懊悔不已；对刚刚夺权的亨利·都铎他们夹道欢迎，但是后来也追悔莫及。

伦敦城内分布有上百座堂区教堂和许多修道院，教堂的钟楼、尖塔遮住了天际线，居民楼不敢奢望能建得跟教堂一般高大，唯有市政长官所在的市政厅，以及伦敦塔才能与教堂的雄伟比肩。新国王前往圣保罗大教堂献上了战旗，感谢让自己获胜的上帝。一面旗子上画的是卡德瓦拉德（Cadwaladr）[①]的红龙，象征着都铎是打败过撒克逊入侵者的不列颠诸王的后代。另一面旗帜上是英格兰的主保圣人圣乔治的标志，而第三面旗帜上的图案则是兰开斯特家族和博福特家族的纹章。10 月 30 日，亨利接受加冕，成为亨利七世（Henry VII），他像历代英格兰先王一样，发誓为教士、臣民守护和平，主持公道，维护法律的尊严——几乎没有哪位国王能够言出必行。1486 年，亨利迎娶爱德华四世（Edward Ⅳ）的女儿，约克的伊丽莎白（Elizabeth of York），并与约克党立下规约，将约克家族和都铎家族的土地权合并，承诺会结束兰开斯特家族与约克家族的内战。当年，伊丽莎白就为亨利生下了一个王子，取名为亚瑟（Arthur），看得出是对他寄予了厚望：一方面要让人记起亚瑟王光辉的历史，以及都铎家族古老的不列颠血统；一方面又希望都铎王朝拥有光明的未来。

“不列颠”是富有神秘色彩的古老土地，不是政治领土。萨里伯爵亨利·霍华德（Henry Howard）在绝命诗中提到自己“为不列颠”[②]流血牺牲时，他只是使用了一个艺术术语，因为当时英格兰、威尔士、爱尔兰、苏格兰还算不上一个统一的“不列颠”国家。亨

---

① 卡德瓦拉德是7世纪时期位于威尔士北方的圭内斯王国的国王。

② 摘自亨利·霍华德的诗歌《伦敦塔狱中沉思》（*Reflections from the Tower*）。

利被奉为“圣恩庇护下的英格兰及法兰西国王、威尔士亲王、爱尔兰领主”。就在一个世代之前，英格兰王权还统治着加斯科涅和诺曼底。到了亨利时代，只剩下加莱（Calais）这块军事前哨归英格兰管了，但英格兰仍想控制法国，重现安茹帝国昔日的辉煌。在法国和布列塔尼公爵领地流亡了很长一段时间后，亨利对法国及其统治方式了如指掌，而这位对英格兰政事既陌生又缺乏经验的国王接下来要统治的正是英格兰。英格兰王国历史悠久，是一个统一的，由政府集中治理的王国。与中世纪晚期其他欧洲王国相比，英格兰的政府有凝聚力，而缺少地方自治和地方惯例。英格兰拥有普通法体系、统一的语言（只有边陲的康沃尔仍然讲凯尔特语）和通用的货币。位于威斯敏斯特的中央政府是核心，拥有成熟的官僚体系，每年会以适当的形式，经过适当的渠道，向各郡递送数以万计的羊皮纸指令。这套行政体系旨在维护下到村一级的国内和平，保护国王治下的自由民的财产安全。而在战时可以集结、补充军力。议会对纳税额不做强求，收税也能按时完成。然而，这种公共权力，包括它的司法职能，维护和平和秩序的功能，被国王治下的大地主的私人权力和个人权威维护着，有可能被腐蚀。换言之，英格兰治国理政体系能否正常运转，完全取决于国王能否取得大地主的支持与配合。作为地位显赫的贵族、土地最多的地主，国王个人有大量的追随者（近臣），但作为国王，他手下不仅领取俸禄的官员寥寥可数，也没有常备的军事力量。所以说，国王必须仰赖权贵阶层的私人军队，在和平时期维持国内秩序，在战争时期调兵打仗。

权贵阶层里的大贵族人数极少，只有他们才配得上贵族头衔，成为辅佐国王的亲信。他们在各自的领地上为王，将这些领地称作“王国”，像国王治理英格兰那样治理它们。大贵族通过领主权威维持着领地的和平安定，保护依附于他们的乡绅阶层和佃农的利益。尽管贵族权大财厚，在各自的“国家”说一不二，但没有哪一位领主能在领地内横行霸道。理查三世死后没有哪一位贵族领主能像他那样在英格兰广袤的北部地区建立起强大的地区霸权。在英格兰等级森严的社会中，骑士、士绅和绅士不仅需要贵族阶层的提携、保护，还要依靠他们的仲裁与调解恢复社会安定。然而，乡绅阶层变得越来越独立，越发以自我为中心，把私事和郡政治共同体的事务都握在手心，囤积的财富和土地让自身担了很大风险。反观贵族也有求于乡绅，会依靠他们争取地方支持，国王更是会依赖乡绅管理各郡政务。乡绅的羽翼渐丰：不仅担任了治安官、估税官、武备官和职责各异的委员会成员，还当上了下议院的郡代表。地位较低的乡绅当的是验尸官、收税员；地位低于乡绅的，在庄园和乡村里干活的农夫（较为贫寒的农民）①也想参与地方事务的管理，当了巡警和陪审员。尽管地方社会勾心斗角，世仇频现，依然希望和平稳定。贤明的君主都心知肚明，既然没有足够的权威来强制执行命令，就只好用启发与引导的方式来实施；他必须得到一个对政府有深刻了解并渴望参与的国家政体，即国家机器的忠诚。

就像在私有领地那样，国王的品性与能力对王国的命运起到了关键作用。国土绝不仅仅属于国王一人或是他的私有财产，而是一个政治共同体，他要以治下臣民的利益为主进行统治。无视臣民利益的国王会丢掉王位。国王有义务听取重臣的谏言，关心里面提到的地方社会的呼声。他必须在战争时期保护臣民，维护国内的安定；保证法律得到遵守。《大宪章》（Magna Carta）规定，国王在与

---

① 原文为husbandman，指地位低于自耕农的农民。

臣民打交道时必须遵守自己定的法律。如果国王无视司法公正或徇私枉法，公共正义就会荡然无存，这样有违国王希望臣民服从、拥护自己的意愿。亨利六世（Henry Ⅵ）不宜掌权，统治受挫，结果令公共、私人权力双双崩塌，让英格兰吞下内战的苦果。贤明的国王要信任贵族能以他的名义公平地统治各自的领地，让贵族阶层充满信心，但是，亨利七世生性多疑，宁肯将贵族看作敌人，也不愿把他们当成盟友。

国王的疆土并非都像英格兰南部的低地那样，在政治上具有统一性且局势稳定，服从君主制。在西边，英格兰与威尔士有段边境领地，和其他边境地区一样，此地的和平局势经常被世仇和暴力打破，尽管英格兰民族与威尔士民族之间的斗争早在数个世纪以前就尘埃落定。1282—1283 年，爱德华一世（Edward Ⅰ）征服了威尔士，吞并威尔士亲王的公国，令其成为英格兰王权的直属地。威尔士此后分成了两块，一块是这个面积不大的公国，一块是沿着边境线，与英格兰的郡接壤的大片边境领地（Marcherer）。公国虽然引入了英格兰的法律，威尔士的地方法仍然有效；领地基本处在自治状态下的多数边境领主仍然保有英格兰国王授予的大权，尽管原先的军事权早已收回。每一块这样的边境领地都有属于自己的法律、财政和政治体系。边境领地的权力分散，各领主的权力不受约束，许多领主不亲临辖地，任由罪犯从一个领地逃到另一个领地，逃脱法律的惩处。因此，一直以来，边境领地社会给人的印象总是动荡不安、无法无天。无论是英格兰人，还是威尔士人自己，都还是认为威尔士民族孤立于英格兰民族之外。威尔士民族的身份认同更多地建立在民族语言和对过去辉煌的记忆上，而不是共同的政治组织上。威尔士民族可能需要由一位有着威尔士语名字，身上流淌着威尔士血液的新国王来重现光辉。1485 年，当亨利率军进入威尔士时，他曾许诺要把公国的臣民从“长久以来的奴役命运”中解放出来。威尔士诗人赞颂亨利·都铎解放威尔士人的伟大功绩，亨利受之无愧：1504—1508 年，亨利向北威尔士各个社区颁布了一系列特许状，废除了亨利四世（Henry Ⅳ）在镇压欧文·格林杜尔（Owain Glyndwr）的叛乱之后强加于威尔士的种种法律限制①，让威尔士同胞重获自由。

英格兰人通常都会把英格兰看作岛屿，是被海浪包围的海上堡垒。然而，英格兰所在的不列颠岛上还有另一个独立王国，两个世纪以来双方一直断断续续地交战，偶尔会有几次休战。这个王国就是由斯图亚特王朝统治的苏格兰。苏格兰与位于边境线以南的邻国和敌国截然不同，他拥有属于自己的贵族阶层、权力架构，在立法及维和的领域，在家族结构、主从关系方面有诸多特色。尽管历代国王算不上治世的明君，贵族阶层内斗不断，但苏格兰仍然保住了独立国家的地位，一次次地挫败了英格兰国王成为苏格兰封建宗主的企望，并与法国或爱尔兰的盖尔领主结为潜在的盟友，持续地对英格兰王国制造威胁。英格兰与苏格兰接壤处有块军事区，在这块“有争议的地带”两国一直没有划清界线。尽管自 1388 年起，苏格兰人再也没有入寇泰恩河以南地区，但并不意味着再次入侵没有可能。生活在北部边境的英格兰人人人自危，还在继续修建塔

① 亨利四世的法律限制包括：禁止威尔士人在威尔士境内的城镇拥有土地，禁止威尔士人担任陪审员，禁止威尔士人与英格兰人通婚，禁止威尔士人担任官职。此外，亨利四世还规定，在法庭上，威尔士人的证言不能成为对英格兰人不利的证据。

式住宅[①]，以及四周设有护墙（用来抵御的城墙）的塔楼[②]。英格兰这方的边境位于边陲高地，横穿科凯特代尔、雷德斯代尔和泰恩河谷，共分为东部、中部和西部三大边境领地，由领地长官代国王行使权力，在战时负责守护边境，和平时负责维护法律与秩序。边境领地是个独特的社会，没有绝对的法律和秩序，为了在与苏格兰人作战中获得保护，有血缘关系的人会组成名为“同姓人”的团体，互帮互助，共同对抗外敌，以进入敌国境内劫掠牛群为主要目标(所谓的边境掠夺)。边境领地实行旧时的法规，千百年来不变的习俗，无论是英格兰还是苏格兰，它们的边境居民都将其当作行为准则，与各自在边境领地之外的同胞相比，这儿的英格兰人和苏格兰人反倒有更多的共通点。在边境以南的英格兰人看来，这些习俗古老陈旧，不仅怪异，还会引发危险。1535 年，亨利八世（Henry Ⅷ）想去伦敦观看叛国者受刑，他乔装打扮成了一个野蛮的“边境人”。

1485 年 9 月 24 日，亨利宣布赦免王国“北方诸地”那些曾经在战场上为“天敌”理查三世效力的人。亨利明确规定，将诺丁汉郡、约克郡、诺森伯兰郡、坎伯兰郡、威斯特摩兰郡、达勒姆主教教区划为“北方诸地”——在 15 世纪晚期，“北方诸地”被视作一个独立“国家”，它们因有义务保护英格兰的其他地区免遭苏格兰的入侵而联合到了一起。在这片极北的边陲，几乎有一半的地区不受王权的管辖。达勒姆主教是“泰恩河、蒂斯河之间”享有王权

① 塔式住宅为石砌建筑，既可以当作住宅，又可以抵挡来犯之敌。

② 原文为peel tower，指设有烽火台的小型城堡，可以在敌人入侵时点燃烽火，发出警报信号。

的贵族领地的统治者，在那里他能够行使在其他地区只有国王才能行使的权力。约克大主教将赫克瑟姆作为权力中心。苏格兰边境领地还有一些附属的“自由地”，那里的领主——边境男爵是王权代理人，几乎拥有与国王相同的权力。得不到地方大领主的支持，英格兰国王就无法统治北方边陲，所以历代国王会向本就有权、富裕的北方权贵下放军政大权，但很快就发现自己控制不了他们。英格兰北方两大最有权势的家族，珀西家族和米德尔赫姆的内维尔家族，结下了不共戴天的世仇，不仅左右了15世纪中期整个北方政治的历史进程，还将亨利六世王庭内龙争虎斗的派系牵扯进来，成为推动玫瑰战争的主要因素之一。有了沃里克伯爵理查德·内维尔（Richard Neville）及其实力强大的北方亲党（内维尔靠个人权势汇聚在身边的臣属、盟友、封臣和臣仆）的倾力相助，约克党才能在1461年的陶顿战役中取胜，让爱德华四世成为英格兰国王。珀西家族被暂时击败，而内维尔家族似乎成了东北方一手遮天的霸主。而仅仅过了10年，“拥王者”沃里克就与自己亲手拥立的国王反目成仇，在巴内特战死沙场。爱德华四世将广袤的内维尔领地，连同内维尔家族的亲党，一起交给弟弟格洛斯特的理查管理，最终令约克王朝乃至整个王国遭受灭顶之灾。1485年，内维尔家族黯然失色，理查在北方的土地也变成了新国王的直属地，但是珀西家族的诺森伯兰伯爵仍然是强大的地方势力，新国王仍然对他小心警惕。

* * *

在爱尔兰，同样也有截然不同的社会在一座岛屿上共存的情况。爱尔兰由许多领地组成，领地之间又存在大量边境地带。过去，爱尔兰有至高王，他们会前往圣地参加庄严而又隆重的加冕仪式。12 世纪，盎格鲁 - 诺曼人篡夺了这些王权，侵扰到了另一位王，英格兰王；作为爱尔兰领主，他声称自己拥有爱尔兰全岛的管辖权，认为自己就是爱尔兰的至高王。历史上没有哪一位都铎王朝的君主驾临过爱尔兰，试想亨利七世要是造访爱尔兰领地，他会发现那是一个闻所未闻的全新世界。爱尔兰大体上由两部分组成，一个是 *Gaedhil*① （爱尔兰本地人）聚居地，一个是 *Gaill* （外来定居者）聚居区——两个地区没有明确的边界线，爱尔兰没有一目了然的事。爱尔兰的英格兰人是拥有盎格鲁 - 爱尔兰血统的混血儿，他们是 12 世纪第一次入侵爱尔兰的英格兰入侵者的后代，在爱尔兰人眼中是标准的 Gaill （异乡人）；他们虽然像生活在英格兰的英格兰人那样遵循英格兰的法律、将英格兰国王视为君主，说着英语，但他们又明显不同于英格兰的英格兰人，因为他们出生在爱尔兰，而且多数人还会讲爱尔兰语。爱尔兰的英格兰人与爱尔兰本地居民住得近，但由于文化差异大，双方的关系并不融洽。

Gaedhealtacht 指的是有本土爱尔兰人生活的盖尔文化区，那里不仅有独特的古语、法律和文化，基督教传统也与众不同。中世纪末期，即便是戴着有色眼镜观察爱尔兰人生活的外国人也会承认，他们虽然“狂野不羁”，但也算是虔诚的基督徒。在爱尔兰，吟游世家的诗人会以诗歌的形式歌颂盖尔人统治王朝的光辉历史。

吟游诗人借鉴五六百年历史的诗歌传统，作诗再现了盖尔人领主和保护人殷勤好客、笃信上帝、公正无私、骁勇善战的品质，描绘统治者在位期间物产丰饶的场景。史学家编写了世家的族谱和

① 本节所有的斜体字均为爱尔兰语。

血缘关系。法官世家是法律的守护者，管理着自古以来似乎未曾变化的法律体系。

中世纪晚期，盖尔文化世界不仅限于爱尔兰，还包括了北海海峡以东，与爱尔兰一水之隔的苏格兰西部高地、诸岛。苏格兰盖尔文化区拥有与爱尔兰相同的语言和文化，无论是生活在苏格兰还是爱尔兰，这两地的居民都可算作“爱尔兰人”。盖尔文化区的居民拥有共通的民族身份认同，认为自己被异乡人包围了。麦克唐纳家族的艾莱的约翰（John of Islay）是第四位，也是最后一位西部群岛的领主。他拥有的大量领地从西部阿尔斯特境内的安特里姆峡谷起始，一路向东，囊括了内外赫布里底群岛，还包括沿着苏格兰西海岸，南起金泰尔半岛，北至格莱内尔格的大片土地，他还曾想问鼎爱尔兰至高王的宝座。1493 年，苏格兰王室吞并了不断制造麻烦的西部群岛领地，将麦克唐纳名下的领地分给手下的领主，迫使大批苏格兰人移民到了阿尔斯特。到 16 世纪 40 年代，当重建西部群岛领地的企望破灭之后，又有一批苏格兰人逃到了阿尔斯特。在 16 世纪的大多数时间里，在东北部的阿尔斯特出现如此多的苏格兰人，扰乱了该省的安定。都柏林政府采取措施，一方面想禁止盖尔苏格兰人与爱尔兰人通婚，一方面又想限制阿尔斯特各地的领主雇佣苏格兰的“红脚鹬”士兵（徒步作战的苏格兰雇佣兵）[①]，还想将苏格兰人驱逐出阿尔斯特，可是都没能成功。

爱尔兰的山峦分布没有规律，经常会在意想不到的地方出现残断的山峰，即便是在低地的中心地带，由于自然水体没被排干，

① 这帮苏格兰的雇佣兵之所以得到“红脚鹬”的外号，是因为他们身穿方格花呢长披肩，而且行军时无论天气多么寒冷，都会光着腿蹚水过河。

仍然星罗棋布着湖泊、沼泽，这样就无法简单地将爱尔兰土地划分为高地、低地。爱尔兰有一半的土地是灌木丛生的林地。在英格兰人看来，爱尔兰的穷山恶水和那里人的野性自成一体。既然“只有一望无际的林地、乱石、沼泽和荒地”，不见耕作的迹象，那么这片土地的居民肯定就是“茹毛饮血的野人”，靠抢劫、偷牲畜维持生计。诚然，在爱尔兰的许多地区，无论是地形地貌，还是政治环境，都不能让人们安心从事农业耕作，但英格兰人认为爱尔兰人是过着半游牧生活的牧民，与野蛮人无差是歪曲事实的偏见，但凡有适合耕种的土地，爱尔兰人就会在上面种植谷物。只不过这些谷物经常会在爱尔兰领主们的你抢我夺中撒得到处都是，或被烧掉；放火烧田是本土领主的作战方法，没过多久就被英格兰人拿来对付爱尔兰人。

每位旁观者都能发现爱尔兰社会瞬息万变的特点：定居点分散；房屋易造也易拆；田地外边只是暂时性地围起了栅栏；流动的大批牛群是领主及其臣仆的动产，要么转移到安全地带，要么被敌人抢走。如此严重的不确定性不利于财富积累，也不能加快人口增长。在爱尔兰的盖尔文化区，经济总体上仍然停留在自给自足的阶段，货币虽然已经为人所知，进入流通领域，但在交换关系中并不占据主导地位。统治阶层以食物或为士兵提供住宿的形式征税。中世纪晚期，爱尔兰人口可能还不到 50 万，而且也没表现出如英格兰的人口变化趋势，在 16 世纪末能得以恢复。爱尔兰大部分地区人迹罕至，这并不仅仅是因为地势险峻、桥路不通、缺少地图，还因为途中如果没有当地领主的保护，深入险地时还有可能遭到匪徒的伏击。就连领主本人出行时都要配备重兵保证安全。

在英格兰派往爱尔兰的总督看来，盖尔爱尔兰文化区是块

“战地”，而爱尔兰人是“爱尔兰敌寇”。这并不是因为英格兰与爱尔兰处在交战状态，而是因为盖尔爱尔兰人与生活在“和平地带”的爱尔兰英格兰人之间存在着巨大的文化隔离，“和平地带”的人遵守英格兰的法律、礼仪和习俗。亨利七世登上王位时，英格兰人在爱尔兰的领地已经收缩到都柏林和邓多克之间的沿海平原，划分为都柏林、基尔代尔、劳斯、米斯这四个忠于王权（或表面上效忠）的郡，以及德罗赫达、韦克斯福德、沃特福德、科克、利默里克、戈尔韦这几座城镇，再加上东北部的王室城堡卡里克弗格斯。15 世纪晚期，一处帕莱区[①]建立起来，像加莱那样，其周边修建了由土堤、城堡组成的防御体系。都柏林当局照搬了英格兰中央、地方政府机制，还沿用了与英格兰相同的权力理念，作为这些政府机构运转的理论基础；爱尔兰的英格兰控制区设有议会，国王的爱尔兰议事会（council），还设立了王座法庭（King’s Bench）、大法官法庭、国库法庭和高等民事法庭（Common Pleas）这四大法庭。这里采用的是普通法，语言是古体英语。

除了种地的农夫，盖尔爱尔兰人基本上都被驱逐出了英格兰控制区，但是法律规定农夫不能当官，不能拥有土地，甚至不能诉诸英格兰的法律维护自身权益。这样，在英格兰人的殖民地外面形成了一片更广阔的世界，几乎无法抵御爱尔兰人的进攻。就连首府都柏林也四面受敌，时常遭受爱尔兰人的围攻；盘踞在威克洛山脉的奥伯恩家族，莱伊什的奥莫尔家族，以及奥法利的奥康纳家族也会时常过来劫掠。位于帕莱区北部边境的本笃会富尔修道院为了抵

① 原文为Pale，本意为木栅栏标示的界线，后引申为边界线。此处指爱尔兰境内由英格兰直接统治的地区。

御盖尔人的入侵，在 15 世纪中叶采取了激进的防守策略，修建了大量的防御工事。在劳斯郡，英格兰定居者的家庭一面向阿尔斯特的领主缴纳“黑租”［以劳务、谷物等交租，区别于货币（白银），后者称为“白租”］，用来保障人身及财产安全；一面又向帕莱区政府缴纳税款，他们意识到，在爱尔兰的领地上有着令人困惑的现实。

爱尔兰各地的城镇是英格兰人聚居的核心地带。市民不仅讲英语，按照英格兰习俗穿衣打扮，住宅也和英格兰城镇的房屋很像，这里的市政当局办事效率高，商贸往来频繁，宗教活动丰富。16 世纪初期，爱尔兰有大约 50 座城镇，市民的总人数差不多占到了爱尔兰总人口的 1/10。都柏林是王国的首府，城内有两座天主教堂，是爱尔兰最大的城市，影响范围几乎涵盖了伦斯特全境。16 世纪末期，都柏林的人口可能有 6 000 人，是整个爱尔兰东海岸的主要港口。与其他爱尔兰城镇一样，都柏林也有一个财富精英阶层，他们一方面控制商业行会，一方面又垄断官职的继任权，由此成为城镇社会政治生活的主导者。少数几个通过联姻组建起来的精英家族可以任意选择当市长、治安官，还是当高级市政官，尽管这些官职是要由市民选举产生的。戈尔韦（Galway）是爱尔兰当时的第二大城市，十五大商业精英家族形成了寡头政治集团，势力与日俱增，从 1484 年到 17 世纪中叶，从圈外选出市长仅有一次。在这些封闭的小型社区形成了一股强烈的居民认同感，因为居民很清楚自己在文化上与盖尔人近邻存在很大差异。到了 1500 年，许多沿海城镇外围都是坚固的城墙，与外面的盖尔文化圈隔离，主要依靠海上贸易获取收入。由于陆路运输困难，对爱尔兰城镇来说，与其在城镇之间互通商贸，不如直接通过海路出口产品，但还是会有城镇的“灰衣商人”[①]前往盖尔文化区，与本地居民进行贸易。内陆城镇一般敬畏所在地的盖尔领主；例如，戈尔韦就很惧怕克兰里卡德的伯克家族。16 世纪，戈尔韦郡的阿森赖镇、利默里克郡的基尔马勒克镇都曾被夷为平地，之后又被重建。城镇里设有济贫院、收容院和学校，一些由城镇当局出资建立，一些获得了私人慈善组织的支持。1599 年，约翰·哈林顿爵士（Sir John Harington）写下了自己不堪忍受艰苦的行伍生活，逃离了罗斯康芒的军营，前往戈尔韦镇的经历，在到达目的地之后，发现他翻译的英文版阿里奥斯托（Ariosto）的传奇史诗《疯狂奥兰多》（*Orlando Furioso*）[②]受到当地女性的欢迎。一直以来，都铎王朝派去都柏林和威斯敏斯特的总督都将在爱尔兰城镇里的盎格鲁-爱尔兰人看作文化礼仪的守护者，是与盖尔野蛮文明对立的重要力量。

尽管在 12 世纪当盎格鲁-诺曼军队进攻爱尔兰时，爱尔兰盖尔人领主一度遭到驱逐，但一直没被彻底打垮；到了亨利七世继位时，盖尔人领主收复了大量失地，重新成为爱尔兰大部分土地的控制者。在爱尔兰的盖尔文化区，权力分布呈现碎片化的特征，既没有大众普遍接受的中央政权，也没有政府机构。每一块领地就是一个独立的小社会，有其独特的历史，由领主供养的吟游诗人代代传颂。盖尔文化区的统治阶层是各个领地的领主，他们的权力具有家

① 在爱尔兰，大城镇的商行会向盖尔人领主购买贸易许可，之后派遣“灰衣商人”（即垄断商）前往领地内与领民做买卖，从而排挤掉中间商，达到增加利润空间的目的。

② 《疯狂奥兰多》以查理曼大帝的基督教军队与撒拉逊人之间的战争为背景，利用中世纪流行的骑士传奇体裁，以罗兰为主角，描绘了意大利当时的社会生活。

族主义、排他主义特色，与其说是建立在土地占有权的基础上，还不如说是以部族关系为基础，而领主对其所在宗族的领导则是领主权势的核心。一直以来，各大盖尔家族的领主都在寻找机会扩大自己的霸权，从而再次成为割据一方的小国王。英格兰国王声称自己是爱尔兰的封建宗主，但爱尔兰的领主对此充耳不闻，只要其以独立领主的身份保有土地，行使领主权，并且用自己制定的法律管理领地事务，那么英格兰国王对爱尔兰君主权的主张就只能是痴人说梦。在爱尔兰的盖尔文化区，领主权的基础并不是土地所有权，而是领主对臣仆的控制能力——如果规模较小的氏族（宗族的分支）的首领很畏惧某位领主的实力而跟他一道起兵对抗上一级领主，寻求这位领主的保护，抑或向他纳贡，那么我们就可以认为这个首领已经变成了这位领主的臣仆。然而，处于从属地位的首领并非完全受制于自己的直接上级领主，他还可以寻求实力更强大的领主的保护，作为对直接领主的欺压或无视的报复。在阿尔斯特，奥尼尔是蒂龙地区所有氏族的领主，他还统领着一帮 uirríthe（附庸国的国王）[①]，这些国王又都拥有属于自己的臣从：奥卡恩家族，奥利尔的麦克马洪家族，弗马纳的马圭尔家族和布莱芬的奥赖利家族。

爱尔兰之所以会遭到入侵，首要原因是各个盖尔家族之间，家族内部斗争激烈，给了外部势力可乘之机。即便被入侵者征服，斗争也丝毫没有减弱，值得一提的是，并非只有英格兰的约克王朝留下了弑亲的黑暗历史。蒂龙的奥尼尔家族与特康奈尔的奥唐奈家族自古以来经常兵戎相见，双方意在争夺从伊尼什欧文半岛获取供

① uirríthe是爱尔兰语单词，为uirrí的复数形式。uirrí由爱尔兰语单词uir（土地的）、rí（国王）组成，意为下属国王。

奉的权利，都认为己方是阿尔斯特的宗主。无论是在奥尼尔宗族，还是在奥唐奈宗族，内部同样也存在激烈的较量。奥尼尔宗族下面有一个氏族一直在与占统治地位的奥尼尔宗族对立，结果，它与奥唐奈宗族结了盟。1493 年，亨利・奥格（Henry Óg）谋杀了同父异母的兄长康恩・奥尼尔（Conn O’Neill），他得到家族内部另一支系斯莱尔特・埃尔特（Sliocht Airt）的支持，成为领主，即新一任奥尼尔。1498 年，康恩的儿子为了“给父亲报仇”，反过来谋杀了亨利・奥格。经历了长期和平稳定之后，弗马纳的马圭尔家族也爆发了内斗。1484 年，马圭尔家族的领主虽然指定儿子吉尔帕特里克・马圭尔（Gillapatrick Maguire）为继承人，却没想到吉尔帕特里克会在阿赫勒车教堂的祭坛前被自己的 5 个亲兄弟杀害。爱尔兰编年史上的每一页几乎都记录着统治家族内部自相残杀的场景。在爱尔兰经常能看到家族内斗和领主间的相互袭击；造成这一乱局的主要原因有两个：其一，按照盖尔文化的继承制度，长子不是自然而然就能成为父亲遗产的唯一继承人；其二，这里没有被公认的中央政府机构，遏制不了斗争和暴行——由于领主想要扩大自己的权势，也想保护自己的既得权利，他们之间的政治关系就表现出了靠战争、暴力解决矛盾的特点。此外，在盖尔文化区周围，盎格鲁－爱尔兰血统的封建领主之间也时常关系紧张、发生斗争。1487 年，第九任德斯蒙德伯爵被“自己的臣从”谋杀；据传，背后的谋划者正是伯爵的弟弟约翰・菲茨杰拉德（John Fitzgerald）。

英格兰国王肢解了爱尔兰曾经拥有的地方霸权，将大片领地赐予了最先出兵的盎格鲁－诺曼征服者。在芒斯特，菲茨杰拉德家族于 1329 年成为德斯蒙德伯爵，获得在凯里行使王权的权利，之后就在凯里郡、利默里克郡、沃特福德郡和北科克郡做起了割据一方的亲王。与此同时，巴特勒家族获得了奥蒙德伯爵领地。这个家族在爱尔兰南方拥有大片领地，其中尤以蒂珀雷里，以及基尔肯尼周边的地区最为重要，前者是领主可以享有王权的自由地，后者被称为爱尔兰的“第二片帕莱区”。15 世纪晚期，巴特勒家族、菲茨杰拉德家族稳稳地控制住了这些领地，采用了只适宜用在匪盗横行的边远地带的作战手段，抵挡住了领地周围盖尔领主的进犯，也让他们相互之间的激烈交锋熄了火。德斯蒙德的菲茨杰拉德家族雇佣了爱尔兰轻装步兵[①]、亲卫步兵（挥舞战斧的士兵）[②]，组建了私人军队，时刻准备应对敌对领主的威胁，这里不仅包括了盖尔领主麦卡锡・莫尔（MacCarthy Mór），还有同样拥有盎格鲁-爱尔兰血统的奥蒙德伯爵。爱尔兰封建男爵必须依靠自身实力来守护艰难夺取下来的大片领地和大量自由地。英格兰国王作为爱尔兰男爵的封建宗主，依靠他们的权势维持爱尔兰的局面，可是又对他们穷兵黩武的手段颇感不满，他既不会出手相助，也不会横加干涉。在这样的边境社会里，战争乃是常态，边境男爵则扮演着仲裁者和维护和平者的角色。而在英格兰，不管是发动战争，还是维持和平，全由国王来决定；爱尔兰不同，直到 16 世纪末，奥蒙德伯爵、德斯蒙德伯爵仍会动不动私自发动战争。

英格兰政府官员到了爱尔兰之后发现，这里的实际情况与心中所想的差距很大，这些封建领主与领地周边的盖尔领主在很多方面都达成了和解，成了爱尔兰人。谁都不能否认，奥蒙德伯爵和德

① 原文为kern，源自中古爱尔兰语*ceithern*，原指聚在一起的士兵，之后引申为中世纪时期爱尔兰的轻装步兵。

② 原文为galloglass，源自爱尔兰语*gallóglaigh*，字面意思为“来自外国的年轻武士”，之后引申为爱尔兰领主身边的精英雇佣兵。

斯蒙德伯爵在管理领地的过程中，除了使用英格兰法律，还会遵循爱尔兰法律；在爱尔兰西北部，梅奥的伯克家族会按照盖尔人的方式举行领主继位仪式。从一开始起，盎格鲁－爱尔兰人与盖尔人家族就有通婚现象；盎格鲁－爱尔兰封建领主也会像爱尔兰领主那样接受质押和人质，并收养盖尔领主的子女；他们会讲英语，也会讲爱尔兰语；雇用爱尔兰的吟游诗人，穿盖尔民族服饰。然而，想要在盖尔文化区这块“战地”站稳脚跟，需要做出必要的妥协：想要威慑敌对的盖尔领主，就必须与其他的盖尔领主建立盟友关系。此外，尽管都柏林、威斯敏斯特的官僚将盎格鲁－爱尔兰人看作放弃了英格兰民族身份的“堕落的人”，但盎格鲁－爱尔兰人却认为自己与身边那些爱尔兰人完全不同，甚至高其一等，因为他们按照封建土地保有制拥有了领地、头衔，遵循长子继承原则继承了家族的领地，与盖尔文化体系有天壤之别。1488 年，理查德·埃奇库姆爵士（Sir Richard Edgecombe）想要那些请求国王宽恕[①]的盎格鲁－爱尔兰贵族阶层接受为此开出的苛刻条件，贵族们气愤填膺，声称宁可做爱尔兰人，也不愿为了获取宽恕任人宰割。

菲茨杰拉德家族的几代基尔代尔伯爵在都铎王朝统治初期成为地位显要的封建权贵，推动英格兰势力在爱尔兰复兴，也是复兴最大的受益者，尽管他们在中世纪后期并不引人注目。第七代基尔代尔伯爵（1478 年去世）被英格兰国王任命为爱尔兰总督，在这段长期的任职期间开始重振基尔代尔伯爵领地。英格兰国王虽然是

---

① 几乎所有的盎格鲁–爱尔兰贵族都参加了兰伯特·西姆内尔的叛乱，所以在叛乱失败之后需要得到国王的宽恕。理查德·埃奇库姆爵士最终做出让步，只要求他们发誓从此效忠亨利七世，便代表国王，原谅了叛乱的参与者。

爱尔兰领主，却从不亲自前往爱尔兰，而是将权力下放给自己任命的总督，或“副王”（代表国王在爱尔兰统治的副手。为了表达简便，下文将所有类似的职位统一称为“总督”）。总督位高权重，享有极大的自治权。他们是爱尔兰权倾一世的官员，由于与英格兰国王相隔甚远，可以按照自己的意愿行事。加勒特·莫尔（Garret Mór）是第八代基尔代尔伯爵，治下平民众多，在伦斯特拥有大批随员、封臣和盟友，在帕莱区之外有许多盖尔领主、盎格鲁-爱尔兰领主承认他的宗主地位，他还利用官僚体系掌控着都柏林——都柏林每年向他纳贡以求保护。尽管基尔代尔伯爵看起来像是“新一代”爱尔兰至高王，归根结底，这位伯爵的权势全都要拜爱尔兰领主亨利七世所赐的总督职位，亨利七世不愿意派遣亲信的人担任爱尔兰总督，也不轻易相信那些被他派过去担任总督的要员。

* * *

从很多方面来讲，刚刚登上王位时的亨利·都铎算得上幸运。理查三世死后没有留下子嗣，亨利成为一个几乎没有对手的国王。亨利之所以能当上英格兰国王，是因为理查把南方各郡的土地当作赏赐自己支持者的筹码，而且篡权夺位，甚至还想谋杀拥有王位继承权的王子，从而疏远了英格兰约克王朝的地主阶层。“正直的人”被动荡的时局搞得晕头转向，不知道应当向谁效忠，从《伦敦大事记》（*The Great Chronicle of London*）上面看，大部分英格兰人宁愿向法国人效忠，成为古老宿敌的臣仆，也不愿意接受理查的统治。尽管登上王位的经历曲折，亨利仍然是兰开斯特王朝的继承人，随着大批约克王朝的追随者将他奉为君主，他也成了约克王朝的继承人。他赢得了前朝国王约克的爱德华的内廷要员的支持，迎娶了爱德华的女儿。此外，亨利没有兄弟，即便是皇亲国戚对政局有所不满，也无法怂恿他的兄弟与其争夺王位。亨利背后有一位拥王者，这位史坦利勋爵（Lord Stanley）与其他的拥王者不同，没有对自己所拥立的国王造成威胁，因为他马上就要被封为德比伯爵，也是新国王的继父，他娶的正是国王那令人敬畏的生母，里士满伯爵夫人玛格丽特·博福特（Lady Margaret Beaufort）女爵。在过去几年中，由于内战的摧残，克拉伦斯、内维尔、白金汉和黑斯廷斯等众多最具权势的英格兰权贵纷纷败下阵来，导致主要的贵族家族群龙无首，无力建立割据一方的小王国，即便他们内心十分渴望。许多地区也没有传统意义上的地方统治者。在东安格利亚，忠于约克王朝的德拉波尔家族、霍华德家族被新国王的铁杆支持者，牛津伯爵约翰·德维尔（John de Vere）取代。亨利决定避免让米德兰兹出现独霸一方的豪强贵族，而是让实力较弱的权贵争夺地区霸权，其后果是破坏当地的法律与秩序。在西南方，多布尼勋爵贾尔斯（Giles，Lord Daubeney）几乎获得了国王的全部恩赏。然而，这样的恩赏未必会让受恩之人誓死效忠；不仅接受封赏的领主有可能不领情，得到好处的地方政治共同体也有可能更想对地方领主而不是对国王尽忠。尽管在取得博斯沃思战役的胜利之后，亨利为恩赏有功之臣，重新分配了英格兰的封建领地，但无论如何分配，肯定会有人心存不满，也会有人抱怨未能得到应有的奖赏。

亨利继位之后，理查三世的支持者乱了阵脚，不知道是应当抵抗到底，还是应当归顺新的政权。虽然一些人继续抵抗亨利的统治，一些人遭遇了牢狱之灾，一些人被处以极刑，还有的人逃跑了，但绝大多数理查的支持者都与亨利达成了和解。尽管如此，亨利仍然疑心自己受到威胁，担心王位难保。从登上王位的那一天起，亨利就一直生怕出现血统更为纯正的挑战者。两位年幼的王子神秘失踪，不禁令人盼望、期待着在哪一天他们会重返英格兰。既然外部干预在 1470 年、1471 年[①]曾推翻在位的国王，令朝代更迭，又帮助亨利七世当上了国王，那么就不能排除外部势力再次出手，推举其他的王位争夺者。

没过多久，英格兰就爆发了叛乱，证实了亨利的担忧不是杞人忧天，王位随时有被夺去的危险。北方是理查三世心腹的聚集地，仍然有大批臣民对他忠心耿耿，在 1485 年、1486 年发生过叛乱；只不过，这几次叛乱都是普通民众发起的，地主阶层谨小慎微，没有贸然反抗新政权。1485 年年底，亨利释放了诺森伯兰伯爵、威斯特摩兰伯爵这两大北方领主。然而，亨利只在自己感到高兴时才让他们官复原职[②]，并开出了相应的条件[③]。在亨利执政的前几个月，苏格兰就已经蠢蠢欲动，想要趁机搅乱英格兰的政局。在爱尔兰，基尔代尔伯爵于 1485 年 10 月率领爱尔兰的政治共同体以理查国王的名义召开了议会，拒不承认新政权。

1486 年年末到 1487 年年初，一个小男孩来到了爱尔兰，声

---

① 1470年，亨利六世在法国的帮助下驱逐爱德华四世，夺回王位；1471年，爱德华四世得到勃艮第公爵的支持，囚禁亨利六世，再次成为国王。

② 在理查三世统治时期，诺森伯兰伯爵是中部边境领地的领地长官，而威斯特摩兰伯爵则是达勒姆的治安法官，并且还是负责执行英格兰、苏格兰两国停战协议的特派专员。

③ 诺森伯兰伯爵承诺忠于新政权，绝不犯上作乱，而威斯特摩兰伯爵则交出了长子的监护权。

称自己是约克王朝两位先王的侄子沃里克伯爵爱德华·金雀花(Edward Plantagenet)[①]。当时没有人提出异议。阿尔斯特的编年史家卡塔尔·麦克马纳斯·马圭尔(Cathal MacManus Maguire)认为，在当时争夺王位的两个英格兰国王中，这个小男孩才是真正的王位继承人，而不是那个“威尔士人”。但其实货真价实的沃里克伯爵早就被关进伦敦塔里了，而这个“冒名顶替的男孩”是兰伯特·西姆内尔(Lambert Simnel)，是不愿意与新政权和解的约克党推出的傀儡；林肯伯爵约翰·德拉波尔(John de la Pole)即便不是始作俑者，也是阴谋的领导者，而勃艮第公爵的遗孀约克的玛格丽特(Margaret of York)则秉持了利用公爵的宫廷支持约克党密谋的一贯做法，是阴谋的幕后支持者。1487 年 5 月，亨利得知，一支叛军舰队已经扬帆西去，即将入侵爱尔兰。5 月 24 日，约克党在都柏林的基督教会大教堂举行加冕仪式，从圣母马利亚的雕像上取下宝冠，将这个男孩立为“爱德华六世”。基尔代尔伯爵扮演了拥王者的角色，而掌握政权的盎格鲁-爱尔兰统治阶层几乎全都成了约克党国王的支持者，只有沃特福德镇的领袖提出了抗议。亨利本想率军前往爱尔兰领地平叛，叛军却先发制人，在 6 月 4 日进入英格兰。叛军在坎伯兰登陆，向东南方进军，横穿约克郡。诺森伯兰伯爵率领英格兰规模最大的私人军队，没有南下支援亨利国王，而是直接北上，与叛军对抗[②]。6 月 16 日，双方的大军在特伦特河畔纽瓦克附近的斯托克交战。亨利的支持者数量远超叛军人数，取得了

---

① 即爱德华四世的弟弟、理查三世的兄长，克拉伦斯公爵乔治·金雀花的儿子。

② 林肯伯爵派兵佯攻约克城，诺森伯兰伯爵率军救援，中了调虎离山之计，未能与国王的军队汇合，与约克派的主力部队作战。

玫瑰战争最后一场战斗的决定性胜利。爱尔兰轻装步兵虽然骁勇善战，但缺少铠甲，大概有 4 000 人战死沙场。

1485 年，一种前所未闻的可怕流行病席卷英格兰，而且只有英格兰出现了这种病例。这就是汗热病，又称 sudor Anglicus，即“英格兰汗热病”①。当时的英格兰人尤其喜欢对事情做预判，他们把这个病说成是不祥之兆，预示着亨利会像折磨病患的汗热病一样，榨取臣民的“血汗”。亨利“严酷”的统治有多种表现形式。他自幼在异国宫廷的纸醉金迷中长大，从一开始他的目标就是要变成富人，因为财富不仅意味着权力，还能带来安全感。按照英格兰传统，国王想要征税，必须先获得臣民的同意，就是要在议会上征得各地代表的同意。中世纪末期，这一原则越来越深入人心，所以如果想要绕过议会，直接向臣民征税，国王就不得不用宽慰的话将税款说成是臣民“忠心的捐赠”“仁慈的善行”（在亨利的统治下越发愤世嫉俗的英格兰人会将这种征税行为说成是国王“恶意而为”）。在和平时期，人们认为国王应当自给自足，“靠自己的收入过活”，以史为鉴的谨慎之人仍然没有忘记，在 1381 年爆发的瓦特 · 泰勒农民起义中，半数的英格兰臣民是怎么就国王定下的严苛税率和开征的新税表示抗议的。法国国王习惯任意征税，如果英格兰国王如法炮制，就有可能大祸临头。

刚继位时，亨利就成了自诺曼人征服以来领地面积最大的土地所有者。他名下的领地面积相当于亨利六世的 5 倍，而且从这位

① 汗热病分为两个阶段，分别为冷颤阶段、汗热阶段，一般发生在夏季及初秋，最后一次暴发是在1551年。学界至今也未能找到发病原因，但有人提出其病原体可能是某种汉坦病毒。

前朝国王惨痛的经验中吸取了教训：但凡获得了土地所有权，绝不转让他人。亨利不仅获得了兰开斯特公爵领，还鲸吞了约克公爵领和莫蒂默家族的马奇伯爵领。管理王室直属领地时，亨利不讲情面，奉行效率至上原则；1505—1509 年担任兰开斯特公爵领事务大臣的理查德·恩普森爵士（Sir Richard Empson）就很符合这个要求。由于亨利在剥夺合法继承人的继承权时顾虑很少，不少贵族家族，如伯克利家族的领地都被没收了。这是触犯了土地所有权和继承权的神圣不可侵犯性，亨利之前的国王因此倒台。拥有土地就等于有了权力，不只是有了土地带来的财富，还有与土地不可分割的领主权，在和平和战争年代，只要拥有领主权，就可以要求臣从为领主效命。亨利七世比先王占有的直属领地更广阔，恩赏臣下的砝码更多，这就大大提升了中央政府对各郡的控制力。国王任命地方官员，在各地乡绅阶层中培植追随者和臣仆，让他们对自己忠心，为其效力，这是加深、维持地方对王权的依附性的重要手段。过去，包括领地总管、土地勘测员、领主权受让人、城堡军事长官在内的官职任命权是大贵族用来在各省份建立霸权的筹码，现在这些官职的任命权全都落到了国王手中。1489 年，沃里克郡的贵族受到了“不法聚集家臣”的指控（“聚集家臣”指集合社会地位低下的‘卑贱之人’，在短时间内将他们组织成作战力量。），这是亨利七世在警告大地主不能为了暴力对抗而私自纠集军队，明确指出国王是英格兰唯一有权“聚集家臣”的封建领主。地方官员变成了国王的亲信，地方官职则变成了连接中央王权与乡绅阶层的纽带，在中央与地方之间建立起具有重大政治意义的新型关系，这是下个世纪英格兰政治的一大特点。

亨利七世统治期间，采取激进的财政政策。国王是封建土地保有制度的统领者，对直属封臣的领地享有特权，国王有一部分收入是从这些特权上获得的。当初，为了弄清国王究竟能拥有哪些具体的特权，亨利即位后不久就成立了一系列大规模的调查委员会。只是，国王对封地特权和财政收入这般穷追不舍、竭力挖掘，想必会触及直属封臣及其家族的利益和安危，引发矛盾。亨利行使王权的方式虽然符合法律规定，实际执行起来却越来越极端、越来越有侵略性，臣民不仅又恨又怕，还怀疑起国王行为的合法性。国王想要靠积累财富来获得安全感，但如果因此动用暴政进行压迫，或者独断专行，令人怀疑统治的合法性，那他就有可能破坏当初想要实现的那种安全感。在《乌托邦》中，莫尔笔下的虚构人物希斯拉德谈起了一系列君主用来增加财政收入的手腕：假设国王及其近臣提议在还债时要抬高币值，在收税时要让币值贬值；假设他们翻出年代久远，早已失效的法律，里面有现在没人会记得且几乎所有人不知不觉都违反过的法条，以此为由来收取罚金。此类诡计被君主粉饰成了“公平正义”。莫尔没有指名道姓，但《乌托邦》所揭露的诡计影射出亨利及其近臣的所作所为。

1496 年，一位旅居英格兰的弗罗伦萨人感叹道：“国王令臣民畏惧，而不是受他们爱戴。”新政权面对重重威胁，统治者要面对残酷的现实。尼可罗·马基雅维利（Niccolò Machiavelli）的《君主论》（*The Prince*，1513 年成书）不仅令英格兰人深感震惊，还激起了他们对权谋之术的兴趣，亨利七世早先借鉴了书中马基雅维利对君主的建议，被迫在受人爱戴和令人敬畏中做出了选择，他认为做一位严厉的君主更安全。亨利运用权术，制定针对性的谋略，好随时让臣民与自己一道背负王国的风险。夺位后不久，亨利便开始要求地位显赫的权贵缴纳保证金。那些因为犯罪而被依法处以罚款，或者答应以后会规矩行事而被迫缴纳保证金的贵族，都会支付大量的金钱，有时数额大到令人瞠目结舌。然而只要他们顺从，亨利就会网开一面，只要求他们每年支付很少一笔钱。用这种方法，亨利不仅惩治了罪犯，还让罪犯的亲朋好友承担了为其做保证人的义务。贵族的后代也在王权的威慑下唯命是从。所以说，保证金不仅能增加财政收入（可能是保证金制度的主要功能），还能令臣民恭顺效忠。埃德蒙·达德利（Edmund Dudley）在 1506 年被任命为御前会议首席大臣，他认为，亨利只是将收取保证金当成是威胁臣民的手段，“打心眼里就没想过要使用它们”。

退位前最后几年，亨利更加倚仗保证金来控制权贵，让人难以忍受。1502—1509 年，英格兰贵族中有多达 2/3 的人受到国王的经济处罚，要么是为自己缴纳保证金，要么是作为其他贵族的担保人连带承担罚金。阿伯加文尼勋爵乔治·内维尔（George Neville）被罚的经历是最极端的案例：1507 年，内维尔因集结了一支 471 人的武装力量被处以 7 万镑的巨额罚款。虽然亨利后来将罚金减到 5 000 镑，分 10 年付清，却附加了极为苛刻的条件：除非获得国王的许可，否则从此以后，内维尔永远也不得进入肯特、萨里、汉普郡、苏塞克斯，上述四郡恰好是内维尔的领地和权力的所在地。集结家臣的罪行在当时很普遍，而内维尔是唯一因此遭受审判的贵族。当然，内维尔此番遭遇也是因为他犯过更严重的罪。据传，1497 年他曾唆使萨福克伯爵埃德蒙·德拉波尔（Edmund de la Pole）背叛国王，加入叛军阵营，这可是对国王的背信弃义，是要被判叛国罪的。亨利没有常备军，要依靠权贵的军事力量护驾，所以生怕他们也发动叛乱。于是，权贵势力就变成了一柄达摩克利斯之剑，令亨利寝食难安。那位在1496年指出亨利“没有被臣民爱戴，而是让他们畏惧”的弗罗伦萨人又做了预言：“一旦机缘巧合，出现了拥有王室血统的王位争夺者”，那么势必出兵应战的亨利就会被臣民抛弃。

* * *

1491年，预言应验，一位比兰伯特·西姆内尔更加危险的王位争夺者粉墨登场。坊间传言认为，约克公爵理查·金雀花（Richard Plantagenet）得到上帝的保佑，没有被叔叔理查三世谋害，而是逃出了伦敦塔，秘密前往国外。现在，这位理查王子准备夺回本应属于自己的王位。这个假借理查·金雀花之名争夺王位的冒名顶替者其实是珀金·沃贝克（Perkin Warbeck），他高超的演技重新点燃了约克党复辟约克王朝希望，不仅反映出血统对王位继承的重要性，也说明亨利七世的统治不得人心。不仅是对现状不满的英格兰人支持这个冒名顶替者，就连国王的内廷也出现了投向叛军一方的内鬼。在过去6年中，沃贝克成了欧洲各国宫廷的座上宾，神圣罗马帝国皇帝马克西米利安（Maximilian），苏格兰国王詹姆士四世（James Ⅳ），法国国王查理八世（Charles Ⅷ）和勃艮第的玛格丽特都热情地接待过他。玛格丽特认为沃贝克如假包换，和自己那位死里逃生的侄子简直一模一样，而其他几位认为沃贝克是一盘妙棋的棋子，可以帮他们实现外交及领土方面的野心。这个约克党的“傀儡”“偶像”三番五次地对亨利七世造成威胁，想要复辟约克王朝，令内战死灰复燃。

起初，亨利努力维持着英格兰、苏格兰两国的和平关系。

1485 年 10 月、1488 年年初两国险些刀兵相向，但亨利七世在 1486 年 7 月与苏格兰国王签订了为期 3 年的停战协定，即便詹姆士三世（James Ⅲ）在索奇伯恩与反对派的贵族作战不幸身亡，两国后来也没有爆发战争。双方又在 1488 年、1491 年和 1492 年签订了新和约，但这些并不是两国亲善的表现，而是为了防止对方突然发难采取的预防措施。法国是另一个与英格兰积怨的宿敌，也是苏格兰的长期盟友；当法国国王查理八世想要吞并布列塔尼时，亨利的第一反应就是保持中立。布列塔尼公爵领曾经是亨利流亡国外时的避风港，所以亨利想要通过外交斡旋，让法国与公爵领达成和解，最终却以失败告终。亨利在 1489 年、1490 年曾两次派兵保护布列塔尼，还计划进行第三次远征。之所以如此挑衅地加以干预，是因为他在 1489 年 2 月在多德雷赫特与神圣罗马帝国皇帝马克西米利安结成了同盟，同年 3 月又在梅迪纳德尔坎波与阿拉贡的费尔南多（Ferdinand of Aragon）、卡斯蒂利亚的伊莎贝拉（Isabella of Castile）缔结了盟约。查理八世在 1491 年 12 月迎娶了布列塔尼女公爵安妮（Duchess Anne of Brittany），并借此机会吞并了布列塔尼，导致英格兰之前的军费投入打了水漂。在这紧张的外交局面下，作为“棋子”的珀金·沃贝克出现了。

与之前一样，沃贝克先来到爱尔兰。1491 年 11 月，“理查·金雀花”乘船抵达科克，接受了德斯蒙德伯爵的效忠，并在伯爵的帮助下获得了芒斯特地区的支持。基尔代尔伯爵没有表示支持，也没有出手阻止。亨利派兵进入爱尔兰，想要控制中部、南部地区，在这一军事威胁下，1492 年 6 月基尔代尔伯爵的爱尔兰总督职位被罢黜。基尔代尔伯爵因免职而蒙羞，亨利又恩赏菲茨杰拉德家族[1]的死敌巴特勒家族，这样就不可避免地引爆了两大家族的积怨，令双方的追随者拔刀相向。失去了基尔代尔伯爵的保护，英格兰在爱尔兰的殖民地很快就成了爱尔兰人烧杀抢掠的目标。沃贝克离开了爱尔兰，但不久后还会返回。

1492 年春，沃贝克来到了法国王庭，亨利紧追不放，准备远征法国。他一边集结大军，一边收税，做好全面开战的准备，但最终还没有与法国交战就罢兵还朝了。连续三次拖延远征计划之后，亨利终于在 1492 年 10 月率领由 1.5 万名士兵组成的大军渡海前往加莱，但很快就接受了查理八世优渥的条件，率军离开了法国。法国国王开出高价求和[2]，是因为他想要在意大利大展身手。《乌托邦》中的希斯拉德回想，有一位国王和参赞商量要假装与外国开战，以此为由向臣民收取税款，然后再堂而皇之地与敌国讲和。亨利治下的那些愤世嫉俗的臣民就是这么看英格兰远征法国的。1492 年 11 月，查理国王在埃塔普勒向亨利承诺，要将沃贝克驱逐出境。沃贝克仿佛一件商品可以随意买卖。离开法国后，沃贝克前往勃艮第玛格丽特的宫廷。消除了发动对外战争的担心之后，亨利开始专心应对国内的威胁，而这一刻攘除内乱正是当务之急。

亨利开始着手平定爱尔兰，他不仅要让不尊王令的殖民地俯首帖耳，还要征服“野蛮的爱尔兰人”——亨利向法国国王吹嘘过他要这么做。爱尔兰一旦发生叛乱，会对英格兰国王造成双重威胁，因为叛乱不仅会扰乱当地的局势，还会令爱尔兰成为外敌入侵

① 基尔代尔伯爵、德斯蒙德伯爵均为菲茨杰拉德家族的成员。

② 查理八世除了答应将珀金·沃贝克驱逐出境，还承诺向亨利七世支付15.9万镑的战争赔款。

英格兰的后门。1493 年 9 月，亨利在特里姆召开大议事会，一方面作为国王，想与盎格鲁－爱尔兰领主达成和解，一方面想要消除盎格鲁－爱尔兰领主阶层内部的矛盾。以基尔代尔伯爵为首，一共有 16 位领主承诺会缴纳巨额保证金，以表维护爱尔兰和平，摒弃盖尔习俗的决心。一年后的 1494 年，亨利七世任命年仅 4 岁的幼子约克公爵亨利为国王在爱尔兰的全权代理人，爱德华·波伊宁斯爵士（Sir Edward Poynings）以亨利副手的身份，实际出任爱尔兰总督的职务。波伊宁斯既要驯服想趁机犯上作乱的爱尔兰封建领主，又要防止地方势力架空国王在爱尔兰建立的政府机构，同年 10 月他前往爱尔兰赴任，不辱使命，留下了意义深远的政治遗产。1494 年冬，波伊宁斯在德罗赫达召开爱尔兰议会，通过法案，明确了爱尔兰宪法的从属地位，以及爱尔兰中央政府是英格兰中央政府的附属机构。按照“波伊宁斯法”的规定，只有得到英格兰国王的准许，爱尔兰才能召开议会；此外，所有提交爱尔兰议会审议的议案都必须事先得到英格兰国王及御前会议的首肯。英格兰官员替代盎格鲁－爱尔兰官员在爱尔兰政府担任要职，并垄断了司法部门。1495 年年初，桀骜不驯的基尔代尔伯爵被逮捕，因为他与国王的盖尔人敌人串通，遭到了密谋叛国的指控，又因为与德斯蒙德伯爵、苏格兰国王詹姆士四世沆瀣一气，被指控妄图推翻英格兰王权在爱尔兰的统治。基尔代尔伯爵最终被押解到英格兰。

然而，爱尔兰的局势并没有风平浪静，全面叛乱一触即发。德斯蒙德伯爵背离了效忠亨利国王的誓言，在芒斯特境内四处为沃贝克寻求支持。北部的两位盖尔酋长特康奈尔的奥唐奈（O’Donnell of Tirconnell）、克兰迪博伊的奥尼尔（O’ Neill of Clandeboye）宣布支持沃贝克；西部的克兰里卡德的伯克家族也加入了支持沃贝克的阵营。1495 年 8 月，奥唐奈乘船前往苏格兰，与詹姆士四世结成同盟。爱尔兰领主的真实目的不是为了复辟约克王朝，而是为了实现家族的野心，这使得他们对中央王权的敌对以及结盟行动都不会让亨利掉以轻心。在入侵肯特惨遭失败，被驱逐出英格兰之后，沃贝克于 1495 年 7 月在约尔登陆，率领叛军围攻沃特福德，这次也吃了败仗。铩羽而归后，德斯蒙德伯爵撤到芒斯特的荒野中，而沃贝克则逃往苏格兰，寻求苏格兰王庭的庇护。亨利生性多疑，一直不愿信任手下的权贵，自然也不会信赖盎格鲁－爱尔兰领主。而盎格鲁－爱尔兰领主也不愿相信亨利，一有机会就会做出不忠之举。然而，这一次亨利决定让基尔代尔伯爵成为英格兰在爱尔兰统治的依靠，利用伯爵的私人权威来加强英格兰国王在爱尔兰的领主权。1496 年 10 月，基尔代尔伯爵以爱尔兰总督的身份回到了爱尔兰。

无论是反对者在国外策划的阴谋，还是爱尔兰各大领主的失信，都比不上约克党在英格兰境内策划的复辟阴谋危险，也无法与那些表面上忠心耿耿的臣仆叛逃所造成的威胁相提并论。密探、双面间谍不断汇报各种阴谋，令亨利揪心，有一个约克党逃犯罗伯特·克利福德爵士（Sir Robert Clifford）成了国王的关键证人。1494 年年底，亨利认为之前的猜疑都得到了印证：宫廷大臣威廉·斯坦利爵士（Sir William Stanley）、宫廷总管菲茨沃尔特勋爵约翰（John, Lord Fitzwalter）虽然位高权重，是新政权的既得利益者，暗地里却是约克党的支持者。即便是那些被国王器重的贵族也不一定会誓死效忠。一旦内廷出现叛徒，那么国王就有可能面临被刺杀的危险。1495 年年初，亨利大张旗鼓地举行了公开审判，不少头面人物被推上被告席：斯坦利爵士，菲茨沃尔特勋爵，沃里克郡的大地主西蒙·芒福德爵士（Sir Simon Mountford），王室珠宝事务官威廉·多布尼（William Daubney, Clerk of the Jewels），前加莱财政大臣托马斯·思韦茨（Thomas Thwaites, ex-Treasurer of Calais），甚至连圣保罗大教堂的主任牧师，多明我会英格兰分会会长也被牵连。显然，所有这些被告都对亨利的政策心有不满。西蒙·芒福德曾在沃里克郡担任过要职，之后被排挤出了权力中心。他目睹了沃里克郡因国王治理不当出现危机，社会秩序因此遭遇威胁的过程，还发现国王的亲信虽然是混乱的罪魁祸首，却没有受到惩处，反倒加官晋爵。也许斯坦利和芒福德的确参与了密谋，也有可能这两人被栽赃陷害，担上了莫须有的罪名，而亨利这么做一方面是想杀鸡儆猴，另一方面是想平定有着两人土地和权力根基的米德兰兹的混乱局面。据传，斯坦利曾经声称，如果沃贝克真的是理查·金雀花，绝不会与他作对。这样说无异于否认要对国王效忠，但认为与都铎家族相比，约克家族是更为正统的王位继承者，只是当时公认的真理。公开审判之后，相互猜忌的阴云笼罩政坛，英格兰臣民人人自危。1495 年 10 月，议会通过《就事论事法案》(De Facto Act)，反映出尽管博斯沃思战役已是十年前的事了，王权的归属仍然令英格兰的臣民惶惶不安；按照法案规定，为亨利出战的臣民不应该被未来某个国王视为叛国。就像亨利不会将为理查三世奋战的臣民看作叛徒一样。法案的通过正值沃贝克争取到苏格兰王权的支持之时，他的阴谋也进入了最危险的阶段。

詹姆士四世把前来苏格兰王庭避难的沃贝克当成了理查·金雀花，让他与凯瑟琳·戈登（Katherine Gordon）[①]结了婚（沃贝克被迷得神魂颠倒，称她为“苏格兰最闪亮的明珠”)。詹姆士四世张

---

① 其父为第二代亨特利伯爵乔治·戈登。

罗着准备帮助这位“理查四世”争夺亨利的王位。第四代诺森伯兰伯爵领教了亨利七世的厉害，却仍然不够敬忠且独霸一方，所以当他在 1489 年被谋杀之后[①]，亨利没有再让其他的地方权贵独霸北方，反而命令理查三世曾经的支持者萨里伯爵托马斯·霍华德（Thomas Howard，Earl of Surrey）负责掌管那里。霍华德曾经在博斯沃思为理查国王作战，需要机会来将功赎罪。霍华德的领地和权势集中在东安格利亚，相当一部分权力仍然受王权的控制，只能逐步归还[②]。1496 年秋，斯图亚特 - 金雀花联军进入边境领地烧杀抢掠，准备大举南侵，亨利不仅要应对南下的苏格兰敌军，还要提防英格兰北方贵族和乡绅。然而，亨利武装抵御——比起对付约克王朝的继承人，他们可能更反对宿敌苏格兰——沃贝克的入侵并没有造成北方势力的叛乱。荣耀是依靠复仇赢来的。英格兰向入侵的苏格兰宣战，大军集结起来发动进攻。9 月 20—22 日，斯图亚特 - 金雀花联军在科尔德斯特里姆越过边境线，进入了英格兰。当发现北方没有响应，发动反抗都铎王朝的叛乱后，“理查四世”撤回了苏格兰，而詹姆士四世也选择了闪电撤退的战术，没有与英格兰军队正面交锋。

就在英格兰军队开弓没有回头箭，向北进逼贝里克时，亨利突然收到了西部叛变的消息，他这时只能眼睁睁地看着叛军长驱直入英格兰。康沃尔位于英格兰的西南角，保留着凯尔特文化传统，1497 年 5 月中旬这里爆发了反抗都铎王朝的叛乱；这次叛乱有广

---

① 1489年，亨利为筹措用于远征布列塔尼的军费而征收重税，在约克郡引发了暴乱；诺森伯兰伯爵成为暴徒的袭击目标，在4月遇袭身亡。

② 1489年5月，亨利恢复了霍华德的爵位，但却仍然保留了伯爵领内大部分土地的控制权。

大群众响应，他们反对中央政府直接、广泛地征收重税，整个西部共同体对都铎王朝的统治普遍不满。多塞特、萨默塞特曾经是坚定支持亨利·都铎的地区，但这次那里有至少 25 名乡绅在奥德利勋爵（Lord Audley）的带领下参加了叛乱。“理查四世”声称亨利是个暴君，使用“卑鄙的手段”榨取民脂民膏，但这一谴责没能让英格兰北方居民揭竿而起，却引起了西部居民的共鸣。康沃尔叛乱并不仅仅是为了抗议沉重的赋税。他们还打算进军伦敦，释放囚禁在伦敦塔中的沃里克伯爵，复辟约克王朝。叛军在英格兰南部如入无人之境，从康沃尔出发一路向东，进入肯特郡，捷报频传，令许多英格兰臣民犹豫不决，不知是否应当继续向亨利七世效忠。阿伯加文尼勋爵造访牛津郡的尤韦尔姆，与萨福克伯爵埃德蒙·德拉波尔秉烛夜谈：“时机已到，如有所图，应当机立断。”[①] 如果英格兰贵族选择的话，他们可能会重启玫瑰战争。就连叛军挺进伦敦郊外的布莱克希思，离伦敦塔只有咫尺之遥时，也没有遭到反抗。叛军想要争取肯特郡居民的支持。宫务大臣多布尼勋爵是王室军队的指挥官，考虑到叛军中有些指挥官是自己的西南部盟友，所以他不愿意与叛军交战。然而，就在都铎王朝命悬一线时，英格兰中南部臣民组成的政治共同体站在了亨利这一边，于 6 月 17 日在布莱克希思大败叛军。9 月 7 日，沃贝克终于在兰兹角登陆，却错过了利用康沃尔叛乱登上王位的时机。之后几年，中央政府发起多次调查，想了解有多少人对国王不忠。取胜后的亨利并没有感到王位稳如泰

① 6月13日，奥德利勋爵率领的叛军到达距尤韦尔姆仅有几公里之遥的沃灵福德后，阿伯加文尼勋爵的这一席话有可能令埃德蒙·德拉波尔加入叛军的阵营，而这也正是亨利在数年后秋后算账，惩罚阿伯加文尼勋爵的原因。

山，也没有放松之前制定的高压政策，反倒在之后的一段时期内采用了更加恐怖的镇压手段。

只要还有约克王朝的继承人一息尚存，白玫瑰的支持者就不会失去希望。沃贝克就像是“五朔节狂欢的主角”，将理查·金雀花这一角色演得淋漓尽致，最终在 1499 年 11 月被处以极刑，而与他一起引颈受戮的还有那位虽然没犯任何罪，但具有威胁的真正的沃里克伯爵。之后亨利一反常态，先后两次让埃德蒙·德拉波尔逃往国外，为此付出了巨大的代价[①]。1501 年，德拉波尔前往哈布斯堡王庭寻求庇护，成了神圣罗马帝国皇帝马克西米利安、查理大公二人手中的筹码，让他们以借款为由狠狠敲诈了亨利七世。为了维护王国的和平，避免根基不稳的都铎王朝再经风雨，亨利只得乖乖就范。

* * *

1503 年，都铎王朝的继承人约克公爵亨利，即后来的亨利八世还是一个年仅 10 岁的小男孩，出生以后一直都生活在王后的宫闱之中，没有学习帝王之术。1502 年 4 月，亚瑟王子因病去世，加上亨利国王年老体弱，再次提醒世人令人担忧的王国后继无人的前景。1504—1506 年，加莱的守军军心不稳，主将经常背地里议论王位继承问题。尽管都铎王朝统治英格兰长达 20 年之久，却仍

① 埃德蒙·德拉波尔的母亲是第三代约克公爵理查·金雀花（即爱德华四世、理查三世的父亲）的女儿，所以他作为理查三世的外甥，在其他主要约克王朝的继承人死后，成了王位的主要继承人，对亨利七世造成了严重的威胁。在1497年的叛乱中，他没有受到阿伯加文尼勋爵的影响，仍然忠于亨利，与叛军作战。

然没有人看好亨利国王的儿子，反倒是两位约克王朝的继承人成了守军将领讨论的热门人物，一些人认为埃德蒙·德拉波尔是最合适的人选，另一些人则认为白金汉公爵爱德华·斯塔福德（Edward Stafford，Duke of Buckingham）众望所归。英格兰人忧心忡忡，有一些人“不管时局如何变化”，甚或王朝被推翻，都试图确保自己的地位不被动摇。对任何新王朝来说，开国国君能否顺利地将权力传给子嗣是最大的挑战，爱德华四世两个儿子的悲惨命运还历历在目。御用诗人约翰·斯凯尔顿（John Skelton）告诉亨利王子许多有关国王郁郁而终的悲剧。

即便到了亨利七世统治的最后几年，英格兰政治环境仍然充斥着变化无常的气氛，令人坐立难安。亨利拥有卓越的政治智慧，他运用权谋之术取得了巨大成就：他为王权积累了大片土地、财富；一方面击败了内敌，一方面又保持与苏格兰、欧洲邻国的和平关系；在爱尔兰扭转颓势，保住了英格兰的殖民地；让长子亚瑟迎娶阿拉贡的凯瑟琳，后又将长女玛格丽特嫁给了苏格兰国王詹姆士四世，利用政治联姻为都铎王朝创造了良好的国际环境。然而，亨利之所以能够稳坐英格兰王位，完全是依靠他自己对局势的强大控制力，而这一特点很有可能反过来成为都铎王朝的弱点，令其在短时间内瓦解。过度谨慎，胡乱猜疑，谙于城府的个性令亨利极少信任他人，很少听取臣下的谏言。与亨利八世不同，他与臣下疏远，不容易被人操控，所以在他统治的时期，辅佐国王治理国家的权贵很难有结党营私的机会。在亨利七世的统治下，他们成了烘托王庭帝王气派的装饰品；尽管到了亨利七世统治的后期，他们渐渐在地方上被委以重任，却仍然被中央政权排除在外，无法参与核心政策的制定。自称“理查四世”的沃贝克指责亨利国王重用出身低微的人并非空穴来风，因为亨利不会选用那些已经拥有领地和爵位的重臣，反倒更加青睐无权无势，完全依靠他的提携飞黄腾达的政坛新秀。

生活在亨利七世统治时期的英格兰人，不管是编年史家，还是想要推翻都铎王朝的反对派，都认为亨利国王能独立做决断，不会轻易受他人左右，只有少数几位大臣有可能在一定程度上影响国王的决断：以坎特伯雷大主教枢机主教莫顿、温彻斯特主教理查德·福克斯（Richard Fox, Bishop of Winchester）为代表的教士出身的重臣；以多布尼勋爵贾尔斯、托马斯·洛弗尔爵士（Sir Thomas Lovell）为代表的在内廷担任要职的贵族、骑士；以雷诺·布雷爵士（Sir Reynold Bray）、理查德·恩普森爵士、埃德蒙·达德利为代表的平民出身的律师、行政人员。上述大臣的出身背景复杂，却都有一个共同之处，即他们都是御前会议的成员。御前会议接受国王的直接领导，肩负司法、行政和执行等要职，总揽大权，是王室中央政府的核心，到了亨利七世统治时期，权力更是上了一层楼。亨利七世领导的御前会议规模庞大，虽然没有明确的部门分工，却担负着多种职责，而侍奉国王的御前会议委员则组成了中央政府的“内部小集团”，地位举足轻重。御前会议的一般成员直接接受国王指挥，负责中央政府的日常政务，尤其重要的是，只要御前会议召开会议，国王多半会出席，主持大局。1497 年的危机令御前会议的地位受到了一定的影响。西班牙大使在向国内汇报时提到，亨利国王已不再听取某些御前会议委员的谏言，打算进一步削减御前会议的权力。渐渐地，御前会议内部的各种委员会（比如在 1498 年或 1499 年成立的法学委员会）获得的权力增多，而掌权的重臣人数减少，其中以律师出身的平民为主。

御前会议大臣位高权重，他们渐渐开始收受贿赂、作威作福，利用公职谋取私利。埃德蒙·达德利及其副官名声不佳，背负着骂名，王室小圣堂的成员威廉·科尼什（William Cornysshe）的作品《恩普森之歌》（“A Ballad of Empson”）就指责理查德·恩普森爵士惯于敲诈勒索、贪污索贿。

只要招惹你，就没好结局
不管贵与贱，破财命有忧
大权手中握，随意把罪定
叛国与重罪，任由你宰割。

然而，政府不应是个人治国理政的权宜之计，而应当是弘扬道德的组织形式。1501 年，罗伯特·普兰普顿爵士（Sir Robert Plumpton）因土地的归属权与恩普森对簿公堂[①]，败诉之后，伊丽莎白·德拉波尔女爵（Dame Elizabeth de la Pole）向“为拯救我本人和全人类而被钉上十字架的仁慈的耶稣”求助，希望普兰普顿得上帝

① 普兰普顿家族是一个在英格兰北方拥有悠久历史的乡绅家族。1461年，威廉·普兰普顿唯一的儿子参加陶顿战役，战死沙场，只留下了两个女儿作为家族地产的继承人。威廉做了两手准备，一边为孙女寻找合适的夫婿，一边又声称自己的私生子罗伯特其实是婚生子，只是当时举行的是秘密婚礼，所以罗伯特有权继承家族领地。1472年，罗伯特的继承权得到承认之后，威廉没有按照两个孙女婚约的规定来分配家产。1480年，威廉去世之后，威廉的两个孙女婿开始与罗伯特争夺家族领地，最终双方在1483年达成和解，案件以罗伯特向二人让出部分地产告终。1496年，理查德·恩普森将女儿嫁给其中一个孙女的儿子后发起诉讼，与罗伯特争夺普兰普顿家族的地产，最终依靠强大的权势，夺走了罗伯特继承到的领地。

保佑，战胜“那个恶意中伤、弄虚作假的讼棍恩普森”。总的来说，英格兰臣民认为凡是与国王的利益相关的案件，司法公正都会受到影响的观点并非毫无依据。尽管一直以来，臣民在批评国王的政策时，都会将“奸滑的近臣”视作罪魁祸首，但亨利七世统治时期近臣的一举一动全都得到了国王的授权，国王事无巨细，几乎不会给近臣钻空子的机会，甚至连亲信也不例外——1507 年，恩普森为自己申请庄园总管[①]的职位时，将期限定为终身，而国王则在审查申请文件时，亲自将期限改为“由朕钦定”。

亨利用国王的宫室取代国库，越来越多地承担起了管控财政收支的任务，从而加强国王个人对中央政府的控制力。这一措施不仅是亨利敛财的手段，还是施政系统的中心，是他对财政，乃至对政局增强控制力的法宝。一个世纪之后，弗兰西斯·培根（Francis Bacon）在《亨利七世统治史》（*The History of the Reign of King Henry the Seventh*）中提到，这是一部记录“英格兰的所罗门”的历史，因为“所罗门与亨利七世一样横征暴敛，导致民生凋敝”。培根记录了这样一个故事：一位廷臣训练猴子，让它去撕国王的记事薄，那里面有国王暗地里观察某些臣民的记录，也有提醒他哪些臣民应当受赏，哪些臣民必须受罚的备忘录。虽然这个故事多半是道听途说，可能借鉴了《乌托邦》中类似的描述，却多少揭示出亨利七世统治的特点——事必躬亲，威慑力十足。

1509 年 4 月 24 日，亨利七世那位对严刑峻法最坚定的贯彻者，没收财产、罚款时不留情面的酷吏埃德蒙·达德利被关进了伦

① 恩普森在1507年成为海厄姆费勒斯庄园、汉斯洛普庄园、科斯格罗夫庄园的总管。

敦塔。就在三天前，他的靠山亨利七世刚刚驾崩。达德利、恩普森二人被判在亨利统治时期“贪赃枉法、暴政殃民”，他们先是被控敲诈勒索，后又被扣上叛国者的帽子。尽管谁也不能确定，他们是不是真的像诉状描述得那样，犯下了密谋推翻新国王的罪行，但可以肯定的是，他们在 1509 年的 3—4 月间纠集武装扈从，一方面为了在老国王生命垂危期间维持伦敦城的秩序，一方面也是为了保住自己的性命。被判叛国罪之后，达德利成了“按照王法，论罪当诛的人”，他在狱中列出了所有因“无视亨利国王钦定的王法”而受到不公正对待的受害者，亨利在遗嘱中规定，所有受害者应当得到补偿。达德利的名单列有一百多名受害者，有地位较低的臣民，也有身份显赫的权贵。达德利记下了伦敦主教是如何以自己的圣职起誓，坚称所有针对他的指控都是一派胡言的。与世俗领主一样，英格兰的主教也被亨利七世管治得苦不堪言。达德利承认，不少人因为“鸡毛蒜皮的小事”被冠以“莫须有的罪名”，要么被处以高额罚金，要么身陷囹圄；他还承认，受害者遭到了“残酷的对待，一个个痛不欲生”“没有好下场”“家破人亡”“良心不安”。英格兰臣民之所以缴纳保证金担保自己会尽臣下的义务，是因为“在国王的逼迫下不得已而为之”。一切政策都出自国王之手，作为虔诚的基督徒，他必须为因此犯下的罪孽忏悔。

亨利去世后，编年史家虽然记录了他在政治方面的种种杰出表现，但同样没有忘记，他爱财如命，令这些优点黯然失色。贪婪不是轻易就能被宽恕的过失，而是七宗罪里的重大罪行。有罪孽的基督徒必须悔过，做出相应的补偿。如果忏悔不够虔诚，补偿不足以抵罪，那么即便是国王也有可能堕入地狱，接受魔鬼的虐待。

第二章

家庭与友邻

都铎王朝早期英格兰的宗教与社会

在中世纪晚期的英格兰，仲夏之时，各地的城镇、村庄会出现各式各样的彩车，沿着狭窄的街道缓慢游行，走走停停。站在彩车上的演员扮演着上帝、耶稣基督、圣母马利亚、诺亚夫妇，还有的演员扮成魔鬼，在围观的人群中手舞足蹈。此类神秘剧是由城镇手工业行会组织的，比英格兰之前的戏剧形式都要受欢迎。多数城镇行会只会从《圣经》故事中挑出单独一个场景来演绎，但在约克城、切斯特、韦克菲尔德这些地方上演的神秘剧是剧情较为完整的连环剧[①]，将人类获得救赎的经历娓娓道来，从创世记一直到末日审判，一幕接一幕，用一整天的时间向观众演示上帝是如何为人类定下救赎方案的，先还原《旧约》中的事件，再上演《新约》中的故事。这个时期的英格兰社会是一个笃信基督教的社会，人人都理所当然地认为，应当崇拜上帝，将基督教信条奉为真理，一旦有人有不敬上帝的表现，就会受到制裁，不仅会在现世遭到惩罚，还会在

---

① 连环剧指以创世记为起点，以末日审判为终点，全面描述人类救赎史的神秘剧。

死后万劫不复；此外，加入教会，遵守教义，是所有人必须履行的重要社会职责。神秘剧通俗易懂，即便是目不识丁的人也能理解其中的寓意，所以能够面向所有的基督徒，让他们了解自己作为信徒必须相信的教义。

神秘剧从天堂的故事拉开帷幕，最后回到天堂那里落下帷幕。开场时，圣父最先登台界定自己：我是初始与终末的缔造者，无始无终，我是没有根源的造物主，三位一体，全知全能。我创造了天堂。接下来，撒旦登场，他心高气傲，敢反叛上帝，最终被逐出天堂，成为堕落天使。之后，上帝用圣言创造了世界，然后按照自己的模样造出第一个男人亚当和第一个女人夏娃，让他们住进伊甸园。在伊甸园中，夏娃受到了蛇的诱惑，偷吃了知善恶树结出的禁果，之后又诱使亚当犯下相同的罪行。二人不尊上帝的行为成了原罪，他们因此被驱逐出伊甸园，再也不能出现在上帝面前，这个原罪还传给了他们的世代子孙。该隐杀害亚伯之后，人类彻底坠入深渊。只有靠上帝的慈悲，出手相助，人类才有可能获得拯救。上帝让大洪水淹没了罪孽深重的世界，只让少数的人和动物活了下来——水势上涨，诺亚带领妻子、儿女登上方舟，还把每种动物雌雄各一只带了上去。诺亚跟随上帝的脚步，遵从上帝的指令。亚伯拉罕也是如此，虽然内心极度痛苦，但他毫不迟疑地准备把无辜的儿子以撒杀了献给上帝——亚伯拉罕心甘情愿地遵从上帝，通过弑子预演了人类历史上意义最为重大的献祭[①]。

1468 年之后，在东安格利亚地区，一出“名叫 Corpus Christi[②]

① 指耶稣为了拯救人类，在骷髅地被钉上十字架。

② 拉丁文，意为“耶稣的肉体”。

的表演”被写成了剧本。其中有一幕再现了天堂举行议事会时发生的一场论战，记录了中世纪晚期英格兰居民对人类救赎的主流看法。论战中代表公正的角色[①]认为，人类无止尽地冒犯上帝，应当受到惩罚。人类应当得到救赎吗？“不！不！绝不！”就在这时，代表仁慈的角色站了出来，提出“上帝全知全能，会原谅人类无尽的罪孽”。然而，想要获得上帝的宽恕，人类必须首先为自己的罪行赎罪，但人类已经堕入歧途，根本没有什么可以用来抵偿如此重的罪孽，说到底，人类拥有的一切本就是上帝的所有物。只有上帝才有能力为人类偿债，但犯下罪孽，需要做出补偿的却是人类本身。表演的另一幕中，三位一体的圣父、圣子、圣灵召开议事会，圣子提出愿意自我牺牲，代替人类弥补冒犯圣父的罪孽，以此让人类得到救赎：“父亲，只有兼具神性、人性的存在才能完成这项任务……我愿意担此重任。”上帝派下大天使加百利，让他找到女人中最受上帝祝福的马利亚，让她知道虽然自己还是处女，却将会怀上上帝的儿子，做一位保有处女之身的母亲。加百利见到马利亚时问候道：“万福马利亚，恩及众生。”此后，天主教徒一直采用这句问候来赞美马利亚。圣婴在马厩中降生，虽然家徒四壁、身份低微，但下至牧羊人，上至国王，无一不对他尊崇有加，然而在充满喜悦的同时，不禁想到他将要遭受苦难，可谓是悲喜交加。

中世纪晚期，基督徒很想了解耶稣基督的人性，于是形成了崇拜耶稣之母圣母马利亚的传统。神秘剧一边讲述着马利亚的生平，一边描述着耶稣作为人子诞生后，他的堂表兄妹、阿姨舅母和亲朋好友的生活。神秘剧的表演在一幕令“马利亚伤心欲绝”的场

---

① 中世纪的戏剧经常让各种道德属性作为角色登上舞台。

景中达到高潮，再现了一位母亲在十字架脚下痛不欲生的情景。神秘剧的重头戏是“耶稣受难”那一幕，因为在中世纪晚期的宗教生活中，耶稣受难的宗教意义超越其他一切的基督教传统——信徒最为崇拜的不是神威无限的神之子耶稣基督，而是在十字架上受尽苦难、遍体鳞伤、血流不止，展现人性弱点的人子耶稣。剧情再现了耶稣承受的极端苦难，将他描述为一个受到诱惑、遭到背叛，被人嘲讽和忍受折磨的普通人；他心甘情愿被钉上十字架，头戴荆棘冠冕，张开双臂，充满怜悯地为拯救罪孽深重的人类而献上生命。耶稣在出生时获得了人性，也会像其他人那样心存疑虑，感到孤寂，认为自己被世人抛弃。耶稣没犯下罪孽，却背负起了人类的原罪去拯救人类。他在十字架上对母亲说：

> 女人啊，你知道我奉天堂的圣父之命来到人间
> 为的就是代替你们人类，偿还亚当的罪孽。

人类折磨耶稣，把他钉在十字架上，耶稣为了拯救人类献出了自己的生命，达到爱自己的敌人的最高境界。正是耶稣受难的悲剧引出了人类得到救赎的后文。

接下来，连环剧一幕幕地生动再现了《使徒信经》(*Apostles' Creed*)[①]中描述的场景，让信徒重温这十二条自小就已熟记于心的律条。在英格兰教堂的窗户、圣坛屏和祭坛上会看到十二使徒的雕像，每个人手中都举着一面写着属于他们的律条的旗

① 基督教的传统认为，《使徒信经》为十二使徒受圣灵的启发而创作，一共包含12条信仰原则，每位使徒分别编写其中的一条。

帜。比如说，圣彼得手中的旗帜上就写着《信经》的第一条：“我信全能的天主父。”（*Credo in Deum, Patrem Omnipotentem*）[①]为了让虔诚的信徒能够全面地了解《信经》，英格兰教会将其中的文字译成英文。14世纪出现的《俗众弥撒经》（*Lay Folks Mass Book*）以韵文的文体转述了《信经》的内容：

> 耶稣因本丢·彼拉多[②]而痛苦憔悴（受到折磨），
> 全都是为了要拯救我们
> 被钉在十字架上，受难而死，
> 耶稣的肉身葬身圣墓，
> 而他的灵魂则下了地狱。

回顾了历史之后，剧情又放眼未来，最后回到天堂，将上帝审判作为结尾。末日审判是时间的尽头，全体人类，无论男女，都要接受审判；审判的依据不是他们做出的承诺，而是他们的所作所为。那些遵守耶稣基督大诫命，做到像爱己一样爱上帝、爱友邻，并在贫苦的受难者中看到耶稣的身影，因此乐善好施的信徒才能得到救赎。未能遵守戒律的人将不会得到救赎，会被诅咒下地狱。演出的最后一幕，地狱敞开大门，被判下地狱的罪人哀号不止。

观看戏剧时，观众会看到圣人身边有不敬上帝的人，能够在

---

① 此为拉丁文，其译文摘自《中文弥撒曲礼仪文词》。

② 本丢·彼拉多（Ponce Pilate）是罗马帝国犹太行省的第五任总督（26—36年在任），在任期间主持审判，将耶稣钉死在了十字架上。

剧中福音书的故事里目睹现实世界中发生的事。陪伴耶稣和十二使徒角色的有狂傲不羁的牧羊少年；偏私的法官；诺亚泼妇似的妻子；老牛吃嫩草，而又容易吃醋的约瑟；暴行令人发指的暴君——对台下的观众来说，与圣人家族的成员[①]相比，这些展现人性弱点的角色离他们的日常生活更近。参与表演的演员也会斗嘴，争论谁应当扮演哪个角色，谁应当承担戏剧演出的费用。由于演出是由城镇的手工业行会组织的，所以不同的行会通常都会承担与本行业相关的演出任务：在约克城，造船工匠负责再现修造诺亚方舟的场景；渔民负责再现大洪水暴发时的场景；面包师负责准备最后的晚餐。绸缎商财力最为雄厚，负责成本最高的压轴戏——末日审判。

连环剧用英语创作，有可能是教士编写的，目的是教育、启发观众，使他们受到训诫，提醒他们不要忘记自己也有人性的弱点，也会因为缺乏信仰、缺少慈悲心，像彼得一样不承认自己认识耶稣[②]，像多默那样不愿意相信耶稣死而复生，甚至像犹大那样背叛耶稣，像罗马士兵那样把耶稣钉上十字架。观众会在末日审判那一幕反思死后灵魂的命运。当然，观众对圣母、圣子的怜悯、悲伤和爱，使他们更能理解获得拯救的代价，上帝深沉的爱，耶稣为人类牺牲的崇高性，为罪孽悲伤和忏悔的必要，以及最终有可能升入天堂的幸福。耶稣道成肉身，替人类受难之前，人类因为亚当的原罪被判有罪，无法升入天堂。耶稣受难之后，所有人就有了得到救赎

① 即耶稣基督、耶稣的生母圣母马利亚、养父约瑟一家三口。

② 在最后的晚餐上，耶稣向彼得预言，说在第二天鸡鸣之前，他会连续三次否认自己认识耶稣；耶稣被捕之后，彼得应验了预言，在听到鸡鸣之后后悔不已。

的希望。亚当会重返伊甸园，但不是在现世中。

* * *

那么，为什么连环剧表演会被称作“Corpus Christi”——基督圣体剧呢？这是因为，在中世纪末期刚开始时，这类描述人类得到救赎的表演都在盛大的瞻礼日——基督圣体圣血节时上演。基督圣体圣血节通常在5月或6月举行，是教会为了纪念人类被救赎而举办的盛大瞻礼日中的最后一幕。除此之外，教会还设立了讲述耶稣生平的宗教节日：从庆祝耶稣诞生，纪念道成肉身神迹的圣诞节，到纪念马利亚在约瑟的陪同下前往耶路撒冷的圣殿奉献耶稣[①]的圣烛节；再到纪念耶稣复活的复活节；接着是纪念耶稣升天的耶稣升天节，以及回顾圣灵降临，纪念教会成立的圣灵降临日（五旬节）。基督圣体圣血节是颂扬上帝的神迹，赞美耶稣基督拯救人类的圣绩的节日，而不是让信徒哀思耶稣受难的悲剧，他们会在圣周五[②]怀着最沉痛的心情悼念耶稣受难日。设立基督圣体圣血节是为了颂扬在教堂的祭坛旁举行的圣体圣事，即弥撒，那是上帝降临的神迹，富有神秘感，上帝通过弥撒来到信徒中间，汇聚了所有基督徒的希望与憧憬。

弥撒是上帝的恩赐，也是为上帝举行的仪式，其对象包括生者也包括逝者。在每座教堂、小圣堂内，每一座主祭坛在举行弥撒时都会重现耶稣为拯救人类而牺牲的事件，让基督徒可以无止尽地

① 即正式让耶稣信奉犹太教的仪式。

② 即耶稣受难日。

享有救赎之血的恩典。祝圣时，神父会重复耶稣在最后的晚餐上教诲门徒的原话，这时面饼、葡萄酒会通过负责传达上帝恩典的神父，受到耶稣神迹的直接影响而发生变化——变成耶稣的圣体和圣血。在信徒看来，上帝僭越了自然规律，面饼不再是面饼，葡萄酒也不再是葡萄酒；神父将圣体高举过头顶，这时信徒看到的不再是一块面饼，而是返回人间的耶稣。信徒注视着神父高高举起的圣体，思考着耶稣受难的过程，仿佛亲临骷髅地[①]。圣体在前一刻还只是块面饼，后一刻就变成降临人间的上帝，它承诺会为信徒洗清罪孽，让他们远离邪魔、危险，求得上帝的原谅，重新回到上帝身边。圣体圣血作为耶稣的肉身，代表了教会，是整个基督教信仰体系的核心，也是信徒忠诚与奉献的主要对象。

以教众为对象的弥撒包括以下环节：描述人类堕落后面临的困境，教众忏悔罪孽；吟唱“光荣颂”(Gloria)，宣称耶稣已经为人类洗清原罪；阅读《保罗书信》《福音书》《信经》[②]中的摘句；举行奉献礼，其间神父准备献祭用的面饼、葡萄酒，教众在一旁祈祷；举行主餐祷告，祝圣面饼与葡萄酒；神父高举圣体；神父领圣体，在极少数情况下教众也能领；吟唱“领后经”后，神父祝福教众，让他们得到上帝保佑。举行仪式时，神父站在圣坛屏后面，在教众目不能及的主祭坛旁边独自举行仪式，用拉丁语低声吟唱祈祷，祈祷用词非常神圣，绝不能被俗众听到。即便如此，教众仍然可以自己祈祷，知道眼前正在发生奇迹，眼见为实之后深信不疑。圣铃响起时，教堂中已烛火通明，教众集体下跪，举起双臂，神父

---

① 耶路撒冷城外耶稣被钉上十字架的地方。

② 《使徒信经》或《尼西亚信经》。

则高举圣体。这一刻，在场的每个人都获得了上帝的恩典，沉浸在上帝的祝福之中：那天他们不会失明，也不会意外死亡，天使会计算教众为表现其善功而朝弥撒走的每一步。弥撒是带有强烈个人色彩的宗教仪式，是每位教众求得原谅、得到净化的途径，弥撒也展现出将教众团结起来的人类慈善，是基督教徒友情的源泉。圣餐礼融全体教众为一体，象征着耶稣基督与教会不可分离的关系。一切尽在基督圣体。

虔诚的信徒会经常去望弥撒。每逢星期日、宗教节日，堂区教堂的神父都会在主祭坛旁按照《弥撒经》《日课经》和《典礼经》中的规定举行弥撒。堂区教堂的弥撒不是信徒望弥撒的唯一机会，还有日常举行的弥撒形式：黎明弥撒（又称“晨间弥撒”），“小”弥撒，许愿弥撒或安魂弥撒，纪念圣母马利亚的弥撒，以耶稣之名或为特定圣徒举行的弥撒。这些会在侧边的祭坛旁举行，主持者是宗教行会的神父或小教堂的神父，举行这种弥撒时，信众可以近距离观礼，甚至能走到主持神父的面前。即便是在外出打猎时，亨利八世每天也会望三次弥撒，在其他日子里，他有时甚至会望上五次。然而，尽管俗众望弥撒的频率很高，却很少能领到圣体，可能每年只能领到一次，即在圣周期间，忏悔之后，在复活节当天举行的弥撒中领到。耶稣曾要求追随者们彼此相爱，甚至关爱与自己为敌的人。无论是耶稣基督的教诲，还是教会机构，都要求基督教徒“心怀慈悲”。俗众在领圣体时，神父会事先警告，“除非你能无条件地爱人、慈悲且做了忏悔，想要彻底洗清罪孽，否则绝不会得到上帝的谅解”。“爱你的敌人”这句教诲一直都被认为太过理想，但它确实是团结基督信徒的必要有力手段。例如，弥撒中就包含了一项祈祷和平的仪式（只是有时候，参加仪式的信徒会争着先亲吻“平安器”[①]，显得毫无慈悲可言)。教会推出禁令，规定无论是那些拒不原谅他人的信众，还是那些没有资格请求原谅的信众，都没有资格获得上帝的原谅。凡是与他人结仇的都不能领取圣体。有些信众与邻居闹矛盾，到了复活节时还没能和解，他们竟然真的为此犹豫着要不要在望复活节弥撒时领圣体。由此可见，弥撒作为上帝权力的象征能够带来和平。1459 年 4 月，伦敦的舰队街发生暴动，多亏有几位主教举着十字架和“主的圣体”前往事发地游行，控制住了混乱的局面，否则暴动必定会令不少人丧命。

在基督圣体圣血节上，教会会举行特殊的弥撒，祝圣节日将要供奉的圣体，之后神父会将圣体放入珍贵的容器，在华盖下护送它，沿着撒有青草、鲜花的路游行。团结是基督圣体圣血节的主题，反映出基督教社会在上帝的引导下团结和睦的社会理想，而节日的庆典弥撒、赞美诗、大游行则是这一理想的具体表现。基督圣体圣血节广受欢迎，会有众多信徒参加，他们自发地以戏剧、盛装游行的方式祝彩，展现出信徒自愿结成基督教共同体的面貌。然而，尽管信众以耶稣自我牺牲为纽带结成了共同体，但这并不意味着这个节日有助于实现社会平等。实际上，节日在表现团结的同时，也展示了权力与特权——游行时，显贵拥簇在圣体周围，将无权无势的普通信徒挤到外面，穷人、女人、小孩、仆人只能远远地

① 在“平安器”出现之前，举行弥撒的和平仪式时，信徒应当行接吻礼，即相互亲吻；“平安器”出现之后，行接吻礼的环节演变成了亲吻“平安器”。约克大主教在1248年颁布的法令是关于“平安器”最早的记载，所以“平安器”也许由英格兰教会首创。“平安器”通常为金属、象牙、木板等材质，正面雕有圣像，背面装有把手。

观望。然而，尽管庆典有时会秩序混乱，出现不和谐的现象，圣体圣血节仍然是以圣餐礼为名举行的盛大节日，将基督教共同体团结在一起，这是任何其他宗教仪式无法比拟的。

基督教共同体到底是什么概念呢？基督徒认为他们组成了一个宗教社会，与世界各地的“地位平等的基督徒”一样接受过洗礼，共同组成了基督教世界。尽管战乱、派系斗争、教义理解分歧和家庭矛盾不利于团结，但基督教世界仍然还是一个整体。也许应当讲拉丁基督教世界是一个整体。很久以前，罗马天主教会就因为对教义的理解不同，以及对正统权威的争夺，早已与拜占庭的东正教会分离了，但双方却从来都没有放弃过和解的希望。1453 年，奥斯曼帝国攻陷君士坦丁堡，令西方基督教世界备受打击。莫斯科成了“第三个罗马”，在东方形成东正教世界变得遥不可及。罗马的教会以耶稣基督为奠基石，以传达耶稣的启示为己任，声称自己是“唯一的、神圣的、信奉天主教的、代表使徒的”，具有普遍性、统一性，是永恒的。天主教原意为包含一切的[①]，对西方基督教世界来说，长期以来，直到中世纪晚期，关于哪个教会应当拥有普世的权威，都没有争议。基督教共同体之所以是共同体，都由每个天主教会成员决定的。由于天主教是一个以传教为目的的积极、激进的信仰，世界各地的民众，无论是土耳其人、撒拉森人，还是其他非信徒，抑或是新世界的异教徒，都有可能最终成为基督教世界的一员。基督教世界的性质决定了它的扩张没有边界。尽管大多数信徒

① 天主教的英语为Catholic，源自拉丁文单词catholicus，而这个拉丁文单词则又源自古希腊语单词καθολικός，其中κατά的含意为“根据”，ὅλος的含意为“全体的”，合起来即为“根据全体的”。

的世界狭隘，仅限于住地周边的山丘、田野，但他们心里很清楚，耶路撒冷是信仰的摇篮，罗马则是信仰的首都。肯定有许多信徒魂牵梦绕，想要前往这两处圣地朝圣，其中有些人也的确去了。

比现世的基督教世界共同体更庞大的力量是死去信徒所结成的共同体。基督教共同体不仅涵盖现世，而且涵盖了死后的世界，将所有已故的信徒包含在内。对信徒来说，家人、好友去世后，灵魂仍然存在，依旧必须得到救赎，与自己在世的肉身并无二致。生者与逝者之间有着千丝万缕的联系，让生者既爱又怕。弥撒不仅是为在世信众举行的宗教仪式，也为阴间的死者举行，因为死者仍然在追寻和谐、宁静，而生者会为他们的灵魂祈祷。圣徒已经来到上帝的身边，享受着升入天堂后的永久的和谐、宁静。这个“受到上帝祝福的团体”中的一些人之所以被封为圣徒，是因为他们像使徒那样，在耶稣在世时被他亲自选定；另一些人是因为为了信仰而死，戴上了殉教者的冠冕①；还有一些人是因为在世时超越了人性的弱点。圣徒是上帝之友，自然也就是人类的朋友。

不思悔改、不愿忏悔的人是无可救药的，不管是人是神，死后只会被咒下地狱，成为魔鬼的仆从，服侍这位地狱的暴君，受到魔鬼及其手下恶灵的折磨，永世不得超脱。在现世犯下罪孽，到了地狱会受到相应的惩罚。活跃在 15 世纪初期，作品在一个世纪后仍然广为流传的约翰·米尔克（John Mirk）②在书中警告：“如果有人在现世恶意中伤，损害平等的基督徒的名誉”，那么死后就会被蠕虫啃

① 基督教的经典认为，只要在逆境中至死坚持信仰，就会得到奖赏，获得“不朽的冠冕”，即殉教者的冠冕。

② 约翰·米尔克是奥斯定会的律修士，其作品主要用来指导堂区教士及其他神职人员的牧灵工作。

噬，有的信徒读后甚至感觉自己看到了地狱的场景。以能看到幻象出名的肯特修女伊丽莎白·巴顿（Nun of Kent，Elizabeth Barton）声称自己看见枢机主教沃尔西（Cardinal Wolsey）的灵魂遭到恶魔争抢的场景。都铎时代的英格兰人认为，地狱恶魔能离开地狱来到现世，诱惑凡人。不光布道时会绘声绘色地形容地狱，圣坛拱顶绘画也无一例外地会描绘地狱的惨象。愚蠢到不相信有地狱的人在死后会发现真的有地狱，这时悔之莫及——信徒往往就是这样被告诫的。

中世纪晚期，天主教徒普遍认为，除了天堂、地狱之外，信徒死后还有一个去处，即炼狱。炼狱的概念在13世纪晚期得到教会的认可。炼狱是洗罪场，灵魂必须洗清罪孽才能升入天堂，来到上帝身边。中世纪晚期的信徒认为炼狱是真实存在的，他们甚至还会去爱尔兰西北部的德格湖造访圣帕特里克的炼狱所，一睹现世的炼狱入口[①]。炼狱燃着熊熊火焰，灵魂在里面遭受折磨，似乎痛苦永不止息，与此同时，炼狱又带来极大的希望与慰藉，因为炼狱的折磨并非无休无止，黑色的火焰能洗脱罪孽。虽然炼狱像地狱那样让灵魂受苦，又有与地狱不同的地方，炼狱中的灵魂充满希望，只要洗净罪孽，就能见到上帝。只有没犯下任何罪孽的人才能脱离炼狱，但无论什么人，哪怕到生命的最后一刻才表现出一丝悔过之意，也都希望自己能进炼狱，最终获得升入天堂的机会。在现世犯的罪孽越多，苦修得越少，那么在炼狱中洗罪的时间就越久，有可能达到数千年，度日如年。信徒应当在活着的时候，在上帝恩宠有加时，为洗清罪孽而虔诚修行，因为死后上帝就会秉公办事，若还有罪孽未

① 德格湖中有一座名叫斯特森岛的岛屿，其上有一处洞穴，据传是前往炼狱的通道，其存在由耶稣亲自告知圣帕特里克。

洗净，为此进行的苦修会更难；然而，有罪之人在现世若未能赎清罪孽，家人、好友仍然可以为他们代祷，让其灵魂最终得到救赎。

无论是现世的信徒，还是天堂的圣徒，都可以将善功转给在炼狱中赎罪的人，信徒对此深信不疑，教会也会向信徒传播这个教义。死亡并不会终结亲属关系和友谊，家族纽带也不会因阴阳相隔而被切断。托马斯·莫尔在书中写道，“你去世的熟人、亲属、配偶、同伴、玩伴和朋友”应当得到特别的关照，但你也必须尽到基督徒慈悲为怀的义务，为其他基督徒的灵魂祈祷。中世纪晚期，认为生者可以让逝者的灵魂提前从炼狱中超脱出来的信念令天主教徒困惑不解：放任逝者的灵魂在炼狱中受这等苦，难道不是不可饶恕的罪行吗？“谁会如此狠心……让他人倒在火焰中炙烤，自己却若无其事地坐着享用晚餐，安然入眠呢？”托马斯·莫尔在《灵魂的祷祈》(1529 年出版）中如此发问。然而，他们又发现“眼不见，心不烦”这句古语言之有理。有鬼魂会返回人间，不是在某个地点徘徊，而是缠着生者，以亲人为对象，借由不可抹煞的血缘关系要求他们满足其要求。正因如此，莎士比亚笔下那个未能得到宽恕就遭到谋杀的哈姆雷特国王才会出现在哈姆雷特王子眼前，称自己“在罪孽深重之时就命丧黄泉了”，要求王子为自己报仇雪恨。现世的基督徒应当为已故的教友尽义务：在祈祷时记住要让上帝宽恕他们。墓碑和纪念铜像[①]上都刻有文字，恳求路过的信徒“行行好，为……的灵魂祈祷吧”，因为如果他们这么做了，百年之后也

① 纪念铜像为平面雕像，在13世纪出现，铺设在教堂的地面中，用来替代立体的纪念碑、纪念人像，起到节省教堂空间的作用，在之后的三个世纪中成为主流的墓葬纪念碑形式。

会有其他信徒为他们祈祷。此外，即将去世之人还会赠予友人一枚戒指，上面刻着“可怜可怜我吧”这句话。虔诚的信徒不仅会为已故的亲朋好友祈祷，到了诸灵节时还会为“所有他们不认识的基督徒的灵魂”祷告。

最有神力为信徒代祷，调解上帝与信徒之间关系的，是具有超验神力的圣徒团体。代祷会弥合上帝和堕落世界的鸿沟。耶稣是圣父最能言善辩的拥护者，而圣母马利亚则是最先得到救赎的人类，拥有特殊的影响力。信徒普遍认为，天堂与现世一样，等级森严，上帝是统治者，耶稣基督是王子，马利亚是王后，众多的圣徒仿若廷臣，在“受到上帝祝福的天宫”里扮演着“神圣的庇护者”。圣徒令信徒敬畏，法力无边，能够消除那些引发天灾，制造大破坏的罪孽，也能够佑护祈求健康的信徒，让他们免遭日常生活中的祸事。信徒认为圣徒不仅可以防止火灾、洪水、疾病的发生，还能保佑旅行者平安地返回家乡，预防遭遇船难。圣徒的帮助有时会用在看似不太符合基督教教义的理由上，因为有的祈求者要获得安全是须要以敌人的伤亡为代价的。比如说，婚姻不幸福的妻子会祈求圣盎康博（St Uncumber）帮自己除掉不称心的丈夫。1487 年，亨利七世来到位于沃尔辛厄姆的圣母马利亚圣祠，对着她的圣像祈祷，想要让圣母攘除为数众多的敌人，在斯托克大捷之后便派人将战旗送进了圣祠，以表感谢。统治者向圣母马利亚祈祷，是希望在作战时能够无往不利；穷人向马利亚祈祷，是想在日常生活中被她关爱，保护自己。

《黄金传说》(*Golden Legend*) 由英格兰第一位印刷商威廉·卡克斯顿（William Caxton）译成英文，记录了圣徒们的光荣事迹，既有关于他们遭受折磨的经历，又有关于他们创造奇迹的故事，这本书在 1483 年出版，之后再版过多次。信徒认为圣徒各有特定的神力：圣塞巴斯蒂安（St Sebastian）死前伤痕累累，所以能够保护信徒免遭瘟疫的侵袭；圣芭芭拉（St Barbara）触怒父亲而被杀，所以她能保护信徒免遭雷劈，防止他们意外死亡（她是士兵、火药匠的主保圣人)。圣徒有超验神力，可能会迁怒于信徒，必须要善加安抚。即便如此，崇拜圣徒的要旨是要去爱戴他，而不是要害怕他。曾经，圣徒也像普通人那样生活在俗世中，“正因如此，他们才会同情我们”，约翰·米尔克写道。虔诚的信徒将圣徒视为自己在天堂的朋友。一位女信徒留下一笔钱，专门用来绘画福音传教士圣约翰（St John the Evangelist）的圣像，因为她说“我会永远崇拜、爱戴着他”。天主教徒都很敬爱圣母马利亚，但在众多圣徒中，每位信徒会选定一位自己尤为敬重的圣徒作为主保圣人。托马斯·莫尔的主保圣人是圣多马（St Thomas the Apostle），他惯猜疑，直到看到耶稣身上的伤痕才愿意相信耶稣的确起死回生了。尽管每个信徒都有自己最敬重的圣徒，但他们其实应当崇拜所有的圣徒，而诸圣节则正是教会为了让信众崇拜全体圣徒而专门设立的瞻礼日。

信徒可以崇拜圣徒的圣像，也可以前往圣徒的圣祠膜拜。圣徒经常在圣祠内显现神迹，让信徒领略神圣的力量。1482 年，一枚圣十字架兀自出现在爱尔兰境内巴利安丘林湖的岸边，“之后附近发生了许多非凡的神迹”。1507 年 7 月，伦敦的齐普赛街发生奇迹：一个女孩被马车撞到，伤重不治，之后却死而复活，并声称供奉在巴金的圣母圣像显灵，抬起了肇事马车，把她救了出来。朝圣者前往达勒姆，朝拜圣卡斯伯特（St Cuthbert）的圣祠；前往坎特伯雷，朝拜圣托马斯·贝克特（St Thomas Becket）的圣祠；前往沃尔辛厄姆、伊普斯威奇，朝拜圣母马利亚的圣祠。商人会前往布里德灵顿的圣约翰（St John of Bridlington）的坟墓，留下袖珍的银质船模，请求圣徒保佑自己在海上航行的货船顺风顺水。此外，信徒还会前往圣祠，献上包括腿、心脏、手、胸部等在内的各种有缺损部位的模型；有些用蜡制作，有些用白银铸造，为的是能让圣徒医治病痛，或是作为痊愈后的谢礼。每座教堂无一例外地会在祭坛、圣坛屏、墙壁和窗户上用圣徒圣像做装饰，有的是画像，有的是雕像，有的镀着金，有的装扮得栩栩如生，他们俯视着参加仪式的教众，默默保佑着。每位圣徒从各自配有的象征物上一眼就能认得出来：圣安东尼（St Anthony）的象征物是猪，圣芭芭拉 (St Barbara) 的是曾关押过她的塔楼，圣凯瑟琳（St Catherine）的是用来处决囚犯的礤轮。圣徒是艺术作品常用的主题，堂区信徒会出资请人创作，出品的通常都是富含神圣美的艺术佳作，会被他们妥善保管。圣徒圣像会被套上长袍，穿上袖珍的银鞋，信徒为表达虔诚会亲吻它们。无论是在熙熙攘攘的街道旁，还是在信徒的家中，都会放着每天受到朝拜的圣徒圣像。有钱的信徒会出重金购买描绘圣徒生平的画作、挂毯，没钱的信徒会购买木质的小十字架、单片木版画，无论贫富贵贱，崇拜圣徒的心都是一样的。

对中世纪晚期的基督徒来说，注视圣徒的圣像以达到与圣徒共融[①]的效果，是体验神圣的宗教最重要的方式。与千言万语相比，精致的艺术品更能激发信众的热情。对目不识丁的民众来说，圣像仿佛“为穷人画的书”。与圣体一样，圣像代表着更高的精神真理。

① 共融指伙伴关系，源自《圣经》的“相交”一词，意思为相互交往，建立关系，指两种亲密的关系，分别为上帝与人之间的关系、基督徒之间的关系。

注视圣母马利亚圣像的信徒内心看到的不只是尊雕像，他们还看到圣母进入脑海，与他们亲密交流。在给圣像做辩解时，托马斯·莫尔坚称，即便是最容易被表象蒙蔽的信徒，也能分清圣像与圣像所代表的圣徒之间的区别，就像能分清真兔子和兔子画像的不同那样。然而，这里会引发风险，即信徒可能会以为圣像本身拥有神圣的属性而将它作为崇拜的对象，以至于本末倒置，令本应为信徒服务的圣像变成信徒供奉的对象，从而使信徒企图从崇拜圣像中求得只有信仰上帝才能获得的恩典。莫尔也意识到圣像造成的问题，在写给挚友德西德里乌斯·伊拉斯谟的信中，用哭笑不得的语气写道，伦敦的女性对着伦敦塔旁边的圣母像祈祷，一厢情愿地认为圣母像面带微笑就等于是回应了她们的祈祷。

设在圣坛前的耶稣受难像是再现耶稣被钉上十字架场景的人像，受到信众的敬仰，是最典型的圣像崇拜对象。每座教堂都会高高地摆上耶稣受难像，信徒与神父各站一侧，耶稣像的一边是圣母马利亚，另一边是福音传教士圣约翰，3 人俯视着教堂内的会众，当神父举行弥撒时会让他们回忆起耶稣受难的经历。有些耶稣受难像能够激发起独特的崇敬之情。1503 年，杰曼·德拉波尔（German de la Pole）在信中向罗伯特·普兰普顿爵士推荐“拉德博恩教堂受到祝福的耶稣受难像，它能够保佑祈祷者，灵验得很”[①]。印刷术流行起来以后，宗教画像得到传播，成为教众拜礼、祷告的对象——比如，描绘忧患之子基督被钉上十字架的《忧患之子图》（*Image of Pity*）；又比如，描绘圣母马利亚坐在十字架下怀抱着神子，身边围了许多让耶稣受难的器具的《圣母怜子图》（*Our Lady*

① 德拉波尔是普兰普顿的女婿。

of Pity）。其中有些宗教画像会向虔诚者承诺，只要心怀虔诚地凝视就能少受数万年的炼狱煎熬。无论是注视《忧患之子图》，还是凝视描绘了耶稣五处伤痕的画像，信徒想到的都不只有上帝圣洁的爱，还有上帝神圣的审判。正如基督徒坚信的那样，末日审判时，耶稣会展示身上的伤痕：一方面作为拯救获得救赎之人的承诺，一方面是对被诅咒下地狱的罪人的指责。画有耶稣五道伤痕的旗帜是朝圣者表达虔诚的标志，后来成了叛军召集兵力造反的战旗。

信徒不仅膜拜因怜悯人类而甘愿受难的耶稣，还将耶稣视为忧患之子朝拜，他们专门设立了瞻礼日和弥撒，用来纪念耶稣的圣名，身上那五处伤痕和头上戴的那顶荆棘冠冕，他们似乎认为如果没有人为之助力，就无法获得耶稣的恩典。信徒每时每刻不忘向圣徒祈祷，这意味着基督徒相信，若不能一刻不停地代祷，罪人就得不到上帝的宽恕。所以若没有教会的助力，无论逝者的亲朋好友如何代祷，也无论代祷者是现世居民还是已经升入天堂的灵魂，逝者的灵魂都无法回到上帝身边。相信耶稣基督能够拯救很关键，但是在通往救赎的路上，还必须做好七大圣事，遵守教会的教义，通过赎罪苦修来积累善功。教会权威是基督教的基石，权威不仅仅建立在教会森严的等级制度上，还来自信仰的根基。对天主教徒来说，信仰的根基除了有圣经，还有耶稣向使徒透露的“难以成文的真理”，大公会议颁布的法令，教父的著作和教皇的公告。只有教会才有权对上述材料做出解释。

教会聚积了巨大的精神力量，圣事、赎罪是教会向教众散发精神力量的途径。耶稣牺牲后，在上帝那里积累了无限的善功，能为所有犯下罪孽的基督徒洗清罪孽，直到永远。这就是教义教人们看到的善功宝库。那么宝库应当由谁来掌管呢？当然是教会了，尤其是里面的主教和教皇。尽管赎罪方面的教义复杂，且存在争议，但到了中世纪晚期，教皇仍然有权赦免教众因犯下罪孽而受到的所有现世果报，谓之举行大赦。此外，通过大赦积得的善功还可以让逝者的灵魂受益，早日脱离炼狱。教皇声称，大赦既可以赦免*culpa*，即罪行，又可以进行*poena*[①]，即帮助信徒洗清罪孽；不仅适用于生者，还适用于逝者。到了15世纪末，教皇声称自己除了有权管理所有现世的基督徒的灵魂，还有权管理所有在炼狱中洗罪的灵魂。一些神父还在讲道时宣称，只要教皇愿意，就可以让灵魂脱离炼狱。想要获得如此宽大的赦免，信徒不仅要在精神上依附，还要慷慨解囊。

教会的等级制度反映出世俗王国的等级制度：教皇扮演着君主的角色，而大公会议则相当于世俗王国的议会；主教、枢机主教是教会的贵族；在主教之下有一批圣品较低的教士，而负责在堂区拯救信众灵魂的堂区神父身份最为低微。教会有专门的教会法，对教众的日常生活影响深远；教会有独立的法庭、法官；教会有庞大的行政管理机构。制度化的教会与信众的教会，即信众组成的共同体也许会存在矛盾。教会对宗教的理解可能与信众的理解有偏差，而就对炼狱的定义而言，或者在册封新圣徒、设立新瞻礼日等方面，教会会顺从民意，信众也会服从教会的领引。尽管如此，信众是不敢挑战教会权威的，也不会否定教会的惯例，否则就会失去让灵魂得到救赎的源泉，有可能会被诅咒下地狱。

神父将教区内的会众看作自己“灵魂上”的儿女，生活在他们中间，也是现世的一员。但是他们出生后就与俗世社会分开了，

① culpa、poena均为拉丁文，意思分别是过失、惩罚。

担负起了神圣的使命，被委以神职。神父参与圣秩圣礼后获得权力，这时就成了上帝恩典的布施者，可以主持其他圣事了——举行忏悔圣事时，神父可以惩罚也可以饶恕罪孽；举行弥撒时，神父又成了神迹的庆祝者。神父是上帝和人类之间的调停者，知道许多俗众还不知晓的神秘知识，为了效仿耶稣及其使徒，他放弃了俗世的一切。举行弥撒时，神父与耶稣有许多相似之处。所以神父阶层的地位被抬得较高，会不可避免地影响到俗众的生活。1511 年，科利特主任牧师（Dean Colet）[①] 在告诫俗众时指出，教士好比世上的明灯，一旦灯火变暗，整个世界都会暗淡无光。1530 年，英格兰每年新增神父的人数达到了 14 世纪中叶黑死病暴发以来的最高点。在莫尔的《乌托邦》中，神父都如圣人一般，而他们的人数极少。在英格兰随处都能遇见神父。莫尔所言极是。“取得神父资格”的人也许占到了男性总人数的 4%，在从业人数上唯一能与之相提并论的就是农业（许多人是因为不想整日在田间劳作才去做神父）。至于在如此众多的神父中间到底有多少人真正抛弃了俗世，我们不得而知。

神父肩负着拯救灵魂的重任，是信众道德和精神生活的向导，同时也是传教者、导师、告解者和主持圣事者，所以理应满腹经纶，洁身自好，常怀悲悯。然而，尽管教会承担着神圣的使命，却与其他任何权力机构一样，显露出了人性的弱点。神父虽然立下了独身禁欲的誓言，承诺永不成家，但经常有人经不住诱惑。信众敬

① 约翰·科利特（1467—1519）是英格兰学者，文艺复兴时期的人文学家、神学家，曾任圣保罗大教堂的总铎。他与托马斯·莫尔一样，也是人文主义思想家伊拉斯谟的挚友。

重立下誓言的神父，一旦发现他们不遵守誓言，就会感到愤怒，尤其是当破誓的神父夺走了少女的贞操，或是犯下了与人妻通奸的罪行时，罪加一等。由于神父教诲基督徒应当组成共同体，并不断警告他们罪孽会令共同体支离破碎，所以神父一旦堕落，他所管辖的堂区就有可能不得安宁。

爱尔兰的盖尔文化区与不列颠其他地区对神父的期望有所不同。盖尔区教会的发展几乎没有受到外界影响，所以盖尔人的婚嫁习俗、家庭生活没有像欧洲其他地区那样，遵循天主教会的规定。在盖尔人社会中，主要职业都是父传子，子传孙的世袭性质，就连教职也不例外。一直以来，爱尔兰的教会不贯彻教士独身禁欲的道德规范，这是教职父子传承的根基所在。神父的私生子想要获得圣俸，必须就非法的出生得到教皇的豁免，而教皇对此有求必应。根据记录，1449—1522 年共有 22 个爱尔兰主教的私生子得到豁免。此外，威尔士的神父也长期无视教会法规，娶了很多任“妻子”。

不管在哪一个堂区，堂区神父与教众的关系都可能具有两面性，与其他人际关系一样，双方的关系会受到性格差异，日常生活碰面的尴尬，以及各种经济负担等因素的影响。教众有义务为神父提供圣俸，如果认为他不称职，也可能拒绝提供。然而，神父再如何不称职，也绝不会影响圣事的威信，毕竟圣事的真正主持者是耶稣基督本人。由于神父都是圣秩圣事中担当圣职的圣品人，即便是心地善良、知识渊博的教众也必须在宗教事务上尊重神父，哪怕对方不学无术、唯利是图。此外，神职人员有责罚教众的权力：听忏悔时，神父扮演法官的角色，命令信徒要苦修赎罪；做弥撒时，他可以将自认为没有资格望弥撒的信徒请出教堂。教众也许会批评教会，认为堂区神父名不副实，但每一个信徒都很清楚，脱离了教会灵魂就不可能得到救赎，如果没有神职阶层主持圣事，帮助教众得到上帝的恩典，教众就会失去让灵魂不朽的机会。

基督教的仪式、圣事是教徒日常生活中必不可少的一部分。无论是结交新朋友、确立已有的关系，还是建立亲属关系，抑或是准许从生命的一个阶段进入下一个阶段，它们都贯穿其中。有关洗礼、婚嫁和涂油的圣事会让信徒在出生、结婚和去世时获得上帝的祝福。坚振圣事代表信徒度过了童年的一个阶段。神父通过圣秩圣事获得主持其他圣事的资格。上述五大圣事一生只能经历一次，而另外两大圣事，即忏悔圣事、弥撒会定期举行，帮助有罪孽的基督徒更靠近上帝。洗礼、婚礼是庆祝活动，会举行宴会，赴宴的亲朋好友既是礼拜者，又是见证人。圣事是基督教共同体团结的纽带。也许应当讲它们曾经是。在宗教改革中圣事的性质发生改变，频率也降低了。只有洗礼、圣餐仍被看作圣事，是信徒获得上帝恩典的途径，甚至教会在认定这两大圣事的意义时也更加谨慎。尽管如此，圣事对教众而言仍然是必不可少的。

* * *

洗礼是基督徒一生经历的第一大圣事。这个仪式会帮新生儿融入教会和基督教社会（基督教世界），可以说洗礼是赋予新生儿信仰的圣事。不接受洗礼就得不到救赎；还没接受洗礼的新生儿若不幸夭折，灵魂就永远无法升入天堂，获得荣福直观①。刚出生的婴儿都是无罪的，但都有犯下罪孽的可能，因为他们受到了亚当原罪

① 即是那些达到圆满成全境界的人，直接与三位一体的天主相遇。

的影响。如果新生儿没有接受洗礼，就会沦为魔鬼的猎物。在信徒看来，魔鬼可不是象征物，而是在世间为非作歹的真实存在。洗礼圣事包含驱魔仪式，神父会将魔鬼从婴儿的体内驱逐出去。在教堂门口驱魔后，神父便会抱着婴儿进入教堂，来到领洗池前，先将婴儿浸入圣水，然后涂抹圣油，最后在婴儿的额头、胸口上画十字，这时婴儿就成为基督教世界的一员，有了得到实现救赎的希望，同时也担负起信教的义务。由于洗礼是得到救赎的必要条件，所以一旦出现婴儿危在旦夕等紧急情况，任何人都可以主持洗礼。每个接生婆（又名“施恩的妇女”）都能熟记施洗专用语：“以圣父、圣子、圣灵的名义，为你施洗。”

洗礼时，神父会把婴儿交给教父、教母，让他们成为婴儿在教会的长辈 *godsibb*①。教父母会代婴儿立下洗礼誓言，还会承诺要教育这位教子（女）“遵从上帝的旨意，虔诚地生活”。有时候，亲生父母会请神父做教父，希望能够给予孩子正面的精神指引，但大多数情况下，父母选择教父、教母时会更看重他们能在俗世中提供什么帮助，不会去想孩子将来在天堂的生活。选择教父、教母是基督徒建立亲属关系，确立友谊的方式，因为在洗礼时，不只有婴儿，还有婴儿的生父母会向教父母认亲。洗礼是庆祝、感恩的宗教仪式，为婴儿父母提供宴请友邻的机会。此外，坚振圣事会重申受洗时立下的誓言，可以让婴儿再获得一份上帝的恩典。过去，按照教会的规定，等到受洗的婴儿长到精神上能够明辨是非的年龄之后才能举行坚振圣事，但到了 16 世纪早期，洗礼完成后，只要主教有空，就

① godsibb为古英语，其中god的意思是上帝，sibb的意思是亲属，合起来的意思为“在上帝面前的亲属”。

会马上举行坚振圣事，可这时的领受者还远远未能默诵基督教的基本教义。例如，亨利八世与安妮·博林（Anne Boleyn）的女儿伊丽莎白公主在出生后的第三天接受了洗礼，接着又在同一天领受了坚振圣事。婴儿刚一出生就想要得到洗礼、坚振两大圣事的保护，说明教众对圣事的威力深信不疑，认为邪恶是人类的固有本性。

值得注意的是，洗礼时，婴儿的母亲不会前往教堂。在孩子出生之前，母亲已经在女性朋友的陪护下躺在了高档的待产室里，不与外人接触。婴儿的降生可能令人兴奋，也可能令人失望。1537年1月，莱尔子爵夫人[①]的朋友、仆从得知子爵夫人已经怀孕；大家希望她能生个“大胖小子”，延续金雀花家族的香火。子爵一家为婴儿准备了睡袍、婴儿帽、预防癫痫的指环[②]和摇篮。3月，佛兰德斯商业冒险家行会的主席约翰·赫顿（John Hutton）致信子爵夫人，请她“代我向你腹中的婴儿问好；我由衷希望上帝保佑你顺利产子，让你和子爵大人得偿所愿”。到了7月婴儿也没有降生，8月也不见动静——子爵夫人其实只是假性怀孕。莱尔子爵夫人的“亲密的朋友”都为她难过，她自己更是心烦意乱。仆人安慰运气不佳的女主人：“如果上帝旨意如此，哪怕贵为女皇、王后、公主或公爵夫人也只能向命运低头……夫人您要相信上帝，别过分悲伤。”女性友人、邻居和接生婆都陪在子爵夫人身边。分娩既疼

① 莱尔子爵夫人的丈夫是莱尔子爵亚瑟·金雀花；亚瑟是爱德华四世的私生子、亨利七世的内兄。

② 此类指环是古时英格兰人用来预防癫痫病的护身符。据传一位前往耶路撒冷的朝圣者在回国后将一枚具有这种功效的指环献给了“忏悔者”爱德华；英格兰人认为，爱德华的后继者继承到了指环的神力，所以每年圣周五，英格兰国王都会祝福一些戒指，让它们变成预防癫痫的护身符。

痛又会有生命危险，产妇向圣母马利亚求助，请求“她在最危难的时刻伸出援手”，甚至可能会借来一件据传圣母曾经穿过的紧身褡；她会向诸如巴克斯顿的圣安妮（St Anne of Buxton）这样的圣徒求援，缓解分娩的痛，还可能会向特伦特河畔伯顿的圣莫德温（St Modwyn of Burton-upon-Trent）求助，想要倚靠在这位圣徒的木杖上。由于母亲和新生儿随时都有可能死在产褥上面，分娩之前母亲应当认识到自己的罪孽，事先悔罪，产房内应当备好圣水，一旦发生婴儿快要夭折的紧急状况就可以及时施洗。信徒认为，洗礼不仅是保证婴儿灵魂获得救赎的必要条件，还能避免婴儿夭折，保佑他们茁壮成长。新生儿会被裹上襁褓，放进摇篮，就像离开母亲的子宫进入了另一个“子宫”。

产妇分娩后仍然要在其他女性的陪伴下过几周不见外人的日子，过后才能戴着面纱、低头垂目地由女性亲友领去参加安产感谢礼，接受净化。当时，有许多与怀孕相关的默认的禁忌。1553 年圣诞节前夕，安妮·威廉森（Anne Williamson）冒险走进了伦敦老鱼街的抹大拉的圣马利亚教堂，“被视为有违妇道”“遭到了驱逐”，她拒绝离开，令堂区“最虔诚、可敬的教众”惊讶不已。副主教命令威廉森接受净化，要求她坐在安产感谢礼专用的长凳上，并进行公开忏悔。教会也许坚信，安产感谢礼不是用来净化的，而是用来感恩的，而许多教众的理解正好相反。

由于每次临盆时产妇都像在鬼门关里走了一遭，所以为安产向上帝感恩是理所当然的。萨默塞特郡的一位丈夫在遗嘱中规定说，“如果上帝赐福，让我妻子腹中的婴儿来到基督教世界活上一遭”，那么这个婴儿就能分得 5 马克的遗产。在都铎时代，女性每次怀孕会有百分之一的可能在分娩时死亡，而她们一生怀孕的次数可能多达六到七次。婴儿在产后几小时、几天和几周的死亡率甚至更高，出生后一个月内死亡的曾被施洗的婴儿被称为“洗礼服儿”①，因被神父拿圣油在额头抹上十字图案的死婴会再裹一块洗礼巾而得名。婴儿降生后的第一年最危险，每五六个中就会有一个在一周岁生日前夭折。在环境恶劣的时期和地区，婴儿死亡率还会更高。16 世纪晚期，在伦敦城阿尔德门圣博托尔夫教堂附近的贫民窟，每一百个婴儿中只有七十个能够活到周岁生日。地方性传染病对弱小的婴儿有很大威胁，冬天是支气管病，夏天是肠胃病。1550—1649 年，英格兰的新生儿中可能有多达 1/4 在 10 岁生日之前夭折。死亡可不只是虎视眈眈地盯着老人。

新生儿随时都有可能生命垂危，想要活下去就得一刻不歇地接受照顾。都铎时代的人普遍认为，母亲最好亲自母乳喂养婴儿，以便让自己的美德随着奶水流进婴儿体内。然而，家境殷实的母亲仍然会将婴儿交给乳母喂养，由于婴儿要到两周岁左右才能断奶，乳母代行母职通常会长达数年。母亲被教导要让婴儿远离一切危险，不能让“年幼的孩童”独自睡在床上，更不能让他们靠近水火。验尸报告可以用作婴幼儿夭折控诉的证词，从记录上能看到，有的是落井溺亡，有的是被火烧死，还有的是从窗口坠亡——有些是因为父母疏忽大意，但大多数情况下不是。婴幼儿的生活体验很大程度上会受到父母经济状况的影响。父亲必须每日外出工作，母

---

① 最开始时，“洗礼巾”（chrisom）的作用是防止有人不小心抹掉神父用圣油画出的十字架；之后，“洗礼巾”的含意发生了变化，开始指代洗礼时用来包裹婴儿的白色洗礼服。如果婴儿没有满月就不幸夭折，洗礼服就会在下葬时被当作裹尸布，而这也正是此类婴儿被称作“洗礼服儿”的原因。

亲为了生计也要在家纺线、编织或下地干活，无法悉心照顾子女，生活在这种家庭的孩子肯定与那些在父母亲及其仆从共同生活、一起做事的大家庭里得到宠爱的孩子拥有迥然不同的成长经历。都铎时代的儿童在双亲家庭中长大，由于父母极少与其他亲属住在一起，所以他们极少在大家庭中成长；换而言之，当时的儿童主要是跟父母住在一起，和兄弟姐妹们一起长大的，不会与祖父母、叔叔阿姨和堂表亲一起生活。

尽管婴幼儿容易夭折，但到 16 世纪中期，英格兰总人口中有 1/4 是 10 岁以下的儿童。虽然儿童平时喜欢叽叽喳喳，但在历史中几乎没有话语权。虽说有人会在想到儿童时为他们发声，或者在书中写到他们，但没有儿童，哪怕是老成一些的，甚或爱德华六世，能很好地表达自己的心声。尽管如此，某些统计数据还是为我们打开了了解都铎时代儿童生活的窗口。当时地夫妻没有什么控制生育的手段，孩子一个接一个地出生，所以无论富家子弟，还是穷苦家庭的孩子，都有兄弟姐妹。在 16 世纪中期结婚的夫妇中，大约有 30%是寡妇或鳏夫，其中很多人会带着第一次婚姻所生的子女组建新家庭，所以许多兄弟姐妹是同父异母或同母异父的。那时的儿童年纪轻轻就已经体会到了父母、兄弟姐妹去世所带来的悲哀。

丧子之痛会延续很多年。教会开导信徒说，儿童是上帝赐予的礼物，也有可能会被上帝收回，而失去子女的父母常常会写他们夭折地孩子“正在天堂幸福地生活”。16 世纪末，本·琼森在长女早夭后留下了这样的诗句：“上帝的恩赐本就应当返回天堂；一想到这里，为父也就不再悲伤。”然而，当长子在 1603 年的瘟疫中夭亡后，琼森的笔调就不再淡定了：

永别了，我亲如右手的孩子[①]，我的快乐之源；
亲爱的孩子，我最大的罪孽便是想要你一生平安。
上帝只把你借给我 7 年，
时辰已到，我只得欠债还钱。
啊，我再也不愿为父！

父母疼爱子女，正因如此，他们才得在必要的时候惩戒子女，提醒他们精神世界危机四伏。很小的时候，孩子就被告知世间有地狱也有天堂，地狱的魔鬼每时每刻都想诱惑他们犯下罪孽。伦敦编年史家约翰·斯托（John Stow，1525 年出生）儿时经常听人说，在圣詹姆士瞻礼日的前一天夜里，暴雨倾盆，康希尔堂区圣米迦勒教堂的撞钟人看到了一个鬼影——那就是魔鬼。斯托听后真的去了教堂的钟楼，在魔鬼用魔爪刮擦出来的缝隙中插了几根羽毛。之所以会告诉小孩罪孽的危害，是因为他们并不像耶稣基督以为的那样天真无邪，而是受到原罪的沾染，用邦纳主教（Bishop Bonner）的话来说，“一有机会就会染上恶习，变得顽劣，丧失健康”。他们必须被带离天性驱使他们犯下的罪孽。都铎时代的成年人不认为自由是儿童不可剥夺的权利，将其看作放纵嬉闹的表现。伦敦商人约翰逊将 4 岁的女儿夏丽蒂送到妹夫家躲避瘟疫，之后写信叮嘱道：我妻子担心“你会纵容夏丽蒂，让她变得任性”，那样的话只会给我们添麻烦，因为“等夏丽蒂回来后我们就要严加管教了（狠狠地抽她一顿）。所以，我请求你表现出威严，让她老实点”。

① 右手也许是暗指在天堂中，耶稣是上帝的儿子，坐在上帝的右手边。

对儿童来说，最重要的是牢记十诫中的第四诫："孝敬你的父亲和母亲"。在以服从为基础的社会中，服从会从孩子义务服从父母开始。他们要学会跪在父母亲面前，祈求他们的祝福："母亲啊，请您行行好，祝福我吧。"此时，父母应当一边画十字，一边回答："以圣父、圣子、圣灵的名义祝福你，阿门。"只要父母健在，就要一直尽服从义务。在最容易接受管教的幼年时期，父母会尽早采用灌输式教育，让孩子更加自律、服从，举止得当，若一味不听管教，会不惜拳打脚踢。都铎时代的家长信奉"不打不成器"的道理，尽管他们知道应当"充满爱心"纠正孩子的错误。埃德蒙·达德利写道："不要让妻子的妇人之仁耽误了子女的大好前程"；"在家里不能太宠，别给他们穿带毛的外套，起床前别为他们烘衬衣……不要太惯着，否则他们肯定会去干蠢事。"都铎时代的父母总会听到不能娇生惯养这类告诫，我们甚至能体会得到，他们又想爱护子女，又不得不尽到父母义务的那种矛盾心理。刚才讲到的小夏丽蒂的母亲萨拜因·约翰逊（Sabine Johnson），一方面希望夏丽蒂"能乖乖地听话"，一方面又央求丈夫："我求求你，花点小钱，给我们的孩子买个（玩具）娃娃吧。"这类夫妇虽然忍心在长达两年的时间中将孩子送人喂养，却又牵挂孩子的健康状况。有些老师起码还懂得，体罚不是让小孩学习上进的最佳手段。詹姆斯·巴西特（James Basset）[1]六岁时成了雷丁修道院院长的学生，这位院长能够"寓教于乐，让他掌握了拉丁语和法语"。

---

① 詹姆斯·巴西特（1526—1558）出身于德文郡的一个历史悠久的乡绅家族，笃信天主教，在玛丽一世统治时期得势，在1553、1554年先后两次得到温彻斯特主教的提名，成为议会议员，并且还加入王庭，成为玛丽的廷臣。

生在农村家庭的孩子长到7岁时，不管男孩女孩，都要去劳作，帮父母分担压力。女孩帮妈妈打水、生火、做饭，代看年幼的弟弟妹妹；男孩要去放牛，照管鹅、绵羊和猪之类的禽畜，到了收获季节要在田里拾落穗，此外还要捡柴火、捕鱼。1570年，诺里奇（Norwich）对穷人做了人口调查，发现刚满6岁的幼童如果没有固定职业，也会被归到“懒惰者”一档。儿童甚至有可能成为赤贫家庭的主要收入来源。有个意大利人在1500年前后来到英格兰，观察了英格兰人的生活后认为，英格兰的父母缺乏关爱，甚至在孩子尚且年幼的时候就叫他们外出务工，他指责得没错，至少第二项指责切中要害。然而，对贫苦家庭来说，这也是不得已的事。小屋农子女众多，床上睡不下，肚皮吃不饱，长到10—12岁就为现实所迫，离家去找工作，要么当仆人，要么去做劳工。想象得出来，只身闯荡的少年很容易上当受骗，有时真的上勾了。1517年，有个男人去威尔士登的圣母马利亚圣祠朝圣，返回的途中遇到一个站在路边的小姑娘，得知她想去伦敦找个正当的营生。她相信这个男人会帮助她，可他却把她领到了伦敦城班克赛德臭名昭著的妓院，让她以“处女”的身份跟一个妓女共事。女孩向船工的妻子求助，求她“看在圣母的面子上”救救自己，最终在她的帮助下逃了出去。其他像她这样的少年可就没这么幸运了。而大多数离家务工，很难回得来的少年会找到新家，和养父养母一起生活。

贵族家庭的儿子也要早早离开父母——16世纪早期时，他们会前往其他贵族的府邸接受教育；一个世纪后，他们会前往学校学习深造。贵族、乡绅的女儿也要离开父母，到其他贵族、乡绅的家里去做侍女，或者因父母在她年幼时为她订下了婚约而需要在准婆家长大。1464年，伊丽莎白·普兰普顿（Elizabeth Plumpton）与约翰·索特希尔（John Sotehill）签订了婚约，只有三岁的她住进了索特希尔家族的府邸。那个意大利旅者想知道，为何英格兰人一方面早早地让子女离开家庭，一方面又很欢迎从陌生人家过来的子女，“英格兰人的回答则是，他们这样做是为了让孩子变得更有教养”。毕竟，得体的举止是“敬畏、尊敬和服从”长辈、上一阶层这个更大义务的前提。

准备离开家时，子女应当已经领受过童年时期的最后两大圣事——忏悔圣事、圣体圣事。幼童要随家人一起默默地去教堂礼拜，刚一学会说话就要熟记《主祷文》(*Lord's Prayer*)、《圣母经》(*Hail Mary*)，还要接受见证神父高举圣体时的赐福。对 7—14 岁的少年儿童，教会认为他们已经心智成熟，不仅能够明辨是非，还能领会弥撒神迹的含义。在儿童能够忏悔，获得宽赦，有资格领圣餐之前，先要保证他们能够真正理解罪孽、赎罪和救赎。忏悔之前，上帝就已经清楚每个人所犯下的罪孽了。“上帝一直在你身边注视着你……他无所不见，却不可见”，1537 年，亨利八世的廷臣、外交官托马斯·怀亚特爵士（Sir Thomas Wyatt）这样提醒自己 15 岁的儿子。只需悲痛地悔罪，罪人就能获得上帝的原谅，而如果想得到教会的谅解，唯有来到神父面前忏悔，说自己要痛改前非才行。

傲慢、嫉妒、暴怒、贪婪、暴食、懒惰、色欲，这七宗罪中的每一项都会造成不良的社会后果，是对基督徒团体的冒犯。想要获得原谅，消除罪孽，冒犯者就必须用实际行动弥补过失。神父有权规定赎罪方式，能够在赎罪完成后宣布忏悔者罪孽已被洗清，被信众原谅。在保密的忏悔圣事中，神父应当宽慰悔罪者，告诉他耶稣已经为洗清人类的罪孽牺牲，提醒对方他并不是世间第一个犯下罪孽的人，即便是罪孽最重的人，只要他愿意向耶稣基督求救、悔过，他的灵魂也会得到救赎。与其死后接受审判，不如在现世忏悔罪孽，“因为等到死后，就没有通晓法律的人来为我们的灵魂辩护了，任何辩解的理由都不会被接受”；与其死后在炼狱中赎罪，不如趁着上帝宽容大度时在现世苦修赎罪。举行忏悔圣事时，神父会详细询问罪人犯下的过失：有没有受五感的诱惑而犯错？有没有犯过七宗罪？有没有违反《使徒信经》中的十二条戒律？有没有不尊敬教会的七大圣事？有没有行七大善事（授饥饿者以果腹之食，授口渴者以解渴之水，授衣不蔽体者以御寒之衣，授无家可归者以遮风挡雨之所，照顾病人，帮助囚徒，埋葬逝者）？忏悔手册中有大量关于年轻人所犯罪孽的劝导建议，尤其注重那些年轻人最容易犯的罪孽。忏悔圣事一方面可以慰藉罪人，帮他们卸下罪恶感的包袱，精神得以放松，另一方面又会让忏悔者背上忏悔的包袱，遵守教会的律条，在社会控制下做事。都铎时代的信众认为，忏悔更像是在监督自己履行义务，而不是让自己获得释放。

青春期是人生七个阶段中的第三段，从 15 岁到 24 岁，都铎时代的共识是，这个年龄段的青年必须严加管束，他们“精力旺盛”，天性懵懂无知，不守规矩，又粗野。伊拉斯谟警告说：“魔鬼无所不用其极，会蛊惑年轻人与基督的战士作对。”年轻人要么为仆，要么做学徒，住在别人家里，在公共寝室休息，与人同睡一张床。基督教伦理家，修士理查德·惠特福德（Richard Whitford）建议年轻人每天醒来都需要精神修行，从头到脚、从左臂到右臂，画出十字图形，但是他也知道，有些青年“两三人睡一张床，而且每间寝室有很多张床，住得太近”，要是有人做出如此虔诚的举动，肯定会遭到室友的嘲笑：“哦，上帝！我都听到些什么乱七八糟的！”所以青春期通常不是夸耀自己有多虔诚的时候。男生出了名的喜欢咒骂，因为骂出来的脏话能吓到别人；在 16 世纪，咒骂的话是与宗教相关的：“受难的上帝，上帝的伤口，上帝的指甲，以及总被提及的上帝的圣血。”① 都铎时代有一则警世寓言：有个门徒经常骂到“上帝的骨头”，后来落得个皮开肉绽的下场，这是对他亵渎上帝的惩罚。在都铎时期，社会把年轻人管得很死。人们普遍认为让年轻人发号施令有违天理，在他们能做这些之前必须能控制得住自己的低级欲望。当时主流的政治理想是由年长者来主导，认为只有他们才足够有威信和智慧来履行管教者的职责。男人要年满 24 周岁才有资格当神父或从门徒阶段毕业；然后才能独立生活，组建自己的家庭。结束青春期的另一个仪式、圣事是婚姻。

婚姻会让生活发生翻天覆地的变化：既会获得新的权利，又要承担新的义务；有了自由，也会受到新的限制。婚后，男方成了一家之长，女方由服从父亲的女儿变成了侍奉丈夫的妻子。男方成了户主，女方成了家庭主妇。夫妻不再是从属者，不再是孩子、门徒、仆人，而是摇身一变成了男主人、女主人，肩负起管理家务的责任。在婚礼上女方许诺，“无论在夜里，还是白天，都会恭顺贤惠，遵从丈夫”，接受自己在婚姻中的义务。她们要生儿育女，成为主妇。婚姻带来的转变是永久的，“一生一世，至死方休”。

办场婚礼轻而易举，甚至显得太过草率。教会一直认为，无论婚礼在哪里举行，双方在见证人面前自愿互致誓言，然后行房，

① 基督教信仰是以誓言、契约为基础的，所以一旦有人发誓，就等于要求上帝成为发誓者履行诺言的监督者。如果胡乱发誓，就相当于不敬上帝，有可能让发誓者的灵魂下地狱。实际上，都铎时期的英格兰人认为，如果用上帝的身体诅咒，比如说“上帝的血、上帝的骨头、上帝的指甲盖”，就相当于真的让上帝流血、敲断了上帝的骨头、拔了上帝的指甲盖。

那么婚姻就是有效的、神圣的。1553 年，玛丽·布拉盖（Mary Blage）告诉埃德蒙·帕克（Edmund Parker）她想和沃尔特·西利（Walter Cely）结婚，帕克说，“没问题，我来做神父”，然后请沃尔特握住玛丽的手，诵读令人耳熟能详的婚礼誓言：“我，沃尔特，请你，玛丽，做我的妻子，一生一世，至死方休；从今往后，我将视你为妻，永不反悔。”与许多其他夫妻一样，二人中至少因一方反悔而闹到了教会法庭，要求教会法官帮他们找到解除婚姻的方法，可在教会看来，结了婚是不能离婚的，这段婚姻也遵照了教会有关结婚的信条。婚后，有新娘发现新郎当初引诱了她，现在不跟自己一块过；有新郎发现新娘欺骗了他，其实她早已与他人订了婚。英格兰王庭本来就气氛紧张，亨利八世的外甥女玛格丽特·道格拉斯女爵（Lady Margaret Douglas），托马斯·霍华德勋爵二人却敢在 1536 年私订终身。因为这件事，托马斯勋爵沦为伦敦塔的阶下囚，在狱中死去。被囚禁期间托马斯创作了一些悲情诗，有夸张做作的成分，算得上是都铎时代的爱情诗歌。

啊，你们这些走了大运的鸳鸯，
愿上帝赐予你们坚如金石的爱情，
愿你们永远幸福，直至海枯石烂。
如果你们路过了我的埋骨之地，
不要忘了你们的朋友葬身于此，
我虽不配被爱，但也曾经爱过。

秘密结婚通常都会以悲剧收尾。婚礼时，双方的父母、亲友都没有到场，也就不能当婚礼的见证人，庆祝、认可新建立的夫妻关系。秘密婚姻没有神父主持，神父反对俗众“越俎代庖，履行神父的职责”。不公开举办婚礼是无法无天的行为，不是被社会制度承认的圣事。社区全体教众都认可的婚礼必须按照以下程序举办：宣读结婚预告，在神父面前举行仪式，双方互致誓言，交换婚戒，在教堂门口公开宣誓，最好还能在教堂内举行婚礼弥撒。之后就可以举行婚宴，尽情狂欢了。教会规定，大斋期、祷告日和降临节期间禁止举行结婚仪式，而教众也遵守了这一规定。办婚礼也遵循农耕的节律，没有人会在农务繁忙的丰收季举办婚礼。婚礼最为集中的时期是每年秋收后举办劳工招聘大集的时间，这时年轻的农场帮工都领到了工资，离开了雇主的家去寻找新的人生机遇。丰收后的这段时间是一年中相对富足的时期，正是在教堂中举行婚礼，（在婚宴上）喝喜酒的大好机会。

一般来说，为爱结婚对穷人来讲不见得是一个值得自豪的特权。对其他阶层来说，结了婚才会有爱情，而非因为爱才会结婚。婚姻不是儿戏，当事人绝不能儿女情长，被激情蒙蔽了双眼，因为婚姻会改变双方的生活，要求他们为对方、为小孩承担新的义务；婚姻还能促进家族联盟，结束或加剧地方上的仇怨，以及提升政治影响力或扩大领地范围。比如，亨利七世与约克的伊丽莎白的婚姻变成了统一约克家族和兰开斯特家族的契机。适婚的王子、公主是统治者外交时所举的棋子。一般来说，乡绅家族会愿意与本地的其他乡绅家族联姻，将两家的势力捆绑到一起。

尽管教会一再强调，婚姻应当由男女双方自由缔结，不承认父母有权为子女物色对象，但没有经济来源、要靠父母养活的子女，尤其是在服从、谦顺环境下长大的女孩，在面对因想要缔结门当户对的家族而固执己见的父母时，就算是想反对，也都有心无力。亨利八世的妹妹玛丽公主遵从兄长之命，嫁给了法国国王路易十二（Louis Ⅻ），但没过多久就成了寡妇。玛丽鼓起勇气，告诉兄长她已经照着他的意愿结过一次婚了，如果他这次不答应她与查尔斯·布兰登（Charles Brandon）成婚，那么“我就会去修道院，到时候陛下您，以及其他任何人，就没法对我发号施令了”。1515 年，玛丽没获得亨利的许可就与布兰登成婚了[①]。乡绅、贵族家庭出身的女孩没有选择婚姻的自由。林肯郡的威廉·艾斯库爵士（Sir William Ayscough）“为了钱财”与邻居凯姆“订立了婚约”，将女儿嫁给他的继承人。这场婚姻很不幸，于是安妮·艾斯库 [Anne Ayscough，又叫安妮·艾斯丘（Anne Askew）] 投身宗教，以求慰藉。

如果男女双方一见倾心，又能审慎完婚，就算是很幸运的了。1497 年 3 月，埃德蒙·普兰普顿（Edmund Plumpton）给亲戚罗伯特·普兰普顿爵士 (Sir Robert Plumpton) 写信，字里行间难掩兴奋之情。埃德蒙在伦敦的“密友和同伴”介绍他认识了一个寡妇，她“心地善良，美丽且有女人味，聪明伶利……而且出身好，还是虔诚的基督徒”。她名叫阿格尼丝。两人“一见钟情，难分彼此”，但阿格尼丝的朋友要求埃德蒙每年提供 20 马克的亡夫遗产[②]，埃德蒙为了能与她成婚向罗伯特求助。“如果不能如愿以偿，我就会后悔一辈子的。”埃德蒙与阿格尼丝的婚事包含许多仪式化的元素：同伴、“密友”充当媒人；双方交换礼物（阿格尼丝将一件镶有红宝石、珍珠的十字架作为礼物，送给了埃德蒙）；协商彩礼的

---

① 没有得到国王的许可便与公主结婚等同于叛国，所以查尔斯·布兰登本有可能被处以极刑，但亨利网开一面，仅开出了2.4万镑的巨额罚单（相当于现代的720万英镑），要求夫妻二人以每年1 000镑的额度按年缴清。

② 即丈夫生前指定的，死后应当由妻子继承的遗产。

金额。两人喜结连理，却没能白头偕老。1501 年，埃德蒙・普兰普顿被居住在伦敦城霍本区的一个名叫罗伯特・泰克赫尔（Robert Tykhull）的绅士所杀，而泰克赫尔争取到正当防卫的判决，被无罪释放。

贵族、乡绅阶层谈婚论嫁少不了要在彩礼、嫁妆上反复协商。1534 年 9 月，弗朗西斯・洛弗尔爵士（Sir Francis Lovell）致信莱尔勋爵，希望自己的长子能够迎娶莱尔勋爵的次女伊丽莎白・金雀花女爵（Lady Elizabeth Plantagenet），让“我们卑微的血统能够得到上帝的眷顾，与您高贵的血统结下姻亲”。如果莱尔愿意提供 700 镑现金的嫁妆，洛弗尔会保证伊丽莎白能终身享有每年价值 100 镑的收入——洛弗尔家族愿意提供每年收益为 100 镑的亡夫遗产。这就是都铎时期乡绅、贵族家庭谈婚论嫁所做的典型财务安排。尽管女方家庭一次付出去的嫁妆很多，真正承担巨大经济风险的却是负责提供亡夫遗产的男方家庭，因为丈夫去世后，妻子很可能独自生活多年，令夫家入不敷出。德文郡的约翰・巴西特爵士（Sir John Basset）将两个分别 10 岁、12 岁左右的女儿安妮、托马辛送至多布尼勋爵贾尔斯的府邸生活，想要让其中一个与多布尼的儿子，那个将来家族爵位的继承人结婚，还同意让多布尼（不是让多布尼的儿子）在两人中任意选择儿媳的人选。此外，巴西特还签订契约，承诺如果两个女儿在成婚前不幸夭折，或者无法令勋爵满意，自己会按照规定在 1504 年再送一个女儿到勋爵的府上。这种婚姻像是在做交易，婚约更注重财产转让，没反映出父母对子女的关爱，但必须认识到，法律文件本来就不负责表达舐犊之情。父母并不是只认钱的婚介，而是在为子女的未来打算，因为他们随时都可能变得无依无靠。

比较穷的夫妇也会考虑经济因素，等到有能力独立养家之后才会举办婚礼，而很多人要等上很久。想要安身立业，农民夫妇需要有座农场或一小块农田、一间村舍（要想不从事副业就能自给自足，至少得有半码地，即 15 公顷左右的农场）；工匠需要掌握一门手艺；体力劳动者必须找到能提供稳定工作的雇主。富人会可怜那些因没有嫁妆而一直无法出嫁的女孩，经常会将一部分遗产分给那些“未婚的可怜女孩”。遇到时局动荡，民不聊生，大量人口背井离乡的情况时（比如，16 世纪 50 年代、90 年代），由于人们手里没钱，对未来缺乏信心，结婚率会直线下降。16 世纪中期，伦敦居民罗伯特·特拉普（Robert Trappes）与埃伦·汤普金斯（Ellen Tompkins）“情投意合”，想尽快成婚，但两人却遇到了困难：埃伦是“身无分文的丫头，只能靠打工为生”，罗伯特是一个学徒工，“一文不名的年轻人”，虽然他父亲不缺钱，却不知道自己将来应当如何安身立命。这样的两个人怎么能考虑结婚的事情呢？无论男女，都要等到年龄很大的时候才能结婚，通常是年近 30 岁的时候。曾经有段时间，社会上的普遍观念是，男女婚前若是“发生了肉体关系”就是很大的罪孽。16 世纪早期，在伦敦的齐普赛街，另一个学徒工也为情所困；他叫安东尼·庞迪斯伯里（Anthony Pountisbury），是绸缎商的儿子，对“一位年轻的女子心生爱意”，想要娶她为妻，却在婚礼当天遭到师父的阻挠，被抓了起来。安东尼声称，师父禁止学徒工结婚“使他们中的不少人犯下了乱伦、通奸等罪孽”。

到了现代初期，英格兰的非婚生子女的比例降得很低，可能只有 2%；而且，这些人经常是在男方未能履行婚约的情况下出生的，对其本人及生母而言是场悲剧。私生子数量是很少，但奉子成婚的很普遍。英格兰教会不允许试婚，但在爱尔兰盖尔文化区是有的，在那里结婚、离婚仍是俗事，受世俗法律的管制，不归教会法律管。1541 年，都柏林的案卷主事官[①]托马斯·丘萨克爵士（Sir Thomas Cusack）抱怨称，爱尔兰人“未婚同居，真是罪孽”。盖尔法律对结婚、离婚管得松，不在乎子女是不是婚生的。在盖尔领主的领地内，无论男女，都可能会有一堆伴侣，女人可以“指认”与自己有过一夜情的任何男性，说他是自己所生子女的父亲。就社会地位和与父亲的关系而言，私生子的地位与婚生子没有多少差别；他们还能像婚生子那样，参与遗产的分配。在英格兰，有经济能力的父亲也可能会对自己的私生子表示关爱，在世时会承认父子关系，还会在遗嘱中为其留下一份遗产。1517 年，霍恩彻奇的律师威廉·阿耶洛夫（William Ayloffe）临终时立下遗嘱，要将所有的土地、财产留给婚生子，他也没忘对私生子说，“据说是我儿子的威廉”你应当去做学徒，学会一门手艺；“据说是我儿子的约翰”你应当继续留在学校学习语法，将来做一名神父；我的女儿多萝西“体弱多病，应当在规训严格的修道院做一名修女”。到了 16 世纪末，英格兰人对私生子开始警觉起来。

婚姻就像是一座隐秘的殿堂，一个成员相互协作的社会，一个排他的夫妻感情世界。无论是在私人信件，还是在公开的遗嘱中，夫妻称对方为“最亲爱的”，似乎不只是约定俗成的称谓，更是真情流露。近 500 年的时间过去了，现代人又怎么能体会都铎时代人们的真情实感呢？第九代基尔代尔伯爵的遗孀伊丽莎白·格雷（Elizabeth Grey）每天夜里都要亲吻伯爵的画像。古人是在告诉我

① 在英格兰的法律体系中，案卷主事官是仅次于首席法官的高级法官，负责担任上诉法院民事分庭庭长。

们，像伊丽莎白这样情深义重的妻子并不常见吗？从远古时代起，婚姻就蕴含了爱情、悲伤、愤怒、嫉妒这四种人类感情，但夫妻间表达、隐忍这类感情的方式发生了变化。在上流社会，感情会被社会习俗制约，并受积蓄财产、传宗接代等要求的束缚。1537 年，托马斯·怀亚特爵士致信刚刚 15 岁就娶妻成家的儿子，描述了婚姻中理想的夫妻关系：

> 要爱你的妻子，同意她的意见，因为一旦与妻子吵架，家庭生活就不得安宁，床第之欢也荡然无存。要学会做个好丈夫，虽是一家之长，也要对妻子呵护有加，这样她才会尊敬你，承认你的家长地位。你对她好，她也会对你好。

一些夫妻将理想变成了现实，但怀亚特没这么好运。他写的尽是婚姻给自己带来的酸楚：

> 情投意合的夫妻会得到上帝的祝福，儿女满堂，但我只有你这一个孩子；说到底，我和你母亲都有责任，但主要还是她的错[①]。

怀亚特在婚姻之外寻找真爱，曾短暂地得偿所愿。他留下了许多优美哀伤的情诗，见证了寻找爱情的经历。在上流社会，

---

① 1520年，怀亚特娶伊丽莎白·布鲁克为妻，其独子在一年后出生；1524年，怀亚特获得亨利八世任命，成为大使，之后不久便声称妻子与人通奸，以此为由，不再与伊丽莎白同居。

浪漫的爱情通常都留给情妇或情人。但在婚姻之外寻找爱情是不被社会接受的，怀亚特更是因此受到了道貌岸然的亨利八世的惩罚[①]。

教会视通奸为重大罪孽，认为私通者必须接受正式的惩罚。为了警告亨利八世，拉蒂默主教（Bishop Latimer）冒险给他送了本《新约全书》作为新年礼物，还附上了“上帝必将审判奸夫淫妇”这句话。违反婚姻誓言会触怒上帝，会拆散家庭，还会令信众共同体不得安宁。因为在都铎时代英格兰社会的共识是，每个人都必须“像天主教徒一样”洁身自好，邻居一旦发现有人行苟且的事，就会向教会法庭检举，要求对此进行审判。如果遇到临盆的单身女性，接生婆就会打听孩子的生父，然后向教会告发。被判犯有通奸罪的人要听从教会的命令，公开赎罪。悔罪者必须赤脚、摘掉头饰(在习俗要求人们佩戴头饰的社会里，头上什么也不戴会令人感到震惊)，身穿忏悔白袍，手拿忏悔蜡烛，走到祭坛旁，把蜡烛交给神父，之后当着全体会众的面，大声说出自己的罪孽、羞耻，祈求被原谅。

渐渐地，越来越多的名誉权官司涌入教会法庭，其中绝大多数都是涉及性行为不检点的诉讼。女信徒——此类诉讼的原告、被告以女性居多——站在自家门口，双手抱在胸前，各抒己见，对邻居恶语相向。辱骂起来难听得要命，一般会围绕同一个主题：“臭婊子”“破坏他人家庭的贱货”“妓女”“跟神父搞在一起”“放债人的姘头”“浪女”“肮脏（有性病）的婊子”。这些辱骂有可能所言

① 1536年，怀亚特因受到与安妮·博林通奸的指控而被关入伦敦塔，但因与托马斯·克伦威尔关系友好而逃过一劫。

非虚，也有可能是邻里间爱嚼舌根子瞎说的。被诽谤中伤的人会向法官求助，通常会让那些邻居出庭，说愿意相信她是无辜的。女性必须要维护自己“白璧无瑕”的名声，其中主要的原因是，女性害怕一旦背上骂名就有可能被指控犯有通奸罪。侮辱男性的词语中，最常见的是“婊子养的”。羞辱有妇之夫时，通常会骂他“戴绿帽子”，这自然是在讲他的妻子与人私通，辱骂的人还摆出吹号角的手势[①]。在都铎时代处罚通奸罪时存在双标问题。1601 年，高等律师哈里斯（Sergeant Harris）[②]在下议院（所有的下议院代表都是男的）提出议案：应当减轻对通奸女罪犯的惩罚，让她们与男性同罪同罚，结果，“下议院一下子就炸开了锅，议员们大喊着‘不要再说了’”。

夫妻一方死亡是婚姻终结的途径，离婚不是。只有在极罕见的情况下，教会才会宣布婚姻无效，即从最开始时男女双方的夫妻关系就不合法。社会会千方百计地化解夫妻间的矛盾。神父的职责是维护堂区的安宁，调解教众的矛盾，所以在举行忏悔圣事时会提出发人深省的问题。1527—1528 年，伦敦医师彼得·费尔南德斯（Peter Fernandez）的妻子经常向神父倾诉丈夫的种种暴行。神父想要让两人言归于好，却无计可施。教会不能因为私通或家庭暴力而让双方离婚，但可以发布分居令，而且两人不得再婚。无论婚姻生活是否幸福，夫妻双方都很可能要长时间留守在婚姻的围城里，对到了不得

① 这个手势的意思是“你老婆给你戴了绿帽子”，在古时的欧洲十分流行；到了现代，在许多地中海以及拉丁美洲的国家，这个手势仍然保留有“绿帽子”的意思。

② 即高级律师托马斯·哈里斯（1547—1610），他在1584—1601年先后六次当选下议院议员。

不结婚的年龄的人而言，他们可能预期与配偶再活上 30 年。一生一世，至死方休。爱尔兰的情况与英格兰十分不同，根据爱尔兰古代法（brehon law）的惯例，申请离婚很容易获得准许。克兰里卡德的理查德·伯克（Richard Burke of Clanrickard）一生总共娶了 6 个妻子，当他在 1582 年去世时，除了一人已经先走一步外，其他 5 人仍然在世。

天主教会每时每刻不忘劝诫教徒，要他们牢记人生的最后四件大事——死亡、审判、地狱、天堂；“不要忘了，生时所作所为，死后皆有报应”。墓碑的碑文恳求路过的行人：“你终究也会像我一样入土。我曾经也像你一样活在世间。求求你，为我祈祷吧。”木版画上的天使、恶魔守在临终病榻旁，准备争抢罪人的灵魂。死亡是最后的机会，每个人要为自己虚度的生命忏悔、赎罪，摆脱一生积累的罪孽。每一位天主教徒被教导如何得体地面对死亡，但并非所有人都能学得会。“有些人坐在临终的床榻上，背后甚至没有倚靠枕头，他们还把玩伴叫到身边，一起玩起了牌，聊以自慰”，托马斯·莫尔如此记录。他们在拿自己的灵魂当赌资。然而，上帝的恩典是无穷无尽的，只要在临终时进行忏悔，即便是罪孽深重之人，也能得到救赎。博斯沃思之战决出胜负之后，理查三世的近臣威廉·凯茨比（William Catesby）在被押赴刑场之前，留下了临终遗言，要求教徒为他有罪的灵魂祈祷，他对自己在尔虞我诈的残酷政治生涯中所犯下的过错深感懊悔，决心悔改。

每一位天主教徒都祈祷自己不会意外死亡（他们还向圣芭芭拉祈求获得这一恩典），这样就有时间趁自己还活着的时候忏悔。垂死的人躺在病榻上，向匆匆赶来的神父忏悔。神父护送圣体、圣血，手捧耶稣受难像，走街串巷，来到临终者的身边，听取他们的临终忏悔，赦免所有的罪孽，然后主持涂油圣事、忏悔圣事和圣体圣事在内的临终圣礼。在临终圣礼中，即将离世的基督教徒应当原谅所有错怪过他们的人，并请求那些被自己冤枉过的人原谅自己，确认自己相信并希望能够与上帝和基督教世界和解。此时与人为善、慈悲为怀都显得尤为重要。1538 年，在伦敦城的奥尔德曼伯里，艾丽斯・格里斯比（Alice Grisby）临终时的场景是个很好的例子，将虔诚的基督徒渴望在临终时获得上帝谅解的迫切心情展现得淋漓尽致。弥留之际的艾丽斯气若游丝，说不出话来，堂区的助理神父和她的女伴围坐在床边，心急如焚，恳求她目视圣体、圣血，回想耶稣受难的历程。他们苦口婆心地请求道：“怎么？难道你要像快下地狱的人那样，要像野兽那样，忘记创造了你的人吗？”最后，艾丽斯抬起双眼，抬起双手，“直到死亡极端的痛苦把她带离人世”。就这样，艾丽斯像其他虔诚的基督徒那样迎接了死亡的到来。在目睹了她姿态得体地安然离世后，守在床边的朋友如释重负，这种反应充分表现出，基督教团体对信众基督教生活的担忧，以及对他们临终时是否体面的偏执。

“死亡之舞”（The Dance of the Dead）是都铎时期常见的绘画主题，在赫克瑟姆修道院内，以及在圣保罗大教堂回廊的北墙上都能见到。满脸凶相的死神是“死亡之舞”的领跳，跳舞的人无论高低贵贱，都围着他手舞足蹈。布道词和神秘剧告诫教众，人死后还要接受审判，那时上帝不会关心基督徒生前的身份，而是看重他们在世时的所作所为。只不过没有任何仪式能像葬礼那样截然区分出王公与平民身份的天壤之别。生时享尽荣华富贵，去世后自然也不能不讲排场，葬礼作为王公贵胄在世间的最后一次游行，仍会有家人及佩戴家徽的仆从陪伴左右，护送灵柩缓缓而行，印有纹章的华丽旗帜迎风飘扬。跟随灵柩的是浩浩荡荡的游行队伍，队伍中的每个人都手持点燃的蜡烛，为逝者的灵魂祈祷，他们中有些是神父，有些是贫穷的邻居和佃户，还有一些是身穿黄褐色土衣，与逝者素未谋面的乞丐。贵胄的葬礼一方面展示了，虽然一家之长不幸去世，但家族的荣耀仍旧不减当年，并将一代代地传承下去；一方面又彰显了生者与逝者、富人与穷人的精神联系，在为贵胄的灵魂，以及所有基督徒的灵魂祈祷时，葬礼还表达了参与葬礼的信徒作为一个整体寻求灵魂救赎的热切希望。

尽管权贵阶层财力雄厚，却要依赖同个堂区信众对他们的善意和代祷，而信众也需要得到权贵的施舍和保护。只不过权贵的精神需求可能更迫切，难道耶稣没有指出，富人想要升入天堂必须克服更多的特殊困难吗？在现世追逐功名利禄与来世渴望得到救赎之间不管有多么大的冲突，都可以通过做出补偿、投身慈善来争取上帝的原谅。布施可以帮现世的穷人解决燃眉之急，又可以让捐赠者的灵魂在来世获得救赎。当时英格兰人将捐赠给穷人的钱物称为“灵修”，将富人施舍给穷人的面包屑称为“圣母马利亚面包(屑)”，而原因是，捐赠者认为，送出这样的礼物相当于为自己在天堂积累了财富。慈善物会在葬礼上施舍给穷人，以期望他们能感恩，为逝者的灵魂祈祷，当时的社会普遍认为，穷人的祈祷十分灵验。如果向每个参加葬礼的穷人施舍一便士，只需出 20 镑就可以请来不少于 4 800 人来吊唁，为他急需救赎的灵魂祈祷。无论是一生虔诚，从未犯下罪孽的信徒，还是临死才知悔改的教徒，都会在临终遗嘱中向穷人捐赠钱物。

每天，英格兰的每座教堂里都会有神父为逝者的灵魂唱弥撒。葬礼上会先唱一首安魂弥撒，弥撒圣事在逝者死后会持续很久，对去世了的富裕的信徒，弥撒会一直唱下去，或者，神父也想为他们这么做。自中世纪晚期开始，英格兰就出现颂唱不停的祈唱堂，一任又一任的神父在这里，日复一日地举行安魂弥撒，为祈唱堂建立者的灵魂祈祷，也为生者祈福。堂区教堂每天都会举行多场弥撒，有的甚至每小时举行一场，不仅为逝者的灵魂代祷，还在上帝面前为众多信徒赎的罪代祷。富人会出资让神父专门为自己的灵魂祈祷；穷人也需要请神父祈祷，根据家底量力而行。与权贵一样，贫穷的工匠也会有同样的心愿，并且希望有人能为自己代祷，于是他们会在教堂的祭坛上留下几便士，要么是为了偿还未及时缴纳的什一税，要么是想要为教堂的扩建、维修尽一点力；他们加入殡葬协会——协会会为他们举行葬礼，为他们的灵魂祈祷——希望能与富人分享祈唱堂给予的帮助；他们会在经济允许的情况下为自己安排丧宴，请亲友、伙伴和邻里乡亲过来参加。过来参加某位宗族成员的丧宴很重要，可以缓解教徒团体的不和，同时也是缅怀过世亲友的方式。但是，一些贫苦信徒却连一块纪念牌也没有，只是草草地被埋进了坟墓。

* * *

农夫和大贵族一样都是有家庭的，以家庭为核心的小社会由丈夫、妻子和子女组成。小社会中没有哪种关系会比他们之间的关系更紧密；核心家庭成员相互之间的爱比任何人都深，但争执也更为难解。在人间，就像在天堂里那样，家庭也是父权制社会单元，父亲是一家之主，家庭成员既敬畏又爱戴他，他照顾家人，也要管理他们，评判功过。君权、教皇权力和教会权力等所有人世间的权力都是以父权为中心的。都铎时代的社会具有鲜明的父系社会特征，由父亲来定义社会要素。女性结婚后，必须改用丈夫的姓。等于是从自己的父系家庭来到了另一个家庭，另一个只有父亲说话才算数的家族。无论在法律上，还是对妻子的亲友来说，在重大事情上面，夫妻共同生养的小孩都会被说成是丈夫的子女，而不说是妻子的。在一夫一妻制家庭中，妻子必然会受宠，却无法摘掉从属伴侣的帽子。女性永远只能退居次席，即便成为人妻也无法改变这一现状。作为姐姐或妹妹，她的地位不如自己的哥哥和弟弟，而作为妻子，地位也不如丈夫。只有成为寡妇，她才有可能在某些情况下摆脱如此压抑的环境。

无论是大富之家，还是平民家庭，家庭的法律定义都是一样的。与现代的情况一样，中世纪英格兰的亲属关系也是双边的：每个人会分别从父亲的家族和母亲的家族这两个角度追溯血脉，并且与女性和男性表亲，与侄女和侄子都有同样的关系。亲属关系可以分为两类，分别是存在血缘关系的血亲关系，以及建立在婚姻关系基础上的姻亲关系，通过婚姻结成姻亲关系的人也属于亲戚。家族一旦为后代选好了教父、教母，家族成员就在精神层面与他们建立起了亲属关系，洗礼不仅会令受洗者成为教子、教女，还会让受洗者的家族与教父、教母结成亲属关系。通常情况下，在为子女取名时，父母都会让孩子随教父、教母中地位较高的人的（教）名；所以说，兄弟姐妹中有两个人同为一个教名，并不是因为父母粗心大意，而是由于二人刚巧拥有同一个教父或教母。教会按照亲属关系的亲疏程度做出详尽的法律规定，禁止近亲结婚。如果双方有同一个高（外）祖父，两人之间就是四亲等的亲属关系，在禁止结婚的范畴；此外，寡妇也不能与亡夫的兄弟结婚，因为姻亲关系也在被禁范畴内。通奸形成的关系也可能会变成亲属关系，就像亨利八世那样，想忘记的时候便忘记，想记起的时候就会记起。尽管如此，教会极少由于男女之间亲缘关系过近，处在被禁止之列的婚姻，而宣布婚姻无效。在闭塞的小社群里，必须偶尔放宽或忽略对近亲结婚的禁令，否则男人甭想娶到妻子，女人也甭想找到婆家。当时坊间有这样一种说法，“康沃尔的绅士都是堂表亲戚”。编年史家理查德·斯坦霍斯特（Richard Stanihurst）指出，科克城的居民“不愿与邻市的居民结婚，只在城内找对象”。1537 年，都柏林的人发牢骚称，“很多九亲等关系的人之间都有血亲、姻亲关系”，想要选举任陪审团成员难比登天。这样说来，盎格鲁 – 爱尔兰社会的居民都算是亲属了。

那么在都铎时代，不列颠居民会在多大程度上承认自己与那些远房亲戚的亲属关系呢？亲属关系是否能够建立同盟、实现忠诚、形成友谊和规定责任呢？就爱尔兰盖尔文化区而论，在社会、政治、司法这三块，亲属关系都占据着核心地位，当之无愧是最主要的社会联结。与欧洲其他地区相比，在盖尔文化区，对祖先及死者的崇拜显得更加根深蒂固。居民的身份由他们属于哪个宗族（宗族在英语里叫“clan”，字面意思为“后代”，可引申为一种将某个男性视为先祖的大家族），以及在宗族中属于哪个分支，即氏族而定。1589 年，编年史家仍然延续着拥有数个世纪之久的传统，在领主去世后留下这样的记录：“特洛是泰奇之子，是康纳之孙，是特洛的曾孙，是比尔阿斯安霍麦克的泰奇·奥布赖恩的玄孙，他的离开令我们悲痛万分。”亲属关系是人与人之间自然形成的关系，每个人都应当尽到亲属义务，忠于这种天赐的缘分。在盖尔文化区，亲属关系涉及切身利益，所以每个人清楚亲戚与自己的关系，即便是关系很远的远亲也认得。知道自己有哪些亲戚，不只是为了满足对族谱的好奇，还与权力支配、遗产继承息息相关，因为亲戚间会要求对方尽到亲属义务，这里面涉及财产，更是事关身家性命。在盖尔文化区，由谁来继承领地的保有权会通过选举定下来。按照爱尔兰古法的规定，前领主四代之内的晚辈才属于真正意义上的亲属（derbfine）[①]，从理论上讲，应当从这些亲属中选举，让最年长、最德高望重的人成为继承人。此外，在爱尔兰盖尔文化区，整个司法体系建立在“亲属连坐”原则之上，要求宗族为成员的所作所为负责。

在中世纪晚期、现代早期局势动荡的爱尔兰，亲属关系是一股强大的势力。在英格兰与苏格兰接壤的边境地区，在坎伯兰，以及诺森伯兰境内的里兹河谷、北泰恩河谷，亲属关系同样重要，在这些地区，也许早在 14 世纪，甚至更早的时候，有血缘关系的近邻就已经组成了“同姓人”亲族，互相保护，减少了因英格兰与苏格兰之间连年战火所造成的伤害。在威尔代尔，高地地区的亲族集团团结一致，聚集力量，保证当地的社区能够动员足够多的人力、物力，来抵抗外敌的入侵。上述地区都以畜牧业为主，分割式的遗产继承方式十分普遍。按照这种“均分制”的遗产继承制度，所有子嗣都有继承家族地产的权利，这样也是鼓励他们留在家里。所以，就亲属关系的约束力而言，北部与苏格兰接壤的地区超过了英格兰其他地区，这里不包括社会下层的情况。

英格兰的贵族、乡绅阶层固化明显，血统观念对这两个阶层成员的自我认知至关重要。他们自视为族谱中的一员，有家族背景，要为将来奋斗，他们认为自己有义务为先辈、后代担负起不可推卸的责任，有义务守护好家族的土地，这可是家族的财富与权势所在。现任的家长是祖产的管理者，有责任将这份家产传给后代。有关财产和限嗣继承的法律保证了家族男性继承人继承遗产的权

① derbfine为古爱尔兰语，由真正的（derb）、亲属（fine）这两个词组成，所以译为“真正的亲属”。

利，防止在尚未留下子女的情况下出现祖产旁落的情况。伯克利勋爵威廉（之后受封为伯克利侯爵，1492 年去世）为了自己的利益，牺牲了本应继承祖产的弟弟的继承权[①]，所作所为与当时的社会常情相背，在 17 世纪遭到传记作者的口诛笔伐："此人自私自利，想让整个家族与自己同归于尽。"贵族阶层不仅要"光宗耀祖"，还要维护与其继承的地位和权利相称的家族财富和权威。行使"领主权"是拥有嫡系血脉的贵族的特权，臣仆、佃户要向贵族效忠，提供服务，贵族、乡绅阶层的追随者也要尽到类似的义务。时局动荡时，贵族会命令追随者为他打仗，还有可能喊亲属来帮忙。然而，到了 16 世纪末，亲属关系的制约力下降，亲属渐渐不再取跟贵族、乡绅相同的名，也不太愿意因为拥有共同的血统而一致对外，尤其是对抗国王。在 16 世纪，对贵族、乡绅阶层来说，随着时间的推移，家族观念的实际意义、政治意义越发淡薄，最后只剩下谱系学家还对其感兴趣，那些"古老血统"要历经许多代才能证明它确实流进了自己真正后代的体内，可是一批野心家编造出了属于自己家族的悠久历史。纹章学一方面用来帮助世系回顾家族历史，另一方面给了子嗣炫耀的资本。

亲属身份具有开放性，会根据实际情况进行调整。人们不会

① 威廉的前几任妻子都未能给他生下一儿半女，所以伯克利男爵的爵位、领地应当由他的弟弟莫里斯继承。然而，威廉想要迎娶布里斯托尔城高级市政官菲利普·米德的女儿伊莎贝尔·米德，所以为了获得亨利七世的同意（两人身份差距太大，本不能结婚），承诺如果婚姻未能产生后代，那么伯克利男爵领的城堡及所有地产的继承权就都将属于国王及其男性后代，从而剥夺了莫里斯的继承权。威廉死后，莫里斯变成空有爵位，却没有领地的伯克利男爵。直到亨利八世之子爱德华六世去世，伯克利家族才重新获得了伯克利男爵领地的实际控制权。

只将血缘关系当作判别亲属关系的唯一标准，而是将感情亲疏、邻里关系、功名利禄和政治利益等诸多因素考虑在内。人们可以像对待亲戚那样对待与自己没有一丝亲属关系的人，穷困的堂表亲也可能希望获得位高权重的远亲的帮助。即便是对贵族、乡绅阶层来说，对名字、血统的忠心和自豪也没有超越这个家族首领及其继承人的利益，以及对守护家产这份至高义务的认同。不管是上层还是下层阶级，家庭意识都是至关重要的，这种意识上下贯穿了三代人，从父母开始，到子女，再到孙辈，再跨到侄子、侄女、外甥、外甥女，以及堂表亲戚，在这个范围责任和感情的纽带也是最牢固的。涉及财产转移问题时，家庭的界定就变窄了。在英格兰绝大部分地区，几乎都有可以被继承的事物，人们会遵守长子继承制的原则，除了肯特郡的威尔德地区[①]，边远的高地地区，以及与苏格兰接壤的边境领地，这些地方的情况非同寻常。土地和金钱顺理成章地留给长子，即便并不总是没人提出反对。对英格兰的地主阶层来说，财富是从父辈那里传承下来的，不是自己创造的，只能父传子、子传孙，不能转让给旁系血亲。经历了几个世代之后，家长及其后代，家长的弟弟及其后代的财产的差距就拉大了，这时候年轻的儿子也开始有自己的骨肉。尽管如此，在贵族及乡绅家庭，家长的弟弟通常能获得一笔不错的年收入，而女儿能得到一份嫁妆，这样分配不单是家长出于情份而做出的安排，而是因为，无论是让儿子过着食不果腹的日子，还是让女儿嫁给一个比自己地位低的丈夫，都与“光宗耀祖”的期望背道而驰。

家庭体现出一种持久的理想，这一理想不仅会影响成员的心

① 位于英格兰东南部，是一个曾经拥有茂密森林的地区。

灵和精神，还是世俗功利的。领主会将家族附近的教堂选作自己的长眠之地。埋葬在装饰有家族纹章的祈唱堂里，让神父为其灵魂祈祷，即便在死后领主也要宣示权威和家族的不朽名望。墓碑、窗户、衣物、道路都可能成为纹章的载体，哪怕家族因为成员死亡、不孕不育而人丁稀少，也会用这些符号表示家族万古不朽。英格兰北方贵族用各自的纹章（比如，雷比的内维尔家族的圣安德鲁十字，博尔顿的斯克罗普家族的蓝底斜杠）装饰教堂。即便到了 15 世纪晚期，一些贵族、乡绅自视为军事阶层的成员，会选择躺在身穿盔甲的骑士的雕像下，脚下有忠犬陪伴。在爱尔兰，这种纪念传统延续了更长的时间。爱尔兰人在哀悼逝者时哭天抢地，显得做作，当时出现了“像爱尔兰人一样哭泣”[①] 这样一句谚语，而到了 17 世纪早期，以梅奥的蒂博特・纳龙（Tibbot na Long of Mayo）为代表的爱尔兰贵族竟然用“哭泣者”的浮雕装饰自己的坟墓。

对社会地位低于贵族、乡绅的英格兰民众来说，血统的概念可能意义不大。亲属范围基本不超过核心的家庭成员。他们订立遗嘱时，极少将财产遗赠给子女之外的亲人。人口的迁移会损害亲属关系的纽带。在与苏格兰接壤的北方高地地区，家中的小儿子可以留在家乡牧牛，掠夺他人的牛群，与亲属的关系仍然很近。在其他地区，到镇上做学徒的少年，或是回到乡下帮助收割的城镇居民，都有助于维持家族亲属关系。一些人会留出一笔钱，用来促成家庭成员每年的团聚。然而，那些离开小屋农家庭的孩子很少再回来，通常切断了与亲属的联系，并在结婚后组建自己的新家庭。穷人不得不为谋生四处奔波，他们没有钱用于拜访亲属，或者邀请亲属到家

① 意为假哭、鳄鱼的眼泪。

中做客，加上他们目不识丁，无法写信给亲人，也就切断了与亲属的联系。在社会底层，面对贫困、疾病、老无所依的威胁，赤贫之人自顾不暇，无力帮助亲属走出困境。堂区记事册[①]记录了赤贫之人生时无依无靠，死后无人哀悼的悲惨命运。离家谋生的平民会迁往另一座村庄、城镇，那里的绝大多数住户都没有血缘、姻亲关系。

* * *

在英格兰，家庭是户的核心，户涵盖的范围有时候会比家庭大很多，算是另一种家庭。一户人家除了包括家庭成员，还包括家里的仆人、门客，以及财产，所以户不仅是社会、经济、艺术生活的中心，也是社会成员政治上建立从属关系的核心形式。夫妻家庭结构很普遍，无论公爵，还是卑贱的送水工，核心家庭都由父亲、母亲、子女组成，只有那些年纪轻轻就娶了更年轻的妻子的大贵族才有可能打破常规。他们有更多的时间生儿育女，子女数量多。然而，大贵族的家户和普通人家不属于同一类。大贵族府邸里面人丁兴旺，群居生活，门下仆人、门客众多，显示出户主家的势力，有时候一户就能大到相当于一整座村庄的规模。1503—1504 年，白金汉公爵爱德华的府邸共有 187 名成员，到了 1511 年，根据府邸名册记载，成员数量增长到了 225 人。1511—1512 年，诺森伯兰伯爵府邸中的男、女、小孩加起来共有 166 人；1539 年，拉特兰伯爵府邸的人数为 135 人。与其他地区的情况相似，英格兰府邸

① 堂区记事册通常由堂区教堂保管，记录包括洗礼（包括施洗日期、父母的姓名）、婚礼（包括夫妻双方的姓名）、葬礼在内的宗教仪式。

的规模按等级划分，遵照居先原则：公爵府邸在规模上一定是比伯爵府邸大，却不会与国王的王宫不相伯仲。王室，即宫廷，其实是“其他府邸、家户的镜子”，从中能看到人口较少的户的影子。无论是在手艺人家里，还是在国王的宫廷，一个人对另一个人的从属关系是典型的家属关系，也是占据主导的社会关系。

在早期都铎社会，“忠心服侍”的对象不仅包括上帝，还包括户主，在这个时期，“忠心”的理念是一股凝聚社会成员的力量。不成文的规约将领主与臣仆联系起来，臣仆要“忠心”地服侍领主，以求领主“恩赏”；换而言之，“称职的领主”应当提携、荫庇臣仆。服侍是领主与臣仆之间的私人关系，表现为臣仆遵从命令，照着领主的意思提供服务。侍奉领主，甚至是为领主做牛作马，都会让臣仆觉得“是值得感到荣耀的”，体现出了臣仆对领主的信赖。一旦互信关系遭到破坏，耻辱才会降临；比如，1521 年，白金汉公爵在接受叛国罪审判时，他的臣仆就透露了自己在服侍公爵时了解到的秘密。大领主的家庭从土地权力和他的“名望”的意义上，维护着他的财产。包括管家、执达吏、财政官、治安官、门卫在内的所有府邸官员自然而然地就进入了领主的贵族交际圈。官员、臣仆的名字会出现在领主的遗嘱中，有时人数还会超过领主的血亲，原因可能是，官员、臣仆比亲戚离自己更近，更加忠心。第九代诺森伯兰伯爵对儿子说：“在经历了命运的起起伏伏之后，我发现，比起妻子、兄弟和朋友，我的臣仆更能与我同甘苦、共患难。”领主的追随者，家人、府邸和领地官员交错组成的团体；“祝愿他的人”，“尽忠的仆人”和“真心敬爱他的人”一生从属于他，构成了地方社会和国家的核心效忠势力。历经数个世代，一个家户可能会把这种忠心侍奉精神传给另一个家户。

大领主的府邸绝不仅仅是家庭单位，而是汇聚家族主要追随者的政治中心，在和平时期尽显华贵，在战时全面武装。领主在大厅中用餐，有人负责切肉、倒酒，侍役、礼仪官来回穿梭，吟游诗人为他唱颂，伶人、弄臣表演助兴，中世纪末期的大领主生活的奢华令人惊叹。乐善好施是荣耀之举，而贪婪无度只会让领主颜面尽失。所以，大领主的府邸应当向所有人敞开，礼遇有身份、有地位的宾客，并向穷人施舍果腹之食。1509 年主显节上，白金汉公爵在桑伯里大设宴席，午餐时招待了 519 名宾客，晚餐时又邀请了 400 人赴宴。在爱尔兰盖尔文化区，过于动荡的局势导致大领主无法修建宫殿，接见臣属，隆重地显示权威，所以他们将殷勤待客作为彰显领主威仪的途径。编年史家在记录盖尔人领主生前的所作所为时，习惯性地会想起他们昔日如何殷勤好客、慷慨大方。在英格兰，领主既会出资建造房屋、道路，又会向收容院、麻风病院和监狱捐款捐物，还会设立施赈官，向急需赈济的穷人发放救济金，施舍“肉末”(残羹剩饭)，以获得被救济的人为自己祈祷。尽管某些府邸的账本显示，领主用来赌博的钱超过了赈济穷人的钱，但每位领主没忘记，乐善好施、扶危济贫是不可推卸的社会及宗教义务。

同样，大领主的府邸也是宗教团体，必须拯救包括领主本人在内的所有成员的灵魂。府邸内设有礼拜堂，里面有专职教士、晨间弥撒神父、家族忏悔神父、随行教士（在领主出行时骑马侍奉左右的教士)。日经课、弥撒、为逝者祈祷是府上一天会举行的仪式，不仅是表现忠诚的方式，还是维持府上秩序的安排。1519 年，白金汉公爵在府邸薄中规定，所有成员每天要望弥撒，因为“如果不敬上帝，不管再怎么有效管理，采取何种政治手段，都无济于事”。贵族阶层可以通过在宗教节日和游行上炫耀人多势众的追随者，表现出他们对上帝的虔敬。1508 年，白金汉公爵前往亨利六世之子爱德华的墓前悼念，他向满腹狐疑的亨利七世表示，自己对兰开斯特家族忠心耿耿。“崇拜”伟大的家族，世代为骑士，因丰功伟绩而使家族名留青史，这些都应得到尊重。无论是珀西家族纹章上的银色新月[①]，还是斯塔福德家族纹章上的天鹅[②]，家族纹章上都记录着先祖的功绩。领主的追随者应当忠于并守护纹章所代表的荣耀，即便这种忠诚是贵族团体为了名誉用武力表达出来的。

大领主身边的光荣职位，是由贵族及乡绅家庭的儿子担任的，在他们年仅七岁时会被送到另一位领主的府邸，担任荣誉侍从，并渐渐成为领主的“亲信”，得以重用。尽忠的对象和尽忠者的社会地位必须相似，所以公爵的儿子应当成为王子的侍从。与血亲相比，在抚养贵族出身的男童时，在府邸供职的官员、专职教士和教长有可能起到更关键的作用。在府邸中，贵族男童不仅要学习如何表现领主气派，做到“喜怒不形于色”，还要掌握都铎时期最基本的社会行为准则，学会尊重、服从社会地位高于自己的人。此外，他们还要学会做一名绅士，应当如何待人接物，不仅要积累财富（这一点还是最重要的），还要拥有骑士精神，待人彬彬有礼，宽宏大量，守护骑士荣誉。骑士准则是最高的世俗理想，很早以前就被灌输给了骑士阶层，它强调侍主、荣誉和忠诚的理念，让骑士增强自制力。纹章学、历史和传奇史诗是骑士必

① 珀西家族的纹章外围是一弯银色的新月，正中央是一副镣铐，其目的是纪念1097年，威廉·德珀西在参加十字军东征时击败异教徒的守军，占领城堡的战功。

② 斯塔福德家族纹章上的天鹅源自天鹅骑士的传说。

修的理论课，剑术、骑马、马上枪术和狩猎是必修的实践课。一旦爆发战争，贵族阶层必须承担领兵打仗的任务。交战双方短兵相接，通常还要骑马作战，即便训练有素，也是九死一生，若是武艺不精那更是死路一条。

在 16 世纪早期的英格兰，领主习惯将子女送往其他领主的府邸接受训练，但到了 16 世纪末，这一习俗逐渐消失了。在爱尔兰，寄养习俗会让领主把年幼的孩子送到其他领主的府邸接受教育，让他们对养父家产生深厚、长久的忠诚。1597 年，得知两个情同手足的兄弟的死讯后，基尔代尔伯爵久久难以释怀。寄养习俗还会引发政治后果。1540 年，枢密院收到了申诉信，信中称寄养习俗危害匪浅，“在爱尔兰人面前，我们已经毫无秘密可言”，到了 16 世纪末，盎格鲁 - 爱尔兰贵族与爱尔兰盖尔人之间的寄养习俗被看作“危害巨大的毒瘤”，足以让英格兰人遭受灭顶之灾。

也有人会把子女送到地位较低的家户学习做事，接受训练。这些离家后几乎不再回来的子女中，有多数人会在寄养家庭找到活计，青年时期就在别人家中度过了。他们可以从事农业、商贸和手工业，成家后也能在自己家里帮佣，不同于领取工资的劳工。在英格兰的劳动力人口中，仆人的人数最多，占到农业雇佣劳动力总量的 1/3 到 1/2。走出家门的仆人不再向父母履行义务，改为向寄养家庭的男、女主人尽职，而且会慢慢学习到社会是由权威组织起来的；男主人就像父亲，会给予他们系统的训练，让他们在懂得听从尊长之命的同时，学会一门技艺。就像在大贵族府邸中那样，仆人在普通家户里也应当为主人服务，遵从主人的意志，而主人应当为仆人提供照顾与保护。仆人作为主人家庭的一分子，与主人在同一张餐桌上用餐，在同一个屋檐下歇息。尽管有些主人会滥用权威，遭到仆人反抗，但总的来说，主仆之间一般能建立起融洽的关系，许多主人在临终之际通常会把照看孤儿寡母的重担托付给仆人，仆人有可能在主人去世后还愿意留下做事。不仅主仆能友好相处，仆人之间也能亲密无间，因为他们在一起劳作，同床共寝，生活在一起。为主人家做事会让生活稳定一些，但年轻仆人仍会选择离开，去别处另谋生计，加之先前签订的主仆关系合约只有一年的期限，仆人只能算作家户和社群的临时成员。所以，尽管家户是社会最基本的单位，却具有易变性。

与主仆关系相比，学徒与师父的关系更为密切，能够维持更长的时间。学徒签订契约，并立誓从师数年，在此期间，他们会学习做买卖，与师父的家人共同生活，遵从师父的教导。师父也必须尽到义务，管束好处在叛逆期的徒弟。惩罚不守规矩的学徒是师父的义务，如果学徒认为自己受到了虐待，想讨个说法，那么他就必须证明师父动不动就拳脚相加，已经超过了常理所能容忍的程度。学徒虽然进入成年人的世界，但仍然依赖他人，尽管梦想着未来能发家致富，但眼下身无分文。16 世纪中叶，每年有 1250 名青年从英格兰各地涌入伦敦，寻找可以依附的家庭，试着融入这个不断扩张的都市。在都铎时代的伦敦，男性中有 2/3 的人都有学徒经历，从 18 岁前后开始拜师学艺，通常要经历 7 年之久才能出徒。学徒是伦敦社会一股不可小觑的力量，一旦聚集起来就必然引发混乱，所以凡是发生了政治风波，当局就会颁布针对学徒的禁令。一个师父只能带一到两名学徒，而学徒每时每刻都在师父的严格监管下，他们要学习如何成为独当一面的工匠，一家之长，同业公会的一员，以及一名合格的公民。

青年在做学徒期间，开始接触手工业、商业的“秘诀”，并承诺会在学期结束时取得工匠资格，进入同业公会。在中世纪末期、近代早期的城镇里，同业公会是稳固的城镇权力机构，其内部的等级次序为：新人学徒，熟练工（领工资的工人），经营户（工匠），同业公会成员和公会执事委员会成员。做了公会成员之后，工匠能够与妻小在城镇中找一块地方营生。同业公会的权力来自成员间的团结一致，他们有权对自己控制的手工业、商业企业制定规则，帮助解决成员之间的纠纷，这些人在经济上形成竞争关系。在绝大多数城镇，公会成员身份是获得公民身份，自由参与经济、社会和政治活动的唯一途径①。在许多城镇，只有公民才能享有城镇居民特权，其中包括独立参与经济活动的特权，作为工匠、零售商独立经营的特权。16 世纪初期，在考文垂，每五位男户主中就有四个拥有“自由民”身份，可以参加游行典礼，或观赏“基督圣体”仪式。在诺威奇和约克，一半左右的男性居民拥有公民身份，在伦敦，这个比例达到了 3/4。无论是维护城镇秩序，还是守护城镇安全，同业公会的作用不可小觑。每逢仲夏时节，同业公会会将男性居民组织起来，举行每年一度的守卫队检阅仪式，卫兵会背着武器在街道上列队行进；同业公会还会在城镇组织重大庆典，例如迎接国王进城时，召集公民前来观看。

同业公会成员间的友谊货真价实。精神层面的兄弟情谊是同业公会存在的首要原因，即便到了 16 世纪，这个原因仍然十分重要。同业公会成员除了会在行业主保圣人的瞻礼日一同游行、礼拜，还会筹集香火钱，让教堂烛火长明。此外，他们还会参加其他

① 比如，1835年的《市议会组织法令》生效之前，在某些城镇，只有自由民才有权选举议员。

成员的婚礼、葬礼，并在仪式结束后“一醉方休”——这是作为朋友应有的举动，表示对同行的尊重，也是成员按照誓言，履行义务。这种义务还会延伸到成员死后，所以逝者的周年弥撒所有成员都应当到场，共同观礼、悼念。同业公会会给生病、年老体弱的成员发放善款。城镇的公民在写遗嘱时首先会称自己拥有公民身份，然后写清楚所从事的行业，最后提到自己所在的堂区。这些关系证明并维系了他的合法身份。

* * *

当家人各奔东西，亲属关系渐行渐远，微不足道时，多数人开始结交新伙伴，加入其他团体，代替传统上只有亲属之间才会有的互帮互助关系。他们也许会在近邻中找到“值得信赖的朋友”和“挚友”，在他们那里感受现在渺无音讯的亲人曾经给予的帮助和诚意。邻居扮演的角色有许多种：做新生儿的教父母；看望刚出生的孩子；出席洗礼、婚礼；照顾病人，陪伴即将离世的人；在仪式上与当事人同欢庆或共哀悼；做遗嘱的见证人；受委托照顾孤儿寡母。此外，邻居还会在他人需要帮助时出借工具、钱物，担任担保人，在法庭上为当事人作证。在圣体圣血表演中，有一幕是马利亚、约瑟正在接受审判，传达员传唤马利亚的邻居上庭，他们是异想天开的马尔金、撒谎成性的露西、金发的简、红发的罗宾，以及疑神疑鬼的莱蒂丝，这一幕再现了中世纪末期典型的邻里关系。通常会在第一时间上诉的人一定是邻居，朝夕相处的邻里经常会发生争执，互相指责。邻居一旦觉得自己被冒犯了，就可能破口大骂，丝毫不逊于邪恶精灵在公主洗礼时下的毒咒[1]。之所以会出现所谓的女巫作恶行为，令邻里关系恶化到无以复加的程度，是因为有人违反了近邻之间应尽的义务，咒骂是对不怀宽厚仁慈之心的邻居的报复。

即便是在人际关系淡漠的大城市，人们仍然看重邻里之间互帮互助的义务。在伦敦，邻里间的诚意能够打破贫富差距的阻隔，维持社会地位完全不同的家庭间的友好关系。订立遗嘱时，家境富足的居民会给堂区内的贫穷的邻居留下遗赠，他们熟知贫苦之人的姓名，比如“胳膊不太好使的约翰”。伦敦编年史家约翰·斯托记录了 16 世纪 30 年代的盛大夏祭：富有的人摆好餐桌，端上食物和酒，邀请邻居“与自己一同尽情作乐”。篝火被点燃，斯托说这是“友好的火”[2]，因为它能让“邻里关系融洽”。然而，斯托之所以会用怀旧的笔触回顾半个世纪之前这次社交联谊，是因为他认为当时这种融洽的邻里关系可能已经一去不复返了。

和睦的邻里关系和友谊是基督教教义的完美体现，即信奉同一种信仰的信徒，通过共融，以耶稣基督之名建立的友好关系。在 16 世纪，诸多社会压力不断侵蚀着人与人之间的和谐关系。人口增长以及随之而来的贫困问题削弱了富人的济贫义务，因为他们越发难以了解穷人。此外，教派分立令信徒团体四分五裂。然而，宗教及社会责任的纽带作用仍然强大，即便在 16 世纪，当信仰分歧

① 此为引自童话《睡美人》的典故：王后生下公主后非常高兴，各地的精灵赴宴，但却忘了邀请邪恶的精灵卡拉波斯，所以卡拉波斯就不请自来，施以毒咒，声称公主将来会被纺缍刺破手指而丧命。《睡美人》故事最早出现的时间为14世纪上半叶。

② 此处是斯托玩的文字游戏：篝火的英语是bonfire，其中bon在古法语中有“好”的意思，所以斯托借此将篝火引申为“好的火”，即“友好的火”。

和经济危机有可能使人们分裂时，它们仍能维持人与人之间的团结、和谐。无论维持友好关系的难度有多大，教众也不会忘记，无论何人，在领圣体之前都必须做到“与人为善，不得有任何邪念”；邻居之间可能会心存芥蒂，而神父则会禁止满怀愤懑，不愿让步之人领圣体，直到他们与社区达成和解。社区共同体不仅涵盖了邻里，还包括在组织形式上更为正式的堂区。

到 1300 年，英格兰共划分 8 000 多个堂区，以满足信徒在神父的带领下举行小规模礼拜的需求。这个习俗到了 16 世纪早期仍在沿用，教众在堂区礼拜不仅是想遵照习俗，还因为他们内心渴望这样做，同时也得到了教会的许可。每个人都是堂区的成员，担负着相应的义务，也享有相应的权利：一方面，所有人必须去教堂做礼拜，维护教堂的正常运行，为堂区神父提供圣俸；另一方面，所有人也有权参与圣事，获得精神慰藉。同一堂区的教众不仅会在一起做礼拜，还会一起庆祝节日。在伦敦的圣玛格丽特帕藤斯教堂有一只碗，它并不是用于宗教仪式的器皿，而是拿来祝酒的：碗的外侧刻着“上帝啊，请你祝福拿起此碗，为我干杯的人吧”，内侧刻着“三位一体的神啊，请赐予我们和平，让我们团结一心吧”。一旦堂区的教众发生争执，他们应当接受仲裁人的仲裁，又叫“daying”[①]。堂区执事[②]会在账本上记录下堂区的教众想要美化教堂的决心，并列举了堂区酒会[③]、戏剧表演、射箭比赛

① 在古英语中，daysman有仲裁者的意思，所以daying具有仲裁的含意。

② 堂区执事是在俗的志愿者，负责管理堂区的财务。

③ 堂区酒会是英格兰堂区举办的庆典活动，目的是为堂区筹措资金，在中世纪末期十分常见，通常会将麦酒作为主要的饮品，并且辅以音乐、舞蹈等其他庆祝活动。

等为教堂持续修建、装饰而筹措资金的善举。都铎时代是个大兴土木修建教堂的时代；虽说可被视作一个风向标，反映出当时英格兰人极度虔诚的心理，却也并不尽然。毕竟，在文艺复兴时期，罗马同样也掀起过翻修教堂的热潮，当时恰巧也是罗马城宗教信仰极度匮乏的时期。

在理想的基督教世界中，同一堂区的教众一定会互相关爱，互相救济，甚至能跨越生死的阻隔。然而，现实世界与理想相去甚远，堂区变得更加正式，开始具有强制性，各个堂区之间界限明确，不再是当初那个任由教友自愿聚集到一起的组织。为了寻找到关系更亲密的教友，一些信徒不仅在堂区礼拜，还参加堂区外的宗教行会。此类行会是俗众自发组织的，类似兄弟会的团体，成员以兄弟姐妹相称，发誓要在生时团结友爱、互帮互助，并且要为死去成员的灵魂祈祷。男女成员去世后会被列入已故会员的名单，融入行会的历史。与任何其他社会团体相比，宗教行会的不同在于，女性成员拥有与男性成员大体相同的身份地位。在都铎时代的英格兰，宗教行会数以千计，新行会层出不穷，反映出中世纪晚期英格兰人的宗教生活。16 世纪早期，伦敦人能在遗嘱中写出城内半数堂区内的 80 多个宗教行会。在都柏林的城市和郊区也至少有 11 个宗教行会。在都柏林的圣奥登教区，教众为纪念圣安妮而建立的行会不仅拥有专属的小圣堂，有专职教士每天在圣安妮的祭坛旁举行宗教仪式，还设立了由 6 名成员组成的唱诗班，这个行会是全城影响力最大的。圣安妮行会存续到 17 世纪，是天主教徒表达虔诚之心的主要场所。爱尔兰盖尔文化区没有出现宗教行会，那里有强大的亲属关系纽带，没有四海之内皆兄弟的观念。

上述行会为什么能被定义为宗教组织？行会的世俗成员又表现出了哪些宗教组织成员的特点？各个行会都会在祭坛上的主保圣人像前点燃蜡烛，并让烛光长明；行会成员会在主保圣人瞻礼日一同望弥撒；一些行会还会向自己的专职神父提供圣俸。对基督教徒来说，防止罪孽发生，培养德行，是最重要的使命，所以行会规定，成员之间进行商贸往来时应当遵守道德规范。行会规章确立的第一个目的是，希望成员与人为善；一些行会还要求成员行接吻礼来增进彼此的善意。此外，为了做到与人为善，行会成员还要为其他成员行七大善事，其中尤以埋葬逝者最为重要。

一些信徒开始以较为激进的方法，尝试着加深信徒间的兄弟情谊。16 世纪早期，隐修会的生活方式已经存在了将近一千年，它几乎吸纳了当时各个宗教的教规。男女信众依然选择像兄弟姐妹那样生活，相互见证笃信上帝的行为。正式开始隐修生活时，修士会向修道院院长宣誓保证遵循修会的戒律，终其一生甘愿清贫、洁身自好、服从院长的命令。教士也会谨遵修会的戒律，不同之处在于，教士并没有完全脱离俗世。按照创立者最初的意愿，托钵修士应当靠乞讨为生，这也正是修会得名为托钵修会的原因。托钵修士追随基督耶稣的脚步，生活像使徒那般清贫，专心向教众讲经布道。宗教组织利用成文的规定，要求成员按照戒律共同生活，这样成员就与俗众、堂区的神职人员（神父）区分开了[①]。总的来说，他们是履行神职的司仪神父，自己的苦修、祈祷或许能点化院外的俗

① 堂区教士不是修会成员，不需遵守修会的戒律，而是接受所属教区主教的管辖。

众。此外，这类宗教组织会救济穷人，会为朝圣者、旅行者提供遮避所。1500 年，英格兰修士、修女的人数分别达到 1 万人和 2 000 人，宗教团体共计 900 个。一代过后，爱尔兰的隐修院达到 140 座，托钵会修院达到 200 座。

尽管修会创始者希望自己创立的团体能够达到基督教教义所说的那种完美境界，但大部分团体都与之相差甚远。真正意义上的宗教组织也难得一见。经历了几个世纪之后，宗教组织成了经济联合体。宗教组织之所以能够成为社会不可或缺的部分，不仅是因为，甚至完全不是因为成员的苦修忏悔和虔诚祈祷，而是因为他们像大地主那样握有大量的权力。虔诚的修道者在积累财富的过程中，渐渐不再以修炼精神生活为主要目标，世俗主义在修道院内大行其道。在爱尔兰，修道院院长职位的传承通常会受到世袭原则的影响，而违反了修士洁身自好的戒律。爱尔兰的西多会修道院大肆修建、扩建修院建筑，不禁令人怀疑他们已经放弃了朴素简洁的戒律，哪怕这样做能体现出宗教组织经久不衰的活力。富甲一方、四处炫耀的修道院招来了妒恨和毁谤。英格兰的批评家大加指责，认为“修士阶层”道德败坏，甚至到了腐化堕落的地步，还怀疑他们的行动违反了曾经立下的誓言，甚至与誓言背道而驰。轮到要接受考验的时候，修士阶层中又出现了大量表现差劲的成员：他们非但没能做到坚忍克己，反倒追求肉欲的快感；没能去追求更高的精神境界，反倒在俗世中追名逐利。不过总体来说，哪怕修士阶层没有起到正面带头作用，至少也没有造成伤害，不过这样的评价也足以让修道者无地自容了。

有些宗教组织的确在追寻基督教信仰，并且能一直坚持到底。

在加尔都西会的修道院中，修士遵守戒律，过着清苦的生活，谨言慎行，专心祈祷。布里奇特会的赛恩修道院于 1415 年建立，位于泰晤士河北岸的艾尔沃思，体现了基督徒精神重生的壮丽之举[①]。在英格兰，方济各会的守旧派分支重拾方济各会严苛的戒律，让方济各会重新焕发出托钵修会应有的风采。16 世纪早期，英格兰共有六座守旧派的方济各会修道院。在爱尔兰，设立分支机构的四个托钵修会中有三个修会进行了改革，之后托钵修士兼具宗教热情和道德威信，赢得了俗众的敬仰，变得极具影响力。诚然，爱尔兰宗教改革在一定程度上是为了让宗教组织摆脱英格兰的控制，也是盖尔人社群对盎格鲁－爱尔兰领主所有权的抗议，而改革在精神上的鼓舞是显而易见的。许多宗教组织不再受教会森严的行政级别限制，可以直接接受教皇的领导，但这样反倒成了威胁。

* * *

《俗众弥撒经》要求所有信众在望弥撒时做出如下祈祷：

> 让我心如止水，

① 亨利八世开始解散英格兰的修道院之后，赛恩修道院没有像许多其他的英格兰修道院那样作鸟兽散，而是选择了流亡生活，前往荷兰，之后在玛丽一世统治时期又回到了英格兰。伊丽莎白一世继位后，赛恩修道院再次被迫解散，修道院的成员在获得政府许可后前往葡萄牙，一边在里斯本建立修道院，一边向西班牙国王求助，希望他能够帮助修道院重返英格兰。1861年，在度过了近三百年的流亡生涯之后，里斯本修道院的后继者返回了英格兰，令赛恩修道院成为全英格兰唯一一所在宗教改革的狂风暴雨中幸存下来的修道院。

以博爱之心对待所有人：
无论他是自己的亲人，还是邻居、仆人、臣属，
不管是敌是友，也不管他是不是社会的弃儿。

对任何人来说，以博爱之心对待敌人、社会弃儿都是最难的任务。包括家庭、宗教互助会、同业公会、邻里和堂区在内的共同体都划有界限，将一些人排除在外，而这样的人可能不在少数。有句话很有道理：与一些人称兄道弟，就必然会与另一些人形同陌路。许多人碰到灾事，或者承担着巨大的社会压力，变得山穷水尽，渐渐被社会抛弃。还有一些人自愿选择了不为常人所接受的道路。对基督教嗤之以鼻的不光有异教徒，还有一些异端分子：他们虽然信仰基督教，却怀疑其他与自己“平等的基督徒”缺乏信仰，认为只有自己的信仰才是真正的救赎之路，其他信徒的信仰皆为谬论。

纵观人类历史，没有哪个时代是完全没有穷人的，只能说某些时期比其他时期的贫困问题更为严重。在都铎王朝时期，英格兰的贫困人口增长迅速，达到了令人发指的程度。16 世纪早期，恰逢英格兰人口开始大幅增长，农耕模式发生翻天覆地的变化，土地市场的运作有利于土地扩张，却导致大批人无家可归、无地可耕，逐渐陷入赤贫境况。即便在收成尚可的年月，劳动力市场仍然供大于求；此外，几乎任何工作都是季节性的，工资也越来越低，所以穷人经常背井离乡，希望能找到维持生计的活。年景不好的时候，那些勉强糊口的人尤其悲惨。庄稼歉收会令粮价一涨再涨，远远超出穷人所能承受的范围，进而出现了民生凋敝的景况。有些时候，赤贫阶层的绝望嚎哭会被记录在史料中。1533 年，萨瑟克地区在

分发救济粮时，争先恐后的饥民引发了踩踏事件，导致四名男性、两名女性和一个小男孩被踩死。一些走投无路的人不得不将亲生骨肉抛弃在有钱人家的门口。16 世纪 50 年代，伦敦居民习惯在遗嘱中给弃儿留遗赠，有时会把他们转托给别人："可怜的小威廉，我一直接济他的生活；现在，就像当初上天把他赐给我一样，我也要给他寻一个好归宿。"

过去，人们一般认为，穷人在某种程度上会受到上帝的佑护，毕竟耶稣也是穷苦出身。然而，穷人越来越多，他们浑身生疮，在街头遇见富人便上前强行乞讨，怎么看也不像是应该受到保佑的样子。在城镇，尤其是在伦敦，穷人不会只在贫民窟、边缘堂区聚居，还与富人在同一地区杂居：富人的房子紧靠主要街道，穷人则住在后面的小巷里。针对慈善行为和穷人本身的教条都愈发严苛，有人甚至还引用了圣保罗写给德撒洛尼人的名言："不劳动者不得食。"不管是法律法规，还是民众态度，都对穷人进行了细分："值得怜悯的"和"不值得怜悯的"；"肢体健全的"和"身有残疾的"；"想要劳动却有心无力的"和"有劳动能力却好吃懒做的"。很久以后，政府才认识到，穷人不劳动并不是不愿意，而是因为工作机会不足。在当时的英格兰人眼中，"身强力壮的流浪者"不再是利益共同体的一部分，反倒变成了一大威胁。

都铎时代的英格兰社会追求稳定与秩序，社会共识是所有人必须依附于社会地位更高的主人，一旦发现有越来越多的无业游民四处游荡，就认为是对社会的威胁：他们不受主从关系的约束，行动不可预见。14 世纪，议会首次立法将无主定为一种罪行，到了 16 世纪，逮捕流浪的穷人不是因为他们做了什么举动，或犯了什么法，而是因为他们没有依附主人，离家漂泊，他们不是定居人家的成员，而且将来也不太可能定居。许多游民年纪小，不仅是因为当时年轻人占多数，还因为这个年龄段最难安定下来。孤儿、弃儿经常沦落街头，未婚先孕的仆人会被主人（大多数情况下，孩子的父亲都是主人）驱逐出去，之后不断地从一个堂区流动到另一个，很难遇到愿意收留他们的地方。有的无家可归者陈尸路边，竟然还遭到唾弃，说他们死了还要给社会添麻烦。政府唯恐流浪汉“拉帮结伙”，密谋挑起事端。其实不会。三两个游民结伴是考虑到安全，相互有个照应，大批游众聚在一起游荡的情况很少。

最令人心寒的不是贫穷或由它导致的乞讨、卖淫和犯罪，而是精神上的绝望。自杀是一种谋杀，刑法将其规定为重罪，在教会的眼中是不可饶恕的罪孽。凡遇自杀案件，验尸官就要组织验尸陪审团对死者进行死后审判，如果确定死者犯下了自杀的罪行，当局就会没收他的财产，教会也会拒绝为他举行基督教葬礼，而是以可怕的亵渎尸体的方式下葬①。上述原因使得自杀者的亲友通常会尽量消除能够证明死者死于自杀的证据。尽管如此，1532 年 5 月，也就是在托马斯·莫尔因教会的自由权利受到严重侵害而辞任大法官的那个月，伦敦一共发生了 14 起自杀案件，死者要么是上吊自尽，要么是投水而亡。托马斯·莫尔本人也经常有自杀的想法，在他最后的几部著作中，描写了一位“十分特殊的圣人”，他受到魔鬼的

① 740年，约克大主教立法禁止神父按照基督教的仪式埋葬自杀者，之后这一立法渐渐演变成了禁止在教会的墓地内埋葬自杀者的规定。按照中世纪期间英格兰的习俗，自杀者应当被葬在十字路口，并且要钉入木桩，刺穿死者的心脏（这既是为了防止死者的灵魂为祸人间，又是为了禁止死者接受末日审判，让他永世不得超生）。此外，任何人都不得为死者举行安魂弥撒。

诱惑，误认为自己应当按照上帝的指示走上自我毁灭的道路，就此直接升入天堂。然而，自杀是最藐视基督教的行为，因罪人已死而无法进行悔过。

如果有人犯下了严重的罪孽，而且不知悔改，就会遭到绝罚（被逐出教会），不再被视为教会成员，不能与其他信徒共融。“首先，我要诅咒所有打破神圣教会之和平的罪人”——堂区神父每个季度都会咏唱诅咒，惩罚遭到绝罚[①]的人。遭到诅咒的人不能领受圣事，而神父会在绝罚仪式上摇响铃铛、熄灭蜡烛，以显示革除教籍惩罚的严肃性。1535 年，托马斯·菲茨杰拉德（Thomas Fitzgerald）及其党羽因谋杀都柏林大主教约翰·艾伦（John Alen），犯下了难以饶恕的罪行而遭到绝罚。绝罚诅咒请求上帝用火焰、硫黄、饥饿、干渴、麻风病、疯狂来惩罚罪人。

> 当你看到这些蜡烛点燃之后又被熄灭时，那些受到诅咒的谋杀犯将永远也不能见到天堂的光明，将会为天使、所有的基督徒所唾弃，将会堕入地狱的黑暗之中，受到恶魔、魔鬼的折磨，受尽苦难，永世不得解脱。

即便如此，若能真心忏悔，哪怕是罪孽深重的人，最终也能被上帝宽恕，获得救赎。就算是绝罚诅咒，也会给罪人希望：“耶稣基督，无限仁慈，也许能让他们悔过自新。”

---

① 绝罚可细分为大绝罚、小绝罚这两种惩罚。受到小绝罚的人不得领圣体。大绝罚相当于革除教籍，受到处罚的人除了不可以领圣体，还会受到诸多的其他限制，包括不能领受所有其他的圣事、不得担任任何圣职。

第三章

改革之路

教会遇到的挑战

任何否认天主教的核心教义且不知悔改的人，就可能被视作异端，被绑在火刑柱上烧死。火刑惩罚针对的是社会最危险的敌人，异教徒。教会承诺，执行火刑时，凡是为火焰添薪加柴者，死后就能在冥界的炼狱之火中少炙烤 40 天。火刑虽是极为可怕的刑罚，但也极其少见：在 1401 年教会将火刑定为惩治异端的刑罚之后的一个世纪里，便是如此；而在 1414 年约翰·奥尔德卡斯尔爵士（Sir John Oldcastle）领导的失败叛乱中，叛军要推翻教会、抓住国王，最终也被处以火刑。异端是最严重的罪孽，不仅异端本人会受到上帝的惩罚，包庇异端的社会也会受牵连。很久以前，约翰国王在位时，英格兰曾经受到教廷禁令的处罚，据传在此期间，粮食颗粒无收，果园凋零，寸草不生。一旦英格兰再次被天主教基督教世界所抛弃，那么无论起因是国王的恣意妄为，还是异端人数激增，令局势难以控制，天灾都可能会卷土重来。1532 年，托马斯·莫尔爵士认为英格兰大难临头，预言他将会失去上帝的恩典，行将就木。

* * *

亨利七世初登王位之时，英格兰就已经出现了异端，但是人数极少，而且在绝大多数情况下，不敢声张异端思想。一般来说，异端的历史与宗教迫害史有着千丝万缕的联系。只有在当局搜捕异端的时候，异端的秘密结社才会浮出水面；异端所犯罪行的性质只能通过审讯时提出的问题来断定。异端违抗的是教会的权威，只有教会才有权力定义何为异端，也只有教会才能进行异端审判和定罪。通常情况下，只有那些激怒邻居，公然违反社会道德准则的异端才会自曝身份，而那些为人低调、处事谨慎的异端则比较安全，不被迫害者和后世所知。到中世纪末期，异端还没有在英格兰形成统一且坚定不移的信条。他们往往自说自话，有的信仰离经叛道，很难找到志同道合者。此外，还有些独特的异端团体，里面的男女成员有自己的信条、传统、殉教方式和行为准则，从而形成与众不同的宗派，认为只有自己受到天意的垂青。对敌视他们的人来说，异端是罗拉德派的成员；对异端自己来说，他们是“不便透露姓名”“心知肚明”的男男女女，他们希望这些只有自己知道，而不能让旁人知道，因为他们想要默默地信仰下去，躲避迫害。

罗拉德思想最早出现于 14 世纪末，是受到约翰·威克里夫（John Wyclif）的思想及理想的启发而出现的产物，但促成罗拉德运动的不仅仅是威克里夫本人，而是威克里夫与其早期追随者共同努力的结果。在传播过程中，罗拉德思想不断发生变化：比如说，威克里夫关于圣餐礼的神学训导变得越发微妙，等它走出牛津大学的象牙塔，向社会各界传播时，又不断加以简化；威克里夫关于宿命论及支配权的极具哲学意味的理念也随着传播的进程渐渐淡化。威克里夫提出，任何人，不管是神父还是俗人，不管他是国王，还是卑贱的农夫，只要犯下了不可饶恕的罪，就会失去真正意义上的支配权，无论是没有生命的事物，还是有生命的动物，都不应受其支配；言下之意是，如果神职人员失去了上帝的恩典，剥夺其支配权就是合理合法的行为，这算是一种激进思想。威克里夫曾经寄希望于国王和贵族阶层能够担起领导教会改革的重任，但是 1414 年在约翰·奥尔德卡斯尔爵士率领下的罗拉德派军队野心膨胀，溃不成军，致使罗拉德派不仅彻底失去获得当权者支持的机会，而且还失去了与教会或王权和解的机会。纵观 15 世纪，“心知肚明的男男女女”几乎没有公开宣称过自己的信仰，虽然他们将约翰·帕尔维(John Purvey)[①] 翻译的《圣经》手稿、威克里夫学派文献谨慎保管，但他们缺少领导，也没有神学方面的指导来确保形成正统的宗教理念和实现复兴。到了 15 世纪中期，英格兰教会以为异端已经销声匿迹，然而并没有。16 世纪早期，越来越多的迹象表明，罗拉德派开始死灰复燃，英格兰的高级教士不得不再次开始抓捕，寻找异端教派的藏身之所。高级教士还发现，这波罗拉德派运动在结社、信仰方面似乎是 1414 年被镇压时的延续。

罗拉德主义不以教堂为核心，而是在家庭中践行信仰。罗拉德派的成员认为，只有罗拉德派教会才是真教会，而他们是受到上帝眷顾的，“注定将获得救赎的子民”；同时又认为，天主教是反基督的教会，是魔鬼教会。通常情况下，罗拉德派成员表面上遵从天

① 约翰·帕尔维（1354—1414），神学家、约翰威克里夫的主要追随者；他在1382年征得威克里夫的同意，对威克里夫及赫里福德的尼古拉斯合译的《圣经》进行了修订。

主教教义，经常前往堂区教堂礼拜，避免被怀疑。1499 年，索尔兹伯里的罗拉德异端承认，他们之所以会去领圣体，不是因为相信它就是基督的圣体，而是因为“害怕遭人怀疑”，担心如果不“像其他基督徒那样领圣体”，就会遇到危险。尽管如此，他们仍然认为自己与“其他的基督徒”不同。1521 年，不了解罗拉德派的教会官员在审讯时发问:“罗拉德派成员只能与其他罗拉德派成员结婚吗？”某些时候，罗拉德派成员的确只在教派内部寻找结婚对象。他们不仅拥有共同的信仰，还存在亲属、朋友关系，所以会互帮互助，形成所谓的异端互助团体。信奉罗拉德主义的师父、户主会收罗拉德派的学徒、仆人；罗拉德派家庭会向子女灌输罗拉德主义信仰；罗拉德派的寡妇会嫁给罗拉德派的男性。罗拉德传教士依靠罗拉德家庭的保护，在不同堂区间来往，而遭到当局缉捕的罗拉德派成员也能前往其他罗拉德家庭寻求庇护。

在中世纪晚期，思想激进的教派成员通常属于手工业阶层，绝大多数的罗拉德派成员也不例外。1523 年，心怀不满的助理牧师口出怨言:“你们这帮织布工、碾磨工全是些不守规矩的家伙，肯定有不少人是异端。”然而，罗拉德派成员并非全是工匠，也并非只有穷人才会信奉罗拉德主义。在社会上层发现了罗拉德派的身影，这让异端复苏更加令人紧张。1514 年，伦敦主教的执行官[①]声称，自己能够向主教大人揭发伦敦城内有钱的异端，他们每人都值一千镑。共同信仰可以帮人们跨越贫富差距这道社会壁垒。1497 年，奥德利勋爵率领的叛军与王室军队在布莱克希思激烈交战时，

---

① 即教会法庭的执行官，其职责为递送传票、逮捕受到指控的嫌疑人，并且在涉及教会的财产纠纷中暂管涉案财产。

目不识丁的罗拉德派送水工罗伯特·贝尼特（Robert Benet）前往约翰·巴雷特（John Barret）的宅邸躲避战火。巴雷特是一位在齐普赛街开店铺的金匠，也是加莱大宗商品商人协会[①]的成员，算得上伦敦城内数一数二的富人。在奇尔特恩地区的罗拉德结社内，“心知肚明的男成员”受到教派成员的敬重。即便在英格兰各教区的主教重新开始缉捕异端时，罗拉德派成员照旧行事，继续在“老地方”举行集会，地点包括伦敦、埃塞克斯、肯特、考文垂、布里斯托尔、奇尔特恩地区，以及沿着泰晤士河谷以伯克郡境内的纽伯里城为起点，到科茨沃尔德境内的伯福德城为终点的区域。

罗拉德派的成员之所以会冒险集会，是因为他们要一同阅读基督教经典。他们将《福音书》英译本、《新约圣经》中《使徒书信》英译本视作瑰宝，不仅从中获得启发，更是将它们当作信仰的源泉。大主教阿伦德尔（Archbishop Arundel）之所以颁布“1409 年教会法”，将《圣经》英译本定为禁书，不仅罗拉德派成员不能读，英格兰所有基督徒也被禁止阅读，正是因为罗拉德派的成员执意要将《圣经》译为本国语言。大声朗读《圣经》，传达基督教的福音是所有罗拉德派集会的主要目的，而即便集会者中有一部分人是文盲，甚至绝大多数到场的人大字不识，也无关紧要，因为就算是目不识丁之人，也可以聆听他人朗读。毕竟，在当时的英格兰社会，人们早已习惯将文字牢记于心。罗拉德派成员渐渐成了精通经文之人。伊丽莎白·布莱克（Elizabeth Blake）家住伦敦市圣安东尼学校附近，父

① 加莱大宗商品商人协会是以国王签发的特许状为依据于1363年成立的商会，负责英格兰羊毛出口的垄断性经营，不仅是英格兰王权的重要经济来源，还在抵御法国对加莱的进攻中起到了不可或缺的作用。

母是罗拉德派的成员，她虽然只是一个 13 岁的小女孩，却能熟记并背诵《使徒书信》和《福音书》。罗拉德派成员没有神父开导，便能阐述基督教经典，将威克里夫信徒皆祭司[①]的观点变成了现实。

罗拉德派的成员认为，是否熟悉基督教经典是判断一个人有无信仰的准则。所以说，罗拉德主义的经典是支持罗拉德运动前行的动力。上文提到的那位送水工罗伯特·贝尼特，虽然在 1496 年表露了自己的异端思想，受到当局的怀疑，可他却在 1504 年卖掉了织布机、剪刀[②]，买回一本《四福音》。贝尼特虽然是个文盲，读不懂书中的内容，可他却将书夹在腰带里贴身携带，而文具商托马斯·卡彭（Thomas Capon）将此书的内容口授给了贝尼特。信奉罗拉德主义的寡妇琼·奥斯蒂（Joan Austy）再婚时将《威克里夫的小门》(*Wyclif's Wicket*)[③]作为嫁妆送给了新郎。这本珍宝级的禁书是她前夫在临终病榻上托付给她的遗产。罗拉德派成员相互传阅，只在夜里才翻开来偷看几页。私藏禁书可是十分危险的事情。托马斯·德尼斯（Thomas Denys）是一位传授罗拉德教义的导师，在 1513 年被处以火刑，而他的学生不仅被迫观刑，还必须将手中的禁书扔到火刑柱旁，让它们变成炙烤恩师的薪柴。对罗拉德派成员来说，聆听上帝的圣言也算是一种圣事，罗拉德主义的继承者清教

① 总的来说，信徒皆祭司的含意为，教会的每个成员都有宣讲、阐述基督教信仰的权利及义务。

② 罗伯特·贝尼特除了是送水工，也是织布工。

③ 《威克里夫的小门》是威克里夫编写的一本小册子；在这本小册子中，他一方面为自己将基督教经典译为英文的行为辩护，一方面攻击圣餐变体论。书名中的小门（wicket）援引了耶稣在《马太福音》中对救赎的论述：你们要进窄门，因为宽门大路虽然人很多，但却只会通向灭亡。

徒也是这么看的。约翰·怀特霍恩（John Whitehorn）是莱特康姆巴西特堂区的神父，1508 年在阿宾登被处以火刑，原因是他在履行牧灵职责时曾向教众传播异端思想，声称“无论何人，只要他怀着虔敬之心聆听上帝的圣言，就相当于领受了基督的圣体”。怀特霍恩发问，难道《约翰福音》在开篇处没有点明“圣言即上帝，上帝即圣言”吗？显而易见，这一论点附和了威克里夫将基督与基督教经典相提并论的观点。生活在科尔切斯特的约翰·皮卡斯（John Pykas）是一位面包师，在母亲的熏陶下成了罗拉德主义的信徒，他曾在 1527 年宣称，“上帝与圣言同在，圣言即上帝”。

在对神学理论的认知方面，罗拉德派与信仰天主教的邻居有巨大分歧。他们认为，天主教徒对圣徒的敬奉无异于迷信，天主教礼拜上帝的方式更像是偶像崇拜。他们否定天主教视作最为神圣的宗教理念，甚至将它当作笑柄。罗拉德派成员对弥撒的看法使其遭到了宗教迫害。他们之中有许多人否认圣餐变体神迹的存在，被视为罪大恶极。尽管威克里夫本人认可举行圣餐礼时圣体为实在这一理论[①]，但之后他的支持者没能重视或正确理解这一精深的神学理论，否定了圣体实在这一基督教最为核心的理论。罗拉德派成员提出疑问：既然基督是不可分割、不可见的存在，那他又是如何在降临世间，与信徒同在的同时，又在天堂中陪伴天父呢？他们进一步发问：腐化堕落的神父又怎么能让面饼变成主的圣体呢？他们坚定地认为，圣餐礼是一项纪念仪式，而面饼和葡萄酒只是构成了基督的人像，神父根本不可能有塑造造物主的神通。托马斯·德

① 威克里夫认为，举行弥撒时，面饼和葡萄酒并没有发生物质上的变化，变成圣体、圣血，而是发生了象征性的变化，成为与基督共存的存在。

尼斯之所以会被处决，是因为他声称圣餐不是“基督的圣体，只是纪念耶稣受难的仪式，所以面饼并不会变成基督的圣体，它就是耶稣的人像而已”。罗拉德派否认了弥撒的神圣属性，让其他信众对弥撒会令基督降临人世的神力产生怀疑。1520 年，一位名叫里弗利（Rivelay）的伦敦人在灰衣修士修道院望弥撒后，感叹神父高举过头顶的面饼、葡萄酒就是上帝的真身，这是自己亲眼所见的，不容不信，而此时在他身旁的一位名叫约翰·索思威克（John Southwick）的罗拉德派成员立刻反驳道，他所看到的不过是基督的人像。罗拉德派认为，十诫明令禁止制作偶像，而崇拜圣体，以及供奉圣像、崇拜十字架，都属于崇拜偶像的行为。在英格兰的宗教改革者中，罗拉德派虽说不是唯一一群提出“上帝不会入住凡人修建的庙宇”的教派，他们的确算是首开先河者。

罗拉德派鄙视基督徒普遍崇拜的十字架。既然耶稣被钉上十字架，受尽了折磨，那我们为何要崇拜它呢？如果有神父拿着十字架来到罗拉德派成员的临终病榻旁，他就会因崇拜伪神而遭到斥责。罗拉德派成员对圣像冷嘲热讽，有时甚至会碰坏圣像，想要看看它们到底有没有神通，能够保护自己免遭损毁。罗拉德派认为，投入如此多的时间、金钱，就为了前往圣祠敬奉圣像，举行各种崇拜仪式，而作为耶稣在现世替身的穷人却还在受苦受难，这不仅是盲目崇拜，还有违社会公正；他们认为，真正的朝圣者应当赤着脚去看望那些贫病交加、饥饿难耐的人。哪怕是宽容地看待，天主教的朝圣也只能算作愚蠢的行为，只会让神父蒙骗容易上当的信徒。信奉罗拉德教义的琼·桑普森（Joan Sampson）临盆时，一位女性祈求圣母马利亚保佑顺利生产，桑普森却向她吐了一口痰，将她驱逐出门。罗拉德派认为，信徒不应该向圣徒祈祷，而应当只向上帝祈祷，因为只有上帝才能回应信徒的祈求；他们还认为，与“耍嘴皮子”反复吟诵祷词相比，对美好生活的祈祷更有价值。只有上帝才能原谅人类的罪孽，为何要向神父忏悔呢？上述思想令罗拉德派与社会常理格格不入。

每有一个罗拉德派成员死在火刑柱上，就有五十个人放弃这种异端思想。然而，这样做会留下可怕的污名，被印上“公开宣布放弃异端思想”标记（薪柴的图案）的人将会遭到排斥[①]。人们会向异教徒的坟墓泼洒灰烬，让坟茔寸草不生[②]。这是在16世纪初期盛行的现象，却没能在之后的历史中延续下来，因为没过多久，由宗教信仰统一起来的社会开始出现分歧，多如牛毛的异端邪说需要被驱除出去。在西方基督教世界里，罗拉德主义是属于内容较为一致的异端教义。15世纪初，波希米亚的胡斯派掀起了宗教改革浪潮，虽然当时的政治环境不够成熟，改革过早地夭折，但这一段历史仍然像幽灵般困扰着那些担忧英格兰会出现同样暴动的人。英格兰各教区的主教认为异端思想好似瘟疫一般，正在大肆传播，因此加大搜捕力度，结果却令他们胆战心惊。1518—1521年，林肯大教区的朗兰（Longland）主教一共裁判了超过400名“心知肚明”的男女信众。尽管如此，罗拉德派仍然属于人少势寡的教派。无论在政治上，还是在宗教上，罗拉德派都缺乏强有力的领导层，也就没能

---

① 薪柴是异端表示忏悔的标志，意味着一旦他们再次堕入邪道，就必然会受到火刑的惩罚；薪柴作为异端的标志，最为常用的使用形式为，要求放弃异端信仰的人抱着薪柴游街；此外，一些罗拉德派的成员在放弃异端思想后，会被迫将薪柴的图案缝到外套的袖子上，作为耻辱的标志（有时必须佩戴数年，有时则是终身性质的惩罚）。

② 此行为的含意为，上帝憎恨异教徒，所以让他们的坟墓寸草不生。

激发英格兰全国范围的宗教改革，更不可能在威尔士、爱尔兰如愿。1440 年之后，罗拉德派再也没有产生任何新的宗教理论资料。然而，我们也应当认识到，罗拉德主义的部分教义具有前瞻性，与引发英格兰宗教改革的神学理论不谋而合。

罗拉德主义的主要威胁在于，它让英格兰教会内部的一些神职人员认识到，罗拉德派的论点并不都是容易反驳的；罗拉德派对教会的某些批评中肯公正；罗拉德主义的某些原则值得所有基督徒借鉴。圣保罗大教堂的主任总铎约翰·科利特（John Colet）是改革支持者，他在 1511 年警告英格兰的教士阶层：与异端相比，生活不检点，自甘堕落的神父反倒是基督教的大敌。罗拉德派声称，圣事之所以会变成闹剧，是因为主持圣事的神父腐败，哪怕这么说会被教会看出来是异端者，他们也不愿退让。罗拉德派甚至还将弥撒描述为一场由神父导演的骗局，目的是骗取信众的钱财，满足神父的贪欲，继续过着寄生虫般的生活。罗拉德主义全盘否认教士阶层的作用，以及教士的地位，真正是反教权主义、反教士政治制度的异端思想。理查德·休恩（Richard Hunne）是一个富裕的伦敦人，因公然挑战神父的权威而遭到谋杀[①]，成为教会批评者眼中的殉道者。他曾为堂区的一位摒弃了大不敬的异端思想的女教友辩护，说她的信仰完全符合上帝的律法。他抨击教士权威，咒骂高级教士“只知道巧取豪夺，从不知拯救灵魂”。然而教会却判定他犯了阅读

① 理查德·休恩是伦敦裁缝行会的成员。他因幼子的葬礼问题与堂区神父起了争执（他不愿意向堂区神父支付丧葬费），之后将教会告上法庭，想利用普通法来挑战教会的权威，而教会则以异端罪的罪名将其逮捕，准备在教会法庭上对他进行审判。然而，就在法庭开庭前夕，休恩死在了牢中，而教会的官员则成了最大的嫌疑人，引得伦敦市民群情激奋。

《启示录》《使徒书信》《福音书》英译本的重罪。休恩极力为俗众阅读英译本《圣经》的权利辩护。他在《圣经》的序言中写了这样一句话:“就连穷人、愚民也能参透《圣经》的真理，他们对《圣经》的领悟顶得上一千名高级教士。”休恩将一本圣经放在了大桥街的圣玛格丽特教堂内，希望所有想要阅读英译本的教众能去翻一翻。尽管如此，想去读基督教经典英译本的愿望并不一定属于异端思想，而批评教会的行为也绝不仅仅是教众负面精神的体现。

* * *

中世纪末期，无论是极具社会影响力的俗众，还是在教会中掌权的教士，都表现出了虔诚的意愿，想要严格遵循基督教正统教义，重拾基督徒本应该遵循的生活方式。教会应当不断归正（*semper reformanda*）[①]，时刻认识到推行改革的必要性，而且改革在某些时期会比在其他时期更为迫切。尽管教廷热衷挑起战争、积累财富，似乎已经忘了耶稣关于不要为了统治世界而失去灵魂的训导，尽管教会作为权力机构，似乎已经深陷世俗的权力斗争，忘记了牧灵的本职，但教会内部仍然有人孜孜以求，希望在教会中重新发现基督救赎的存在。有识之士希望文艺复兴也能在教会中出现，使它变得更加贴近使徒创立的完美典范。只要回归本源，将《圣经》、早期教父的著作作为唯一的经典，基督教就有可能重新焕发活力。在这个时期，学者开始以人文主义的全新视角研读用希伯来语、希腊语这两种古老语言编写的《圣经》，重新发掘出遗失已久的含意，弥补圣哲

① semper reformanda为拉丁文，意为“一直改革”。

罗姆（St Jerome）在4世纪期间翻译《武加大译本》（*Vulgate*）时对原文意思的各种扭曲和含混不清的表述。

在以人文主义精神解读基督教经典的潮流中，成就卓著的当属德西德里乌斯·伊拉斯谟，在16世纪前几十年，无论在英格兰，还是在欧洲，他的学术成果都令精英阶层心驰神往。1504年，伊拉斯谟发表了《基督教骑士手册》（*Enchiridion Militis Christiani*），这是一部含有人文主义思想的基督教信仰宣言。伊拉斯谟将基督教经典奉为灵感源泉，尤为看重圣保罗的教诲，希望通过作品让广大信徒作为一个整体重拾基督徒本应遵循的生活方式。他以教化万民为抱负，不仅要开导那些受过教育的信众，还要教导那些胸无点墨的粗人。每个扶犁耕地的庄稼汉、每个织布机前的村妇、每个织工、每个路人，都应当将《圣保罗书信》和《福音书》熟记于心。随着基督教人文主义哲学的发展，信众开始变得焦躁，疑惑繁复的宗教仪式是否可以让灵魂获得救赎，或是通过不经意的善行能否买得到灵魂救赎。伊拉斯谟在《手册》中带着训诫的口吻针砭了偏离“基督哲学”的行为。穷苦之人是耶稣在现世的替身，就在他们忍饥挨饿的时候，“你们这些人却被山鹑撑得上吐下泻”；一些所谓的基督徒整晚能赌掉上千枚金币，而有的女孩却在饥寒交迫中出卖自己的贞操，“就这样让耶稣用性命救回的灵魂落入万劫不复的境地”。纯正的基督徒应当光明磊落、正直无私，不应该沉迷于愚昧的宗教仪式。伊拉斯谟及其追随者认为，祈祷、苦修、斋戒、守夜这类中世纪末期流行的机械化的礼拜模式实际上是嘲弄了为拯救人类而献身的耶稣，还将他伟大的愿景变成了一场闹剧。

伊拉斯谟在英格兰找到了与他类似的理论观点。1499年，他写道：“听科利特讲道，就好比在聆听柏拉图本人的教诲。”1505

年，约翰·科利特离开牛津前往伦敦，之后受到人文主义福音布道精神的启示，接连发布了一系列布道词。他没有像学究那样单独拿出一段经文做依据，长篇大论地论道，只求能证明某条基督教信仰是正确的，而是宣讲“福音的历史”，歌颂基督本人。科利特建立圣保罗学校之后，托马斯·莫尔写道，死硬保守派担忧学校会让大量受人文主义影响的基督徒一涌而出，就像希腊人从特洛伊木马中杀出来一样。后来，圣保罗学校的确培养出了一代福音传教士。科利特急于推动改革，开始接触一些敏感议题，不仅有可能引发政治争议，还可能会触动天主教的教义。当时，有一首诗歌《王国的覆灭》（“The Ruin of a Realm”）哀悼了道德沦丧的现实：“担负着牧灵重任的人毫无疑问是这个世界的统治者，也是世风日下的罪魁祸首”。之后又颂扬了某位出淤泥而不染的教士。这位得到极高评价的道德典范有可能是当时首屈一指的神学家、人文学家罗切斯特主教约翰·费希尔（John Fisher），也有可能是科利特：他不仅警告教士阶层远离世俗的功名利禄，还敢于在亨利八世发动远征的时候，发表反战言论，更是不畏权贵，当着枢机主教沃尔西的面骂他目中无人实为罪孽。此外，科利特还认为，异端思想能帮助教会学习如何实施宗教改革。他阅读异端著作，罗拉德派会来听他讲道。他将《主祷文》翻译为英文的行为似乎让有关他偏离了正统天主教教义这一猜测铁板钉钉，但这么讲毫无根据。其实，任何虔诚的天主教徒都应当希望教会革除弊端，对目前腐化不恭的现状予以抨击，渴望教会能够重新变得纯洁高尚，回到使徒传播福音的那个黄金时代。改革势在必行，刻不容缓。

那么，改革应当从哪里开始？也许要从教会的大公会议开始。伊拉斯谟在《阿尔西比亚德斯的西勒诺斯》（*Sileni of Alcibiades*,

1515 年发表）[①] 中提醒读者，尽管神父、主教、教皇被称为“教会”，但实际上他们只是教会的仆人。“全体基督教徒才是真正的教会。”一个世纪前，大公会议曾作为代表全体信徒的集会，质疑不称职的教皇，如今很有可能再次发难。只不过，大公会议也有可能变成世俗统治者手中的玩物。1511 年，法国国王路易十二与教廷分庭抗礼，召开宗教会议，而老于世故、斗士般的教皇尤利乌斯二世（Julius Ⅱ）针锋相对，召开了第五次拉特兰大公会议。然而，这些针尖对麦芒的大公会议玩的尽是政治把戏，很少能推动教会改革，令天主教内部的改革派心灰意冷。

推动改革的另一条途径是教育。与美德教育相比，没有什么方法能更好地让人做好融入社会生活的准备。西塞罗和一些古典派作家为政治共同体讲的第一课：人不是为自己而生的，而是为公众而生。人文主义教育能够让学生学习修辞学，掌握这门古典雄辩术。耶稣本人就曾是令人敬佩的雄辩家，在降临人间时是一位完美的导师。16 世纪的修辞学不是空洞玄虚的，而是一门实用的学科，可以用来说服世俗及教会的当权者，让他们听取谏言。然而，正如莫尔笔下的希斯拉德所观察到的，君主未必从善如流，逆耳的忠言可能遭到压制，而谄媚的奉承则大行其道。

讽刺文学是劝说当权者推行改革的有力手段。在《遭到放逐的尤利乌斯》(*Julius Exclusus*，作者无从考据，可以肯定他是英格兰人）中，教皇尤利乌斯二世死后来到天堂的门口，发现教会金库的

① 西勒诺斯是酒神狄奥尼索斯的伴侣、导师，喜欢寻欢作乐；阿尔西比亚德斯是公元前5世纪希腊的政治家、军事家，而在伊拉斯谟的笔下，他则变成了一个花花公子，需要得到教导，才能认识到，应当放弃花天酒地的生活，去追寻人生的真理。

钥匙打不开天堂的大门。被圣彼得拒之门外之后，这位教皇堕入了地狱。伊拉斯谟在《愚人颂》(*Praise of Folly*) 中对现实社会的种种丑态加以揭露，笔锋尖锐地讽刺了当时基督教的种种不堪，修士、神学家成了他嘲讽的对象，教廷也因为崇尚武力、无视王法，破坏宗教与和平而遭到了鞭挞。《愚人颂》是伊拉斯谟以莫尔为对象创作，献给莫尔的讽刺作品，其拉丁文书名其实是一个用莫尔的名字开玩笑的双关语[①]。1515 年，莫尔投桃报李，创作了名为《乌托邦》的讽刺文学，采用了把理想世界与可悲的现实做对比的手法，目的是推进教会改革。莫尔想让读者自行判断，与枢机主教莫顿共进晚餐的食客中真正愚蠢的究竟是那个看上去呆呆的人，还是那个托钵修士。就算托钵修士是真正的愚人，也是个危险的傻子："我们手里可是有份教皇诏书，谁要是敢对我们冷嘲热讽，就会立刻被革除教籍。"此类讽刺作品大受欢迎：在 1517 年，《愚人颂》就已经重印了 15 次。然而，随着讽刺文学不再仅仅专供受过人文主义教育的读者阅读，印刷品的危险性和令人兴奋的可能性也变得明显起来。

想要使基督教恢复活力，最有效的方法是向广大信众揭示基督教经典所描述的"纯洁的耶稣"；也就是要按照人文主义的原则释译基督教经典，让更多的信众能够畅读下去。伊拉斯谟将整套希腊语《新约圣经》译为拉丁文，之后在 1516 年出版了经过编辑整理的希腊语原文和与之对应的拉丁文译文。尽管伊拉斯谟的译文被寄予厚望，还是遭到了保守派的批评，他们认为对《武加大译本》进行的任何改动都值得怀疑，是十分危险的行为。托马斯·克伦威尔（Thomas Cromwell）是伦敦的一位律师，他在 1517—1518 年间

① 拉丁文书名为Moriae Encomium，可以译为"莫尔颂"。

前往罗马，旅途中随身携带了伊拉斯谟翻译的《新约圣经》，并将其熟记于心。这版《新约圣经》对克伦威尔及其推动的英格兰宗教改革产生了深远影响。10 年后，斯蒂芬·沃恩（Stephen Vaughan）[①] 致信他的朋友和前主人克伦威尔，描述了自己跑遍伦敦城，想从躲躲闪闪的芒迪先生那追回一笔债的经历；虽然在晚祷时将芒迪堵个正着，但他拿晚祷作挡箭牌不愿意谈钱的事。沃恩说既然他心存崇敬之意，表现虔诚的最佳手段莫过于欠债还钱。沃恩只是用基督徒的伪善行为开了个玩笑，但这则轶闻仍然能够映射出人文主义的一项基本信念，即真正的虔诚不是装模作样的顶礼膜拜，而是每时每刻实践的正义举动。

1516 年，也就是伊拉斯谟出版《新约圣经》译文，莫尔出版《乌托邦》的那一年，似乎一切有了改变的可能。这一年具有分水岭的意义。改革派对教会的所作所为持强烈的批评态度，希望利用基督教经典来振兴天主教。基督教人文主义为今后的事态发展奠定了基础：尽管从总体上讲，这种人文主义仍然遵从天主教正统教义，但它为更加激进的改革铺平了道路。伊拉斯谟的译文仍然太过艰深，只有受过教育的读者才能看懂他翻译的《圣经》。一提到伊拉斯谟，人们不禁会想到 *philosophia Christi*（基督的哲学），单单这一点就足以证明，伊拉斯谟的学术成果对大众的吸引力十分有限。当时，英格兰人不想再让基督教经典受到拉丁文的禁锢，只能通过神父的讲道才能向信徒传达教义，而是想要获得经典的英译本，从而让信众掌握可以奉作金科玉律的准则，用来评判教会在与

---

① 斯蒂芬·沃恩是一位商人，1520年与克伦威尔相识，1523—1524年在他手下供职，于1530年成为亨利八世在荷兰的代理人。

信仰相关的问题上是否拥有绝对的权威。著名的宗教改革家、《圣经》翻译家威廉·廷代尔（William Tyndale）认为，基督徒的信仰必须以上帝的圣言为依据，不要信仰除此之外的其他论道。伊拉斯谟一方面坚定地指出，宗教信仰不能依靠外在的仪式，必须以内心信念为基础，一方面又要求基督徒在内心深处寻找上帝的恩典；这样做预示了关于信仰与救赎的话题将展开激烈争论，不久便会令教会出现裂痕。在维滕贝尔格，马丁·路德（Martin Luther）阅读了伊拉斯谟翻译的《新约圣经》后受到极大的触动，在 1517 年万圣节前夕发表了《九十五条论纲》，公开挑战教廷及教会的权威。

* * *

路德既是一位修士，又是一位神学家，一直以来他想要参透深奥的形而上学问题，从而了解包括人类意志、神的恩典、上帝的仁慈及正义、人类的罪孽、耶稣拯救人类等问题的本质。“我应当如何做，才能获得救赎？”是每一位基督徒必须回答的问题；1514—1519 年，路德在追寻答案的过程中，渐渐地获得了对这一问题的全新理解。圣保罗的教诲“义者将因信得生”令路德百思不得其解，几乎陷入绝望的境地。究竟什么样的人会去爱一个想要秉持公正惩罚罪人的上帝呢？他不停地发问，因为他坚信人类堕落之后，将因原罪而万劫不复，永远无法摆脱它的支配。渐渐地，路德开始认为，人类意志是罪孽的囚徒，从本质上讲已经失去了获得义的可能。然而，在经历冥思苦想之后，他发掘出了“义的全新定义”，即“人类只有寄希望于仁慈的上帝才能获得义。信圣言者，即得义”。换言之，信仰是罪人获得义（称义）的唯一途径，只有自然而然地相信上帝是仁慈的，才能得到上帝无私的恩典，成为义的所有者。路德认为，唯有上帝能让人悔罪，而信仰本身则是上帝展现神迹的结果。他抵制主张人类意志所做的决定能够左右灵魂救赎的任何理念。1520 年，路德发表了名为《基督徒的自由》（*The Liberty of a Christian*）的小册子，用简洁的语言描述了基督与罪人的关系：

> 基督充满了恩典、生命、救赎。人类的灵魂充满了罪孽、死亡、天谴。只要让信仰成为两者间的桥梁，那么罪孽、死亡、天谴就会由基督承受，而信徒则会获得恩典、生命、救赎。

对那些像路德一样心如死灰，开始怀疑无论如何努力，如何积累善功，也无法令自己有罪的灵魂回到上帝身边的天主教徒来说，路德的文章让人充满希望，为灵魂必将得到救赎而欢呼雀跃。威廉·罗珀（William Roper）是一位就读律师学院[①]的青年律师，他对宗教问题有疑惑而顾虑重重，《基督徒的自由》这本册子却令他如释重负。然而，无论是对罗珀，还是对所有其他因路德的神学理论而坚定信仰的人来说，新的信仰给天主教的整套圣事、赎罪体系带来了破坏性的后果。“就这样，他认识到天主教会所有的仪式、圣事全都徒劳无益”。

渐渐地，路德认为罪人不能补偿自己的罪孽。一旦认识到信仰才是获得义的唯一途径，那么不管是为自己赎罪，还是做出相应的补偿，都不会影响到自己与上帝的和解。祈祷、斋戒、施舍，以及敬奉圣徒、圣徒人像，还有苦修、赦免，所有这类“善功”在教会看来，

---

① 律师学院位于伦敦，职能为培养出庭律师。

如果能在进行时获得上帝的恩典，就能补偿罪孽，但对路德及其追随者来说，这些都与灵魂的救赎没有任何关系，而只是救赎的结果罢了。路德认为，如果罪人获得了信仰，那么就算没有教会的帮助，他也能得到拯救；如果罪人没有信仰，那么无论教会使用何种手段，也都爱莫能助。在建立全新神学理论的过程中，路德渐渐不再抨击教会滥用权力，而是开始质疑教会到底有没有控制整个基督教社会的权力。对路德来说，与改善教会堕落的道德生活相比，更迫切的任务是推行教义的改革。教义改革的核心理念为：基督徒既不需要，也不能够采取任何行动来获得救赎，只有坚定信仰才能得到救赎。而对改信了路德派信仰的追随者来说，这一理念鼓舞人心。

“太初有道，道与神同在，道就是神。”这一段文字是《约翰福音》的开篇语，也是宗教改革的神学理论核心。阅读伊拉斯谟翻译的《新约全书》之后，路德愈发肯定，教会曲解了基督的教义。尽管教会从未否认基督教经典包含了能够让人类获得救赎的所有真理，但是在裁定信仰问题时，它没有将经典奉为救赎的唯一手段，而是将包含在早期教父及神学家的著作、教会会议的法令里面的基督教传统思想也拿过来，在其中寻找与救赎相关的蛛丝马迹。对福音派信徒——立场坚定地宣称“福音”是天大的喜讯，认为应当将基督教经典作为准则，推行宗教改革的基督徒——而言，教会将基督教传统、等级制度当作救赎途径的做法无异于妄图用人类的权威篡夺上帝的权威，实乃渎神之举。福音派坚信，基督教经典是信仰唯一的依据，字面意思就已经充分代表了宗教权威，而且必须以经解经，不得随意解释其中的含意。确立了上述原则之后，福音派改革者将经典的希伯来语《旧约圣经》视为确立教义的权威文献，将其他看似可疑的经书排除在希伯来语经典之外。其中有一本《马加比书》(*Maccabees*)，包括了被视为能给经典提供依据的内容，它对有关炼狱、有效祈祷，以及安魂弥撒的教义提供了依据，而在福音派看来，《马加比书》只能算是一本经外书。这样，福音派便可以声称，炼狱从来没有在经典中出现过，只是教会凭空捏造出来的，正像亨利·布林克洛（Henry Brinklow，伦敦的绸缎商、檄文作者）所说的那样，为灵魂祈祷“就好比想要用鹪鹩[①]的尿让退潮的海水大涨一样，毫无帮助”。

1521 年，路德出席沃尔姆斯会议，在接受审理时叙述了发现“福音”的历程，宣称自己与圣经中的先知、福音书著者、使徒、早期教父意见一致。然而，他没过多久就站到了教会的对立面，其学说被教皇、神圣罗马帝国皇帝视为异端邪说，遭到封禁。出席沃尔姆斯会议的滕斯托尔（Tunstall）主教写信回国，提醒英格兰教会要不惜一切代价，防止路德的小册子《论教会的巴比伦之囚》（*On the Babylonian Captivity of the Church*，1520 年发表）进入英格兰。路德在其中对教会的圣事体系发起了攻击，一方面提出要将七项圣事精简为洗礼、忏悔、圣餐这三项，另一方面则批判了弥撒是献祭仪式的观点。没过多久，路德更进一步，将忏悔也排除在圣事之外。面对越来越激进的路德，伊拉斯谟宣称局势已经病入膏肓，无可救药[②]。1519 年，路德的著作进入英格兰，虽然是拉丁文版，却依旧吸引了许多上层社会的读者。1521 年 5 月 21 日，英格兰教会在伦敦举行隆重的仪式，宣布教皇绝罚路德的决定，摆明其正统性

① 一种小型鸣禽，身长在10—17厘米之间。

② 伊拉斯谟虽然同情路德的改革思想，但却并不认同路德采取的策略，认为他的言论太过激烈，导致教会几乎无法与改革派达成妥协。在阅读了路德的《论教会的巴比伦之囚》和《致德意志基督教贵族书》之后，伊拉斯谟感叹“路德已经病入膏肓，无可救药”。

和对教皇的服从。然而，在举行仪式的那天夜里，发生了一件不祥之事：有人胆敢亵渎张贴在圣保罗大教堂大门上的教皇诏书，在上面写了一首讽刺性的打油诗。

在 1521 年之后的几年中，路德宗似乎并没有对英格兰的教会造成多大威胁。世俗和教会当局联手保卫天主教的正统教义。1521 年 7 月，亨利八世发表了《七圣事捍卫论》（“Assertio Septem Sacramentorum”），为天主教圣事辩护。“我十分了解圣事，敢拍胸脯为它担保”，亨利八世在文中告诉路德。亨利确实在一个神学家委员会的帮助下写了此文，或至少亲自执笔了部分内容，而教皇大喜过望，授予了他“信仰守护者”的称号。《七圣事捍卫论》不仅体现出亨利对神学浓厚的兴趣，也表明了他领导英格兰教会的决心；然而，这篇论文同样也展现了他反复无常的领导风格，因为之后他不仅全盘否认《七圣事捍卫论》，还责怪帮助他编写这篇曾经令他引以为傲的论文的人。托马斯·莫尔、费希尔主教受亨利八世之命，开始写文章驳斥路德的观点——费希尔采用慎重而克制的笔调，从神学理论的角度驳斥，而莫尔则单刀直入，猛烈地抨击。莫尔以古利尔莫·劳山（Guillelmus Rosseus）为笔名，创作了《回应路德》（“Responsio ad Lutherum”，1524 年发表）一文，用辛辣的笔触讽刺了路德福音主义的自以为是，以及不可一世的宗教自豪：

> “你怎么知道自己获得了上帝的恩典？”
> “因为我确信……我的教义是上帝的教义。”
> “何以见得？”
> “因为我确信。”
> “你为何确信？”

"因为我知道。"

"那么你又是怎么知道的呢？"

"因为我确信。"

福音派认为，只要拥有真正的信仰，就一定可以为上帝接纳。托马斯·莫尔的女婿威廉·罗珀属于首批接受路德宗理念的英格兰人，莫尔在他身上看到了福音派的自负，并且将罗珀作为原型，塑造了《异端对话录》("Dialogue Concerning Heresies"，1529 年发表）中信使的角色。以罗珀为代表的福音派并不满足"窃窃私语"，暗地里传播路德的教义，而是要大张旗鼓地宣传，确保那些深受天主教束缚的信众可以聆听到释放心理压力的喜讯；千余年来，信徒一直受蒙蔽，无法领会上帝的圣言，这时必须用尽一切手段，不计一切风险地让圣言传播开来。(笔者将英格兰第一代的宗教改革者称为福音派，而不是"新教徒"，因为"新教"是个外来语，最初被用来描述一起抗议事件，即 1529 年发生在施派尔的抗议①；笔者也不使用"路德会教徒"这一称谓，因为这样叫相当于承认第一代改革派全都严格遵循路德宗的教义，但当时英格兰的实际情况却是，路德的理念很快就在传播的过程中发生了重大变化。本书仅将后续世代的改革派称为"新教徒"。）福音派成员以"福音兄弟会"或"基督兄弟会"自称，展现出高涨的热情，有组织地去劝说天主教徒改宗福音主义，而心存敌意的人则将福音派称为"标新立异派""立异兄弟会"。传道是向广大基督

① 新教（Protestantism）可直译为"抗议宗"，得名于发生在施派尔的抗议事件：1529年，在神圣罗马帝国，六位诸侯、十四个帝国自由城市的代表向在施派尔召开的帝国议会请愿，抗议帝国针对马丁·路德及其著作的禁令，要求允许福音派信仰自由传播。

徒传播福音的最佳途径，尽管风险极大，福音派成员依然跃跃欲试，经常公开讲道。为了更好地传道，福音派还借鉴了文艺复兴时期的雄辩术。1527 年，托马斯·亚瑟（Thomas Arthur）在伦敦“宣扬基督的真正福音”，声泪俱下地恳求在场的听众：

> 你们要知道，就算我因传播上帝的福音遭到迫害，还有七千名传道者会像我一样传道……所以说，善良的人们啊，善良的人们啊……不要因为有人被暴君、迫害者处死，就认为他是异端，他实际上是信仰的殉道者。

托马斯·莫尔警告正统天主教徒，不要因为自己信奉的是历史悠久的教义而洋洋自得，因为新出现的异端虽然人数少，但实际上犹如洪水猛兽，在信仰上与天主教水火不容。在莫尔看来，英格兰正面临福音派密谋威胁，而少数几个福音派推动者也的确在策划、领导一场革命运动。

那么福音派到底会在哪一群人中为自己争取支持者呢？又有哪些人会去阅读福音兄弟会冒着生命危险传播的禁书呢？最先接受路德思想的是路德的同胞，即生活在英格兰的德国商人，而他们则起到了桥梁作用，将路德的思想传播到与自己有商业来往的英格兰商人中去，其中尤以伦敦商人所受影响最深。直到后来，英格兰才出现了路德著作的英译本，但受过教育的英格兰人可以阅读拉丁文原版。异端运动通常都是由知识分子的叛变（*trahison des clercs*）①

---

① 这一说法最早源于法国哲学家、小说家朱利安·班达的小说《知识分子的叛变》（*La Trahison des Clercs*）。

开始的，都铎时期的英格兰也不例外。尽管牛津大学、剑桥大学的学者是路德神学理论最坚定的反对者，但其中也有最狂热的路德支持者。朗兰主教就担心牛津大学枢机主教学院的“青年会堕落为异端”。一些当权者也成了路德的追随者。剑桥大学王后学院的院长福曼（Forman）博士不仅在伦敦、牛津两地私售禁书，更是公开宣扬福音派的信仰：“信仰是救赎的唯一途径……如果善功能够换来救赎，那么耶稣就会像圣保罗所说的那样，白白地死了”。休·拉蒂默（Hugh Latimer）开始时是“新宗派”和“新理论”的反对者，甚至还写文章驳斥与路德同属福音派的腓力·墨兰顿（Philipp Melanchthon），但后来在剑桥大学学习期间被托马斯·比尔尼（Thomas Bilney）说服，接受了路德的思想，而比尔尼也是因为读了伊拉斯谟所译《新约圣经》中的保罗书信，才转而相信路德的神学理论的。

在受到路德宗的影响之前，比尔尼就已经对天主教会颇为不满，虽然只是抱有传统的不同意见。如果罗拉德派成员前往伊普斯威奇听比尔尼讲道，那么他会发现，比尔尼也认为朝圣是愚蠢的行为；基督徒应当将上帝作为唯一的祈祷对象；向圣徒祈祷是侵犯基督神权的行为；抹大拉的圣马利亚是一个荡妇——他会感觉这些言论和罗拉德派集会上的并无二致。罗拉德主义作为之前出现的异端思想，其成员极易受到路德主义的影响，转而成为新异端思想的追随者。“心知肚明之人”与“福音派兄弟”有许多共同之处。他们都认为，基督教经典包含了所有的宗教真理，而且每一位俗众都有权利阅读经典，追寻真理。他们还相信，既然所有人都能自由地阅读上帝的圣言，那么也就可能从教士阶层的权威中挣脱出来。罗拉德派的成员托马斯·曼（Thomas Man）宣称在自己所属的宗派中，所有圣洁的男性成员都是教士，预先表达出了路德宗信徒皆教士的信条，即基督教是一种个人信仰，其中“每一个俗众都是神父”。所以说，包括赦免、忏悔、苦修，以及“畜栏一般的炼狱”在内，教士阶层用来束缚俗众的忏悔体系应当被彻底摒弃。

为什么会有基督徒愿意放弃原有的信仰，不再遵从当权的教会，宁可遭到迫害，也要追随全新的教义呢？都铎时代有许多人反抗教会及其教义，他们听凭良心，为了这样或那样不足为外人道的原因改宗。然而，在反对“新理论”的天主教徒看来，有人改信福音派的原因不外乎是：福音派追求的是自由；不仅想达到路德提出的基督徒的自由，还想获得“肉欲上的”“不劳而获的”自由。天主教文人（莫尔是其中笔耕不辍的一员）认为，福音派一方面声称信者必然会得到恩典，一方面又承认人类的意志是罪孽的囚徒，会渐渐失去做善事、远离罪恶的责任感。正如莫尔后来在《灵魂的祈祷》中提出的那样，如果仅凭耶稣遭受的苦难就足以消除人类一切的罪孽，以至于罪人既不用“赔偿”，也不用“受苦”，那么就会令人“胆大妄为，犯下种种罪孽”。莫尔用夸张的笔法嘲讽福音派的信仰：无论犯下多么严重的罪孽，福音主义追随者只要“大声向上帝求饶”就行，就像是女人踩到别人的裙裾后匆匆道歉一般。

没过多久，那些比较纯粹的路德宗信徒就落伍了。关于举行圣餐礼时，到底有没有发生“圣体实在”这个在改革派内部引发争议的核心问题，路德宗较为温和的神学观点没能占得上风。路德认为，在圣餐礼祝圣之后，基督的圣体、圣血与面饼、葡萄酒共同存在，此即圣体共在论。然而，斯特拉斯堡、瑞士出现了关于弥撒的更为激进的神学理论，和路德宗比起来，它与罗拉德主义纪念说、物质说更为贴近，很快就在英格兰传播开来。“基督兄弟会”的信仰极为激进，是福音派的急先锋，他们提出了圣礼主义，认为“在祭坛旁举行圣体圣事之后，信徒看到的既不是圣体，也不是圣血”，而依旧是举行仪式之前的面饼、葡萄酒。圣礼主义是最离经叛道的异端思想，尽管托马斯·莫尔将其视为威胁，但当时很少有人接纳它。不过，莫尔在指责威廉·廷代尔在忏悔、炼狱、向圣徒祈祷、崇拜圣像等问题上的态度比路德更为激进时，他是对的。

如果想要在英格兰实现伊拉斯谟的梦想，让每一个扶犁耕野的庄稼汉，每一个在织机前劳作的村妇都能阅读《圣经》，就必须先将《圣经》翻译成英文。威廉·廷代尔不负众望，完成了这项重任。由于担心遭到迫害，廷代尔逃离了英格兰，在欧洲大陆过着隐居的日子，一点点地将《圣经》译成了英文。他在《新约圣经》的序言中称，“只有信者才能得到救赎”，又在译文中添加旁注，解释福音主义全新的基督教教义。“福音兄弟会”冒着极大的风险，一边躲避各教区主教派出的密探的追捕，一边谨慎地贩卖手里的禁书，将廷代尔遭到封禁的《新约圣经》《旧约圣经》，以及欧洲大陆改革派人士的著作走私到英格兰。流亡低地诸国、法国、德国的英格兰改革派不仅为留守国内的改革派提供了精神支持，还创作出了不少宣扬改革的作品，为英格兰的改革事业提供动力。1526 年，在德国沃尔姆斯印刷第一版《新约圣经》的译文时，廷代尔及其支持者充满信心，认为《圣经》的英译本肯定会在英格兰大受欢迎，一下就印刷了 3 000 本，而这还只是保守估计。“看呐，世界的前景一片大好”，福音派许诺称。

面临 16 世纪 20 年代的迫害，福音派兄弟会形成了地下组织。“我们不仅仅是以兄弟相称，而是真的情同手足”，牛津大学学生安东尼·迪拉伯（Anthony Delaber）写道。福音派同伴彼此忠心耿耿，团结一心执行使命，他们相互庇护和支持，凝聚力很强，为了共同的事业同舟共济。在当局看来，福音派是个不折不扣的阴谋团体，目的是要令天主教徒改变信仰。福音兄弟会宣称，只要能让大众阅读福音派的书籍，令福音主义理念在他们心中生根发芽，那么福音派的使命一定能够完成。在最初几年里，福音派信仰带有革命抱负，要求信徒付诸革命行动的新宗教思想。当局采取了迫害手段，令传播福音变成极危险的事业，某些“福音兄弟会”成员为形势所迫，孤注一掷，结果被教会视为异端，被当权者判为逆贼。福音派除了破坏圣像、张贴传单、咏唱颠覆性的歌谣、传阅禁书、藏匿遭缉捕的同伴，还会扮成治安警员，搭救身陷囹圄的追随者，他们不顾危险坚持布道，渐渐地形成了有组织的反抗运动。主教不知道究竟哪些人是福音派成员，也不知道福音派的藏身处，因此四处碰壁，屡屡遭人戏耍。比如，改革派将一份传单掷入滕斯托尔主教位于伦敦的府邸，上面写着“不是不报，时候未到”。

尽管“福音兄弟会”热情高涨，却仍然改变不了人少势寡、四面受敌的境地，所以除了福音派团体本身，没有任何人相信他们会实现英格兰全国改宗的远大理想。福音派吸引了一群追随者，他们分布在伦敦城、律师学院、大学校园，有的是罗拉德派成员，有的住在东安格利亚和东南部城镇，福音派当时可算作是潜伏在英格兰的第五纵队。但他们仍然属于英格兰国内的极少数派。绝大多数的英格兰人遵从天主教教义，即便是听说过福音主义的“新理论”，还是对它充满敌意。普通英格兰人要为生计奔波，眼中只有自己那一亩三分地，就算听到了福音派传播的圣言，也多半会把它当作耳旁风。所以说，“福音兄弟会”仍是一个背着十字架的教会，会遭到迫害，总要想着如何躲避当局的追捕。不久，为福音主义殉道的人就出现了。一直以来，流亡海外的“福音兄弟会”成员希望能重返英格兰，翘首期盼“国王改变心意，准许英译本《新约圣经》在英格兰出版发行”的那一刻。他们坚信有朝一日一定可以如愿以偿。趁着为锡匠公会装帧账簿的机会，约翰·高夫（John Gough）[①]在账簿卷尾的空页上写下了对福音主义思想具有开创性意义的文句，即《马可福音》的第 13 章第 31 节：“天地要废去，我的话却不能废去。”身处逆境的福音派仍然对未来抱有一线希望。

新的信仰必须得到保护，才能生存下去，发展壮大。在这一点上，罗拉德派一败涂地，他们没能赢得世俗统治者的支持。人文主义者认为亨利八世是虔诚君王的典范，能够听取他们的诉求，令腐化堕落的教会重获新生。然而，亨利八世毕竟是教皇亲自册封的“信仰守护者”，效忠于教廷，福音派这样不是必然会受到迫害吗？然而，到了 1536 年，一种新的救赎观念入侵了英格兰，其与绝大多数人的意愿相悖。圣奥尔本斯修道院的修士把这股思潮的到来看作是给自己的信仰和修道生活敲响了丧钟，哀叹自己为何会遭此噩运。他们得出的答案十分简单，但无异于一种叛国言论：“国王滥用大权，是这场灾难的始作俑者。”国王真的拥有如此强大的权力吗？

① 约翰·高夫（1528—1556）是都铎时代的印刷商、文具商、翻译家，其店铺位于伦敦的齐普赛街。

第四章

统治权
亨利八世与英格兰的宗教改革（1509—1547）

王庭与国王

在钟楼上，我目睹了如此的惨景
日日夜夜，印刻在脑海中，刻骨铭心；
在铁窗之后，我悟出了一个道理，
所有的恩惠、荣耀、权力，
皆如雷云一般，环绕王座，轰鸣不止。

——托马斯·怀亚特（创作于 1536 年前后）

1529 年圣诞节，亨利八世在格林尼治。他在设计一座即将在怀特霍尔修建的王宫，这座宫殿既要体积巨大，又要采用全新的建造理念，令其配得上国王的伟岸形象，能够展现至尊的王权。这一年的 10 月，就在枢机主教沃尔西倒台的两天后，亨利迫不及待地携着安妮·博林视察约克宫[①]。在没收了沃尔西的约克宫之后，亨利又将数百户地位不及沃尔西的臣民全都驱逐出了威斯敏斯特郊区，这样做是为了安排亨利国王的雄伟建筑工事。接下来，王朝不惜血本，以极快的速度修造完毕。在新建的怀特霍尔宫里，位于中央的是国王的内宫，内宫里有寝宫，它由卧室、密室组成，可以让国王不受干扰地在里面处理国家政务和休息。内宫的西侧与大礼堂、大厅和觐见厅相连，其中觐见厅内设有王座、华盖。臣民走进觐见厅并不会见到国王本人，只是象征性地来到了国王面前。亨利国王身边有皇家侍卫，要穿过数道紧锁着的大门才能来到他的面前。无论何人，只要他来到这座色彩绚丽的宫殿，穿过两处宏伟的庭院、三间堂皇的外厅，最后到达内宫，就必然会被国王无上的权势所震慑。每间厅堂的墙壁上都悬挂有华美的壁毯，其中有个系列挂毯是亨利国王在 1528 年购得的，上面描画了“大卫的故事”——英格兰国王亨利非常认同这位笃信上帝的锡安[②]国国王。枢密室作为王权统治的中枢，是整座宫殿中最神圣的场所。1537 年，汉斯·荷尔拜因（Hans Holbein）在枢密室的墙上创作了一幅气势恢宏的壁画，将亨利八世置于最醒目的位置，让他的父王站在后面，用艺术作品的形式表现了都铎王朝权力的传承。这幅壁画如亨利国王所

---

① 约克宫位于威斯敏斯特宫附近，其所在地最早由约克大主教瓦尔特·德格雷在1240年前后购买，作为修建约克大主教伦敦官邸之用，官邸建成后，得名约克宫。枢机主教沃尔西（他同时也是约克大主教）在得势后扩建约克宫，令其成为当时英格兰规模最大的宫殿，只有国王的兰伯宫能与之相提并论。亨利八世得到约克宫后，对其进行了扩建，由于使用了大量的白色石料，所以宫殿在建成后得名白厅（Whitehall），其音译的译名为怀特霍尔。

② 锡安一般指耶路撒冷，有时也用来泛指以色列全国的土地。

愿，激发了臣民的敬畏之情。然而，能够获准觐见国王的人毕竟是极少数，也只有他们才能幸运地真正靠近“恩惠、荣耀、权力”的源头。

威斯敏斯特宫与怀特霍尔宫仅有一河之隔，却仿佛是完全不同的世界。威斯敏斯特宫紧邻本笃会的威斯敏斯特修道院，在中世纪曾是英格兰国王的旧宫殿。在亨利八世统治时期，这里不仅设立有包括御前法庭、大法官法庭、民事诉讼法庭在内的法院，也是国库的所在地。议会上议院也会在威斯敏斯特宫的白色会议厅召开会议。威斯敏斯特宫是一个充斥着法律条款、判决先例、羊皮纸卷、税收账簿的官方机构，由身着黑色长袍的官吏负责管理。亨利八世的居所不是威斯敏斯特宫，而是一个以王庭为核心的世界；无论国王身在何处，王庭都必然紧随其后。从本质上讲，王庭是国王的宅邸，仆人在此侍奉国王，它不仅是国王生活的地点，也是他举行各种仪式的地点。此外，王庭也是整个国家的政治核心，是制定重大政策的地点。

国王自身及其意志是一切权力的载体，从本质上讲，所有权力都是国王个人的权力。能否近君侧是决定成败的唯一因素。廷臣围挤在一起，相互争抢着走近国王的私人生活，左右他意志的机会。国王最隐秘的私事也不可避免地会成为牵动全体臣民的国家大事。在存留至今的信件中，我们经常可以发现发生在王庭内部，如暗箱操作一般的“私密”通信，以及廷臣在窗边的窃窃私语。1536年4月的一天，托马斯·克伦威尔倚着窗户，用手遮着嘴巴，与神圣罗马帝国皇帝派往英格兰的大使厄斯塔斯·查普斯（Eustace Chapuys）窃窃私语，谎称自己直到现在才明白人世的无常，尤其是发生在宫廷中的事情，“其中就包括几个他亲眼看见，可以算作是国王家事的事件”[①]。国王没有隐私可言；他的身边一直有人陪伴，无论是就寝，还是起床，都有人随侍左右，更衣、就餐、沐浴时被前呼后拥，就连如厕时，也有人寸步不离。每时每刻，国王身边都少不了侍奉他的廷臣。在弗朗西斯·布赖恩爵士（Sir Francis Bryan）将托马斯·赫尼奇爵士（Sir Thomas Heneage）称为“同床者”时，他只是反映了真实的情况：作为枢密室的侍从官，他俩每晚都要一同睡在国王的御榻脚边。

每一位新继位的国王都会带来翻天覆地的变化，国王的品性不仅能决定政府会制定什么政策，还会影响到治国理政的风格、王庭的性质，以及什么样的人会成为国王的近臣。对于亨利七世这样一位凡事习惯秘而不宣、待人异常冷淡的君主来说，在建立王庭时不仅要考虑保护个人隐私的问题，还要确保自己能与臣下保持一定的距离。为此，亨利七世设计出了让自己在不受外界影响的环境中生活、执掌权力的方法。传统上讲，中世纪末期的王庭可以分为厅堂、厨房所组成的服务分支，以及国王的私室或寝宫，前者配有食窖侍从、酒窖侍从、糕点厨师、帮厨童仆在内的仆役，由宫廷总管统领，而后者是由宫务大臣管理。即便是在私室被分为大厅（守卫室）、觐见厅、枢密室之后，亨利七世仍然嫌弃保密做得不到位。

① 由于没能给亨利八世生下儿子，安妮·博林的地位变得岌岌可危，而托马斯·克伦威尔则开始向神圣罗马帝国的皇帝伸出橄榄枝，告之皇帝的使者，即便国王再婚，他也一定不会迎娶法国的公主（当时，神圣罗马帝国正与法国交战）。在对话中，克伦威尔声称，国王没有废黜安妮·博林王后之位的想法，但说话时的语调却阴阳怪气，明确地向大使传达了消息，指出博林王后气数已尽，不会继续成为重建两国间友好关系的绊脚石。

在 1495 年前后，他对王庭进行了制度性的改革，这条创新政策一开始并未受到足够多的重视，但产生了重大的政治影响：他将枢密室从其他几座私室中独立出来，进一步设立边界，规定只有极少数的专职男仆、侍从才能出入枢密室。枢密室被单独划分出来之后，亨利七世便将那些在他看来不必要的闲杂人等拒之门外，尤其是那些自视甚高的贵族。亨利七世一方面害怕有人密谋叛乱（谁也不能否认这种担心是有道理的），不仅要提防王庭外的风吹草动，还要防止王庭内突生事端；一方面又想要全身心地治国理政，把时间都用来处理紧急事务，盘点国库收入，制定大政方针，而不愿意受到别有用心的佞臣的误导，以及身陷烦琐的礼仪，徒然浪费时间，所以在大多数情况下，他情愿差使仆人去完成日常琐事，不愿劳烦贵族侍从。采取上述措施之后，亨利七世相当于把自己隔离开来，守住了深藏于心的国家机密。亨利八世自认为能像父亲那样严守秘密，他曾说过“假如我觉得头顶上戴着的帽子知道了我的想法，那么我就会把它丢到火里，让它化为灰烬”。然而，他不但经常受到欺骗，还时不时地自欺欺人。国王是王庭的缔造者，同时也会被它禁锢；亨利八世建立的王庭则是他本人性格的真实写照，与其父亨利七世的大相径庭。

新君继位通常都会令臣民欢欣雀跃，对未来充满了期待，尤其当老国王的过世令臣民如释重负的时候更是如此；然而，1509 年 4 月，当第二位亨利·都铎登上英格兰王位时，英格兰举国欢庆的场面却不同寻常。“天地同庆……我们的新国王视黄金为粪土，视宝石为无物……他追求的只有美德、荣耀、不朽的名望”[①]——亨

① 此段文句摘自芒乔伊勋爵威廉·布朗特写给伊拉斯谟的书信。

利八世的继位让英格兰臣民看到了光明的未来。托马斯·莫尔难掩激动之情，将新王的继位视为终结暴政的里程碑式事件。莫尔奋笔疾书，声称新君“天生具有为王的品性”，而他的判断也符合实情，或者说至少有一部分是真实的。亨利虽然缺乏开创性，但心智强大；他学识渊博、举止文雅；勇气十足、魅力四射，还不失幽默。他精通神学理论，是一位虔诚的基督徒。总而言之，强大的心智、高尚的品性，伟岸的身躯、英俊的外表，彬彬有礼的骑士做派，似乎令亨利成了完美的基督教骑士，他即便不是国王，也同样能令人佩服得五体投地，甚至可能让人神魂颠倒。但亨利的确是一位国王，而且还是一位容不得任何人拂逆自己意愿的国王。亨利刚一登上王位，托马斯·莫尔就警告：即便是完美的心智，也经不起绝对权力的侵蚀。

亨利八世的统治开始时与结束时一样，都为了实现重大政治目的而令英格兰的全体臣民成为受蒙骗的对象——一位“满脸堆笑”的廷臣隐瞒了老国王去世的消息[①]。这位廷臣是枢密室的侍从官，而众廷臣之所以会勾结亨利七世的某些近臣，隐瞒国王的死讯，是因为他们既想要确保都铎王朝的继承人能够顺利登上王位，又计划发动一场政变。在父亲去世两天之后，已经成为新国王的亨利仍然假装自己是威尔士亲王，接受与亲王相称的礼遇，就好像亨利七世仍然在世一般。在公布老国王的死讯，正式成为英格兰国王的第一天，亨利突然发难，将亨利七世的两位遭人怨恨的近臣埃德

① 这位廷臣名叫理查德·韦斯顿，他“满脸堆笑”，邀请时任大法官的坎特伯雷大主教威廉·沃勒姆前往寝宫，与国王交谈。沃勒姆进入寝宫，得知亨利七世去世的消息后，也像所有参与密谋的廷臣、近臣一样，“不露声色”，隐瞒了国王的死讯。

蒙·达德利、理查德·恩普森爵士关进了伦敦塔。广大臣民无不额手相庆，因为在他们眼中，这两位权臣只是帮助亨利七世实施高压统治的走狗，而不是新任国王政治权谋的受害者。（1510 年 8 月，二人因叛国罪在塔丘[①]被处以极刑。）这位年轻国王刚登上王位就展现出了冷酷无情的一面，但无论是这一次，还是在之后的事件中，我们都很难分辨出，以亨利八世的国王之名做出的决断、采取的行动，到底能在多大程度上反映出亨利的本意。有些时候，亨利会声称父亲在弥留之际督促他尽快与阿拉贡的凯瑟琳成婚，所以自己必须遵从父亲的遗愿，但没过多久，他又开始表达疑虑，认为迎娶兄长亚瑟的遗孀也许有违天理伦常。尽管如此，他还是在 1509 年 6 月与凯瑟琳成婚，之后还在仲夏节那天携凯瑟琳共同举行了加冕仪式。

亨利八世年轻气盛、充满骑士气概，他的登基日选在英格兰武艺高强的主保圣徒圣乔治的瞻礼日的前一天，所以亨利不仅立志效仿英格兰历史上的诸多伟大国王，更要在国际舞台上与外国君主一争高下。在国内，他渴望亲自率领代表高贵骑士精神的骑士团；在国外，他想要赢得无限的荣耀。亨利喜爱阅读骑士传奇故事，尤其痴迷托马斯·马洛里（Thomas Malory）所著的《亚瑟王之死》(*Le Morte d'Arthur*)，受这些文学作品的影响，将王庭看作一个以骑士精神为纲的团体，其成员团结一致，将赢得荣耀、为君主尽忠视为己任。廷臣纷纷用座右铭表露忠心，比如查尔斯·布兰登就向亨利国王许诺“忠心向王，白首不渝”。实际上，亨利七世也认识到，盛大的场面、隆重的仪式是实现政治目的必要条件，所以

① 塔丘位于伦敦塔的西北方，在历史上是处决犯人的刑场。

他借鉴了爱德华四世的做法，效仿勃艮第公爵推崇骑士精神的宫廷文化，鼓励廷臣进行骑士比武，甚至还担任比武大会的裁判。然而他自始至终只是一个旁观者，从未置身其中。亨利八世与冷眼旁观的父亲截然不同，他身穿闪亮的盔甲，是比武大会中战无不胜的勇士。他不顾危险，在武场上策马扬鞭，而那些与他比武的廷臣慢慢变成了他的亲密战友，值得信赖的忠臣，得到了王的恩典。骑士比武会成了廷臣平步青云的通天大道，胜者将被授予统领大军的指挥权，领到赏金，甚至还可能被册封为贵族；比如，查尔斯·布兰登就因为比武场上的出色表现被封为萨福克公爵[①]。在亨利八世的王庭中，骑士精神与政治权谋碰撞出了火花。然而，亨利的廷臣争权夺势，宫廷生活充斥着明争暗斗，若想要骑士观深深融入王庭，绝非易事。

骑士制度是应对战争的准备。自即位时起，直到离开人世，亨利八世自始至终把征服法国当作远大抱负，因为他想要实现英格兰国王自古以来对法国统治权的诉求，夺回失落的欧洲大陆王国，重新登上被他人占据的王座。在一定程度上讲，与法国的战争是一场以骑士精神为纲发动的圣战。他下定决心，要效仿一百年前屡次击败法军的亨利五世（Henry Ⅴ）；他更加看重战争带来的荣耀，将实际利益的得失放在次要的位置。亨利登基时只是一个年仅 17 岁的少年，甚至都算不上一个成年人。他一度受制于父亲的近臣，不得不继续执行父亲的方针政策。御前会议的鸽派人士反对他好大喜功的军事计划，而人文主义追随者则因为亨利没有像期望中那样，

① 查尔斯·布兰登身强力壮、武艺高强，几乎是唯一一位能在比武场上与亨利八世一较高下的廷臣。

成为一位崇尚和平的国王，实现全面和平而扼腕叹息。然而，这一切最终都没能成为阻止亨利的障碍。法国国王路易十二支持分裂教会的大公会议，与教皇分庭抗礼，为英格兰提供了发动战争的理由；1511 年年末，因路易公然挑衅教皇的权威而义愤填膺的亨利终于说服了御前会议，让众近臣认识到，法国已经背信弃义，所以英格兰必须终止两国间的停战协议，着手准备渡海南侵。本次军事行动是亨利作为教皇支持者，在国际舞台上的首次亮相，也是此后看起来很奇怪的一次。

亨利想摆脱碍事的御前会议，不愿意身陷于烦琐的行政事务，一心只想要征服法国。托马斯·沃尔西将亨利从繁重的日常政务中解放出来，他谋划了在和平时期和战时皆能为国王赢得荣耀的战略。1509 年，沃尔西当上了王室施赈员，接着被任命为林肯主教，一路飞黄腾达，先后被提拔为约克大主教、枢机主教、大法官和教廷使节。1513 年，沃尔西为亨利制订了入侵法国北部的军事计划。亨利把拥有主教牧座的小城泰鲁阿讷，以及位于勃艮第 - 哈布斯堡王朝统治的尼德兰境内的法国飞地图尔奈当作军事目标，在 7—9 月间率大军围城，很快就攻下了这两座城市。十年后，托马斯·克伦威尔在议会发言时称，这两座城市“民风粗蛮，像狗窝一样不宜居住”。不过任何去过尼德兰的英格兰人很可能认为，与尼德兰的城镇相比，反倒是英格兰的城镇更像狗窝。对亨利八世来说，攻占这两座城镇之所以意义重大，是因为它们是“法国国王”治下疆土的一部分。再加上英格兰国内同一时间传来了大败苏格兰军队的捷报，亨利此时在欧洲各国君主心中的地位得到很大的提升。苏格兰与法国国王路易十二结盟，大举入侵英格兰，当年 9 月在弗洛登原野与英格兰军队交战，被萨里伯爵大败。苏格兰国王、3 名主教、

11 位伯爵、15 位贵族，以及多达 1 万名士兵陈尸在弗洛登原野的泥沼中[①]。

御前会议大臣中的保守派不满新国王沉迷于享乐，谏言亨利应当经常参加议事会议，而沃尔西却提出了相反的建议。他这么做是为了让自己更得宠，揽取更多的权力。沃尔西的礼仪官乔治·卡文迪什（George Cavendish）指出，沃尔西决心要让国王认识到，只有他才能做到，“无论在什么情况下，都可以排除万难，实现国王的意愿，令主上满意”。1514 年前后，成为国王重臣的沃尔西似乎到了一手遮天的地步，能够全盘掌控国家的治理方略。沃尔西的权势也许遭到过质疑，但在长达 15 年的时间内，却没有人能撼动他的地位。只要能够排除万难满足国王的各种意愿，让他称心如意，沃尔西就可以有恃无恐，御前会议的其他成员渐渐沦为无用的摆设，本应由全体近臣共同承担的政治角色被沃尔西一人夺去了。御前会议明面上仍是商议国政的机构，但只有在沃尔西和国王合议敲定了某项国策之后，才会轮到它履行议政职责。沃尔西首先会旁敲侧击，让亨利产生某种想法，等这些想法发酵到一定程度，再去通告御前会议商议此事。沃尔西的影响力似乎至高无上，他的府邸富丽堂皇，足以与王庭一较高下。据传，沃尔西对自己英格兰副王的身份深信不疑，竟然说出了“我和国王认为，你应当如此行事；我和国王对你表示由衷的感谢”这样僭越的话来。沃尔西的傲慢、奢靡令人瞠目结舌：出行时，会有仆从扛着十字架、柱子和战斧在前

① 双方交战时，天降大雨，战场变得异常泥泞。苏格兰士兵使用长达4.5米的长矛，在泥浆中行动不便；而英格兰士兵则使用长度仅为1.5米的短戟，行动更为灵活，所以英格兰军队依靠武器优势，屠杀了苏格兰军队。

面走，这些物件被他视为权力的象征，但遭到旁人的不齿[①]；伯爵和领主陪在他身边充当臣仆。尽管如此，沃尔西充其量只是一位教会贵族，而非世俗中的亲王。他能够呼风唤雨，完全是依仗着国王的宠信，他也清楚自己目前的地位实则不堪一击。所以，沃尔西的一举一动都是在执行国王的意愿，并非他本人的。否则按照沃尔西的愿望恢复欧洲和平的话，就不会有战争了。沃尔西在 1514 年曾促成过和平协议的签订[②]，但好景不长，和平随着路易十二在 1515 年去世烟消云散。

如果亨利愿意不再插手欧洲大陆的事务，那么英格兰就更有可能实现长久的和平。然而，他绝不甘心就这样退出。亨利决心要参与欧洲大陆的强权政治游戏，赢得国际声望，而沃尔西也摆出了支持的姿态，所以一旦欧洲大陆战云密布，英格兰就会被牵扯其中，尤其在 1515 年弗朗索瓦一世（Francis Ⅰ）成为法国国王之后。在亨利看来，就对基督教世界的威胁而论，弗朗索瓦的危险程度超过了奥斯曼帝国的苏丹（亨利的怀疑不无道理，弗朗索瓦虽然号称“最虔诚的基督徒国王”，却时不时地与奥斯曼帝国的苏丹建立同盟关系）。亨利与弗朗索瓦有很多共同之处，两人都追求荣耀，在品味方面十分相似（尽管亨利不能完全效仿）；在之后的 30 年中，这两位国王的关系一直摇摆不定。

一直以来，沃尔西没有放过任何机会，想要兵不血刃，便让

---

① 为沃尔西开道的分别为：两个银质十字架，代表他教廷使节、约克大主教的职位；两座银质的栋梁，代表国家权力；以及四名肩扛银质长柄战斧，担任护卫工作的侍从。

② 根据协议的规定，英格兰可以保留图尔奈城，而亨利八世则同意将妹妹玛丽嫁给路易十二。

英格兰在欧洲事务中起到举足轻重的作用。1516 年，他与神圣罗马帝国皇帝马克西米利安合谋，准备挫败法国在意大利北部称霸的企图，像莫尔笔下的乌托邦人那样，他认为既然必须将战争作为获取和平的手段，那么最好还是请他人代劳。1518 年，沃尔西促成《伦敦条约》（Treaty of London）[①]，将基督教世界联合了起来，似乎实现了自己长久以来的远大抱负，成了公认的欧洲事务裁决者。这一和平并不稳固，英格兰在其中是维护和平的主要力量。1519 年，哈布斯堡王朝的查理五世（Charles Ⅴ）当选神圣罗马帝国皇帝，让神圣罗马帝国与尼德兰、西班牙一样，也成为自己统治的疆土，重新平衡了欧洲大陆的权力分布，令哈布斯堡王朝与瓦卢瓦王朝的实力难分伯仲，加剧了这两个王朝间的竞争。亨利遵守《伦敦条约》的规定，真诚表达英格兰与竞争双方的友谊，而不管是哪一方破坏了条约建立的和平，都会成为英格兰的敌人。与二者中的任意一方结盟，都可以使其在与另一方的斗争中占据上风，而如果英格兰严守中立，则可以维持这个地区的和平。

亨利在欧洲大陆赢得了前所未有的话语权，可以放开手脚，实现英格兰国王自古以来对法国王权的诉求，而不需担心法国王权会立刻反击。然而，法国仍然可以恢复与苏格兰的“古老同盟”，从而威胁英格兰的北部边陲，法国也的确在 1513 年、1521—1524 年间将苏格兰作为制衡英格兰的砝码。1520 年，英格兰国王、法

① 《伦敦条约》是一则互不侵犯条约，其签约国为包括法国、神圣罗马帝国、英格兰、西班牙、尼德兰、教皇国等在内的主要欧洲国家；所有签约国不仅承诺互不侵犯，还一致同意，一旦有签约国遭到攻击，其他所有签约国就会团结起来，共同对抗外敌。

国国王携各自王庭进行金缕之地会晤（Field of the Cloth of Gold）[①]，宣示相互间的友好关系，但在这一片金碧辉煌的背后，却隐藏着双方难以化解的敌意，亨利早已暗地里与神圣罗马帝国的皇帝协商，准备终结和平协定——没有其他任何历史事件能像这次峰会那样，清楚、真实地反映出英法之间的矛盾关系。1522 年 5 月，英格兰又一次向法国宣战，而盟友神圣罗马帝国不断催促亨利出兵入侵法国。然而，英格兰的边境地区战云笼罩，极大地限制了亨利插手欧洲大陆事务的能力。爱尔兰的封建领主是亨利的一大心病，不仅以奥尼尔、奥唐奈为代表的盖尔人酋长是亨利的“爱尔兰敌人”，就连以德斯蒙德伯爵为代表的盎格鲁－爱尔兰封建领主也与英格兰的外敌密谋，还会时不时地作为拥有独立主权的统治者，与法国国王、苏格兰国王、神圣罗马帝国的皇帝缔结同盟。

尽管沃尔西希望维护和平，但仍然不顾御前会议的反对，不惜点燃战火也要维护英格兰刚争取到的欧洲事务主导权，而另一个更迫切的原因是，亨利仍然渴望对法国开战。1523 年 8 月，英格兰军队再次入侵法国，很快就推进到了距巴黎仅 50 英里的地方，亨利喜出望外，以为自己已经占领了法国王宫。1525 年 2 月，弗朗索瓦一世在帕维亚被神圣罗马帝国的军队击败，沦为阶下囚，亨利似乎离法国王位这一祖产更近了。约克的白玫瑰理查德·德拉波尔（Richard de la Pole）也在帕维亚之战战死，令法国失去了可以拥立为英格兰国王，取代亨利的人选。亨利敦促查理五世抓住时机，

① 由于亨利、弗朗索瓦为了展现各自的实力，互不相让，极尽奢华之能事，用大量金线织物搭建帐篷，所以两人的这次会面得名金缕之地会晤。金线织物由金丝和丝线纺织而成，是一种极其昂贵的纺织品。

英格兰、神圣罗马帝国应该立刻瓜分法国，而让亨利大失所望且倍感耻辱的是，查理见好就收，到 1525 年 8 月，英格兰只得再次与法国言归于好[①]。接下来，枢机主教沃尔西马不停蹄地促成了针对神圣罗马帝国皇帝的联盟[②]；英格兰虽为同盟发起国，却没有成为缔约国，显而易见，沃尔西又一次将武力当作实现和平的手段。1527 年 5 月，神圣罗马帝国的军队洗劫了罗马[③]，不仅亵渎了这座不朽之城，更是掳走了基督在人世的代理人教皇。沃尔西命令英格兰人以游行、斋戒等方式抗议，要求神圣罗马帝国的皇帝尽快释放教皇，却未能得到积极的响应。编年史家爱德华·哈尔（Edward Hall）[④]描写了当时的情景：民众“根本没有因为教皇身陷囹圄唉声叹气”。英格兰属于天主教国家，不会为教皇马首是瞻，英格兰人尤其是伦敦人，下至仆人上至主人，都开始对枢机主教使者沃尔西发泄不满情绪了。

沃尔西将自己庞大的官邸当作权力基地，在王庭之外行使国家权力，与王庭分庭抗礼，令大主教官邸成了王庭的对手。国王

---

① 查理五世不愿意听从亨利瓜分法国的意见，所以亨利决定抢在盟友神圣罗马帝国之前，与法国签订和约。1525年8月，双方在沃尔西的斡旋下签订条约，按照其条款的规定，亨利放弃了对法国一部分领土的诉求，并且承诺促使查理五世释放被俘的弗朗索瓦一世，而由弗朗索瓦的母亲萨伏依的路易丝领导的法国临时政府则同意每年向亨利支付2万镑的年金。

② 沃尔西获得教皇的许可，促成的联盟名为科尼亚克联盟，由法国及意大利的部分国家组成，目的是与查理五世的康布雷联盟对抗。

③ 击败法国军队之后，神圣罗马帝国的军队由于没能领到军饷而发生哗变，迫使指挥官率兵进军罗马，将其洗劫一空。

④ 爱德华·哈尔（1497—1547），英格兰的律师、议员、历史学家，曾担任伦敦的代理治安官。

的亲信、宠臣与君主朝夕相伴，政治影响力大。枢密室与外界隔绝，是最隐秘的生活居所，亨利与父亲不同，没有让闲杂人等进入枢密室当差，而是挑选绅士阶层出身的年轻男性做新一代枢密室侍从。青年侍从出身名门，意气风发，能为国王解闷，他们“把枢密室当作自己的家，将国王当作亲人”“与国王亲密无间”。他们“忘乎所以”，没有因自己与君主身份差异巨大而对其敬而远之。亨利效仿弗朗索瓦一世的宫廷，于1518年提拔了这些绅士，让他们担任枢密室侍从官，被赐予新职级的同时，他们也变得更加自负。一面是享有特权的枢密室大臣沃尔西，一面是国王的傲慢宠臣，双方互不待见，有时还在暗地里相互拆台，更多的时候会公然采取敌对行动。一直以来，他们将国王的赏识、恩赏当作争夺的主要目标，都想要增强自己对国王的影响力。1519年，沃尔西暂时占据上风，将侍从官驱逐到了远离王庭的加莱；1526年，沃尔西再次发难，清洗了枢密室，不过只是取得了暂时的胜利。没过多久，侍从官回归了王庭，反倒更受国王的赏识。“近君侧”的侍从官受到尊重，甚至到了令人惧怕的程度。他们有权在王庭之外代表国王。作为传达国王意愿的特使，他们有权召唤或逮捕地位高的臣民；身为外交官，他们可以前往他国君主的宫廷，去“解读”“异邦君王”深藏不露的机密；他们担任军事高官，可以率军讨伐外敌和逆贼；在都铎王朝时期，侍从官是国王的近臣，被委以重任，前往各地任职。作为王室的代表、君主的家臣，他们既是在文艺复兴影响下的新王庭的一分子，又是封建旧王庭的成员。

这些侍从官是国王能拥有的最亲近的朋友。这些廷臣接受过良好的教育，不仅精通基督教经典，还熟读古典著作，他们受忠诚的骑士精神的影响，将友谊作为一种美德。在第一批译成英语出版的古典著作中，西塞罗所著的《论友谊》(*Of Friendship*，1481 年出版）赫然在列。负有忠告义务的朋友与劝诫君主的忠臣十分相似，因为他们实话实说，始终如一，无论在公开场合，还是在私底下，都会维护这种美德。对亨利八世的廷臣来说，忠贞不渝的友谊——或者更贴切地讲，友谊的破裂和背叛——是生活中永恒不变的主题，经常会成为书信、文章的议题。1524 年，王庭在格林尼治举行圣诞庆典期间，进行了一场模拟战，由一位队长率领 15 名绅士守卫“忠义城堡”，全力保护城堡中的侍女并击退来犯之敌。诗人托马斯·怀亚特作为城堡的守卫者参加了这场战斗，与他并肩作战的还有被亨利称为“地狱神父”的弗朗西斯·布赖恩①，以及约翰·波因茨（John Poyntz)，而这两位廷臣正是怀亚特创作灵感的源泉，帮助他用辛辣的笔触对廷臣生活加以反思。尽管布赖恩、波因茨二人受到文艺复兴的影响，认为称职的廷臣应当在君主面前实话实说，但他们的实际表现却不折不扣地反映了宫廷生活的虚伪与恶毒。卡斯蒂廖内（Castiglione）的《廷臣论》(*The Courtier*）②是一本热门宫廷读物：1530 年 4 月，埃德蒙·邦纳就曾提醒托马斯·克伦威尔，让他不要忘了出借“Il Cortegiano”③的承诺，他也想通过阅读此书成为一位优秀的意大利廷臣。然而，没有几个人能

① 弗朗西斯·布赖恩行为极不检点，到处拈花惹草，而且为人处世完全没有原则，所以得到了“地狱神父”的外号。

② 巴尔达萨雷·卡斯蒂廖内（1478—1529）是文艺复兴时期的诗人，其代表作《廷臣论》体现了人文主义的内涵，不仅享誉文坛，还对欧洲思想文化的发展产生独特的影响。《廷臣论》虚构了乌尔比诺公爵与其廷臣间的谈话，将其作为载体，讲述了应当如何成为一名“完美的廷臣”。

③ Il Cortegiano为意大利语，意为“廷臣论”。

够领会《廷臣论》的真谛。阿谀奉承等同于虚假的友谊，既是真挚友情、逆耳忠言的死敌，又是不断侵蚀英格兰王庭的一大罪孽。布赖恩曾经写道，“在朝中做事，有件事很令人痛心”：许多见到你就脱帽致敬的人，背地里却“恨不得你马上被枭首示众”。阿谀奉承是君主制最危险的敌人，只有谏言才能防止国王变成倒行逆施的暴君。可是在宫廷中，直言不讳很少见。宫廷不乏阴谋诡计、危机四伏的坏名声，廷臣则成了“致命威胁”的代名词。1537 年 7 月，约翰·胡斯（John Husee）[①] 在写给莱尔子爵夫人的信中提到，“想必夫人心里也很清楚，王庭充斥着傲慢、嫉妒、愤怒、蔑视、不屑和嘲弄”。亨利的亲戚枢机主教波尔 [②] 曾经发问：“会有谁愿意当着君主的面，指出他犯下的错呢？即便真有这种忠臣，又会有哪一位君主愿意听取逆耳的忠言呢？”怀亚特曾经对他的朋友波因茨说，在王庭中的惯常做法是，将黑鸦比作天鹅，将雄狮比作懦夫；将阿谀奉承当作巧言善辩；将残忍对待视为伸张正义。亨利的王庭中有不少廷臣要的是怀亚特口中的这些伎俩。“我就扮演一个幸福的廷臣就好了”，托马斯·赖奥思利（Thomas Wriothesley）在信中告诉怀亚特，而他不久后就会背叛怀亚特。

1519 年，亨利声称，“就算我们现在支持某人，也可以随时支

① 约翰·胡斯是一位伦敦的商人，他在莱尔子爵亚瑟·金雀花担任加莱总督期间成为子爵在英格兰的代理人，负责处理各种商业事务；1540 年，子爵因受到叛国罪的指控而被逮捕，当局没收了胡斯与子爵及子爵夫人的往来信件共515封，而这些信件则因此作为“莱尔书信”的一部分进入了国家档案馆，存世至今，成为珍贵的史料。

② 枢机主教雷金纳德·波尔的祖母伊迪丝是玛格丽特·博福特（亨利八世的祖母）同母异父的姐姐，而他的母亲玛格丽特·波尔则是约克的伊丽莎白（亨利八世的母亲）的堂妹。

持另一个人……一切全凭我们的意愿定夺”。难以揣测的圣意令群臣加入了争宠的行列。亨利曾夸口说，能够分辨出哪些是忠臣，哪些是奸臣，而实际上他却在自我欺骗，就像在许多其他事情上表现出来的那样。渐渐地，亨利变得焦躁，缺乏安全感而且反复无常，他被王庭束缚，还可能被身边日夜相伴的自己亲手提拔起来的亲信利用。国王是宫廷的轴心，亨利这种矛盾的性格令这一轴心摇摆不定，对宫廷生活产生了各种不良影响。任何一位国王都有可能被臣下的巧舌如簧改变心意，亨利尤其容易偏听偏信。“只要向亨利国王搬弄一下是非，他马上就被牵着鼻子走了”，在向知情人了解情况之后，教会史学家、殉教研究者约翰·福克斯（John Foxe）直言道。不管是过去，还是在都铎时代，英格兰的臣民，无论男女，都会为了家庭、亲族的利益，想要成为王庭的成员。除去只招募男性成员的枢密室，进入王庭并非男性特权，任何女性只要出身高贵，野心十足，也能被王庭接纳，她们追寻的目标与男性廷臣也十分相似：为了扩大影响力、建立社会关系、带亲属一起高升。尔虞我诈、阴谋暗算渐渐成了宫廷生活的主旋律，女性也会像男性一样卷入其中。尽管家庭荣誉和晋升仍然是宫廷斗争的核心，但曾挂在他们嘴边最抽象的概念也不过是“善治”，而今时已不同于往日。

引导国王是忠诚的大臣应尽的职责，但若是与国王的意愿唱反调，或是试图颠覆王庭，则相当于玩弄阴谋，是叛国的举动。这是王庭内反对国政的人时常出现的问题，而为了避开叛国罪的指控，他们会在幕后弄奸耍滑。这样的政治环境为派系的滋生提供了肥沃的土壤。在英格兰与在古罗马一样，派系含有诽谤中伤的意思：某个团体会被与之敌对的团体称为派系，而团体的内部成员则认为相互之间情同手足。不同派系的争夺目标是在国王面前的话语权，这样才有可能赢得国王的赏识、重用；此后，无论是劝说国王支持或反对某项政策，还是请求国王恩赏派系的追随者，就都不在话下。他们等待时机，争取国王的信任，或是想方设法让敌对派系失宠，好取而代之。王庭的政治体制具有明显的个人色彩，所以派系也以个人为中心。真正凝聚派系的不是统一的纲领，而是成员间互利互惠的承诺，所以一旦成员失去了共同的利益基础，友谊便难以为继，派系也就会烟消云散。

王庭之外的城民怀疑，国王是那个与世俗隔绝的小世界里的囚徒。1536 年，伊斯特本的堂区神父在教堂的院子散步时说："奸佞得势，举办宴会，奉上美酒，让国王醉生梦死，然后将法令拿到他的面前，请他签字。"民众乐于用这样的猜测去解释令他们感到愤懑的剧变。然而，他们完全想错了。亨利八世是铁了心地要亲自掌权，不容他人越俎代庖。当然，君主是不会有错的，亨利极度自以为是，无论是因为自己失误而犯错，还是引起了本来可能避免的事端，他一定会找臣仆当替罪羊的。亨利很清楚自己要什么，尽管有时候不确定具体实现方法是什么，却从未因阻力大而知难而退。亨利经常会被蒙在鼓里，上当受骗，但纸终究包不住火，一旦得知真相，他会当机立断，采取行动。国王很快就认识到，他的周围总会充满阴谋诡计，他的廷臣时刻准备中伤敌手。只要亨利愿意出手，就能保护在斗争中处于劣势的一方，也能帮助那些遭到排挤，无法来到他面前为自己辩护的臣仆化险为夷。1543 年，亨利将克兰默大主教从加德纳主教精心策划的阴谋中解救出来，并警告他：如果遭到逮捕，他的敌人就会找人作伪证，让他丢掉大主教的牧座。而此时宫廷政治已经发生了本质上的变化。

1527 年 11 月，为了款待法国大使，英格兰王庭上演了一场拉丁语的戏剧。剧中角色包括以见习修士的形象登场的“宗教”“教会”“真理”，以及以波希米亚贵妇[1]形象登场的“异端”“虚假的解释”“对基督教经典的曲解”。还有演员扮演“异端路德”和他违反教规的妻子（路德曾经是一个神父，而他的妻子曾经是修道院的修女）。该剧的主题是枢机主教沃尔西营救了身陷囹圄的教皇，又拯救了即将崩溃的教会，还守护住了天主教的正统教义，令其免遭异端的侵害。这几乎是最后一次得到普遍赞许的天主教演出，因为一种全新的宗教流入英格兰王庭，并深刻改变了宫廷生活。此后，宫廷中的男男女女并不只是争权夺势，还会为了宗教事业发生矛盾。同年 11 月，一位王庭的约曼传唤卫士因犯下异端罪而被迫公开忏悔。而此时在英格兰王庭，还有一位成员也受到了福音派改革思想熏陶的，她的影响力绝非传唤卫士能比，因为她已经能够让国王对自己言听计从了——她就是安妮·博林。

1522 年年初，安妮返回英格兰，之前她曾在欧洲最奢华的王庭担任地位极其重要的侍女[2]。加入亨利八世的王庭后，安妮成为凯瑟琳王后的侍女，令无数人倾倒。安妮有魅力、举止文雅、才思敏捷，而且意志坚定，野心强，与亨利棋逢对手。安妮收到过一本乐谱，其中的一页上有幅插画，描绘了一只正在啄食石榴的猎鹰。猎鹰是安妮的纹章，石榴是格拉纳达产的，其为凯瑟琳的纹章。石榴象征着儿孙满堂，而凯瑟琳也的确像石榴预言的那样，为亨利生下了许多儿女，但王子都不幸夭折。1527 年复活节，亨利按捺不住

---

① 波希米亚是胡斯派异端运动的摇篮。

② 安妮·博林是亨利之妹玛丽的侍女，在玛丽嫁给路易十二时加入法国王庭，之后又担任法国王后克洛德的侍女长达七年之久。

爱慕之情，请求安妮（像她的姐姐玛丽那样）做自己的情妇，但安妮寸步不让，声称自己必须成为亨利的王后才行。在一本泥金装饰的祈祷书上耶稣忧患之子图画下方，亨利写下了这样的话语：

> 我对你真心实意
> 至死不渝的亨利国王。

安妮的回答是：

> 与我朝夕相处，你便会发现
> 我柔情似水，爱意绵绵。

不仅如此，就连书写答复的位置，也令安妮费尽了心机——祈祷书上有一幅图画描绘了大天使加百列向圣母马利亚报喜，告之她即将诞下一子，而安妮的回答刚好位于图画下方，其中隐含的承诺不言自明。尽管双方的承诺都未能兑现，但自1527年起，她对国王的影响力似乎已经不可动摇。凡是与她作对的人，都会成为国王的敌人；对她友善的人，都会成为国王的挚友。

亨利八世的统治与所罗门王十分相似，初期都十分顺利。1534年前后，荷尔拜因为亨利画了幅肖像，将他描绘为所罗门，正在接受代表英格兰教会的希巴女王的致敬。王座上方有这样一句话："上帝是应当称颂的；上帝爱陛下，让陛下坐上王座，成为由上帝推举的国王。"亨利喜欢以笃信上帝的君王自居，而且在公平正义和才智胆略上乐于和所罗门王比较。亨利得意忘形，忘了所罗门王朝终究是走了下坡路；然而，他自己的统治很快也出现了问题，令他如梦初醒。伊拉斯谟在《基督教君王教育手册》(*The Education of a Christian Prince*) 中指出："暴君才会说'朕意已决''依朕命行事'这等话……真正的君主绝不会这么想的。"沃尔西记得有一次他为了"劝说国王陛下不要一意孤行，只顾满足自己的欲望"，在枢密室中一连跪了几个钟头，但亨利仍然我行我素，"即便可能失去半壁江山"，也不愿放弃原有的想法。亨利是一个有权势且意志坚定的国王，能够将自己的良知强加于人，作为人们必须遵守的原则，不仅限制臣民的自由，还束缚他们的灵魂，从而让个人良知站在了基督教世界的对立面。

王权至尊

为了解释宗教改革为何令英格兰的宗教生活和教会的权力结构发生了重大变革，改革的反对者声称，"也许我们应当把这场灾难看作一场因婚姻而起的悲剧"。16 世纪 20 年代是福音派改革思想在英格兰传播的第一个十年，这十年也是亨利八世因"头等大事"，即令自己良心不安的问题而一筹莫展的十年。他发疯似的想稳住王位，渐渐把自己逼到了孤注一掷的境地，想尽办法要摆脱无法为自己生育子嗣的王后。由于天主教会对婚姻的规定，亨利的问题不可避免地变成了神学问题。他之所以能够娶阿拉贡的凯瑟琳，完全是因为教皇颁布了赦免令，让他可以绕过教会禁止男性教徒与兄弟的遗孀结婚的禁令。在子女接二连三地夭折之后，亨利开始怀疑自己受到了上帝的审判，于是开始探寻遭此惩罚的原因。最后，他终于在《旧约圣经》中找到了似乎有道理的答案——《利未记》(Leviticus) 第 18 章第 16 节、第 20 章第 21 节。它们分别说的是：

“不可露你弟兄妻子的裸体……”，以及“人若娶弟兄之妻……二人必无子女”。凯瑟琳坚称自己从未与亚瑟发生过关系，亨利却不相信她的辩解。想要打破僵局，必须请现任教皇废除前任教皇颁发的赦免令。如果能证明尤利乌斯二世的赦免令法理依据不足再好不过，而枢机主教沃尔西承认，法理依据不足的确是赦免令的漏洞所在。然而，仅从法律角度解决问题远远不够。在亨利看来，与凯瑟琳成婚违反了上帝神圣的律法，既触怒了上帝，也令自己良心难安。他在《利未记》中找到了支持自己观点的论据，除此之外不愿接受其他解释。

亨利坚持原则，指出任何一位教皇都不能否定《圣经》中的圣言。这无异于挑战教皇的权威。沃尔西连连进谏，希望他不要如此激进地解决问题，却没有起到任何效果。离婚是不可能的，于是亨利开始暗地里策划应当如何终止与凯瑟琳的婚姻关系，甚至连凯瑟琳本人都一无所知。1527 年 5 月 17 日，沃尔西以教廷使节的身份设立秘密法庭，传唤国王到庭，要求他为自己与凯瑟琳的乱伦生活辩护。然而，亨利和沃尔西突然收手，庭辩不了了之。如果说这是因为他俩失去了进行下去的勇气，那么还算是意料之中的情况，因为按照教会法的规定，让亨利与凯瑟琳离婚很难，相当于在挑战教廷的权威，不论从外交上还是从政治上看，都是极不明智的，因为在那年的 5 月，神圣罗马帝国的军队洗劫了罗马，教皇实际上已经成了皇帝的俘虏，而皇帝是凯瑟琳的侄子。而这个时候，亨利决定亲自掌控婚姻的方向，从此再也没有把这份权力交给他人。

亨利对这段婚姻“良心上的顾虑”是足够真诚的，然而，当他被安妮・博林迷住之后，却迫不及待地想要尽快与第一任王后离婚。亨利天生容易受他人影响，这个时候安妮对他的影响更是显得非同寻常。安妮致力于推进福音派改革，这是她的独特之处。旅居法国期间，年轻的她就已经深受基督教人文主义思潮的影响，提出要让教众读一读本国语言版《圣经》，让教会回归到真正传播基督教信仰的圣所。获得国王的好感后，她趁势推进了宗教改革，保护俗世的福音派教友。流亡国外的西蒙·菲什（Simon Fish）[①]得知，如果能将自己编写的反教权主义小册子《乞丐的祈求》（*A Supplication for the Beggars*）送给安妮，一定能讨得她的欢心，事实上也的确如此。她不仅支持传阅廷代尔遭封禁的英译本《新约圣经》[②]，还会在国王面前为那些因持有、发放这本禁书而受到迫害的人求情。恰巧在福音主义新信仰最需要保护的时候，安妮·博林挺身而出，自愿护卫福音派。改革的思想一旦渗入社会各个角落，信徒就渐渐地对教会看似坚不可摧的权威产生了怀疑，任何想要扑灭改革的企图注定无功而返。不少人指责，就因为安妮令亨利着迷，才引发了英格兰的宗教改革，这个观点看似荒唐，实际上也并非全无道理。

1529 年 6 月 18 日，由教廷使节主持的法庭在伦敦黑衣修士修道院开庭[③]。其任务是就亨利与凯瑟琳的婚姻做出判决。凯瑟琳王

① 西蒙·菲什（1531年去世）是宗教改革的坚定支持者，他不仅传播威廉·廷代尔翻译的《新约圣经》，还撰写了立场极为激进的反教权主义宣传册《乞丐的祈求》，在文章中指责天主教会犯下了谋杀、叛国等严重罪行。

② 安妮不仅自己阅读廷代尔翻译的《新约圣经》，还把它放在房间内，供手下的侍女取阅。

③ 按照教皇的命令，法庭由两位枢机主教主持，他们分别是亨利的亲信沃尔西，以及从意大利赶来的坎佩焦。沃尔西信心满满，认为法庭一定会废除亨利与凯瑟琳的婚姻关系，但坎佩焦却不断设置障碍，不仅姗姗来迟，到达英格兰之后，更是在审理过程中处处作梗，最终导致法庭在7月被迫休庭。

后亲自到庭，当着国王与法官的面为婚姻辩护，称自己不应遭到抛弃，丧失王后的尊严。凯瑟琳宣称，只有罗马教廷才有权裁定她与亨利到底是不是合法夫妻，并当庭将案件正式上诉至教廷。以费希尔主教为首的主要神职人员站在凯瑟琳一方，支持她申诉。庭审陷入政治和法律的泥潭，不得不在 7 月末宣告休庭。亨利本打算催促教皇匆匆做出对自己有利的裁决，结果被罗马教廷传唤，此时他就像是普通诉讼人，让教会的最高法院来审理自己的案件，而在那里很有可能做出对他不利的判决。

1529 年秋，亨利决定采取更激进的策略。此时，安妮向亨利推荐了廷代尔的《基督徒的服从》(*The Obedience of a Christian Man*，1528 年出版)，对一位正在与教皇斗争，还被枢机主教[①]阻挠的国王来说，廷代尔的论点教会不仅令上帝的承诺变成空话，还篡夺了君主的统治权很有说服力。1529 年 10 月，在与神圣罗马帝国的大使交谈时，亨利提出了激进的宗教观点。亨利指出，路德声讨教士阶层的罪行和腐化是正确的，如果路德没有对七大圣事提出疑问，亨利就不会反对他，反而会力挺他。自此之后，亨利只承认教士阶层有赦免俗众罪孽的权力。早在 1515 年亨利就声称，“除了上帝，历代英格兰国王从来都没有承认过其他任何高于自己的权威”。亨利开始针对教会采取行动，踏上了宗教改革的不归路。

1529 年教廷使节法庭不仅没能宣告亨利与凯瑟琳的婚姻无效，更是让亨利被传唤到罗马接受审判，令他遭受奇耻大辱，由此可见枢机主教沃尔西倒台的必然结局。沃尔西再也无法给予亨利他想要的，失去了国王的恩宠。沃尔西的政敌多如牛毛，每个

---

① 即枢机主教坎佩焦。

人都等待着他下台。那些被他排挤了这么长时间，痛恨他狂妄自大的贵族近臣，现在都围了上来。1527 年，在沃尔西出使法国期间，贵族近臣趁机在国王面前“搬弄是非”，但沃尔西并没有因此倒台，而如果不是因为沃尔西与安妮为敌，称她为“半夜打鸣的鸡”，那么他很有可能再次化险为夷。据沃尔西的礼仪官回忆，安妮在用餐时与亨利谈起了国家政务：“陛下可要好好掂量一下，那位枢机主教给陛下和陛下的臣民惹了多少麻烦，带来了多少危险。”

“亲爱的，此话怎讲？”国王问道。

1529 年 10 月，沃尔西在御前会议的政敌准备好了各种针对他的指控，虽然罪名只能算是莫须有的，对英格兰教士阶层而言却是不祥的兆头，因为有一条控诉是，沃尔西身为教廷使节，行使权力时竟然有不当行为。国王并不愿意让沃尔西成为政治斗争的牺牲品，尽管在沃尔西看来，这样做与归还沃尔西被没收的全部财产，或者亨利承认自己错了相比要更容易些。亨利废除了沃尔西在御前会议的席位，剥夺了他大法官的职位，尽管差人送了一枚戒指给沃尔西，聊表安慰，事实却证明这样做无济于事[①]。遭到贬黜后，沃尔西乱中出错，与国王政敌密谋，先是与法国的弗朗索瓦一世串通一气，后又向神圣罗马帝国的皇帝抛出了橄榄枝，坐实了叛国罪的指控。1530 年 11 月，在从约克南下的途中，沃尔西因病去世[②]，这是他作为约克大主教首次居住在那里。沃尔西倒台后，王庭和御前

① 亨利赠送戒指的言外之意是，自己并没有真的抛弃沃尔西，所以沃尔西翘首以待，希望有朝一日，自己能够重返王庭，再次成为国王的左膀右臂。

② 沃尔西因遭到了叛国罪的指控，不得不南下前往伦敦，接受审判。

会议两派的对立程度达到了前所未有的高度；追随凯瑟琳王后的那一派看到，支持王后不仅可以稳保天主教传统信仰，还能利用贵族阶层的权势稳定国内局面，而另一边的激进派则鼓动国王不再向罗马教廷俯首称臣，将亨利与凯瑟琳的离婚看作一个新的起点，预料之后会发生更危险的革命事件。就在沃尔西任职大法官期间，亨利命《乌托邦》的作者托马斯·莫尔替换沃尔西，现在他要亲自来治理这个被他激进批评的社会了。莫尔决定绝不染指国王的“头等大事”，他预感到亨利与罗马教廷的斗争不会有好结果，他仍然希望能够避免与英格兰教会发生冲突，在形势变得无可救药之前制止异端思想的传播。

1529 年年底议会的召开，让推行改革，纠正弊端有了希望，但问题在于，各派系抱有的希望各不相同。在本届议会的代表中，出现了反对国王意愿的团体，他们发誓要捍卫凯瑟琳王后，其危险程度与叛国罪仅一步之遥。托马斯·莫尔推行改革的目的是为了让议会通过制止异端传播的新法令。其他的团体想要通过本次议会改革其他方面的弊端：“教士阶层的罪行”。由于长久以来，律师一直对教会法的精神审判职能留心提防，所以在教会看来，一旦伦敦的律师、市民开始对下议院发挥较大的影响力，就会对他们极为不利。那些想要推行改革的团体希望看到具体行动，而议会颁布的法令作为成文法规，是促使当局采取实际行动的唯一途径。英格兰反教权主义思潮高涨，批判教会的议员有备而来。他们不仅憎恶教士阶层滥用特权，横征暴敛，还害怕这些既扮演指控者，又担任法官的教士会不受限制地随意传唤俗众前往教会法庭接受审判，对其处以刑罚。下议院要求推行教士阶层改革的请愿得到受理，转而形成一系列议会法案，规定应当革除请愿中提到的弊端，具体措施包括：限制教士为他人祈祷时收取的费用，限制教士担任世俗官职，禁止买卖圣职，禁止履行牧灵职责的神父领有多份圣俸（一人多俸），规定神父必须前往圣俸所在地履行牧灵职责。上述措施虽然不是根本举措，没有对教会精神权威的本质造成威胁，但在有先见之明的教会捍卫者看来，这仍然预示着未来情势会更加凶险。费希尔主教甚至将下议院比作波希米亚王国的胡斯派异端。胆敢批评教士阶层的人，会沾染上异端罪的嫌疑，随着异端思想的不断扩散，大法官及各教区的主教一次次地发动反异端运动，打击不愿悔罪的异端。

亨利没有领导反教权主义运动，却从这场斗争中得出了自己的结论。经历了数月的拉锯战，众人皆知凯瑟琳的支持者无法令亨利的良心有任何动摇，但是，应当如何废除与凯瑟琳的婚姻关系仍是一个悬而未决的问题。1530 年秋，破局之路找到了。亨利宣称，在英格兰王国里他可以自称皇帝、教皇。这样一来，“头等大事”无须罗马教廷插手，可以在英格兰王国内部，遵照国王的权威迎刃而解。这也就意味着，亨利宣称王权至尊之后，自己作为英格兰国王，对英格兰教会就能拥有绝对权力。在推出这一兼具王权、教权两大权威的主张的过程中，亨利就像是一个学生，研读了大量记载着史上（真实性有待商榷的）王权至尊先例的手稿。爱德华·福克斯（Edward Foxe）、约翰·斯托克斯利（John Stokesley）为了向王权至尊的国王地位提供理论依据，汇编了包括法律判例、编年史、基督教经典、早期教父的论点、教会大公会议的决议在内的海量证据和资料（亨利论功行赏，分别任命两人为赫里福德主教、伦敦主教），编成了一部《提供充分依据的证据集》（*Collectanea satis copiosa*）。亨利在该证据集的页边空白处写下了“*Ubi hic?*”(这一段话引自何处？)、“*Hic est vera*”(这句是真理）之类的批注[①]。此时，亨利更加确信了英格兰有史以来就是一座帝国，现在依旧如此，作为国王，无论是对国内世俗事务，还是对宗教事务，都拥有最高的管辖审判权（*regnum*、*sacerdotum*)。1530 年 10 月，亨利说服自己相信了，王室权威使他有权阻止本国臣民向国外的权威申诉。有一帮学者早在亨利之前就提出了这些论点，甚至可以认为这些论点是他们为亨利量身定制的，对其中一些人来说，解除国王的离婚危机不仅是颠覆教会权威的手段，还是推行宗教、社会改革的途径。在这个过程中，默默无闻的托马斯·克兰默离开了剑桥大学，在 1531 年成为最受国王信赖的近臣，从保守的人文主义学者变成了路德福音主义思想的捍卫者。当时有一位律师，曾服侍过沃尔西，当其他追随者树倒猢狲散时，他仍然忠心耿耿。1530 年春，他被带进亨利国王的宫廷做了一名侍从，同年年底进入御前会议。他就是托马斯·克伦威尔，而他进入国王的顾问团意义重大。

克伦威尔善于创新，看好改革后的英格兰共同体，他说服亨利采取了一些较为激进的政策。后来，枢机主教波尔指出，克伦威尔与亨利达成了默契，承诺让亨利成为英格兰有史以来最有权势的国王，而他开出了两个条件：王权的强大必须以削弱教士阶层为代价，教会的财富应当拿来资助改革。这只是波尔想当然的分析，说到底克伦威尔也只是国王的臣仆。然而，我们也必须认识到，克伦威尔的影响力不容小觑，凭一己之力就引导国王打破

① 这两句话都是拉丁文。历史学家一共在手稿上发现46处亨利的亲笔批注，可见他仔细阅读了该证据集中列出的种种论点。

了僵局。1517 年，克伦威尔在前往罗马觐见教皇的途中将《新约圣经》熟记于心，并在拜访教廷，觐见教皇时引经据典，从而成为当时的风云人物。克伦威尔早先结交的不少朋友都是福音派的头面人物，他们有男有女，都算得上英格兰宗教改革的急先锋，对克伦威尔来说，认识他们也是极为危险的事情。这时，克伦威尔决定利用自己全新的影响力来推动福音派的事业，这也正是他本人想要实现的远大目标。从 1533 年开始，克伦威尔与克兰默建立了亲密的战友关系。

亨利虽然坚信英格兰是一个帝国，自己是帝国的皇帝，却仍然焦虑不安，不知如何将理论转化为政治现实。他无法摆脱臣仆拥护教皇、王后对抗自己的恐惧。托马斯·莫尔仍然有可能击败托马斯·克伦威尔，让国王从良心上听从保守派的意见，凯瑟琳王后更是拥有大量位高权重的响应者。许多女性臣民因国王想要断绝与凯瑟琳的夫妻关系而义愤填膺。1531 年，威尼斯驻英格兰大使听到了一则令人难以置信的传闻：上千名伦敦女性居民围堵了安妮·博林位于泰晤士河边，用来与亨利国王幽会的爱巢，想要抓住她给她点颜色看看。有“肯特的圣女”之名的修女伊丽莎白·巴顿声称自己看到了圣母马利亚显圣，据此预言如果亨利继续与安妮行苟且之事，必会祸国殃民。在议会中，约翰·费希尔主教仍然力挺凯瑟琳王后。1531 年 1 月，改革派首次发动了直接针对英格兰教会的攻击，控诉教士犯下了蔑视王权罪（具体指控他们无视王法，主张教皇对英格兰拥有司法管辖权），以便击垮教士阶层对改革的反对意志，危急关头费希尔坚定了教士阶层抗争到底的决心。虽然教士阶层承认国王是英格兰教会的领袖，费希尔却败中求胜，在确立国王教会领袖地位的法令中添加了“在基督律法的允许范围之内”这条扭转乾坤的规定，也就是说，与费希尔意见相同的人可以按照自己对法令的理解，否认亨利是教会的领袖。之后，费希尔呼吁天主教国家发动圣战——1533 年 9 月，他敦促神圣罗马帝国皇帝入侵英格兰，并罢黜亨利国王，声称这场圣战会和对土耳其的战争一样，获得上帝的赞许。英格兰学识最渊博、严守宗教戒律、圣名无出其右的主教成了与国王做对的叛徒。究竟怎么会落到如此境地？

虽然直到 1532 年年初，亨利也没有做好支持分裂教会的准备，克伦威尔却找到了逐步实现王权至尊的途径，将其看作促使英格兰与罗马教廷决裂的手段。克伦威尔计划让议会立法，赋予王权至尊、国家主权神圣不可侵犯的特性，即便无法争取到全体臣民的赞同，至少也要制造获得广泛赞同的假象。1532 年 1 月，亨利再次召开议会，克伦威尔煽风点火，蓄意加深下议院对教士阶层的敌意。3 月 18 日，下议院向国王呈交了针对教会官员的请愿。请愿包含九条指控，其中大部分针对性强，将教会法庭的司法权，以及教会法体系的种种弊端作为攻击目标。教会对异端的审判愈加严酷，就连社会地位高的俗众也难以自保，这让英格兰人长久以来对教士阶层审判异端的权力的恐惧加剧了。亨利国王铁了心要惩治教士阶层。1532 年复活节，方济各会英格兰分会的威廉·皮托（William Peto）前往格林尼治警告亨利，“所有臣民，不管是出身高贵，还是地位卑微，都在议论这件事”，所以如果亨利与安妮成婚，他就会像圣经中的暴君亚哈（Ahab）那样，被野狗噬肉饮血。亨利一向以《旧约圣经》中的贤君自比，皮托却将他比作亚哈那样的暴君，更是坚定了亨利严惩教士阶层的决心。亨利的意图传达给了下议院议长，要求他们不要听取教士阶层对请愿的回应，随后的口信更是带有威胁性："我认为他们的回应无法令你们满意……[①]"

5 月 10 日，亨利要求教会宣布放弃在未获得国王许可的情况下立法的权力。他的心情不妙。亨利在接见下议院的代表团时声称，自己曾经以为"英格兰的教士阶层对我们毫无二心"，现如今恍然大悟，"他们其实心怀不轨，压根就不配做我的臣民"。1532 年 5 月 15 日，英格兰教会丧失了一切特权。次日，教会召开会议，同意教士阶层归顺王权，放弃一切在未获得国王许可的情况下出台教规的权力。伦敦此时出现了自杀潮，臣民纷纷认为这是不祥的预兆，"未来必定凶险万分"。托马斯・莫尔辞去大法官职位，他在政治斗争中败下阵来，决心从此往后保持沉默，再也不去"钻研尘世的权谋，更不会掺和权力纷争"。然而，无论是在他的著作中，还是在其与流亡的保守派的书信往来中，莫尔证明自己仍然愿意保护教会免遭异端的攻击。莫尔交出国玺，亨利向他承诺永远不会"让任何人搅扰自己的判断，也不会因什么人丧失自己的良知"，但即便亨利有心兑现承诺，后续的事态发展注定了这句承诺会成为空话。莫尔的沉默代表了他反对所有推进宗教改革的新举措的良知，引得整个欧洲将目光聚焦在了他的身上。

王室婚姻关系解除之后，就像普通夫妻离婚后那样，双方亲属、朋友相互之间的忠诚很快会荡然无存。1532 年 4 月，萨福克公爵夫人，国王的妹妹恶语中伤诺福克公爵的外甥女安妮，令诺福克公爵的随从与萨福克公爵的随从在威斯敏斯特庇护圣所发生械

① 在经历了复活节期间的修会之后，教会将对下议院请愿的答复呈交给了亨利。虽然答复很有可能满足下议院的诉求，但亨利却在召见下议院议长，转交答复时说出了这一席话，明确要求下议院拒绝教会的答复。

斗，最终导致萨福克公爵的一名随从被杀身亡[1]。包括诺福克公爵夫人伊丽莎白（她与丈夫的关系冷淡）、埃克塞特侯爵夫人格特鲁德、索尔兹伯里伯爵夫人玛格丽特在内，许多贵族女性都公开支持凯瑟琳和她的女儿玛丽。她们全都有“王室血脉”，是约克王朝的后代、亨利的表亲，令她们的不忠行为显得更加危险。亨利自以为是，认为自己遭到了无端的指责，变得愤愤不平，渐渐失去了宽容之心。蒙塔古勋爵（Lord Montague）回忆道，“亨利进入寝宫时满脸怒容，像是要寻衅打架一样”。托马斯·霍华德勋爵认为，国王“天性使然，即便是曾经的密友，只要惹恼了他，就再也别想重新得宠”。

1532 年 10 月，亨利携安妮前往法国[2]，令终结与凯瑟琳的婚姻成了当务之急。法国之旅是两人迟来的婚前蜜月（从法国返回英格兰后，两人从多佛尔北上，花了 10 天才到达位于埃尔瑟姆的宫殿[3]），安妮很快就有了身孕。沃勒姆大主教坚决反对亨利离婚，他的去世为克兰默得以接受祝圣，成为坎特伯雷大主教，以及亨利于 1533 年 1 月底与安妮举行婚礼扫清了道路。实际上，两人很有可能在刚从加莱返回英格兰之后，就于 11 月中旬秘密举行了婚礼。然而，这并不是得到上天祝福的婚姻，而安妮也并没有做上多久

① 死者是威廉·彭宁顿爵士，而行凶者则是诺福克公爵的追随者理查德·索思韦尔。事发后，萨福克公爵誓要报仇雪恨，声称“哪怕是在国王的寝宫，是在教堂的祭坛旁，也要手刃索思韦尔”。亨利派克伦威尔出面调停，最终在索思韦尔缴纳了1 000镑的巨额罚金后，事件才算告一段落。

② 在此之前，亨利刚刚将安妮封为彭布罗克女侯爵，而此行的主要目的则是，说服法国国王弗朗索瓦一世，让他承认安妮的地位。

③ 两地间的距离仅有100公里。

“天下最幸福的新娘”。

接下来，议会通过了一个又一个改革法案，最终在 1534 年 1 月通过了意义重大的《至尊法案》(Act of Supremacy)，一方面将英格兰教会从天主教世界中剥离了出来，一方面又承认国王是教会的至高领袖，甚至有权确定教义。《至尊法案》赋予了亨利前所未有的权力，就连路德都觉得有违常理。尽管《至尊法案》是议会制定的，但法律的起草人坚称，议会只是表述了无法回避的历史真理。《限制上诉权法案》(Act in Restraint of Appeals) 是第一部具有革命性意义的改革法案，按照起草者的说法，此法案是根据“多得数不清的历史和编年史”编写而成的。安妮·博林于 1533 年 1 月嫁给亨利，在同年 9 月产下伊丽莎白公主，所以亨利必须确立新的王位继承顺序，剥夺长女玛丽公主的继承权[①]。上议院和下议院都出现了反对新法案的声音。赛恩修道院的神父在乔治·思罗克莫顿爵士（Sir George Throckmorton）前来忏悔时出言相劝，要他誓死抵制反对教皇的立法，否则“就得在末日审判时为自己的重罪辩护”[②]。然而，广大英格兰臣民选择接受新法案是出于新的而且可怕的理由。

“人世无常，祸从口出，稍有不慎便被视为叛国”，蒙塔古勋爵嗟叹不已。1534 年颁布的《叛国法案》(Treason Act) 是一部“管制不当言论的法律”，王权至尊的反对者会因为表达异议而被

① 本次确定王位继承顺序的法案为第一次《继承法案》；按照该法案的规定，伊丽莎白公主变成了王位的继承人，而凯瑟琳王后为亨利生下的女儿则被定为私生女，失去了继承权。

② 举行忏悔圣事的神父是布里奇特会的修士理查德·雷诺兹；他因拒不发誓遵守《至尊法案》于1535年5月在伦敦被处以极刑。

处以极刑。按照《叛国法案》规定，臣民以异端、分裂教会者、暴君、异教徒、篡位者等言语攻击国王等同于犯下叛国罪。《叛国法案》的第一批受害者是肯特的圣女及其追随者①。执刑的当天，也就是 4 月 20 日，亨利要求所有臣民必须立下誓言，支持新的王位继承顺序，此举第一次将订立承诺的宗教手段用作测试臣民忠心与否的政治考验。所有臣民都立下了誓言，就连莫尔的弄臣也不例外②。只有莫尔一人拒不立誓。因拂逆亨利而被关入伦敦塔后，莫尔一边思考最后的四件大事③，一边撰写关于耶稣受难、大灾难④的文章。莫尔从囚室的窗口看到伦敦加尔都西会修道院的院长、修士离开伦敦塔，“作为基督新郎”⑤，前往泰伯恩刑场受刑殉教。加尔都西会的修士拒不立誓承认王权至尊，因为他们不能否定教皇的权威，这样做就等于是在否认基督托付给圣彼得的重任。一年后，莫尔也前往刑场引颈受戮，虽然亨利国王判他犯了叛国罪，但在被亨利分裂的天主教教会看来，他却是一位不折不扣的殉教者。

① 与她一起被处死的还有她的五位主要支持者，包括两位本笃会的修士、一位神父、两位方济各会的托钵修士。

② 在16世纪的英格兰，无论是王庭，还是达官贵人的宅邸，都有设立弄臣一职的习惯，就连托马斯·莫尔也不能免俗。

③ 按照基督教的末世论，最后的四件大事分别是死亡、审判、天堂、地狱。

④ 耶稣在“橄榄山讲论”中提到过大灾难，指出它是预示着世界末日的信号。

⑤ 院长、修士一行前往刑场时，莫尔热泪盈眶，对来到伦敦塔探监的女儿玛格丽特说：“快看，梅格（玛格丽特的昵称），他们慷慨赴死，兴高采烈，没有露出一丝怯意，就像是去参加婚礼一样。”

* * *

“只有上帝知道，这场灾难何时才能结束”，1534 年 7 月，一个英格兰人在写给友人的信中哀叹道。亨利坚称，自己虽然与罗马教廷决裂，却从未想要遵从“路德派”教义，更没有打算“触动七大圣事”。建立王权至尊之后，他开始宣扬真正的宗教信仰，认为信仰上帝不仅是一种权利，也是一种义务。《至尊法案》宣称其目标是，“增添基督宗教的美德”和压制教会的不端行为。作为教会的至高领袖，国王有权决定什么样的宗教是基督的宗教，何种行为是不端的行为。自 16 世纪 30 年代中期开始，亨利宣称已经为英格兰教会在天主教传统教义与福音派创新教义之间找到了平衡，为此心满意足。这不是权宜之策，而是亨利孜孜不倦地思索了一番神学问题之后得出的结论。这样，英格兰教会就能在遵循福音派以基督教经典为准的同时，保留天主教的七大圣事；能够在破除迷信的同时，遵循传统的天主教礼拜制度；能够在废除偶像崇拜的同时，适当地使用圣像。而在幕后，不仅国王与英格兰教会的主教激烈交锋，就连各教区的主教之间也争执不休，涌现出了五花八门的宗教构想，正如教会所预料的那样，这波争执令神职人员、堂区信众惊惶失措。亨利本人开始不愿相信炼狱方面的教义，怀疑圣秩圣事、傅油圣事的合理性，甚至对忏悔圣事满腹狐疑，导致天主教传统教义失去了立足英格兰的基础。然而，由于国王否定了路德派的“信圣言者即得义”的核心教义，也就没有其他可替代的教义供英格兰教众获得救赎所用了。国王的本意也许是在两种教义之间寻求一条中间路线，通过“折中的、不偏不倚的、正确的、道德的途径”来获得救赎，但是这么做却令他的臣民、教众不明所以，而他自己也朝令夕改，易受人左右，根本无法把控改革的节奏。

当局找来了传教士颂扬王权至尊的理念。以休·拉蒂默、爱德华·克罗姆（Edward Crome）、约翰·贝尔（John Bale）、罗伯特·巴恩斯（Robert Barnes）为代表，诸多福音派传教士的布道在过去被严厉谴责，现在却负责谴责教皇僭越权限的罪行。针对教皇（如今称之为“罗马主教”）的传道运动造成的后果令亨利意想不到。福音派认为，教皇的权威只是一种人类的传统，其他的天主教教义都是“人类想当然”的结果，而并非来自《圣经》这一信仰的唯一准绳。一些福音派传教士借由新的自由谴责“罗马主教及其追随者”，继而否定炼狱的存在和圣徒为信徒代祷的能力。极个别激进的人士甚至质疑弥撒的本质。尽管亨利国王仍然坚称自己信奉天主教的正统教义，但他的王权至尊还是充当了传播福音派教义的工具。

“新生传教士”传道时充满激情，能够激起听者强烈的反响。笃信天主教的信徒既憎恨他们，同时又害怕他们的影响力。“那帮传教士”以福音的传播者自居，却“并非真的在传播福音，而是新教派的信仰。他们虽自称基督的子民，实际上却是魔鬼的孩子”——一位堂区神父义愤填膺地说道。哈维奇堂区的神父奉行保守的天主教教义，他在1535年抱怨道，“如今教众已经不愿相信……教会派出的牧灵使者，而一旦有标新立异的家伙冒出来，给他们讲新奇的故事，他们很快就会信任他。”许多地方出现了宣扬福音派教义的改革派教士与坚守天主教教义的保守派教士激烈对抗的情况。1533年年底，一封从伦敦寄往加莱的信件中出现了这样一段话：“现在，伦敦城的传教士多如牛毛，侍奉的还都不是同一个主子；许多人认为拉蒂默妖言惑众，但同样也有不少人认为他句句在理。”传教士引发了前所未有的乱局，令“我们产生意见分歧，引发骚动”，威胁到了整个社会秩序。“我们已经沦为魔鬼的臣民”。传教士传播的信息多种多样，令人疑惑，挑起更多人违抗权威，还导致人们宗教观上出现分歧。1536年夏，托马斯·斯塔基（Thomas Starkey）[①]警示世人，“蔑视炼狱只是一个开头，教众已渐渐地无视地狱、天堂的存在，不再相信在另一个世界会获得幸福。”

王庭是宗教分歧的重灾区，没有任何其他地方能够与之相比。1536年6月15日，英格兰王庭为庆祝基督圣体圣血节进行游行，其间举行了隆重的弥撒，彰显基督教共同体的团结一致，亨利公开亮相，参加了庆祝活动。安妮王后没有露面，早在近一个月前她就已经命丧黄泉。此时陪伴在亨利身边的是他的第三任王后简·西摩（Jane Seymour）。安妮为了当王后冒了不小的风险，等到她如愿以偿，便甘愿冒更大的风险。王后安妮在朝中树立了自己的派系，她的弟弟罗奇福德勋爵就是枢密室的一员副官。安妮建立派系的主要目的是为了应对宗教问题，而宗教领域是“安妮派”集中展现影响力的地方。“哪些人一到望弥撒的时候就会用手紧紧地捂着嘴巴，一言不发呢？”曾经有人向一位传教士发问，他的回答是，“你说的肯定是王宫中的某些贵人”——这些贵人正是安妮的朋友。安妮决心传播福音，并且按照福音派的构想对英格兰共同体加以改革。然而，安妮打错了算盘。后宫干政是会遭到国王反对的，这下子也激怒了国王。1536年4月2日，也就是耶稣受难日当天，安妮的施赈官约翰·斯基普（John Skip）在王庭布道，明眼人一看便知，幕后主使就是安妮。斯基普将《旧约

① 托马斯·斯塔基（约1495—1538），英格兰政治理论家、人文主义学者。

圣经》中亚哈随鲁（Ahasuerus）国王的故事作为布道的主题，讲述了他是如何听信奸臣哈曼的谗言，不听所爱的“善良女子”的恳求，想要剥夺王国境内所有犹太人的公民权的。亨利的廷臣个个熟读圣经，每个人都很清楚这篇布道想要传达的信息：安妮是善良的以斯帖（Esther）王后，竭尽所能地提醒亨利不要被克伦威尔承诺的无穷财富的花言巧语所欺骗。实际上，这些财富是没收来的教会财产，不会用在救济穷人上面，而是会拿来修建宫殿、发动战争①。斯基普在讲道时还告诫全体廷臣不要忘了，所罗门王的统治之所以后来日渐衰颓，是因为女色的迷惑影响了他的判断力，就在此时，自诩智慧可比所罗门王的亨利已经在动心思，要另立第三位王后了。

为了迎娶安妮，亨利不惜与罗马教廷决裂，抛弃了第一任王后（许多英格兰人认为，这一切皆因安妮而起）；如此大费周章之后，亨利又厌倦了安妮。1536 年 1 月，在得知阿拉贡的凯瑟琳的死讯后，二人高兴得跳起了舞，但他们的美好时光并没维持多久。1 月 29 日，安妮突然流产，不仅失去了也许能救她一命的王子，还失去了国王的宠爱。安妮在王庭的政敌不少，他们在宗教信仰方面也与她为敌，趁着安妮流产，这帮人为国王寻到了一位符合自身利益的王后人选简・西摩（亨利从未按照自己的意愿挑

① 克伦威尔本是安妮・博林的政治盟友。议会在1536年3月18日通过了《英格兰小型修道院解散法案》，规定所有年收入低于200镑的修道院都应当解散，并且进一步规定，修道院在解散后，名下的全部财产均应归国王所有。安妮认为，修道院的财产不应归国王随意支配，而是应当用于慈善事业，与主张国王应当获取全部收益的克伦威尔发生了激烈冲突，从此反目成仇。

选过王后）。他们训练西摩学着自我克制，表现出逆来顺受的样子，那样，领教过安妮刚烈性格的亨利就会大喜过望。面对国王感情上的背叛，以及保守派集团针对自己的阴谋，安妮也进行过抗争，却未能说服那些同样信仰福音派教义的重臣都站到自己这一边。1536 年 3 月底，克伦威尔对神圣罗马帝国的大使说，安妮曾经是自己的庇护人，现在却巴不得国王尽快将他斩首示众。如果安妮能够活命，克伦威尔会凶多吉少，可要是安妮死了，他的前景也还是不妙，因为此时王庭的保守派已经结了盟，决心阻挠他的改革，当然也会要把他一并铲除。克伦威尔不顾共同的宗教信仰，也不管改革英格兰共同体的共同理想，策划了都铎时代最精妙、致命的宫廷阴谋，与保守派暂时结盟，除掉了安妮及其盟友。克伦威尔必须保证在除掉安妮一派的同时，能够让自己摆脱不利的境地，长久地保住改革的成果。那么他到底是怎样做到的呢？4 月 30 日，一位宫廷乐师遭到逮捕并受到酷刑折磨，此刻，悲剧的大幕猛地拉开了。

安妮不仅是国王的配偶，更是英格兰王庭的王后。按照骑士精神及宫廷爱情的习俗，王后必须集万千优点于一身，她应该是最难以企及、最值得被真心爱慕并获得忠诚的侍奉。然而，宫廷爱情也有可能唤来真爱，令包括嫉妒、背叛、睚眦必报在内的各种因爱而起的祸端尾随而至。宫廷爱情是一场游戏，也有相应的规则，但安妮完全不按套路出牌。宫廷情侣会吟诗歌颂自己的爱人，安妮却嗤笑国王写给她的情诗。她将国王在龙榻上与自己交欢时的表现拿来与弟弟罗奇福德勋爵开起了玩笑，要么称赞亨利如何威猛，要么嘲笑他如何萎靡不振。虽然这样的言语肯定极不明智，但这能与叛国罪画上等号吗？更危险的是，安妮挑逗亨利的净手侍从[①]亨利·诺里斯（Henry Norris），拿他对自己的爱慕之情开起了玩笑："你是想接死人的班吧。"获得王后的同意后，与她同床共枕虽然是极其愚蠢的行为，却算不上叛国；而王后与他人通奸则是叛国，因为这是对王室的诋毁。此外，按照"管制不当言语的法案"，无论何人传播关于国王的流言蜚语，就等于犯下了叛国罪，哪怕是王后和她的秘密情人也不例外。只要证明王后犯了叛国罪，不仅她本人，就连她所有的朋友也会跟着一起遭殃，而那位宫廷乐师为克伦威尔提供了突破口，让他得偿所愿，坐实了安妮的罪行[②]。

五朔节的骑士比武结束后，亨利逮捕了安妮和她所谓的几个情人，把他们关进了伦敦塔。5 月 8 日，托马斯·怀亚特受到牵连，与受到指控的这些人关到了一起。安妮王后说道，说不定他们"可以写出点儿像样的情歌了"。在安妮·博林成为王后之前，怀亚特与她关系亲密，以至于令他遭到了怀疑。怀亚特写了一首十四行诗——"有人要打猎吗？我来告诉他牝鹿的去向！"（Whoso list to hunt, I know where is an hind），其中动情地表达了隐秘的、不求回报的爱恋，让

① 净手侍从是国王最贴身的廷臣，职责为伺候国王出恭。由于职责的特殊性，净手侍从全都是极受国王信任的心腹，在王庭内极受尊敬，任何人都要在他面前退让三分。

② 这名乐师名叫马克·斯米顿。在1536年五朔节之前的那个周六，安妮发现斯米顿郁郁寡欢，便上前询问他为何满脸愁容。在交谈了几句之后，安妮说道："你可不要以为我会向对待贵族那样与你攀谈，因为你只是一个身份低微的仆人。"斯米顿的回答是："是的，我清楚得很，只要能看到您的面容我就心满意足了，请容我告辞。"接到告密者的报告，得知谈话的内容后，克伦威尔逮捕了斯米顿，施以酷刑，最终屈打成招，迫使他承认了与安妮通奸的罪行。

人体会到了梦中情人是国王中意的女人的绝望心情[①]。亨利顺水推舟地听信了谗言，确认王后与自己的廷臣通奸。亨利顾影自怜，为此写了一幕悲剧，声称安妮暗地里有上百号情人。安妮很有可能用情专一，只爱亨利一个，但一旦被关进伦敦塔，面对各种伪证的攻击，她却百口莫辩，只能沦为政治斗争的牺牲品。5 月 17 日，罗奇福德子爵、亨利·诺里斯、弗朗西斯·韦斯顿（Francis Weston）、威廉·布里尔顿（William Brereton）、马克·斯米顿（Mark Smeaton）走向刑场，引颈受戮[②]。据说在第二天，就是在安妮受刑的前一天，凯瑟琳王后坟墓的烛火自发地燃了起来。怀亚特站在囚室的窗边向外望，目睹了王后和友人受刑的场景，为他们写下了墓志铭：

腥风血雨的日子令我肝肠寸断；
我的欲望、青春从此一去不复返，
我再也不会为了追名逐利而横冲直撞；
爬得越高，跌得越惨：
这条真理就像雷云一般，环绕王座，轰鸣不止。

怀亚特逃过一劫；弗朗西斯·布赖恩爵士也受到传唤，“以表忠心”，虽然处境足以令任何臣民胆战心惊，但也同样大难不死。

① 在这首诗中，怀亚特用狩猎牝鹿暗喻追求女性。全诗大意为：诗人愿意告诉任何想要狩猎的人哪里可以找到牝鹿，因为诗人本人已经筋疲力尽，不愿再继续毫无希望的追逐；那么这头牝鹿为什么是可望而不可即的呢？因为它早已被凯撒（暗指亨利八世）看上，容不得他人横刀夺爱。

② 弗朗西斯·韦斯顿、威廉·布里尔顿均为枢密室的侍从官，而马克·斯米顿则是宫廷乐师。

亨利统治时期的政治斗争残酷无情，保守派刚刚摧毁安妮派，便遭到重大打击，几乎全军覆没。安妮的敌人因试图恢复玛丽女爵[①]的王位继承权而受到指控，而这的确没有冤枉她们。玛丽在长达数年的时间里拒不接受父亲的要求[②]，可是为了保全支持者的性命，她承认母亲凯瑟琳与亨利之间的婚姻无效，而自己只是亨利的私生女。简·西摩嫁给亨利后，于 1537 年 10 月 12 日生下爱德华王子，让亨利拥有了梦寐以求的男性继承人。与许多都铎时代的女性一样，简在分娩之后也患了“产褥热”，不久便撒手归西。王庭的保守派自此黯然失色，虽然保存了一定的实力，但离崩溃也不远了。

每一个英格兰人都相信，人世间只有一种真正的信仰，也只有一个普世教会，这个教会拥有确立宗教真理的绝对话语权，但人们就到底哪一个教会才是这个普世教会无法达成一致。莫尔曾经写道，“我之所以会与廷代尔”争论不休，不是“为了别的，而是为了确定到底哪一个教会才是真正的教会”。当时的英格兰，宗教改革如火如荼，宗教分裂似乎不可避免，因为当时的信徒都认为，任何其他教会的信徒都是自己所在教会的敌人，也就是异端、企图分裂教会的罪人。争议是改革的必然产物，甚至有可能是实现大善之前必须容忍的小恶。伊拉斯谟曾经希望，信仰与仁慈能够消除信徒间的宗教分歧，但实际上很难维持教会的统一。拉蒂默告诫福音派的兄弟，“缄口不语……只会令真理蒙尘”。想要调和不同信仰之间

---

① 玛丽被剥夺继承权后，失去了公主的称号，只能使用“女爵”（Lady）的头衔。

② 玛丽既不承认安妮是亨利的王后，也不认可伊丽莎白的公主地位，令亨利龙颜大怒；由于父女关系极度恶化，玛丽曾经有三年时间与亨利形同陌路，没有说过一句话。

的差异，就必须拥有超乎寻常的决心，正如有人认为枢机主教波尔做到的那样[①]，又像莫尔在生命的最后时刻领悟到的那样，认识到“即便是异端，他们的观点也不一定全是歪理邪说”。英格兰与罗马教廷的决裂，进一步加深了不同宗派实现和解的难度。

* * *

宗教问题有可能引发暴力事件，甚至成为内战的导火索。加莱是英格兰在法国最后的桥头堡，1538 年，年逾花甲的总督莱尔勋爵整整一年惶惶不可终日，就连睡觉时也披盔戴甲，生怕有宗派突然起事，与其他宗派暴力相向。当亨利与克伦威尔推行改革，进入政治的全新未知领域时，他们时刻警惕，防止国内发生由保守派贵族、教士发动的叛乱，这些国内的反对派能够得到外援——神圣罗马帝国的皇帝得到了教皇的许可，随时有可能派遣十字军入侵英格兰。有密报称忏悔室变成了“密谋叛国者的枢密室”，神父在主持忏悔圣事时告诫信徒要坚持信仰，甚至建议他们进行反抗。贵族阶层本就诸多原因而对王权的扩张不满，所以宗教问题很有可能令他们公然对抗国王。1534 年年末，赫西勋爵、达西勋爵密会神圣罗马帝国的大使，一方面呼吁帝国的皇帝“替上帝行道”，向反抗亨利的势力提供援助，一方面又许诺会“动员”英格兰北方居民揭竿而起，誓死保卫教会。后来，密谋的确发展成了叛乱，但是叛乱

① 托马斯·斯塔基在其著作《波尔与勒普塞特的对话录》中认为，“即便是异端的追随者，他的观点也并不一定全都是异端的歪理邪说”这句话最早由波尔提出。

不仅没有按照他们所规划的方式发生，而且令传统宗教发生了极大的变化，情势远远比所想象的糟。

1536 年年初，克伦威尔以“英格兰令人憎恨的修道士，以及应当进行的改革”为主题编写了一份备忘录。在为枢机主教沃尔西做事时，克伦威尔曾经参与过解散修道院的工作，解散了一批因规模太小或不配以修道院自居的宗教机构，把从中得来的钱财拿去建立学院[①]。一直以来，他都将这段经历铭记在心。1535 年，国王将克伦威尔任命为在俗国王的宗教代理人，让他在教会中的地位超过福音派盟友坎特伯雷大主教克兰默。此时的克伦威尔权势大涨，足以大力推行教会改革了。他成立了专事委员会，在英格兰各地调查修道院财富的多寡，了解总体状况。修道院成了亨利宗教狂热的新目标，它们恰巧又是英格兰王国最富有的“特许经营组织”。修道院的捍卫者自认为了解克伦威尔的动机，指出“那个溜须拍马的奸佞号称能让亨利成为基督教世界最有钱的君主”，他们将亨利解散修道院的行为与尼布甲尼撒（Nebuchadnezzar）摧毁耶路撒冷的暴行相提并论。委员会特使为控诉修士做了准备，而他们断言“修士何止犯下了七宗罪，即便列出 70 万宗不可饶恕的罪孽也难尽其详”，更是令福音派成员欢欣鼓舞。即便是在宽容大度的旁观者看来，修道院的生活也差强人意，与其说修士沉浸在精神满足之中，不如说他们一个个神情麻木，得过且过。无论是在英格兰，还是在

① 沃尔西使用教廷使节的权力在英格兰解散了30座修道院，使用这些修道院的财富在伊普斯维奇建立文法学校，并且创办了牛津大学的枢机主教学院（即现代的基督教堂学院；沃尔西倒台后，亨利将该学院更名为亨利八世学院，之后又在与罗马教廷决裂之后再次更名，称其为基督教堂学院）。

爱尔兰，刻苦修道的宗教生活通常都是经历过改革的托钵修会的专利。同样地，在英格兰和爱尔兰的历史上从未发生过这种一国之君亵渎神圣修道院的事件。

1536 年，议会通过了《英格兰小型修道院解散法案》(Act for the Suppression of the Lesser Monasteries in England；小型修道院指年收入不到 200 镑的修道院，英格兰有 372 座，威尔士有 27 座)。许多拥有数百年历史，从制度上讲能够永续长存的修道院面临被解散的威胁。原则上讲,《英格兰小型修道院解散法案》没有将隐修制度本身当作攻击目标，否则就不会有多达 1/4 的修道院获得延期解散的许可，也不会允许修士前往大修道院继续修道生活了。然而，绝望的情绪仍旧弥漫在英格兰各地修道院中，灭顶之灾已经近在眼前，大修道院也肯定无法逃脱与小修道院一样的命运。罗伯特·阿斯克（Robert Aske）是隐修制度的捍卫者，在被判叛国罪，求生无望之后，用感人肺腑的语言为修道院进行了辩护："只要修道院尚在，广大教众就可以一直寻求庇护，不仅能让身体得到休息，还能为自己的灵魂找到避难所"；如果修道院不复存在，那么"上帝就会失去大批忠诚的仆从……基督教信仰必会大为削弱，信众的灵魂也会失去慰藉"。无论修道之人的个人生活如何与隐修生活的戒律背道而驰，他们作为一个整体，仍然是基督徒理想生活的代表，是"精神生活"在尘世中的体现。他们的首要任务是祈祷，为灵魂祈祷，在一个坚信祈祷能够让逝者的灵魂早日得到救赎的社会里祈祷。"修道院在英格兰的诸多美景中占有一席之地"，它们是见证历史的古老地标，但马上就要遭到劫掠，变成一片废墟。

1536 年夏，亨利首次使用自己作为教会至高领袖获得的新权力，他重新定义了教义，令许多臣民认为天主教信仰本身受到了威胁。1536 年 7 月，亨利颁布了《十条信纲》(Ten Articles)，虽然他的本意是结束不同宗派因教义分歧而产生的混乱，却适得其反，在之后相当长的一段时期内，令各堂区的日常宗教生活充满了不确定性。《十条信纲》规定，生者仍然可以为逝者祈祷，但添加了限制性条规，即基督教经典中并没有提到过所谓的炼狱，更没有所谓在炼狱中洗罪的痛苦；圣徒的圣像仍能保有，但信徒在敬奉圣像时，“必须以上帝的名义，将上帝作为唯一的崇拜对象”；无论是敬奉圣徒，还是为死者祈祷，都不再属于获得救赎的必要条件。更令人感到不祥的是，《十条信纲》仅认可了三种圣事。英格兰北方居民人人自危：“朋友，你还没看明白吗？七大圣事中已经有四项遭到禁止，过不了多久，另外三种圣事也肯定会遭禁；到那时，对神圣教会的信仰就会被彻底压制。”颁布《十条信纲》后，亨利马上又出台了针对教士阶层的禁令。对传统宗教习俗接二连三的攻击展现出了政府最具破坏性的一面。很快，就有流言说，不仅堂区教堂马上就要遭到拆毁，数代信众捐献的财富也将成为他人的囊中之物，而等开始解散修道院时，之前那些流言蜚语似乎得到了印证。

10 月 1 日，林肯郡劳斯堂区的居民在银质十字架的引导下聚众游行。游行途中有人高喊：“伙计们，快站起来吧，今天，就让我们跟随十字架的引导前进吧！只有天晓得，我们将来还有没有机会追随它！”没过几天，起义者的人数就增长到了 1 万；“起义者所到之处，民众纷纷加入。”接下来，英格兰发生了“有史以来最危险的叛乱”；1536 年秋到 1537 年冬，北方先后有六个郡爆发了叛乱，“所有英勇的北方人都参与了进来”，这支大军气势难挡，即使开战，就算王室的军队也无法镇压。林肯郡的起义是普通民众自发的抗议活动，其诱因是对政府宗教政策心存不满的教士阶层从中煽动。然而，由于时机并不成熟，叛军内部利益诉求存在差异的不同团体很快就起了内讧。

“什么，他们在林肯郡起事了？”达西勋爵问道。以达西勋爵为首的几位北方贵族都认为，“如果不奋起抗争，宗教问题就永远别想得到修复”。林肯郡爆发第一次起义后不到一周，一场迄今为止更为连贯的运动开始了，这就是求恩巡礼事件。领导者罗伯特·阿斯克既有远见又有政治头脑，他利用英格兰北方社会对现状的不满，将起义者团结起来共同对抗来自南方的宗教创新，这些创新都是由国王身边的异端“奸臣”所设计的。尽管求恩巡礼在实现狭隘的宗教目的的同时，也不可避免地涉及了经济、社会、政治，但只有捍卫“遭受重创，处处受限的”神圣教会，才能将如此多的团体团结起来，让他们加入这场声势浩大的示威，并在经过漫长的历史积淀之后，令这次起义披上一层神秘的光环。

“愿上帝与他们同在，”阿斯克说道，“他们是朝圣者，眼前是漫漫的朝圣之路。”求恩巡礼简直就像是一场十字军圣战。朝圣者昂首阔步，引吭高歌——

十字架上的耶稣！
你血淋淋的伤口
是我们平民前进的向导！
这就是我们的朝圣之路

他们把印有耶稣五处伤痕的旗帜、印有圣卡斯伯特（St

Cuthbert)[①] 圣像的旗帜当作护身符，在耶稣和圣徒的保护下浩荡前行。朝圣者将保卫正统宗教作为自己犯上作乱正名的理由，而支持叛乱的教士则声称，如果他们在叛乱中丧命，就一定可以直接升入天堂。诚然，必须要有人想出约束参与者的誓言[②]，创作激励人心的歌谣，制作成千上万件显示参与者身份的旗帜、徽章，但这并不会影响朝圣者坚定的信仰。诚然，人们会因失去修道院而悲伤，这不仅仅是由于他们失去了修道院的精神庇护，还因为他们害怕南方的地主阶层乘虚而入，担心新的秩序会在北方生根发芽，危及“悠久古老的习俗”。尽管如此，求恩巡礼事件的发展过程证明了阿斯克所言非虚，国王解散修道院的政策的确是引爆起义的首要原因。“我们宁可战斗至死，也绝不允许他人拆毁圣阿加莎修道院”，里士满郡的居民立下如此誓言。在北方，共有 55 座修道院被解散，而叛乱发生后，修士得以回到其中的 16 座修道院，在求恩巡礼队伍控制北方的那段时间，重新过上修道院生活。巡礼遭到镇压后，亨利将重返修道院的修士、托钵修士视为“诱使俗众犯罪的恶徒”，命人用锁链将他们全部绞死。

尽管亨利派出诺福克公爵、萨福克公爵、什鲁斯伯里伯爵率大军北上，但真正镇压求恩巡礼的并不是国王的军队。编年史家声称当时大雨滂沱，河水泛滥，阻止了一场血腥战斗，实际上却

① 圣卡斯伯特不仅位列英格兰北部最重要的圣人，更是诺森布里亚的主保圣人。

② 誓言由罗伯特·阿斯克制定，大体内容为：所有巡礼的参与者都必须以维护正统信仰为目的，并且忠于国王，将诛佞臣，清君侧视为己任；所有参与者都不得将巡礼当作实现私利的手段，亦不得公报私仇；所有参与者都必须捍卫教会，将异端视为死敌。

是编年史家掩盖了国王与叛军交涉的耻辱。亨利派出枢密室的侍从官为使节，要求阿斯克前往伦敦觐见国王。阿斯克如约南下，而亨利则“和颜悦色，好言相劝”。由于朝圣者不仅立下了保卫神圣教会的誓言，还发誓要效忠国王，所以起义没多久就因为自相矛盾的理念而分崩离析。虽然朝圣者打出了服从国王的旗号，亨利却恼羞成怒，事实证明，叛乱者守护神圣教会士兵[①]的誓言也许更有约束力。“老汤姆”[②]达西勋爵为都铎王朝尽忠近50年，是一位劳苦功高的老臣，但他不愿交出阿斯克，声称自己已经宣示向他效忠，“如果一个人连自己的誓言都无法遵守，那么他与禽兽又有什么区别呢？”朝圣者还有一位地位更高的效忠对象；他们“必须遵从天堂的国王，即便是与20位（人世间的）国王作对，也在所不惜”。

叛军坚称，“现在前进，否则追悔莫及”，他们的确有先见之明。很快，叛乱遭到了镇压，神圣教会“一蹶不振”。后来，有不少英格兰人因为没有与朝圣者并肩作战而追悔莫及；尽管一直有人危言耸听，警告“小心点，第三次叛乱就要来了”，但求恩巡礼却是英格兰历史上最后一次以保卫教会及古老宗教习俗为目的的大规模抗议活动，如果取得胜利，也许真的能令英格兰宗教改革的进程戛然而止。此后，但凡有人回忆起英格兰人当初对天主教

---

① 按照天主教的神学理论，教会分为三个部分，分别是：战斗的教会，指所有作为基督的士兵，在人世间与罪孽、魔鬼斗争的基督徒；赎罪的教会，指所有在炼狱中赎罪的基督徒；胜利的教会，指所有达到荣福直观，升入天堂的基督徒。

② 达西勋爵的名字是托马斯·达西，他是亨利七世时代的老臣，在求恩巡礼事件发生时已经年近七旬。

会是如何忠心耿耿，想要弄明白为什么广大教众没有拼尽全力保护教会，那么多半是因为他们回想起了功败垂成的求恩巡礼队伍。亨利将求恩巡礼称作一场“悲剧”，说的是北方贵族：他们参与叛乱，失去了高贵的身份。然而，对另外一批人来说这场运动也足够令人感到悲哀：那些割断绞索，为爱人收尸的坎伯兰寡妇们；生活腐化，不值得教众为他们牺牲，却因失去了修道院而颠沛流离的修士；那些已成废墟，矗立在风雨之中的修道院；甚至还有福音派的成员，他们原本想要用修道院的不义之财构建英格兰共同体，而不是让国王和他的亲信中饱私囊。大修道院也难逃解散，被世人遗忘的噩运。改革派仅用了八年时间，就关闭了英格兰、威尔士境内所有的修道院、修女院、托钵修会修道院，只有爱尔兰的修道院幸免于难。北方贵族阶层为向天主教会尽忠而付出了沉重的代价，权势尽失。广大臣民虽然害怕国王推行更加激进的改革，却无能为力。难道真的没有人能够阻挡异端狂潮吗？

* * *

福音派成员清楚，自己占据上风的时间有限，所以必须抓紧向大众传播福音，确保福音能深入人心，不可磨灭，并向偶像崇拜和迷信开战。不久之前还被视为异端的思想现在成了全国臣民都必须遵守的新的正统教义，但这套正统教义陷入了腹背受敌的境地：一方面受到狂热改革派的挑战，他们认为应当彻底净化教会，推翻天主教的基本教义；一方面又受到保守派的攻击，他们仍在等待时机，想要恢复传统的宗教习俗。真心敬奉上帝和虚情假意地礼拜上帝的区别一直以来都是相对的。福音派指出，当局采取的措施自相矛盾：议会通过了解散修道院的法案，而教会仍然保留着有关炼狱的教义，实在是“毫无慈悲之心，残忍至极”①。他们认为，必须让教众了解基督教的真理，令他们确信自己的灵魂一定可以得到救赎。亨利国王以《旧约圣经》中净化臣民信仰的贤君自比，却没有意识到，约西亚（Josiah）② 破除的偶像全都是异教的偶像，而他推倒的偶像则都是为广大教众所熟知的，代表着天主教悠久的传统、当前的权威的圣像。在保守派看来，这位曾经以“信仰守护者”自诩的国王如今已经变成了不折不扣的“信仰毁灭者”。

统治阶层曾经是传统信仰的守护者，但是在破除偶像战争爆发后，他们却成了传统信仰的毁灭者。尽管他们的首要目的是向教众灌输合乎基督教经典的信仰，但他们通常都会表现出异乎寻常的破坏倾向。1538 年，英格兰爆发了圣像破坏运动，其目的是破坏误导信徒虚假崇拜，并混淆虚假奇迹和真实奇迹的偶像。圣像破坏者从各地的圣祠掠走最著名、最华美的圣像，把它们运往伦敦，嘲笑它们是“一堆令人发笑的破烂”，在羞辱后把它们付之一炬。博克斯利修道院有一尊耶稣在十字架上受难的雕像，据说能够展现神迹，与祈祷者交谈，因而获得了“恩典受难像”的美称，但这尊耶稣像其实是一个由绳子操控的牵线木偶。拉蒂默和克伦威尔将圣像破坏变成了打破旧习的狂欢节，令信众大为光火。一则古老的预

---

① 修道院的主要职责是为信徒的灵魂祈祷，减少他们在炼狱中受苦受难的时间，所以如果只是解散了修道院，但却保留炼狱的概念，就无异于增加了信徒的灵魂在炼狱中遭受煎熬的时间，不仅自相矛盾，而且十分残忍。

② 约西亚是古代南犹大王国的君主；他曾经在国内推行宗教改革，破除异教偶像。

言指出，德费尔·戈达恩（Dderfel Gadarn）[①]这位“伟大的威尔士之神”，他的圣像有朝一日会让森林燃烧；1538 年 5 月的一天，这则预言可怕地实现了：在拉蒂默的讲道声中，犯有叛国罪的托钵修士福雷斯特（Forest）被处以火刑，而所用的薪柴正是德费尔·戈达恩的圣像[②]。此类仪式不仅骇人听闻，更具有颠覆性：天主教徒向“恩典受难像”祈祷，是为了确保自己能够获得上帝的恩典；天主教徒崇拜戈达恩，是因为他们相信，这位圣徒能够从地狱中解救被诅咒的灵魂。所有的圣像都没能回应改革派的挑战，没能展现神迹，逃脱被毁坏的命运。

改革派委员前往各地，除了要收缴“误人的”圣像、圣物，查封圣祠，还要记录信众对这些事物抱有的“一厢情愿的依赖感”。前往特伦特河畔的伯顿的委员不仅收缴了圣莫德温的圣像，还将与它一起的红色奶牛雕像、牧杖送往伦敦，当地女性认为只要在临盆时借来奶牛雕像和牧杖，就能缓解分娩的疼痛。前往伯克郡搜查卡弗舍姆圣祠的委员汇报，他们找到了一根绳索，据称是犹大自杀时所用的绞索的一截，还发现了一个只有一片翅膀的天使，其为卡弗舍姆送来了当地最为珍贵的圣物——曾经刺穿救世主侧腹的长矛的矛头。遭到搜查后，卡弗舍姆失去了这件不知在圣祠内保存了多长时间的圣物，以及它的超凡神力了，其他地区的圣祠同样也失去了被信徒视为珍宝的圣物。此外，委员们还记下了在圣祠中发现的信

① 德费尔·戈达恩是6世纪的修士，他名字的意思是“强壮而勇敢的”；有传说认为，他曾经是亚瑟王手下的武士；尽管他并不是教廷册封的圣徒，但在威尔士境内的兰坦南姆，教徒仍然把他视为圣徒。

② 福雷斯特（Forest）在英语中意为森林，所以可以将用德费尔·戈达恩的圣像烧死福雷斯特理解为预言得到了证实。

徒为祈求保佑而供献的供品记录。委员愤世嫉俗的态度与普通信众淳朴的虔诚形成了鲜明的对比，信众失去圣物之后，渐渐地丧失了对它们的信仰。在绝大多数地区，信众只能眼睁睁地看着圣祠遭到委员的亵渎；在某些地区，因为害怕遭到抵抗，委员只得趁夜行动，与没有得到政府授权，偷偷摸摸行动的圣像破坏者并无二致。尽管改革派可以焚烧木刻圣像，凿毁石雕圣像，他们却无法抹去信徒心中的圣母马利亚怀抱圣婴的形象，那些坚决不妥协的狂热改革派厉声指责心里牵挂偶像的信众。从《圣经》上一定可以读出，上帝是超自然的魂灵，要在精神上礼拜上帝，信仰这一真理就是信仰上帝。

改革派企图用以“圣言”为基础的理念取代天主教眼见为实的宗教理念。廷代尔曾经向一位博学的天主教徒承诺，“如果上帝能让我多活几年……我就能让耕地的村童比你多读一些经典。”[①] 流亡国外后，廷代尔经历了万千挫折，在他遭到背叛时，几乎完成了《旧约圣经》和《新约圣经》的英文翻译。1536 年 10 月，廷代尔在安特卫普为改革派的信仰献出了生命[②]，此后不久，首次得到官方认可的英文版《圣经》在英格兰出版。书中绝大部分的译文使用了廷代尔的原译，为英格兰宗教和英语这门语言留下了宝贵的研究

① 1521年，廷代尔离开剑桥大学，进入约翰·沃尔什爵士的府邸，成为他的专职教士。沃尔什爵士经常设宴款待住在附近的神职人员，给了廷代尔充足的机会，可以与天主教的神职人员交谈。通过交谈，廷代尔发现，天主教的神职人员虽然自视甚高，但实际上却完全没有掌握《圣经》讲述的真理，令他深感震惊，经常与他们发生论战。文中的这句话就是他用来驳斥天主教神职人员的话语。

② 刽子手将廷代尔绑到火刑柱上，先把他勒死，然后焚烧了他的尸体。

史料。1538 年，亨利颁布了禁止敬奉圣物的禁令，其中规定，所有教堂必须摆放英文版《圣经》。禁令刚生效时，摆放在教堂中的《圣经》很少有人翻看，渐渐积起了灰尘，在教众看来，这些书无法弥补失去圣像、圣祠所造成的损失。禁令迫使英格兰人失去了数不清的，象征着肉眼不可见世界的圣物，更是夺走了贫苦英格兰人借以慰藉的美好事物。对平民而言，宗教艺术通常是他们唯一有可能享受的艺术。然而，作为精美艺术品的圣物遭到破坏固然令人痛心，而更加难以抚平的伤痛却是，圣物所象征的天主教信仰遭到了毁灭性的打击。破坏圣物是亵渎神圣的行为，无论在现世，还是在来世，都会威胁到信徒借助圣物向上帝求情、请求上帝的原谅、获得心灵慰藉的目的，令许多基督徒因丧失精神归宿而茫然无措。无论何人，只要目睹了改革派的破坏行动，感觉自己无力劝阻，就会意识到教义的改变已经覆水难收了。

福音派为广大教众争取到了阅读基督教经典英语译本的权利，但大胜反倒为福音派敲响了灭亡的丧钟。改革派内部出现了分裂，反过来威胁到了既有的改革成果。妄图继续推进改革的狂热分子不顾一切地破坏圣像，挑战无论是对天主教信仰，还是对福音派教义来说，都最为神圣的神迹。廷代尔曾经警告约翰·弗里思（John Frith）[①]，虽然未能说服弗里思，却算是有先见之明："你要尽可能地避免争议，不要发表质疑圣餐会变成基督圣体的言论，否则会令我们发生内部分裂。"福音派与天主教徒之间存在不可逾越的鸿沟，就连福音派内部也难以形成统一意见，而在感

① 约翰·弗里思（1503—1533），福音派的教士，因发表否定炼狱及圣餐变体论的言论而被当局逮捕，于1533年被处以火刑。

受到改革出现极端主义倾向后，天主教徒的反抗变得越来越坚定。被“新”信仰渗透的每个社区都会发生内部纷争，克伦威尔每天都会收到来自全国各地关于这些动乱的急报，而他则试图防止国王得知真相。

国王一旦意识到自己所不能容忍的极端教义在教会蔓延开来，那么他就会叫停改革。而最不能为亨利容忍的当属攻击弥撒的教义。1538 年年底，当局颁布了一份旨在压制激进思想的公告，明眼人一看便知这是国王的手笔，尤其是在对抗拒者的严苛惩罚方面。公告规定，不学无术者不得随意讨论“神圣的、受上帝祝福的圣体圣事”，不得质疑该项圣事的神迹，否则就会被处死和没收财产；违反誓言结婚成家的神职人员会被免去圣职。一场新的宗教迫害浪潮开始了。亨利身穿正统神学守护者的白袍，亲自审判了约翰·兰伯特（John Lambert）：兰伯特质疑圣餐变体论，认为举行圣餐礼时基督的圣体不会降临人间。在立场较为温和的改革派同仁看来，他的激进思想会危及福音派的改革大计，因此告发了他。兰伯特因否认弥撒的神迹被判火刑，而克兰默大主教在几年之后也像兰伯特那样，开始质疑圣餐变体论。此时，英格兰的宗教改革遇到了十字路口。克伦威尔坚定地支持福音派，却无法为福音派提供有效的庇护，甚至自身难保。亨利对异端思想在国内疯传并引发亵渎神明的事件，以及新信仰产生的分歧感到震惊。1539 年年初，当他得知在克伦威尔和克兰默的庇护下，加莱已经成了“福音传播者”的飞地后，亨利的担忧化作了现实。诺福克公爵和加德纳主教作为保守派的领军人物，是克伦威尔的死敌，长期遭到王庭的排挤，这次回到了权力的中心后，他们决心消灭福音派政敌，扭转改革的方向。

* * *

1538 年年底，英格兰宗教改革的第一阶段接近尾声，而此时的英格兰在欧洲形单影只，面临前所未有的危险。此前哈布斯堡王朝与瓦卢瓦王朝在欧洲大陆龙争虎斗，所以无论是法国国王，还是神圣罗马帝国的皇帝，都需要与英格兰维持友好关系。然而，1538 年，这两个国家新的和平前景[①]令英格兰的处境实为不妙，正如托马斯·赖奥思利所说，“欧洲双雄张开了血盆大口，英格兰就像是一块碎肉，连塞牙缝都不够”。与罗马教廷决裂后，亨利国王成了异端，而英格兰则变成一个犯下分裂教会罪的国家，随时都有可能成为天主教十字军圣战的目标。亨利寝食不安，担心教廷马上就会召开大公会议，要求天主教国家出兵讨伐异端，迫使英格兰重新承认教皇的权威。神圣罗马帝国的皇帝、法国国王、苏格兰国王似乎已经结成了天主教联盟，蓄势待发，准备瓜分英格兰。亨利防患于未然，将在英格兰幸存的约克家族斩尽杀绝，把白玫瑰连根拔起。按照管制不当言语的《叛国法案》，很容易找到约克家族的成员犯下叛国罪的证据。求恩巡礼失败后，蒙塔古勋爵[②]痛心疾首地说，“达西勋爵真是愚蠢，光想着肃清议事会，不懂得擒贼先擒王的道理”。1537 年，枢机主教波尔担任教廷使节，劝说天主教国家发动针对英格兰的十字

---

① 1538年6月，法国与神圣罗马帝国结束了对意大利北部的争夺，签订了《尼斯条约》。

② 蒙塔古勋爵（亨利·波尔）的母亲是克拉伦斯公爵乔治·金雀花之女索尔兹伯里女伯爵玛格丽特·波尔，所以他是约克家族血脉的主要继承人。

军圣战，促使亨利将波尔家族赶尽杀绝。亨利还派遣怀亚特、布赖恩前往欧洲王庭，要求他们劫持甚至暗杀波尔，不过被波尔幸运地躲过。

1539 年，议会通过了严惩异端的《六条信纲法案》(Act of Six Articles)，即所谓的“加德纳福音”。该法案规定，否认圣餐变体论会被处以火刑，甚至连公开放弃异端思想的机会也没有。亨利从未将与罗马教廷决裂当作是终止宗教迫害的信号，但六年来，福音派基本上没有遭到迫害。除去约翰·兰伯特这个例外，他是全欧洲思想最为激进的异端，再洗礼派①的成员，最终被处以火刑。《六条信纲法案》颁布之后，许多福音派成员感到自身难保，开始流亡生活。天主教徒因为这部“血淋淋的法案”而欢欣鼓舞，期待着英格兰的教会回归天主教传统，但他们没能如愿以偿，因为福音派只是暂时在朝中失势，很快就东山再起了。即便是面对严酷的迫害，一些福音传播者也不愿意放弃传播福音的使命。1540 年大斋节期间，巴恩斯、加勒特、杰尔姆这三个福音派头面人物公开宣讲基督救赎受难的本质，并呼吁富人救助穷人。他们因公然挑战亨利的权威而招杀身之祸，就连克伦威尔也被牵连，保守派抓住他支持激进派的把柄，准备将这位权臣推向毁灭的深渊。

① 再洗礼派认为，信徒只有在真正了解信仰之后才能接受洗礼，所以不承认婴儿在出生时接受的洗礼圣事的效力，而是会在信徒获得信仰之后再次举行洗礼，因此被外人称为“再洗礼派”。绝大多数再洗礼派的成员都会严格执行“山上宝训”（基督徒言行及生活规范的准则），既不会向统治者效忠，也不会参军打仗，亦不会参与政务，所以站到了所有统治阶层的对立面上，无论是天主教当局，还是新教当局，都会将他们当作异端进行迫害。

克伦威尔曾微笑着坦言，如果自己的命运和前几位重臣一样，他会将一切托付给上帝。如今，他要像真正的基督徒那样接受考验。在朝中重新得势的保守派利用克伦威尔与国王日渐疏远的关系，向他的权威发起挑战。克伦威尔主动寻求与德国诸多路德派的亲王建立同盟关系，最终促成了亨利与克里维斯的安妮（Anne of Cleves）的婚事。1540 年 1 月，安妮成为亨利的第四任妻子，却未能讨得国王的欢心。亨利直言不讳，“同床共枕时，我怎么也不愿行男女之事”。安妮不可能为国王生下王位继承人，因为“我一点也不喜欢她”。1540 年从春到夏，英格兰的政局瞬息万变，亲历者也很难说得清事件的来龙去脉。权力之争输赢难定，谁也说不好到底是改革派能够乘胜追击，还是保守派会反败为胜。克伦威尔似乎更受国王的器重。他已身兼国王的宗教代理人、财政大臣、掌玺大臣三大要职，而在 4 月继续加官晋爵，不仅获封埃塞克斯伯爵，更是得到掌礼大臣之任，成了王庭首席理事官。到了 5 月，克伦威尔察觉到被保守派算计，于是先发制人，声称莱尔勋爵与枢机主教波尔狼狈为奸，勾结罗马教廷，把他关进了伦敦塔。但是没过多久，克伦威尔本人也遭到逮捕，被关在伦敦塔里，他既无法向国王进言，也无望接受同级官员的公平审理，被判有罪已成定局。对克伦威尔的指控名目繁多，如拥权自重、妄图叛国，而最致命的是异端罪的指控。一旦亨利听信谗言，断定克伦威尔责难了弥撒，哪怕实情并非如此，都会赐这位近臣一死。7 月 28 日，也就是亨利与第五任皇后凯瑟琳・霍华德（Catherine Howard）举办婚礼的当天，克伦威尔走向绞刑架接受处刑。克伦威尔这颗明星的陨落，以及王庭大婚都是霍华德家族精心算计的结果。两天后，亨利下令将福音派的巴恩斯、加勒特、杰尔姆处以火刑，另外还以叛国罪处死了三位保守派成员[①]，以此让英格兰人民见识到自己“不偏不倚、不徇私情”的宗教路线。

占据上风的保守派开始想方设法推翻宗教改革，而“克伦威尔派”担心福音马上会在英格兰销声匿迹。扳倒克伦威尔后，保守派马上开始了针对异端的大规模宗教审判。他们先要揪出改革派成员，对其进行迫害。然而，宗教审判的结果令保守派惊骇不已。据传，克伦威尔曾经夸下海口，称如果自己能再活一年，那么改革派就可以彻底地向英格兰人灌输福音派的改革思想，到那时，“就算国王想要根除福音派的思想，也会发现自己无能为力”[②]。同年夏，保守派的宗教迫害计划刚刚开始就草草收场，因为他们发现福音派人数众多，仅伦敦城就有 500 人被指证为福音派成员，而且其中不少人极具社会影响力，根本不可能把他们统统绳之以法。当时担任大法官的托马斯·莫尔曾经对威廉·罗珀说：

> 我们有些人好似坐在山巅的天神，将异端如蝼蚁一般碾于脚下，但愿我们将来不要为此后悔，在异端得势后才想明白，想当年要是与他们达成和解，让他们组建自己的教会，那么他们现在多半也与我们相安无事，让我们继续保有自己的教会……唉，我经常为此祈求上帝，希望事情不会发展到如此地步。

---

① 这三个人都是坚持天主教教义的神父，他们因拒不承认王权至尊而被判犯有叛国罪。

② 克伦威尔被捕后，保守派声称这是他在1539年（被捕前一年）说的话。

虽然令莫尔忧心忡忡的情况还没有发生，但福音派的思想观念、信条已经在英格兰生根发芽，并入侵了上层社会。如果要将福音派的新宗教斩草除根，就必须先找到切实可行的方法。

克兰默大主教低调行事，问道："此后，还会有人赢得国王的信任吗？"亨利准备亲理国政。克伦威尔后继无人。随着年龄的增长，习惯猜疑的亨利变得更加疑神疑鬼，以至于认为所有人都是奸佞之徒。亨利受到病痛的长期折磨①，变得性格暴躁，喜怒无常，为宫廷政治斗争提供了温床。克伦威尔之所以会倒台，是因为他在御前会议上寡不敌众，而他的倒台令御前会议一改在沃尔西、克伦威尔这两位权臣当政时期的颓势，再次作为贵族阶层的权力中心，成为中央政府强有力的执行机构。求恩巡礼引发的危机为御前会议的改组提供了契机，令其转变成了制度化的枢密院。枢密院是由人数一定的近臣组成的委员会，其成员包括国务重臣，不仅是重要的议政机构，也是权力极大的执行机构。克伦威尔倒台后，新组建的枢密院可以行使权力，树立权威。

克伦威尔留下的政治遗产在亨利掌朝的最后几年影响了英格兰的政局。枢密室的侍从官伴随国王左右，克伦威尔让自己的追随者进了枢密室当差，这些人是福音派教义的狂热信徒，即便清楚国王绝不会允许福音主义大肆扩散，他们也只是稍加收敛，实际上仍然立场坚定地履行传播福音的神圣职责。亨利日渐依赖王庭医师的照料，让后者的影响力变得难以计量，而医师也投身到了传播新教义的队伍中。英

① 1536年，亨利在参加骑士比武时腿部受伤，之后一直未能痊愈，导致他行动不便。此后，他的体重直线上升，腰围达到了140厘米，出现了严重的肥胖问题，必须依靠他人的帮助才能行走。

格兰王庭中有不少侍从女官也对福音教义的传播发挥了不容忽视的作用。只不过，她们的信仰令王庭内的福音派变得脆弱。在加德纳主教、诺福克公爵的带领下，保守派确信消灭福音派最有效的方法就是除掉它的领袖，“没有人愿意与死人为伍”。保守派从亲身经历吸取教训，认识到如果只是把对手驱逐出境，他们还是有可能卷土重来。保守派利用指控福音派为异端的策略扳倒了克伦威尔，并在亨利在位的最后几年重复使用。随着时间的推移，宫廷内斗表现出两极分化的态势，福音派在枢密室占据上风，而保守派握有对枢密院的控制权，双方都很清楚，国王撒手归西只是早晚的问题，斗争愈演愈烈。然而，亨利只要在世一天，他依旧掌权，即便在迟暮之年，他仍像刚刚继位时那样，想在战场上赢得无限荣耀。

这一次，亨利又将法国当作目标，谋划了声势浩大的军事行动，还准备借此拿法国的盟友苏格兰开刀。1541 年 7 月，哈布斯堡王朝与瓦卢瓦王朝再起战端，亨利抓住机会再次进军欧洲大陆。亨利于 1542 年 8 月先派兵北上，前往苏格兰边境地区烧杀抢掠。同年 11 月，苏格兰军队在索维莫斯大败而归[①]，这场战役几乎与弗洛登之战一样祸国殃民。三周后，苏格兰国王詹姆士五世（James Ⅴ）驾崩[②]，只好让刚出生一周的女儿玛丽继承王位，成为苏格兰女王。苏

① 苏格兰军队人数多达1.5万，但却由于将领领兵无方，被仅有3 000名士兵的英格兰军队以极小的代价击败（据传英格兰一方仅有7人阵亡），被俘上千人。

② 詹姆士五世去世时年仅30岁。有历史学家认为，他是在得知苏格兰军队大败的消息后，因悲伤过度而去世，但由于在索维莫斯之战开始前，他曾经写信给王后，称自己已经连续三天抱恙，所以也有历史学家认为他是因病去世。

格兰地方贵族阶层的内斗在这“破损的世界”里加剧了，对立的贵族利益团体加大了争权夺势的力度，拉帮结派，建立同盟以求自保。分歧主要集中在苏格兰应投靠哪一方外国势力。由枢机主教比顿（Beaton）统领的派系支持苏格兰站在老盟友法国一边，并担心苏格兰很快会被英格兰吞并，这一派系因詹姆士五世的离世而权势尽失。玛丽继位后，阿伦伯爵詹姆斯·汉密尔顿（James Hamilton）成了王位的准继承人，还被任命为摄政官，亲英格兰派由他和伦诺克斯伯爵、安格斯伯爵领导，但他们摇摆不定，虽然在 1543 年 7 月签订了《格林尼治条约》(Treaty of Greenwich)，却未能履行爱德华王子与苏格兰女王玛丽的婚约，通过王室联姻将英格兰、苏格兰联合起来。为了教训不守条约的苏格兰，亨利发动了史称“粗暴求爱”的战争，于 1544 年 5 月洗劫爱丁堡[①]，打碎了两国之间建立友好关系的一切可能，甚至连重塑和平的希望都变得渺茫。

在英格兰，保守派遭到了挫败。1541—1542 年，亨利国王为了净化新独立的英格兰教会，接受克兰默大主教的引导，而对福音派来说，这两年是高歌猛进的两年。除此之外，霍华德王后更是因私生活不检点令保守派蒙羞。在数个月的时间内，凯瑟琳暗地里与情人私通已是人尽皆知，除了亨利还蒙在鼓里。可又有谁胆敢告诉他真相呢？1541 年诸灵节那天，克兰默向亨利呈上证明凯瑟琳不贞的书面证据，证实了她在婚前、婚后与人通奸。对凯瑟琳来说，贵为王后还乱搞男女关系对她的影响是致命的[②]。情场失意的

① 英格兰军队对有重兵把守的爱丁堡城堡毫无办法，在将爱丁堡的城区付之一炬后，扬长而去。

② 她在1541年11月23日被捕，之后被判叛国罪，于1542年2月13日被斩首。

亨利国王又一次将研究神学、发动战争当作自我安慰的手段。改革的势头直到 1543 年才发生了转变，这一年英格兰与神圣罗马帝国结成了新的联盟[①]，准备共同对抗法国，所以亨利急切地表明了自己的正统立场。是年，议会通过了《真诚信仰促进法案》(Act for the Advancement of the True Religion)，规定所有门客、仆从，所有约曼农[②]阶层以下的男性臣民，除贵族及绅士阶层出身之外的女性臣民，不得阅读作为真诚信仰的基础的《圣经》。这对福音派而言不啻为一场重大灾难，是宗教改革事业遭到背叛的表现。“难道耶稣只是为绅士、富人牺牲的吗？谁敢断言，当时他心里没想着工匠、穷人呢？”著名的传教士罗伯特·威兹德姆（Robert Wisdom）诘问。加德纳主教定在 1543 年的复活节发难，将枢密室当作目标，准备“拉满弓弦，猎取几头领头的雄鹿”。加德纳发现温莎的圣乔治小圣堂暗藏着大量福音派成员[③]，并借此攻击朝中同情福音派的廷臣[④]。在坎特伯雷，主教座堂教士团虽然规模不大，却也分成了许多派系，有些受俸神父不断收集证据，准备以异端罪控告克兰默大

① 英格兰与神圣罗马帝国的联盟由保守派的领袖加德纳主教倡导，他为此呕心沥血，做了两年的外交工作。

② 15—18世纪，约曼农指“耕种自有土地的平民”，是位于社会中层的农民，属于小地主。

③ 小圣堂的主任牧师西蒙·海恩斯是福音派的支持者，而不少小圣堂的神职人员也都是福音派的成员。他们遭到了一位同样在小圣堂供职的受俸神父的举报。

④ 温莎的圣乔治小圣堂是一所地位重要的王室小圣堂（在1348年由爱德华三世创建），所以加德纳认为，亨利得知小圣堂受到福音派异端的玷污之后，会龙颜大怒，严惩改革派廷臣。

主教[①]，就连亨利国王也嘲笑他是“肯特郡的异端之主”[②]。然而，亨利也会时不时地保护受迫害的廷臣、亲信，这也正是克兰默得到亨利的庇护的原因。亨利的确憎恶异端，但也同样痛恨有人暗地里干涉内务，打着宗教的幌子玩阴谋。1543 年 7 月，亨利又一次成婚。第六任妻子凯瑟琳·帕尔表现出了支持福音派的倾向。她每天会在卧室中组织读经，鼓励王庭中新一代的改革派。

亨利陷在入侵法国的军事行动中，难以自拔；在他看来，苏格兰远不是一个战利品，而是一个不光彩的消遣。1544 年 6 月，英格兰大军横渡英吉利海峡，在加莱登陆，但之后就不知道该去哪里了。亨利决定御驾亲征，于 7 月来到法国，亲自指挥军队围攻布洛涅，于同年 9 月取得了攻城战的胜利。然而，对英格兰来说，这不过是一场徒劳无功的胜利：神圣罗马帝国已经投靠了法国，而攻陷布洛涅带来的好处，无法弥补与法国作战对人力、财力造成的巨大消耗。只有亨利一人喜不自胜，对“我们的女儿布洛涅”倍感自豪。这时，英格兰的对外政策已经变成一团乱麻；针对法国和苏格兰的军事行动耗费了大量财力，到 1545 年夏，由于亨利的军事挑衅，法国与苏格兰结成了军事同盟，随时都有可能入侵英格兰。自 1545 年 8 月起，英格兰军队在法国的总指挥，萨里伯爵亨利·霍华德不计一切后果敦促国王进一步征服法国，与持失败主义观点，主张归还布洛涅的枢密院针锋相对。

英格兰王庭内的政治气氛异常紧张，在宗教和外交政策上持

---

① 主教座堂教士团分为亲克兰默派和反克兰默派两派。加德纳主教的侄子杰曼·加德纳是反克兰默的主要成员，负责收集整理大主教的“异端言行”。

② 这是亨利在阅读了反克兰默派收集的证据后对克兰默说的话。

敌对立场的党派都紧盯着外交斡旋的最终结果。1546 年春，亨利忍痛放弃了继续与法国交战，征服更多领土的希望，并在夏季与法国达成了和平协议。同年年初，颜面尽失，心里充满怨气，想要挟怨报复的萨里伯爵从法国返回了英格兰。他刚一回国，就以骑士精神、古老贵族身份的守护者自居，认为英格兰的朝廷世风日下，已经变成暴发户的天下，并与王庭中的其他廷臣争吵。老派贵族与新晋政客的权力斗争从幕后走到台前，各个派系开始争夺尚未成年的爱德华王子继承王位后的摄政大权。霍华德家族认为自身最有资格成为摄政政府的当家人，即便在国王病入膏肓、全身浮肿，已经不能行走（就连托马斯·霍华德勋爵自己都写道，国王“已经不能靠先天机能移动，必须借助机械装置”）时，他们仍在密谋让本家族的女性再次成为国王的情妇。只不过，萨里伯爵的妹妹里士满公爵夫人玛丽对此感到震惊，不愿扮演这一不光彩的角色[①]。

到底谁能够获得国王的信任当选顾问、亲信，显得更加重要，在这时得势，就很有可能在新国王登基之后把持朝政。失势者将会面临严峻的后果，因为除了他们自身的利益会严重受损，其代表的宗教派别也会失去立足之地。权力斗争上升到全新的高度，宗教迫害成为最主要的斗争手段。“伦敦有什么消息吗？”住在乡下的英格兰人不停地打听。1546 年春，有一则新闻是，福音派的传教士，神学博士克罗姆因经不住枢密院的审问而招供。他的证言有可能令王庭内所有支持福音派的廷臣受到连累，而另一位名叫安妮·艾斯丘（Anne Askew）的福音派成员若是招供也会同样危险：她在王庭

① 玛丽曾经是亨利的私生子里士满公爵亨利·菲茨罗伊（于1536年去世）的妻子，所以不愿意成为自己公公的情妇。

人脉广，很有可能成为摧毁王庭福音派的利器。艾斯丘被关入伦敦塔后，大法官亲自审讯，想要逼问出其他福音派成员的姓名[①]。王庭中有哪些女贵族在支持她？谁曾经给她资助？保守派认为，一旦妻子说漏了嘴，就有可能把她们支持福音派的丈夫给供出来。然而，保守派未能在当年夏天摧毁福音派。亨利的宠臣，“他的小猪”乔治·布拉盖（George Blage）被判异端罪，亨利帮他逃过一劫。此外，加德纳主教的另一个铤而走险的计谋也失败了——为了陷害凯瑟琳王后，主教竟然想要说服国王相信王后是一个异端。

就在亨利行将就木的最后关头，所有的近臣、廷臣都将外交政策、宗教问题、官职地位上的分歧抛诸脑后，齐心合力，欲击垮霍华德家族，欲除之而后快，该家族不仅是摄政权最有力的争夺者，甚至还有可能觊觎王位。在生命的最后时刻，亨利国王将王位的传承看作重中之重。他颤颤巍巍地与众臣一起写了一道针对霍华德家族的控诉状（本段中的斜体字为亨利亲笔写的文句）。“如果有人图谋*独揽大权，为此骑在国王头上发号施令*……这意味着什么呢？”亨利是想为儿子建立一个强大到能够治理好国家的摄政政府，而对王权又不构成威胁。霍华德家族野心无度，绝不可委以摄政的重任。1547 年 1 月 19 日，萨里伯爵被斩首示众，被冠之以“冒用王室的纹章犯有欺君之罪”的罪名。尽管如此，在他影射暴君统治即将来临的诗句中，叛国心思昭然若揭。在诗中，他没有将国王描写成率领臣民探求宗教真理、追求美德的至高领袖，而是写了引发世界末日的巨兽占据王座，迫害无辜臣民的骇人场景：

---

① 艾斯丘忍受酷刑折磨，没有向保守派提供任何信息，最终被处以火刑。

我仰视王座，想要看到公平正义端坐其上；
却发现邪恶残暴盘踞其间，面露狰狞，
就像是一头嗜血的巨兽，
一心只想吞食无辜者的血肉。

这段诗足以让诗人被判叛国罪。然而，即便是在亨利的王庭，也存在能够保守得住的秘密，所以萨里伯爵的诗稿没有落入他人之手，成为他犯下叛国罪的铁证。

亨利的统治在落下帷幕时，也被血腥、沉默、阴谋所笼罩，与他初登王位时的情形一样。1547 年 1 月下旬，在亨利弥留之际，他身边的重臣就已经开始谋划，准备推翻国王在遗嘱中定下的条款。亨利八世虽然有心在死后继续统治自己的王国，却无力打破生死的阻隔。

第五章

掌管天下
统治者与治下之民

领主权

萨里伯爵虽然血统极为高贵，但也因此招致杀身之祸。他是英格兰首席贵族诺福克公爵的长子、白金汉公爵爱德华·斯塔福德的外孙，白金汉公爵又是爱德华三世、亨利六世的自然继承人①，就血统而论，足以与都铎王朝一争高下。就理想抱负而论，萨里伯爵算得上一位王子——“我要竭尽所能，像王子一样行事，令自己名垂青史”，他曾经这样写道。1543 年，萨里伯爵宅内的仆人纷纷猜测，如果亨利国王或者爱德华王子发生意外，那么萨里伯爵就能够在父亲诺福克公爵之后成为英格兰国王。

“哎呀，他竟然是一位王子？”一个女仆问道。

“是的，没错，他的确是。”

萨里伯爵之所以落得身首异处的下场，是因为他离王座太近。

---

① 即按照普通法的规定，在死者没有留下有效遗嘱的情况下，法定的默认继承人。

富尔克·格雷维尔（Fulke Greville）是廷臣，也是诗人、思想家，他在16世纪末回顾都铎王朝王权的本质，探究限制王权的因素时指出，贵族阶层应当“勇敢地迈出小半步，站到王座与臣民之间”，一方面防止臣民犯上作乱，一方面劝诫君王不要施行暴政。然而，贵族阶层往往可能经不住诱惑，想要利用自己对臣民的影响力，问鼎王权，像天堂中那群曾经犯上作乱的天使那样，“因妄图与造物主平起平坐而堕入深渊”。国王册封了贵族，尽管有些贵族家庭历史悠久，他们也仍旧是国王册封的，而实力强大的贵族家庭也有属于自己的政治和家族传统，一旦传统受到了威胁，他们就有可能与王权对抗，在更久远且还未被遗忘的过去，甚至还会因此将国王赶下王位。

萨里伯爵的外祖父第三代白金汉公爵是大贵族，拥有巨量的财宝、宏伟的宫殿、大片的土地，声望也很高，但作为亨利七世的廷臣，被他严苛的统治压得喘不过气来，逐渐变得容不得亨利八世的任何轻慢之举，再不起眼的小事也会令他怀恨在心。1520年，他不仅开始“想象”亨利八世遭到罢黜，死于非命的景象，更是听信了一位加尔都西会修士的预言，认为自己能够继承英格兰王位。“如果英格兰的贵族都能相互传达真实的想法”，他的计划就有希望开花结果。英格兰贵族阶层是由亲属组成的大家庭，对白金汉公爵来说，许多贵族不是他的血亲，就是他的姻亲——威尔特郡伯爵、诺森伯兰伯爵是他的妹夫，而威斯特摩兰伯爵、蒙塔古勋爵、阿伯加文尼勋爵、基尔代尔伯爵的继承人托马斯·菲茨杰拉德是他的女婿，而他想要把亲属关系转变成政治联盟。这样，白金汉公爵会成为护国主，而诺森伯兰伯爵则会成为特伦特河以北所有英格兰土地的领主。此外，白金汉公爵还与威尔士边境领主里斯·阿颇托马斯有关联，我们可以认为，威尔士、威尔士边境领地、英格兰北方地区又一次联合起来，就像一个世纪之前威胁亨利四世的联盟那样。白金汉公爵继续做白日梦，说着不着边际的话，让更多的人对他起了疑心。1520 年 11 月，他计划率领一支 300—400 人组成的武装护卫队，前往自己位于威尔士境内的领地；有不少人记得，在 1483 年，他的父亲正是在那里发动了一场最终令自己丧命的叛乱①。1521 年春，白金汉公爵因叛国罪被捕，他被其他英格兰贵族经审判并谴责，最终丢了性命。白金汉公爵纵然富甲一方、权势逼人，却不能为自己赢得足够多的支持，无论是贵族（认为他罪有应得），还是佃户（受到他的欺压），都没能在关键时刻伸出援手。尽管白金汉公爵作为封建领主，有权要求佃户效忠于他，却远远不足以让他们为了公爵的私人恩怨，尤其是反抗君威而起兵战斗。白金汉公爵和他的外孙萨里伯爵的野心和命运，既反映出贵族阶层扰乱国政的实力，又证明了都铎王朝权力稳固，能够遏制得住心怀不轨的贵族。

有哪些人是贵族呢？他们的人数极少。都铎王朝前几位君主在位时，全英格兰只有大约 50 名贵族，到最后一位都铎王朝国君伊丽莎白女王去世时，英格兰贵族还是只有 50 人左右。在都铎时期等级森严的英格兰社会中，贵族阶层按照由高到低的排序，可以划分为：国王、王子，接着是公爵、侯爵、伯爵、子爵、男爵这五等贵族，即有权参与议会上议院讨论的世俗权贵。贵族由国王册

① 第二代白金汉公爵亨利·斯塔福德于1483年发动叛乱，想要将亨利·都铎（即未来的亨利七世）扶上王位，但他从威尔士出兵，进入赫里福德郡后，却因洪水冲毁了道路，无法向伦敦进军。此后，他手下的士兵因士气低迷而纷纷离开营地，令叛军土崩瓦解。叛乱失败后，斯塔福德在11月2日被理查三世斩首。

封，头衔可以继承。法国的贵族阶层是建立在血缘关系上的，所有贵族的男性后代可以继承贵族的头衔，以及与之相伴的司法及财政特权；英格兰的贵族只能拥有一位可以继承头衔的继承人，通常会是长子。社会地位低于贵族的阶层是绅士阶层，他们人数较多，可以细分为骑士、士绅，以及地位更低的绅士。1524 年，英格兰全国也许有大约 200 户骑士家族，四五千名士绅、绅士。托马斯·史密斯爵士（Sir Thomas Smith）对伊丽莎白时代的英格兰社会进行了透彻的剖析，他写道，“凡是生活悠闲，无须靠劳动维持生计”，而且能够承担得起与绅士地位相称的“排场与外表”的人，都可以被视为绅士。都铎时代的英格兰人会把实力最强大的绅士阶层视为贵族，因为他们能“在君主的宫廷内呼风唤雨，并且算得上是臣民共同体的中流砥柱”。虽然这个时代的英格兰社会反感、担心阶级变化，却阻止不了贵族阶层的后代降为绅士阶层，绅士阶层的后代跻身贵族行列的趋势。对绅士阶层来说，如果家庭历史悠久，能够与贵族家庭攀亲戚；如果能够在司法机构任职；如果名下拥有土地，可以通过土地维持“生计”(即享有土地收入，这也是一切特权的基础)，那么他就会成为“值得尊敬的人”。

贵族阶层不仅是封地的领主，也是封臣的领主。历史上，对封地和封臣的所有权曾经是一体的。在森严的封建关系中，采邑领受者必须承认自己是封建领主的封臣，要为他们提供士兵，以及多项军事服务，还要支付各类账款。然而，到了中世纪末期，这种建立在封建制度基础上的主从关系几乎在英格兰销声匿迹。在英格兰北部边陲，第十代克利福德勋爵（1523 年去世）仍会举行仪式，要求骑士宣誓效忠，但在英格兰其他地区，尽管领主与绅士门客之间的私人关系看起来仍然建立在土地保有的基础上，而实际上，绅士对领主的依赖多半是由于他自己的土地位于这位领主的势力范围之内，属于这位领主管辖的“国土”的一部分。莎士比亚在《亨利四世（上篇）》（*Henry* IV, *Part 1*）中描述了第一代诺森伯兰伯爵是如何与贵族盟友密谋瓜分英格兰、威尔士的，但实际上，即便在亨利四世统治时期，英格兰贵族也从来没能像法国贵族那样，拥有大片大片的领地。第三代白金汉公爵同时也是赫里福德伯爵、斯塔福德伯爵、北安普敦伯爵、布雷肯领主、霍尔德内斯领主，他在这些地区保有的土地每年价值 6 000 镑，但其名下的领地也没集中到能够形成拥有自治权的公国。白金汉公爵的领地分散，他的权力也被打散。极少有领主能够令整个地区的居民向自己尽忠，即便真的出现了这样的情况，这种忠诚也是基于土地之外的其他因素。

对土地的占有一直以来是领主阶层统治权、财富、荣耀的基石。贵族及绅士阶层拥有大量的土地，能够召集由封臣组成的军队，发动战争或维护和平。无论是国王的公权，还是领主的私权，其背后都暗含着武力威胁，然而，由于都铎时代的英格兰既缺乏国家警察力量，又没有常备军，此外还受到通信缓慢，信息不畅的限制，所以君主的强制手段就十分有限，必须依靠能够在各地区迅速集结人力的人帮助，符合这一标准的人正是大地主，又叫庄园主。庄园主可以让佃农服兵役，而随着领主权的衰微，一些庄园主也会在佃农的地契中写明这项义务。在整个中世纪，以及之后的几个世纪，贵族阶层始终是王权在地方上的代表，肩负着在自己“国土”、各郡代国王行使权力的使命，而他们也一直守护着属下绅士门客的利益。在这样一个等级森严、尊卑分明的社会里，绅士阶层自然要仰视社会地位更高的贵族阶层，寻求他们的庇护。贵族与绅士间的关系是一种互惠互利的依存关系。权贵若想在自己的领地保持政治力量，就必须能够召集层级较低的邻居，即绅士阶层充当他的备用军。

渐渐地，决定领主权势的不再是土地的多少，而是他们能够召集到的追随者的多寡。贵族的亲党指贵族靠个人权势汇聚在身边的追随者，包括他的臣属、盟友、封臣、臣仆、家臣、亲属，而这种关系是中世纪末期特有的社会及政治纽带，一直延续到了都铎时代。追随者向领主提供服务，得到领主的恩惠和庇护作为回报，而领主则会因此成为“称职的领主”。追随者必须佩戴领主的纹章，以示效忠，比如约克家族的太阳光辉、阿伦德尔伯爵的骏马、白金汉公爵的天鹅。追随者与领主的关系纽带可能十分紧密，终其一生，也有可能极为脆弱。领主府邸内的仆从，不论身份高低，都必须发誓向领主效忠，穿着代表从属关系的号衣。府邸之外，与领主的从属关系较为松散的人同样可能成为家臣。

在英格兰北方，实力强大的骑士、绅士都是珀西家族的亲党，并且进入珀西家族的府邸供职。亨利·珀西（Henry Percy）是第四代诺森伯兰伯爵，在 1489 年去世时，手下共有 84 位贵为领主、骑士、士绅的家臣，每年要为此支付 1 708 镑的俸禄、年金，几乎相当于全年收入的一半。然而，珀西家族位于边境地区，北方就是英格兰与苏格兰的边境线，两国在此冲突不断，无论是王法的效力，还是对都铎王朝的忠诚，都最为薄弱。在其他地区，领主通常不会向为自己效忠的家臣提供报酬。珀西家族在坎伯兰、诺森伯兰、约克郡拥有大片领地，能获得几乎相当于王权的权力。对北方边陲的绅士阶层来说，山高皇帝远，所以他们效忠的对象是能够为自己提供荫庇的地方领主，即珀西家族、戴克家族、克利福德家族。然而，即便是在伦敦附近，权贵也能纠集起规模可观的亲党。第 13 代牛津伯爵的领地主要位于埃塞克斯、东安格利亚境内，1513 年，他向 12 名骑士和 46 位身份较低的绅士支付了超过 200 镑的年金。

大领主自然要有声势浩大的随从队伍，向世人展示自己的权势、荣耀，在战争以及和平时期都必不可少。在都铎时代，贵族阶层仍然扮演督军的角色，能够动员巨大的军事力量。贵族阶层的男性从出生起就开始接受骑士精神的熏陶，之后会获得组建武装力量来维持社会秩序的特权，甚至还会获得使用暴力做最终惩罚的权力，对贵族来说，剑仍是带领他们通往荣耀的武器。珀西家族的战斗口号“珀西所向，万众跟随”绝非空话，因为珀西家族的诺森伯兰伯爵的封臣人数，仅在北方边境领地就已达 5 000 人之众，而在约克郡的领地还有 6 200 人。大领主黑斯廷斯勋爵手下汇聚了大量亲党，15 世纪 80 年代初，他在莱斯特郡的克尔比墨斯鲁修建了一座砖砌城堡，还为塔楼设置了炮眼，方便开炮，但这座城堡没能帮他逃过理查三世的暴行[①]。直到 16 世纪 60 年代，莱斯特伯爵仍在继续加固凯尼尔沃思城堡，并在城内囤积大量的军需品。

国王不仅要有召集贵族阶层军事力量的能力，还必须确保贵族阶层服从召唤。王室军队不过是一支集结了贵族武装力量的杂牌军。1513 年夏，一支超过 3 万人的英格兰人军入侵法国，其中包

① 黑斯廷斯勋爵与伍德维尔家族（即王后伊丽莎白·伍德维尔的家族）不睦，在爱德华四世去世后，阻止了伍德维尔家族的阴谋，为格洛斯特公爵理查德（即未来的理查三世）按照爱德华的遗嘱，顺利成为护国公立下了汗马功劳。然而，成为护国公的理查德突然发难，以黑斯廷斯与伍德维尔家族合谋，犯下了叛国罪为由，将其斩首。史学界一直未能对理查德为何会突然反目，将盟友置于死地形成统一的意见。都铎时代的史家认为，黑斯廷斯虽然与伍德维尔家族不和，但却对爱德华四世及其继承人爱德华五世极其忠诚，所以计划夺取王位的理查德先下手为强，除掉了有可能成为主要障碍的黑斯廷斯。

括 23 名贵族，以及他们的继承人、随从，兵力相当于阿金库尔之战时亨利五世兵力的三倍。第四代什鲁斯伯里伯爵不仅召集了 4 437 名士兵，还统领了 8 000 名其他领主的士兵。作为先锋部队的副统帅，他还领导着德比伯爵、黑斯廷斯勋爵、菲茨沃尔特勋爵、科伯姆勋爵的随从。第三代白金汉公爵率领一支由 550 名士兵组成的队伍参战，但没能立下战功，而阿伯加文尼勋爵乔治·内维尔则率领了 500 名精锐上阵——这支队伍曾被亨利八世视为威胁，现在却成了为国王效忠的忠义之师。几个月后，9 位英格兰贵族率军击败了来犯的苏格兰大军。

贵族与党亲的关系建立在忠诚、服务、服从这三大理念之上，对维持政局稳定、社会安宁意义重大，也对维持土地保有制和“维持生计”至关重要。然而，贵族阶层一味想着积累财富、想要被人“膜拜”，同时又要维护家族的荣耀，导致他们激烈竞争、争斗不休、对簿公堂，甚至犯上作乱。面对不利局面，都铎王朝的君主仍会将贵族的亲党看作赖以仰仗的势力，但同时也把他们视为有可能扰乱政局的大患，尤其是在贵族将各派亲党汇聚到一起的时候。“待到时机再次成熟……我们也许能利用好权势与人际关系，取得更大的战果”，1538 年，杰弗里·波尔爵士（Sir Geoffrey Pole）如此承诺，但那时他的希望已是虚无缥缈的幻景，自己的家族已在劫难逃[①]。如果家臣忠于对国王不忠的领主，他们就会成为扰乱社会秩序的潜在忧患。从理查二世（Richard Ⅱ）到亨利八世的统治时期，

① 1538年8月，杰弗里·波尔因在与兄长蒙塔古勋爵的往来信件中透露出叛国的意图而被关入伦敦塔。此时，由于杰弗里的兄长枢机主教雷金纳德·波尔在宗教政策问题上与亨利针锋相对，亨利已经下定了决心，要将整个波尔家族作为打击目标，严惩不贷。

议会接连通过了很多限制领主聚集家臣的法规，而这是因为非法聚集家臣的行为屡禁不止。这类法规针对的不是那些在领主府邸供职，终生为领主效忠的家臣，而是那些游手好闲的家臣，他们会制造麻烦，引起恐慌，不能与领主建立稳固、长久的关系。1507 年，阿伯加文尼勋爵乔治·内维尔因聚集了 471 名家臣遭到迫害，这些人的地位都低于士绅。30 年后，蒙塔古勋爵想要组织贵族联盟对抗亨利时，为阿伯加文尼勋爵的过世扼腕叹息，“如果他还活着，轻轻松松就能召集到一万余众”。

权贵们心里清楚，步步高升的最佳途径是为王权效忠，担任国王任命的官职。这种观点向来备受公认，在都铎王朝更是一则不可撼动的公理。只有陷入绝望时，权贵才会发动叛乱。然而，如果权贵认为受到轻视，没能担任与自己身份地位、血统相称的官职，就有可能蓄意破坏国王的政令。在英格兰北方边境，各大权贵家族为了争权夺势私斗不止，不是珀西家族与戴克家族大打出手，就是戴克家族与克利福德家族刀兵相向，侵扰着边陲的和平与安宁，所以王权一直以来想要遏制这些霸主割据一方，却也因此陷入意想不到的危险。1489 年，第五代诺森伯兰伯爵继承了爵位，却没能被任命为边境领地长官，失去了这一几乎被视为珀西家族世袭的官职，因为亨利七世想要分而治之，任命第三代戴克勋爵吉尔斯兰的托马斯（Thomas，3rd Lord Dacre of Gilsland）坐上长官之位。然而，北方绅士阶层与权贵家族间存在错综复杂的联盟及从属关系，像一张网将他们紧密地连在一起；忽略这张关系网的存在可谓亨利七世的失算之处。戴克勋爵永远无法赢得珀西家族门客的信任，从而既无法召集军队对抗入寇的苏格兰军，又无法确保边境领地法的效力。此类家族仇杀若任其扩大下去，边境领地永远只会是目无王法的祸乱天地——有些边境领主还会与边境劫匪、苏格兰边境伯爵沆瀣一气，就连担任边境领地长官的戴克家族也监守自盗。与此同时，珀西家族把边境乱局看作自家地位不可取代的铁证，就在代表国王在北方统治的戴克勋爵无法捉到珀西家族的门客、落草为寇的威廉·莱尔爵士（Sir William Lisle）时，珀西家族如愿以偿地官复原职。1527 年年末，珀西家族的第六代诺森伯兰伯爵最终成为领地长官。然而，珀西家族很快一蹶不振，让这个家族衰落的并不是需要依靠他们镇守北方边境的王室，而是第六代诺森伯兰伯爵亨利·珀西的不明智行动。这位伯爵膝下无子，便将亨利八世指定为继承人，想让都铎王朝的君主心存感激，将来有可能恢复珀西家族的权势①。

在英格兰，君主的权力是一种个人权力，贵族的权力也是一种个人权力，所以贵族的权势也像君权那样，在很大程度上取决于通过长子继承制获得继承权的人的品性和能力。如果珀西家族的继承人不是亨利，而是他的弟弟托马斯爵士或英格拉姆爵士，那么珀西家族很有可能走上完全不同的道路。1538 年，一位观察家对英格兰贵族的“实力”(能够动用的人力)、领地以及品性做出了评价:“阿伦德尔伯爵今年 60 岁，实力雄厚，却没什么才智，经验更是少得可怜”，又或者“德比伯爵年纪轻轻就拥有了无与伦比的实

① 亨利八世已经准许他在家族内指定亲属作为自己的继承人，但他却致信托马斯·克伦威尔，以家族内无人可以当此重任为由，谢绝了国王的许可。将亨利八世指定为继承人时，他开出的条件是，希望自己的侄子将来可以继承珀西家族的领地、爵位。然而，在得知自己的弟弟托马斯·珀西因发动叛乱而被判处叛国罪后，他直接将亨利指定为继承人，放弃了所有的附加条件。

力、广阔的领地，但头脑好似三岁小孩，简直就是个蠢货”。领主必须称职；只有能够驾驭追随者和封臣的权贵，才能让他们遵从自己的意志。当领主太过软弱，或是不值得信赖，抑或能力不足时，依附他的绅士就可能认为，依靠亲朋好友更为安全。

随着绅士阶层经济地位的不断提高、社会地位的不断稳固，其成员不再将依附于称职的领主当作保证自身安全、获得声望的必要条件，导致领主与亲党间的关系发生了本质性的变化。强大的领主仍然能够吸引绅士阶层进入府邸供职，为其服务，但小领主最多也只能得到身为各地长官的骑士、士绅的友善相待。许多贵族开始将约曼农阶层吸纳为亲党，因为约曼农多半只能从一位领主那获得领地，所以更有可能忠心耿耿。1549 年，拉特兰伯爵回忆了海军大臣托马斯·西摩给自己的建议——要栽培自己“国土”内的绅士，但不要信任那帮绅士，而应当“重视”那些“诚实、家境殷实，是发展较好的城镇的领头人的约曼农”，有时甚至还要“做一位和蔼可亲的客人，去他们家里共进晚餐”。这样一来，拉特兰伯爵就能“赢得他们的信任，让他们唯命是从，随我赴汤蹈火”[①]。

绅士阶层的土地保有量远超贵族阶层，一旦他们能够自力更生，摆脱对贵族的依赖，贵族阶层在地方上的权势、影响力就很有可能迅速萎缩。绅士阶层还意识到可以越过贵族阶层，直接成为国王的家臣。随着王室直属领地的扩张，国王亲党的数量也大幅

① 托马斯·西摩想要趁兄长护国公爱德华·西摩远征苏格兰的机会夺取政权。为了完成自己的计划，他拉拢某些贵族阶层的成员，希望他们前往各自的领地召集支持者，并且特别强调，他们应当着重争取社会中层的支持。引号中的话为摄政政府发现西摩的阴谋后，拉特兰伯爵做出的不利于西摩的证言。

增长，都铎王朝的君主权势在很大程度上是建立在骑士的基础之上的，而这些骑士要将君主作为唯一的效忠对象。国王的臣仆也像贵族的臣仆那样佩戴纹章，将其作为效忠的标志。1519 年，得知威廉·布尔默爵士不再为自己做事，投靠白金汉公爵时，亨利八世在星室法庭训斥布尔默："他绝不允许自己的臣仆成为别人的跟班"；他同白金汉公爵一样，也"养"得起像布尔默这样的家臣。都铎王朝的国王是否放弃了与大贵族协作，用与绅士阶层的同盟关系取而代之？据传，菲利普·西德尼曾对伊丽莎白女王说，她的父亲认为"利用人数众多的（绅士阶层）一方来压制权势更大的一方，实在是明智之举"。

一些人认为，整个贵族阶层都受到了威胁。庆祝亨利八世继位时，托马斯·莫尔曾将"长期以来遭到轻视"的"贵族的古老权利"恢复正常视为善政回归的标志性事件。然而，在亨利八世治下，包括考特尼家族、斯塔福德家族、德拉波尔家族、珀西家族在内，一些强势贵族家族有的受辱，有的权势衰颓，有些甚至遭遇灭顶之灾。求恩巡礼的参与者发誓要守护贵族血脉，承诺要"驱逐君主身边出身低贱的佞臣"。巡礼朝圣者忆古思今，想要回归"贵族在陛下的领导下维护秩序"的年代。所有政治弊端、对古老传统的威胁，都被视为对自然秩序的破坏，诸如克伦威尔这样出身卑贱的侍从能够成为贵族，则是秩序遭到破坏的显著表现。"那帮刚刚得势的野心家定会将贵族斩尽杀绝"，萨里伯爵感叹道。尽管亨利八世遭人指摘，无视辅佐他治国理政的遗老贵族，可他矢口否认自己是始作俑者。"我还清楚地记得"，亨利辩解道，"刚刚即位时，御前会议的成员中真正的贵族屈指可数"。接下来他又回忆道，达西勋爵以前只是个"出身卑微"的绅士，"直到得到我的提拔"，才跻身贵族的行列[①]。然而，1536 年，达西勋爵早已忘记自己也是新晋贵族这件事，他向克伦威尔保证，就算克伦威尔将贵族都置于死地，只要他“留下一个活口，那个人也一定会取走你的头”。贵族发动政变扳倒克伦威尔后，诺福克公爵从受封为埃塞克斯伯爵的克伦威尔脖子上扯下了嘉德勋章[②]，夺走了这个展现所谓贵族身份的标志，将旧权贵对新权贵的敌意表现得淋漓尽致。与其他社会阶层一样，贵族阶层也因宗教改革发生了分裂。改革反对派一边将改革大业与奉行马基雅维利主义的野心政坛新秀联系到一起，一边又将保卫天主教会、守护遗老贵族阶层这两大目标看作统一的使命。

在亨利八世统治时期有的贵族家庭家破人亡实属咎由自取，因为他们犯下了任何国王都无法容忍的叛国和发动叛乱的罪行。贵族家庭像其他家庭一样，会因经不起灾难的打击而衰弱，也会因犯了叛国罪被处决，被剥夺公民权、财产权，以及丧失继承权，致使家道中落。都铎时代的英格兰人经常从福尔图娜[③]信徒的角度考虑问题，认为那些高高在上的人很有可能在傲慢中被摧毁。“高山常被风侵扰”，怀亚特在文中感叹。即便亨利国王有时会感到与贵族阶层一起治国举步维艰，但没有贵族的支持，也无法统治国家。贵族将城堡作为区域要塞，以国王的名义统领地方事务，在亨利即位时，当他病入膏肓时，都未曾改变过：德比伯爵依旧雄霸德比郡；

① 托马斯·达西于1509年（亨利八世继位的那一年）获封，成为达西男爵。

② 即代表嘉德骑士团成员身份的勋章。嘉德骑士团由爱德华三世创立，是英格兰地位最高的骑士团。

③ 福尔图娜是罗马神话中的幸运女神，通常会与命运之轮一起出现。命运之轮旋转起来没有任何规律，在令某些人遭遇重大灾难的同时，又会让另一些人平步青云。

什鲁斯伯里伯爵依旧统领德比郡、什罗普郡、海莱姆郡；阿伦德尔伯爵依旧在苏塞克斯说一不二。然而，贵族阶层的权势也会发生变化。获封为伍斯特伯爵之后，查尔斯·萨默塞特（Charles Somerset）在威尔士边境受封了大量领地，实力上足以与白金汉公爵分庭抗礼，最终取代了公爵对该地区的统管。萨默塞特的儿子，第二代伍斯特伯爵与其赫伯特家族[①]的亲信勾结，飞扬跋扈、贪得无厌，一定程度上促使了当局建立由英格兰边境领地绅士执掌的威尔士边境领地议事会，为的是控制住边境的乱局。在英格兰西南方，罗素勋爵约翰获得大量的土地，以及领主权和代管权，取代了当地的埃克塞特侯爵。查尔斯·布兰登尽管只是绅士阶层出身，却一跃成为萨福克公爵，并且吞并了林肯郡境内的大片领地；赫伯特家族也顺风顺水，成为称雄威尔特郡、南威尔士的霸主。以赖奥思利、奥德利、西摩、达德利、佩吉特、里奇为代表的新贵进入枢密院，一定程度上取代了家史悠久的贵族家庭，同时国王又赏赐了他们领地、封号、地方指挥权。

1485年，病入膏肓的芒乔伊勋爵告诫自己的儿子，“除非实在无法推辞，否则绝不要接受男爵的爵位，更不要妄图成为君主身边的权臣，因为这样做非常危险”。到了都铎时代，王公贵族的重要性体现在他们在宫廷中的“地位”。而衡量权贵权势的标准不再看他们有没有能力保护追随者的利益，而是看他们有没有足够大的影响力，能够为追随者争取到更多的利益。贵族领主必须“竭尽所

① 第二代伍斯特伯爵亨利·萨默塞特的母亲是第三代赫伯特女伯爵伊丽莎白·赫伯特，所以他不仅继承了父亲的伯爵爵位，也继承到了母亲的男爵爵位。

能”地“争取”国王手中掌握的封地、官职，而随着修道院、祈唱堂纷纷遭到解散，这种恩赏大大增加。然而，一旦贵族领主离开自己的“国土”前往王庭，那么就要将大部分在府邸供职的人留在领地内，无法让他们继续作为臣仆向自己效忠，而领地内的居民也要自主管理地方事务。对领地位于局势相对稳定的郡的领主来说，还算得上相对简单的决定，但对边境领地的领主来说，由于领地随时都有可能遭到入侵，就没那么容易了。以第四代奥格尔勋爵罗伯特为例，他从未离开过自己位于英格兰北方边陲的庄园去出席议会或是参与重大国事。

在求恩巡礼之后，诺福克公爵曾进言道，边境地区不能让“出身低贱的人”管理，“必须从出身高贵的阶层中物色人选，委以重任”。亨利并没有听取谏言，反倒将克利福德家族的封臣托马斯·沃顿爵士（Sir Thomas Wharton）任命为领地长官，取代了一直以来担任此职的克利福德家族，利用国王的权威推翻了地方上旧有的秩序和等级制度。然而，得势的新贵沃顿家族（他们很快就成为沃顿勋爵）却与之前的贵族领主拥有相同的价值观。1559 年，在威斯特摩兰境内，第一代沃顿勋爵在沃顿大厅的门楼上方刻下了一句座右铭：“以从军为乐。”边境领地的社会远离王庭，崇尚武力。那里与其他地方不同，领主权依旧依循旧有的传统。第九代基尔代尔伯爵加勒特虽然在英格兰王庭长大[①]，却不奢望能够将王庭的风雅之气带入帕莱地区。据传，看到沃尔西在英格兰王庭“前呼后拥、不可一世，廷臣低三下四、卑躬屈膝”时，基尔代尔伯爵对这位枢

---

① 1496年，9岁的加勒特作为人质进入英格兰王庭，直到1503年，才获得允许，返回爱尔兰，回到父亲身边。

机主教说，他可不敢想自己“能得到爱尔兰边境居民的礼待，想让他们给我下跪，我就只能剜出他们的髌骨”。边境领主仍要召集自己的随众，让他们向自己效忠。英格兰国王也许不情愿将如此重要的权力授予这帮“被权威冲昏头脑”的臣民，但如果失去了边境领主的支持，国王无异于丢掉了半壁江山。

对爱尔兰的统治权

得知国王托人捎来问候，奥法利的布赖恩·奥康纳（Brian O’Connor of Offaly）嗤之以鼻，回答道：“哪个国王啊？”并声称希望在一年之内，也就是在1528年结束之前，他能够看到英格兰国王失去在爱尔兰的管辖权。奥法利的奥康纳家族领地与帕莱地区接壤，四周是几乎无法穿越的沼泽、森林，易守难攻，在收到国王问候的那一年，奥康纳家族已经令领地周围的伊雷根的奥邓恩家族、克兰马利尔的奥登普西家族、伊雷的麦克莫里希家族，这几个遵循盖尔文化的爱尔兰近邻承认了自己的领主权，迫使他们称臣纳贡。奥康纳家族一直威胁着基尔代尔郡、米斯郡的边界，所以都柏林的金库每年要缴纳40镑的“黑租”，才能避免帕莱地区遭到他们的劫掠。奥康纳是第八代基尔代尔伯爵及其女婿的主要盖尔人盟友。像奥康纳家族这样的领主，曾设宴款待数千名宾客，还能召集爱尔兰的诗人赴宴，似乎不太可能臣服于英格兰国王的权威。1528年，奥康纳俘获了副王德尔温勋爵（Lord Delvin）[①]，开始了史称奥

① 1528年，德尔温勋爵拒绝向奥康纳缴纳“黑租”；同年5月12日，奥康纳以谈判为由，将德尔温诱骗至奥法利与帕莱地区的边界线，把他掳为俘虏。

康纳战争的针对英格兰的敌对行动，其间还很有可能得到了与自己有亲属关系的菲茨杰拉德家族[①]的帮助。然而，布赖恩其实是奥法利的最后一代领主，到了 16 世纪中期，他家道中落，领地也被英格兰当局改成了种植园。英格兰国王开始把他统治爱尔兰的主张变成现实。

爱尔兰曾经有神圣的国王，他们在诸如塔拉山、塔拉霍格之石之类的圣地接受神圣庄严的加冕仪式，与自己的疆土及治下之民举行象征性的婚礼，从而成为至高王。然而，“酋长”“国家领袖”逐渐取代了至高王，统治者与疆土及治下之民间的关系发生了翻天覆地的变化。“名字”（姓氏），以及领主对其亲眷的个人领导，成为定义统治权基本概念的核心。举行继位仪式时，新任酋长站立于圣山的继位圣石之上[②]，将诸如奥尼尔、奥唐奈、马圭尔等治下宗族的姓氏纳入自己的姓氏，在承认自己领导者地位的追随者的欢呼声中成为新一任酋长。之后，会有人把“所有权权杖”交到新酋长手中，他正式成为领地的所有者。比如，麦卡锡·莫尔是芒斯特的至高酋长，将白色的权杖交到他手中的就是他的首席封臣奥沙利文·莫尔（O’Sullivan Mór）。到了 16 世纪，爱尔兰领主的意志能很大程度上影响领地内的土地权归属，他们将所有土地都视为私有地，而居住在领地内，拥有土地的自由民可以视为领主的封臣。

在爱尔兰，领主权的基础不是对有明确边界的封闭地块的所有权，而是由权利、朝贡制度、权威组成的复杂体系。至高酋长并不拥有对土地的所有权，而是拥有对土地的封建领主权。正

① 即基尔代尔伯爵的家族。

② 某些宗族的继位圣石上会有两个脚印，通常都认为是首任酋长留下的。

因如此，尽管教会拥有对阿尔马地产的所有权，但蒂龙的奥尼尔还是有权要求教会在这块土地上的佃户向自己封臣纳贡，并且按照封臣的义务提供服务。在中世纪晚期，卡伯里的奥康纳家族作为领主，取得了对斯莱戈地区包括莱尼的奥哈拉（O’Hara of Leyny）、蒂尔瑞尔的麦克多纳家族、蒂洛拉的奥多德家族在内，一些小领主的封建领主权，而到了 15 世纪末期，包括奥唐奈、麦克威廉、克兰里卡德伯克家族在内，一些实力更强的领主开始争夺对康诺特北部的控制权，最终演变成了对爱尔兰整个西部地区封建领主权的争抢。没过多久，特康奈尔的奥唐奈占据了支配地位，利用强大的军力优势对失败者进行无情的高压统治。他横扫了各领主的领地，烧毁了庄稼；一旦遇到拒绝称臣纳贡的人，就把他的牛全部掠走。

封建领主会强迫实力弱的领地接受自己中意人选担任酋长。过去，奥卡恩宗族的酋长由本宗族的 ollamh（诗歌大师）主持仪式任命，但到了 16 世纪末期，这个宗族的领袖却必须得到奥尼尔的任命才能顺利继位。在爱尔兰，封建宗主权没有土地所有权作为基础，领主只能将宗主权建立在迫使实力弱的领主对自己的臣服上。1539 年，斯莱戈地区的奥康纳宗族是奥唐奈宗族的封臣，要为奥唐奈提供军事服务，对奥唐奈“言听计从”，还要交出斯莱戈镇、斯莱戈城堡的控制权，并协助奥唐奈手下的官员在奥康纳领地征收贡物，以及为奥唐奈士兵安排宿营地。在这个由盖尔领主权支配的世界中，支付代价，寻求领主保护的做法渐渐地成为社会习俗。任何伤害受庇护者的行为，都会被看作对领主本人的伤害，领主就有权要求冒犯者为此接受处罚。爱尔兰人将领主提供的保护称为 *slánuigheacht* 或“slantyaght”；第九代基尔代尔伯爵会严惩伤害受庇护者的人，令其上交 60—70 头奶牛。地位较低的领主会通过这种“购买”，越过自己的上级领主，直接寻求地位更高的领主的庇护。所以，爱尔兰领主权并不以效忠为基础，而是建立在“军营（武力）”之上，一切全凭实力说话。

继承领主权，绝不仅仅是依靠血缘关系建立的继承权。在爱尔兰盖尔文化区，尚未成年或反应愚钝者都不可能成为下一代领主，没有实力的人既不可能赢得权力，也不可能保住权力。1493 年，亨利·奥格·奥尼尔为了争夺蒂龙的酋长之位，不惜谋杀自己的兄长。就连为他写继位赞歌的吟游诗人都承认，“你们无论谁对爱尔兰土地有多么名正言顺的继承权，若不能用武力守护这份权利，他就永远甭想占得半寸土地”。在爱尔兰盖尔文化区，为了确保酋长之位有序传承，避免出现乱局，统治阶层往往会在酋长的亲属中选出一位酋长继承人（tánaiste），作为“即将继位的人”，同时举行继位仪式，在酋长死后，这个人便顺理成章地成为下一任酋长。然而，酋长继承人的继承权经常会遭到实力更强的竞争者的篡夺。在某些领地，长子的确能够继承父亲的领主权，但这仅仅是因为他早已建立了足够稳固的地位，能够吓阻竞位者。采用长子继承制或者对继承人做了限制的家族都不太可能因持续几代的家族内讧势力减损；所以，克兰里卡德伯克家族[①]才能不断积聚实力，而他们在康诺特地区的宿敌，梅奥伯克家族竟然让第四代旁系血亲去做继承人，而不断发生内讧，江河日下。麦卡锡莫尔家族也稳固了继承秩序，到 1508 年为止，

① 这两个伯克家族的祖先均为盎格鲁–诺曼骑士威廉·德伯格；他是英格兰首席政法官肯特伯爵于贝尔·德伯格的兄长。

连续六代都做到了子承父业，在爱尔兰如此稳定的继承秩序是极为少见的。

各大统治家族内部为争夺继承权而发生的激烈争斗经常会引发内部战争。同一血统的不同氏族的领袖有可能会成为继承权的争夺者，挑战指定继承人的继承权。取得胜利的氏族希望能够在下一次继位之争中继续取得胜利，而败下阵来的氏族则怀恨在心，想要报仇雪恨，甚至不惜与本氏族的死敌结成同盟。继位之争有可能会一直延续下去，直到实力更强的氏族彻底战胜实力较弱的一方，或者封建宗主将自己中意的人选强加于处于臣属地位的宗族。自 15 世纪中期起，奥尼尔宗族一个分支一直与统领氏族的奥尼尔作对，并与盘踞于蒂龙西北方的奥唐奈宗族结盟。1493 年，篡位者和弑父者亨利·奥格得到了斯莱尔特埃尔特家族，即奥马的阿特·奥尼尔（Art O'Neill of Omagh）的后代的支持，自立为奥尼尔。从属于他人的领主成了独立的统治者。14 世纪中期，克兰迪博伊的奥尼尔宗族成为独立的宗族，并统治了安特里姆、唐恩的绝大部分土地。

对盖尔人领主而言，土地以及生活在土地上的居民都是他的所有物。这种政治统治与地主权力合二为一让盖尔人领主获得了极大的权势。即便是实力较弱的领主，也能随意向封臣收税——这就是所谓的“鱼肉乡民”。英格兰观察家批驳这种会让领主成为暴君，让下属封臣成为奴隶，甚至过得比奴隶还悲惨的权力架构，“因为一般来说，奴隶主会为奴隶提供餐食，但在爱尔兰，反倒是奴隶要供养领主”。征收供品的能力是检验领主权的终极试金石；一位真正有权势的领主，一方面要能迫使从属者缴纳税捐，一方面又能抵御他人的横征暴敛，并且保护自己的从属者，避免他们向其他人缴纳税款。在 16 世纪的爱尔兰，“用了我的东西，就要保护我”是一句十分流行的谚语，因为领主收了贡物，就要提供保护，主持公道。即便在和平时期，税负仍然很重，而领主间无休止的战争更会让他们对供品的需求成为无底洞。当时的爱尔兰还是一个以实物作为支付手段的社会，领主可以要求从属者缴纳各种形式的供品，但仍然有一些无理的要求会被视为暴政，是“黑心”的行为。麦卡锡・莫尔压榨德斯蒙德西南山区的居民，为手下的猎人、猎犬提供食物，又向低地地区的居民征税，用来供养麾下的士兵。这种横征暴敛的行为被称为 dowgallo，即黑租，“所有的自由持有农都对此愤愤不平……将其视为强征暴敛和敲诈勒索”。

在这样的社会里，暴力既是维持和平的制裁手段，又会成为破坏和平的罪魁祸首。曾经传说在举行洗礼时，爱尔兰人会有意不让男婴将来用来持剑的手沾到圣水，为的是让他们未来挥剑杀敌时更加致命。到了中世纪晚期，爱尔兰的领主不再召集领地内的自由民参与军事行动（所谓的“起兵”），而是开始依靠雇佣兵，要么请来对雇主忠心耿耿的斧手，要么雇佣爱尔兰本土的科恩步兵，他们作战勇猛、顽强不屈，令盟友敬佩，又令敌军闻风丧胆。爱尔兰领主一般不会将领地内的农民武装起来，直到 16 世纪 60 年代，由于沙恩・奥尼尔（Shane O’Neill）急需扩充军力，才在阿尔斯特境内武装了“自己国土的”农民。领主靠领民的税负供养军事力量，并用这支军事力量镇压心存不满的领民，所以他们不会愿意听取民意，除了少数像领主那样招募了雇佣兵的下属封臣。领主必须解决军队的粮草问题。无论是在威斯敏斯特，还是在都柏林，英格兰当局的大臣考虑革除爱尔兰盖尔文化区的弊端时，肯定先将矛头指向一种“由地狱的魔鬼定下”的制度。这就是所谓的“借宿与餐食”[①]：领主有权要求领民本着好客精神，为军中的士兵、仆从、马匹提供食宿，而所谓的“好客精神”是以武力威慑领民款待士兵的委婉说法。

在爱尔兰的盖尔文化区，以物易物是最常见的贸易方式，农业基本上还只能自给自足，所以领主不可能靠征收货币地租支付军饷。他们转而要求农户，尤其是贫农家为士兵提供临时住宿，相当于拿实物抵军饷。奥尼尔有一支常备军，他要求从属于自己的酋长为他们提供住宿，等于在向酋长征收“阿尔斯特的永久驻兵[②]”税。在这个崇尚好客的社会里，每一位封臣都要为上一级领主及其随从提供“食橱”（晚餐）和“免费招待”（住处、食物）。按照传统习俗，免费招待是在冬季初春时节，这时食物稀少，举办宴席也最困难，如果领主这会能够迫使封臣尽此义务，就可以大显实力，好好犒劳追随者。1493 年，梅利丰特修道院院长向阿马大主教控告领主用“威胁、恐吓、发怒”的手段，敲诈修道院的餐宿。这里说的是领主对非下属封臣的压榨，目的不是为了公共利益。在盖尔文化区，几乎不存在征税前须征得纳税者同意的原则，生活在边境，挨着“百战之地”的居民认同向领主支付税捐以换取保护。帕莱地区有很多人被迫迁走，盖尔人封臣渐渐取而代之。亨利七世时期有一本为盎格鲁－爱尔兰人而写的小册子哀叹道，“英格兰的封臣几乎

① 原文为coyne and livery，其中coyne源于盖尔语coinnem，意为住宿，而livery则为领主的起兵提供餐食、床位、饲料、马厩的义务，所以将coyne and livery结合起来，译为“借宿与餐食”。

② 此处的原文为Bonaght，源自爱尔兰语buannacht，其中buanna指在他人家中住宿的职业士兵，而acht则是一个后缀，意思是永久的，所以译为永久驻兵。

都对这片土地避之不及”。盎格鲁－爱尔兰领主和盖尔人领主采用的借宿与餐食这种榨取民脂民膏的税收体系，似乎是导致爱尔兰岛始终无组织无法纪的罪魁祸首，既可算作地区混乱的外部表现，又可视为频频出乱的内因。

16 世纪初，一位盖尔政体的观察家认为，爱尔兰的局势表现出了前所未有的稳定性，而爱尔兰的酋长维护了国内的和平安定，人们甚至可以耕种土地。然而，这位观察者虽然认可了盘踞于克莱尔的托伊布林恩的奥布赖恩（O’Brien of Toybrien）、卡伯里的麦卡锡·雷（MacCarthy Reagh of Carbery）、马斯克里的科马克·奥格·麦卡锡（Cormac Óg MacCarthy of Muskerry）、德斯蒙德的麦卡锡·莫尔（MacCarthy Mór of Desmond）、特康奈尔的奥唐奈如日中天的权势，但他也认为他们居心险恶，保护治下之民是为了“像守护羊群免遭恶狼吞食的贪婪猎犬那样……好让自己大快朵颐”。在土地所有者看来，上级封建主对自己压迫而不是保护，所以他们不断寻找地位更高的领主，希望能够得到保障、讨得公道。从 16 世纪开始，世系尊贵的酋长进一步侵蚀了实力较弱的宗族，统治力得以增强。在 15 世纪后半叶，许多爱尔兰领主的权势被削弱。在康诺特境内，麦克马洪宗族曾经是布雷夫东部地区的统治者，但在 1469 年，酋长继承人去世后，他们的土地不断遭到当地实力强大的奥赖利家族的侵吞，失去了酋长的地位，到了 1534 年，奥赖利之子谋害了麦克马洪宗族的肖恩氏族的最后一个领袖。而奥赖利宗族也要依附实力更强的领主；吞并麦克马洪宗族的土地后，他们舍弃了本地的奥尼尔宗族，转而寻求奥唐奈宗族的保护。

16 世纪，爱尔兰的封建宗主将他们的保护地扩展到了自己的领土之外。由于这种保护地是通过武力延伸的保护，受保护者要上缴供品，所以酋长必须保卫受自己保护的势力范围，甚至不惜为此大动干戈，一旦没能保护从属于自己的酋长，那么受害者就肯定会寻求新的保护者，这将带来危险的政治后果。为了维护自己的权势，至高酋长会亲自巡游或派遣管家[①]（收税员）前往从属者的领地。因此，1539 年，斯莱戈的奥康纳作为奥唐奈的封臣，才会陪伴奥唐奈的管家前往下康诺特，以确立奥康纳对该地的领主权并征收供品。爱尔兰的盖尔文化区出现了庞大的保护网络，保护者提供保护，而受保护者要进献供品、提供军事服务，两者间的互利关系替代了以领土为纽带的关系，在盖尔人酋长独立统治的最后一段时期内，成为盖尔文化区的特点，也决定了该地区的政治特征。然而，在爱尔兰最具实力的封建宗主并不是盖尔人酋长，而是盎格鲁–爱尔兰封建领主，他们将盖尔人的习俗与本民族的习俗结合了起来。

在爱尔兰，没有任何一位领主能够在权势上与菲茨杰拉德家族的历代基尔代尔伯爵比肩。将第八代基尔代尔伯爵加勒特·莫尔视为保护人的爱尔兰领主就有不下 20 人。1504 年，加勒特·莫尔在戈尔韦附近的诺克多与克兰里卡德的尤利克·伯克（Ulick Burke of Clanrickard）交战，为此召集了阿尔斯特和中部地区诸多效忠自己的领主：蒂龙的奥尼尔宗族、东布雷夫的奥赖利宗族、奥利尔的麦克马洪宗族、南阿马的奥汉隆宗族、艾维的莫根尼斯宗族、奥法利的奥康纳宗族、安纳利的奥法雷尔宗族。奥克利里家族四位

① 原文为maor，为古爱尔兰语，意为管家。

著名史家，他们侍奉特康奈尔的奥唐奈，史称“四大师”[①]，记录了“王室英雄奋勇冲锋”的史话。海梅尼的奥凯利（O’Kelly of Hy Many）、梅奥伯克家族、莫伊勒格的麦克德莫特（MacDermot of Moylurg）、奥康纳·罗（O’Connor Roe）、休·罗·奥唐奈与帕莱地区的领主也跟随基尔代尔伯爵上阵杀敌，为伯爵赢得了胜利。这是基尔代尔伯爵和英格兰国王的胜利，因为基尔代尔伯爵不仅是盖尔人领主的封建宗主，也是英格兰国王任命的爱尔兰总督，因此他率军西进其实是为了维护亨利七世作为爱尔兰领主的权威。加勒特·莫尔担任爱尔兰总督长达33年，他的儿子加勒特·奥格（Garret Óg）在1513年继承该职位，这几乎与继承家族的爵位没有任何区别。

自从至高王退出历史舞台后，爱尔兰还没有出现像基尔代尔伯爵这样有权势的领主。第八代、第九代伯爵是爱尔兰大片地区的霸主，他们拥有大片领地、众多封臣、能指挥军队，门客攘攘，包括领地位于帕莱地区周边及其外延地域的许多盖尔人领主。1518年，基尔代尔伯爵的地租账簿上记下了24位向他纳贡的盖尔人酋长的姓名。第八代伯爵率军在爱尔兰东征西讨，令爱尔兰岛的领主充分认识到他的权威。1515年，“有人说”，在过去的300年中，爱尔兰从未出现如此和平的局面，“爱尔兰的敌寇从没像现在这样，惧怕国王任命的爱尔兰总督。”第八代基尔代尔伯爵将其在基尔代尔郡的权力当作特许权来行使：自由任命领地官员，根据自己的利

---

① 奥克利里家族以学问著称，世世代代作为史家侍奉特康奈尔的奥唐奈宗族。文中提到的“四大师”是17世纪中期该家族的四位史家，他们整理早期的爱尔兰编年史，以大洪水为起点，以1616年为终点，编写了一部记录爱尔兰历史的编年史，史称《四大师编年史》。

益，时而采用英格兰法规，时而采用爱尔兰法规。在该郡，伯爵也会行使“借宿与餐食”权，但与盖尔领主明显不同的是，他取得了治下之民的同意。历代基尔代尔伯爵仿佛是英格兰边境领主的极端个例，几近一手遮天的地方霸主，在“百战之地”与英格兰的政敌过从甚密。但他们从未忘记自己的权势、荣耀是建立在国王任命的官位的基础上，从未想过要像盖尔人的至高酋长那种独立自治。第九代基尔代尔伯爵少年时曾在王庭侍奉亨利八世，后来他致信亨利表达誓死效忠，声称如果无法向王效忠，那么“我本人，以及我的后代，就将以毁灭收场”。

1520 年，奥唐奈提醒亨利八世，如果他还将爱尔兰总督的职位授予基尔代尔伯爵，那么他还不如把爱尔兰领主的头衔永远让给菲茨杰拉德家族。1522—1524 年，第八代奥蒙德伯爵皮尔斯·巴特勒（Piers Butler）被任命为爱尔兰总督，但他只做了一段时间，因为他没有足够的军事、财政实力，无法履行总督的职责，而且基尔代尔伯爵心怀不满，利用自己的权势处处作梗。1524 年，奥蒙德伯爵丢了官帽，被基尔代尔伯爵取代，从而埋下破坏爱尔兰领地的和平安定的祸端。第十一代德斯蒙德伯爵属于菲茨杰拉德家族，是基尔代尔伯爵的亲属，他私通法国国王弗朗索瓦一世，为奥蒙德伯爵提供了口实，将叛国罪嫁祸给基尔代尔伯爵。1526 年，奥蒙德伯爵、基尔代尔伯爵奉召前往王庭，为盖尔人边境居民提供了劫掠英格兰人的可乘之机。两年后，奥蒙德伯爵得以返回爱尔兰，但基尔代尔伯爵被迫滞留英格兰王庭。与此同时，奥法利的布赖恩·奥康纳胡作非为，基尔代尔伯爵没少暗中怂恿。是年，基尔代尔伯爵险些遭到叛国罪的指控。

16 世纪爱尔兰政治的派系斗争一直与英格兰王庭的朋党之争

存在联系。1532 年，基尔代尔伯爵再次被任命为爱尔兰总督，这在一定程度上是因为他得到了诺福克公爵的帮助，公爵不仅想要对抗巴特勒家族，保护自己对奥蒙德领地的继承权，还将基尔代尔伯爵视为维持爱尔兰和平稳定的最佳人选。然而，基尔代尔伯爵的对手，都柏林大主教艾伦和巴特勒家族，与对爱尔兰局势越发感兴趣的托马斯·克伦威尔保持着密切的联系，而克伦威尔介入爱尔兰事务令基尔代尔伯爵产生了不祥的预感。1533 年 9 月，基尔代尔伯爵又被传唤去往英格兰王庭。这一次，伯爵夫人先行前往，他自己则留在爱尔兰，开始囤积军备物资。同年底，克伦威尔在备忘录中写道："他的目的是尽可能地纠集爱尔兰的主要叛党"，并且"防备其他任何人有可能在爱尔兰采取的行动"，这里"行动"的实际意思是阴谋。在让儿子奥法利勋爵托马斯（Thomas, Lord Offaly，又名"锦衣托马斯"[①]）代为统治之后[②]，基尔代尔伯爵于 1534 年 2 月来到英格兰。3 个月后，基尔代尔伯爵被证明犯下了"许多极恶罪行"，奥法利勋爵收到了父亲的消息，要他"扮演最好或最温和的角色"，以及不要相信爱尔兰的委员会。1534 年 6 月 11 日，奥法利勋爵率兵横穿都柏林城，召集委员会，不仅当众抨击亨利国王的政策，还交出了代表总督权威的宝剑，向世人宣示杰拉尔丁家族（菲茨杰拉德家族的别称）与国王对抗的决心。之后艾伦大主教被人谋杀，都柏林城堡也被重重包围。

奥法利勋爵的叛乱是针对王权发起的叛乱，这不是因为勋爵

① 原因是他喜欢锦衣华服，就连旗帜也必须使用丝绸制成。

② 1534年2月，基尔代尔伯爵召开委员会，将奥法利勋爵提名为爱尔兰副总督。

走投无路，而是他被自信冲昏头脑。杰拉尔丁家族认为，不管英格兰在爱尔兰建立何种政府，也无法取代本家族在这里的关系权力网，无论中央政府推行何种政策，只要得不到他们的支持，注定一事无成。他们反对中央政府的温和改革建议，走上了反叛的道路。这场叛乱就像16世纪之后爱尔兰的所有叛乱那样，将实现宗教诉求当作起兵的理由，尽管实际上并未促进当地的宗教发展。托马斯勋爵将“爱尔兰全部军事力量视为在腰带下拧成的绳结”，召集了芒斯特的托蒙德的康纳·奥布赖恩（Conor O’Brien of Thomond）、德斯蒙德的菲茨杰拉德、盘踞于阿尔斯特的康恩·巴卡克·奥尼尔（Conn Bacach O’Neill）、奥法利的奥康纳到自己的麾下。然而这次叛乱是一次令人绝望的误判。就连基尔代尔伯爵及其盟友也无法抵挡都铎王朝的大军，而神圣罗马帝国的皇帝查理五世之前承诺派出的援军一直没有到来。最后共有75名叛军领袖被处以极刑。菲茨杰拉德家族在爱尔兰的统治分崩离析，不仅由其建立的受保护地群龙无首，其领地也遭到没收。这不仅是菲茨杰拉德家族之灾，也是爱尔兰领主的悲剧，因为基尔代尔家族的覆灭也导致其在爱尔兰建立的霸权崩塌，岛内的脆弱平衡关系，以及在此基础上建立的和平更是无以为继。当英格兰总督跌跌撞撞地转向其他方式来治理爱尔兰领地时，盖尔人领主则纷纷寻找新的结盟对象来替代旧有的同盟，导致岛内政局愈发动荡，令英格兰人、爱尔兰人聚居区日渐疏远。

在英格兰确立了至尊王权之后，亨利八世想要将爱尔兰领地纳入王权管辖范围。1536—1537年，爱尔兰议会颁布了一整套改革法案。英格兰国王不仅被视为“整个爱尔兰教会在世间唯一的至高领袖”，更是获得了对爱尔兰境内所有宗教团体的管辖权。1537

年，有少数几座修道院遭到解散。它们精神上偏离正轨，走向了自我毁灭的边缘，因而难逃被解散的命运。还有证据表明，某些修道士暗中支持杰拉尔丁家族叛乱，说明在他们眼中，向本地领主效忠比向国王尽忠更重要。亨利剥夺了基尔代尔伯爵及其家臣的法权，并且没收了杰拉尔丁家族及修道院的大片土地，从而提升了王国的收入，获得了恩赏臣下的丰厚物资。拥有盎格鲁－爱尔兰血统的帕特里克·芬格拉斯爵士（Sir Patrick Finglas）是御前法庭的首席法官，他在 1534 年前后提出一项方案，指出应当“让年轻贵族、绅士离开英格兰”，扎根都柏林以南动荡的边境地区，接管被解散的修道院的土地。尽管芬格拉斯的温和谋划没能付诸实施，却是越来越激进的移民和开荒计划的先驱。许多当权者不断思考应该如何改革爱尔兰，其中有不少人熟读罗马历史，他们开始相信无论从战略上，还是从道德层面上讲，在爱尔兰建立殖民地刻不容缓，这样做不仅可以推广英格兰的法律、习俗，还能提醒爱尔兰领主在新的爱尔兰王国中义务的改变。随着殖民计划的推进，爱尔兰出现新一批英格兰人；他们不是在爱尔兰出生，而是来这里定居、垦荒、谋取私利的“新英格兰人”。

起初，英格兰国王取代教皇成为教会领袖几乎没有遇到什么阻力。然而这种顺从只是暂时的。方济各会的守旧派（“方济各会的顽固派”）① 开展了消极抵抗运动。1539 年夏至 1540 年夏，当局完成了对王室直属领地内所有修道院的解散工作。1538 年至 1539

① 即方济各会中严格遵守创始者圣方济各定下的戒律，坚绝不拥有额外财产（即除维持生存所必须的财产之外的所有财产）的派系；英格兰的政府官员将他们称为“顽固派”。

年冬，当局又将矛头指向了圣像、圣祠、朝圣地和广受信众欢迎的朝拜场所。凯伊湖的编年史家哀叹道："不管是神圣的十字架，还是圣母马利亚的雕像，抑或其他受人崇拜的圣像，只要是在他们（王权）的管辖范围，就绝无幸免的可能。"帕莱地区人心惶惶，好似世界末日近在眼前。然而，在包括芒斯特、康诺特、阿尔斯特在内，所有由盖尔人领主统治的地区，镇压天主教信仰的行动未能进一步推进。托钵修士可以继续按照修会的传统修行，"遵循教皇定下的旧制"，不需担心遭到责罚。之后，宗教改革与英格兰君主的关系进一步激发了爱尔兰人抵抗改革的决心。在政府镇压天主教信仰期间，爱尔兰的领主发动了危险程度前所未有的大叛乱。这波起义很容易被视作对旧宗教的威胁，而盖尔人带着政治目的发动的叛乱则披上了十字军圣战的外衣。

杰拉尔丁叛乱的失利虽然动摇了爱尔兰以家族联盟为基础的旧体制，却没有令其四分五裂。爱尔兰境内的领主已经不堪一击，人人惶恐不安，但他们在地方上的权势完好无损，若能团结一致，定能汇聚一股令人望而生畏的力量，就连都铎王朝的军队也无法把他们踩在脚下。以奥赖利、奥尼尔、奥唐奈为代表的盖尔人领主拥有比爱尔兰总督更庞大的骑兵团。旧有的同盟关系破裂之后，盖尔人领主想要趁着杰拉尔丁家族一蹶不振扩大自身的势力，为此不惜与宿敌缔结全新的同盟关系，与之前相比，他们更加反复无常并有可能造成更大威胁。盖尔人领主不会轻易向都铎王朝屈服。麦卡锡·雷言语之间流露出对王权的挑衅："它用宝剑赢得的一切，一定也要用宝剑守护到底。"在阿尔斯特，奥尼尔及其下属领主依然与王权敌对，而作为新一代奥唐奈，马努斯更是气焰嚣张，仗着自己的统领天赋漫天要价。在伦斯特，三大氏族奥康纳、奥莫尔、卡瓦纳则在等待袭击帕莱地区的时机。在康诺特，梅奥伯克家族、斯莱戈的奥康纳家族、奥马利家族仍然坚守阵地，未被英格兰国王征服。在爱尔兰西部的芒斯特境内，拥有托蒙德领主权的奥布赖恩家族为杰拉尔丁家族的逃亡者提供庇护所。有一帮杰拉尔丁家族的追随者以“亲属、婚姻、寄养”等关系为纽带聚居在一起，“与看见上帝降临人间相比，更希望看到杰拉尔丁家族大获全胜”。“胸部烙有‘杰’字烙印的”死硬派杰拉尔丁支持者都将希望寄托在了奥法利勋爵同父异母的弟弟“小杰拉德”身上。奥法利勋爵叛乱失败后，“小杰拉德”的婶婶埃莉诺·麦卡锡女爵（Lady Eleanor MacCarthy）先是将他秘密护送到了爱尔兰西部，之后又与马努斯·奥唐奈成婚，想要令北方的盖尔人大领主与芒斯特境内的盖尔人大领主结成同盟，借助盖尔人的力量恢复杰拉尔丁家族的威望。

1536 年，伦纳德·格雷勋爵（Lord Leonard Grey）临危受命成为总督，抵达血雨腥风的爱尔兰。之后的 3 年中，格雷勋爵马不停蹄地在爱尔兰作战，而手下的士兵不听号令，比爱尔兰叛党更让勋爵恐惧。当他遇到强敌，与某些盖尔人领主达成妥协时，马上就会遭到私通爱尔兰人的指控，甚至有人控诉他想要帮助杰拉尔丁团伙恢复元气，顺势当他们的首领。他的政敌宣称勋爵每天夜里会与爱尔兰人“密会”；奥康纳袭扰着帕莱地区，却被勋爵“视为左膀右臂，无人能及”；奥尼尔是勋爵的教子；奥莫尔的几个儿子是勋爵的“心肝宝贝”；“总督大人简直就是转世的基尔代尔伯爵”。上述指控出自奥蒙德伯爵及其追随者[①]，他们妄图取代杰拉尔丁家族的地位，却因

① 本段之前引号中的所有内容均摘自第九代奥蒙德伯爵詹姆斯·巴特勒的信件。

爱尔兰总督的阻挠而屡屡受挫，殖民地总督严加防范爱尔兰再次出现像基尔代尔伯爵那样强大的领主。格雷勋爵力挺巴特勒家族的宿敌，执意要与巴特勒家族对抗，结果卷入了爱尔兰统治阶层内部的旧怨。如果格雷不急躁冒进、咄咄逼人，那么他保护服从王权的领主，严惩拒不遵命的领主的策略，就有可能取得不错的成效。

为了应对格雷勋爵，局势瞬息万变的爱尔兰出现了全新的盖尔人领主联盟，其威胁程度令之前类似的联盟相形见绌。1539 年夏末，爱尔兰爆发了杰拉尔丁联盟战争。奥尼尔、奥康纳二人率领他们在阿尔斯特境内的从属领主，穿越劳斯、米斯两地，剑指塔拉，奥尼尔打算在那里加冕为爱尔兰的至高王。杰拉尔丁联盟对英格兰王权形成了新的威胁：以保卫天主教、捍卫教皇权威为名结成的盖尔人反抗联盟，该联盟还有可能从法国、苏格兰获得外援。爱尔兰的托钵修士、神父一边声讨亨利八世，称他为“世间臭名昭著的异端、最大的恶人”，一边向叛乱者承诺，如果是为推翻亨利丢掉了性命，那么他们可以直接升入天堂。不管是斯莱戈的奥康纳与奥唐奈，还是奥唐奈与奥尼尔，曾经“不共戴天的仇敌”成了共御外侮的盟友。奥布赖恩拒不与奥蒙德伯爵达成停战协定，因为奥尼尔、奥康纳、奥图尔是“他决定要进退与共的爱尔兰盟友”。尽管在阿尔斯特边境的贝拉霍吃了败仗[①]，但联盟仍然坚持到了 1540 年，最终击败它的不是都铎王朝的军事力量，而是安东尼·圣莱杰爵士（Sir Anthony St Leger）的外交攻势、糖衣炮弹。1540 年夏，伦纳德·格雷勋爵成了英格兰宫廷政治斗争的牺牲品，这场斗争使

① 该战发生在1539年8月，奥尼尔、奥唐奈两人率领的联军被伦纳德·格雷勋爵击败。

得克伦威尔下台；同年秋，诺福克公爵的追随者圣莱杰取代格雷，成为新一任爱尔兰总督。被称为“叛国小贼”的小杰拉德[①]逃往法国，令杰拉尔丁一派的所有希望烟消云散。

在过去3个世纪中，英格兰国王向盎格鲁-爱尔兰领主分封爱尔兰的土地，帮他们在岛内建立霸权，以此实现王权对爱尔兰的征服，但这一政策最终以失败告终；通过军事占领来实现征服也无法获得成功，因为英格兰并没有足以占领爱尔兰的军事资源；因此，英格兰当局设计了通过和解来实现征服的方针。1541年6月，爱尔兰议会在都柏林举行会议，宣布亨利八世为爱尔兰国王，取代了领主的头衔。这一变化将产生极其重大的后果。此后，爱尔兰有了一位既没有举行过加冕和受膏仪式，更没有受到加冕誓言的约束的国王，来维护爱尔兰臣民本就摇摇欲坠的特权。爱尔兰国王的身份从未从英格兰国王的身份中独立出来，而一旦这两个王国发生了利益冲突，英格兰的利益始终要考虑在先。爱尔兰的议会、枢密院同样从属于英格兰的议会、枢密院。爱尔兰现在是一个王国，但不是独立的主权国家。爱尔兰的国王从不踏足它、从不信任它，还认为它的习俗都是奇风异俗，也绝不会让它拥有自治权。

此后，爱尔兰成了从属于同一个领主权而非多个领主权的领地。《国王头衔推进法案》（Act for the Kingly Title）提供了法律基础，让国王可以在盖尔领主拥有统治权的领地内行使管辖权。英格兰国王必须让自己在爱尔兰的权力转化为实实在在的权势——推行自己的宗教，实施自己的法律，按自己的意愿征收税款。亨利成为爱尔兰国王之后，任何抵抗行为都不再是爱尔兰敌人对抗英格兰人

① 此时，小杰拉德还未满15岁。

的行动，而是臣民反抗君主的叛逆之举。爱尔兰居民不再分成国王的英格兰臣民和国王的爱尔兰敌人这两大团体，而是融为一体。这两大团体受同一套法律管辖，如果他们遵守法律，就会得到国王的保护。圣莱杰将协商、调解作为手段，想要赢得盖尔人领主的支持，从而将爱尔兰不同的政治团体整合起来，令其承认英格兰王权的统治地位，向英格兰国王效忠。考虑到当时的实际情况，圣莱杰的确在一定程度上打消了盖尔人领主认为英格兰国王企图夺取其领地内财富的戒备之心。然而，镇压天主教信仰的行动的结果极具有启示性。在盖尔文化区，解散修道院要看圣莱杰与当地领主协商的结果，尽管世俗领主有可能取代教会获得土地所有权，但仍有许多修道院得以存续了下来，而修道之人也保留住了对土地的所有权。

圣莱杰担任总督期间，英格兰当局开始针对爱尔兰各大酋长推行新政，并持续了一个世纪。按照政策要求，各大酋长必须承认国王的统治地位，不但要放弃在各自领地意味着独立统治权的司法管辖权，还不可将宗族名当作头衔，而是通过国王颁布的特许状，以国王封臣的身份重新领受原先的土地，当作国王封受的封建领地。盖尔人的领主权会转变为封建领主权，盖尔人的土地保有制也将会被英格兰的土地保有制取代。当前，爱尔兰的领主可以通过法律而不是武力自由地保有封地，后代按照长子继承制也可以继承父辈的封地。然而，英格兰的立法者混淆了领主的领主权与所有权，将土地当作财产，以爱尔兰法令、习俗未有规定的方式分封给了领主。在爱尔兰的盖尔文化区，土地归氏族而非领主所有。随着酋长继承人制被长子继承制取代，宗族成员不但失去选举和被选举的权利，还失去了土地所有权。政策的实施并没有引发领主全面没收从属者领地的情况，但一些领主借机侵害从属领主，扩充了自身的利益。英格兰当局希望长子继承制能够彻底取代原有的继承制度，但想要推翻酋长继承人制绝非易事。某位领主的臣服未必意味着他的继承人、所属的氏族会接受英格兰当局的约束，因为盖尔领主是由盖尔政治制度选举产生的，而那些不认同酋长继承人的氏族不可能去支持一位世袭的酋长，或者接受一位领主指定的继承人。康恩·奥尼尔之子沙恩是由宗族选举的酋长继承人，但奥尼尔却指定马修为继承人，推举他为邓甘嫩男爵[①]，剥夺了沙恩的继承权，造成了极其严重的政治后果。尽管马修是得到国王认可的合法继承人，但在奥尼尔宗族没有任何地位，在1558年因与沙恩的支持者爆发冲突遭到杀害。在英格兰当局看来，沙恩夺取蒂龙、阿尔斯特两地的控制权就是在篡夺合法继承权，无异于公然挑战新的继承制度，如不加以严惩，英格兰王庭势必颜面扫地。尽管如此，最开始时还是有许多盖尔人领主接受了这项政策。势力强大的盖尔人领主、接受了盖尔文化的领主一个接一个地臣服了。他们不仅交出了土地、头衔，还承诺会率兵与国王的敌人作战，以此换得国王的保护。在决意向王权低头之后，他们毫无顾虑地断绝了与教皇的关系。承认国王的权威会被授予管辖权，可以在各自领地上享有圣俸，这有助于说服他们臣服。奥尼尔、克兰里卡德·伯克、奥布赖恩这三位大领主宣誓向王效忠后，分别获得蒂龙伯爵、克兰里卡德伯爵、托蒙德伯爵的爵位，实力弱的领主获得的爵位较低。

为何这些曾经无视或蔑视英格兰王权的领主突然接受招安

① 马修是康恩·奥尼尔的私生子，但他的婚生子沙恩却认为马修与奥尼尔没有血缘关系，只是一个被父亲指定为继承人的外人。1542年，亨利八世颁布公开令状，授予康恩·奥尼尔蒂龙伯爵的爵位，并在同一份令状中将邓甘嫩男爵的爵位赐予奥尼尔指定的继承人马修。

呢？为何这帮不久前还信誓旦旦地声称“不成功，便成仁”的死硬派突然倒戈来降了呢？一些人屈服于武力，比如奥尼尔在蒂龙遭到英格兰军队入侵的沉重打击之后臣服了，这起事件对其他领主也具有启发意义。一些从属领主会想方设法摆脱上级领主的支配，比如马斯克里的麦卡锡家族就借此机会，摆脱了麦卡锡·莫尔的控制。还有一些领主自身地位不够稳固，担心在将来失去领地，也选择了归顺。盖尔人领主认识到旧体制中的宗派主义是政局不稳的祸根，忌惮穷兵黩武的爱尔兰总督，并意识到外国君主的诺言随时有可能收回。而与国王达成妥协，就可以保护自己的财产，并可能解除武装。一位嫌隙盖尔人的英格兰官员认为，指定一个继承人，而不是看着“二十个私生子”争斗，也许能让盖尔人领主看到归顺的好处。可能没几个盖尔人领主会认为归顺是永久性的。他们见机行事，只为得到现实的利益才会服从英格兰国王，从来不会像臣民那样忠诚。尽管康恩·奥尼尔同意“舍弃”奥尼尔之名，相信自己能成为向英格兰国王效忠的爱尔兰贵族蒂龙伯爵，成为不再幻想染指至高王权的盖尔人领主，但他的继任者抛弃了蒂龙伯爵的身份，不再向英格兰国王效忠，计划前往塔拉霍格之石，重新领受奥尼尔之名。到了 16 世纪末，“塔拉霍格”与“奥尼尔”成了叛乱的代名词。1595 年，亨利·巴格纳尔爵士（Sir Henry Bagenal）在信中含沙射影地提到了休·奥尼尔（Hugh O’Neill）：“那个叛国贼跑到塔拉霍格之石那里去领受奥尼尔之名了。”

司法

在被押送到伦敦塔的途中，安妮·博林问道：“难道我要含冤而死了吗？”听到有人向她担保，“即便是最卑微的臣民也能得到公正的对待”后，她只能一笑了之。安妮来到法庭，在法官、陪审团的面前接受审判，按照英格兰的法律被判处死刑。由于陪审员不是她的仇敌，就是国王的奴仆，所以尽管安妮清白无辜，有罪判决也不可避免。在一本有关安妮的时祷书上，一个同时代的人在描绘着耶稣站在该亚法（Caiaphas）[①]面前接受审判的图画旁边写下了“就这样，你遭到了伪证的指控”。那些认为由于证据不足，安妮的弟弟罗奇福德勋爵将会无罪开释，以十比一的赔率下注的廷臣全都血本无归。作为主持公正的工具，法律一直都有不足之处。审判身居高位的被告时，政治需要也许会比司法公正更能左右审判结果；对穷人来说，法律更有可能带来苦难，而不是帮他们维护自身利益。然而，英格兰司法有失公正，与其说是由于法律存在漏洞，不如说是法律理论完全脱离了法律实践的结果：无论是贪赃枉法、软弱无能的陪审团成员，还是偏袒包庇的郡长、治安法官，甚至是在加冕时宣誓要维护法律，但仍提出各种要求的国王，全都会成为司法公正的大敌。

1541年，受到叛国罪指控，被关在伦敦塔里的托马斯·怀亚特爵士为自己写了辩护状，并为英格兰法律辩护。面对死亡的威胁，他必须说服自己相信任何陪审团都不会对无罪之人做出有罪判决。怀亚特坚称，国王不会迫使任何臣民做出违背良心的事情；“他一定会按照自己定下的法律办事，甚至还会法外开恩”。他提醒主审法官，1534年，戴克勋爵得到贵族的无罪开释后，国王并没有挟怨报

① 该亚法是犹太大祭司，他参与了犹太议会对耶稣的审判，是谋害耶稣的凶手。

复。然而，亨利作为身兼英格兰教会至高领袖的国王，的确迫使臣民做出过违背良心之事。他原谅了怀亚特，但他也可以不这么做。

当时英格兰人认为，法律反映了上帝的公平正义，而无论是亨利本人，还是忠于他的臣民都认为，他的王权是上帝授予的。渐渐地，亨利开始否认法律可以限制君权："我有绝对的权力，可以凌驾于法律之上。"《主教之书》(*Bishops'Book*) 是1537年亨利制定的信仰定则，对于那些担心都铎王朝会实施专制暴政的臣民来说，亨利对该书的修改令他们胆战心惊。亨利改动了规定国王只有根据"王法的公正秩序"才能强制、杀死臣民的文句，令其仅对"下级统治者"，即国王的代理人，具有约束力。国王有可能打着法治的旗号治民，不从良心、公道方面进行调整，这样做是有风险的。御前法庭的首席法官警告道，"*extremum jus is summa injuria*"——极端的公正有可能变成极端的不公正。沃尔西向法官提议要提醒国王认识到，合法的权利并不一定等同于公平公正："尽管依法如此，但也要讲良心。"亨利国王，其本能不总是体现在缓和法律严苛的一面。

剥夺法权，公众和国会对叛国罪的谴责，被亨利八世及其父亲当作政治驱逐的手段。亨利通过议会，以法令的形式拓展了法律权能，不仅创造了新的叛国罪，还在刑罚方面进行创新。按照亨利的法律，被定罪的投毒者会被处以烹刑（这种酷刑只执行过一次，受刑者是一个妄图毒杀费希尔主教而未遂的人），鸡奸者会像利未律法[①]中规定的那样被处以极刑。1534年的《至尊法案》、新的

① 《利未记》第20章第13节的内容为：人若与男人苟合，像与女人一样，他们二人行了可憎的事，总要把他们治死，罪要归到他们身上。

《叛国法案》让国王有了控制臣民良知的权力。凯瑟琳·霍华德警告情人，永远不要在忏悔时提到“二人间发生的”那些事情，因为“国王作为教会的至高领袖，肯定会得知忏悔的内容”。然而，英格兰并没有像许多人担心的那样，出现恐怖统治。1532—1540 年这八年间，英格兰、威尔士和加莱，一共有 883 人违反了叛国法，其中 338 人被处以极刑。在这 338 人中有 287 人曾经发动针对王权的叛乱，罪行无可辩驳。这很难说是对无辜者的屠杀。

有一个被当作叛国贼处死的人却从没有犯下叛国罪——托马斯·莫尔爵士。在拒不宣誓维护亨利定下的王位继承顺位，并决心永远不“对国王和教皇的头衔提出异议”后，莫尔发现自己的辩护滴水不漏，因为《叛国法案》只能惩罚公然否认国王地位的行为。如果保持沉默就可以保住性命，那么非要在断头台上求死，无异于自杀，这也正是莫尔将《叛国法案》称为“双刃剑”的原因，他认为该法案既可以夺人性命，也会让灵魂遭受折磨。莫尔一直保持沉默，但没人怀疑他的沉默是对国王所作所为的全盘否定，国王更是对此坚信不疑。然而，1535 年 6 月 12 日，莫尔在与副检察长理查德·里奇爵士（Sir Richard Rich）交谈时，终于打破沉默，像律师在“法庭上辩护”一样，表达了自己反对王权至尊的看法。里奇一口咬定，莫尔的确否认了国王的至尊权威，尽管莫尔一再声明里奇的证据是伪证，但他还是在法庭上被判有罪。7 月 6 日，在他的主保圣人“非见不信”的多马的瞻礼日前一天，莫尔引颈受戮。亨利国王想置他于死地，而整个过程也都依循了法律程序。

尽管新法律令人胆战心惊，但多半都只是威胁，通常不会付诸实施。英格兰与欧洲其他国家不同，没有将酷刑折磨纳入常规的司法程序。在都铎王朝头几位国王的统治期间，没有法官被免职，也极少有陪审团受到处罚。即便是事先安排好的陪审团，有时也会给出无罪判决。尽管如此，臣民仍然对严刑峻法创造的恐怖气氛记忆犹新。爱德华六世的近臣猛烈抨击国王的父亲“残酷的、血淋淋的法律”，称其为“德拉古[①]的法律……用鲜血写就”。加德纳主教后来声称，自己在亨利、爱德华时期给出的誓全是“希律的誓言”[②]。亨利自视为立法者查士丁尼[③]，但在英格兰，法律的编写者从来都不是国王。

无论是过去还是现在，英格兰的法律都是由三大要素组成的，即普通法、衡平法、成文法。普通法由臣民的习俗、法官的判例组成：它是不成文的法律，铭记在普通法律师共同的记忆中；它是古老的法律，没有可追溯的生效之日，它的效力已经在长久的历史中得到证明；它虽然不断得到新的诠释，却一成不变——至少普通法律师是这样认为的。御前法庭、民事诉讼法院、财政法庭是中央的三大普通法法院，均设在威斯敏斯特，而都柏林以这三大法院为原型，设立了相同的法院。在都铎时代，普通法受到外来民法（以罗马法为基础）、教会法的冲击，普通法律师则奋起捍卫自己的法律，认为普通法不仅是世界上最优秀的法律，也是历史最悠久的法律。

---

① 古希腊的政治家，立法者，曾为雅典编写法典，以严刑峻法著称（差不多所有罪行均会被处以死刑，就连“懒惰者”都难逃一死）。

② 希律·安提帕斯是古代犹太统治者。在希律的生日宴会上，他的继女莎乐美跳舞助兴；希律大喜，立下誓言，称可以满足莎乐美的任何要求，在得知她想要获得施洗者约翰的首级之后，虽然并不情愿，但碍于刚刚出口的誓言，还是派卫士斩下了约翰的首级。

③ 即东罗马帝国皇帝查士丁尼一世（约482—565），他编纂《查士丁尼法典》，为后世的法学奠定了基础，对大陆法系民法典的贡献尤其突出。

然而，就算承认普通法历史悠久，它也没有与时俱进：它的程序已经不合时宜，流程更是千疮百孔。自 15 世纪中期起，御前法庭的案件审理量就一直在下降。诉讼当事人放弃了普通法，转而要求由大法官掌管的衡平法院、星室法庭主持公道，想要以此加快案件审理的进程，并希望躲过地方法院、巡回法院的腐败习气。

早在数个世纪前，英格兰就建立了衡平法管辖权，如果普通法法庭没能让诉讼人获得应有的赔偿，那么他可以向国王上诉，要求由国王设立的衡平法院重新审理案件。衡平法院的大法官成了国王良知的守护者。衡平法院的规章会成为衡平法的法律条款，而一旦衡平法与普通法出现了冲突，则以衡平法为准。然而，衡平法院做出的判决有可能是武断的，因为大法官有极大的酌情裁断权，无论他是否具有法律知识，能否做到公正无私。与普通法不同，按照良知做出判决的衡平法具有很大的不确定性。御前会议的司法管辖权同样也存在过于武断的弊端，因其也是建立在衡平的原则上的。在亨利七世、亨利八世统治时期，御前会议在司法领域的作用越来越重要，最终演变成了正式的司法机构（尽管没有法律基础）。在沃尔西担任大法官期间，御前会议在星室内举行的会议演变成了正规法院的庭审过程。星室法庭地位的极速提升既是沃尔西的一大成就，也是他声称能够凭一己之力提供司法公正的结果。他的抱负是，无论贫富都能够获得司法公正，但随着更多人涌来，他的法庭无法满足众多诉讼人的诉求。沃尔西还想根除扭曲司法体系的腐败问题，而能否维护司法公正，取决于掌管司法过程的世俗之人能否守住摇摆不定的廉洁之心。

作为位高权重的高级教士，沃尔西掌握的司法管辖权远不止于此。教会管理信众的精神生活，如果无法阻止信众犯下罪孽，那么它就会采取惩罚措施。教会拥有欧洲最为周密的成文法（教会法）和最复杂的法院系统。教会之所以能够获得对全体教众的司法管辖权，是因为它担负着监管教众信仰、品德的重担。婚姻既是一项圣事，也是信众间一种涉及宗教律条的关系，而婚姻是否有效，子女是否具有婚生子的身份，全由教会定夺。教会法庭拥有极大的侦查权、审判权，尤其是在那些只与灵魂的救赎有关的案件中。由于能否遵守誓言关乎不朽灵魂的救赎，信徒一旦受到“伪誓妖女”的诱惑，灵魂就会堕入地狱，所以任何承诺、约定，只要在订立的过程中涉及誓言，都可以提交给教会法院，通过逐出教会的方式执行。教会将诸如诽谤、毁约之类，普通法律师认为应当归其管辖的案件纳入管辖范围，而将施加最严酷的惩罚的职责推给了世俗法庭——对异端执行火刑。

英格兰不仅拥有悠久、连续性的法律，还拥有完善的司法体系。法律体系和执法系统从国王一直延伸到村民。巡回法官每年两次前往各地巡回审判，负责审理超出治安法官职权范围的刑事案件。治安法官是地方治安的守卫者，接受任命后既要负责重罪[①]、侵权罪[②]的质询工作，又要负责逮捕罪犯，主持季审法院对罪案进行审理。虽然都铎时代的司法机构与现代的司法机构有着相同的名称，却不能用现代的标准对它们判决的罪案数量、罪犯人数进行衡量。即便最完备的法律条款也会在实际操作中被违反。按照《大宪章》赋予的权利，英格兰执行陪审审判制度，在每一件判决事实争

① 按照普通法的规定，重罪指会导致罪犯的土地、财产遭到没收，并且会引发额外惩罚（包括死刑）的罪行。

② 分为对人身、财产、土地的侵犯。

议的案件中，握有裁定权的不是法官，而是陪审团。这种制度的本意是为了维护审判的公正性，却有可能事与愿违。郡长既要负责令被告出庭受审，又要确定陪审团成员名单。无论是郡长贪污受贿、受人恐吓而渎职，还是陪审团出现了类似的问题，都有可能令判决结果有失公正。当时人们普遍忠于亲属关系，领主与从属者的主从关系，所以司法公正很有可能有失偏颇。托马斯·斯塔基在《波尔与勒普塞特的对话录》(*Dialogue between Pole and Lupset*，1529—1532 年成书）中写道："朋友多，好办事"；如果审理案子的法官刚巧是当事人的朋友，"事情一定不会出岔子"。

中世纪晚期，王庭的司法体系与更为悠久的民间公道体系并存，互不冲突。只有遇到无法私了的情况时，当事人才会诉诸公法，反过来讲，没有私人力量，公法也会失去执行力。一般来说，之所以土地保有权能够确定下来，人们不会轻易对簿公堂，地方上能够长治久安，依靠的并不是法律机制，而是人与人之间的互信关系。一直以来，领主都有权利、义务化解从属者的矛盾：不是去包庇犯罪的从属者，也不是在从属者发生争执时煽风点火，而是应当居中调停，息事宁人。权贵组成的议事会似乎投入了大量的时间仲裁争端、做出判决。如果从属者不接受领主的裁定，领主就有可能停止向从属者提供保护，这种威吓相当于是一种严厉的处罚。此外，领主的决策在其他许多领域也对从属者有约束力，加之从属者本身有义务服从领主，从属者自然愿意请求领主主持公道，不愿诉求法庭，更何况可能还要前往遥远的都城法庭。与烦琐的法律程序相比，私了更为快捷、成本更低、更灵活。有权势的领主亲自仲裁，能够让当事人满意，有利于维持安定，即便这样的解决途径不能让赢的一方真正获得法律上的胜利，以及没有法庭判决的保障。

然而，在地方上拥有上述大权的领主可能用手中的权力行恶，无视司法公正。1502 年，罗伯特·普兰普顿爵士被亨利七世的近臣理查德·恩普森爵士提起诉讼，被剥夺了领地的所有权。恩普森不仅买通了当地治安法官，还纠集了许多骑士、士绅、约曼农，与自己一起前往诺丁汉、约克的巡回法庭，为他作证。普兰普顿的保护人第五代诺森伯兰伯爵无力保护他。领主为了在法庭上保护从属者的利益，会使出拖延与自己无关的案件的审理过程、对法官施压、贿赂陪审团、恐吓法庭等不当手段，而立法者反复出台具有针对性的法律法规，则证明此类行径屡禁不止。法律的目的是提供补救，但负责补救的法官、陪审团不是受贿，就是受人威胁。法律越是不公正，就越是会有人去寻找强力的保护伞。暴力和混乱的最大威胁不是来自容易被镇压的平民之间的争斗，而是来自有权势的人及其追随者对土地和荣誉的争夺。而在通常情况下，这些大人物也想要获得公正的对待，并在维护司法公正的过程中起到了领头作用。绝大多数法律实践都发生在农村，各地的领主则自然而然地成了主持审理的法官。然而，随着法律的发展，随着越来越多的案件提交法庭审理，以及对私设公堂的依赖受到挑战，私人仲裁开始衰落。

都铎王朝宣称统治着英格兰、威尔士、爱尔兰，这些地区的法律复杂多样。国王的令状并非放之四海而皆有效。无论是在与威尔士、苏格兰接壤的边境领地，还是夹在帕莱地区与爱尔兰盖尔人领地之间的边境地区，由于法律权威早已旁落他处，所以王室司法被排除在外。不管是爱尔兰的大封臣，还是威尔士的边境领主，他们的领地都是巴拉丁领地，在领地内享有特权，拥有特别司法管辖权。在与苏格兰接壤的地区，也有泰恩河谷、雷德斯代尔这两块由世俗领主统治的特权领地。教会领主也可以拥有特权领地。比如，位于都柏林城墙之外的特权领地在历任都柏林大主教特别司法管辖范围内。达勒姆是类似于巴拉丁伯爵领的主教领地，而赫克瑟姆也是教会的特权领地，其控制权归约克大主教所有。某些地区能够为逃入其中的罪犯提供圣所庇护，即永久的保护。这些地区不受国王司法管辖权的管辖，杀人犯、窃贼就好像逃到了国外一样。尽管在英格兰，由世俗领主掌握的，能够提供庇护的司法管辖权已经基本消失，由修道院长、主教掌握的同类司法管辖权仍然存在。在英格兰南部，虽然能够提供庇护的地区屈指可数，但它们个个臭名昭著，比如威斯敏斯特修道院的内部、圣马丁大道自由区的内部；在北部，能够提供圣所庇护的地区很多。庇护圣所不仅会对社会秩序造成威胁，还会令司法公正变成笑柄。1487 年，威斯敏斯特庇护圣所的暴徒聚众闹事，将随国王前去镇压叛党的人的住宅洗劫一空。

自 13 世纪起，在苏格兰边境地区，英格兰人一直使用边境法来处理与苏格兰人的关系。边境法历史悠久，由一系列判例、条约组成，基本上不存在成文的法典，是唯一一部盎格鲁 - 苏格兰法律。每逢停战日，英格兰的领地长官就会与苏格兰的领地长官交换违反对方国家法律的人。1541 年，在英格兰领地长官托马斯 · 沃顿爵士与苏格兰领地长官马克斯韦尔勋爵罗伯特（Robert Lord Maxwell）商定的停战日，谋杀了阿姆斯特朗家族三兄弟的凶手[①]受审，脸上仍然粘着受害者的血。在英格兰的泰恩河谷自由领

① 阿姆斯特朗家族是生活在边境线苏格兰一侧的家族，主要靠收取保护费、边境掠夺为生。格雷厄姆家族拥有苏格兰血统，但由于触犯了苏格兰法律，只得逃到边境线以南另起炉灶，同样也以收取保护费、边境掠夺为生。16世纪初，阿姆斯特朗家族的势力范围向南扩张，而格雷厄姆家族的地盘则向北扩张，导致两个家族间爆发了利益冲突。1541年5月

地、雷德斯代尔自由领地作奸犯科的人，会在男爵法庭上，按照男爵制定的法律受审；自由领地的男爵法可以看作衡平法与当地习俗结合而成的地方法。然而，前往各地巡回审判的法官在举行听审裁判[①]，履行“听裁”权力时，也会审理在自由领地内犯罪的恶徒，无论在纽卡斯尔还是伦敦，人们都对无法无天的乱局倍感绝望，所以没有人会在意罪犯以何种方式定罪，只要他们得到相应的惩罚就行。

在威尔士边境地区，每块领地的领主不仅拥有立法权，还在领地内拥有几乎一手遮天的司法权。国王的司法管辖权在那里没有效力。15 世纪之后，威尔士边境领地的法律仍然以威尔士的文化理念为基准，所以与爱尔兰、苏格兰的法律一样，与英格兰的法律存在极大的差异。把案件分为刑事案件与民事案件，是英格兰普通法法律体系的核心，但在威尔士、爱尔兰，或是苏格兰，则不会按照类似标准对案件进行分类。在威尔士，严格来讲，无论是过失杀人，还是蓄意谋杀，都算不上犯罪，而在英格兰，到了 13 世纪，杀人罪已经与其他重罪一样，被视为对臣民共同体的冒犯，要在王室法庭上接受审判——惩罚重罪犯人是公诉人的特权，无论罪犯如何赔偿受害者，也无法改变现实。在英格兰，被害者的亲属可以起诉罪犯，此外没有其他权利。然而，无论是在爱尔兰的盖尔文化区，还是在威尔士、苏格兰，情况与之不同，

29日，格雷厄姆家族的6名成员突袭阿姆斯特朗家族的地盘，杀死了该家族的3个成员。虽然马克斯韦尔勋爵要求严惩凶手，但最终案件却不了了之，没有任何一个格雷厄姆家族的成员杀人偿命。

① 原文为oyer and terminer；在盎格鲁-诺曼语中，oyer意为听取，terminer意为裁决。

杀人犯搅扰了受害者亲属的平静生活，亲属有权获得赔偿，起诉寻求解决。除非出现更为强大的社会良知，能够替代以亲属关系为基础的良知，否则无论是加害者蓄意而为，还是意外事故（最开始时，几乎没有法律会对二者进行区分），受害人遭到的侵害都绝不会被视为对整个社会共同体的冒犯，只要行政当局势弱，无法公正地履行司法权，亲属关系的良知一定会占据主导。在被爱德华一世征服之后，威尔士仍然奉行以 *galanas*（血仇及其化解方法）为基础的法律。无论哪里，只要还在执行以血仇为基础的司法制度，必然会将赔偿原则作为公正化解世仇的根基；在苏格兰、爱尔兰的盖尔文化区、英格兰的北方边境领地、威尔士边境领地，法律会将赔偿作为基本原则，但英格兰除外。公正并非一直都有惩罚加害者的含义，而是会将向亲属提供赔偿作为手段，令结下世仇的两个家族言归于好。

在观察到至尊王权管辖范围内存在不同的司法体系后，亨利八世认为这些体系无法实现司法公正，所以他决定在自己的疆域内全面推行英格兰的普通法。1520 年，他写道：“没有司法公正的王国不过是打家劫舍的暴政”。1536 年，独立的司法管辖区被解散，英格兰北方的大自由领和达勒姆伯爵领全都被纳入王权刑事司法的管辖范围。四年后，圣所庇护权也遭到取缔，所有被解散的修道院名下的自由领地、特权区则全都划归王权所有。

亨利八世认为，威尔士边境法是“邪恶的惯例、习俗”，由边境领主强制施行，是他们“奴役治下之民、施行暴政”的又一表现。1536 年，威尔士边境领主的权势被连根拔起。1536 年、1543 年，英格兰议会先后通过法案，令英格兰与威尔士彻底联合，堪称一场意义深远的宪政改革。法案将威尔士公国及其边境领地统一划分为 12 郡，令英格兰以郡为基础的行政制度进入威尔士。威尔士境内新成立的郡、郡自治市镇[①]有了选举权，派出 24 人前往威斯敏斯特出席议会。法案消除了英格兰臣民与威尔士臣民在法律地位上的差别。1543 年的法案规定，英格兰用来规定土地保有制度、遗产继承制度的法律条文必须取代威尔士的相关法条。为了在威尔士推行普通法，中央政府设立了威尔士高等法庭，即每年开庭两次的郡法庭。威尔士边境领地议事会，相当于威尔士的枢密院和星室法庭，肩负着在威尔士全境，以及在英格兰与威尔士的边境地区实施英格兰法律的职责。在威尔士，显而易见的是，地主阶层并不会因为忠于本土文化而拒绝接受英格兰的法律。在爱尔兰情况却大不相同。

对亨利八世以及都铎王朝后继的君主来说，想要在爱尔兰推行改革，令其走向文明开化之路，最有效的途径就是在该岛全面推行英格兰的普通法。这是一项艰巨的任务。英格兰国王曾经声称自己的法律是整个爱尔兰的法律，即 *una et eadem lex*（唯一的、共同的法律），会让拥有自由民身份的爱尔兰人全都享受到英格兰法律的好处。然而，到了 15 世纪，英格兰的普通法也只在王室直属领地内有效，而且还不一定能够得到执行，爱尔兰人也不能使用普通法。没有国王派遣的法官，王庭的司法管辖权也就无从谈起，而自 1400 年起，再没有国王派遣的法官踏足芒斯特或康诺特。国王的令状在由封臣的各大自由领地内不过是一纸空文，所以在与爱尔

---

① 自治市镇（borough）的概念源于阿尔弗雷德大帝建立的防御体系。为了抵御维京人的进攻，阿尔弗雷德在各地建立了利于防守的定居点（burh），并且令其获得了一定程度的自治权。诺曼征服之后，一些城镇获得了自治权，而自治市镇则渐渐地被用来指代这批拥有自治权的城镇。

兰人接壤的边境领地，具有效力的既有可能是英格兰的法律，也有可能是盖尔人的法律，还有可能是融合了英格兰法律与盖尔人法律的边境法。第九代基尔代尔伯爵会根据“案件的实际情况，运用自己认为最有利的”法律。当时盛行的是实用主义原则。基尔代尔伯爵曾经在沃尔西面前辩解，提出没有性命之忧的英格兰人根本不知道“每一位生活在爱尔兰的贵族都必须随机应变，对付野蛮的邻居；如果指望法律伸张正义……很有可能受到不法侵害，不仅会失去土地，还会送了性命”[①]。

爱尔兰的盖尔文化区拥有属于本地区的法律体系，即布里恩[②]法。一位英格兰法官承认，尽管布里恩法与普通法的原则不同，但也行之有效：“许多爱尔兰人都遵守这些在自己国家的山顶上制定的法律……无论任何好处或回报，都不能让他们做出违法之事”。在盖尔文化区，或是接受了盖尔文化的英格兰殖民地，都有本地的法官，即布里恩法官。布里恩法官是一种代代相传的世袭职位，他们通常在山顶公开审理案件，给出裁判结果。虽然布里恩法官拥有历史悠久的布里恩法典，但他们在做出判决时，也会受到罗马法的影响。当时没有公法、刑法之类的法律体系，而布里恩法将赔偿、亲属连带责任作为指导性原则，这恰好与英格兰普通法的原则相悖。在英格兰的法律体系中，制裁的对象是有罪的一方，而不是他的亲属；是他本人，而不是他的财产。在爱尔兰，诸如盗窃之类的

① 基尔代尔伯爵因作为爱尔兰总督行为失当而遭指控，受到传唤，来到枢密院接受调查。引号中的文字就是他在枢机主教沃尔西面前为自己辩护的话语。

② 原文为brehon，指古时爱尔兰的盖尔人法官，源自古爱尔兰语breth，意为审判。

罪只是单纯的侵权行为，受害方有权利用法律途径获得赔偿，犯罪之人只需支付赔偿金，就可以解决。

一种古老的赎金及赔偿支付制度是爱尔兰世俗法律的核心。赎金的额度由布里恩法官按照罪行的严重程度，以及犯罪者的支付能力确定，其中适用于凶杀及过失杀人的赎金名为 éirics 或 *sautes*，而适用于盗窃及重罪的赎金名为 *cáin*。受害者遭受的损失越大，赔偿的额度就越高。16 世纪 30 年代，凯瑟琳·鲍尔女爵（Lady Katherine Power）任命的布里恩法官规定，偷盗一头羊，以及出手伤人，致人流血，所应支付的赎金均为 5 马克；手持武器，危害治安，应支付的赎金为 20 先令；致人伤残的赎金是 100 先令。受害人的领主可以分得一部分赎金。1542 年，承认了奥唐奈的宗主地位之后，马圭尔将自己在弗马纳境内收取的抚恤金[①]的一半上交给了奥唐奈。按照一种名为 *comairce*（“comrick”，即“保护”）的法律制度，任何受到领主保护的人受到侵害，就相当于提供保护的领主受到侵害，而如果受领主保护的人对他人进行侵害，那么领主就必须负责提供赔偿。领主通常会代家臣支付、收取赎金，因为如果家臣被处死，就相当于侮辱了领主本人及其作为保护人的身份，势必会令涉事双方结下世仇，并引发局部战争。

在中世纪晚期的爱尔兰，死刑不是一种常见的刑罚，只有在引发公愤时才会被处死，但领主仍然有权将死刑或肉刑作为惩罚的手段。1500 年，马圭尔就下令吊死了一个名叫梅拉林·布莱达克·奥弗拉纳根（Melaghlin Bradach O’Flanagan）的大盗[②]。此外，

---

① 即付给被杀者亲属的抚恤金。

② 布莱达克为Bradach的音译，在爱尔兰语中有盗贼、恶棍之意。

法律还可以将流放、驱逐作为惩罚手段。若犯罪的人身无分文，又无法找来亲友为自己赎身，那么受害人就可依法把他绞死。如果被告拒绝支付赔偿，那么原告可以按照“亲属连坐”制度，拿走被告或其亲属的财产。这种私自夺取他人财产的制度，以及由此产生的劫掠牛群的行为，受到了英格兰立法者的谴责。但是，英格兰的立法者在处理与爱尔兰人聚居区相关问题时，接受了某些布里恩法的原则，比如“亲属连坐”原则。在实际操作中，这两种法律体系并不是完全水火不容。1541 年，国王的爱尔兰臣民开始受到国王的保护，进入王权司法管辖范围，此后布里恩法逐渐式微。

即便如此，司法公正的理念无论是在爱尔兰的某些地区，还是对许多爱尔兰人来说，似乎仍是可望不可即的奢求。都铎王朝的百年统治接近尾声时，德里镇英格兰守军的指挥官多克拉与尼尔·加尔弗·奥唐奈（Niall Garve O’Donnell）的一席对话表明，末代盖尔人领主仍有可怕的强权：

> “别说那片地方（伊尼什欧文）是我的地盘，”他（奥唐奈）说，“就连特康奈尔的全部土地也都归我管，所以我有权随心所欲地使用、治理这片土地……女王愿意在自己的权利范围内做什么事我管不着，但伊尼什欧文是我的地盘，哪怕那里只剩下一头奶牛，我也要将它据为己有，为己所用。”
>
> “那么，你要让当地的贫民如何谋生呢？”我问道。
>
> “我才不管呢”，他答道，“哪怕有上千人饿死，我也不会皱一下眉头；毕竟，那里的人都是我的臣民。只要逮到机会，我就会惩罚、勒索他们，向他们征税，绞死他们，才不会管什么时间、场合呢！”

平民阶层

平民阶层简称“平民”，占人口的绝大部分，在都铎时期英格兰臣民共同体中，是一个“只能接受统治，绝不能统治他人”的阶层。平民既没有权势，也没有话语权，他们通常都只能作为沉默的旁观者，见证大人物的宏图伟略。莫尔在《理查三世国王统治史》(*History of the Reign of King Richard* Ⅲ) 中指出，几乎没有人会认为平民是理查国王暴政的帮凶，政治是“国王的游戏，是出舞台剧……穷人只有围观的份”。都铎时代的政治理论多以说教、布道词、小册子作为载体，描绘等级森严的神圣秩序，将人分成了三六九等。正如上帝“慈悲地定下了等级制度，先将自己置于天使之上，之后为天使划等级，最后将天使置于凡人之上”，他也做出规定，将凡人划分为不同的等级，“我们应当遵循上帝的意愿，坚决维护等级制度，绝不能妄图倒行逆施”。1510 年，受到叛国罪的指控被关入伦敦塔之后，埃德蒙·达德利创作了《共同体之树》(*Tree of Commonwealth*)①，对等级制度做出了如上分析。国之政体好比人的身体，正如脚必须听从大脑的指挥，民众也应当遵从国王的命令。这不仅是上帝定下的秩序，也是自然秩序，任何人都不得心存疑问。“平民即便终日劳作，痛苦不堪，也不应心存不满，低声抱怨。”假如有人妖言惑众，告诉平民服从地位更高的阶层是不公平的——“为什么他们寻欢作乐、愉悦身心，而你们却要辛苦劳作？”或是认为等级制度有违上帝的意愿——平民不也是亚当的后

---

① 达德利创作《共同体之树》的目的是以颂扬君主专制政体为手段，讨好亨利八世，想要求得一线生机。

代吗？难道耶稣没有为了拯救平民，“像拯救贵族那样，用自己的鲜血付出极大的代价”吗？平民不应当受到蛊惑。他们必须牢记，上帝创造了富人和穷人，富人、穷人应当尽到相互间应尽的义务。富人必须为穷人提供工作、接济食不果腹者，而穷人应当知恩图报，尊重富人，侍奉他们。

世间会有公民政府，有人认为是因为人类最开始时违反了上帝的命令，落入了堕落的深渊。此后，上帝挑选出国王，作为自己的大臣去管理人类，保护正直的人，并惩治奸恶之徒。普通民众尤其不适合统治他人，因为他们不像贵族阶层那样，可以通过接受教育来获得美德。平民愚昧无知，他们任何妄图参与国政的行为都是不合时宜的，因为“面对外交使节，庄稼汉肯定做不出什么像样的答复”，而且平民统治有可能会沦落到更糟糕的地步。平民统治也是一种暴政，而且还是“多头的暴政”，因为平民像暴君一样，也有不知节制的恶习。任何形式的大众民主都会将政权交到有罪的大多数人手中，全都是骇人听闻的暴行，好比让“双脚担任大脑的角色，让平民阶层变成国王”。对平民阶层的恐惧心理好比幽灵，困扰着都铎时代的重臣，让他们把少数对现状不满之人结成的团伙想象成了叛乱。在他们生活的那个年代，他们已经看到了令人恐惧的暴乱：德意志农民战争①，以及推崇无政府主义的明斯特公社②。

英格兰拥有悠久的人民起义历史。都铎时代的编年史记录了1381年的英格兰爆发的起义，描述了农民与城镇居民如何突然团

① 1524—1525年在神圣罗马帝国境内爆发的农民起义。

② 再洗礼派1534年时在德国城市明斯特发动的叛乱。

结起来，推翻了原有的社会秩序，攻击压迫者，造成了严重的破坏。从那以后，统治者一直担心平民阶层再次揭竿而起。然而，民众的力量通常潜伏着。当土地被圈起的时候，失去家园的贫苦之人以泪洗面，却不知奋起反抗。聚众起事是违法的，会被视为暴民统治。即便如此，不堪遭受压迫的平民仍然有可能斩木为兵。在都铎时代的政治体系中，绝大部分民众没有申诉的途径，寻求赔偿的诉求会被当作叛乱镇压，而无论是针对王权的叛乱，还是针对地主阶层的起义，似乎是这种政治体系造成的必然后果。除了叛乱，难道还有其他出路吗？有些时候，史料会记录下民众绝望的呼喊。1537年，一个诺福克的女性居民放出狠话："如果不团结起来，我们就永远无法建立美好的世界；如果每个人都拿起棍棒、钉鞋，就一定能够成事。"① 这些是农民仅有的武器，但如果起义者人多势众，也同样能令人胆战心惊。

引发叛乱的动机不胜枚举，叛乱的形式也多种多样。绝大多数的平民叛乱是地方性的，起因皆为特定的冤情，矛头指向了特定的人和事，尤其是地主贪得无厌地发动圈地行动，威胁到了平民的权益。一般来说，发动骚乱者自发组织起来，拆毁了用来圈地的围栏之后就会撤离。对峙双方的暴力行为持续时间短暂，过不了多久就会草草收场，因为就武装力量而论，平民根本无法与地主抗衡，尤其是在地主当机立断"杀鸡儆猴"时。极少有平民暴乱会挑战"阶层与阶级"的束缚，它是将社会凝聚起来的关系链。尽管如此，

① 求恩巡礼遭到镇压之后，许多英格兰人都因为不当言论而遭到指控。说出这句话的女性名叫伊丽莎白·伍德；她因自己言论而遭到邻居的告发，于1537年7月26日在御前法庭受审，之后被处以极刑。

还是有少数人这样做了。1537 年，在萨福克境内举办的五朔节庆典中，一位在“国王应当如何治理国家”的戏中扮演农民的演员没有按照剧本，当着观众的面大骂绅士阶层；3 年后，在北方与萨福克接壤的诺福克，一些平民结成了反绅士联盟，对抗那些“视我们穷苦人……为草芥”的绅士。有人恶狠狠地说，要是“诺福克的绅士像白公牛一样少见”就太好了。尽管这样的威胁不常见，通常还是些空话，但 1549 年的事件证明了，东安格利亚的绅士阶层的确有理由人心惶惶，那儿的平民阶层的确有理由仇视不称职的绅士统治阶层[①]。一般来说，中央政府不会将地方暴乱放在心上，因为抗议者并没有对政府宣泄不满。然而，平民叛乱并非都是农民阶层反抗地方上的不公行为，某些叛乱想要实现全国性的目标，威胁不可同日而语。

假如某一地区的平民聚集起来，反抗政府行动，影响该有多么大？有时候，平民阶层心之所向会与都铎王朝君主的利益南辕北辙，尤其是在王权岌岌可危之时。在亨利七世刚刚上位时，英格兰北方效忠理查三世及约克党的政治氛围仍然很浓，北方的平民阶层更是不愿接受这位都铎王朝的君主。像“雷德斯代尔的罗宾”这样的名字曾经被反抗王权的北方叛军领袖用作名号，极具感召力。伦敦随时都有可能投靠都铎王朝的死敌，对君权构成威胁，就连为伦敦城书写历史的编年史家约翰·斯托也不得不承认，“如果有人能赢得伦敦全城平民的支持，这座城一定会成为此人的武器和工具，实现他的远大抱负”。第三代白金汉公爵听取了建议，认为“只要赢得平民的支持，就可以统治所有人”，当他在 1521 年因叛国罪即

① 1549年发生的事件指的是凯特叛乱。

将处以极刑时，伦敦的男女老幼的确悲愤不已，令市政官员设立岗哨，严加戒备。在伦敦，只要振臂一挥，便可应者云集；几句流言就可八方呼应；几句狠话便会流血冲突。1517 年，两个伦敦学徒工只用了几个小时，就在五朔节当天聚集了上百名同行，攻击城内的外国人，引发了史称“邪恶五朔节”的暴乱。此后，当局一直将学徒工当作不安定因素，时刻提防着，在节假日，以及学徒工担任“失序之王”的节庆场合，更是严加防范。

尽管几乎没有人会否认，臣民应当尽到义务，在危难时刻支持君主，但如果平民阶层的利益与国王的利益并非一致，那么他们很有可能退缩。1489 年，约克郡的平民在两位使用假名霍贝赫斯特师傅（Master Hobbehirst）和罗宾·古德费洛（Robin Goodfellow）的领袖的带领下，拒不缴纳国王为筹措远征布列塔尼的军费而征收的税款。1497 年，康沃尔的平民也发动叛乱，拒不缴纳国王为讨伐遥远的苏格兰而征收的税款，声称这场战争不过是“搜刮民脂民膏的借口罢了”。1.5 万个康沃尔人在迈克尔·约瑟夫（Michael Joseph，绰号“铁匠”；康沃尔语为 *An Gof*）、一位名叫托马斯·弗拉曼克（Thomas Flamank）的绅士、奥德利勋爵的率领下兵临伦敦城下，几乎未遇任何抵抗。与许多其他叛乱一样，康沃尔人反抗中央权威的示威活动最终以大屠杀收场。他们缺乏武器和领导，在布莱克希思惨遭屠戮。

平民阶层抱怨，贫穷令其只能奋起反抗，很少有人能驳倒他们这种说法。1513 年，约克郡的平民自愿服役，但“因为个个身无分文”，所以无法交纳军费。十年后，亨利八世要求议会通过征税提案，想要获得足够的军费，实现“君临基督教世界”的雄心壮志，下议院却断然拒绝，称征收如此巨额的税款，“简直是天方夜谭”。1525 年，亨利国王要求臣民“友善拨款”[①]，实际情况却是，这笔款项非但不友善，更算不上拨款。平民阶层早就因连年灾荒、反复暴发瘟疫、惨淡的羊毛出口贸易而元气大伤，他们“或诅咒怒骂，或声泪俱下”。许多肯特郡的居民认为自己已经“山穷水尽”了。萨福克发生了暴动。“已经有两三百个穷人聚到一起……决定为了活下去”不择手段，萨福克的平民威胁说，“到时候，有钱人说不定就会变成穷光蛋”。成群结队的平民大吐苦水，吵吵嚷嚷，像是“一群抢食谷物的鹅”。当被问及是谁领的头，他们说：“说实话，他的名字就叫贫穷，就是他和他的亲戚‘窘迫’逼我们干出此等勾当的。”贫穷一方面让平民免遭发动叛乱，犯下叛国罪的指控，一方面帮助无法用无力制服平民的国王保住颜面，摆出大度的姿态宽恕作乱者。连年的饥馑、灾难好似笼罩着农民阶层的乌云，是孕育着民怨民反的温床，但贫困并不是叛乱的唯一诱因，还有其他更加不可抗拒，更具号召力的因素。

在都铎王朝统治时期，声势浩大的叛乱都是打着信仰与公正的旗号的。1536 年，林肯郡的起义[②]是如此，求恩巡礼亦是如此。得知修道院遭到攻击，先前尚处在萌芽阶段的恐慌、流言，不管是王庭妄图强推异端宗教新政，还是国王无视公平强征税，抑或是教堂遭到掠夺，土地所有权遭强行变更，都得到了印证，令英格兰北方居民如临大敌，发誓要维护“北方古老的习俗”。叛军的人数迅速增长，令王室军队退避三舍。北方的平民阶层是大规模起义的发

① “友善拨款”的目的是为入侵法国的军事行动提供军费，税率为俗众财产的1/6–1/10，神职人员财产的1/3。

② 即发生在求恩巡礼之前的那场起义，见第四章。

动者，起义的各个方面几乎反映出他们的形象。起义者宣誓的对象是“上帝、国王、平民”，平民、公共福利更是起义者为坚定决心而一直挂在嘴边的词。在西北方，平民领袖是“淳朴的穷人”，被起义军奉为“穷勋爵”“怜悯队长”“慈善队长”。在求恩巡礼起义军的议事会上，平民通过选出的代表表达了阶层诉求。但他们并不具有独自行动的能力。他们立场保守，将找回“古老的习俗”当作起义的目标，不仅希望获得贵族、绅士这两个地位更高的阶层的支持，甚至还渴望得到他们的领导。“珀西所向，万众跟随！”“戴克来了！戴克来了！”——他们高喊作古领袖的名字，想要他们再一次领导自己。平民阶层看似崇敬的举动却采用了这种奇怪的形式。

北方的绅士、贵族担负起了领导起义的重任，他们认同起义目的，却痛恨起义的手段。他们坚称自己受到暴民的威胁，不是叛乱的始作俑者，而是受害者。斯蒂芬·哈默顿爵士（Sir Stephen Hamerton）说，打猎回来后，家中女眷提醒他必须马上想办法躲起来。在吉格尔斯威克，他被300个端着武器的暴徒围住，被告知“之前我们要听你的号令，现在你要听从我们的指挥”，哈默顿被迫宣誓加入叛军。他的证言足以采信吗？显而易见，国王及其近臣觉得绅士阶层的辩词难以置信，不愿意免其罪责，也难以接受仆从、佃户胆敢违抗主子的借口。然而，等到王庭派去对付求恩巡礼的军队长官在信里写道，如果国王不接受叛军的要求，“我们会心急如焚，好似世界末日近在眼前”的时候，他们是真的害怕了，担心等级秩序随时有可能被推翻。从属者听从贵族的号令是有条件的，封臣也未必会永远为宗主效忠。贵族为了镇压求恩巡礼而集结的军事力量有可能倒戈相向，加入敌人的队伍。1553年，英格兰的平民迫使社会领袖接受自己的意愿，令政治、宗教发生了意义深远的转变[①]。平民行动不仅证明了他们立场坚定，也展现出他们不可动摇的信心。伊丽莎白时代的诗人埃德蒙·斯宾塞（Edmund Spenser）写道，“每个人自力更生，以自我的信仰、自信为基础，创造财富”。

等级制度、权力架构能够扩散、渗透到社会的各个角落。在每一个堂区、村庄，男性居民都会求官谋职，想要获得一定的权威，来表达政治诉求。然而，居民在参与堂区的政治生活时，会受到严格的限制。担任诸如堂区执事之类地位较高的堂区官职的是约曼农、比较富裕的小商贩，而农夫只能担任地位较低的官职，比如堂区副执事[②]。普通的劳工永远别想得到一官半职。堂区官职不仅是地位的象征，还能授予实权——土地的控制权，向贫困户分配救济金的权力，以及维护公序良俗的权力。堂区生活以教会为中心，在理想的状况下，应当以慈善、邻里关系这两种超越等级和阶层的价值观念为基础，但堂区的中有能力提供救济金的“优秀的”“主事”之人与领取救济金的“卑贱”之人之间，仍然存在较大的分歧。堂区的领袖会在提供救济金时，开出附加条件。有时候，他们会反对贫民成家，理由是这样会增加堂区的负担，这与基督教教义背道而驰。1570年，在肯特郡的阿德灵顿，“主事”之人坚决反对”艾丽斯·奇斯曼（Alice Cheeseman）结婚，敦促她取消婚约，并威胁说如果艾丽斯胆敢与他们对着干，就会被驱逐出堂区。境地与艾丽斯相似的穷人甚至连结婚成家、安稳生活都做不到。斯宾塞在颂扬英格兰平民坚定的自信心时，他是将他们与爱尔兰人进行比较。

① 指玛丽一世获得平民阶层的支持，挫败诺森伯兰公爵约翰·达德利的企图，夺取英格兰王位的事件。

② 堂区副执事是堂区执事的下属，其职责为在举行礼拜时问候教众、安排教众在教堂中的座次。

“现在，你要搞清楚的是”，在斯宾塞的《爱尔兰现状观》（*View of the Present State of Ireland*）中，一位名叫伊雷纽斯的角色说道，爱尔兰的叛乱从来不是“平民发起的，而是各个领主、领袖挑的头”，平民“只得被迫从命”。中世纪的爱尔兰从未发生过农民起义。“借宿与餐食”体系令平民穷困潦倒，恭顺服从，不敢发声。爱尔兰的领主几乎不需要在意大众抗议的呼声。他们推行“强权”统治，很清楚平民不敢挑战领主的权威。16 世纪晚期，爱尔兰的领主获得了将佃户束缚在土地上的权利，能够禁止他们离开租种的土地。英格兰的种植园主、行政官员称爱尔兰的农民为“泥腿子”，把他们视为没有自由的奴隶。按照法律规定，爱尔兰的农民阶层并不是世世代代都无法获得自由，而现实情况是，他们的身份卑贱、生活水平极低，看起来与奴隶没有区别。

英格兰、威尔士也有人没有任何权利，也无法获得法律的保护。这不仅仅是由于他们一贫如洗，因为即便是最贫穷的臣民，也拥有法律地位和权利。出于绝望而偷窃的小偷能够以穷困潦倒，出于无奈为由，请求宽大处理，他们也确实这么做了。只有农奴才无法获得法律的保护。16 世纪，在英格兰、威尔士，农奴制还存在着，没有完全消失。在执行这种陈旧土地保有制的领地内，领主拥有不受限制的权利，可以随意没收农奴的家财，还能监禁、殴打农奴。第三代白金汉公爵、第三代诺福克公爵贪得无厌，想要在领地内推广农奴制度。1507 年，亨利七世解放了梅里奥尼斯、卡那封、安格尔西三地[①]的农奴（授予农奴自由民的身份），但都铎王朝的国王缺乏足够的权势和意愿去干预私人领地的内部事务。1549 年，

① 此三地均位于威尔士境内。

在霍华德家族位于诺福克郡境内的领地上，农奴像1525年的德意志农民那样，以万主之主的名义要求获得解放："我们祈祷农奴获得自由，因为基督用宝贵的鲜血使所有人获得自由。"

哪怕是最小的社群，其成员也会分成掌权者、尽忠者，家庭也不例外。所有社群都执行父权制，只有修女院例外。在都铎时期，女性权力、自由在社会秩序、政治秩序中没有立锥之地。"你们是仆从，全都是仆从，必须恭顺服从"，休·拉蒂默如此说道。英格兰的普通法将女性分为两类，分别是单身女性，即寡妇或按照法律规定已经成年的未婚女性，以及受保护的女性，即已婚女性，在法律条文中体现了女性的不自由地位。单身女性可以获取财产、处理财产、向人借债、订立遗嘱、独立从事手工业及商业活动，而已婚女性没有上述权利。然而，女性在社会和法律上的从属地位不意味着丈夫至高无上，也不会阻止夫妻合作，共同持家兴业。丈夫不仅会将妻子指定为遗嘱执行人，还会放心地将财产交妻子管理，认为她一定能够管理得井井有条。无论理论怎么说，女性也不太可能在专横的父权制度下逆来顺受、唯命是从。尽管女性无法参与公共生活和在政治领域一展身手，但仍然有可能获得无可比拟的影响力。甚至女性不可掌握统治权的基本原则也很快被都铎王朝的两位当朝女王破除。

第六章

重建神殿

爱德华六世（1547—1553）及玛丽一世（1553—1558）的统治

尚在襁褓中的玛丽、未满 10 岁的爱德华相继成为苏格兰女王、英格兰国王，为解决困扰两国已久的难题提供了机会：视对方为异己的两个王国应当如何在同一座岛屿上共存？英格兰的重臣将这一巧合视为神的旨意：上帝计划好了要让英格兰的男性继承人与苏格兰的女性继承人结为夫妻，令他们治下的两个王国融为一体，成为“大不列颠”。1543 年，两国签订《格林尼治条约》，为在 1542 年刚出生一周便继承王位的玛丽女王与年仅 6 岁的爱德华王子订立婚约。在苏格兰人看来，这项条约让英格兰占尽便宜。亚当·奥特本爵士（Sir Adam Otterburn）①一语中的：“如果你们的王是个小姑娘，我们的王是个小伙子，你们还会热衷此事吗？”要是英格兰人登上了苏格兰的王位，“别说苏格兰平民了，就连苏格兰的铺路石都会奋起反抗”。没过多久，苏格兰人撕毁了条约，英格兰人则发起报复性的军事行动。1544—1545 年，英格兰人的“粗暴求婚”令苏格兰的低地

① 亚当·奥特本（1548年去世），苏格兰的律师、外交官，曾担任詹姆士五世的检查大臣。

地区狼烟滚滚，边境居民在被战祸席卷的家园凄惨度日。苏格兰人越来越坚决地要摆脱“英格兰的奴役”，英格兰仍在主张对苏格兰享有君主权，渐渐地不再将苏格兰看作外敌，而是把他们视为国内的叛党。苏格兰并非孤立无援。只要英格兰与苏格兰交战，法国国王亨利二世（Henry Ⅱ）一定会遵守“古老盟约”，绝不会与英格兰单方面言和。由于两国统治者年纪尚幼，未来相当长一段时间无法亲政，不管是英格兰，还是苏格兰，前景都不容乐观。

与英格兰的情况一样，苏格兰的宗教分歧改变了政治斗争的性质，不同派系在争权夺势的同时，也在推进或破坏宗教改革进程。将教皇在英格兰的权势连根拔起后，亨利八世还想要颠覆教皇在苏格兰的地位。赫特福德伯爵爱德华·西摩（Edward Seymour）奉命在边境地区烧杀抢掠，没有放过任何大型修道院。1545 年 9 月，伯爵在凯尔索修道院遭到顽强的抵抗，12 名修士带领近百名支持者奋战到了最后。伯爵的士兵将坚守在尖塔的守军悉数斩杀，之后将修道院夷为平地，生怕它再次成为抵御英格兰军队的堡垒。大卫·比顿（David Beaton）是领导苏格兰人抵御外敌的领袖，也是苏格兰影响力最大的亲法派。身为枢机主教的比顿也是苏格兰天主教的领袖。他的政敌巴望这位主教早点死掉，尤其是亨利八世，他甚至像曾经同意刺杀枢机主教波尔那样，想要尽快暗杀比顿。1547 年春，比顿被法夫的一拨大地主谋杀。凶手先是亵渎了他的尸体，之后把它高悬于圣安德鲁斯城堡的城墙上，让天主教徒过来“围观被他们奉为神明的人”。暗杀比顿的人和其他反对阿伦伯爵詹姆斯·汉密尔顿摄政政府的人得到英格兰当局的支持，固守圣安德鲁斯城堡，直到 1547 年 7 月，才因受到法国舰队的攻击而开城求和。在被帆船运往法国的俘虏当中，有一位名叫约翰·诺克斯（John

Knox）[1]的传教士，他将会重返苏格兰，成为宗教改革的领军人物。苏格兰女王玛丽自小就是天主教徒，而她在都铎王朝的表亲，那个被她“抛弃”了的新郎走的是不同的信仰道路。

* * *

爱德华六世不仅拥有国王的血统，还接受了国王的教育。就算是伊拉斯谟也会认同爱德华接受的教育是一位基督教的君王应当接受的教育。著名人文主义学者理查德·考克斯（Richard Cox）、约翰·奇克（John Cheke）成了这个“受上帝保佑的顽童”的导师，不仅教他学习语言，还让他拥有了极端推崇《圣经》的虔诚之心。其他王子也接受了完美的教育，却不学无术，爱德华则是将当上国王视为自己的神圣义务，严格律己，为执掌王国家大权做好了准备。他学习了历史，这门学问需要学以致用，所以他注重研究亨利六世时期英格兰对法国的统治。他学习了地理，不仅对英格兰、法国、苏格兰所有的港口、避风港都了如指掌，更是了解船只需要借着什么风向、潮汐才能顺利进港，因为身为一国之君，他必须储备足够的战略信息。为了更好地统御臣下，他记住了每位大臣的姓名、宗教信仰。他除了学习了西塞罗、亚里士多德的伦理学，还学习了修辞学。最重要的是，他将基督教的经典牢记于心；12 岁时，他每天要通读 12 章经典。年少时的爱德华爱听人布道，边听边做笔记，尤其是布道者讲到了与国王的义务有关的内容时。

布道者呼吁英格兰不仅要实现宗教复兴，还要实现道德复兴；

① 他直到1549年2月才重获自由，总共做了19个月的划桨奴隶。

爱德华的内心产生了强烈的责任感，认为除了必须推行真正的宗教，还要纠正社会弊端。拉蒂默主教教诲他，“剥夺穷人的权利会玷污国王的荣耀”，国王必须让贪得无厌的臣民改邪归正。他的王庭没有父亲亨利八世的王庭那么世俗，不会有廷臣用掠夺来的教会财产赌博，掷骰子来决定谁能获得圣保罗大教堂的耶稣钟楼，男欢女爱也不会大行其道，无论是宫廷情爱，还是苟且之事。拉蒂默主教不是敦促犯通奸罪的人应当被处以极刑吗？爱德华决心效仿《旧约圣经》中年轻有为的约西亚国王，像他摧毁巴力的偶像那样，破除偶像崇拜。爱德华将自己收集的《旧约圣经》文本赐予“亲爱的叔叔”爱德华·西摩，告诫他不要误入偶像崇拜的歧途。在 1550 年之前的某个时刻，爱德华获得了对“与圣餐礼相关的教义的虔诚的理解”，换言之，爱德华已经成为福音派信仰的追随者。

作为国王，爱德华拥有坚如金石的责任感、正义感。他写的编年史[①]记录了罪犯的悲惨命运，看起来似乎没有丝毫怜悯之情，哪怕是对身边的近臣。爱德华继承了亨利八世说一不二、执拗的品性，同时也像父亲那样生性多疑。爱德华“凡遇国事，皆会记录在案”，并且用希腊字母为笔记加密，提防妄图偷窥的下人。爱德华疑心重也的确事出有因，他身边戒备森严，“独处的时间从来不会超过一刻钟”，整个王庭内除了他的狗，没一个值得信赖的人。当局要严加防备别有用心者挟持爱德华，把他当作政治筹码，而爱

① 即爱德华的日记，编年史是爱德华本人对日记的叫法。日记一共分为三个部分，第一部分记录了截止至1547年的事件，描述了他的孩提时代；第二部分始于1547年，止于1549年，采用编年史的叙事方式记录了爱德华的个人经历；第三部分止于1552年11月，按照日期，记录每天发生的事件，是整部日记中最像日记的部分。

德华很快就意识到自己身处险境，不可有丝毫大意。1549 年 7 月，爱德华在编年史中冷静地记录了“由于有流言说我已经死了，所以我穿伦敦城而过”。他虽然是国王，但在即位之初，还是一个不能亲政的（9 岁）男孩，即便有治理国家的意愿，也缺乏相应的权力。福音派有自身的理由敦促爱德华在亲政之前，就利用国王的权力，改变现有的宗教政策，而以邦纳主教、加德纳主教为代表的保守派唱起了反调，认为贸然使用至尊王权不具合法性。

* * *

亨利八世弥留之际，身边的近臣相互勾结，密谋推翻他制订的在爱德华能够亲政之前的王国统治计划。国王的死讯秘而不宣，权臣、廷臣关起门来，商量着推翻亨利的规定，决定摄政委员会不应由权力相当的 16 名成员组成。除了一人反对，其他人一致同意，亨利第三任王后的哥哥、新国王的舅舅赫特福德伯爵爱德华·西摩，应当获得比委员会其他成员更高的权力，成为护国主，他们“认为这是最稳妥的政府组织形式，对公共福利最为有利”。他们篡改了亨利的遗嘱，获得了土地、官职、头衔，当作对自己的奖赏，声称这些赏赐是老国王心里早就安排好的，只是在世时没来得及兑现罢了。此后一段时间内，密谋者就算没有全部对赫特福德伯爵忠心耿耿，至少没有人发出反对的声音。这些幕后交易留下了危险的政治遗产。密谋者一直想要得到更多的恩赏，竟妄图再次染指已经交出的摄政权。“你可别忘了在威斯敏斯特内宫对我的承诺。没错，就是在老国王咽气之前你答应我的事”，密谋的主要策动者威廉·佩吉特（William Paget）提醒赫特福德伯爵。

伯爵的承诺是，凡事要力排众议，优先听取佩吉特的意见，但他很快就食言了。此外，伯爵也未能遵守对摄政委员会其他成员的承诺，没有做到“如果没有征求我们委员会其他成员的意见”，不得采取任何行动。爱德华继位没几天，成为萨默塞特公爵的赫特福德伯爵就获得了组建枢密院这项国王的特权，枢密院能否召开会议，全凭他一人来定。没过多久，摄政政府的方针就完全成了萨默塞特公爵的个人计划。佩吉特写信建言，却发现自己的忠告成了耳边风，于是就在信中使用“你的政事”“你为来年做的决策”“你的债务”“你的海军”“你的外交事务”这样的词句。既然萨默塞特公爵将制定政策当成自己的特权，一旦有任何差池，公爵就只好后果自负。

按照过往的先例，成立由护国主领导的摄政政府会横生事端。谁也无法忘记理查三世的前车之鉴。与少年国王亨利六世类似的是，爱德华国王也有两位形同水火的舅舅。护国主的弟弟托马斯·西摩确信，国王的监护人与护国主是两个相互独立的职位，其中一个必须由他担任。莱尔勋爵约翰·达德利（John Dudley，Lord Lisle）诡计多端，唆使托马斯·西摩争夺监护人职位，挑拨西摩兄弟两人的关系，想要渔翁得利。弥留之际的亨利八世曾经想要将托马斯·西摩排挤在枢密院之外，现在他尸骨未寒，西摩就成为枢密院大臣。西摩发现自己无法名正言顺地控制外甥爱德华国王之后，便使出各种见不得人的伎俩：收买枢密室的成员；在地毯下留下密信，蛊惑易动感情的爱德华；差人送给爱德华零花钱（国王把收到的钱交给了拉蒂默主教）；敦促爱德华“要像其他国王那样指点江山”。只要将国王控制在手中，就掌握了最根本的权力之源，所以爱德华的两位舅舅为此争斗。1549 年 2 月，多亏了爱德华的宠物狗在枢密室门外蹲守，听到动静后狂吠不已，才让这位少年国王免于被托马斯·西摩绑架。没有什么能拯救西摩，在一个月后，他被判犯有叛国罪被处决。

萨默塞特公爵大权独揽。他是一位彻头彻尾的军事指挥官，一直想要征服苏格兰，与之前不同，他放弃了用火与剑，而是通过向占领区派遣常驻军来实现目标。驻军政策对公爵其他的政策产生了影响。爱德华刚继承王位时，英格兰与法国、神圣罗马帝国的皇帝查理五世保持和平相处，对“世界上其他国家持中立态度（罗马教廷除外）”。然而，向苏格兰宣战，就意味着会与法国交战，法国国王亨利二世曾发誓绝不会弃苏格兰人于不顾，就算为此失去王位也在所不惜。1548 年 8 月，苏格兰女王玛丽前往法国与王太子成婚，令英格兰失去了发动战争的理由。1548 年圣诞节，佩吉特委婉地请求萨默塞特公爵考虑一下，“是不是刚一开局就走错了棋”。既要防守法国城市布洛涅，又要派兵驻守苏格兰的占领区，英格兰正一步步走向财政灾难的边缘。光是维持苏格兰的驻军，每年就要花去 20 万镑军费，为了支付高额军费，政府只得在财政金融领域赌一把，采取非同寻常的应急措施。在亨利八世统治的最后几年，货币已经开始大幅贬值，到了萨默塞特公爵掌权之后，贬值政策更是不计后果，似乎是蓄意让本来就举步维艰的国内经济雪上加霜。1549 年大斋节时，拉蒂默主教布道称，贬值的银币里面掺了大量的铜，银币泛着红光，好似“羞红了脸”。当局操纵银币成色，令通货膨胀一发不可收拾。1544—1551 年，伦敦城的物价上涨了近 90%——伦敦是没有农业的，食物必须购买。萨默塞特公爵目睹了民众的疾苦和一幕幕社会悲剧，却不承认军费开支和银币贬值可能引发了悲剧。想要终止贬值，就必须全面停战，但既然已经开始征服苏格兰，萨默塞特公爵这位 1547 年平奇之战[①]的大赢家，既不会中止消耗财力、人力，也不会放弃既有的政策。公爵也不会容许失败——他曾站在贝里克[②]的城墙上宣称，失败只有在梦里才会出现。他甚至不愿意承认，法国拥有绝对的军事优势，以及在 1549 年 8 月再次与法国作战是何其愚蠢。既然不愿承认是自己的政策出了问题，萨默塞特公爵及其身边的建言者自然会从其他方面着手，寻找引发社会弊端的元凶。

萨默塞特公爵以受压迫之人的捍卫者自居，经常沉迷在贫苦人对他的祝福中："从来没人像您那样，将穷人放在心上。噢，大人，人民为您祈祷，他们说，'上帝保佑您'。"然而，萨默塞特公爵穷兵黩武，目中无人，贪婪无度，所以这种慈父般的形象似乎与他的真实品性格格不入。作为一名军事将领，他毁了边境地区贫民的家园，让他们如同牲口一样苟延残喘；作为一名领主，他向租户索要高额租金，拥有庞大的羊群，并通过圈地霸占了大片土地；作为一名统治者，他是《流民管理法案》(Vagrancy Act)[③]的主导者，不管流民离家出走是否出于本意，都使他们沦为奴隶——如劣迹斑斑，实在不配做社会

---

① 平奇之战是"粗暴求婚"战争中的一场战役，也是历史上发生在英格兰、苏格兰两国间的最后一场大规模会战。萨默塞特公爵率领的英格兰军队以少胜多，击败了阿伦伯爵率领的苏格兰军队，以伤亡数百人的代价，毙敌近万、俘敌数千。

② 贝里克是英格兰的北方重镇，紧邻苏格兰。

③ 指1547年颁布的《流民管理法案》。按照该法案的规定，无家可归者会被罚为奴隶，为期两年，其间所有者可以使用各种手段，迫使为奴者为自己劳作，甚至还能像对待其他奴隶那样，买卖被罚为奴隶的流民。此外，如果没有人愿意接受流民为奴，那么流民就会被押送至出生地，成为当地社区的奴隶。

的改革者。即便如此，公爵还是渴望成为改革者。他视美德为贵族身份的标志，积累财富的同时还想赢得名誉。影响公爵的不只有他个人的野心。福音派大谈特谈救济穷人是基督徒的义务，“因为基督说过，如果我们伤害了他穷苦的门徒，无异于伤害了他本人”——护国主将这一席话铭记在心。长久以来，萨默塞特公爵和他那令人敬畏的公爵夫人都站在福音派那一边。1539 年，议会通过了旨在镇压异端的《六条信纲法案》，再次拉开了宗教迫害的大幕，令福音派的前景无比惨淡，这时公爵夫妇让福音派的头面人物到他们伦敦的府邸避难。1546 年，公爵夫人曾经帮助过因遭到异端指控而被关入纽盖特监狱的安妮·艾斯丘[①]。公爵掌权后，“冲动的人”纷纷结束流亡生活，对公爵夫妇顶礼膜拜，想要“建立全新的公共福利”。握有大权的萨默塞特公爵倾听了那些志在建立基督徒共同体，并且愿意告诉他具体方法的人的建言，在这群人中，有人认为引发弊端的不是劳民伤财的战争，而是贪得无厌的地主，甚至还将政府犯的错扣在了牧羊人头上。

在摄政政府的统治下，物价上涨的趋势愈演愈烈，寻找问题根源的英格兰民众百思不得其解。从 1547 年到 1549 年，粮食年产量很高，如何解释这种物资匮乏呢？与其他食物相比，谷物的价格为何上涨得如此迅速[②]？匮乏如此“不可思议”，“骇人听闻、预

① 萨默塞特公爵夫人（当时她还是赫特福德伯爵夫人）差人为狱中的艾斯丘送去了10先令。据传，在艾斯丘被处以火刑时，公爵夫人为了减轻她的痛苦，又差人偷偷地在她身上绑了一包火药。

② 如果将英格兰在1450—1499年的物价设为基准点（100），那么谷物的价格指数在1549年就上涨到了187，到了1559年，又进一步上涨到了348。与之相比，动物产品的价格指数上涨的幅度要小得多，在伊丽莎白一世继位的那一年（1558年），价格指数为213。

示着重大灾难即将发生”，肯定是一场人祸，有人想中饱私囊，难道不是吗？谁也无法说清楚，地租上涨到底是通货膨胀的原因，还是结果，但毋庸置疑，绅士阶层享受着荣华富贵，而穷苦的老百姓却陷在泥潭里。造成匮乏的原因是市场机制失灵或是有人在操控市场吗？可以肯定，枢密院颁布了用来控制价格的法规；出口受到严格的限制；政府取消了旨在为军队提供军需物资的强征权（国王以固定的低价购买补给的权利）。人们将目光转向了土地的使用方式，认为这不仅是引发物价上涨的根本原因，也是解决问题的唯一途径。摄政政府必须解决的土地问题其实与一代之前令沃尔西和莫尔焦头烂额的问题如出一辙：耕地变成了牧场，羊战胜了犁，农业劳动力被赶出村舍，农村人口直线下降，流民问题突出。前述问题不是新近才出现的，却成了公认的无解难题。与产羊毛相比，种田是否使用了更多的劳动力，这是一个难有定论的问题。人口的大幅增长推倒了过去的成规。然而，可以肯定，绝大多数都铎时代的思想家都认为，牧羊业是导致经济问题的根源。既然只需雇用一个牧羊人，就能赚取较高的利润，又有谁会去雇 12 个劳工，让他们照顾奶牛、挤奶、制作奶酪，拿去市场上卖呢？既然绵羊是最佳的生财之道，又有谁会去饲养猪、牛、禽类呢？富人做了个简单的判断，穷人却因此失去了养家糊口的机会。拉蒂默主教预见到有一天一头猪都要卖上一镑的价钱。应当上哪寻求解决方案呢？

得到枢密院部分成员的支持后，萨默塞特公爵在 1548 年 6 月 1 日成立了专门的委员会，着手调查全国一共有多少耕地变成了牧场，因为“笃信基督的民众”已经“因为某些人的贪欲而被野兽吞食”。约翰·黑尔斯（John Hales）奉命领导委员会，他指出委员会的职责是一项神圣的义务，“对上帝来说，是再合适不过的祭品”，但他很快就发现，各地地主在与委员会作对，因为委员会想要揭露他们的不当行为，会侵犯他们的土地和私人利益。然而，尽管受到了“魔鬼、私利、利己主义、金钱，以及魔鬼的其他伎俩”的阻碍，萨默塞特公爵仍然坚持让委员会履行职责。虽然绅士阶层认为委员会不过是一场短暂的风暴，但它让平民阶层产生了无法实现的期望。很快流言四起，声称如果期望无法得到满足，平民阶层就会自行推动改革。萨默塞特公爵不顾枢密院的一致反对，于 1549 年 4 月以护国主的身份发布公告，要求全面执行限制圈地的法律，并在同年 7 月下令成立新一届反圈地委员会，赋予其超越法律制度的权力，开始审批涉及圈地的案件。枢密院的其他成员担心委员会会成为引发暴乱的导火索，而事实也证明了这一点。

* * *

1549 年春末夏初，萨默塞特、威尔特郡、汉普郡、林肯郡、肯特、埃塞克斯、苏塞克斯、德文、康沃尔、贝德福德郡、拉特兰、莱斯特郡、北安普敦郡、白金汉郡、牛津郡、约克郡、东安格利亚都爆发了平民起义。起义如此突然，如此广泛，没有人能说清楚它是如何爆发的，也没有人能确定它的始发地。自 1381 年以来，英格兰从未发生过如此大范围的叛乱。中央政府迟迟不发兵镇压，加之萨默塞特公爵签发了大量的赦免令，所以一些用心险恶之徒开始怀疑公爵有平民主义倾向：“你如此倾向大众，肯定是因为你脑子里正规划着什么了不得的大事。”然而，没能迅速镇压叛乱不是护国主一个人的责任。绅士阶层只顾一己私利，没能履行应当对平民阶层尽到的义务，在叛乱爆发之后又束手无策，只能“面面相觑”。他们无法召集佃户与叛乱者对抗，只能落荒而逃。平民似乎抓住了统治阶层的命门，漫天要价。“平民成了国王”，开始跟统治者讲条件。“答应我们的这些和那些条件，我们就回家”——据传造反的平民是这样提要求的。萨默塞特公爵带着贵族阶层对平民的恐惧写道：“最卑鄙、最凶恶的人就像一场瘟疫、一股愤怒的洪流”，他们都“对绅士阶层怀有刻骨的仇恨，将所有绅士视为仇敌”。

令福音派掌权的当局感到颜面尽失的是，叛乱者中既有打着“公共福利”旗号的平民，又有打着反对福音派的共同体说辞，誓要阻止和推翻宗教改革的保守派成员。统治阶层应当如何应对眼前的乱局呢？所有的叛乱都是罪孽。克兰默大主教训斥叛乱者：即便他们的治安法官是“与共同体作对的地方官员”，作为臣民，他们也必须恭顺服从。正如“无人领导、统治的乱民”那样，起义的形式多种多样，就动机和组织形式而论，不同地区间没有共性，仿佛一盘散沙。一些造反者高喊，“推倒圈地的围栏，摧毁猎场；一些人高喊为了平民；还有一些人打着宗教的旗号”。绝大多数暴乱很快就被压制了，尤其是在那些地方领主迅速采取行动的地区，比如在阿伦德尔伯爵掌控的萨塞克斯，平民后来都成了安分守己的顺民。7 月 10 日，枢密院向身处英格兰西部的罗素勋爵保证，所有地方都已经“风平浪静”，只有白金汉郡例外，但就在他们忙着写信的时候，成千上万的叛乱者正向诺里奇进发。西南方、东安格利亚两地的叛军相距遥远，在动机、行动方式方面也差异巨大，却都反抗到底。

6 月 20 日，在诺福克的阿特尔伯勒的平民拆除了绅士用来圈地的围栏，似乎是地区自发式抗议活动，与其他多地发生的事件并无两样。然而，两个礼拜后，在怀门德姆举行纪念殉教者托马斯[①]的庆典时，一大群平民做好了一致行动的准备。他们将罗伯特·凯特（Robert Kett）推举为领袖，7 月 10 日开始向诺里奇进军，目的是抗议地方官员的暴政，说他们作威作福、唯利是图。该市的主要人物，包括市长，也许还有主教，都与叛军勾结在一起。起义者在俯瞰诺里奇城的茅斯霍尔德希思山上建立了大本营，制定了管理内部事务的法规、纪律，每天还会按时礼拜。起义团在“改革之树”[②]下设立审判法庭，把被俘的绅士带过来，大喊“他是个好人”，或怒吼着“吊死他”，但是这种私刑后来被制止，绅士得到了得体的对待。凯特打着国王的旗号，大张旗鼓地征收粮草，逮来了上万头曾令平民流离失所的绵羊，为营地 1.6 万名壮丁制备伙食。凯特被赦免了四次，但他四次都拒绝了：他声称自己未曾犯下任何罪行。诺福克的平民发起一场声势浩大的抗议活动，却没有将矛头指向政府，而是自视政府的支持者，在营地耐心等待，希望枢密院能够兑现推行改革、主持公正的承诺。他们翘首以盼。1549 年夏，英格兰出现了许多类似的营地，凯特在茅斯霍尔德希思山建立的营地便是其中之一。在肯特和苏塞克斯、诺福克和萨福克，“扎营者”以营地作为活动基地；从营地内不断喊出新的词汇，表达了平民阶层建立新型政府，取代贵族统治的心愿，也让上层社会感到困惑和震惊。他们在各自的营地主持公道。

在凯特的带领下，茅斯霍尔德希思山营地坚持到了 8 月底，其间，一则预言让他们受到了鼓舞：

---

① 即托马斯·贝克特。

② 一棵生长在茅斯霍尔德希思山上的大橡树。

有三个泥腿子，名叫霍布、迪克、希克，
他们拿起大棒，挥舞钉鞋
马上就会令达辛代尔[①]
尸横遍野。

然而，在与沃里克伯爵的军队浴血奋战之后，在达辛代尔尸横遍野的是凯特率领的起义军。后来，一些起义者后悔各营地不应静观其变，承诺再次起事之时，绝不“原地扎营，而是采用流动的营地”。在英格兰的西南方，叛军从未相信政府会与他们站在一起，所以他们计划不采用扎营对抗的方式，而是效仿 1497 年叛军的做法，直接进军伦敦城。他们采取的行动与东安格利亚的叛军大相径庭，而想要实现的目的也与之不同。他们也对绅士阶层心怀不满，但他们敌视的主要对象是遵从福音派教义的绅士。宗教是导致他们揭竿而起的原因，而最终令成千上万的平民死在遥远的德文郡、康沃尔郡的也是宗教。枢密院将起义者信奉的具有核心意义的天主教仪式、宗教活动一扫而空。所以，平民叛乱是对方兴未艾的福音派改革的直接挑战。

* * *

新王继位，再加上福音派的成员进入了枢密院，令狂热的改革者对未来寄予了极高的希望。他们将爱德华六世视为转世的约西亚，认为在他的领导下，英格兰一定能拆毁巴力的神殿，革除偶像

① 达辛代尔位于茅斯霍尔德希思山附近，具体位置已经无从考证。

崇拜的陋习，重建原始教会。狂热的改革者争先恐后地推动改革，不管是否获得了政府的认可。在这一时期，改革派的印刷商获得了前所未有的自由，生意空前兴隆。在福音派教义根深蒂固的地区，民众纷纷拆除圣徒的圣像；取而代之的是粉刷一新的白色墙壁、王室纹章和《圣经》中的文字，比如“汝不可制做偶像，否则便有崇拜偶像之虞”。“头脑发热的福音传播者”宣扬针对错误崇拜方式的圣战。在某些激进的改革者看来，与弥撒这种偶像崇拜相比，对木雕、石像顶礼膜拜，根本就不值一提。许多人希望弥撒变成“明日黄花”，纷纷传唱讽刺歌谣，将其比作“渎神的怪物”，认为它妄图献上耶稣的血肉来减轻信徒的罪孽：“永别了，弥撒妖女。”然而，圣像毁坏者的亵渎和狂热令他们身边的天主教徒震惊，声称将采取暴力手段来抵抗改革的狂潮。当局一再声明，民众不应被“荒谬的狂热”冲昏头脑，“还没接到命令就跑在了前面”。

然而，护国主政府的一举一动都证明了其打着少年国王的旗号，引导刚成立不久的英格兰教会，不断推进改革的意图。自1547年7月开始，各堂区的神父都必须宣读训诫，主张只有信仰上帝才能称义，加德纳主教却宁可遭受牢狱之灾也不愿服从。在发布命令的当天，政府还颁布了禁令，为的是“消除偶像崇拜和迷信”。不仅圣像要被销毁，圣像在信徒心中的“记忆”也要一并消除。消除记忆会像粉刷墙面那样容易吗？如今除了用念珠祈祷遭到禁止外，信徒也不得在圣像前点蜡烛，只能在教堂的主祭坛上，位于圣体前的位置摆放蜡烛。1549年6月，德文郡的圣玛丽克利斯特堂区的一个绅士发现一位老妪仍在用念珠祈祷，就跟她吵起来，这引发了教众起义。1547年12月，祈唱堂、宗教协会终于被封禁，与亨利八世在1545年12月7日颁布的法令有所不同的是，这不是基于刻不容缓的经济问题[①]，而是基于宗教原则。既然炼狱根本不存在，基督教经典根本没提过炼狱的概念，既然生者的祈祷无法救赎逝者的灵魂，那么要祈唱堂还有什么意义呢？然而，政府当局在信徒对宗教组织的信仰被抛弃之前，就将其封禁，信徒因此失去了精神慰藉，捶胸顿足。晨间弥撒神父、耶稣弥撒神父、祈唱堂神父曾经在堂区的日常生活中扮演着重要的角色，现在竟成了无用之人。因宗教变革心灵受创的人不会怀疑这些变革背后的改革动力。

本届摄政政府的特点是，打着折中路线、维护传统的幌子，推行严苛的宗教变革，实现改革后，又要遏制改革带来的多样性和特许行为。因此，爱德华六世在位期间的第一届议会颁布的第一项法案就将否定圣体圣事之人当作惩治对象，并规定所有的信众，不管是教士，还是信徒，都应以两种形式领受圣餐，在吃下面饼的同时，饮下葡萄酒。让俗众领受圣餐葡萄酒是一项极为激进的变革，很有可能催生“人类腐朽的好奇心”，让俗众对基督在圣餐中实在的本质做出十恶不赦的猜测，而这恰巧是法案的第一部分明令禁止的。在此过程中，克兰默大主教一直想让教众以全新的方式了解应当如何正确地崇拜上帝。

据克兰默观察，人类腐朽堕落、性情不定是所有人类创造的事物走下坡路的原因，就连基督教的祭礼也不例外。他给自己定下的任务是，以英格兰各地多样的仪式、惯例为基础，借鉴西欧基督教世界的天主教传统，用英语创造单独、统一的礼拜仪式。克兰默效仿圣保罗问道，教众如何才能够“对自己无法理解的话语回答‘阿

① 1545年议会通过的法案将祈唱堂定为滥用资金、侵占土地的组织，规定所有祈唱堂及其财产都应当归国王（亨利八世）所有。

门’[①]？”克兰默的志向远不止于此。圣餐礼是最为重要、神秘的圣事，必须让英格兰的教众正确理解自己在这项圣事中与上帝的关系。克兰默本人的观点一直在变，并非始终与官方推行的正统教义保持一致，而他作为大主教，是最应当严守正统的人。克兰默态度模棱两可，遭到了保守派反对者的嘲讽：“大人，你究竟信什么？你怎么会相信的？”邦纳主教诘问道。1555 年，克兰默在接受审判时称，就圣餐礼而言，一直以来只有两种观点。16 世纪 30 年代，他渐渐摒弃了严格的圣餐变体论教义，1546 年之后，他开始相信基督的精神在圣餐中实在的教义。自 1549 年圣灵降临节起，当局开始全面强制执行全新的《圣餐经文》（*Order of Communion*），而克兰默准备让自己的信仰成为英格兰教会的正统教义。克兰默坚信，耶稣被钉上十字架是唯一一次为救赎人类的罪孽而进行的献祭，所以他试图避免给人造成任何错误的印象，认为面饼、葡萄酒中真的有基督的圣体、圣血实在，正作为用来救赎人类罪孽的祭品，由神父献给上帝。现在，弥撒不应被理解为能够产生善功，为减轻领受对象的罪孽而举行的仪式，无论是生者，还是逝者，皆不可成为接受弥撒奉献的对象。圣餐礼也不再是一项献祭仪式，而是庆祝的仪式，依据是《福音书》中的训诫：“永远纪念他为我们受死，献出的宝贵生命，直到他再次降临的时候”；换言之，圣餐礼是一种祭礼，而不是为了表达赞扬与感恩。任何人不得怀疑基督的精神在圣餐中实在的事实。所有有信仰的人都应当坚信：

> 他在那些神圣的神迹中留下了自己受到祝福的圣体、宝

① 阿门（Amen）的意思是强烈的赞同。

贵的圣血，作为他对信众关爱之情的证明，作为让我们永远牢记他关爱的信物，让我们获得精神上的餐食，令我们得到无穷无尽的慰藉。

然而，《公祷书》(*Book of Common Prayer*) 正式推行之后，不仅神父在举行祝圣仪式（上帝的神力展现得最为完全、恩赐表现得淋漓尽致的时刻）时再也不能高举圣体，接吻礼也遭到了禁止，信众更是无法分享神圣的面饼；天主教完备的瞻礼日体系被拆解，信徒再也不能举行感谢天堂中圣徒的典礼；英语取代了拉丁语，成了仪式的正式语言；全新的圣餐仪式反映出改革的冲动——这一切令每一位保守派信徒对《公祷书》恨之入骨。当时到底有多少信徒思想保守已经无从考证，有可能他们占到了绝大多数，克兰默对此心知肚明。尽管《公祷书》中有关宗教仪式的用语直白而不失优美，能够绝妙地描述出神迹的神秘性，沿用了好几个世纪，但是对失去了传统宗教的慰藉，感到无所适从的堂区信众来说，没有任何意义。在约克郡，保守派神父罗伯特·帕尔金（Robert Parkyn）为再也不能高举圣体，“不能崇拜圣体，不能在容器内保存圣体”而愤怒地哀叹。圣体容器专门用来存留接受过祝圣的圣体，会被高悬于教堂的主祭坛上方，一直是广大教众进行圣餐崇拜的主要对象。在很多人看来，新的圣餐仪式亵渎了上帝，荒诞不稽，是“圣诞节上的闹剧”“圣诞节的游戏”，而政府强推新仪式，在许多地区引发了暴动。西部叛乱者[①]的立场强硬，用报复的口气说：

① 即在1549年6月6日至8月17日期间发生在康沃尔和德文两郡的“祈祷书叛乱”。

我们就是要把圣体高悬于祭坛之上，遵循惯例，对它顶礼膜拜，如果有人对此有异议，我们就把他视为反对天主教神圣信仰的异端，让他不得好死。

然而，叛军将埃克塞特城包围后却久攻不下，令叛乱成了强弩之末，很快就遭到了残酷的镇压。领导叛乱的神父被用铁链吊死在堂区教堂的尖塔上。尽管英格兰西南部居民的反叛精神可能已被浇灭，但他们内心深处抵抗宗教变革的意志却仍然坚定。叛乱被迅速镇压，并不是因为护国主及时出手干预——他在枢密院中的政敌做出了这样的判断。

* * *

叛乱结束之后，英格兰出现了针对护国主的“最为凶险的阴谋”。1549 年 10 月初，萨默塞特公爵携国王与克兰默大主教、少数几位近臣在汉普敦宫静观其变，身边只有一支用草叉做武器的“农民”军。在伦敦，枢密院中与公爵为敌的贵族接受沃里克伯爵的领导，与市政官一起等待局势发生变化。在安多弗，罗素勋爵与威廉·赫伯特爵士（Sir William Herbert）率领刚刚镇压了西部叛乱的军队，也按兵不动，害怕“英格兰全面陷入灾难，遭到奴役”，希望“不要出现流血事件”。人们等着看到底哪一方能够赢得更多的支持，害怕站错队而遭到报复。

自一个世纪前，玫瑰战争尘埃落定之后，英格兰的贵族阶层就再也没有发生过内战，但他们马上又要同室操戈。10 月 6 日，在枢密院与萨默塞特公爵敌对的贵族全副武装，骑马率领身着号衣的随从穿城而过。一年前，托马斯·西摩幻想能召集到一万人，妄图将英格兰划分成由“血统高贵之人”统领的权力区，“用以制衡某些其他血统高贵之人”，还吹嘘自己在威尔士边境领地“人多势众”。现在，要不是罗素勋爵、赫伯特爵士率军在汉普郡境内阻拦，萨默塞特公爵在威尔特郡的下属封臣很可能会聚集到他的身边。在这个多事之秋，似乎已经退出历史舞台的领主权再一次浮出了水面。

一些新的政治力量也首次亮相。在反对派密谋推翻护国主的那段时间，民众打着新宗教的旗号，支持萨默塞特公爵。许多英格兰人担心一旦公爵倒台，不仅穷人会失去援助，福音派的改革也失去靠山，所以纷纷成为公爵的支持者。然而，公爵虽然靠摆出维护贫民阶层利益、支持福音传播的姿态赢得了一些支持，但他很可能因此失去许多其他的支持。当局发表公告，指责护国主的政敌在宗教问题上过于保守，并且制定了压迫民众的社会政策，但由于局势混乱，声称萨默塞特公爵意图恢复弥撒的流言也流传了开来。公爵会为了追逐权势而不择手段，使得一切皆有可能。得知反对派贵族要“用他的血祭旗，将他置于死地”，为了确保人身安全，萨默塞特公爵携国王前往温莎城堡。“依我看来，我现在就是一个囚徒”，爱德华国王写道。实际情况的确如此，因为只要能够控制住国王，就等于掌握了打开权力大门的钥匙。10 月 9 日，在伦敦的市政官员，以及罗素勋爵、赫伯特爵士宣布支持伦敦的反对派贵族之后，英格兰总算躲过了内战的浩劫。萨默塞特公爵交出了爱德华国王。公爵获得了保全性命的承诺，投降后被关押起来，失去了人身自由。

谁会接替公爵成为新的领导人呢？在这场密谋背后，隐藏着一帮政客，他们遵循保守的天主教教义，将 1547 年被萨默塞特公爵赶下台的南安普敦伯爵托马斯·赖奥思利视为领袖。密谋者最初计划令玛丽女爵成为新一任摄政，无论她是否参与密谋。然而，包括沃里克伯爵约翰·达德利在内，一些福音派的成员也参与了密谋，他们之所以这样做，是因为他们想要从公爵不计后果的个人主义中拯救福音派的改革事业，所以他们自然想要阻止保守派任何打着玛丽女爵的旗号，对改革派进行打击报复的企图。达德利、赖奥思利均为诡计多端、心狠手辣的政客，二人间的任何同盟都充满矛盾，所以密谋并没有因萨默塞特公爵的倒台而画上句号。如今，赖奥思利与阿伦德尔伯爵结盟，开始密谋对付福音派。两人下定决心，要将萨默塞特公爵置于死地，而沃里克伯爵也将受到牵连，成为陪葬——他们“两人都是叛国罪，死有余辜”。1550 年 1 月初，沃里克伯爵知道自己已经与萨默塞特公爵的命运紧密相连，所以决定先发制人。他握着剑对赖奥思利厉声说：“大人，你想要将他置于死地，而想杀他的人肯定也想对我下手。”赖奥思利、阿伦德尔伯爵被逐出了王庭。

沃里克伯爵控制住了王庭，他在 10 月中旬借助克兰默的影响力令“国王身边都是他的知己好友”，从而防止保守派再次发动政变，劫持国王，也可以确保自己性命无虞。之后，沃里克伯爵开始清洗曾与自己共同密谋的保守派盟友，并安插自己的支持者进入枢密院。由于与其让敌人藏匿在视线之外，还不如让他待在眼皮子底下更安全，所以沃里克伯爵允许萨默塞特公爵重返枢密院。1549 年圣诞节，胡珀（Hooper）主教曾到狱中向萨默塞特公爵讲道，劝他不要携怨报复，但没有取得任何效果。公爵毫不掩饰自己想要重新执掌领导权的野心，仍是对新政权最为致命的威胁之一。不可调和的社会矛盾令掌权者害怕爆发叛乱，而令他们更加惶恐的是，穷人全都心向着萨默塞特公爵，一旦有人再次揭竿而起，肯定会打着他的名号。1550 年开年之时，一位宫廷观察者警告道：“达官贵人的分歧挑逗了无所事事的平民，让他们变成狂怒的怪兽……所以与之前任何年份相比，这的一年都要更加凶险。”

* * *

一位了解沃里克伯爵约翰·达德利的廷臣[①]说，“他心思缜密，无论做任何事情，都要事先定下三四个目标”。沃里克伯爵曾是玩弄权术的行家里手，在亨利八世统治的最后几年，他在王庭斗争中学到了很多，但即便是他也料想不到与赖奥思利结盟会带来种种危险，更预计不到自己会在密谋成功后背叛赖奥思利，遑论背叛盟友的后果。在清洗了枢密院的保守派，否决了由玛丽担任摄政的提议之后，沃里克伯爵必须找到新的盟友，还要制定可行的策略，防止天主教势力死灰复燃，威胁到自己。福音派的成员会是他的新盟友，尤其是克兰默大主教，作为国王的教父，他拥有强人的影响力。沃里克伯爵成为枢密院院长[②]，将其作为权力源泉，自 1550 年 2 月起，他被任命为王室内廷大总管，取得了对王庭的控制权，能够安插亲信任职，让他们守卫王庭入口并在内廷巡逻。他也需要取

① 此人为理查德·莫里森爵士（约1513—1556），他曾经在托马斯·克伦威尔手下做事，之后又在爱德华六世在位期间成为英格兰国王派往神圣罗马帝国皇帝查理五世宫廷的使节。

② 作为枢密院院长，沃里克伯爵有权力免除现任近臣的职务，任命新的近臣。

得国王的支持，随着年龄的增长，爱德华六世越来越忠于福音派的改革事业，并且说一不二。没过多久，沃里克伯爵就开始大力推进福音派的改革，令同时代的人不明就里。

1549—1550 年冬，在众近臣争夺最高权力的那段时间，因支持天主教而身陷囹圄的邦纳主教、加德纳主教急切地等待着获得释放。改革派绝望地以为基督已经抛弃了英格兰。然而，在 1549 年圣诞节那天，当局突然颁布命令，除了要求销毁所有天主教的祈祷书，还强制规定所有臣民必须使用《公祷书》。玛丽女爵认为沃里克伯爵是“全英格兰最反复无常的人”，并且因枢密院想要迫使她放弃天主教信仰而胆战心惊，于是决心投靠哈布斯堡王朝的亲属。1550 年 5 月，她准备乘船出逃，沿埃塞克斯境内的小溪顺流而下，与神圣罗马帝国皇帝派往附近海岸的船只汇合，但因当局在埃塞克斯境内实施全面戒严而未能成行。该年春，英格兰各地都实施了戒严，因为政府每时每刻都在担心民众发生叛乱。

都铎政府是建立在臣民认可和支持的基础上的，沃里克伯爵领导的政权两个条件都没能满足。沃里克伯爵及其支持者渐渐成了全民公敌。1551 年 1 月，人们称伯爵“大权独揽”(实际情况并非如此)，“平民就憎恨他，其他阶层也并非真心爱戴他，只是敢怒不敢言”(事实确实如此)。社会矛盾到了不可调和的地步。货币贬值造成的危害进一步突显，引发了更为严重的通货膨胀，令 1550 年、1551 年收成不佳导致的贫困问题雪上加霜。1549—1551 年，伦敦的年通货膨胀率达到 21%。面粉价钱翻了一倍，每块售价半便士的主食面包越变越小。1551 年 2 月，圣巴塞洛缪收容院的管理员发现，一块半便士的面包已经不够两个人一顿吃的，不得不将口粮的配给量增加一半。饥寒交迫的民众开始寻找替罪羊。尽管枢密院的确没有对社会公正置若罔闻，还派出了特派员，确保民众能够以公平的价格买到小麦，却没有因此获得民众的赞扬。从当年春季到夏季，当局试图恢复货币供给的正常秩序，却处置不当，反倒引发了流言，令民众以为富人正在利用穷人的苦难发横财，觉得沃里克伯爵又贪心又傲慢，准备以自己的名义发行货币，并在钱币上刻自己的纹章——一头抱着树干的棕熊。春季是民众最有可能起义的“多事的时节”。在 1549 年、1550 年、1552 年、1553 年的春季，国王解散了议会，命令所有与会的贵族、绅士返回各自所在的地区，维持社会秩序。沃里克伯爵将实力强的贵族任命为枢密院大臣，不仅是为了赢得贵族的支持，还希望他们能维持“国土”的安定。这些成为近臣的贵族都是经验丰富的军事领袖，受权可以组建一支 50—100 人的骑兵队，并被赋予组织防御性战略行动的指挥权。

只要沃里克伯爵领导的政权仍然如此不受欢迎，就一直会有人想让萨默塞特公爵重掌大权。每个人都把这件事挂在嘴边，窃窃私语；沃里克伯爵为此坐卧不宁；萨默塞特公爵本人也在为此努力吗？从重获自由的那一刻起，公爵就开始召集追随者，计划争取议会的支持。萨默塞特公爵认为，现在最有希望的方法就是领导群龙无首的保守派。流言接踵而至：萨默塞特公爵意图推翻爱德华国王推行的改革措施；公爵准备释放加德纳主教；支持天主教的德比伯爵、什鲁斯伯里伯爵将会领导北方平民发动起义。最终，萨默塞特公爵与阿伦德尔伯爵密谋，计划在 4 月 23 日圣乔治节的庆典上刺杀沃里克伯爵、北安普敦伯爵，令流言变成了现实。尽管公爵的密谋遭到揭露，但由于时局太过动荡，所以沃里克伯爵还不敢冒然逮捕他的政敌。

1551 年的春季和夏季，政局不稳，经济举步维艰，预兆和神迹满天飞。其中该年7月暴发的流行性汗热病最具破坏性，这种疾病不仅发病突然，致死率也很高。直到10月，沃里克伯爵才下令逮捕萨默塞特公爵。萨默塞特公爵受到的叛国罪指控是被陷害的，后来沃里克伯爵也认罪了，但伯爵的罪行不足以为公爵开罪，公爵也不是无辜的。尽管阿伦德尔伯爵一口咬定，逮捕沃里克伯爵、北安普敦伯爵的计划是“出于上帝的仁慈……不会危害到你们的人身安全”，但没有人愿意相信他的狡辩。1551年，萨默塞特公爵在其他英格兰贵族面前接受审判，虽然叛国罪名没有成立，但还是被判犯有重罪[①]。1552年1月22日，公爵引颈受戮。公爵的倒台成了枢密院大臣邀功领赏的机会，他们领受了更多的土地和尊贵的头衔。沃里克伯爵以珀西家族被国王没收的伯爵领、地产为基础，建立了诺森伯兰公爵领，并将其据为己有；他计划并肢解了享有王权的达勒姆主教教区；他还被任命为统管北方边境领地的长官。沃里克伯爵就此成为称雄英格兰东北方的霸主。1551年11月，枢密院通过一项新决议，规定任何文件，只要加盖了国王的私印，只需再由国王签字便可生效，相当于国王亲自发布的命令，不再需要枢密院的成员会签，这实际上是新任诺森伯兰公爵达德利的计谋，利用自己对爱德华的影响力树立自己的威信。然而，在接连失去两位舅舅之后，国王开始想要掌握更多实权。“据坊间传闻，年轻的国王现在令人畏惧。”英格兰有史以来最为激进的宗教改革拉开帷幕，这在一定程度上得力于爱德华推行改革的坚定意志。

1551年春，英格兰人民遭受的苦难被认为是上帝对信仰缺失之人的惩罚，但保守派、福音派对何为信仰缺失有着不同的看法。

① 他具体的罪名为试图促成政府的更迭。

因失去了传统的崇拜方式而悲伤的保守派将灾难归咎于异端思想。该年 3 月，玛丽公主违抗自己同父异母的弟弟，无视他定下的宗教法律，声称“她的灵魂归上帝所有，不会改变自己的信仰”；她率领大量随从，骑马前往威斯敏斯特以表达反抗，还命令每个仆人都戴着被明令禁止的念珠。玛丽坚定的态度鼓舞了天主教支持者的士气。然而，绝大多数天主教传统信仰的追随者只是在暗地里守护着自己的信仰。《小心有猫》(*Beware the Cat*，1553 年出版）是有史以来第一本英语小说，书中一只名叫老鼠杀手的猫讲述了自己在有缺陷的人类社会中冒险的故事，其中提到了自己双目失明的女主人[①]请来了一个非法的天主教神父，要求他在房间内秘密举行弥撒，当她用无神的双目紧盯着神父高举的圣体，一瞬间就重获光明。一位名叫波尔努瓦尔[②]的猫大臣提出，所有的猫都应当请那位神父为还没睁开眼睛的小猫唱弥撒[③]。福音派的成员，尤其是生活在伦敦的福音派成员都喜欢这个笑话，但面对现实，他们却一点也笑不出来，因为天主教信徒仍旧能够对圣体顶礼膜拜，就连圣保罗大教堂也仍然是天主教徒举行弥撒的场所。

1555 年，在伦敦的福音派传教士约翰・布拉德福德（John Bradford）在法庭上回忆道，“爱德华国王在位时，在英格兰传播的教义才是上帝定下的纯洁宗教……”“你指的是什么宗教？”达勒

① 这只名叫老鼠杀手的母猫违反了猫咪王国的法律，正在接受审判；在审判期间，她回忆了自己的一生，文中的女主人就是她在五岁时离开伦敦，前往斯特拉福特生活后遇到的。

② 波尔努瓦尔（Pol—noir）的意思是黑脑袋。

③ 听到波尔努瓦尔建议之后，老鼠杀手马上就说：“别瞎忙活了，我生小猫的时候早就试过了，根本就不管用。”

姆主教反问，“你是说爱德华国王在位时的宗教？到底是在哪一年呢？”当新教会的领袖想要实现建立真正福音派教会的愿景时，既要说服全体臣民紧跟改革的步伐，因为绝大部分臣民仍然对改革抱有敌意，又要提防其他的改革派成员，因为某些改革派人士以个人的良知不可侵犯为理由，摆出与制度化的教会对抗的姿态，会令英格兰的新教运动分崩离析。克兰默大主教与作为其副手的伦敦主教尼古拉斯·里得雷（Nicholas Ridley），坚称福音派的改革必须齐头并进，注重秩序与纪律，既要得到国王的授权，也要征求议会的同意。以约翰·胡珀、约翰·诺克斯为代表的思想更为激进的改革派成员，认为克兰默制定的渐进式政策过于谨小慎微，是对福音派改革事业的背叛。就神学的意图而论，1549 年的《公祷书》不可谓不激进：无论是在举行弥撒时将变体为圣体、圣血的面饼、葡萄酒奉献给上帝，还是崇拜圣体，抑或保存圣体，全部遭到了禁止，不再是英格兰教会所认可的宗教仪式。然而，这部《公祷书》仍有许多含混不清的地方，给了神父通过伪装来举行天主教弥撒的机会。1550 年 6 月，二十年来一直与克兰默大主教针锋相对的加德纳主教声称，使用《公祷书》并不会令自己良心不安，因为“就耶稣的圣体、圣血在圣餐中实在的真理而论，那本书已经说得太多”，成功地驳倒了克兰默编写出来的杰作。

1551 年冬至 1552 年春，克兰默提出三点一线的改革计划：修订教会法；制定用来表述正统教义的宣言；重写《公祷书》，既要防止保守派钻空子，又要避免福音派批评。1552 年 4 月，议会通过了新的《信仰划一法》（Act of Uniformity），授权对《公祷书》进行了大幅修订，改变了圣餐礼仪的戏剧性，以此与天主教会劣迹斑斑的历史一刀两断。按照新版《公祷书》的规定，举行圣餐礼时，神父应当在信徒接受面饼、葡萄酒的时候，引导他们回想耶稣在十字架上自我牺牲的场景，其诵读的圣餐礼文也做了重大调整：“领受这块面饼，吃下它，牢记耶稣为汝献出了生命，要满怀感激，在心里用信仰获取耶稣的恩惠……”面饼仍然是面饼，葡萄酒仍然是葡萄酒，而基督的实在是精神上的实在。新版《公祷书》终结了任何以官方认可的方式为逝者祈祷的可能性，从而将天主教通过弥撒令生者与逝者共融的传统理念一扫而空。如果克兰默的改革计划得到全面推行，那么新的英格兰国教就会与欧洲大陆奉行新教的归正[①]会平起平坐。然而，就在这时，曾经支持福音派改革的诺森伯兰公爵准备推翻改革取得的成就[②]。

1553 年春，声称爱德华国王命不久矣的流言传开了。尽管之前也有过这样地流言，但这一次所言非虚。玛丽女爵是王位的继承人，但一想到玛丽要继承王位，爱德华就心惊胆战，因为他认为玛丽会重新建立罗马教廷的残暴统治，而更加不安的是诺森伯兰公爵，因为他不仅会丢掉手中的权力，还会遭到打击报复。君臣两人决定推翻亨利八世的遗嘱、1544 年的《王位继承法案》，从而剥夺玛丽、伊丽莎白两人的继承权。他们使用“策略”搅乱了原有的继承顺位，规定王位应当由亨利八世之妹玛丽的男性后代继承。但不管是玛丽的女儿萨福克公爵夫人弗朗西丝（Frances），还是弗朗西丝的几个女儿，都没能生下男性后代。在爱德华生命的最后几天，萨福克公爵夫人的女儿简·格雷（Jane Grey）女爵被指定为王

① 归正的意思是经过改革而复归正确。

② 诺森伯兰公爵担心克兰默制定的教会法会令教会脱离国家，在1553年春季的议会会议上激烈反对修订版的教会法，导致议案未能获得通过。

位继承人，而简已经在同年 5 月嫁给了诺森伯兰公爵的儿子吉尔福德・达德利（Guildford Dudley）。诺森伯兰公爵成了英格兰新一代的拥王者。7 月 6 日，爱德华去世之后，公爵对国王驾崩的消息秘而不宣，并在此期间推举新王继位。该年夏天，英格兰某地降生了一对腰部相连的连体女婴，一人脑袋向东，另一人脑袋向西，是一个“不可思议的奇特怪物”，在许多臣民看来，仿佛代表着爱德华去世之后，简和玛丽同时被推举为女王的乱局。哪一位能成为最终的继承人呢？毕竟任何女王的统治在当时都有违天理伦常，因为女性只能作为被统治的对象，而不应当成为统治者。

* * *

1553 年 7 月 10 日，简在伦敦城加冕，伦敦的居民在一旁冷眼旁观。诺森伯兰公爵似乎已经将所有权柄握在了手中。枢密院签署了特许证状，将王权授予公爵的儿媳简女爵；爱德华国王在弥留之际认可了公爵即将采取的行动；坎特伯雷大主教、大法官、众多廷臣、伦敦市长及市政官、主要的法官，虽然心有不甘，但都同意了爱德华的“策略”；公爵不仅拥有首都、伦敦塔、国玺的控制权，还能指挥海军，调遣军队。尽管如此，玛丽女爵还是于 7 月 19 日在伦敦被推举为女王。玛丽将此视为一个失去了继承权的人的胜利，证明了上帝对自己恩宠有加，这一信念对其日后的所有行动产生了深远影响。那么，将玛丽推上王位的，还有哪些次要因素呢？

一场阴谋将简女王扶上了王座，而民众的起义又把她推下了台。平民叛乱通常会被责骂为魔鬼的把戏，但这次起义被誉为受到了上帝的引导，是以维护正当权利为目的的正义事业：*Vox populi, vox Dei*——民众的呼声代表上帝的喉舌。诺森伯兰公爵虽然手握大权，却缺乏合法性。此外，作为精明强干的政客，他犯了个莫名其妙的错误——没能及时限制玛丽的人身自由。在得知爱德华命不久矣之后，玛丽逃离赫特福德郡的亨斯登，前往诺福克的肯宁霍尔，那里是她家族的势力范围，之后前往萨福克的弗拉姆灵厄姆。在东安格利亚、白金汉郡、牛津郡，泰晤士河谷，贵族及绅士阶层的头面人物纷纷加入玛丽的阵营。7 月 14 日，诺森伯兰公爵离开伦敦，意图逮捕玛丽，将政府托付给了枢密院。枢密院虽然发誓效忠，但很快因胆怯而产生了动摇。枢密院大臣坐镇伦敦塔，将它视为避难所和堡垒，可还是被接连传来的消息吓得心惊肉跳。支持玛丽的民众纷纷起义。蜂拥至肯宁霍尔，支持“正统女王”的是一群“乡下人”，在伊普斯威奇听到简女爵被推举为女王的消息后大声抗议的也是“乡下人”；下级水兵发动兵变，拒不服从指挥官的命令，佃户拒绝为支持简的领主作战。玛丽这派与简这派互不相让，准备一战。7 月 19 日，得知全民纷纷背离政府，投靠玛丽之后，留守伦敦的枢密院意识到大势已去。这次起义是 16 世纪唯一一次取得成功的平民起义。

为何民众要为玛丽发动起义呢？单是他们对诺森伯兰公爵的旧恨，以及对他的动机的怀疑，就足以让简失去支持，而她之所以会成为女王，也主要是受到了公爵的“引诱”。人们对搅乱正统的继承顺位的愤怒，以及担心欺骗玛丽的那些人将引来天罚的恐惧，使得他们反对公爵的不义之举。然而，还有另外一个原因。简女王代表着改革中的宗教。7 月 12 日，枢密院颁布命令，要求各郡郡长集结兵力，讨伐私生女玛丽，她威胁要“推翻上帝的圣言”。诺森伯兰公爵声称，守卫真正的宗教信仰才是改变继承顺位的首要原因——“为守护上帝奋斗……一直是最根本的动因”。玛丽坚决遵循天主教信仰是尽人皆知的。1553 年 7 月，两位女王各自的支持者剑拔弩张，人们不得不面对艰难的抉择。坚守良知是不是意味着必须遵从上帝的权威，无视世俗权力，抛弃信奉新教的女王，向信仰天主教的女王效忠呢？怎样做才是最为慎重的呢？首先加入玛丽一方的是信奉天主教的绅士阶层。有些福音派成员也加入了玛丽的阵营，却远远没有天主教绅士那样斗志高昂，他们主要是受到玛丽的正统继承权的驱使，并且认为自己有罪过，理应受到上帝的惩罚，因为他们没有依照近在身边的福音过上美好的生活。尽管几乎没有人认真思考过，一旦玛丽上位，福音传播者会陷入何等境地，但即便在举国上下为玛丽被推举为女王而欢欣鼓舞时，民间仍然有少数人发出了异议。严重的后果很快显现出来。一听说枢密院大臣背叛诺森伯兰公爵，承认自己是女王后，玛丽做的第一件事便是命人在弗拉姆灵厄姆的礼拜堂内竖起一个十字架。

这位虽然大获全胜，但地位仍然不稳固的新女王应当如何统治国家呢？她应当信任谁呢？尽管在登上王位时，37 岁的玛丽没有任何治国理政的经验，甚至都没有接受过正规的政治教育，但多年来权利遭到剥夺、身陷绝望的经历让她学会了最重要的一课：不要相信王庭中的任何人。她的父亲迫使她与母亲阿拉贡的凯瑟琳分离，甚至还曾因她一度既不承认王权至尊，又不认可自己私生女的身份而大怒，想要给她扣上叛国罪的帽子。玛丽继承了母亲倔强而又勇敢的品质，以及对天主教的虔诚。而她从父亲那里继承了何种品性还有待观察。与同父异母的弟弟爱德华、同父异母的妹妹伊丽莎白一样，玛丽也接受了最优质的人文主义教育：爱德华和伊丽莎白天资聪颖、思维敏捷，能充分受益于这种教育，而玛丽是否拥有类似的天赋，就不得而知了。

登上王位之后，玛丽赦免了曾经反对自己的政敌，他们人数众多，法不责众，只有诺森伯兰公爵和他最亲近的随众受到了惩罚。以“诡计大王”威廉·佩吉特爵士、彭布罗克伯爵为代表，那些忠诚度令人生疑的大臣在玛丽继位后做足了表面文章，由于他们施政经验丰富，玛丽让他们重返枢密院。东安格利亚的绅士、贵族为玛丽夺取王位立下了汗马功劳，玛丽吸收他们进入内廷或枢密院任职，不过虽然他们的忠心可鉴，却无法向女王提供明智的建议。枢密院鱼龙混杂，佩吉特嘲讽道，与其说英格兰的政府奉行的是君主制，“还不如说它是共和制”。但很快玛丽身边就出现了由佩吉特、威廉·彼得爵士（Sir William Petre）、加德纳主教、希思（Heath）主教、瑟尔比（Thirlby）主教、阿伦德尔伯爵、彭布罗克伯爵、温彻斯特侯爵、罗伯特·罗切斯特爵士（Sir Robert Rochester）组成的小圈子，总揽核心政务。这些近臣要么因陈年往事而心存芥蒂，因忠诚之士加官晋爵而心生怨恨，要么忌惮对方的影响力，始终忘不掉过去遭到的背叛，所以相互间矛盾激烈，难以调和。加德纳主教如何能够忘记三年前，自己在监狱中接受彭布罗克伯爵和彼得爵士审讯的事情呢？而众近臣在政策上的分歧自然也就越来越大。

女王继位之后，政治局势的本质发生变化。在宫廷中，只有侍奉女王的女官才能进入私室，她们对女王的影响力很大。以埃克塞特侯爵夫人格特鲁德、苏珊·克拉伦西厄斯（Susan Clarencius）为代表，玛丽女王的几位至交早在16世纪30年代，在她的前景极为黯淡之时，就已经深得她的信任了。男性廷臣试图影响女王，或是想要打听点消息的，肯定得想办法与这几位女官“搭上话”。贵族女性也不能免俗，向她们哀求道：“要记得我啊”“别把我忘了”。诺森伯兰公爵夫人求佩吉特女爵帮忙在她丈夫面前、在克拉伦西厄斯女官长[①]和埃克塞特侯爵夫人面前求情，让他们为“我的丈夫美言几句，留他一条性命”。然而，不管是谁出面求情，诺森伯兰公爵也难逃一死。8 月 22 日，公爵被处决，而佩吉特女爵几人为公爵夫人的儿子们争取到了最好的结果[②]。即便是机密会议，玛丽也会把苏珊·克拉伦西厄斯带在身边，西蒙·勒纳尔（Simon Renard）不禁怀疑“她到底能不能听懂我们谈论的这些”。勒纳尔是神圣罗马帝国派往英格兰的大使，深得玛丽的信任，像是“她的第二位告解神父”。玛丽像以前一样，向自己的表兄神圣罗马帝国皇帝查理五世寻求建议，没有查理的建议，绝不会采取任何行动。这样的行为遭到了枢机主教波尔的严厉警告。玛丽的第一愿望就是推翻强加在自己身上的至尊王权，让英格兰教会回归罗马教廷，让英格兰像儿时那样，变回天主教国家。女王的近臣无法就应当在何时，以何种方法实现这一目标达成一致。对玛丽来说，最为重要的仍然是上帝的引导。她每天要注视保存在自己寝宫中的圣体，“把它视作保护者、引导者、顾问，全心全意地向上帝祈祷，希望圣体能够伸出援助之手”。

* * *

女王需要一位继承人，而且还要是笃信天主教之人，所以谈

① 玛丽继位后，苏珊·克拉伦西厄斯被任命为服装侍从女官长。

② 在公爵的几个儿子中，只有简·格雷的丈夫吉尔福德·达德利被处以极刑。

婚论嫁成了当务之急。尽管玛丽声称，就她本人而言，她一直守身如玉，“从来没有感受过所谓的爱情”，但她了解自己作为女王应尽的义务。那么到底谁才是最佳人选呢？某些大臣提出应当选英格兰人，而爱德华·考特尼（Edward Courtenay）是最佳人选——考特尼因父亲埃克塞特侯爵[①]及其家族触怒了亨利八世而受到牵连，被关入伦敦塔，最终重获自由，但他并不是一个靠得住的人。玛丽反问道，女王怎么能嫁给自己的臣民呢？难道就凭此人是加德纳的狱友，自己就要被迫下嫁吗？最后，她听取了查理五世的建议。自玛丽继位的那一刻起，甚至在此之前，查理五世就计划让她嫁给自己的儿子腓力王子。如此一来，哈布斯堡王朝就以联姻为手段，征服英格兰了。

反对女王嫁给西班牙人的大臣劝她，自“征服者”威廉之后，再也没有外国人当过英格兰的国王，而“外国人的名字也叫人不适”。与“异乡人”成婚会激怒英格兰的民众。这场联姻相当于将英格兰“嫁给了大麻烦，会陷入与法国的纷争，一直受到法国威胁”，而法国早就已经与苏格兰、爱尔兰沆瀣一气。由于腓力与玛丽存在亲属关系[②]，两人若要结婚，必须获得教皇的赦免——申请赦免令令人反感，必须暗箱操作，而保密工作又带来了额外的风险。尽管腓力表示愿意遵循英格兰的习俗，却没有人愿意相信他，西班牙人在英格兰也会像他们在佛兰德斯那样，不受待见。可是玛丽却固执己见：宁可死，也不会与考特尼成婚。她承认自己甚至在还没

① 考特尼的父亲与流亡国王的枢机主教波尔通信，遭到克伦威尔的指控，称其密谋推翻亨利的统治，因此被处以极刑。

② 腓力是玛丽的表侄。

有与腓力王子见面时，就已经爱上了他。面对加德纳的异议，“陛下就不在乎民众的感受吗？”她质问他有什么资格认为民众的意愿能够凌驾于女王意愿之上。11 月 16 日，议院议长“从温彻斯特主教（加德纳）那里听闻”女王要与西班牙人结婚，便率领议员组成的代表团发表反对意见，他们的请愿却被女王断然拒绝。加德纳的反对与其说是狭隘的爱国主义，不如说他想尽可能地在婚约中为英格兰争取到最为有利的条件，那些条件对英格兰太过有利[①]，以至于腓力王子在发誓遵守婚约时，在证婚人面前连续三次宣誓。人们担心“异端”会利用这场婚姻证明恢复传统的天主教信仰无异于接受外国人的支配，以及证明罗马教皇的暴政与西班牙人的暴政实为一丘之貉。

阴谋家、暗杀者、叛乱者密谋反对玛丽女王的统治，勒纳尔如此警告。11 月底，在一位贵族的伦敦宅邸中，一群曾经在爱德华统治时期春风得意，现在郁郁不得志的人计划来年春天在英格兰 4 个郡发动起义。枢密院听到风声，获悉密谋者准备拉考特尼入伙。次年 1 月 21 日，面对加德纳主教的质询，考特尼将密谋和盘托出。同日，伦敦的街头有流言称德文郡爆发了叛乱，但这只是空

---

① 按照婚约的规定，只要两人间仍然存在婚姻关系，那么腓力就可以使用英格兰及爱尔兰国王的名号。所有官方文件都必须以两人的名义共同发布（为了遵循男尊女卑的常理，腓力的名字应当排在玛丽的前面），而英格兰议会也应当以两人的名义共同召集。然而，约定虽然认可了腓力参与国政的权力，但却将几乎所有的实权都留在了玛丽手中，以禁止腓力任命任何外国人担任官职为手段，防止他掌握过多的权力。此外，婚约还规定，腓力不得将玛丽及任何二人在未来有可能生下的子女带离英格兰，并且明确指出，如果玛丽先于腓力去世，那么腓力就不得觊觎英格兰王位。

穴来风。两天后，一位肯特郡的绅士请蹄铁匠为马钉掌时说，“西班牙人一只手持缰绳，一手拿枪，正准备进入英格兰，会让我们英格兰人比国家公敌、恶棍还要惨”。绅士怂恿蹄铁匠：“如果你真的有良心的话，就快去发动友邻……起事抗击那帮异乡人吧。”只有肯特郡的居民响应了。在已故诗人之子托马斯·怀亚特爵士，以及一小撮肯特郡绅士的带领下，一支3 000人的叛军向伦敦进发，他们认为伦敦“渴望他们的到来”。在罗切斯特桥附近，一队奉命镇压叛军的伦敦白衣兵[①]临阵倒戈，怀亚特的军队和平地进入萨瑟克。女王和首都被围困，受到屯兵泰晤士河对岸的叛军的威胁，更可怕的是，城内还有人数不可确定的叛军支持者。1月31日，在切断伦敦桥的交通之前，伦敦城内支持怀亚特的平民获得了自由通行权，他们出城加入叛军。女王的军事指挥官在观望，谁也拿不稳到底有没有人会抗击怀亚特的叛军。“以圣母之名起誓”，约翰·布里奇斯爵士（Sir John Bridges）对伦敦塔的守军说，“外面怕是聚集了不少叛徒，却拿他们没办法。”玛丽表现出了身边权臣所缺乏的勇气与决心，她前往市政厅，召集伦敦城的居民抗敌。城门始终紧闭，怀亚特的起义失败了，叛军的尸块高悬于城墙上，以儆效尤。

密谋者计划刺杀玛丽，将伊丽莎白女爵推举为女王，然后再让新任女王与考特尼成婚，从而恢复福音派宗教的地位。秘而不宣是密谋共有的特点，而本次保密工作更是缜密极致，叛军的士兵压根不知道领袖更深层的计划。怀亚特说：“你们甚至不要提宗教两

① 亨利八世规定，英格兰的士兵必须身穿绣有圣乔治红色十字架的白色大衣作为统一的军服，禁止贵族麾下的士兵穿着贵族的私人号衣。极少数的“精锐”作战队伍不仅大衣是白色的，身上其他的服饰也全部使用白色的布料。所以说，都铎时代的英格兰人将本国士兵称为“白衣兵”。

字，否则我们会失去民心。”玛丽不就是凭借 6 个月前爆发的那场为了守护传统的天主教信仰的起义登上王位的吗？叛军对外宣称的目的是为了抵抗西班牙人的暴政。然而，怀亚特承认，“我们就是为了找回上帝的圣言”。玛丽断定，叛军对异乡人的反对是个幌子，“只不过是用对西班牙人的恐惧来掩盖其反对天主教信仰的企图”——这么想有一定的道理。密谋者是一些遭到排挤，失去政治影响力的人，他们之所以会遭到排挤，是因为他们是福音派。叛军的行动令其动机昭然若揭。怀亚特声称将会让所有因宗教问题身陷囹圄的人重获自由。宗教犯还是选择听从上帝的旨意，许多信奉新教的人虽然憎恨玛丽的宗教政策，但仍然愿意跟随她，而事件的发展表明，一定会有某些新教教徒后悔没有与怀亚特站在一队。

怀亚特的叛乱令未来阴云密布。这场叛乱的核心是刺杀君主，以宗教的名义诛杀暴君。“佞臣”不再是君主的替罪羊。玛丽将福音派臣民的忠诚抛诸脑后，认为所有的异端思想都是煽动性的言论，而所有的煽动性言论都出自异端之口。玛丽把新信仰的追随者都视为敌人，而这有可能使他们真的变成她的敌人。接下来，反叛者血流成河。首当其冲的是简·格雷女爵和她的丈夫吉尔福德·达德利勋爵；夫妻两人于 2 月 12 日引颈受戮，简女爵虽然为非自愿的反叛行为而忏悔，但对自己的信仰至死不渝。女王一直对伊丽莎白疑心重重，因为谁都很难否认她曾经与密谋者串通一气，但难以证明。伊丽莎白先是被关入伦敦塔，后又被押送至伍德斯托克宫，遭到软禁，其间她用钻石在宫殿的玻璃窗上刻下了这样的文句：

我身上嫌疑众多：

但证据又在何处？

囚徒伊丽莎白如是说

1554 年 7 月 25 日，无力阻止婚事的加德纳主教在温彻斯特为玛丽和腓力主持了婚礼。加德纳以腓力的首席英格兰大臣自居，但最受腓力信任的却是他的对手佩吉特。在西班牙人出现的地方，他们就像人们意料中的那样不受欢迎。在王庭中，英格兰廷臣与腓力的西班牙随从没有一天不发生“刀兵相见”的情况。同年 9 月，伦敦主教邦纳开始抓捕伦敦教区的异端，似乎印证了关于西班牙人到来的最坏传闻——他们会在英格兰开展异端审判。无论是英格兰人对西班牙人的攻击，还是国内反对腓力加冕的声浪，抑或臣民对伊丽莎白经久不衰的支持，都令玛丽愈发痛苦，但她对生下子嗣仍抱有极大希望。1554 年 11 月底，宫中传出了女王怀孕的消息。“我儿媳的肚子有什么动静了吗？”心急如焚的查理皇帝问道。1555 年 3 月，流言传播开来，称玛丽肚里的婴儿完全是子虚乌有。几个月过去了，玛丽却一直没能分娩——她一生也未能成为一位母亲。没有后代不仅是玛丽的不幸，也是英格兰天主教未来的灾难。

* * *

天主教是玛丽的信仰，而弥撒是天主教信仰的核心。长久以来，玛丽只能在暗地里独自听弥撒，所以在成为女王之后，她做的第一件事便是恢复弥撒的合法地位。她想要让其他人也能自由地望弥撒——至少在最开始时，她是这样说的。枢机主教波尔声称，他的目的不是“强人所难”，而是“召回迷途的羔羊”——至少在最开始时，他是这样说的。然而，基督教世界已经发生了改变。弥撒已经不再能将基督教社会团结在一起，反而可能令其分崩离析。福音传播者认为，基督的喉舌不可能是画出的偶像，更不可能是白色的面饼，而只能是上帝的圣言；在他们看来，弥撒是“供奉在祭坛上的偶像”，是教皇追随者的“面饼之神”。在这种精神的引导下，他们拆毁了祭坛，推倒了圣像。每一个宗派都将其他宗派视为渎神者；不同的宗派全都严守教义，导致与其他宗派的矛盾固化了下来。女王“强烈地感到这一宗教问题事关重大”，声称“她很难做出让步”。

传统的天主教信仰恢复后，广大臣民欢呼雀跃，令玛丽的立场变得更加坚定。1553 年 8 月，当女王第一次经过她的首都时，伦敦的女性居民争相亲吻刚获得自由的主教，还将珍藏起来的圣像摆在窗口。天主教徒纷纷拿出藏匿起来的圣物，既有圣徒的还愿圣物，又有刺穿耶稣的铁钉，还有圣十字架的碎片。宗教游行又一次大行其道。“看着眼前的场景，就好似来到了一个全新的世界。”许多地区的神父虽然没有得到中央王权的命令，但仍然自发地咏唱拉丁语的弥撒经文，“展示出信众坚定的天主教信仰”。中央王权之所以没有发布恢复弥撒合法地位的命令，是由于解除禁令的命令必须获得议会的通过，只有议会才有权力解除它自己颁布的禁令。约克郡的罗伯特・帕尔金记录了 9 月时英格兰北方恢复天主教圣礼、仪式的情况，尽管他对此表示赞许，但也提到并非所有地区都能齐头并进，并指出那些持有异端思想的人对此“恶语相向”。在玛丽继位的头几个月，合法的宗教仪式依旧遵循爱德华时期《公祷书》的规定。那些最勇敢的福音派教士率领堂区教众，仍然按照福音派的新规定举行仪式，而保守派则在观望和等待。

1553 年 10 月，玛丽作为女王首次召集议会，第一次会议就废止了爱德华国王制定的宗教法律。下议院有近 1/4 的议员反对更改宗教法律的议案，虽然人数远低于悲观者的预期，却足以引起重视。英格兰教会的正统地位恢复到了 1547 年的样子：遵守天主教教义，却仍然是分裂教会。女王则被统领分裂教会的至高权威所束缚。英格兰教会能够与教廷和解，回归普世教会吗？1553 年 8 月，教皇将枢机主教波尔任命为教廷使节，展现了自己准备与英格兰这个曾经偏离正道，“从彼得的船上逃走”[①] 的国家和解的决心。忍受了 20 年的流亡生活之后，归心似箭的波尔在宗教问题上容不得半点含糊，也不允许有片刻的拖延。然而，此时的英格兰已经不像他离开时那样了。教会大量的地产、财物已经变成俗众的财产，令英格兰难以得到教皇的赦免，因为这无异于亵渎上帝。波尔以曾经因亵渎神庙中的圣器而遭到天谴的伯沙撒（Belshazzar）为例，警示英格兰人，却被当作耳旁风。毕竟，对教会的掠夺已经无可挽回：教会的土地几经转卖；圣餐杯变成了酒杯；神父的祭服变成了俗众的锦衣华服，而这些事物的新主人（多半是天主教徒）摆明了不愿意放弃它们。包括玛丽和教皇在内，一些天主教领袖意识到，如果不赦免占得教会财产者的罪行，教皇永远也不可能在英格兰重树威严，而且没有讨价还价的余地的。教皇最后做出让步，令波尔大失所望。1554 年 11 月 30 日，波尔主持庄严的仪式，赦免了英格兰王国，天主教徒喜极而泣。克服诸多障碍，几经波折之后，议会终于在 1555 年 3 月废止了王权至尊。英格兰重新回到了天主教世界的怀抱。

然而，英格兰已经无法回到宗教统一、遵从教皇权威的过去。

---

① 教皇自诩为圣彼得的继承人。

宗教改革催生的首批转投新信仰的一代，坚信自己能够改变英格兰的宗教与社会现状。尽管未能建立起梦寐以求的神圣共同体，没有把英格兰的每一座山峰都变成锡安，但他们所唾弃的天主教教义已经被极大地破坏了。对英格兰各堂区的教众来说，无论是接受福音派遭人痛恨的理念、惯例，还是购买教会的财产，都可以算作是对福音派的让步（不管多么的微不足道），就算没有就此皈依，也受到了它的污染。过去，英格兰人经常就是否应当对罗马教廷唯命是从摇摆不定，如今这种习惯也一去不返。祈祷再也不能作为纽带，将生者与在炼狱中等待救赎的逝者连到一起；官方也禁止信徒祈求天堂中的圣徒，让他们为自己代祷。既然信徒不再相信炼狱的存在，而且认为祈祷不再能够影响灵魂的命运，既然能提供帮助的圣徒已经被世人遗忘，那么与罗马教廷分裂近 20 年后所造成的后果就很难被消除。圣饼和圣水；在棕枝主日发放到信徒手中的棕榈树枝；宗教游行；在圣周五怀着最为沉重的忏悔之心，爬到十字架前悔罪；在复活节圣墓[①]中“埋葬”圣体——所有天主教的传统崇拜方式都可能恢复到以前的样子。天主教的书籍也能重印，圣像能重新得到供奉；然而，这些措施能否唤起信徒心中支撑起这一切的天主教信仰呢？

波尔和各教区的主教开始修复教堂，让其重新成为适宜举行天主教圣礼的场所，而这次他们也挥舞起破坏的大锤。他们粉刷了“罪孽之子”在教堂的墙壁上写下的《圣经》文句，因为这些文字

① 复活节圣墓是一个拱门状的凹陷处，为英格兰及威尔士教堂的特有建筑特征，通常设在圣坛的北墙中，作用为存放十字架和圣体，目的是纪念耶稣死后入葬，之后又死而复生的神迹。

会误导信徒。祭坛、玻璃花窗、祭坛布要么被修复，要么被换掉。为了摆明立场，向否认圣像的新教追随者证明圣像是“令俗众获益无穷的书籍”，每一个堂区必须修建华美壮丽的耶稣受难像，再现耶稣在十字架上受难的场景，而且圣像必须是货真价实的雕像，不可用草草绘制的画像。圣体又一次被放入圣体容器、圣体龛供奉起来。走回头路的堂区都被处以罚款。然而，之前没收天主教财产的措施显得过于决绝，而政治家之前更是贪得无厌，没有将教会财产用于提升公共福利，反倒借机中饱私囊，所以英格兰人认为任何堂区的财产都有可能被他们夺取。玛丽的教会的敌人指责教会领袖只满足于物质层面的复原——“竖起两米高的耶稣受难像”，“所有人就都得意扬扬”。然而，他们错了。

波尔算得上天主教会内部最具进取精神的改革者之一，他对英格兰教会重建的看法也仍然是一名福音天主派①改革者的看法。其他的教会领袖在波尔的带动下也行动了起来。波尔和玛丽教会的主教为天主教制订的改革计划绝不仅限于恢复旧日的辉煌。他们将教会恢复原状，为的只是推行改革。波尔将基督教经典、教导、教育当作重中之重，同时也十分注重提升教士阶层的道德标准。他坚信天主教的改革者能够与新教的改革者达成和解，做到相互容忍，因为双方不仅都遵循福音主义，将基督教经典视为信仰的核心，还都认为过分的天主教崇拜并不可取。玛丽教会的领导者没有看重包括神父的神权、神赐的教皇权威、对圣母玛利亚的崇拜、对圣徒的崇拜、朝圣在内等诸多曾在过去维持天主教会权势的因素。然而，

① 福音天主派指既承认罗马教廷的权威，又以福音为信仰核心的基督教徒。

他们绝不允许他人质疑天主教的七大圣事，更不会就对圣餐变体论的解释做出让步。天主教的文人与遵循福音主义的新教徒都接受过人文主义教育，所以能够以对基督教经典的字面解释为基础，达成共识。

玛丽教会的领袖希望，和解与教育能够成为推动天主教复兴的手段。他们强调的是团结、普世主义、共识，以及在信徒共同体内几近消失的宽容与仁慈。没有讲道，就不会有教义，但在改革中涌现了太多的讲道者，布道已变成不可承受之重。波尔不相信新教福音讲道者的传道方式，认为这不仅违反了基督教的悲悯精神，更容易让普通人误入歧途，也不准备效仿福音派讲道者的做法。1542年，第一批耶稣会士[①]在爱尔兰登陆，但波尔并不信任这些教皇派出的使节。波尔将复兴天主教信仰的重任交由英格兰各堂区的神父，可是这些人通常并不称职。不管曾经如何为情势所迫，玛丽教会的神父都难以洗净在爱德华国王统治时期顺从改革派的污点，所以无论是天主教徒，还是福音派教徒，都对这帮随朝代改换信仰的俗气的神职人员嗤之以鼻。简·格雷女爵声讨了自己那位见风使舵的专职教士[②]：他似乎曾是个“忠实的基督徒”，却改宗了天主教，就像是“魔鬼身边畸形的小鬼”。还有许多其他教士也像他一样改宗了天主教。爱德华国王在位时通过法案准许神父结婚，但到了1554年3月，英格兰的神父却接到命令，要其与妻子断绝关系。他们唯命是从，某些人连一丝不舍都没表现出来，而是马上前往其

---

① 耶稣会于1534年成立，目的是为了对抗宗教改革，其宗旨为绝对效忠教皇，降服一切“异端”，在天主教会中属于原教旨主义派。

② 此人名叫托马斯·哈丁（1516—1572），曾是简·格雷的家庭教师，在玛丽女王即位后放弃了福音派信仰，改宗天主教。

他的堂区担任神父，虽然没有妻子陪伴，却谈不上未近女色。曾经教导信众断绝与罗马教廷关系的教士，现在反而要求信众遵从教皇的权威。教士阶层遭人唾弃，以至于女王的专职教士痛心地说，就算是“落到了土耳其人、萨拉森人的手里”，神父的境遇也不会比在嘲讽、鄙视他们的异端中间更惨。

波尔认为，只要神父耐心教导信众，英格兰教会曾经与罗马教廷分裂的过去就会被时光掩埋，淡出人们的记忆，而异端思想也会作为一时的反常现象，变成过往云烟。然而，波尔并没有亲历英格兰的福音主义改革以及由此引发的改宗浪潮，所以他的想法是错误的。玛丽召开的第三次议会（1554 年 12 月 12 日—1555 年 1 月 16 日）恢复了中世纪的反异端法[①]的效力，在压制了强烈的反对，经历了焦虑的等待之后，波尔、各教区的主教、众多由俗众担任的特派员开始挑战福音派信仰的力量。最终的结果令他们震惊和沮丧。当时大约有一半的人口年龄不到 20 岁，所以他们根本就不了解教皇的权威，只知道分裂的那段历史；而所有在爱德华国王推行改革之后长大，接受坚振圣事的英格兰人都没有领受过圣体，只是按照《公祷书》的规定领过圣餐。除了出生以来一直被灌输的宗教信仰，这批英格兰人不知道任何其他的信仰，但现在他们又被迫放弃自己的信仰。他们根本算不上异端，因为他们从未脱离天主教信仰，但现在他们可能因不了解天主教信仰而成为罪人。

① 该次议会会议总共恢复了三部反异端法案的效力，分别是理查二世在1382年颁布的公开令状、亨利四世在1401年颁布的法案、亨利五世在1414年颁布的法案。

* * *

1553 年 12 月，弥撒刚一恢复合法地位，福音派的成员就面临着两难抉择。领受圣体无异于“与弥撒妖女推杯换盏”，会令灵魂万劫不复；若是拒绝领受，便会引起宗教迫害者注意，他们每时每刻都在追查异端的踪迹。福音派教众写给流亡中或被囚禁的牧师的书信表达出自我反省的意愿。虔诚的基督徒能够在看似遵循一种崇拜方式，内心却相信着另一种教义的同时还保持着信仰的纯洁吗？当然不能！信众不会忘了伪善者在地狱火海中所遭受的无尽痛苦。克兰默以耶稣为逃避文士、法利赛人的迫害而离开撒马利亚的典故为依据，劝说一位名叫简·威尔金森（Jane Wilkinson）的福音派女俗众“尽快离开英格兰，否则可能做出蠢事，成为迫害者的阶下囚”。威尔金森离开了英格兰，克兰默却决定留下来静待自己因叛国罪而受审。在玛丽统治期间，无论是想按照自己的信仰自由崇拜上帝，还是想要保持信仰的纯洁，坚守良知流亡国外是唯一的出路，当时有不下 800 人背井离乡。这是“痛苦而漫长的漂泊”，尘世中的风险很高，可能会有较大的损失，可是选择留在国内仍会遭受精神上的风险。流亡者前往德国、瑞士完成宗教改革的城市，然后将钱、宣传册秘密传给国内的兄弟，他们各抒己见，争论不休。他们无法忘记家乡，想着如果有一天能回去，要在那里建立新耶路撒冷圣城。

一些福音派成员不愿顺从正统宗教，他们秘密集会，宣讲福音，时刻被当局监视，身处险境。密探走街串巷，向政府汇报他们的行踪。面对迫害的威胁，福音派成员在晚上举行集会，地点常选在酒馆、密室、小艇、驳船，甚或保护者的宅邸。在伊斯灵顿，他们聚集在名叫萨拉森人头领的酒馆中，以观看表演为掩护，举行了新教的圣餐仪式。对福音派的成员来说，参加天主教仪式是不可忍受的，尤其是在信奉天主教的邻居因传统信仰复兴而欢欣雀跃的情况下。许多人坚守良知，既不领受圣体，又拒绝参加天主教仪式和游行。即便参与其中，他们也会以种种方式表达异议和不尊重：在神父高举圣体时目视别处，在神父祝圣圣体时拒不脱帽、咏唱天主教祭文，拒不行接吻礼——这也凸显了基督教共同体内部成员间不和谐的现状。宗教审判开始后，上述逃避天主教仪式的行为成了抱有异端思想的证据。时局愈发凶险，“撒旦……冲着上帝的选民咆哮”，许多知名的福音传播者此时畏缩了。面对凶险的局面，大多数人闭门不出，默默地务农、经营店铺，只求清净，不愿为反抗玛丽的教会做出牺牲。在最为黑暗的时刻，福音派领袖陷入绝望：立场坚定者“十中难得其一”，约翰·布拉德福德扼腕长叹；剩下的人苟延残喘，变成“摇尾乞怜的杂种狗”，“对教皇顶礼膜拜的新教徒”。然而，拉蒂默主教坚信，纵使“精于世故之徒耍尽花招，不愿背负十字架……基督的单纯仆人在现世的压迫下仍然勇于承担”。基督曾经号召虔诚的信徒跟随他的脚步，在逆境中背负起十字架，而某些人更是赢得了特殊的荣耀。这些人就是福音派的殉教者。

1555 年 2 月 4 日，约翰·罗杰斯（John Rogers）被处以火刑，展现出了殉教者的英雄气概。罗杰斯的就义代表着希望战胜恐惧，精神战胜肉体，既是福音传播者渴望达到的境界，又令玛丽女王的政府心惊胆战。在之后的三年里，有近 300 名殉教者跟随罗杰斯的脚步，他们从未怀疑过死亡的恐怖，但也从未质疑过上帝的承诺，证明自己达到了绝对信仰。其他的福音派成员虽然没有被绑上火刑柱，但戴着手铐脚镣，在狱中饱受折磨、受冻挨饿。每次执行火刑，都会吸引大量的围观民众，其中某些人已经对他人的痛苦、野蛮的酷刑习以为常，他们从肯特郡的水果商那购买樱桃，边看边吃。观刑的人群分成了不同的派系。天主教教徒前来庆祝异教徒烧死在代表地狱火的烈焰中；笃信上帝的福音派成员来到现场吟唱赞美诗，安抚殉教者及其家人，也是为了缩短殉教者的痛苦（虽然不一定能够如愿），更是为了“学习殉教之法”，因为一些人也希望自己能够鼓起勇气，成为下一位殉教者。

殉教者之所以会被处死，是因为玛丽、波尔、各教区的主教一致认为，必须将异端斩草除根，否则就会有更多的人受其思想的“感染”，“而没有哪一种叛国的罪名比异端罪更罪大恶极”。殉教者之所以会死于非命，还因为某些世俗官员、民众痛恨异端思想，明知后果严重，仍然要向当局举报。最重要的是，殉教者从来不会公开放弃自己的异端思想。福音派之所以会成为异端，是因为他们坚决否认弥撒是一项祭礼，也不认同圣餐变体论，更不接受基督的肉体在圣餐中实在的观点。每出现一位殉教义士，迫害者就遭受一次重挫，因为他们并非要将其置于死地，而是想令其回归天主教会。每一种挽回异端的方法当局都已尝试：据理力争、好言相劝，甚或是用刑。福音传播者被反复审讯，审讯者劝他们不要让年迈的母亲流泪，让他们想一想失去父母后的子女。就像他们真的会将子女抛诸脑后一样！“好好教育我们的孩子，让他们敬畏上帝”，罗伯特·史密斯（Robert Smith）[①]在信中对妻子

① 福音派殉教者，曾在伊顿书院教书，在玛丽即位后失去了职位，于1555年8月8日在阿克斯布里奇被处以火刑。

说，因为这样一来，他们最终就会在“我要去的上帝的天国团聚”。尽管当权者希望福音派的成员能够放弃异端思想，却也清楚某些人在宣称与异端思想一刀两断后，有可能会“效仿彼得”，像那位使徒在否认耶稣之后又迷途知返那样，重拾异端思想。当克兰默被孤独和怀疑击垮，他不是一次而是连续六次宣布放弃福音派信仰，令当局大喜过望。但最后，在 1556 年 3 月他在牛津殉道之前，却突然收回了放弃异端思想的言论，并将在绝弃宣言上签字的右手放进了烈焰中。

宗教迫害是一场较量耐力的游戏，比的是最先失去宗教狂热的是迫害者，还是殉教者。由于殉教者的支持者众多，所以当局不得不在行刑时执行宵禁，而火刑也不再公开执行，而是秘密执行。如果选择了错误的受害者，这场迫害就会失败。尽管女王要求必须让民众看到“被定罪之人全都罪有应得”，但迫害者将矛头指向诸如年轻人这样只知道异端思想的民众，或是那些因懵懂无知而根本就分辨不出什么是异端，什么不是异端的人。加德纳主教“拉满弓弦，猎取领头雄鹿”，对教会及政权内的异端领袖下手的时代一去不复返，因为此时的迫害者放走了“大异端”，而地位最重要的新教徒也不再被当作迫害的目标。这样的做法令“粗鄙的群众议论纷纷”。宗教迫害渐渐不得人心，但这并不是因为福音传播者的信仰赢得了更多的同情，而是由于迫害的方式令人不齿。自 1558 年 6 月起，当局再也没有在史密斯菲尔德执行过火刑，而负责行刑的官员也越来越不愿意执行他们骇人的差事。

准备殉道的里得雷主教在给伦敦民众的道别信中写道：“我敢肯定，在这座大城市中，有不少人正在私下里哀叹时局不振。”福音派的成员感叹当局推行的宗教变革，却依然顺从。尽管福音派只打算暂时表面上顺从，可是假以时日，他们回归玛丽教会的行为就会弄假成真，成了永久的和解。半个世纪后，富尔克·格雷维尔记述了“玛丽女王时期天主教信仰的回归”，字里行间难掩轻蔑之意，而这种看法却难逃事后诸葛的嫌疑。许多英格兰人（甚至有可能是大多数）根本不愿意福音派推行改革，纷纷为天主教的复兴欢欣鼓舞。虔诚的信徒在遗嘱中提及圣母马利亚、众多圣徒，想要依靠他们为自己的灵魂代祷。然而，并非一切天主教传统都能恢复。想让信徒不再相信生者有义务不停地为炼狱中的逝者祈祷是不容易的，不可能一蹴而就，但是到了玛丽女王上位时，这样的观点的确被严重地削弱了。宗教协会将逝者与在世的兄弟联系起来，一直在民众的宗教生活、社区生活中扮演不可或缺的角色，但许多堂区并没有恢复此类组织。许多信众因为害怕当局会突然扣押宗教协会的财产而驻足不前，但这种不情愿有更为深层的原因。民众的宗教信仰发生了转变，种种迹象表明，福音派的教义也触动了天主教徒。与以前相比，某些信徒开始公开地表达坚定的立场，认为弥撒能够将耶稣受难所产生的善功分配给信众，是耶稣受难在现世的标志。在玛丽统治的最后几年，英格兰人的遗嘱展现出一种精神，其有助于了解为何在信念上不和的基督徒能够“心怀仁慈”地一起崇拜上帝，因为有些人在留下宗教遗产时，表达出了将新教信仰的惯例、精神与天主教信仰融合起来的理念。传统天主教徒和新教徒都认识到，他们拥有同一位救世主，于是渐渐建立起了和平共存的关系。

然而，天主教徒对未来忧心忡忡。玛丽的统治遭到了致命的打击，但与其说是由于政策上的失误，还不如说是因为英格兰接连遭遇天灾，非人力所能抗拒。枢机主教波尔失去了新任教皇的信任，遭到抛弃[①]，丢掉了教廷使节的职位，不仅令他本人万念俱灰，更是让玛丽女王灰心丧气。1558 年 1 月，吉斯公爵攻陷加莱，令英格兰王权遭受重大损失。然而，与几乎令英格兰崩溃的人口死亡率相比，这些挫折都不值一提。1558—1559 年，英格兰的人口死亡率是 1541—1871 年这三百余年间最高的一年。1558 年 11 月，玛丽女王去世，天主教复兴浪潮戛然而止，至少在未来一段时间内不会再掀波澜，因为王位的继承者是伊丽莎白女爵。

* * *

对宗教的迫害是在苦难和绝望的背景下进行的，那段时间英格兰接连遭受饥荒、瘟疫和战争的蹂躏。1555 年冬，英格兰阴雨绵绵，难见天日。次年，大片庄稼歉收，粮食短缺，粮价一飞冲天。1556 年秋，英格兰连降暴雨，进入冬季境况令人绝望。买不起谷物的赤贫者只得拿橡子充饥。威廉·塞西尔（William Cecil）的手下写道，若是小麦的价格到复活节那天不能回落，“路边就会有一堆饿殍”。1556 年，“多地”的确出现了“饿死”的穷人，但是人们对粮食的需求降低了，而背后的原因也很可怕。残酷的自然规律告诫人们，但凡遇到饥荒，必有瘟疫接踵而至，当前疫病取代饥荒成了夺走生命的凶手。“高烧和其他奇怪的疾病”流行开来。

① 1555年，保罗四世成为新一任教皇。一直以来，他都对天主教会内部的人文主义倾向抱有敌对态度，对波尔等人以弱化天主教教义为手段，促使新教徒改宗回归天主教会的方法更是深恶痛绝。他先是收回了波尔教廷使节的权力，之后又命令波尔返回罗马，接受异端审判，好在玛丽提供了庇护，拒绝让波尔离开英格兰。

民众不再将政策失当或者少数人的贪婪看作祸根，而是认为这是“上帝降灾于人间所引发的物资匮乏”。这场灾难超过了所有灾民有生以来经历的磨难，被视为神的惩罚。只有上帝知晓英格兰为何遭此灾难，而玛丽的政敌，尤其是愤怒的流亡者却察觉出了真正的起因。“英格兰难道还有其他惨淡的时期能与这个对教皇顶礼膜拜、弥撒大行其道的时期相提并论吗？”前任温彻斯特主教约翰·庞奈特（John Ponet）诘问。雪上加霜的是，玛丽与西班牙王室联姻，把英格兰卷入了西法战争，为此耗费了大量军费，换来的只是战败的耻辱。这样的逆境可以靠基督徒的逆来顺受来应对，但绝非唯一的解决之道。

1554年，约翰·诺克斯请求瑞士改革家海因里希·布林格（Heinrich Bullinger）[①]指点迷津，回答一个令自己深感不安的问题：“是否要服从一个推行偶像崇拜，令真正的信仰蒙尘的当权者？”1556年，诺克斯得出结论：基督教信仰的真正见证者（不仅包括当权者，还包括民众）能够按照法理，用死刑惩罚偶像崇拜者。在激进的改革派看来，玛丽是英格兰的耶洗别（Jezebel），是世间罪孽最大的偶像崇拜者。在以诺克斯为代表的流亡者探求何为政治服从的限度时，其他流亡者总结道：虔诚的信徒受到暴君的欺压，这是他们将不敬上帝的统治者扶上王位而造成的，所以信徒不仅有权利，也有义务将暴君赶下台。约翰·庞奈特问道：“罢黜邪恶的统治者、诛杀暴君是否合法？”他同时给出了肯定的回答。如果统治者“要背叛自己的国家，准备把它拱手让与异乡人”，

① 海因里希·布林格（1504—1575）为苏黎世教会的领袖，位列16世纪新教改革运动中最具影响力的神学家。

诛杀暴君就是合乎情理的。诺克斯宣称，“女人执掌大权，建立帝国，有违天之常理、人之常情”，信徒必须阻止。面对这等口诛笔伐，玛丽和她的枢密院官员感到惊惧是正常的。玛丽是女人，她的继承人伊丽莎白同样也是女人。如果新女王可以证明自己是《旧约圣经》中的女豪杰，比如曾经激励以色列人击败强敌的底波拉（Deborah），那么激进的新教派就会偃旗息鼓。一旦天主教的暴政再次抬头，宗教迫害在英格兰横行，激进派就会再次利用对女王性别的争议；而在接下来的宗教战争中，天主教敌人也把它当作武器，攻击信奉新教的女王。

第七章

“危机四伏、千钧一发”
维护和平的荆棘之路（1558—1570）

伊丽莎白一世的统治带着一种不确定和危险的感觉，这种感觉几乎挥之不去。1558 年年末，迎来新君的英格兰人惶恐不安，但他们绝非个例，许多欧洲大陆邻国的臣民也都如此。“外敌入侵、国内纷争、新君难以捉摸的秉性，在臣民心中都是迫在眉睫的威胁”，研究伊丽莎白一世统治的史家先驱约翰·海沃德（John Hayward）写道。玛丽一世的统治在臣民心中留下了难以消除的阴影。读过诺查丹马斯对 1559 年的预言，英格兰人更是担惊受怕。这些预言主要与宗教有关：“将有教派的分歧、改变、对仪式的抱怨、争论、辩论、诉讼、争斗、抗议、不和……”其实，任何生活在欧洲的人都能这样洞悉未来，像对英格兰做出如此预测一样，预言同样的事情也会发生在苏格兰、法国以及低地诸国。宗教与政治更加危险地纠缠在一起，而与灵魂救赎相关的不同教义致使欧洲大陆笼罩在战争的阴云之下；唯有保持高度警惕，才能确保英格兰免遭牵连。

伊丽莎白未经战争就取得了王位，却从未忘记登基之路上的艰险。她曾在玛丽统治期间沦为伦敦塔的阶下囚，自怜只有到了出殡之日才能重见天日。1559 年 1 月，在离开伦敦塔的时候，伊丽莎白感谢上帝像从狮穴中救出但以理那样救了自己。通过这个《旧约圣经》的典故的类比，她向所有等待新教公主前来解救的人做了一个刻意的承诺。即便她的敌人也承认，伊丽莎白“深谙笼络人心之道”；在横穿首都去加冕的路上，她展现出了这一点。玛丽一世对迎接她的盛典没有任何反应，而伊丽莎白则向新臣民郑重承诺，君民将以仁爱相待，她会献身国家，至死不渝。伦敦市民欢欣鼓舞。就像在圣像破坏暴动中推倒了教堂内的偶像、在供奉保存圣体的神龛内摆放梅花 J[①]，市民乐于对这位光彩夺目的新教女王顶礼膜拜。然而，赢得伦敦并不等于赢得整个英格兰。

“不要忘了老国王亨利八世”，欢迎的人群中有人大喊。伊丽莎白泯然一笑。臣民都想知道她到底继承了父亲的哪些品性。刚即位的女王承诺，“事无巨细，皆会从善如流”。她真的能恪守承诺吗？女王认为其君权至上的观点很快就昭然若揭。“我的肉体虽与常人无异，但我的政体却得到了上帝的恩允，理应由我来统

① 梅花J典故的由来如下。玛丽一世残酷镇压英格兰的新教徒后，在统治末期想要在爱尔兰如法炮制，并为此任命了特派专员。专员途经切斯特，在市长家借宿，向其炫耀，文件箱中的委任令会让爱尔兰的异教徒闻风丧胆。市长家的管家婆伊丽莎白·埃德蒙兹是新教徒，而且还有一个弟弟在都柏林，也是新教徒。她听闻之后，忧心忡忡，趁无人注意，用一副扑克牌替换委任状，而扑克牌最上面的一张恰好是梅花J。专员毫不知情，直到向爱尔兰总督出示委任状时，才发现文件给调了包，盯着梅花J目瞪口呆。专员只得返回英格兰，重新申请委任状，其间玛丽一世驾崩，爱尔兰的新教徒躲过一劫。伊丽莎白一世得知这段轶闻后十分高兴，赏赐了管家婆，而梅花J则在新教徒间传为佳话。

领国家”[①]，伊丽莎白在即位演讲中如此宣称；她虽为女儿身，却同时是法律不朽的化身，是王权永恒的象征。所有臣民的“政治生活”都成了这位女王的生活及其权威的一部分。以1559年的约翰·艾尔默（John Aylmer）为代表，一些人表示可以容忍女性来统治，因为他们认为在英格兰与其说是女王的政府，不如说是以女王的名义代其统治的政府。只是这样却没能考虑到女王本人对手中王权的看法，以及女王亲自执政的决心。在之后的40多年中，君王的特权与臣下不时会发生矛盾，虽然有时两者比较一致，但从未真正停止过较劲。女王的近臣有建言献策的义务，但她未必言听计从。近臣想方设法地保全女王与全民的福祉，但他们眼中的最佳方案却不一定与女王的一致，有时难免会冒犯君威。1567年，伊丽莎白指摘道，“号称为全民福祉着想的花言巧语”怎么能够与君主的权威相提并论呢。她与父亲亨利八世不同，不会轻易地被人牵着鼻子走。

新君即位，带来了新的宫廷及枢密院。伊丽莎白将许多玛丽女王的枢密院大臣扫地出门，就连威廉·佩吉特也未能幸免。玛丽女王选择主教时慧眼识珠，他们不愿侍奉，甚至不愿服从信奉新教的女王。伊丽莎白刚即位时，枢密院连一位神职人员也没有。权贵阶层是君主“与生俱来的顾问”，所以一些权贵，甚至是心怀二意

① 此处伊丽莎白引用的是君主拥有两个身体的理论，即肉体、政治体。君主的肉体会生老病死、遭遇事故；会因年幼而无法执政、因年老而权力旁落；会与常人一样，出现各种残疾。君主的政治体看不见、摸不着，由方针政策、治国方略组成，以领导臣民、守护全民福祉为己任，不会受困于襁褓、不会人老智衰。因此，无论君主的肉体如何孱弱、精神如何癫狂，都不会对其政治体造成任何影响。

之辈留在了枢密院，但新女王的枢密院绝非他们一手遮天。大多数枢密院大臣都是在大学及律师学院接受教育后，踏上仕途的。枢密院中仍有一些政坛老手，侍奉过伊丽莎白的姐姐或者她的弟弟，甚至还有一些侍奉过她的父亲——他们有丰富的政治经验和政治智慧，善于在变幻莫测的宗教政治环境中见风使舵，而他们现在谏言女王谨慎行事。威廉·塞西尔是伊丽莎白的首席大臣，在她即位之初就是她的左膀右臂，直至灯枯油尽。塞西尔在 1549 年、1553 年前后两次逃避了叛国罪的指控，而后在玛丽女王统治时期低调行事，甚至学起了西班牙语。伊丽莎白即位后，塞西尔不仅被一种对共同体的责任感所驱使，还致力于推行真正对上帝敬虔的宗教，并为年轻的女王建言献策，但女王并不认为上帝的旨意能够左右政治决策。

伊丽莎白决定以仁爱治国，而非以杀立威。后来，她的教子约翰·哈林顿爵士记得她常常挂在嘴边的话："身居女王之位，我必须发号施令，但我深知自己得到臣民真心的爱戴，无须颐指气使也能让他们心悦诚服。"（当然，哈林顿也承认，"若真的有人不听号令，女王马上会叫他领教一下有其父必有其女的道理"）想要得到臣民的爱慕，让他们甘愿听从自己的命令，就不能让他们承担全部治国理政的费用；哪怕在战时也是如此。其后果就是，女王在财政方面频频采取权宜之计，很容易捉襟见肘。伊丽莎白以及塞西尔对税收体系疏于管理，未能及时扭转赤字局面。政府在财政上的实际支出大幅上升，征税估值却停留在原先的标准上，导致议会通过的征税额跟不上通胀的速度；不仅如此，实际收到的税款还因为偷税漏税大打折扣。举国上下，纳税人普遍低估名下田产的价值，而负责收取补贴税[①]的税务员、估税员也普遍失职，1572 年塞西尔开始担任财政大臣，见到这番情景后叫苦不迭。不过，这位年收入高达 4 000 镑的财政大臣，却始终将收入估算为每年 133 镑 6 先令 8 便士，只相当于实际收入的一小部分。欧洲各国为了获得军费，竞相加征各类新的税种。伊丽莎白比较反对财政创新，甚至对适当地监管也不认同。哪怕财政改革势在必行，她也要精打细算，减少对臣下的恩赏，削减宫廷开支，靠出售王庭官职和王室土地来维持。这样一来，虽然解了燃眉之急，却给将来留下了隐患。

伊丽莎白历经曲折，一出生就成了父亲与教皇权威决裂的标志，而后在新教与天主教的权谋斗争间求生存，加之她认为君权至高无上，王权理应凌驾于教会之上，所以她与罗马教廷渐行渐远。然而，如果按她自己的意愿统领臣民，会引来被教皇绝罚的风险，届时国内将燃起反叛的烽火、爱尔兰将战云密布，甚至还有可能惨遭法国的入侵。女王是否会冒这个险，是其统治中遇到的第一次重大考验，对未来影响深远，因为一旦英格兰再次信奉新教，就必须独自面对欧洲大陆的天主教列强。伊丽莎白精力无限、才思敏捷、威势慑人、有指挥能力。玛丽·都铎缺乏上述品质，但她跟随罗马

---

① 此处的补贴税为都铎补贴税，由亨利八世的重臣托马斯·沃尔西主教创立，以评估臣民实际收入为手段，征收税款，意在解决税收不足的问题。玛丽一世统治时期，税率固定了下来，地产收入税率为每镑4先令，来自其他财产的收入则为每镑2先令8便士，直到16世纪末，也未发生任何改变。然而，1558年以后，也就是自伊丽莎白即位时起，补贴税的估税出现问题，导致税款大量流失。伊丽莎白在统治晚期获得的补贴税，金额与亨利八世统治晚期时基本相同，考虑到通胀因素，实际金额远低于其父。问题的根源在于，补贴税的估税由各地的税务专员完成，但这帮官员却为了讨好亲朋好友、邻里乡亲，大幅低估纳税人的收入。

教廷和哈布斯堡家族，对二者惟命是从。伊丽莎白没有这样的政治路线。在她眼中，任何行动都有可能产生数不清的后果，反倒常常因此裹足不前。在危机面前，她通常都保持沉默，即便偶尔发声，也会搪塞和犹豫不决。她出于本能的谨慎有时算得上政治手腕，却令枢密院的大臣吃了不少苦头——他们常被紧急情况和紧迫的行动所压垮。

然而，伊丽莎白刚即位没几个月，就进行了一场违反秉性的豪赌。新君登基，首当其冲就要解决宗教问题。议会必须建立统一的宗教秩序，否则“偶像崇拜、迷信盲从、藐视宗教、去宗教化”的风险就会抬头，危及公共福利，所以必须“谨小慎微、仔细考量”——掌玺大臣尼古拉斯·培根爵士（Sir Nicholas Bacon）在为议会致开幕辞时宣称。女王一直都想重新成为教会的最高领袖，但除此之外，难揣圣意。她会像爱德华国王一样，将新教定为国内唯一的宗教吗？如果真的如此，她会采用哪一本《公祷书》呢？就算能窥见女王在宗教信仰方面的偏好，也仍然摸不着头脑。1558 年圣诞节，王室礼拜堂的司仪神父无视禁令，高举圣体，惹得女王愤然离场。这对观望时局的新教徒来说是一个喜讯，而对其他宗派则是一个警示。然而，什么样的新教徒会像女王那样，在自己的礼拜堂中摆放十字架，公然违反新教十诫的第二诫？伊丽莎白轻蔑地保留了这个“来历不明的银质小十字架”，令新教臣民痛心疾首，甚至弄臣帕奇遭到廷臣诱骗，损坏十字架后，女王还找来新品取而代之。

无人知晓第一次议会召开期间，女王及其智囊团内心的想法，但似乎塞西尔的观点比女王的更为激进，他提出再次建立至高王权的议案，以及以 1552 年的《公祷书》为依据，重新推行经过改革的崇拜仪式的议案。如果提出者真的是塞西尔，那么由玛丽一世任命的天主教主教和保守派贵族主导的上议院，很可能令议案无法通过。会议一直持续到复活节，此时的新教议员如坐针毡，不得不另辟蹊径。终于，第三次提案获得通过，就是后来的《至尊法案》。这项法案没有任命伊丽莎白为教会的“至高领袖”，而是授予了她“最高管理者”的尊号，既安抚了对女性领导教会心存疑虑之人，又安抚了认为只有耶稣才配此殊荣的人。随后通过的《信仰划一法》重新推行了爱德华六世 1552 年颁布的《公祷书》，对其只做了微调[①]。《公祷书》中包含了新教中与信仰、恩典、善功、圣礼相关的教义，就算它能够让大多数人满意，在结束了流亡生活后回国的强硬派新教徒看来，还是对教皇做出太多的妥协。当然，虔诚的天主教徒一想到《公祷书》也会不寒而栗。

《信仰划一法》仅以三席的微弱优势在上议院通过。尽管参与表决的神职人员均持反对意见，最终也只能接受法案强加的宗教一致。神职人员主持宗教仪式时必须使用《公祷书》，而俗众则必须在礼拜日及宗教节日去教堂做礼拜。执拗不从者受到的惩罚愈发严厉。根据法律，在英格兰和威尔士，各教区民众无论男女，每个礼拜日都必须在教堂使用《公祷书》做礼拜。法案制定容易推行难。尽管如此，在英格兰，“依法令成立的教会”还是成了国内稳定的试金石；教会变得包容，能够维持国内和平，并消除了因宗教问题而引发内战的风险。只不过，再次与罗马教廷决裂，也给英格兰带来了其他风险。伊丽莎白的父亲在位时，英格兰偏居欧洲一隅。亨利八世看准了欧洲大陆天主教列陷入争斗，无暇他顾，大肆满足自

① 改动虽小，却对英国国教影响深远。

已受骑士精神影响而无限膨胀的军事野心。不过，天主教国家随时都可能结成同盟，大兵压境，致使英格兰举国恐慌长达一年之久。20 年后，伊丽莎白再次统领全国背离罗马而去，令英格兰成为最大的新教国家。天主教诸国会不会结成联盟，围攻英格兰呢？至少在警觉的枢密院众大臣眼中，战祸已经不可避免。

* * *

宗教改革开始以后，欧洲的战争除了依旧是为了争夺土地和税收，还成了争抢基督徒灵魂的方式；反抗压迫斗争除了争取其他的自由权利，也为了宗教自由。传播宗教改革、极端狂热的加尔文派，与严守教义且更加激进的天主教正在划清界限。1561—1563年，教廷在意大利北部城市特伦托召开的大公会议[①]举行了最后一场会议。在欧洲的各大宫廷，贵族阶层相互争斗除了为争权夺势，也是为了维护信仰，无论天主教还是改革派，在越来越难保持中立的政治环境中都主张采取激进的行动。这仍然是一场没有硝烟的冷战，充满了各种不确定性。1559 年 4 月，法国与西班牙签订《卡托－康布雷西条约》(Treaty of Cateau-Cambrésis)，结束了两大天主教国家持续多年的战争（英格兰也因此获得和平，却颜面尽失，更是丢掉了加莱)，令新教徒对天主教势力联合起来的担心越来越大。

① 即1545—1563年召开的特伦托大公会议。本次会议是第19次大公会议，是教廷为应对宗教改革而召开的会议。会议将新教支持者的所作所为定为异端，并且对包括基督教经典、正典、圣传、原罪、称义、救恩、圣礼、弥撒、敬奉等问题在内，诸多涉及天主教教义的关键性问题做出了重要的阐述。

与西班牙的这种新奇的友善关系[1]，让法国国王亨利二世得以制订惩治异端的计划；不仅要遏制加尔文教会在法国境内的扩张，而且还要对苏格兰这个准法国省份的加尔文主义者发动战争。

1557 年 12 月，五位苏格兰权贵共同签署了一份“圣会领主盟约”，这既是建立同盟关系的条约，也是守护共同信仰的圣约——“为吾主（基督）的事业奋斗，至死不渝”，以推动当时在苏格兰停滞不前、孤立无援的新教事业。伊丽莎白继承王位给了苏格兰新教徒希望，但也终结了苏格兰政府对新教容忍的态度。约翰·诺克斯结束流亡后回到苏格兰，就开始领导“耶稣基督圣会”这一由苏格兰改革派组成的宗教、政治团体，并于 1559 年 5 月向法国天主教摄政吉斯的玛丽（Mary of Guise）表明，如果当局对新教信仰造成威胁，他们就“拿起武器，正当防卫”。这是号召新教徒奋起反抗的呐喊，预示着革命已经迫在眉睫。亨利二世向教皇承诺，法国将发动针对苏格兰异端的宗教战争。实际上，这场战争不仅仅是针对异端的，也是为了保护斯图亚特王朝，其女王刚刚与法国太子成婚，而且亨利还想趁势将玛丽·斯图亚特推上英格兰的王位。难道这不是天主教应尽的义务吗？一旦苏格兰遭到法国入侵，英格兰就会再次遭到“异乡人”的踩踏，而这一次将是通过英格兰北方的“后门”。

亨利二世曾发誓要亲眼看到异端阿内·杜布尔格（Anne du Bourg）[2] 被处以火刑，但是他在 1559 年 7 月的一场骑士比武中被骑

---

① 从1494年的第一次意大利战争开始，法国一直都时断时续，与西班牙处于交战状态。1559年的《卡托-康布雷西条约》结束了最后一次意大利战争，之后直到1580年，两国才因葡萄牙王位的继承问题而再次兵戎相见。

② 阿内·杜布尔格（1521—1559）是法国的官员。1559年，他因在议会会议上攻击国王镇压异端的政策而遭到逮捕，被判处火刑。

枪刺穿眼睛而亡，令天主教势力发动十字军圣战的期望泡汤。约翰·加尔文高兴地说，“这是天堂的上帝在显神威啊”。快要咽气的亨利将王太子弗朗索瓦托付给了腓力二世，这位西班牙国王时刻牢记着亨利的嘱托，并在后来打着维护正统宗教的旗号，插手法国的内部事务。亨利的死为法国的内战开辟了道路，王庭对年幼的弗朗索瓦二世而言俨然一个贵族缠斗不休的蛇窝。支持天主教的吉斯家族与支持改革宗的波旁家族互不相让，为争夺对弗朗索瓦二世的控制权，以及作为国王第二身体的法国“政治实体”而争斗。吉斯家族的野心不断膨胀：吉斯公爵以查理曼大帝的直系后裔自居，梦想登上法国王位，他的弟弟洛林枢机主教则准备染指教皇的宝座。他们对天主教的狂热丝毫不亚于家族的政治野心，是政敌眼中的“反基督恶棍”，他们实施暴政不仅是要控制国王，还要镇压基督教归正会。天主教的支持者也指责法国的胡格诺派新教徒妄图推翻政府。胡格诺派声称以上帝的名义反抗不敬上帝的君主是正义的事业，而领导他们的人拥有王族血脉，所以对其的指控是公正合理的。吉斯家族控制的“傀儡国王”迎娶了吉斯家族的女儿兼外甥女[①]，苏格兰女王玛丽。这对王室夫妇也乐于成为协助吉斯家族达到政治目的的棋子。法国是英格兰的宿敌，吉斯家族不仅否认伊丽莎白的继承权，还要求教廷判她是个私生女，令两国间的敌对关系逐渐加深。年轻的法国国王和王后宣称对三个王国都拥有君主权，还将英格兰的纹章与法国及苏格兰的纹章交叠于王室纹章的盾面上。

在西班牙国王腓力看来，支持激进的天主教并不是权宜之计，

① 玛丽的母亲是上一代吉斯公爵克洛德的女儿吉斯的玛丽，而她的舅舅则是现任吉斯公爵弗朗索瓦。

而是关乎良心的大事。在1559年以及之后，没有人能够知道，腓力在他的全球性帝国中，有多少人力、财力会投入到被从马德里和罗马赶出来的天主教十字军中。1559年7月，腓力离开了他位于低地诸国的首府布鲁塞尔，此后再也没有踏足这里。此后，他深居于马德里及其周围的宫殿里，仍然统领着笃信天主教的西班牙帝国，但为了卡斯蒂利亚的利益，令帝国民怨沸腾。对腓力的统治深恶痛绝的，当属低地诸国的居民。在过去的几个世纪中，他们为了捍卫古老的“自由权利”及特权，不断地发动叛乱。他们将再次奋起反抗，但现在他们为捍卫宗教自由和宪法而战。1559年，腓力应教皇的要求，在尼德兰设立新的主教教区，想要在削弱地方自治的同时取缔异端。没过多久，尼德兰人[①]就出钱出力，不惜流血牺牲，掀起了在他们看来是反抗天主教暴政的战争，这场战争也成了号召全欧洲的新教徒捍卫信仰的旗帜。

无论是贸易还是国家安全，英格兰都对低地诸国的沿海省份及英吉利海峡的沿岸地区存在严重的依赖，极易受到该地区现状的干扰。低地诸国突生变故，可能令英格兰遭受经济封锁，甚至面临军事入侵的风险。数世纪以来，英格兰一直担心法国会控制尼德兰，而如今，西班牙对该地的统治成了新的威胁。伊丽莎白即位之初，英格兰与西班牙保持着盟友关系，共同对抗法国。玛丽统治时期，腓力曾保护伊丽莎白免遭国内政敌的迫害，现在他继续帮助女王化解来自国外的威胁——针对女王的教廷禁令。尽管西班牙当局

① 此处原文为Dutch，正常情况下应当译为荷兰人，但由于在本书讲述的历史时期，荷兰只是尼德兰的一部分，所以为了避免混淆，书中所有的Dutch均译为尼德兰人。

担心英格兰会再次与罗马教廷决裂，但更大威胁的是法国取道苏格兰，征服英格兰，之后就可以取得对北海和英吉利海峡的控制权，将尼德兰完全包围，完成对该地区的征服。这就是多年来一直笼罩在腓力头顶的阴云，暂时令推行新教的英格兰与守护天主教的西班牙保持着矛盾的友谊。

英格兰的政局往往受到国内的情况和外部因素的影响，而伊丽莎白发现，某些臣民甘愿为国外势力效劳，犯下了对女王不忠的严重罪行。随着各种派别间的斗争愈演愈烈，英格兰的臣民经常会在宗教信仰的引导下，冲破国家与民族的束缚，做出不符合女王利益的举动。最危险的敌人莫过于效忠外敌，与王权作对的本国臣民。任何敌对势力都会支持敌国内部对现状不满的臣民，因为与贸然发动战争相比，支持邻国的反叛势力不仅更划算，也更有效。伊丽莎白女王同时也是爱尔兰女王，但从她继位时起，许多爱尔兰臣民就效忠其他方势力。早在爱德华在位时，盖尔人领主就在奥尼尔的带领下宣布支持与英格兰作战的法国国王。用盖尔人领主自己的话来说，“他们斗争的目标是守护信仰”，保卫父辈的宗教，而在这场斗争中，“他们做好了不成功便成仁的准备”。在一个新教女王的领导下，他们很可能成为任何天主教阴谋的先锋。早在 1564 年，教廷就派遣了间谍，准备在爱尔兰浑水摸鱼。

如果再次与教廷决裂，英格兰及威尔士的天主教徒会做何反应呢？既然他们哀叹天主教世界早已逝去，希望一切再回到从前，那他们是准备默默等待呢，还是想要主动出击呢？对于这些问题，悲观的新教徒找到了残酷的答案。此后，英国新教徒开始对天主教的报复和阴谋产生长期的恐惧。1563 年，下议院表达了他们对“异端派系”的仇恨，称他们是“惹是生非、无恶不作的教皇崇拜者”，正在“等待时机，做出像以前那样残酷的行径”。玛丽女王统治时期的悲惨景象仍然历历在目：“我们早已领教过他们那毫无人性的残暴手段了。”尽管伊丽莎白女王治下的天主教徒毫不犹豫地将她视为效忠的对象，但在相当长的一段时间内，谁都无法确定、检验他们能不能履行承诺。这种对天主教复兴的担忧并不是杞人忧天，更叫人害怕的是，复兴还可能假借暴力与制造恐怖来实现。在一个君主的信仰决定臣民的信仰的世界里，若想强行改变全民的信仰，就必须采取令大多数人都望而却步的残酷手段。“陛下的生命是我们唯一的保障，只有陛下才能挫败他们（天主教徒）的企图”[①]，下议院曾向伊丽莎白做出如此骇人听闻的预言。没有人会比伊丽莎白更清楚，假定继承人在宗教问题上与她对立会对她产生的威胁，因为当年玛丽女王在位时她就是如此。按照世袭继承顺序，伊丽莎白的假定继承人是信奉天主教的苏格兰女王玛丽。在玛丽的支持者看来，她才是英格兰王位的正统继承人，而伊丽莎白不过是个篡位者。玛丽本人也持有相同的看法，而且从未动摇过。伊丽莎白没有婚嫁的事实，玛丽暴露出来的野心，以及悬而未决的继承问题，把英格兰拖进了无休止的政治危机当中。

* * *

无论是塞西尔，还是枢密院的其他大臣，都将防备天主教的密谋、威胁当作制定政治路线的依据，并认为想要让英格兰获得安

① 本自然段中所有引号中的语句均摘自下议院于1563年1月28日递交的请愿书，请愿的目的是请求女王尽快成婚。

全保障，就必须建立统一的、遵循新教的不列颠岛，与欧洲大陆隔绝，随时准备应对入侵者的威胁。不列颠诸岛受到上帝的眷顾，四周被海洋包围，与世界上其他地区没有陆路相连，是“一个独立的小世界”。如要贯彻上帝的旨意，英格兰必须与同岛的苏格兰和平共处，结束连年的战争，并且在爱尔兰维持和平，全面推行新教信仰。爱德华国王在位时，就想要令新教信仰界定和统一全岛，并建立使用相同语言，遵循相同文化的统一国家，但因将武力征服作为手段而破坏了这一愿景，这也是英格兰新一代统治者可以借鉴的经验教训。

塞西尔反复研读英格兰、苏格兰、爱尔兰三国的地图，痛苦地意识到英格兰在地缘政治上的脆弱。高夫[①]于1567年绘制的爱尔兰地图清楚地展现出，金泰尔半岛[②]与阿尔斯特只有咫尺之遥，如果英格兰能够与苏格兰结盟，两地的地理分布就能成为战略优势，但如果两国交恶，这反倒会变成致命的威胁。阿尔斯特是爱尔兰所有叛乱“真正的养母”，可以用作入侵英格兰的桥头堡。无论是阿尔斯特海岸，还是威尔士海岸，抑或英格兰西海岸，都毫无防备。失去加莱之后，英格兰的边界和人政方针都发生了变化，虽然还没有人能料想到，加莱再也没有失而复得。现在，英格兰的南方边界成了大海。英格兰曾经在法国境内有块领土，但如今法国在不列颠岛上占据了一块飞地，因为吉斯的玛丽是苏格兰的摄政，而她的女儿苏格兰女王玛丽则是法国的王后。吉斯家族准备在苏格兰扩张法

① 地图的作者名叫约翰·高夫，是16世纪的制图师（与第三章提到的约翰·高夫不是同一个人）。

② 位于苏格兰西海岸的半岛。

国及罗马的权势。

1559 年夏，“圣会领主”发动叛乱，以捍卫新教为名向苏格兰的宿敌英格兰求助，来对抗法国。如果“圣会领主”遭到镇压，进入苏格兰平叛的法国军队很有可能趁势南下，将玛丽·斯图尔特拥立为英格兰女王。对英格兰来说，这既是天大的危机，也是与苏格兰建立长久同盟的千载难逢的机遇。1559 年冬，塞西尔在备忘录和向枢密院提交的简报中，对这两种可能性进行了分析。12 月初，塞西尔说服枢密院的同僚，让他们相信派兵北上助叛军“领主”至关重要。说服女王可就没那么容易了，她讨厌宏大的计划，不愿意让宗教问题左右自己的对外政策。起初，女王拒绝接受他们的建议。然而，面对迫在眉睫的威胁，即使不认可“圣会领主”的宗教及革命诉求，也不得不先发制人，向法国开战。1560 年 2 月，英格兰与“圣会领主”签订《贝里克条约》(Treaty of Berwick)，看似已经将对苏格兰统治权、君主权的诉求抛诸脑后，承诺无条件地提供援助。为了正式确立互助关系，双方决定让阿盖尔伯爵协助英格兰镇压阿尔斯特的叛军。尽管围攻利斯的英格兰军队吃了败仗，但英格兰海军成功封锁了福斯湾，阻止了法国援军的到来。1560 年 7 月，英国与法国签订《爱丁堡条约》(Treaty of Edinburgh)，要求法国军队撤离苏格兰。条约终结了法国与苏格兰的“古老同盟”，“圣会领主”得以进入爱丁堡掌权，将天主教赶下台。而英格兰、苏格兰建立同盟的大好机会却被破坏了，因为玛丽女王拒绝批准自己不会去遵守的条约（玛丽不会一直恪守政治道德），并返回了苏格兰。1560 年 12 月，玛丽的丈夫弗朗索瓦二世去世了；1561 年 8 月，成了法国王太后的她回到了苏格兰王庭。回国之后，玛丽没有统领国家，而是成了国家分裂的祸根。英格兰没有寄希望于建立一个统一的、奉行改革宗的不列颠国家，而是希望这对姊妹[①]能够和睦共处，治理好各自的国家。这样也合乎伊丽莎白的心意，她习惯将外交政策建立在王朝传承秩序的基础上。

结束了在苏格兰与法国的代理人战争之后，伊丽莎白和枢密院考虑是否应当继续与法国对抗下去。胡格诺派（起初是对法国加尔文派新教徒的蔑称）在法国腹背受敌，向同样信奉新教的英格兰求助，并以向英格兰提供新的港口，填补加莱的空缺作为条件，这也是一个洗掉1558年兵败加莱的耻辱的机会。“外向型”政策的支持者致力于在国内外大力推行新教，他们认为，想要确保女王及英格兰王国的安全，就必须保护欧洲大陆的新教徒，因为一旦他们遭到镇压，天主教外敌就会将矛头转向英格兰。然而，干预苏格兰首战告捷之后，塞西尔认为应当转向防御，并优先考虑与法国交战的风险。女王对此也十分谨慎。1563年8月，就在必须要做出决策的时候，塞西尔写道：“女王进退维谷，既想收获胜利的果实，又不愿意承担风险。”但是，对勒阿弗尔的控制权毕竟太过诱人了，女王最终还是决定冒险。这是个代价高昂的错误。她的军队不仅被击退，还把瘟疫带回了英格兰。至此，英格兰失去了夺回加莱的一切希望。

伊丽莎白再也不会采用冒进的对外政策了。当初女王之所以会冒险派兵，在很大程度上是由于已故诺森伯兰公爵的儿子罗伯特·达德利勋爵（Lord Robert Dudley）说动了她。达德利与伊丽莎白青梅竹马，之后又是伊丽莎白在伦敦塔中的狱友，而现在他成了女王的宠臣。1562年11月，达德利成为枢密院的大臣。枢密院在

① 伊丽莎白是玛丽的表姑。

整个女王统治时期分成了两派，一派以达德利为代表，认为英格兰应当援助国外的新教徒，另一派则以塞西尔为代表，他看出了新教徒的政策带来的风险远远大于机遇。枢密院众大臣通常能够和睦相处，为实现共同的目标而奋斗，但这并不意味着他们不会在手段上发生分歧。友好的关系也许只是用来掩盖亦敌亦友的矛盾心理；权臣间按照惯例互赠猎物，并不意味着他们想要友好聚餐[①]。达德利对未婚的女王的影响力远超普通的大臣，甚至非一般宠臣所能比，这引起了人们的警惕。

* * *

就在伊丽莎白召开第一次议会会议的几天内，下议院就请求 25 岁的女王尽快成婚。女王回答他们，自己决定终身不嫁，要“像我现在这样过一生”。就算上帝令她“改变心意，去追求另一种生活”，她也绝不会因结婚而损害臣民的利益：“所以你们不要再胡思乱想，考虑我的婚事了”。与伊丽莎白之后对相同问题的回答相比，这一回答不仅更加和善，也没那么艰深难懂，但仍然模棱两可，好在这样可以让下议院的议员不用面对自己不愿意面对的结果。女王向议员做出了一个如不能兑现，便会显得极不明智的承诺：如果她终身未嫁，就会在“恰当的时机”选定继承人。她对请愿的议员说：“最后，只要有人能立起一块大理石墓碑，在墓志铭上写明，曾经有那么一位女王，一生守身如玉，以处女之身下葬，我就心满意足了。”那时的英格兰臣民还没有将伊丽莎白视为童贞

① 指早期基督徒为表达相互间的友好关系而举行的聚餐。

女王来顶礼膜拜，因为没人相信她真的能终身不嫁。

就算伊丽莎白不愿意谈婚论嫁，但她也并非没有追求者。在女王统治的头几年，包括两位国王、两位皇太子、五位公爵、两位伯爵，以及一些凡夫俗子在内，欧洲的王公贵胄纷纷加入了求婚者的大军，但都没有通过考验。女王炫耀夫婿人选的尊贵身份，但她这样做并不是为了满足虚荣心（当然，肯定还是有虚荣心的成分），而是为了反驳众人的疑问，证明自己的确有统治权。一些贵胄在追求伊丽莎白的同时，也在追求苏格兰女王玛丽。这些追求者可不是童话中的王子，他们的求婚也不浪漫，而且样貌也都平淡无奇。而在现实生活中，单身的贵族女性，即便贵为女王，也不能在选择丈夫时挑肥拣瘦。佩吉特早有先见之明，他在 1558 年 11 月就一语中的地指出："她是不会嫁给任何人的，不管对象是外国人，还是本国人"。与外国人成婚就等于要重蹈玛丽女王的覆辙，让异乡人"踏着婚礼的红毯征服"英格兰，虽然征服者依靠的是绅士风度，而不是英勇作战，但同样让英格兰人承受失去自由的风险。与臣民成婚会令贵族阶层嫉妒，也会让女王颜面扫地，因为女王只获得了一个丈夫，而无法得到任何政治资本。尽管如此，只要女王成婚，至少王位会由女王的骨肉继承，避免让"异乡人入侵"。

1559 年 1 月，前妻玛丽去世还不到两个月，西班牙国王腓力首先向伊丽莎白求婚。腓力自诩为"万劫不复之人"（他当然不会对女王这样说），准备牺牲自我来让伊丽莎白放弃异端思想，令英格兰回归上帝的"信仰"。但他下手还是晚了。就在女王拒绝腓力求婚的那个当口，英格兰的上议院艰难地通过了确立新教官方地位的立法；而这也无关紧要了，因为腓力已经与瓦卢瓦王朝的公主定了婚。这时腓力抛出了自己眼中的最佳方案：伊丽莎白应当嫁给奥地利哈布斯堡王朝的大公[①]，至于到底是哪位大公，倒无关紧要。1559 年 5 月，查理大公开始追求女王，经过当年秋季，后来一直延续到 1560 年春天。伊丽莎白没有一口回绝大公的追求，不是因为她想嫁给他，而是由于为了免遭法国的攻击，避免受到教廷禁令惩罚，她需要腓力国王的保护。1559 年 9 月，芬兰公爵约翰（Duke John of Finland）抵达伦敦，准备劝说女王与他的兄长瑞典国王埃里克（Eric of Sweden）成婚。这次求婚对收受了钱财的伦敦居民、朝中廷臣的影响要大于对女王的影响。埃里克国王至少也是一个新教徒，但伊丽莎白仍然拒绝了他的追求。

英格兰本国也有追求者：笃信新教的学者、外交官威廉・皮克林爵士（Sir William Pickering）；第十二代阿伦德尔伯爵亨利・菲查伦（Henry Fitzalan）——在过去的十年中，这位年事已高的贵族一直对现状不满，在遭到女王的拒绝之后，变得更加郁闷。但英格兰廷臣中凡是想要出人头地的，就必须装作女王的情人。廷臣假装与女王谈情说爱，成了伊丽莎白时期政治的核心要素。女王也摆出了情人的姿态，通过给予和收回宠爱来控制她的朝臣。然而，一旦逢场作戏变成真爱，就会惹出大麻烦。尽管一开始英格兰的童贞女王就宣称终身不嫁，但她似乎很快就打算放弃，而且是灾难性的放弃。

女王不应该为了爱情结婚，但是人们很快就开始担心伊丽莎白会这样做。异国宫廷有谣言称，伊丽莎白会下嫁给马倌达德利。女王是高超的猎手（能根据鹿粪判断出雄鹿的年龄），而那位御马

① 此处的大公原指哈布斯堡王朝的奥地利大公，之后渐渐地变成了对该王朝所有主要男性成员的尊称。

官达德利是她形影不离的随从。我们不难想象二人在林子里追逐猎物，累了之后停下来拥抱的场景，当时人们都是这样。可是，将达德利当作爱人可算是最糟糕的选择了。他的家族没有悠久的历史，而且还劣迹斑斑。达德利家族祖上只能追溯至三代，其他大贵族瞧不起他，而且每一代都出现过叛徒[①]。达德利得势之后，那些曾经背叛过他父亲诺森伯兰公爵的人都担心他会为父报仇，而那些为他效过力的人则希望得到奖赏。达德利精于逢迎，与他为敌的人骂他“见风使舵，只知道盯着一己私利”。还有一个麻烦：达德利是有妇之夫，他的妻子埃米·罗布萨特（Amy Robsart）后来被女王排挤出了王庭。1559 年春，腓力二世听闻，女王只要等埃米一死就会与罗伯特勋爵成婚。苏格兰爆发危机之后，女王将更多的注意力放在了第二身体，即英格兰政治实体上，但从 1560 年夏天开始，两人旧情复燃。9 月 8 日，有人在楼梯边发现了埃米·罗布萨特的尸体，脖子已经摔断。是自杀身亡？还是被人谋杀？陪审团得出了意外死亡的结论，却没能阻止风言风语。达德利做起了“春秋大梦”。而女王此刻肯定不可能与他结婚。她为何最终不嫁给达德利，甚至选择终身不嫁，恐怕永远都是一个谜。女王同任何女性一样，只要结了婚就会失去权力和自由。一旦伊丽莎白结了婚，王庭中就再也不会上演求婚大戏了。而如果不能与达德利结婚，她也许就不想嫁给其他人了。直到达德利去世，女王都一直深爱着他，在感情上对他极其依赖；他们的关系一直很亲密。女王从不让达德利远离自己的身边。16 世纪 60 年代，伊丽莎白亲眼见证了苏格兰女王玛丽因

① 分别是罗伯特·达德利的祖父埃德蒙·达德利、父亲诺森伯兰公爵、弟弟吉尔福德勋爵。

风流韵事遭遇不幸，以及作为女王为爱结婚的后果。

悬而未决的王位继承问题令广大臣民人人自危，因为一旦女王去世，就会引发超乎想象的危险。“啊，我们完全猜不到自己将会在一位什么样的君主治下生活，多么可悲”，朱厄尔（Jewel）主教在 1562 年 2 月写道。女王没有丈夫和儿女，也没有指定王位继承人，所以王国的安全以及新教信仰的未来，全都取决于女王的生命。女王的臣民总是记得她终有去世的那一天，届时“整个王国也会成为陪葬”；所有臣民都被迫改变宗教，英格兰也会任人宰割，遭到内外之敌蚕食。除非女王指定王位继承人，否则她的继承人就是因与女王有血缘关系而拥有继承权的苏格兰女王玛丽，所以天主教的追随者围绕着玛丽，做出各种密谋。女王的臣民熟读编年史，自然不会忘记，英格兰过去经常遭受武力篡夺王位之祸，并引发继承权之争，最终点燃内战的烽火。然而，伊丽莎白对指定继承人感到恐惧，因为这将使她与那些持反对意见的人为敌，也相当于为自己定做“裹尸布”和“灵车”。

1562 年 1 月，女王观看了《高布达克的悲剧》（*The Tragedie of Gorboduc*）。这部戏的创作者是托马斯·萨克维尔（Thomas Sackville）[①]、托马斯·诺顿（Thomas Norton）[②]，其用意是让“所有的君主引以为戒”，不要在统治国家的时候做出相同的恶行。作为神话中“不列颠”的统治者，高布达克抛弃了一国之君的职责，他的王国不仅遭到了外敌的入侵，还受到了“内战”“熊熊烈火”的炙

① 托马斯·萨克维尔（1536—1608），政治家、诗人、剧作家，为第一代多塞特伯爵，官至财政大臣。

② 托马斯·诺顿（1532—1584），律师、政治家、剧作家。

烤。伊丽莎白从剧中看出，如果不对“王位继承做出某种限定”，就必将出现“混乱局面”[①]。此剧也号召女王的近臣向她谏言，提出君主应当以“无可争议的权利”为依据，确保王位的继承权传承有序。1563 年 1 月，也就是《高布达克的悲剧》上演一年之后，诺顿宣读了下议院的请愿，要求女王对王位继承权做出限定，指定王位继承人。面对要求她尽快结婚，或是指定继承人的请愿，女王刚开始时还和颜悦色，后来就没那么礼貌了，一口回绝。

1562 年 12 月，女王患上天花，卧病在床，众近臣和广大臣民全都六神无主。英格兰似乎马上就会成为《高布达克的悲剧》中描绘的那个“无人掌舵的王国”。一个月后，圣保罗大教堂的座堂牧师亚历山大·诺埃尔（Alexander Nowell）宣讲英格兰面临的危险，并为议会提出谏言、采取行动的权利进行了辩护。在这个存在巨大的不确定性和危险的时刻，塞西尔不得不思考王座虚位以待时，应当如何统治英格兰，并制定出可行的策略。他提出一旦出现权力空白，那么在议会指定王位继承人之前，应当依法成立“国家议事会”（相当于枢密院），代行统治者的职责。这是陷入绝境时才会选取的政治路线。

诺埃尔的布道词提出宗教战争已经近在咫尺。1564 年年末，伊丽莎白的权臣的怀疑得到了证实，他们认为全国绝大多数负责推

---

① 高布达克在世时，就将王国一分为二，让自己的两个儿子分别统治，令两位王子反目成仇。争斗中，次子杀死了长子，而疼爱长子的王后则又杀死了次子，为长子报仇。广大臣民因王室骨肉相残的暴行而义愤填膺，发动叛乱，弑杀了国王夫妇。贵族阶层聚集力量，大开杀戒，镇压了叛乱者。平叛后，贵族阶层又为了争夺王位而陷入内战，死者无数，民不聊生。

行宗教一致的官员本身就存在问题，对伊丽莎白当局提出的宗教问题解决方案不是抱有敌意，就是不置可否。当局对各地治安法官的宗教观点进行了调查，发现“只有不到 1/3 的人在宗教问题上值得信任”。既然英格兰本土的官员都对新成立的英格兰教会抱有敌意，那么在爱尔兰的“英格兰土地”，局势必然更加不容乐观，虽然都柏林议会在 1560 年通过了宗教问题解决方案的议案，但还没有开始实施。

* * *

伊丽莎白从来没有怀疑过统治爱尔兰的困难。1566 年 3 月，她致信爱尔兰总督亨利·西德尼爵士（Sir Henry Sidney）：“你进入了一个野蛮的世界……身边到处都是贪婪的野人。”然而，女王虽然称赞了西德尼“全面推行改革”的决心，但又不愿意投入必要的人力、财力来实现改革。她在信中对西德尼说：“你提到了如此巨大的一笔开销，这不太可能吧，我想你多半是写错了。”一直以来，历任总督对女王的吝啬怨声载道。后来，绰号“黑汤姆”的第十代奥蒙德伯爵向国务大臣弗朗西斯·沃尔辛厄姆爵士（Sir Francis Walsingham）诉苦，称要是他能用空气填饱士兵的肚子，吹一口气就让城堡变成废墟，那么他就能“更快地实现”女王的目标。女王曾两次拒绝向他提供必要的支持，所以他“宁可成为囚徒，也不愿接受如此不公正的对待”。爱尔兰总督必须在密林中、山洞内与敌人作战，必须在隆冬时节行军打仗，必须用茅草、树枝搭建小屋当作居所，必须统领不听号令的士兵与敌对的贵族势力对抗，但真正令他们感到绝望的是，无法得到女王的人力、物力支持，以及英格兰王庭内政敌的流言蜚语。

1556—1564 年，第三代苏塞克斯伯爵菲茨沃尔特勋爵托马斯·拉特克利夫（Thomas Ratcliffe）担任爱尔兰总督，他痴迷于消灭沙恩·奥尼尔。沙恩被父亲疏远，不仅失去了成为奥尼尔领袖的机会，还丢掉了在蒂龙境内应有的地位，所以他公然违抗英格兰当局，夺回被父亲夺走的一切，而他的行动很可能推翻英格兰政府和法律在岛内的地位。苏塞克斯伯爵一再强调，与这个盖尔人酋长和解只能令当局蒙羞，而如果能够击败沙恩，就可以粉碎杰拉尔丁联盟，迫使在中部地区作乱的盖尔人叛军投降。苏塞克斯伯爵的策略取得了英格兰枢密院的支持，1560 年，伯爵返回爱尔兰的时候，他获得了镇压奥尼尔叛乱的命令。伯爵连续发动了三次讨伐行动。虽然历尽艰辛，但由于奥尼尔躲进了蒂龙境内的堡垒而无功而返，伯爵因此陷入了绝望。然而，击垮伯爵的不是沙恩·奥尼尔和屡屡受挫的军事行动，而是他在英格兰王庭内的政敌。在苏塞克斯伯爵的劝说下，罗伯特·达德利认为在爱尔兰可以获得无尽的荣耀，于是他准备将荣耀攫为己有。

英格兰王庭的争权夺势、权力更迭不断冲击着稳定爱尔兰政治秩序的旧有“关系网络”。爱尔兰的大封建领主，以及由下属领主和盖尔人盟友组成的遍及爱尔兰全岛的关系网络，都想获得爱尔兰总督的支持。尽管爱尔兰总督本应调解不同派系间的矛盾，并担任仲裁者和女王恩典的分配者，但他们也需要取得爱尔兰盟友的支持，所以反倒被关系网络裹挟。苏塞克斯伯爵是奥蒙德伯爵托马斯·巴特勒（Thomas Butler）坚定的支持者，只要苏塞克斯伯爵出兵讨伐奥尼尔，奥蒙德伯爵就必然率兵跟随。与巴特勒结盟就意味着苏塞克斯伯爵可以与戈尔韦的克兰里卡德伯克家族建立盟友关系，并且获得该家族的盖尔人盟友，四面受敌的托蒙德伯爵康纳·奥布赖恩的支持。然而，只要与巴特勒家族交好，就必然会成为杰拉尔丁家族的死敌。只要与奥蒙德伯爵为敌，就能成为德斯蒙德伯爵的朋友。

包括基尔代尔伯爵、德斯蒙德伯爵、奥蒙德伯爵、克兰里卡德伯爵在内，爱尔兰封建权贵的权势仍然依靠向从属者提供保护和武力威慑的体系，以及他们能够聚集起来维护这一体系的力量。爱尔兰仍然是一个充满威慑和掠夺的世界，私人军队必不可少，除非敌对领主首先解散军队，否则不会有任何一位领主解除武装。与以前一样，借宿与餐食制度仍然大行其道，令广大民众生活在水深火热中。恐惧令下属领主唯唯诺诺，也迫使佃户缴纳地租。武力威胁通常就足够了，而只要各大领主的势力能够相互制衡，爱尔兰就不会爆发全面的战争。起初，伊丽莎白不仅对爱尔兰臣属的不法行为熟视无睹，甚至还会赦免那些对社会安定造成威胁的罪行，但到了16世纪60年代，在英格兰宫廷政治斗争的推动下，爱尔兰陷入了私人战争。

苏塞克斯伯爵与奥蒙德伯爵结盟，并拒绝接受德斯蒙德伯爵的帮助，他认为杰拉尔丁家族会众叛亲离，逐渐瓦解。16世纪60年代初，德斯蒙德伯爵的政治前途愈发黯淡，下属领主拒绝臣服于他，并挑战他的权威，伯爵不得不依靠武力强占来收取税捐，这又导致他不断与王权发生冲突。然而，苏塞克斯伯爵在王庭斗争中处于下风，让杰拉尔丁家族始终抱有一线希望。1562—1563年，苏塞克斯伯爵的政敌在达德利的领导下，想方设法削弱他的权势，并让他名誉扫地，而伯爵本人也没能镇压沙恩·奥尼尔，无法挽救自己的政治前途。1562年1月，沙恩前往英格兰王庭，以泪洗面、卑躬屈膝地表示臣服，但没过多久，他又将教皇及苏格兰女王玛丽奉为君主。1564 年，苏塞克斯伯爵被召回英格兰。他的继任者是达德利的门客尼古拉斯・阿诺德爵士（Sir Nicholas Arnold）。新上任的阿诺德仍然遵循着爱尔兰以往的惯例，寻求前任总督的敌人的支持，将第十一代基尔代尔伯爵杰拉德视为盟友。然而，当局重新重用杰拉尔丁家族的策略激化了他们与巴特勒家族的世仇，造成了危险的后果。在爱尔兰最西端的托蒙德，德斯蒙德伯爵、阿诺德插手奥布莱恩家族的继承权之争，支持唐奈・奥布莱恩爵士成为该家族的领导人，而托蒙德伯爵康纳・奥布赖恩得到了克兰里卡德伯爵的支持，致使奥布莱恩家族发生了内战。在芒斯特，德斯蒙德伯爵与奥蒙德伯爵间的世仇也演变成了战争。1565 年年初，两位伯爵的下属领主、盖尔人盟友分别打着他们的旗号，在阿法恩渡口私自交战。结果，上百人战死沙场，德斯蒙德伯爵也成了奥蒙德伯爵的俘虏。女王勃然大怒，将两位伯爵召回王庭问罪。阿诺德对封建贵族之争、盖尔人的叛乱听之任之，对沙恩・奥尼尔束手无策，只能竭力掩盖他在特康奈尔境内不时烧杀抢掠的事实。1565 年，阿诺德被免职，继任者是达德利的另一个门客，他的妹夫亨利・西德尼爵士。

像苏塞克斯伯爵那样，西德尼绝不仅仅只想镇压沙恩・奥尼尔的叛乱，更想在爱尔兰大展宏图，但包括普及普通法、建立省辖区[1]、设立省辖区委员会在内，所有其他计划必须要等到奥尼尔臣服之后才能实施，而西德尼的个人声望更多地取决于他能否

① 亨利・西德尼提议在芒斯特、康诺特两地设立省辖区，由省辖区首席官员（Lord President）统领。

“在战场上武运昌隆”，击败沙恩。刚踏足爱尔兰那会，西德尼发誓会秉公办事，但他发现爱尔兰的大封建主拉帮结派，想要实现公正太难，“我从未像现在这样使不上力”[①]。西德尼在英格兰王庭的政敌苏塞克斯伯爵、诺福克公爵一直在搬弄是非，要用阴谋让他名誉扫地，并借此打击他的庇护人，已经获封为莱斯特伯爵的达德利。女王对双方紧张的关系洞若观火，她在 1565 年告诉西德尼，她能“缓和”关系，却无法“修复”。她劝说西德尼与妹夫苏塞克斯伯爵友好相处，即便是莱斯特伯爵和苏塞克斯伯爵这两个宫廷死对头，现在也言归于好了。女王经常会因爱尔兰的封建势力胡作非为，爱尔兰总督厚此薄彼而动怒，并持续干预爱尔兰的内部事务。女王曾经写信警告“哈里”要擦亮眼睛，分辨“哪些是可靠的正直朋友，哪些是虚伪朋友”，她还严命他善待奥蒙德伯爵，不得偏袒德斯蒙德伯爵。由于信里说的部分内容属于机密，女王命令西德尼将它交给“火神伏尔甘妥善保管”(把它烧成灰烬)。女王认为他们都在“耍花招”，“有失公平”之处比比皆是。1566 年 8 月，女王又一次致信西德尼，说他“陷入迷雾，失去了判断力”，事事偏向德斯蒙德伯爵。尽管西德尼认为，想要在芒斯特恢复秩序，必须尽快任命省辖区首席官员，但女王拒绝任命，因为她认为西德尼推举的沃勒姆·圣莱杰爵士（Sir Warham

---

① 引号中的话摘自1566年，西德尼写给塞西尔的书信。西德尼在信中向塞西尔诉苦，称无论自己如何对奥蒙德伯爵的种种不法行径视而不见，都仍然会有人认为伯爵应当得到更多的袒护。奥蒙德伯爵托马斯·巴特勒不仅与伊丽莎白女王（女王的母亲安妮·博林的祖母是玛格丽特·巴特勒女爵，为第七代奥蒙德伯爵的女儿）有亲属关系，而且仪表堂堂、能言善辩，经常出入英格兰王庭，广有人脉。

St Leger）表现出“打心眼里向着”德斯蒙德伯爵的姿态。派系斗争俨然成了爱尔兰推行改革的绊脚石。

为了维护自己日落西山的权势，心神不宁的德斯蒙德伯爵手段愈发残暴，因此失去了西德尼的庇护。西德尼陷入了绝望，认为“苏格兰人会与沙恩结成强大的同盟”，预示着爱尔兰即将大难临头。1566 年 6 月，西德尼不忘加莱的前车之鉴，提出爱尔兰也可能沦为他国的疆土。奥尼尔不仅与德斯蒙德伯爵串通一气，更是获得了苏格兰女王的保护。阿盖尔伯爵也中止了与英格兰的同盟关系，转而与奥尼尔结盟。沙恩向法国人求助，想要将英格兰人驱逐出爱尔兰，并捍卫天主教信仰。化解沙恩对英格兰化造成的严重威胁的并不是战场上的胜利，而是西德尼的密谋——1567 年 6 月，西德尼策划刺杀了沙恩・奥尼尔。奥尼尔的首级被当作战利品献给了西德尼，西德尼则用它警告其他妄图违抗女王的爱尔兰人。阿尔斯特暂时变得风平浪静；伦斯特、米斯、帕莱地区也恢复了秩序。只不过，马上就有其他人发动了叛乱。早在 1566 年 9 月，西德尼就警告称德斯蒙德伯爵的领地必将爆发叛乱。然而在 1569 年夏，芒斯特被叛乱搅得天翻地覆的时候，他还是因未能防患于未然遭到了女王的怪罪。

德斯蒙德伯爵不停用暴力来维护自己的权势，导致女王在 1567 年 4 月下令将其逮捕。此后，伯爵遭遇了七年牢狱之灾，其间封臣纷纷弃他而去，佃户也没再缴地租。德斯蒙德伯爵的祖产惨遭劫掠，他权势尽失，几近破产。在伯爵身陷囹圄的那段时间，詹姆斯・菲茨莫里斯・菲茨杰拉德（James Fitzmaurice Fitzgerald）被任命为杰拉尔丁家族德斯蒙德分支的统帅，代替伯爵成为家族的领袖。菲茨杰拉德与伯爵一样，对英格兰当局恨之入骨，他提出了更为激进的对抗策略。英格兰人在爱尔兰到处推行殖民统治，有一批新的殖民地在芒斯特出现，像菲茨莫里斯这样只知道舞刀弄枪的人除了被征召看不到什么前景。菲茨莫里斯动员杰拉尔丁家族的传统盟友保卫自己的国土、守护祖产，推翻令他们蒙羞的英格兰当局的统治，并召集德斯蒙德领地的科恩步兵、亲卫步兵，大举进攻刚刚在芒斯特定居下来的英格兰人。包括奥沙利文·莫尔、奥沙利文·比尔（O' Sullivan Beare）、奥基夫（O' Keeffe）在内，芒斯特境内的盖尔人领主纷纷加入叛军的行列。多纳尔·麦卡锡·莫尔（Donal MacCarthy Mór）放弃了克兰卡伯爵这一刚刚受英格兰当局封赏的头衔，中止了与英格兰女王本就若即若离的主从关系。即便是杰拉尔丁家族的死敌也认为，英格兰比杰拉尔丁家族的威胁更大，所以到了 1569 年年末，奥蒙德伯爵的兄弟们与菲茨莫里斯站到了同一阵营。巴特勒家族加入叛军后，他们在爱尔兰西部的盟友克兰里卡德伯爵、托蒙德伯爵也投靠了叛军。西德尼写道，奥蒙德伯爵“与我不共戴天”，“他暗地里恶意中伤我，谎称他的几个弟兄起兵谋反都是因为忍受不了我的残暴对待。”

英格兰人对芒斯特传统社会的威胁，很容易与新教对天主教的传统信仰的攻击联系在一起。菲茨莫里斯将叛乱包装成了圣战，以天主教信仰的名义要求教皇、西班牙国王提供援助，对抗异端女王。叛军反抗英格兰当局在芒斯特境内没收土地，建立殖民地的计划，他们摧毁了沃勒姆·圣莱杰爵士、理查德·格伦维尔爵士（Sir Richard Grenville）在科克附近刚刚建立的殖民地。叛军有可能就此占领芒斯特全境。1569 年 10 月，德文郡的绅士汉弗莱·吉尔伯特（Humphrey Gilbert）临危受命，接受了自己的首个军事指挥权，成为芒斯特纵队指挥官①。他毫不留情，大肆破坏叛军的活动地区，还命令士兵做出种种暴行。凡是有爱尔兰领主前来归降，会由他的士兵押送，经过一条摆满了叛军首级的道路。吉尔伯特除了像许多后继者那样，声称"在紧急情况下"指挥官不仅应当采取极端措施，还应当获得更多的特权，更是极力推崇马基雅维利主义，指出刚刚被征服的国家并不是因为其国民"心悦诚服，而是由于恐惧"而屈服。

1566年，西德尼看出英格兰正处在对爱尔兰的统治十字路口。女王既可以推行普通法，公平公正地统治爱尔兰人民，也可以"把他们赶尽杀绝"。然而，如果她想要彻底消灭奥尼尔，"让奥尼尔之名从此销声匿迹"，令"奥尼尔的土地荒无人烟"，虽然她有可能取得成功，但西德尼提出，女王应当意识到，剿灭奥尼尔之后，爱尔兰人肯定会人人自危，而且此策略也将产生巨额的开支。

* * *

1569年年初，塞西尔编写了一份关于土国局势的备忘录，预言整个国家将面临巨大的危机，可谓"危机四伏，千钧一发"。在过去的10年里，信奉天主教的邻国心有旁骛，英格兰得以偏安一隅，如今，西班牙不再与土耳其在地中海缠斗，而是将目光转向了北方，而法国王室也将战胜胡格诺叛军，英格兰的安稳日子就快

① 原文为colonel（上校）。colonel源自意大利语，意为"纵队"，作为军衔使用时，意思是"纵队的指挥官"；该词于16世纪中期从法国传入英格兰，所以此处译为纵队指挥官。

要结束了。在欧洲大陆，英格兰的新教伙伴“对尘世的斗争失去了信心”。1565 年 6 月，腓力二世的军事顾问——第三代阿尔瓦公爵费尔南多·阿尔瓦雷斯·德托莱多－皮门特尔（Fernando Alvarez de Toledo y Pimentel）与法国的摄政凯瑟琳·德·美第奇（Catherine de Medici）在位于法国和西班牙边境的巴约讷城举行会晤的消息不胫而走。阿尔瓦公爵的意图极为激进，他想要使用军事手段铲除新教。凯瑟琳的态度则较为温和；她不得不如此。自 1567 年起，阿尔瓦公爵一直在镇压尼德兰的叛乱，他所领导的“治乱委员会”处死了数以百计的异端和叛党。1568 年 6 月，尼德兰叛军的领袖埃格蒙特伯爵、霍恩伯爵先后被处死；同年 7 月，拿骚的路易斯（Louis of Nassau）军队在耶姆古姆全军覆没。新教军队的惨败让女王承认那些声称“如果天象继续如此运行”，英格兰就有可能遭遇横祸的人言之有理。1569 年 3 月，胡格诺派在雅纳克兵败，失去了他们的亲王路易·德孔代（Louis de Condé）。连连告捷让欧洲大陆的天主教势力得以联合起来，在英格兰恢复“罗马的专制暴政”，甚至有可能把伊丽莎白赶下台，拥立玛丽·斯图亚特为英格兰女王。面对威胁，英格兰陷入了孤立无援的境地。然而，就算英格兰的新教徒认为未来凶多吉少，他们依然斗志昂扬。现在必须把欧洲腹背受敌的新教徒组织起来，组成防御型联盟。为欧洲大陆的新教事业提供支持，不仅是新教徒应尽的义务，也可以帮助英格兰转危为安。“如果我们的教友在佛兰德斯、在法国被除掉，英格兰会落得什么下场呢？”英格兰怎么可以袖手旁观？尼古拉斯·思罗克莫顿爵士（Sir Nicholas Throckmorton）问道。然而，在塞西尔看来，对欧洲大陆新教徒的支持必须讲究策略、严格保密，绝不能让英格兰卷入战争，因为女王不仅从未受到宗教狂热的干扰，也从未表示过愿意援助其他君主的臣民犯上作乱。

1565 年，伊丽莎白拒绝向新教徒詹姆斯·斯图亚特勋爵（Lord James Stewart）提供援助。勋爵发动叛乱，反对同父异母的妹妹苏格兰女王玛丽的统治。伊丽莎白反复强调，绝不会向犯上作乱与君主对抗的臣民提供支持。从 1565 年开始，玛丽女王就一直为伊丽莎白的头号叛徒沙恩·奥尼尔提供保护，沙恩还想将玛丽拥立为爱尔兰女王。苏格兰的玛丽在个人生活和理政上的错误带来了混乱，令国家处在解体的边缘。1565 年 7 月，玛丽与达恩利勋爵亨利的婚姻成了导火索，促使反对她的统治以及反对天主教信仰的贵族签署了“贵族盟约”。同年 9 月，英格兰的枢密院就是否应当军事干涉苏格兰进行了讨论。担心在爱尔兰引发战争，是令英格兰当局不愿出兵苏格兰的原因之一，但英格兰当局抛弃詹姆斯·斯图亚特勋爵的做法令阿盖尔伯爵心灰意冷，开始“两面三刀”，支持在阿尔斯特境内反对伊丽莎白的叛党。英格兰未能找到可以用来干预苏格兰事务的正当理由，所以两国仍然维持着表面上的和睦。1566 年 6 月，玛丽诞下一子，将斯图亚特王朝对英格兰王位的诉求延续到了下一代，而伊丽莎白在第二届议会第二次会议上仍然没有让臣民看到都铎王朝的血脉有传承下去的希望。当伊丽莎白决然不谈婚嫁时，同为女王的玛丽却恨不得马上与博斯韦尔伯爵成婚。达恩利勋爵成了女王新恋情的绊脚石，生命进入了倒计时。1567 年 2 月，他的尸体被人发现，疑似被人谋杀。玛丽还没摆脱共犯的嫌疑，就迫不及待地嫁给了主要嫌犯博斯韦尔伯爵（伯爵受审法庭的审案人员都是他的追随者，最后被判无罪），最终被迫放弃了未满周岁的儿子和自己的王国。沃尔特·迈尔德梅爵士（Sir Walter Mildmay）说，玛丽丢掉王位是一场“人间悲剧”，但也是“不敬上帝所应有的下场”。

1568 年 5 月，遭到罢黜的玛丽·斯图亚特逃离苏格兰，前往英格兰寻求庇护。她向同为女王而且与自己有亲戚关系的伊丽莎白求助，希望她能帮自己复辟。苏格兰贵族残暴地对待玛丽，令伊丽莎白感到震惊，而他们侵害玛丽的君主权，更是让伊丽莎白愤怒，她想要无条件地帮助玛丽复辟，镇压那些发动叛乱，逼她退位的贵族。枢密院中与玛丽为敌的人认为，她逃到这儿避难实在是天赐良机，可以把这个对英格兰王权最具威胁的敌人控制起来。然而，玛丽却给伊丽莎白女王和她的大臣们出了一道难题。她的是非太多，伊丽莎白既不能帮她，也不能收留她；既不能把她送回去，也不能放任她自由行动。无论在英格兰、苏格兰，还是在法国，玛丽会一直对伊丽莎白构成威胁，因为她从未想过放弃对英格兰王位的诉求，并用尽一切手段想要摆脱伊丽莎白的控制。伊丽莎白同意建立由英格兰、苏格兰的大贵族组成委员会，调查那些迫使玛丽退位的指控，可问题是，玛丽作为一位女王，不受英格兰以及其他国家法律的约束，也没有义务回答委员会的问题，谁也不知道应当如何依法进行调查。从 10 月到 12 月，委员会先后在约克和威斯敏斯特举行了会议。苏格兰摄政马里伯爵不确定委员会能否对玛丽做出宣判，也不清楚一旦宣判事件将会如何发展，所以他迟迟不愿出示对玛丽非常不利的证据；这些“镀金银匣信件”[①]既包含伪造信件，也有玛丽的亲笔信，表明玛

① 马里伯爵呈上的“镀金银匣”上刻有法国国王弗朗索瓦二世的姓名首字母，其内一共有八封没有签名，但据称是玛丽写给博斯韦尔伯爵的信件、两份婚约、一首十四行情诗。

丽的确参与了情人博斯韦尔伯爵的杀夫计划。虽然委员会既没能证明玛丽受到的指控确有其事，也没有推翻这些指控，但玛丽这时已经名誉扫地了。

苏格兰女王遭到扣押，身陷英格兰腹地，重获自由之日遥遥无期。但是，她并没有被遗忘。玛丽想要逃出牢笼，而对英格兰王位的诉求从未动摇，她开始搞阴谋诡计，到处寻找盟友。作为苏格兰女王，玛丽没有想要阻止苏格兰的宗教改革，哪怕天主教徒只剩她一个，只要可以安心地望弥撒，便也心满意足了，但作为身陷英格兰的异国女王，她却自诩“教皇纯洁美丽的女儿”，开始向西班牙、法国、罗马教廷求助，更为致命的是，她还争取英格兰天主教徒的支持。在北方，得知玛丽进入英格兰的消息之后，贵族阶层心花怒放。英格兰的王庭、枢密院分为两派，一派是以塞西尔为首的少数派，认为必须对玛丽敬而远之，另一派是多数派，认为既然伊丽莎白已经立誓终身不嫁，英格兰需要放眼未来。只要促使玛丽与英格兰当局指定的人成婚，就可以让她归顺英格兰。伊丽莎白也认可这个以王朝传承的方式解决英格兰、苏格兰之间矛盾的方案。1564 年，她甚至提出让玛丽嫁给莱斯特伯爵。1568 年 10 月，第四代诺福克公爵托马斯・霍华德与玛丽的国务大臣，绰号苏格兰政坛的“迈克尔・怀利”（马基雅维利）的莱辛顿的威廉・梅特兰（William Maitland of Lethington）外出打猎时商讨了玛丽与公爵的婚事。公爵的行为算不上叛国，或者在当时还算不上。

在长达十年的和平之后，英格兰与西班牙脆弱的盟友关系摇摇欲倒。阿尔瓦公爵采用铁血政策，镇压尼德兰新教徒引起的恐慌，被那些遭到迫害，逃到英格兰的难民的描述所加剧。此时，英格兰向马德里派出的大使是个态度强硬的新教徒[①]，而西班牙派往伦敦的大使是个狂热的天主教徒[②]，这些大使只会令两国关系交恶。在西属印度群岛，墨西哥总督的舰队与约翰·霍金斯（John Hawkins）率领的私掠船队交战[③]，有关这场灾难和英格兰遭受损失的消息慢慢地传到了国内。在英吉利海峡和爱尔兰海，私掠船持有胡格诺派亲王及奥兰治的威廉（William of Orange）签发的私掠许可证，打着圣战的旗号，肆无忌惮地劫掠商船。一支西班牙船队不幸被暴风雨卷进了这片海盗猖獗的海域，于 1568 年 11 月驶进英格兰西部郡的港口，寻求避难。船上运载的是热那亚银行家提供的金银条，它们是向阿尔瓦公爵的士兵支付的军费[④]。虽然伊丽莎白承诺会保证船队的安全，塞西尔却另有打算——必须让女王将船上的金银据为己有。阿尔瓦公爵迅速在低地诸国采取报复措施，不仅没收了英格兰的全部财产，还将英格兰人关押了起来，英格兰当局也逮捕了境内的西班牙人，没收了他们的财产，连西班牙大使德斯佩斯也未能幸免。两国间的外交危机预示着未来会更加凶险。冷战已经逐渐升温。

这一可怕的挑衅将英国和欧洲最强大的国家带到了战争边缘，

---

① 1567年，英格兰派往马德里的大使是约翰·曼；他是一位笃信新教的神职人员，公然宣称教皇是“小肚鸡肠，满口胡言乱语的修士”。

② 1568年，西班牙派往伦敦的大使是格拉尔·德斯佩斯；在下文记述的外交危机中，正是由于他的建议，阿尔瓦公爵才会将没收英格兰人在低地诸国的财产作为报复手段，令两国间的关系急转直下。1571年，他因参与推翻伊丽莎白统治的里多尔菲密谋而被驱逐出境。

③ 英格兰的私掠舰队共有7艘舰艇参战，战后只有2艘舰艇返回英格兰，战死者多达500人。

④ 一共有5艘西班牙运输船，分别在普利茅斯、南安普敦避难，船上的金条、银条总共价值8.5万镑。

而塞西尔难辞其咎。他受到激进派的劝说，认为此举既可以让西班牙人丢脸，又可以帮助欧洲的新教徒，但没有料想到会招致不必要的风险。如果说1569年的春天是英格兰历史的转折点，那么对塞西尔来说也是如此，因为他的政敌密谋将他驱逐出权力中心。密切关注英格兰政局的各国大使认为，针对塞西尔的密谋是历史悠久的各大天主教贵族家族推翻篡夺重臣之位的异端暴发户的行动。他们的判断不无道理，而在经历了整整一年的较量之后，塞西尔仍然屹立不倒，反倒是天主教贵族吃了大亏。

诺福克公爵与苏格兰女王玛丽成婚的计划虽然算不上叛国，但也的确是密谋，因为公爵自始至终都将伊丽莎白女王蒙在鼓里。在当时，诺福克公爵是唯一的一位公爵，几乎算得上是统治东安格利亚的君主，已经位极人臣，但他也绝不会甘于屈居人下。公爵准备成为玛丽女王的夫婿，并且堂而皇之地宣称，作为一名新教徒，他这么做肯定不是因为支持苏格兰的天主教信仰，而是因为他想要从某些“对教皇顶礼膜拜的君主”手中拯救玛丽。莱斯特伯爵、彭布罗克伯爵当起了媒人，玛丽也敦促公爵尽快成为自己的庇护人，到了1569年夏季，公爵已经骑虎难下，一旦放弃与玛丽成婚的计划，就会颜面尽失。直到9月，伊丽莎白才从“王庭中的女官”那里得知公爵与玛丽的结婚计划，根据威廉·卡姆登（William Camden）[①]记载，“这些女官嗅觉灵敏，能让情事无处遁形”，以及莱斯特伯爵“声泪俱下”，但为时已晚。女王虽然原

① 威廉·卡姆登（1551—1623），英格兰古物学家、历史学家。他著有第一部描述不列颠岛及爱尔兰的地方志《不列颠志》，以及一部记录伊丽莎白一世统治时期历史的编年史。

谅了自己的宠臣，但警告玛丽小心行事，否则那些她最为倚重的人就会“身首异处”。难道伊丽莎白就是在这时创作了下面这首诗吗？

潜伏在身边的敌人让我愁眉不展……
我将挥舞放置已久，变得锈迹斑斑的长剑
斩杀妄图祸乱朝纲，让未来变得暗淡无光的大奸。

发现贵族盟友离自己而去之后，诺福克公爵没有获得许可便离开了王庭，这是一种轻率的挑衅行为。他逃至霍华德家族位于诺福克郡的领地，召集了当地的绅士阶层，纠集起可观得武装力量，似乎不可战胜。然而，在接到女王要求他前往伦敦的命令之后，公爵吓破了胆，返回了伦敦，并在10月被关入了伦敦塔这个最令他毛骨悚然得地方。

诺福克公爵曾经认为自己“朋友遍天下”，即便与女王“公开对抗”也不在话下。那么，到底谁是公爵的朋友，而公爵又为何要与女王对抗呢？这场对抗在一定程度上是为了解决悬而未决的王位继承问题。公爵的朋友是历史悠久的大贵族，他们决心要夺回旁落已久的权势，恢复（贵族阶层）理应拥有的尊贵地位。包括拉姆利勋爵、阿伦德尔伯爵、彭布罗克伯爵在内，公爵的某些朋友已经遭到逮捕。但真正让诺福克公爵寄予厚望的是英格兰北方贵族。玛丽也认为，以诺森伯兰伯爵、威斯特摩兰伯爵、德比伯爵、什鲁斯伯里伯爵、坎伯兰伯爵为首的北方贵族会成为自己的支持者，因为他们全都是“传统信仰的追随者”。尽管玛丽·都铎恢复了第七代诺森伯兰伯爵托马斯·珀西的爵位和领地，但伊丽莎白继位之后，珀西、内维尔这两个历史悠久的家族由于无法得到女王的信任，突然失去了尊贵的地位。他们古老的血统受到了侮辱，收入日渐枯竭，世代相传的官职遭到南方人的篡夺，只能等待时机。1569 年 10 月，在返回伦敦的途中，诺福克公爵派人警告诺森伯兰伯爵、威斯特摩兰伯爵，要他们不要贸然起兵。北公爵变节的消息，以及王庭的盟友“纷纷背他们而去，将他们一一供出”的消息，令北方的贵族因绝望而发动了叛乱，而这场叛乱注定失败。

由于孤立无援，北方几大伯爵决计孤注一掷，做困兽之斗。他们以守护传统的天主教信仰为名起兵叛乱。1567 年，诺森伯兰伯爵回归罗马教廷，认为女王是个异端，已经失去了统治国家的威信。与 1536 年的求恩巡礼一样，北方的叛军的旗帜上再一次印有耶稣身上五处伤痕，不同的是，圣卡斯伯特那面旗帜不见了，因为达勒姆一位加尔文派座堂牧师的妻子，早已将这面传说浴火不焚的圣旗付之一炬。叛军焚毁了路上所遇到的教堂中的《公祷书》，还推倒了新教的圣餐桌，修建了天主教的祭坛，这样做通常是遵照几位伯爵的命令，并非叛军士兵出于宗教热情而做出的举动。叛军会聚集在北方伯爵身边，有可能是因为他们受到了天主教传统信仰的感召，对这几位伯爵唯命是从，甚或可能是因为受到了金钱的诱惑。叛乱的后果是数以百计的佃户因向封建宗主尽忠而付出了生命的代价。由于叛军取胜的希望渺茫，绝大多数北方的贵族、绅士没有参与其中，而是派兵协助王权镇压乱党。叛乱失败后，北方各大家族的势力被扫除殆尽：内维尔家族最后一代成员沦为了流亡者，只能靠领取西班牙国王发放的年金过活；珀西家族的成员被押送到了南方监禁起来；第三代坎伯兰伯爵只能率领船队去远方探险，要么就只能做一名“地毯骑士”[1]，在比武场上为女王效力。他们的土地遭到没收；门客陷入群龙无首的境地。尽管当时没人能够预知未来，但此后英格兰北方边境地区再也没有出现过起身叛乱的封建大军了。

北方伯爵的叛乱对英格兰天主教徒的命运产生了重大影响。既然愿意为天主教信仰起义的天主教徒寥寥无几，那么就算天主教会要在英格兰复辟，也不可能通过叛乱的方式。然而，1569—1570 年的危机还是将所有自认为是天主教徒的英格兰人变成了潜在的国家公敌——内奸。在过去的 10 年间，英格兰的天主教徒谨小慎微，没有对当局造成任何威胁。他们不仅没有引发宗教迫害，也极少考验教众的信仰。伊丽莎白女王既不想让别人窥探自己灵魂深处的秘密，也不想对臣民的灵魂归属指手画脚，而是希望随着时间的流逝，传统的天主教信仰会逐渐消颓。尽管枢密院不时发出警告，下议院悲叹不止，女王却依然相信激进派天主教徒只生活在王国之外。只要天主教徒按照英格兰教会的规定祈祷（在内心反对教会也无妨），就不会受到当局的惩罚。不管有何意见，参加教堂的礼拜仪式是检验臣民是否服从教会最高管理者的最低限度的测试，纵观 16 世纪 60 年代，绝大多数天主教徒都通过了考验。玛丽任命的主教除了一个之外，其他的都失去了主教教职，被关押了起来，英格兰的天主教徒因而失去了精神领袖；在苏格兰女王玛丽到来前，他们没有可以视为领导者的世俗领袖，也没有殉教者坚定他们抵抗的决心，因此大多数天主教徒都选择顺从，脱离了罗马教廷。至于他们会否按照被教廷视为异端祭礼的新教仪式

① 意为单膝跪在地毯上（而不是战场上）受封成为骑士的人，指那些没有立下战功，而是因为其他的原因而获得骑士爵位的人。

领圣餐，就更不确定了。如果他们请示远在罗马的教皇，是否允许天主教徒参加新教仪式，教皇肯定会明确地答道：无论受到什么样的惩罚，都不允许。绝大多数英格兰的天主教徒既不想问，也不想知道答案。10 年来，教廷对英格兰的局势始终保持沉默。但是到了 1570 年，庇护五世（Pius V）突然颁布教皇诏书，并产生了深远的影响。这份名为“天国的统治”（*Regnans in excelsis*）的诏书宣称，异端伊丽莎白无权作为君主统治国家，并命令女王治下的所有天主教臣民不得再向她效忠。英格兰的天主教徒现在会违抗伊丽莎白，将苏格兰女王玛丽奉为他们的女王吗？

1569 年的起义深深地刻在了英格兰人的心中。新教徒杯弓蛇影，处处提防天主教徒报复、密谋。有些时候，所谓的天主教密谋不过是臆想出来的罢了，但在 1571 年，那出因“天意使然”而暴露出来的阴谋却并非如此。塞西尔调查了间谍、教皇密探的地下世界，发现佛罗伦萨的银行家、教皇派往英格兰的密探罗伯特·里多尔菲（Robert Ridolfi）正在策划大阴谋。里多尔菲计划利用教皇提供的资金，西班牙国王提供的士兵，“英格兰境内的盟友”的帮助，拥立玛丽·斯图亚特为英格兰女王。当局解秘了里多尔菲送出的密信，得知收信人是代号为“30”“40”的两个大贵族，其中代号“40”的贵族正是诺福克公爵。公爵没有中止与玛丽·斯图亚特通信，也没有收回与玛丽的婚约，甚至曾向苏格兰境内玛丽的支持者提供过资金援助。公爵与父亲萨里伯爵、外曾祖父白金汉公爵一样，距离王座只有咫尺之遥，所以他也必须为此付出代价。诺福克公爵受到叛国罪的指控，必须接受与他地位相同的贵族的审判，有罪判决已经不可避免。1572 年 1 月，诺福克被判犯有叛国罪。女王在展现仁慈与维护司法公正之间左右为难，一次次地下令暂缓执行死刑，令诺福克公爵在伦敦塔里生活在希望与恐惧之间。专制君主制度的弊端再次暴露出来，君主无论是自作主张，还是优柔寡断，都会给臣民带来巨大的风险。臣民的安全不是女王的私有财产，女王却慷慨地用臣民的安危为自己的犹豫不决买单。

女王一改除非万不得已，极少召集议会的常态，于1572年5月召开议会会议，应对因叛国而引发的政治危机。本届议会非比寻常，其目的并不是为了征税提案，而是为了保障女王的安全。上、下两院异口同声，大喊“公正！公正！”。面对全体议员的呼声，诺福克难逃一死，但公爵之死并没有消除最大的威胁。只要“苏格兰前女王”没有接受审判，受到应有的惩罚，伊丽莎白的王国随时都有可能被征服，而她本人也会失去王位。伊丽莎白为玛丽辩护：她是“拥有绝对王权的女王”，不受任何法律的管辖；她是“异乡人”，不受英格兰法律的约束。但这种反对意见被无情地驳回。不管玛丽是不是女王的亲戚，也不管她是异乡人，还是英格兰的臣民，正义都必须得到伸张。玛丽虽说是伊丽莎白的表侄女，但是她已经被合法地罢黜，所以她只能算是一个“前女王”。渐渐地，攻击玛丽的政治语言变成了宗教语言，她是“蛇”，是“恶龙”，是基督之敌。下议院不乏狂热的新教徒，但那些做出最危言耸听的警告的人，并不是激进的俗众，而是各教区的主教。《旧约圣经》给出了足够多的先例，讲述那些不尊上帝的诫命，不主持公正惩罚奸徒的君主是如何受到神罚的。“你的命必代替他的命，你的百姓必代替他的百姓。”[①]众主教指出，如果伊丽莎白不“处死”玛丽，不仅她本人会失去王位，她的臣民也会遭到天灾的蹂躏。

---

① 摘自《列王纪上》第20章第42节。

第八章

宗教战争

英格兰、爱尔兰、欧洲的激进教会（1570—1584）

英格兰的新教徒坚信，上帝一直掌控着这个由自己亲手创造的世界。世上的每一件事都是上帝意志的表现，他绝不是“一时兴起的造物主”，不会坐在天堂无所事事。这便是约翰·加尔文的教诲。加尔文和他的改革派神学家同伴提出的观点，是大多数伊丽莎白时期愿意思考宗教问题的新教徒宗教思想的源泉。因着上帝的旨意，祂的“秘密忠告”，祂监管和爱惜祂所造的万物，“就连麻雀”也不会落下。耶稣不是说过，上帝连我们的每一根头发都数清了吗？那些在冥顽不灵者看来纯属巧合的事件，在笃信上帝者眼中却是由上帝的力量暗中推动的结果。笃信上帝的人认为，世间根本不存在偶发事件，所谓的巧合更是无稽之谈。如果不这样认为，就相当于在怀疑上帝的全知全能。基督徒应当受到上帝无尽天意的鼓舞，坚信大敌撒旦已被遏止，自己不会受无常命运的摆布。在上帝的恩典面前，信徒必须完全臣服，遵从上帝定下的戒律，牢记除非上帝有意为之，否则他们是不会受到伤害的，所有的逆境都是上帝的旨意，为的是惩罚、纠正信徒，激励他们的信仰。上帝做事的方式不同于人类的，上帝对时间的概念也与人类大相径庭，所以人类永远无法预测天意。上帝常常使人的期望落空。1571 年 8 月，弗朗西斯·沃尔辛厄姆爵士在信中对（已经获封成为伯利勋爵的）威廉·塞西尔说："能否取得胜利要看上帝的旨意，他屡次做出了与我们凡人的判断完全相反的裁决。"难道以色列人的神没有让牧童大卫击败巨人哥利亚吗？既然无法参透上帝想要让自己达成什么目的，虔信之人就必须努力完成上帝指派的工作，并通过祈祷寻求上帝的指引，使其一举一动依循基督教经典的训导。新教信仰不是为逆来顺受者准备的——自助者天助之。

上帝对人类的绝对统治不仅限于现世之人，还涵盖了逝者。双重预定论作为新教神学的核心，是绝对且不可更改的。1563 年编写的《三十九条信纲》（Thirty-nine Articles）是英格兰教会的信条，它指出，"在开天辟地之前"，上帝就已经做出裁决，"规定有哪些人会被选中，得到基督的救赎，免遭诅咒和下地狱的苦难"。上帝会对未被选中的人视而不见，所以他们注定无法获得永生，而是会作为"承载天罚的容器"，受到永恒的诅咒——加尔文及其追随者在基督教经典之中读到这样的内容。人类堕落之后天性会变得邪恶，如果接受上帝公正的裁决，都会堕入地狱，但仁慈的上帝仍然让一部分人得到拯救。只有上帝知道，哪些人可以得到救赎，哪些人受到诅咒。一旦受召唤，信徒就算偶尔误入歧途，也不会最终失去上帝的恩典。神学家在钻研神论时，在大学报告厅里就神的裁决进行争论时，探究了上帝在预知一切的同时，是不是已经预定了一切，上帝是会强迫人类按照其旨意行事，还是会给人类自由选择的机会。这些争论与基督教神学一样古老，而到了 16 世纪，又有了新的紧迫性。尽管对大多数基督徒，尤其是那些土里土气、愚昧无知的"普通信徒"来说，这些话题太过艰深，但传教士还是对这些伟大的主题进行宣讲，令许多人在虔心阅读经典时多了一分焦虑，纷纷将传教士视为圣经中的先知。

对虔诚的新教徒来说，基督的王国不是现世的王国。尽管如此，由于确信自己被拣选，他们必须在生活中谨言慎行，证明自己无愧于上帝的选择。新教教义告诫教徒，不得在现世中以命中注定必然得到上帝恩典的小团体自居。《圣经》已经明确指出，上帝的选民与非选民要等到最后审判日才能见分晓，所以在此之前，善人与恶人必须像在同一片草地上吃草的绵羊与山羊那样共同生活。新教信仰致力于传播福音，所有新教徒必须理解圣言中蕴含的真理，聆听上帝的承诺，虽然并非所有聆听者都能得到救赎。随着最后审判日步步逼近，他们认为福音的传播刻不容缓。

在伊丽莎白时代的新教徒看来，整个人类历史是一部已由上帝预定了结局的演出，而他们生活的时代则是演出的最后一幕。新教徒从《启示录》中得知，基督之敌是撒旦最后的，也是最致命的爪牙，而他的统治是最后的灾难，将在基督再临之前发生。他们用《圣经》中的先知眼光看待时局，等着“真正的教会”与受撒旦指挥的模仿者现世教会决一死战的时刻，所以在 16 世纪 70 年代他们提心吊胆，认为末日审判的危机已经迫在眉睫。“真正的教会”与“虚假的教会”间的斗争历史悠久，其基调几乎从未改变：“真正的教会”听从上帝的命令，自该隐杀害亚伯之时起便苦难深重，不断地遭到流放和迫害，而“虚假的教会”对撒旦唯命是从，进行偶像崇拜，罪孽深重。伊丽莎白时期的新教徒很容易将罗马教会与“虚假的教会”画上等号，但这并不是因为所有的天主教徒都无法获得上帝的恩典，而是由于教皇派的基督之敌歪曲了教义。

上帝能够选出获得救赎的个人，他也可能选出能够获救的国家。他曾将以色列选为兑现承诺的对象。与尼德兰一样，英格兰笃信上帝的新教徒也从爱国主义的角度解读基督教经典，对他们来说，英格兰是以色列，而伦敦则是耶路撒冷。但这不能成为英格兰人沾沾自喜的理由。与以色列一样，英格兰既不遵守上帝的命令，又不对上帝心存感激，还不断地犯下偶像崇拜地罪行，所以必须像以色列那样，做好接受惩罚的准备。基督曾为耶路撒冷而哭泣，现在祂为伦敦流泪。约翰·福克斯所著《在这末后危险岁月里关乎教会的事迹与见证》(*Acts and Monuments of These Latter and Perilous Days Touching Matters of the Church*）以其《殉教者之书》(*Book of Martyrs*）的名称闻名于世，这本书让英格兰新教徒在历史即将落下帷幕的时刻，读到了自己在全世界“真正的教会”的历史中扮演的角色，了解到自己在上帝的计划中起到的作用。

新教徒开始相信，女王和她的臣民正置身于危险之中。他们将伊丽莎白喻为底波拉，将英格兰比作以色列，女王初登王位时他们欢欣鼓舞。当时，传教士们认为“基督的追随者虽然势单力薄，却必将战胜世间的暴君”。1562 年，一群伦敦市民嘲讽一位天主教神父说，“Dominus vobiscum”（上帝与你同在)，因为他们坚信上帝肯定不会保佑他。1572 年，伊丽莎白召开议会，下议院的议长在会上称颂道，自从上帝“仁慈地执行天意”，让伊丽莎白登上王位之后，英格兰就接连发生了奇迹般的变化：国家没有燃起战火，而是安享和平；福音取代了虚情假义；宗教迫害偃旗息鼓；货币贬值得到缓解。上帝“扭转了”女王的心意，使她愿意向欧洲大陆上危难中的教会伸出援手。不过还是有很多英格兰人怀疑福音能否生根发芽，抑或认为英格兰的和平繁荣只是假象。1568 年，沃尔辛厄姆警告塞西尔说，“没有什么会比自以为安全更危险”。1572

年，一位议员警告下议院说，目前国内外危机四伏，而女王却还未察觉，如同“包裹在危险做成的斗篷里沉睡”。欧洲大陆的新教势力遭到围攻，英格兰谈何安享和平呢？托马斯·卡特赖特（Thomas Cartwright）认为，新教徒必须认真思考“其他教会遭受的灾难，由此联想到自己所在的教会正处险境，牢记上帝严厉的裁判好似一柄利剑，悬吊在每个人的头上”，而英格兰教会应该实现革命性的变革。

虽然英格兰教会不再遭受迫害，但仍然受到其他方面的攻击。尽管福音传入英格兰已经两个世代，但仍然遭受着反基督仪式的束缚。英格兰教会需要进一步的改革。16 世纪 70 年代，福音派的成员变得失望和不耐烦，他们认为虚假的安全感已经令英格兰教会失去了活力，而天主教的余孽正在令天主教会复兴。到底哪些是福音派眼中的余孽呢？新教牧师仍然必须身着好似“魔术师服装”的法衣，使他们看起来像天主教神父；祈祷时面向东方；在教堂外私自举行圣餐礼、洗礼仪式；圣徒的瞻礼日；听到耶稣的名字时鞠躬；在女性生产后会举行安产感谢礼；在教堂内点蜡烛；在举行洗礼仪式时做十字架手势；结婚会戴戒指。尽管上述仪式、象征看起来微不足道，无足重轻，但虔诚的新教徒并不这么认为，因为它们都是偶像崇拜手段，会被撒旦用来诱惑信徒。

伦敦的牧师约翰·菲尔德（John Field）对改革充满热情，他认为上述争议的本质不在于“牧师戴的四角帽，脖颈上系的圣带，身上穿的法衣”，而在于牧师能否“按照上帝的圣言管理教会、履行神职”。16 世纪 60 年代，法衣问题是英格兰教会与激进的新教徒争论的重点。激进派认为，法衣是天主教的象征，“真正的教会”不应当要求牧师穿着法衣。虔诚的教徒为何要向教皇派成员做出让步呢？然而，按照女王的命令，所有牧师必须身着法衣，无论是主教，还是英格兰教会的最高管理者，都不能妥协。1565 年 1 月，女王致信帕克大主教，要求英格兰教会遵从“统一的规则，一致的形式、秩序”。法衣之争演变成了对原则问题的讨论，涉及宗教自由和宗教权威，关乎个人良知和公共秩序。新教徒认为，基督徒想要获得自由，必须完全遵循上帝的圣言，但是若要实现他们所说的自由，必然就会违背基督的命令。16 世纪 60 年代中期，这一矛盾已经无法回避。当时的伦敦仍然是宗教激进主义的腹地，人们聚集在一起保护与当局对抗的激进派牧师，并嘲弄镇压激进思想的官员。宣扬激进思想的牧师被赶下了讲坛，那些拒不遵从官方教义的牧师不是遭到停职，就是被关进监牢。激进派认为《公祷书》本身就是罗马天主教的余孽：它要求信徒举行迷信的仪式；它收录了令所有基督徒都有可能得到救赎的祈祷，加尔文主义的信徒却将其视为谬论；它限制了教士履行传道职责的自由，妨碍了选民接受上帝的召唤。

激进派的反对者给他们起了很多新的外号：“白璧无瑕的兄弟”“循规蹈矩的人”，而最为流行的是“清教徒”。伦敦的编年史家约翰·斯托声称，激进派自称“上帝纯白无暇的羔羊”“清教徒”。然而，激进派从来没有给自己取过什么称号，上述称号都是与他们为敌之人的手笔，皆为划派别、扣帽子的言论。斯托本身就是一个天主教徒，曾经在北方起义期间受到当局的怀疑。激进的新教徒与这些人为邻，相互间很难达成理解。这些“头脑发热”的新教徒在生活中表现出强烈的宗教信仰，为了实现宗教目的，不惜采取极端的方式，在人群中一眼就能识别出来。

以约翰·菲尔德为代表的激进派成员宣称，绝不能对隐藏在教会内的天主教余孽做出让步:“哪怕只要稍微扭曲一下上帝的圣言就可以称霸世界，也不能这样做。”如果连教会都不愿推动自身的改革，还有谁能扛起改革的大旗呢?改革派想借助议会打破僵局，也确实获得了一些议员的支持，却没有得到实际的解决方案。威廉·斯特里克兰（William Strickland）是领导清教徒推动《公祷书》改革的领袖，于1571年被剥夺了下议院的席位，并被噤声。清教徒把希望寄托在1572年的议会上，可女王却派人传来消息，除非有主教提案，否则下议院不可“讨论与宗教相关的议题”。“万军之主谋事有大略，思事包万象……这回却吃了闭门羹，无法参与本届议会的最后一次会议”，彼得·温特沃思（Peter Wentworth）在1576年的议会会议上叹息道①。在伦敦，约翰·菲尔德、托马斯·威尔科克斯（Thomas Wilcox）急着推进改革，在1572年写了《致议会的告诫信》(An Admonition to the Parliament）和“教皇派恶行总览”(A View of Popish Abuses)。他们的目的是揭露英格兰教会与“真正的教会”分歧有多深，并表示改革已不能解决问题，必须发动革命，“将反基督者斩尽杀绝”。《致议会的告诫信》攻击了包括大主教、主教、座堂圣职团在内的整个教会等级结构，称他们是“傲慢的一代，不知自己的王国必将崩裂”，因为他们的“残暴统治与基督的王国是水火不容的”。《致议会的告诫信》提出，教会应当摒弃旧有的等级制度，建立以长老会为基础的体制，所有教堂会众团体

① 彼得·温特沃思是清教徒在议会中的主要领袖。一般认为，1576年，他在议会上的演讲具有里程碑式的意义，预示着英格兰的议会政治进入了一个全新的时代。引号中的这句话便是摘自他的演讲，在说出这句话之前，温特沃思引用了《马太福音》的第20章第18节:“无论在哪里，有两三个人奉我的名聚会，那里就有我在他们中间。”

都应当拥有属于本团体的长老。形式简洁的公祷文将会取代《公祷书》。《致议会的告诫信》还将"原始教会历史悠久的长老会"，以及加尔文领导的日内瓦教会奉为蓝本，宣扬建立山巅教堂[①]的想法。《致议会的告诫信》提出长老会制度，引发了一场旷日持久的论战，令布道坛、议会成了论战的战场，而印刷物、请愿书则成了论战的手段。剑桥大学的学者卷入了这场纷争：约翰·惠特吉夫特（John Whitgift）驳斥了《致议会的告诫信》的观点[②]，托马斯·卡特赖特则极力为《致议会的告诫信》辩护。进一步推动改革的尝试遇阻，令笃信上帝之人陷入绝望，认为这是当时英格兰人罪孽深重的表现，是上帝对"无视神的祝福"之人的惩罚。

笃信上帝的信徒分为新教徒、清教徒、长老会教徒，但引发分裂的并不是教义上的分歧，而是不同宗派对教会戒律的不同看法。然而，笃信上帝之人内部发生的任何分裂都是极其危险的。新教徒必须团结起来，才能挫败激进的天主教徒。在法国和尼德兰，饱受宗教迫害的加尔文派教徒认识到团结一致的必要性。1571 年，两国的加尔文教会分别召开了全国宗教会议，不仅定下了一致的教义、戒律，还建立了统一的教会组织，用以维系"由十字架引领的教会"，从而见证了信众共同的信仰和共识。他们向国外的新教兄弟寻求必要的援助，而英格兰作为最大的新教国家，则首先被求助。在英格兰，上帝的"事业"吸引了许多高官要员，但女王本人不为其所动。

---

① 山巅教堂的说法源于《马太福音》第5章第14节中对山巅之城的描述："你们是世上的光；城造在山上，是不能隐藏的。"

② 约翰·惠特吉夫特编写了《对某些诽谤之言的回应》（*An Answere to a Certain Libel*）一书。

* * *

笃信上帝的新教徒声称，英格兰之所以能够长期维持和平，并不是伊丽莎白所想的那样，是由于政府的政策，而是因为得到了“上帝特殊的眷顾”。天主教势力遇到“灾祸”的困扰，但是它不会一直无暇他顾，英格兰应当防患于未然。这也正是伊丽莎白世代很多英格兰人所担心的事。1565年，阿尔瓦公爵与凯瑟琳·德·美第奇在巴约讷会面，英格兰的新教徒认为二人订立盟约是为了在英格兰根除上帝的福音，重新建立罗马教廷的统治。应对这一威胁，必须成立遍及欧洲的“宗教统一战线”，并建立新教联盟来守护新教信仰。在制定外交政策时，应当将“守护上帝四面受敌的教会”作为重中之重，让其他因素退居其次；这不仅是从原则角度的考量，也是对实际情况做出分析后得出的结论。如果伊丽莎白听任法国和低地诸国的新教徒遭受打压，那么她必然会成为天主教势力的下个攻击目标。纵使英格兰四面环海，也难保女王绝对安全。但伊丽莎白没有被上述言论说服。尽管枢密院中有大臣提出要保持原则，但伊丽莎白制定政策时总是根据时局随机应变。她不会轻易参与所谓的伟大事业，也不会冒险出卖自己的良知。在她看来，包括莱斯特伯爵、沃尔辛厄姆、迈尔德梅、宫室财政大臣弗兰西斯·诺利斯爵士（Sir Francis Knollys）在内，这些新教空想家的建议只会令冲突升级，导致英格兰卷入无休止的战争。英格兰既然已经陷入了强敌环伺的境地，光是固守国境就已经困难重重，发动战争必然会消耗难以估量的人力、财力，这时只需要见风使舵就可以避开战祸，为何还要挑起战事呢？伊丽莎白起初对这些极端新教徒的建议不置可否，但渐渐地，她对此产生了敌意。

伊丽莎白本性保守，一直以来密切关注着英格兰的宿敌法国造成的威胁。然而，法国在十年间接连遭受了三场内战的消耗，其实力难以估量；至于伊丽莎白想如何利用法国的势力，更让人捉摸不透，尤其是在 1570 年 8 月，法国国内短暂停战的那段时间里。在法国，胡格诺派和天主教派利用法国国王查理九世（Charles Ⅸ）与其胞弟、王位继承人安茹公爵亨利间的仇恨，想要推行有重大影响却截然相反的政策：一方的目的是插手尼德兰，挑起针对西班牙的战争；另一方的目的则是与西班牙建立友好关系，帮助罗马天主教与新教对抗。1571 年 7 月，正当吉斯家族想要将安茹公爵奉为天主教的守护者时，查理九世立誓称，“（天主教）守护者的称号非我莫属”。然而，查理国王受到胡格诺派领袖海军大臣科利尼（Coligny）的影响，宗教立场一直不甚坚定，导致法国政策更加不稳定。1571 年年末，兄弟两人的敌意一发不可收拾，就连他们的母亲凯瑟琳·德·美第奇也难以阻止争斗演变成骨肉相残。只要吉斯家族与科利尼之间的血海深仇[①]得不到缓解，法国就一直站在内战的边缘，而发动对外战争至少可以分散法国贵族阶层的注意力，避免内战再次打响。

虽然瓦卢瓦王朝就像是龙潭虎穴，但伊丽莎白仍然希望与该家族联姻。1570 年年底，英法两国开始商讨女王与安茹公爵（未来的法国国王亨利三世）的婚事。王朝联姻可以为英格兰提供保护；凯瑟琳·德·美第奇也可以从中获取支持，让她能够与洛林的枢机主教争夺对法国枢密院和安茹公爵的控制权。伊丽莎白一再强

① 1563年2月，吉斯公爵弗朗索瓦遭人暗杀，凶手在遭到酷刑折磨后，供称科利尼参与了暗杀密谋，导致吉斯家族与科利尼结下世仇。

调，本次谈判绝不是儿戏，因为她已经“下定了结婚的决心”。然而，双方在宗教问题上都不愿意妥协让步。安茹公爵无意“泯灭良知”，按照新教规定的仪式崇拜上帝，而伊丽莎白也不愿允许公爵不遵守她对英格兰臣民下达的禁令，私下举行弥撒。商讨婚约的谈判陷入僵局后，沃尔辛厄姆担心吉斯家会致力于征服爱尔兰和提升苏格兰女王玛丽的地位。1571 年年末，安茹伯爵提出可以让自己年纪更小[①]的弟弟阿朗松公爵与伊丽莎白成婚。伊丽莎白认为既然无法实现联姻，英格兰就应当与法国签订同盟条约。

与法国结盟意味着英格兰外交政策的转变，因为传统上英格兰一直将勃艮第与哈布斯堡王朝的同盟关系视作保障本国安全的屏障。而现如今，尼德兰爆发了叛乱，英格兰又该与谁结盟呢？西班牙国王腓力不会被纳入考虑范围，他已经制订了“英格兰计划”，预备在 1571 年入侵英格兰，认为这是上帝的“旨意”。伊丽莎白也不愿意与腓力国王治下妄图犯上的尼德兰臣民结盟，因为一国之君怎么能帮助他国的叛党对抗自己的君主呢？她等着亲眼见到传统盟友西班牙与英格兰反目成仇。但她的近臣现在已将西班牙视为更大的威胁。1571 年，里多尔菲阴谋败露之后，沃尔辛厄姆曾希望“那个傲慢的西班牙人（上帝将他作为表达愤怒的棍棒）受到炙烤”[②]。阿尔瓦公爵的军队就在海峡南岸，随时准备入侵英格兰。如果良知没能促使女王干涉尼德兰事务，参加这场自由对阵暴政，真

① 安茹公爵生于1551年，比伊丽莎白小18岁，而阿朗松公爵生于1555年，比女王小22岁。

② 骄傲的西班牙人指的是阿尔瓦公爵。沃尔辛厄姆的这句话表达了他想要让英格兰与法国结盟，将两国联合起来，帮助尼德兰叛军与西班牙对抗的想法。

正的宗教对阵虚假的宗教的战争，那就必须从实用主义角度让她认识到出兵的必要性。这就是枢密院的一派大臣与奥兰治亲王坚持的看法。如果得不到援助，尼德兰就会成为西班牙暴政的首个牺牲品，而英格兰会是下一个。尼德兰的灾难也将是英格兰的灾难。

自 1568 年，奥兰治的威廉及其弟拿骚的路易斯率领军队入侵尼德兰大败之后，兄弟两人过上了流亡生活，他们制订了全新的军事计划，准备继续与阿尔瓦公爵交战。他们认为，只有得到外国的帮助，再次率军入侵尼德兰才有可能推翻公爵的暴政。整个 1569 年，兄弟两人都在法国与胡格诺派的军队作战，而到了 1570 年，和平降临法国之后，他们又想从中获益，查理九世虽是一位信奉天主教的君主，但他们还是希望他打破常规，为信奉新教的尼德兰赢得自由。对法国国王来说，“佛兰德斯计划”是赢得荣耀和拓展疆土的良机，他被轻松征服那里的承诺说服了。1571 年 8 月，拿骚伯爵出使法国王庭，提出法国国王、英格兰女王、德国的新教诸侯王应当结成大联盟，共同将阿尔瓦公爵的军队赶出尼德兰。取得胜利后，他们可以瓜分低地诸国。沃尔辛厄姆在信中写道，可以肯定的是，上帝将路易斯[①]“作为手段，想要通过他来让神的荣耀普照人间”。8 月，他对伯利勋爵说，有时候“回避战争反倒更加危险”，为了“确保王国的安全”，有些战争是不可避免的。“佛兰德斯计划”的参与者等待着伊丽莎白的决定。然而，在伯利勋爵看来，该计划只会给英格兰带来风险，完全不是可行的解决方案。英格兰可以通过征服尼德兰获得利益，但会像失去一个王国一样失去爱尔兰，因为如果英格兰认为防守爱尔兰轻而易举，那么西班牙夺

① 即拿骚的路易斯（拿骚伯爵）。

取爱尔兰也不费吹灰之力。他还担心与法国的同盟关系只是暂时的。8 月 31 日，他对伊丽莎白说，“只有万能的上帝才知道如何”让女王摆脱险境。

法国卷入战争已经是不可避免的事情，至于它到底会与西班牙交战，还是会发生内战，却没有人能知道。9 月，科利尼重返法国王庭，他的天主教政敌严阵以待，内战似乎一触即发。沃尔辛厄姆担心吉斯家族“魔鬼般的奸计”会让天主教阵营重整旗鼓，并导致法国与西班牙重修旧好。不过，科利尼竭力主张对西班牙发动战争，而查理国王被说服了。1572 年年初，英格兰与法国签订条约，这两个宿敌建立了共同防御关系。然而，伊丽莎白的外交策略既没有将帮助法国军事扩张当作目标，也没有准备放弃与西班牙摇摇欲坠的盟友关系。该年春，入侵尼德兰的多国计划开始付诸实施，而伊丽莎白模棱两可的态度让她的盟友忐忑不安，拿不准英格兰会不会依照盟约派兵参战。

拿骚伯爵曾担忧极端主义者的“贸然行动”会危及他。事实也确实如此。海上丐军是一支由流亡海外的尼德兰叛乱者自发组建的海军，他们在 1572 年 3 月遭到驱逐，无法继续在英格兰的港口避难，因为女王认为给叛党提供庇护太具挑衅性了。走投无路的丐军乘着西风抵达泽兰海岸，于 4 月 1 日占领了尼德兰港口布里勒。他们抢占了桥头堡，有了通往海岸的通道，可以控制英吉利海峡，已经改变了叛乱的进程。这次行动迫使叛军领袖“过早”地进行入侵。4 月 14 日，奥兰治亲王宣称，机不可失，时不再来。5 月末，拿骚伯爵占领了位于尼德兰南部的瓦朗谢讷、蒙斯两城，并准备趁势俘虏坐镇尼德兰首府的阿尔瓦公爵。事态的发展出人意料，英格兰、西班牙、法国都被逼到了战争边缘，都不敢轻举妄动，也不知如何阻止。伊丽莎白和伯利勋爵必须阻止法国、西班牙在低地诸国扩张势力，此时需要他们施展计谋和准确判断。如果阿尔瓦公爵能够遏制住叛军，英格兰就会作壁上观；如果叛军势如破竹，导致法国人乘虚而入，变成“在英格兰卧榻之侧的强邻”，那么只要腓力国王同意不再压迫低地诸国的臣民，英格兰就会秘密援助阿尔瓦公爵。汉弗莱·吉尔伯特爵士打着“志愿者”的旗号，奉命镇守弗拉兴，但伊丽莎白暗地里提供援助的行为既不是为了新教事业，也不是要保护低地诸国免遭暴政的踩踏，而是为了防止阿尔瓦公爵或法国控制海岸线。仲夏，荷兰除了阿姆斯特丹仍然忠于西班牙国王之外，全都发动了叛乱。

查理九世已经“走得太远了”，无法掩饰自己对西班牙的挑衅，所以他以国王的名义准许科利尼出兵，命令他在 8 月 25 日率军前往尼德兰。然而，科利尼未能启程。七月中旬，科利尼与胡格诺派的贵族齐聚巴黎，准备举行一场能够让纳瓦拉王朝与瓦卢瓦王朝联合起来的婚礼[①]。这桩喜事最终变成“杀戮婚礼”，庆典沦为了一场大屠杀。8 月 23 日，也就是圣巴托罗缪之夜，科利尼遭到暗杀，他与吉斯家族的血仇终于画上了句号。在接下来的几天中，胡格诺派的领袖纷纷遭到杀害，法国天主教徒自发的暴力事件席卷全国，成千上万新教徒也惨遭屠杀——“上帝的圣徒像羔羊一样被牵到了屠宰场”，他们被肢解的尸体阻塞了河道。在巴黎，沃尔辛厄姆和诗人兼廷臣菲利普·西德尼目睹了屠杀的惨景。不管是他们，还是其他任何欧洲的新教徒，都无法对这场悲剧无动于衷，西德尼

---

① 即纳瓦拉王国的国王亨利（未来的法国国王亨利四世）与凯瑟琳·德·美第奇之女瓦卢瓦的玛格丽特的婚礼。

此后也为新教事业献出了生命。

一些新教徒想找教皇派寻仇，但大多数新教徒都屈服于上帝的裁决。难道笃信上帝之人不应时刻做好忍受迫害的准备吗？塞西尔对沃尔辛厄姆说："万能的上帝之所以会让魔鬼横行无忌，完全是因为我们罪孽深重。"英格兰人必须忏悔自己的罪孽。苏格兰教会全体会议下令，"所有敬畏上帝之人都应当公开降卑"，以减轻上帝因他们的罪孽而燃起的万丈怒火。欧洲各地的新教徒准备承受新一轮的暴力事件，而教皇也认可这种行为，他命人铸造了纪念章①，用来庆祝圣巴托罗缪大屠杀。在日内瓦，新教徒等待着灾难降临。在尼德兰，大屠杀对奥兰治亲王和他的反抗事业是一记致命的打击，因为科利尼的援军永远也不会到来了，1572年的秋季和冬季，宣布效忠奥兰治亲王的城镇遭到了阿尔瓦公爵残酷的报复，不仅被洗劫一空，居民也都惨遭屠戮。奥兰治亲王落荒而逃，但他并没有前往德国，而是进入了荷兰，发誓"要把那个省当作我的埋骨之地"。

* * *

法国、尼德兰、苏格兰全都爆发了宗教战争，英格兰能独善其身吗？当伊丽莎白治下的英格兰人看到邻国的内战时，他们对本国和平稳定的局面心存感激，并认识到女王为治理国家"废寝忘

① 这枚纪念章一面是教皇格列高利十三世的头像，另一面是一幅图画，图的左侧是一个左手高举十字架、右手挥舞长剑的天使，右侧是胡格诺派的成员堆积如山的尸体，而上方则刻有"屠戮胡格诺（1572）"。

食”，她在臣民中激发出的爱以及她给予的公正。他们将本国温和的政治制度与邻国臣民忍受的暴政、压迫进行比较。然而，有时候他们也会担心英格兰卷入类似的问题。1579 年，菲利普·西德尼提醒女王，她的臣民“分成了两大派系……受到宗教问题的束缚，永世不得和解”，他担心一个派系会突然向另一个派系发难。

沃尔辛厄姆曾经提出，只要仍有一帮野心家觊觎着法国王位，法国就永无宁日。英格兰也有一位野心家觊觎着女王之位。玛丽·斯图亚特虽被关押在远离权力中心的德比郡、斯塔福德郡，却并不甘心，仍在焦躁中谋划着。然而，英格兰王庭只能有一位女王。五十岁生日过后，伊丽莎白处于最具权威的时期，不允许任何人拂逆自己的意愿。她自认为是汲取了塞内卡[①]哲学精髓的君主，能够承受跌宕起伏的命运。这与众近臣眼中的女王有着天壤之别，他们因女王的优柔寡断吃尽了苦头，感叹一个斯多葛派的女王竟有这样的脾气。他们的谏言很难与女王的意志达成一致，她经常无动于衷，这些近臣不得不联合起来劝说女王采取实际行动。遇挫的时候，他们担心虽然自己说不动女王，但其他人可能会说服女王；而伊丽莎白也有可能受阿谀奉承之徒的蛊惑，因为听信谗言是君主的通病，还会导致国政滑进暴政的深渊。奉行外向型政策的新教徒认为，爆发充满屠杀和迫害的宗教战争主要是因为君主听信了奸臣的谗言，而他们不能确定女王能否听取谏言，确切地说，能否接纳（他们的）正确建议。1576 年，彼得·温特沃思在下议院警示道，“如果君主不能从善如流，那么他会失去各阶层的拥戴”。1578 年，沃尔辛厄姆在想到伊丽莎白对臣下谏言的态度时抱怨道：“最为女

① 古罗马时期的斯多葛派哲学家。

王着想的人，最可能获得有成效的建议，却最不受她待见。”

然而，伊丽莎白时期的英格兰政治拥有众多有助于维持稳定的因素。在法国和苏格兰，无论是枢密院内，还是王庭中，抑或贵族阶层内部，全都派系林立，这带来了暗杀、阴谋，甚或内战，而英格兰却没有这些情况。伊丽莎白极力维护自己的独立性，免除了内部因争夺对女王的控制权而发生激烈斗争的风险。在伊丽莎白的王庭内，没有哪一位贵族会像法国权臣科利尼那样，担心自己的性命。1573 年 10 月，女王的宠臣克里斯托弗·哈顿爵士（Sir Christopher Hatton）遭到袭击，但行凶者搞错了对象，而且说到底也只不过是个失去了心智的疯子[①]。苏塞克斯伯爵与莱斯特伯爵难释前嫌，仍然有可能扰乱宫廷：1581 年 7 月 15 日，宫务副大臣托马斯·赫尼奇爵士（Sir Thomas Heneage）记录道，“昨天，两颗行星发生碰撞，产生了一场灾难”。然而，两位伯爵心里清楚，“到底谁才是主神朱庇特，他们肯定会遵从女王陛下的命令”。

伊丽莎白时代的贵族阶层仍然看重荣誉，会为了守护荣誉与人交恶，并期望获得与身份地位相称的权势、官职，但他们不再像过去的男爵那样，将发动叛乱当作加官晋爵的方式。第七代诺森伯兰伯爵和第四代诺福克公爵因参与叛乱而身首异处，给其他贵族上了一课。然而，历史悠久的各个天主教贵族家族并不认为自己是正在瓦解的封建秩序的一部分，那些同时代的新教徒依然忌惮他们的权势。都铎王朝提拔的新贵族转眼间就失去了新鲜感，对其中一些

① 行凶者名叫彼得·伯切特，他是中殿律师学院的学生，因为宗教狂热而精神失常，认为克里斯托弗·哈顿爵士是真正信仰的敌人，但却在行凶的时候搞错了人，误伤了约翰·霍金斯爵士。

人来说，其高贵的独立性与依附君主并为其服务的地位格格不入。当为了宏图大业发动战争时，许多英格兰臣民由于自己在女王治下而扼腕叹息，因为女王虽仁慈宽容、小心谨慎，具有女性应有的政治美德，可她天性缺乏军事上的勇武，也没有坚定的目标。对于像菲利普·西德尼这样志在依靠军事行动立功的人来说，待在王庭为女王效命令人厌烦，难以忍受。于贝尔·朗盖（Hubert Languet）是一位为了新教事业游走于欧洲各国的外交官，1578—1579 年，他曾在西德尼面前评价伊丽莎白的王庭缺乏点“男子汉气概”，与想象的有差距，为官的贵族只想用“矫揉造作的礼仪”赢得名望，而不是靠“为国建功立业”获得荣耀。莱斯特伯爵因不得不依赖女王而苦恼，尤其是有人诱使女王称他为“朕的玩物”。他想成为一位具有文艺复兴风范的王公贵族，在战争中以及和平时期都享有荣耀，而且在个人的排场和恩赏手下方面都令人叹为观止。莱斯特伯爵的志向是率领大军前往欧洲作战，他甚至早已在凯尼尔沃思城堡囤积了大量军备物资。然而，伯爵也会在凯尼尔沃思城堡为女王举行盛典；任何人都不会想到他会像自己的父亲那样，无视王权的利益，只为一己私利动用军事力量以及培养追随者（后来，莱斯特伯爵的继子也发动了叛乱）。

自 16 世纪 70 年代初到 70 年代末险些爆发宫廷革命时为止，无论在王庭，还是在枢密院，所有廷臣都团结一心，令中央政府在政策、目的方面的一致性达到了前所未有高度。天主教阵营失去了话语权，新教阵营在权力中心一手遮天。即便是清教徒也能获得身居高位者的支持。在国内外推进新教事业是枢密院大多数人的愿望，尽管会在具体的手段、方式上发生分歧；伯利勋爵就经常会与沃尔辛厄姆、莱斯特伯爵唱反调，而女王则固执己见，令人苦恼。

尽管争议仍然存在，但近臣们都精于逢迎之术，能够按照女王的要求维持表面上的友好关系，用讽刺之语替代了谩骂。王庭是所有政治生活的核心，想要加官晋爵，就必须在王庭内潜心经营。未获许可擅自离开王庭，就几乎等同于犯了叛国罪——诺福克公爵对此深有体会；被驱逐出王庭，则更是奇耻大辱。伊丽莎白将不同政策的支持者控制在自己身边，遏制了冲突。

伦敦会步巴黎的后尘也发生大屠杀吗?《申命记》的第十三章曾导致巴黎市民对新教徒大开杀戒，而1572年，英格兰议会在威斯敏斯特召开会议的时候，各教区的主教引用了相同的文句：诱使上帝的子民崇拜伪神的奸徒论罪当诛。伦敦主教声称自己应当“一直得到怜悯”，因为他的教众实在难以驾驭；他害怕法国人背信弃义的行为会“传播到我们中间”，更是担心伦敦市民会受到思想狂热，却愚昧无知的年轻传道者的蛊惑，使用暴力。伦敦是激进清教运动的核心腹地。在这里，长老会的领袖能够找到靠山并吸引到追随者。伦敦市民的宗教热情是改革的强大动力，但由于也会导致改革派分裂，所以有可能成为改革的绊脚石。一旦教会出台反改革政策，伦敦的宗教热情就会受到重点打击，而1573年的反改革措施又一次证明了事实的确如此。尽管伦敦的官员不断预测市民会迸发宗教热情，引发暴力事件，但纵观伊丽莎白时代，伦敦没有发生严重的宗教暴乱；泰晤士河没有血流漂橹，伦敦街头也没有变成尸山血海。伦敦政府通过其下的大量堂区、选区、管辖区、同业公会，以及家庭，进行分散管理，其治理颇有成效。遵循不同教义的信徒通常都能在一起礼拜上帝、从事生产、进行贸易。伦敦街头的战争只不过是口舌之争。

然而，“上帝的教会仍然饱受内部斗争的困扰”。这场斗争是

“狂热派”与“稳健派”间的斗争；“稳健派”是老一代的改革派，他们没有忘记自己遭受宗教迫害、忍受流亡生活的痛苦经历，深知想要守住改革的成果绝非易事，而“狂热派”是新一代的改革派，他们只看到了教会的缺陷和堕落，认为其与“真正的教会”仍然相去甚远。思想激进的主教总是希望教会能够迎来更加光明的未来，进一步推行改革，但无论他们多么心有不甘，也仍然是思想保守的女王的臣仆，而女王作为教会的最高管理者，不仅抵制变革，更是害怕混乱。长老会派认为，各教区的主教阻碍改革，教会必须撤掉主教这一职位。“你怎么想，难道基督徒的教会中真的应当有主教吗？”长老会派质问道。在旁人看来，坎特伯雷大主教马休·帕克（Matthew Parker）年事已高，跟不上时代的潮流，他本人也感到绝望。1574 年，清教的讽刺作家认为，坎特伯雷大主教的职位传承了 70 任，可以撤下了：“就像奥古斯丁是第一位大主教一样，马休也可能成为最后一位。”

清教讽刺作家？通常，笃信上帝的清教徒都不会口出讽刺之语，他们与欢声笑语也沾不上边。与清教徒有关的笑话一般都是取笑他们的——讽刺他们假装虔诚、吹毛求疵，显得比谁都纯洁，可实际上却伪善得很——而不是清教徒用来嘲笑别人的。笃信上帝的清教徒人数极少，却越来越想要将自己的想法强加于民众身上，使得拿他们开涮的笑话愈加尖酸刻薄。自从人类堕落，失去了与上帝的相似性以来，每一个基督徒都在孤军奋战，与罪孽做斗争，而由于新教教义强调人性本恶，改革派得势之后，加大对抗罪孽的力度显得刻不容缓。笃信上帝的清教徒发起了针对酗酒者、渎神者、纵欲者的运动，想要创造一个更加符合上帝圣言的社会。自伊丽莎白统治中期开始，新教取得了对政府、教会的控制权，笃信上帝的官员与牧师联合起来，开始在多个城镇推行高压政策，令清教主义渐渐变成了道德压迫、社会压迫的代名词。在笃信上帝的清教徒看来，教会法庭所维护的旧式道德纪律算不上真正的纪律。难道把行苟且之事的淫乱之徒从“沾染着淫靡之气的床单下揪出来”，令其裹上白床单忏悔，就算是合适的惩罚吗？习惯家长式统治的清教法官受基督教经典和义愤的驱使，在主持即决法庭时，一般会从严判决。1578 年，贝里圣埃德蒙兹的法官制定了全新的刑罚规定：犯有通奸罪的女犯人应受 30 下鞭刑，“一直打到皮开肉绽为止”。按照《旧约圣经》，通奸者必须被处死，那些原教旨主义者提出应当恢复对通奸者的死刑判决。他们认为，即便是在合法婚姻中的男女之爱也可能令只属于上帝的尊严遭到减损。约翰·菲尔德说，丈夫发誓“我用我的身体崇拜你”，无异于将妻子当作偶像崇拜。浪漫爱情甚至有可能融合了通奸罪与偶像崇拜。“不要把我的爱视为偶像崇拜，也不要把我爱的人看作偶像”，威廉·莎士比亚从爱情的诱惑中获取灵感，创作出了这句诗。

从上述角度分析，我们可以认为，笃信上帝之人发动了针对人类本性的战争。强调邻里和谐、人机友善的传统文化，与笃信上帝之人强调戒律和克己的准则间出现了一道鸿沟。加强传统社区凝聚力的庆典活动现在开始引发矛盾，因为笃信上帝之人谴责堂区酒会、婚礼庆典、莫里斯舞、五朔节的庆典活动都是“虚度时光的嬉耍”，只能“满足口腹之欲”。礼拜日是一周中唯一不需要劳作的日子，但这一天也是礼拜上帝的日子，所以到底应当如何度过成了沉迷肉欲之人与笃信上帝之人矛盾的焦点。普通民众，尤其是青年，会像“异教徒一样寻欢作乐”，他们醉酒狂欢，随着歌舞做出放荡之举，而笃信上帝之人则把时间花在聆听布道和阅读基督教经典上。这便是清教布道者描绘的景象。在宗教改革初期英勇奋斗的那段日子，改革派没有向音乐、戏剧宣战。歌谣和幕间表演曾经是福音派用来传播福音的媒介。那时，新教剧作家用下流的笑话来推进上帝的事业，而宗教歌曲、赞美诗则以民谣的形式在酒馆中传唱。

16 世纪 70 年代中期，这一切都开始改变。教众再也不能用《绿袖子》（*Greensleeves*）的曲调来哼唱宗教歌曲了。新教音乐与世俗音乐分道扬镳，而宗教音乐也被质疑，它的美被视为魔鬼诱使信徒偏离正确的崇拜方式的阴谋诡计。伊丽莎白时期伟大的赞美诗音乐作曲家威廉·伯德（William Byrd）是一名天主教徒。伊丽莎白初登王位时，古老的神秘剧还能够继续上演，而到了 16 世纪 70 年代中期，约克城、韦克菲尔德、切斯特三地的连环剧遭到了禁止，因为人们认为让凡人扮演上帝是偶像崇拜的行为，而让人类不着边际的想象玩弄上帝神圣的真理是一种污染。就在戏剧即将进入黄金期时，当局向戏剧宣战。1575 年，当局查封了伦敦的剧场，因为它们是“不敬神的神学院”“下流的场所”。

笃信上帝之人是不是正在进行一场必败的战斗？传道者抱怨，只需一声号角，就能为某些“肮脏的表演”吸引上千名观众，而即便教堂的钟声响一个钟头，前来聆听布道词的信众也只有区区百人。不过，想要拯救不知自救之人，一向都是艰苦的斗争。笃信上帝之人心里清楚，无论自己如何努力，绝大部分人都将堕入地狱，只是没有人知道到底哪些人下地狱罢了。基督教经典表明，只有“极少数信众”能够获得基督的承诺，升入天堂；通往天堂的路很窄，而天堂之门也很窄，“所以能够找到的人屈指可数”。令笃信上帝之人困扰的是一个实用神学领域的问题，即那些以加尔文主义信仰为生活核心的信徒组成的团体，是否应该从一个由天主教徒和沉迷肉欲的俗众组成的国家教会中独立出来，使其团契[①]真实可见。笃信上帝之人很难与他们眼中不信上帝之人共处，尽管他们对教会不再抱有希望，但仍然留在了教会内。英格兰笃信上帝之人的克制和服从不应被低估。1572 年，当法国血流成河时，英格兰只有一人死于由宗教问题引起的冲突——在苏塞克斯郡，一个男孩想要锯倒五朔节的花柱，结果被射死。

基督教经常将战争与战场作为宗教比喻的主题。第一代埃塞克斯伯爵沃尔特·德弗罗（Walter Devereux）像真正的基督徒那样赴死，在临终时大呼："要勇敢！要勇敢！我是一名战士，必须在拯救者基督的旗帜下战斗。"这位基督的士兵命丧爱尔兰，他也知道自己将命丧于此；在那里，他和其他人一样，将背叛与杀害当作手段，与基督士兵的形象差之千里。

* * *

既然英格兰避免了宗教战争，那么爱尔兰是不是也能避免呢？1569 年，詹姆斯·菲茨莫里斯·菲茨杰拉德打着教皇的旗号发动起义，宣称要发动针对"胡格诺派"的圣战。1573 年，菲茨杰拉德终于向当局投降，之后他逃往法国，后来又流窜到西班牙，召集天主教的武装力量，准备发动新的圣战推翻爱尔兰的异端女王。笃信上帝之人立志要让福音的光芒照亮每一个"黑暗的角落"，让每一座城市都变成耶路撒冷，而他们面临的最大挑战当属爱尔兰，因为新教信仰一直没能在那里生根发芽。伊丽莎白谨小慎微，

① 团契是新教的概念，大体相当于天主教的共融。

决定不去“探究臣民的良知”，强行改变爱尔兰人的信仰，以免引发动乱，危及王权对爱尔兰本就极不稳固的统治。尽管按照《至尊法案》和《单一法令》的规定，新教成为爱尔兰正式的国教，并置于王权的统治下，但即使在都柏林、帕莱地区，当局也极少迫使爱尔兰人表明宗教立场，甚至不会惩罚违反宗教法律的行为。埃德蒙·坎皮恩（Edmund Campion）在英格兰接受天主教信仰后，于1570年前往都柏林寻求避难，他先后成为帕莱地区的头面人物詹姆斯·斯坦霍斯特（James Stanihurst）①、克里斯托弗·巴恩沃尔爵士（Sir Christopher Barnewall）②的门客。

如果说都铎英国还要爆发新的宗教叛乱，那么爱尔兰十有八九会成为新的战场。然而，尽管英格兰派往爱尔兰的总督经常会引用《旧约圣经》中的语句来描述自己是如何镇压爱尔兰叛乱的，但16世纪70年代，促使盖尔人领主、盎格鲁-爱尔兰领主发动叛乱，反抗伊丽莎白统治的，并不是天主教信仰，而到了16世纪末期，促使英格兰人前往爱尔兰追求仕途、安家定居的也并非狂热的新教信仰。1571年，康诺特的首席法官拉尔夫·洛克比（Ralph Rokeby）写道：“必须用火与剑以及上帝复仇的棍棒，让这些顽固不化、暴躁易怒的爱尔兰人因恐惧而屈服。”1569年，埃德蒙·巴特勒爵士与弟弟一起参加了巴特勒家族的死敌杰拉尔丁家族发动的叛乱，声称“我并不想与女王为敌，而是要与那些妄图将爱尔兰人赶尽杀绝，征服爱尔兰的人作战”。只不过，将“爱尔兰人赶尽杀

① 詹姆斯·斯坦霍斯特曾三次担任爱尔兰众议院的议长。

② 克里斯托弗·巴恩沃尔爵士是爱尔兰众议院的议员，是帕莱地区盎格鲁-爱尔兰地主阶层的领袖。

绝”只是英格兰极少数强硬派的目的。

英格兰的权臣认为，帮助尼德兰起义军抵抗西班牙暴政，与在爱尔兰推行英格兰的法律、政府组织形式，本质上是一致的。据传，伯利勋爵曾经说过：“佛兰德斯人因不堪忍受西班牙人的暴政而发动起义，但与（饱受领主压迫的）爱尔兰人相比，他们的遭遇实在是不值一提。”那些支持尼德兰人抵抗西班牙暴政的英格兰人，也来到爱尔兰这个由伊丽莎白统治的西部王国作战。汉弗莱·吉尔伯特在 1572 年说过，我将“像基甸一样遵从上帝的引领”，帮助弗拉兴的居民“当家做主”，而他就曾前往爱尔兰为女王而战。[①] 但打着为爱尔兰的自由而发动的战争在 1569 年以血腥方式收尾，吉尔伯特以极为可怕的方式镇压了芒斯特的叛乱，之后还提出要没收爱尔兰人的土地，以便进行大规模的殖民。菲利普·西德尼是爱尔兰总督亨利·西德尼爵士的长子，他在 16 世纪 70 年代目睹了欧洲居民失去自由的惨况，但他主张应进一步扩大国王在爱尔兰的特权。为了给自己辩解，他声称爱尔兰的居民早已没了自由：“他们相互倾轧，爱尔兰成了天底下暴政最为猖獗的国家。”暴君是爱尔兰本地的领主，而非英格兰的官员。无论是“邪恶的撒拉森人，还是残忍的土耳其人”都没有像爱尔兰的领主那样对“穷苦的平民”进行掠夺，将自己的专制统治强加于人。埃德蒙·斯宾塞曾于 1581 年担任过爱尔兰总督的秘书，他创作了具有预见性的史诗《仙后》(*The Faerie Queene*)，诗中讲述了基督教骑士阿提加尔和他那钢筋铁骨般的侍从塔卢斯[②] 发誓要击败爱尔兰的邪恶势力——

① 他曾经作为“志愿者”指挥驻守弗拉兴的英格兰军队。

② 诗中的塔卢斯是一个金属人，他不眠不休，拿着连枷，将恶徒赶尽杀绝。

名为格兰托尔托的暴君。格兰托尔托是典型的不义之人，伊丽莎白时代的读者将他与杰拉尔丁·德斯蒙德家族的成员画上了等号。英格兰人有了自己的观点：既然爱尔兰的领主丧失了对土地的所有权，对民众的统治权，那么英格兰人对爱尔兰的所有权、统治权的诉求就名正言顺了。然而，尽管英格兰人以解放者自居，但那些被他们视为解放目标的爱尔兰民众极少这样认为。

一提到爱尔兰社会的性质，以及爱尔兰人“以三叶草为食的野蛮习俗”[①]（小册子作者约翰·德里克如此描述），英格兰人就感到困惑。英格兰当局一直抱有希望，认为随着英格兰法律、“礼仪”在当地传播开来，盖尔人的奇风异俗就会消失。1569 年，罗兰·怀特（Rowland White，一位拥有盎格鲁－爱尔兰血统的商人和改革倡导者）致信威廉·塞西尔称，只要结束了“野蛮的生活方式”，“爱尔兰人就会变得彬彬有礼”。16 世纪 70 年代，改革者仍然认为，爱尔兰人能够认识到英格兰习俗的好处，和解比胁迫更为有效。威廉·加勒德爵士（Sir William Garrard）在 1576 年到爱尔兰赴任大法官后明确指出，用武力推行文明礼仪作用有限。“难道使用武力就能让爱尔兰人（加勒德口中的‘堕落的英格兰人’）学会英语，按照英格兰人的方式穿衣打扮吗？难道动武就能革除爱尔兰人横征暴敛的恶习吗？”大概是不可能的：“只有挥舞法律正义的权杖，才能将这些污点清扫干净。”法官出身的加勒德当然相信普通法是推行改革的利器，而否认法律公正是推行

① 1571年，埃德蒙·坎皮恩在著作中提到爱尔兰人以三叶草为食，虽然任何爱尔兰的史料都没有记载爱尔兰人有这样的饮食习惯，但在之后的历史中，英格兰文人以讹传讹，形成了爱尔兰人吃三叶草的错误印象。

改革的途径，就好比否认教育是有益的一样荒谬。英格兰当局派出法官前往各地巡回审判；都柏林的枢密院也派出委员会，前往偏远地区主持公道；法令在各地公布、生效。在首次担任爱尔兰总督（1565—1571）之前，亨利·西德尼爵士曾担任过爱尔兰首席法官，致力于推行司法改革。1565 年，他主持了大规模的巡回审判，不仅带领法官前往伦斯特各地审案，还进入芒斯特主持审理。然而，许多奉命治理爱尔兰的英格兰官员对依靠司法公正推行改革简感到绝望，对在爱尔兰社会找到公正的陪审团感到悲观。既然在爱尔兰司法公正无法建立社会秩序，震慑不住各地的领主，结束不了“野蛮的生活方式”，那么就应当增强英格兰在爱尔兰的军事力量，以武力为主，法律为辅。只是，当局未能确定应当采取何种形式，究竟是派兵驻守战略要冲，还是直接派军剿灭爱尔兰叛党，莫衷一是。

通常只有英格兰人认为英格兰的法律体系显然更有优越性。16 世纪 70 年代，爱尔兰的领主非但没有“文明开化”，反倒变得桀骜不驯，令本就对爱尔兰局势深感疑惑的英格兰当局不再对和解抱有幻想。在爱尔兰的绝大部分地区，居民仍在奉行“旧宗教”，追随着地方领主，并只说爱尔兰语。爱尔兰的社会结构复杂，很难施行统一的法规。在英格兰人看来，与爱尔兰盖尔文化区相关的一切都是陈旧的、无章法的，而且受各种条件限制。人们听说，爱尔兰狼人横行，居民动不动就歃血为盟，诗人吟唱韵文就能置人于死地，甚至还有人在仇家门前活活把自己饿死。盖尔人领主宣誓向英格兰君主效忠，获得了相应的封地和领主头衔，但由于他们随意违反协定，就像他们彼此间经常做的那样，因此渐渐打消了当局想利用封建主从关系令他们效忠的打算。康恩·奥尼尔获封为第一代蒂龙伯爵，但仅过了一代，局势就陷入了混乱，致使酋长继承人制度回归原位——沙恩·奥尼尔遭到谋杀之后，特洛·卢恩尼奇（Turlough Luineach）当选为新一代蒂龙伯爵，他的继位仪式被亨利·西德尼爵士称为“野蛮的仪式”。为了对爱尔兰总督表示抗议，第一代克兰卡伯爵、第一代克兰里卡德伯爵、第一代托蒙德伯爵纷纷放弃英格兰授予的爵位，克兰里卡德伯爵的几个儿子（麦克安伊亚拉兄弟；*Mac an Iarlas*，意为伯爵之子）脱掉了英格兰服装，把它扔进了香农河里。在爱尔兰的盖尔文化区，家族成员的忠诚关系也可能是短暂的和机会主义的。与血缘关系相比，收养制度会建立更为牢固的关系，为养子“取名”的习俗可以让非婚生子融入养父的家庭，从而建立起强大的联盟。婚姻也可能是不稳定的；像其他联盟一样，当它不再适合时就会破裂。女性酋长气势凌人，丝毫不亚于男性酋长。格拉妮娅·奥马利（Grania O’Malley）是爱尔兰西部的海盗女王，她将“钢铁理查德”梅奥的伯克（‘Richard in Iron’ Burke of Mayo）选为夫婿，而亨利·西德尼爵士说，“无论在海上，还是在陆地上，她的身份绝非‘伯克夫人’那么简单”。在英格兰人眼中，爱尔兰人还沉浸在教皇崇拜和异教信仰中，基本算不上是基督徒。

然而，遭到英格兰官员谴责，被认为是奇风异俗、无法长久的爱尔兰习俗却极有感染力。“上帝啊，爱尔兰多么迅速地改变了人的本性”，斯宾塞在文中写道。对那些与斯宾塞观点相同的人来说，英格兰第一次征服爱尔兰之后出现的盎格鲁-爱尔兰领主早已“堕落”，不配算作英格兰民族的一员。他们收养爱尔兰人的子女，与爱尔兰人通婚，说爱尔兰人的语言，使用布莱恩法，用爱尔兰谚语形容，就是“像奥汉隆的屁股一样，是彻彻底底的盖尔人”[①]。然而，盎格鲁 - 爱尔兰社区保持着对英格兰忠诚和服从的悠久传统，这一传统不易改变。在伊丽莎白统治的头几十年，当局没有清洗政府中拥有盎格鲁 - 爱尔兰血统的人，出生在爱尔兰的英格兰人与来到爱尔兰的新一代英格兰殖民者、退役兵间，也没出现太大的隔阂。然而，拥有盎格鲁 - 爱尔兰血统的人与新定居者在利益与态度上的分歧渐渐显露了出来。1577 年 9 月，康诺特的地方军事长官尼古拉斯·马尔比爵士（Sir Nicholas Malby）记录了“我们出生在英格兰的人”与那些“在这个国家出生的人”之间“出现的分歧”。到了 16 世纪 80 年代，生活在盎格鲁 - 爱尔兰社区的人越来越感到自己受到排挤和疏远。

在原有的生活方式受到威胁后，那些既忠于英格兰又忠于爱尔兰的人，被迫要在两者之间做出选择。1560—1580 年，包括德斯蒙德伯爵、奥蒙德伯爵、基尔代尔伯爵、克兰里卡德伯爵在内，所有实力最为强大的盎格鲁 - 爱尔兰领主要么直接参与叛乱，要么与叛党勾结。1574 年，第十五代德斯蒙德伯爵与夫人准备再次发动叛乱，他们按照盖尔人的习俗着装打扮，还在领地内重新推行布莱恩法。第十一代基尔代尔伯爵是杰拉尔丁家族的领袖，他拥有一半英格兰血统，自小流亡国外，在意大利宫廷长大，深受文艺

① 奥汉隆家族的权力中心是坦德拉吉（Tandragee）城堡，源自盖尔语Toin re gaoth，大意是“矗立风中”，描述了坦德拉吉城堡位于山顶多风处的特点。这句爱尔兰谚语的盖尔语原文是“Chomh Gaelic le Toin Ui hAnluain”，其中的Toin在盖尔语中也有屁股的意思，所以这句话的盖尔语原文其实是一句双关语，意思是“像奥汉隆的坦德拉吉城堡（屁股）一样，是彻彻底底的盖尔人”。

复兴的熏陶。他“精通马术”，成了科西莫·德·美第奇（Cosimo de' Medici）[①]的御马官。1554 年，怀亚特发动叛乱时，他作为玛丽女王的忠诚卫士，不仅重新获得了被没收的领地和头衔，更是被委以重任，负责帕莱地区的防务。然而，他仍然讲爱尔兰语，也没有放弃“借宿与餐食”制度。1569 年，他因与詹姆斯·菲茨莫里斯·菲茨杰拉德勾结而遭到指控，后又在 16 世纪 70 年代早期，为了巩固自己在伦斯特境内刚恢复的权势，与不服管束的奥伯恩家族、奥莫尔家族、奥康纳家族结盟，因此遭到了当局的怀疑。他命人重建了基尔基城堡的壁炉，在上面刻下了杰拉尔丁家族古老的战斗口号“Cromaboo”[②]。

由于对爱尔兰人感到困惑，英格兰人就只能认为爱尔兰人之所以野蛮到不可救药，是因为他们属于原始人类。尽管英格兰人不怎么相信本民族的建国神话，但他们轻信了爱尔兰人充满神话色彩的民族起源史，认为爱尔兰人之所以野蛮残暴，是因为他们的祖先是远古时的塞西亚人。有一种说法认为，在被盎格鲁-诺曼人征服之前，爱尔兰曾是亚瑟王帝国的一部分，加之教廷曾将爱尔兰领主的头衔赐给英格兰国王[③]，所以都铎王朝的国王想要完全征服爱尔兰，也算师出有名。在许多奉命治理爱尔兰的官员看来，爱尔兰人是一个“野蛮的民族”：他们是野兽，应当“驱赶”

---

① 科西莫·德·美第奇是佛罗伦萨公爵，之后又成为托斯卡纳大公。

② 克罗姆（Crom）位于利默里克境内，在过去曾经是杰拉尔丁家族的权力中心，而aboo则是爱尔兰人常用的战斗口号，意为胜利。所以说，可以将“Cromaboo”理解为“胜利属于克罗姆”。

③ 1155年，教皇阿德里安四世颁布名为*Laudabiliter*（拉丁文，意为“以令人钦佩的方式”）的诏书，赐予亨利二世爱尔兰领主的头衔。

他们、“狩猎”他们、“驯服”他们；他们是马驹，应当戴上“马嚼子”、套上“马勒”，“消除”他们的野性。1570 年，有人提出应当在爱尔兰建立大学，帮助“这个粗鲁的民族革除野蛮的陋习”，但这个提议像许多伊丽莎白时期当局在爱尔兰推行的计划一样，无果而终，直到 1591 年，当局才在都柏林建立了三一学院。一些人开始受到悲观决定论的影响，认为整个爱尔兰民族朽木难雕，承认文明的影响并不能轻易驱散野蛮的陋习。亨利·西德尼爵士先后两次担任爱尔兰总督（任期分别是 1565—1571、1575—1578），是首屈一指的爱尔兰通，但有传言称，他在登船永远离开爱尔兰时，背诵了《诗篇》的第 114 篇：“以色列出了埃及，雅各家离开说异言之民。”

1572 年，爱尔兰总督菲茨威廉感叹：“肯定是因为受到了某种神秘的因素的影响，爱尔兰人才会普遍生性叛逆。”在爱尔兰，动荡的局面难以根除，所以尽管岛内大部分地区仍然维持着和平，但这对爱尔兰总督来说并没有多少安慰。1574 年春，芒斯特、阿尔斯特、康诺特三地似乎又要像 1569—1572 年时那样，爆发“全面叛乱”。然而，爱尔兰动荡的原因并不神秘，是由于在 16 世纪的最后 30 余年中，英格兰当局的爱尔兰政策变得越来越自相矛盾。女王和她的近臣大谈特谈使用和平的手段来推行改革，声称要普及司法公正、推进文明的传播，并保证爱尔兰臣民的自由，但令改革功败垂成的不仅仅是爱尔兰人的叛乱，负责推进改革的爱尔兰总督同样难辞其咎。历任爱尔兰总督不仅要提防爱尔兰的对手，还要防备朝中的政敌，无法尽全力推行改革，反而成了改革的阻碍。此外，女王生性谨慎，而且财力捉襟见肘，其政策会受爱尔兰本地局势以及欧洲大陆局势的影响，所以经常朝令夕改，自相矛盾。

1574 年 7 月，伊丽莎白致信当时身在爱尔兰的第一代埃塞克斯伯爵沃尔特·德弗罗：“你要使用谨慎的手段开导那个粗鲁野蛮的民族走向文明之路，而不要使用武力和流血的方式。”然而，埃塞克斯伯爵反倒纵容英格兰人大肆夺取爱尔兰人的土地和殖民。

在玛丽女王统治时期，英格兰当局就已经时断时续地在爱尔兰推行殖民计划了。在伦斯特的莱伊什、奥法利，当局分别建立了玛丽伯勒镇、腓力镇，并派驻了士兵；这两个定居点好似堡垒，向周边地区投射英格兰的影响力，因土地遭强占而心怀怨恨的奥伯恩家族、奥莫尔家族、奥康纳家族则断断续续地发动游击战。伊丽莎白在位时，一群野心勃勃的冒险家闯进爱尔兰，想捡现成的便宜，英格兰政府看出私人种植园可以减少殖民成本，即不用支付高额的军费就可以长期维持爱尔兰的秩序，由此对冒险家的行动表示认可。1568 年，彼得·卡鲁爵士（Sir Peter Carew）来到爱尔兰，宣布对 12 世纪盎格鲁－诺曼人首次征服这里后被爱尔兰人夺回的土地的所有权，此举令当地的居民害怕英格兰人会剥夺他们的土地，尤其是总督也没有明令制止这名投机家的冒险行为。1569 年，沃勒姆·圣莱杰爵士（Sir Warham St Leger）伙同其他的冒险家，提出要在芒斯特的西南方建立殖民地，并将驱逐本土居民，就像他们被判犯有叛国罪一样，其实他们并没有叛国举动，或者暂时还没有。这一计划以失败告终，芒斯特境内的爱尔兰人因不愿英格兰人征收他们的土地，在 1569—1571 年发动叛乱。爱尔兰总督西德尼被迫离开爱尔兰，即便他曾经支持殖民，现在也不再支持了。1569 年，议会剥夺了奥尼尔宗族已故领袖沙恩·奥尼尔的法权，没收了奥尼尔宗族的土地，为“阿尔斯特计划”的实施创造了先决条件，可以利用冒险家的私人殖民地来占领这个乱象频仍的省份，一劳永逸将苏格兰人驱逐出爱尔兰。

随着“阿尔斯特计划”的实施，女王在 1571 年把阿兹、南克兰迪博伊赐给了托马斯·史密斯爵士及其子，在 1573 年又把格林地区、北克兰迪博伊赐给了埃塞克斯伯爵，令阿尔斯特境内所有的本土领主受到了领地被剥夺的威胁。殖民者向加入殖民计划的英格兰人承诺，爱尔兰有“肥沃的土地，流淌着牛奶、蜂蜜”，但是“荒芜人烟”、“杂草丛生”，但居住在那里的爱尔兰人并不这样看，他们拒不扮演殖民者为自己设定的角色——被殖民的对象。“阿尔斯特计划”不仅危害到了前不久还在请求英格兰当局制止沙恩·奥尼尔暴行的盖尔人下属领主，还对以克兰迪博伊的布赖恩·麦克费利姆·奥尼尔爵士（Sir Brian MacPhelim O’Neill of Clandeboye）、特康奈尔的奥唐奈为代表的独立领主造成了威胁，他们迫不得已“聚集起来造反”，再一次把奥尼尔，即现在的特洛·卢恩尼奇，推举为领袖。阿尔斯特境内的盖尔人再次不祥地团结起来。1573 年 8 月，埃塞克斯伯爵抵达爱尔兰，之后仅过了不到一个月就发现绝对不能相信爱尔兰人。埃塞克斯伯爵不是投机客，而是封建宗主；女王曾说过，伯爵愿意效力，“不是为一己私利，而是为了赢得荣耀和实现真正的贵族理念”。然而，在这个洪水淹没了各处渡口的世界，爱尔兰人四处掠夺牲畜、不守承诺，还利用游击战发动袭击，他的计划最终泡汤了。伯爵不仅在国内遭到了妻子及其“朋党”的背叛，经济状况也一塌糊涂，从本可以为他挽回颜面的英格兰驻爱尔兰最高官职上被撤职后，他陷入了绝望。他曾经立誓说，除非情不得已，否则绝不会“让双手粘上鲜血”，但他的手段变得越发血腥了。1574 年 11 月，他邀请布赖恩・麦克费利姆及其家人、追随者赴宴，趁机大开杀戒[①]。次年夏，埃塞克斯伯爵又在拉斯林岛解决了爱尔兰的苏格兰人问题——屠杀了岛上的麦克唐奈家族。女王对他“罕见的忠贞”以及“真心的克制”表示感谢。

1575 年年末，亨利・西德尼爵士重返爱尔兰，再次担任爱尔兰总督。他着手安抚芒斯特境内的盎格鲁-爱尔兰领主、盖尔人领主，并在阿尔斯特境内与特洛・卢恩尼奇达成停战协定，还招安了起兵作乱的伯克家族、奥康纳家族。就算西德尼以前乐观地认为，爱尔兰人能够渐渐地被英格兰人同化，他现在也不抱有这种观点了。西德尼出台的政策时而侧重于达成和解，时而转向武力威胁，执行起来毫不松懈，有时甚至有些急功近利。西德尼已经向女王做出了不可能的承诺，即令爱尔兰政府在财政上自给自足，再加上朝中的政敌在他背后拆台，所以他必须尽快做出点政绩。西德尼认为，省辖区、省辖区委员会能够替代大领主垄断性质的军事力量，让他们再也不能以供养军队为由，利用“借宿与餐食”制度危害社会稳定，而且可以在边远地区维护公正，建立起与布莱恩法，德斯蒙德伯爵、奥蒙德伯爵的私人管辖权截然不同的司法体系。省辖区首席官员应当由军人担任，并且配备足够多的士兵，他除了要担负维护司法公正的职责，还要防止辖区内出现暴力事件。作为在爱尔兰试行的改革手段，最初设立的几处省辖区因爱尔兰爆发叛乱而变了味，无法实现最初的目标——芒斯特的长官吉尔伯特放弃了使用普通法治理辖区，变得穷兵黩武，而康诺特的长官菲顿干脆放弃

---

① 埃塞克斯伯爵先是屠杀了随布赖恩赴宴的百余名追随者，之后又在都柏林处死了布赖恩和他的妻子、弟弟。

治理辖区。即便如此，西德尼并没有打退堂鼓。1576 年，尼古拉斯·马尔比爵士被任命为康诺特的省辖区首席官员。

16 世纪 70 年代末期出现的全新省辖区以收取补偿金[①]的方式来获得军费；这种新制度取代了盖尔人领主、盖尔人化的英格兰领主以筹集军费为由收税的旧制度，也中止了英格兰驻军征收“地方税”（税款）的权利，规定土地所有者按照名下土地的面积，按年缴纳地租税。守卫领土不再仅靠领主，而是变成了由领主与省辖区首席官员及其率领的军事力量共同承担的职责，实力较弱的小地主可以寻求省辖区首席官员的保护。无论从军事上讲，还是从财政方面来看，新制度都能提供旧制度欠缺的确定性。1575—1576 年，西德尼前往爱尔兰各地巡视，与许多实力强大的领主（甚至在动荡的康诺特）就补偿金问题进行了谈判，不仅达成协议，还获得了他们服从当局的承诺。然而，在爱尔兰，和平谈判取得的成果都难以持久。关于西德尼贪得无厌的流言很快传播了开来，甚至还有流言称，女王认为他将“我们的整片土地当成了摇钱树”。对当局的不满很快传播开来，并广泛号召爱尔兰居民进行抵抗。麦克安伊亚拉兄弟担心克兰里卡德领地会被摧毁，但对英格兰人的仇恨超过了家族内部恩怨，所以他们在 1576 年再次发动叛乱。次年，帕莱地区一直忠于英格兰的居民拒不缴纳地方税，称其是为了女王而向驻扎在爱尔兰、遭人厌恶的士兵提供军饷而强加的赋税，他们决定不再承受这一负担，也不认可当局征收补偿金的行为。这次危机令西德尼再次被召回英格兰。

爱尔兰又一次爆发了叛乱，这一次它披上了圣战的外衣。西

① 指为了免除某种义务而缴纳的金钱。

德尼曾经警告女王，绝大多数爱尔兰人“是彻头彻尾的教皇党人”；有人不仅是“天主教徒”，还妄图扶起一位“像他们那样迷信的君主”。1579 年 7 月，詹姆斯·菲茨莫里斯·菲茨杰拉德率领一支由欧洲天主教势力组成的远征军重返爱尔兰，在西部边远地区打着教皇的旗帜发动叛乱。他承诺会把遭到“女暴君”伊丽莎白驱逐的爱尔兰拯救出来。然而，加入叛军的人并不见得都有那么崇高的理想。补偿金制度帮助爱尔兰恢复了和平秩序，将行伍之人变成了农夫，令杰拉尔丁家族舞刀弄剑的追随者倍感耻辱，所以他们聚集到菲茨莫里斯的身边。1579 年 8 月，德斯蒙德的约翰（John of Desmond）杀了一位英格兰官员，引得德斯蒙德家族的成员纷纷叛乱。族长德斯蒙德伯爵别无选择，只得领导叛乱。芒斯特的领主分成了保王派和造反派，他们之间的战争接踵而至，而德斯蒙德伯爵的宿敌奥蒙德伯爵则领导着保王派的军队。次年夏，帕莱地区出现了一个天主教联盟，领头的是本地区的贵族巴尔廷格拉斯子爵詹姆斯·尤斯塔斯（James Eustace，Viscount Baltinglas）。尤斯塔斯打着教皇的旗号，号召盎格鲁-爱尔兰社会的头面人物献身“神圣的事业”，“拿起武器”，对抗女王有违天理、无视公平正义的高压统治。尽管帕莱地区大家庭的子嗣响应号召，加入了叛军，并为此搭上了性命，但是该地区绝大多数的居民，即便是忠于教皇的天主教徒也不愿意背叛女王，没有发动叛乱。然而，在发现一位都柏林的高级市政官参与了叛军密谋之后，当局恐怕爱尔兰人在宗教方面的异见有可能升级为公然维护天主教的行为，令帕莱地区的气氛骤然紧张起来。叛乱为伦斯特境内的盖尔人氏族掠夺帕莱提供了机会；到了 8 月，新任爱尔兰总督格雷·德威尔顿勋爵（Lord Grey de Wilton）尚不懂得在爱尔兰小心行事，就在威克洛山的格伦马鲁尔山口遭到菲艾科·麦克休·奥伯恩（Fiach MacHugh O’Byrne）的伏击，狼狈而归。在阿尔斯特，特洛·卢恩尼奇时刻准备威胁英格兰人。

德斯蒙德叛乱既令德斯蒙德家族一蹶不振，又让基尔代尔伯爵受尽耻辱，还破坏了奥蒙德伯爵与王权的关系，更是摧毁了芒斯特。英格兰当局的策略是“掠夺、焚烧、破坏、毁灭”，而且也的确取得了效果。到了16世纪80年代早期，芒斯特已经变成不折不扣的荒野，只待殖民者建立新的定居点。残余的叛党难以忍受饥饿的折磨，离开了藏身的树林、峡谷，一个个“好似活死人，说话像坟墓中鬼魂的哀号”。诗人预言家埃德蒙·斯宾塞就是这样赞许地描述叛军的惨状的。1580年11月，在位于凯里最西端的斯梅里克，英格兰军队无视国与国之间的交往法则，违反战争惯例，屠杀了教廷派往爱尔兰、守卫黄金城堡的驻军[①]。伊丽莎白时代的大诗人兼廷臣沃尔特·雷利（Walter Ralegh）是参与屠杀的刽子手，而另一位诗人斯宾塞则是屠杀的记录者。诗歌不光属于宫廷，也可以用来记录军旅生活。下令屠杀叛军的格雷勋爵声称，爱尔兰人之所以“背信弃义、不守誓言”“上瘾”，是因为他们信奉的天主教是一个“见利忘义”、随意“破除”誓言的宗教。

在制定政策时，英格兰当局的态度变得更为强硬。尼古拉斯·马尔比爵士警告称，如果女王不能“更严厉地使用手中的剑，

① 守卫城堡的是近600名来自西班牙、意大利的士兵，他们在遭到爱尔兰总督格雷的围攻后，于11月10日投降。格雷声称守军是无条件投降，但其他的史料却留下了不同的记录，指出守军得到了他的承诺，认为开城投降以后，生命可以得到保障。这座城堡得名黄金城堡有可能是因为古时的抄写员在誊写史料的时候出了笔误。黄金城堡的爱尔兰语为Dún an Óir，而杀戮城堡的爱尔兰语则是Dún an Áir，两者只有一字之差。

那么她将失去剑和整个王国”。1580 年 8 月，他对莱斯特伯爵说，爱尔兰所有的私人恩怨已经都变成“宗教事件”。如今，爱尔兰人有可能将天主教当作民族身份的象征，把爱尔兰变成反宗教改革的战场。不祥的是，叛军新的战斗口号是“*Papa abo*”（教皇在上）。尽管爱尔兰战争起初并不是宗教战争，但最后可能演变成宗教战争。既然教皇能够派遣军队入侵爱尔兰，他是不是也有可能派兵进攻英格兰呢？

* * *

对天主教徒来说，伊丽莎白统治初期是一段“黑暗的日子”，他们保持沉默，听天由命。就算天主教等级制度被推翻，天主教教堂被侵占，天主教信仰被判定为非法，绝大多数天主教徒却依旧按照法律的规定，前往堂区教堂礼拜，而那时天主教权威还没有禁止天主教徒服从英格兰教会。大多数天主教徒选择在对罗马教皇保持忠诚的同时，谨遵君主的命令；他们仍然履行公共职责、担任官职，仍然坐在教堂中常坐的位置参加礼拜。那些选择了阻力较小的途径，按照《公祷书》的要求参加宗教仪式，并渴望能够使用拉丁语举行仪式的教徒，仍然认为自己是天主教徒。但在立场更为坚定的天主教徒看来，他们算不上天主教徒，而是分裂教会的人，是迷失的灵魂。做出如此让步之后，他们会由三心二意的“天主教徒”变成三心二意的“新教徒”，其子女也会失去天主教信仰。有相当一部分英格兰人是天主教徒，他们希望新教只是暂时得势，自己不会永远在自己的土地上被驱逐。这些人抱有美好的愿景，认为曾经所向披靡的天主教会肯定会复兴。一些人开始认为，要想明天会更好，就不能坐享其成，而是要为未来奋斗。那些忠心耿耿、爱好和平的天主教徒的生活，不可能不受到国内外日益激进的天主教运动的影响。尼古拉斯·桑德斯（Nicholas Sanders）是流亡海外的天主教雄辩家，他将现世的教会描述成由教皇统领，枕戈待旦的军队，而他是教皇的特使，要前往爱尔兰的黄金堡垒。天主教与新教之间的战争状态逐渐被承认。

名为“天国的统治”的教皇诏书（1570 年 2 月颁布）在英格兰引起轩然大波，增加了对抗的可能性。教皇要求伊丽莎白的天主教臣民不得再向女王效忠，等于在“忠于罗马”与“不效忠女王”之间建立了致命的联系。天主教徒面临艰难的选择，因为以后若参加英格兰教会的活动，就再也不能声称自己没有分裂教会，没有犯过重大的罪孽了。1569 年，在北方叛乱的阴影下，各郡的领袖都被要求明确表示，自己愿意参与按照《公祷书》要求举行的宗教仪式和领圣餐。一些天主教徒仍坚守良知。公然拒不前往教堂礼拜的行为将被视为不服国教罪，受到的惩罚愈加严厉。1571 年，议会通过设置坚守良知的天主教徒不可能违心立誓的誓言，将天主教徒排除在外。下议院议员全是充满复仇心的新教徒，他们通过了修改叛国法的议案，无论是偷偷夹带教皇诏书入境，向国内走私天主教的圣物，还是劝说他人回归罗马教会，抑或接受他人劝说回归罗马教会，都被视为叛国。神父就是劝说教众回归罗马教廷的代理人。一些在玛丽女王在位时当上堂区神父的天主教神职人员没有丢掉神职，还在力劝教众要认识到不参加新教的异端宗教仪式是天主教徒应尽的义务，并想建立独立于英格兰教会的天主教团体；还有一些神父在良知问题上善于变通，明白拒不服从国教的严重后果，虽然按照《公祷书》的要求公开举行宗教仪式，暗地里却仍在举行弥撒。对许多天主教徒来说，只要还有神职人员举行看起来与弥撒相似的宗教仪式，只要还有“崇拜教皇的”接生婆愿意用拉丁语保佑新生儿，并为他们举行现行法令所不容的洗礼，那么任何良知危机就只是暂时的。但自1574年起，有一群与众不同的神父为保护天主教信仰的努力注入了活力。

在圣奥古斯丁前往英格兰传播基督教信仰的近1000年以后，罗马教廷又向英格兰派遣了传教团。威廉·艾伦（William Allen）[①]在佛兰德斯的杜埃建立了英格兰学院（建院时间为1568年），到了16世纪70年代中期，已经有很多年轻天主教流亡者进入学院学习耶稣会的灵修方以及教义；1574年，第一批接受神学教育的传教士进入英格兰。学院神父的主要任务并不是设法让新教徒皈依天主教，而是拯救那些甘于服从英格兰教会的天主教徒，避免他们成为分裂天主教会的成员，即进入英格兰这片精神的荒漠，成为灵魂的牧者。他们坚称不服国教是每一位天主教徒的宗教义务，并且在必要时，他们会违反法律，在暗地里支持英格兰的天主教徒。尽管天主教抨击英格兰教会不留任何余地，但天主教神父可能会因为人性的弱点和艰难的时局见风使舵。虽然接受过学院教育的传教士并没有提出建立不服从国教的天主教团体这一理念，但他们的到来的确令这一愿景变得更有可能成为现实。

举行圣事时，如果没有传递上帝恩典的神父，天主教徒就很

① 威廉·艾伦（1532—1594）是罗马教廷的枢机主教，他的主要任务是建立将英格兰流亡者训练为传教士的学员，让学员在完成学习后，返回英格兰，守护天主教信仰。他曾经参与策划西班牙无敌舰队入侵英格兰的军事计划。如果入侵获得成功，那么他就很有可能会成为坎特伯雷大主教，并且就任大法官。

难坚守天主教的教义。但是学院神父的到来在带来新希望的同时也引发了新的危险。劝说信徒回归罗马教廷会被视作叛国，怂恿、煽动这一行为同样会以叛国罪论处。神父成了逃亡者，急需得到庇护，令信奉天主教的乡绅左右为难，他们一方面对女王尽抒忠诚，一方面却发现自己不得不在家中为天主教神父提供庇护，因为天主教徒的信仰依赖于神父，所以为其提供庇护就成了他们不可推卸的义务。神父乔装打扮成管家、仆人、老师、士兵，往来于各个天主教徒的家，秘密举行弥撒，生怕遭到背叛或被当局发现。康沃尔郡信奉新教的郡长理查德·格伦维尔对他信奉天主教的邻居弗兰西斯·特雷根（Francis Tregian）的厌恶不仅在宗教问题上，1577 年，他突然造访特雷根的宅邸，发现他的管家正站在花园中，胸前别着当局明令禁止佩戴的“上帝的羔羊（Agnus Dei）”[①]徽章。这位管家正是毕业于杜埃学院的神父卡思伯特·梅恩（Cuthbert Mayne）。一旦神父被抓住，就只有一个选择：放弃天主教信仰或死亡。在接受圣职的时候，每一位学院神父都很清楚，履行传教职责随时都有可能成为殉教者。在罗马的英格兰学院，学者们每天就餐时都要阅读殉教史篇章，重温圣徒当年在泰伯恩刑场慷慨就义的典故。1577 年，梅恩被处以极刑，成为第一个在伊丽莎白统治时期殉教的天主教徒，之后接连有 200 多名天主教徒为信仰献身。

天主教会的使命属于精神领域的斗争。然而，秘密前往英格兰的学院神父作为教皇的密使，利用教皇的罢黜权反对女王，全都被视为犯有叛国罪的敌国间谍。伊丽莎白和她的枢密院很清楚，绝大多数不服国教的天主教臣民，的确像他们坚称的那样，对女王

① 一只戴着十字架或肩扛旗帜的羔羊，象征基督。

忠诚，只想过上平静的生活，除了前往教堂按照新教方式礼拜这一点，一切服从女王，但在宗教问题上听从教皇的号令——在真正的考验到来之前，女王和她的臣下永远搞不清楚，哪些天主教臣民会忠于王权，哪些会叛国投敌。在找到这一问题的答案之前，所有的天主教臣民都会受到怀疑，被视作国内的敌人。直到 16 世纪 70 年代末，英格兰的天主教徒仍然受到非常宽松的对待："女王宅心仁厚，（他们）能够在自己家中享受以自己的方式礼拜上帝的自由"，历史学家威廉·卡姆登写道。女王仍然不愿意使用武力来迫使臣民在良知问题上做出让步。

1580 年 6 月，耶稣会派遣有教皇的"纯白男孩"之称的埃德蒙·坎皮恩、罗伯特·珀森斯（Robert Persons）率领首个耶稣会传教团进入英格兰，令局势发生了重大变化。区区两个耶稣会会士，无论他们是如何才华横溢、令人信服，又怎么可能撼得动根深蒂固得新教权威呢？毋庸置疑得是，他们具有鼓舞英格兰天主教徒士气的力量。坎皮恩立下誓言，称"只要我们有人能去享受你们的泰伯恩刑场，忍受你们的酷刑折磨，去你们的监狱吃牢饭"，耶稣会士就会坚持他们得使命。"我们很清楚将会付出什么样的代价，但仍然会开始我们的事业。"坎皮恩不惧迫害，前往英格兰各地，一边举行各类圣事，一边编写引发争议的小册子，加剧了当局对他的抓捕。1581 年 7 月，他被逮捕，之后在伦敦塔中与审讯者唇枪舌剑。12 月 1 日，他在泰伯恩刑场殉难。然而，耶稣会会士前往英格兰的目的，是担任特殊传教任务的领袖，而非成为殉教者；是为了让天主教信仰延续下去，而非为信仰献出生命。为了完成任务，他们必须活下去。因此，他们精于世故，并将诡辩的艺术发展到了极致，利用巧妙的回答，在讯问者面前蒙混过关，得以继续用问答法传授天主教教义，以及主持圣事。

耶稣会进入英格兰的当口，恰巧是英格兰的新教徒遇到危机的时候。16 世纪 70 年代末，英格兰的新教徒开始担心改革取得的所有成果都是假象。尽管新教得势已经 20 年，但英格兰的天主教徒非但没有退怯，反而表现出复兴的态势。天主教徒在权力最高层也能找到愿意提供保护的朋友，甚至在伦敦市中心，也偷偷地举行弥撒。1575 年年初，有传言称腓力二世会劝说伊丽莎白，让她准许四位耶稣会会士在英格兰传道；他们作为激进的正统罗马天主教[①]的急先锋，将传播经过特伦托大公会议重新定义，变得更加坚定的天主教信仰。新教徒认为，即便是小心提防的人，也难保不会中天主教徒（尤其是耶稣会士）的诡计。1579 年，斯宾塞在《牧羊人日历》(*Shepherd's Calendar*）中描述了狡猾（崇拜教皇）的狐狸是如何轻而易举地诱惑小羊羔（单纯的、笃信上帝的基督徒）的，而此时正是英格兰的新教徒感到暗无天日的时期，有人担心即便是女王，也有可能经受不住天主教奸臣的劝诱，放弃新教信仰。

* * *

1577 年，数学家、占星师、帝国理论的提出者[②]约翰·迪伊（John Dee）在他的《关于完美航海技术的一般及罕见的记录》(*General and Rare Memorials Pertaining to the Perfect Art of*

① 即遵循特伦托大公会议教条的天主教信仰。

② 约翰·迪伊提出，英格兰应当不断扩张，成长为帝国；一般认为，“大英帝国”（British Empire）这一提法就是由他首先提出的。

Navigation）一书中将欧罗巴帝国描述为一艘巨轮，而伊丽莎白女王则是巨轮的舵手。他希望女王能够把握住机会，建立信奉新教的大英帝国。然而，如果把伊丽莎白比作舵手的话，那么谁也拿不准她到底会选择哪条航线。新教徒满怀希望，把伊丽莎白奉为《启示录》中那个“身披太阳光辉的妇人”，但女王显然没有受到福音狂热的影响——实际上，她变得对提倡传福音的大臣非常不耐烦。1578 年，一位清教神学家认为主教皮尔金顿、朱厄尔、帕克赫斯特的死亡预示着世界末日已经近在眼前，而艾尔默、弗里克、皮尔斯、扬、惠特吉夫特（尤其是惠特吉夫特）先后获得任命，成为新的主教，则是女王作为教会最高管理者发出的信号。1575 年 12 月，狂热的改革者、曾因流亡国外的埃德蒙·格林德尔（Edmund Grindal）获得任命，成为坎特伯雷大主教，但没过多久，女王此举就显得有些反常。伊丽莎白一直认为，与其说传道者是在传播上帝的福音，不如说他们是在扰乱社会秩序，而一个郡有三四个传道者就足够了。这被看作是笃信上帝的女王玩忽职守的行为，而格林德尔则称在她的统治下，福音的传播停滞不前，实在“令人扼腕”。

“预言会”（prophesying）是地方上的清教神职人员组成的自助团体，目的是为信徒诠释基督教经典，他们参与了反动派与希望继续推行改革的改革派之间爆发的战争。预言会的神职人员思想激进，不为英格兰教会所容，他们除了讨论宗教，还妄议政治问题，俗众趋之若鹜，在各郡引发了轩然大波，揭示出笃信上帝之人与其他人之间巨大的信仰鸿沟。1576 年夏，伊丽莎白在听取了令人不安的报告后，决定禁止预言会的活动。接到了有违福音派原则的指控后，格林德尔虽然深知自己只能取得道义上的胜利，但仍然向女王发起了挑战：他对女王说，如果必须做出选择，那么“我宁可违抗陛下的世俗权威，也绝不会冒犯上帝的天威”。1577 年 5 月，格林德尔遭到停职，被幽禁起来，再也没能复职。女王此举不亚于直接罢免格林德尔坎特伯雷大主教的职位。清教徒弗朗西斯·诺利斯爵士发出警告，认为一旦女王得偿所愿，那么“教皇崇拜者就会傲气冲天，使出各种阴谋诡计”；“理查二世国王身边的佞臣”（给暴君拍马屁的脸谱化奸臣）“会争先恐后地踏破王庭的门槛”。伊丽莎白的王庭出现了不断加深的矛盾分歧，而格林德尔的失势既是分歧的起因，也是分歧引发的不良后果。

随着天主教国家间的合作变得越来越具有威胁性，英格兰笃信上帝之人认为国内外已经危机四伏。尽管他们哀叹英格兰对新教事业的支持力度远远不够，但他们也意识到女王的所作所为足以招致天主教势力的报复。他们将西班牙与英格兰貌似友好的关系看作西班牙人的诡计：“西班牙的甜言蜜语”让女王放松了警惕，而西班牙人则趁机让他们“见不得人的计谋”瓜熟蒂落。在一个以马为中心的世界，人们用与马有关的隐喻来描述西班牙如“脱缰野马”一般的势力：“那匹西班牙种马嚼断了小白面包做的马嚼子。”在法国，亨利三世于 1574 年继承了查理九世的王位。在他的母亲凯瑟琳·德·美第奇（菲利普·西德尼说，“她是那个时代的耶洗别”）、吉斯家族和腓力二世的指导下，他支持将新教教会铲除。苏格兰一直是英格兰的软肋，随时可能导致英格兰灭国，但在 16 世纪 70 年代的大部分时间，由于莫顿伯爵詹姆斯·道格拉斯（James Douglas，Earl of Morton）执掌摄政大权，所以英格兰都很安全。但在 1578 年春，莫顿伯爵被政敌推翻了。苏格兰未来会与新教国家英格兰结盟，还是会与天主教国家法国交好，再一次成了悬而未决的问题。苏格兰女王玛丽仍被监禁，她梦想着与奥地利的唐胡安（Don John of Austria）结秦晋之好。这位在勒班陀海战中击败土耳其人的海军将领，自 1576 年起便开始担任尼德兰总督。

尼德兰仍然是英格兰及全欧洲新教徒希望和恐惧的焦点。荷兰、泽兰在奥兰治的威廉领导下，在革命的道路上前行，但是到了 1575 年秋，他们的革命事业却变得危如累卵。想要让尼德兰叛乱的省份与西班牙当局握手言和的努力无果而终，如果没有援助，尼德兰将成为法国或西班牙的猎物。只有女王一个人没有认识这既是严重的威胁又是巨大的机会，而自认有先见之明的人提出，机不可失，时不再来。奥兰治亲王及女王的大臣眼看着西班牙的势力变得如日中天，不断进言称，尼德兰的危险就是英格兰的危险，只有守护好尼德兰，才能确保英格兰万无一失。然而，伊丽莎白不想破坏与西班牙的同盟关系，公然支持尼德兰叛军，更不愿发动靠现有的财力无法支撑的军事行动。1575 年，女王禁止奥兰治亲王及其追随者在英格兰活动。据传，女王“不愿意成为政治掮客”。1576 年 1 月，女王一直犹豫不决，在扇了女官的耳光之后，把自己反锁在枢密室内，不愿继续忍受近臣们七嘴八舌的建议。女王一直认为与战争相比，外交是更为有效的手段，所以她没有向尼德兰叛军提供急需的人力、财力，而是派出了外交使节。

然而，就在西班牙在泽兰胜券在握的时候，1576 年发生的变故令叛军的命运出现了转机。西班牙士兵发生哗变，一边对早已破产的西班牙当局大声叫嚷“付军饷！付军饷！”，一边烧杀抢掠，建立恐怖统治，迫使尼德兰北方叛乱的省份与南方忠于西班牙国王的省份结成一个不稳定的联盟，而在哗变的士兵释放出如世界末日一般的狂怒，将安特卫普烧成一片废墟，屠杀了成千上万的市民之后，南北双方于 1576 年 11 月签订了《根特协定》（Pacification of

Ghent)，建立了正式的同盟关系。由大部分不情不愿的革命派组成的国会召开了会议，并成为尼德兰统一之后的中央政府机构。1577年1月，奥地利的唐胡安与国会签订《永久和平法令》(Perpetual Edict of Peace)，想要在尼德兰全面恢复传统的天主教信仰[①]。奥兰治的威廉从未认可该法令的效力，而唐胡安虽然遵守了法令的条款，但他并没有维护永久的和平，而是在仅仅六个月之后，就又一次准备对叛军用兵。既然改革派的宗教无法与天主教共存，那么尼德兰就既不可能实现统一，也无法安享和平。

奥兰治亲王出身高贵，拥有各种崇高的头衔，更是被推崇为尼德兰的国父，不再是颠沛流离的亡命之徒，而是统领所有爱国者的领袖。伊丽莎白的臣下暗地里进行了比较，认为亲王体现出斯多葛派坚韧的品质，而女王则优柔寡断，并进一步提出，这一缺点源自她固有的“女性”本质。女王永远都“议而不决，决而不行”，永远都摇摆不定，“时而点头，时而摇头”，极大地削弱了她采取行动和大臣们谏言的效果，令臣下身心俱疲，陷入绝望。1577年夏末，女王的近臣们共同进谏，力求女王出兵尼德兰，确保奥兰治亲王“不失信心、不丢性命”，就连谨小慎微、善于绕弯子的伯利勋爵也加入了进谏者的行列。圣保罗大教堂不仅是伦敦的主教座堂，也是伦敦市民发表意见的场所，所有“诚实的人”聚集于此，呼吁支援尼德兰人。女王终于被说服，她准备派莱斯特伯爵率领远征军前往尼德兰。然而，她虽然给出了承诺，但没有遵守。1578年1月，唐胡安彻底撕毁了《永久和平法令》，大败尼德兰国会的军队。

① 奥地利的唐胡安以认可《根特协定》的主旨思想为条件，要求尼德兰国会承认西班牙国王的君主地位，并且在尼德兰全境推行天主教信仰。

尼德兰的新教事业已经到了生死存亡的关头。女王当然不愿意眼看着尼德兰人“陷入荆棘丛”。然而，女王虽然嘴上说着不会见死不救，但事实上就是见死不救。像以前一样，女王选择了调停、拖延、什么也不做，或几乎什么也不做的安全策略。她虽然的确派兵前往尼德兰，却让巴拉丁伯爵领的约翰·卡齐米尔公爵（Duke John Casimir of the Palatinate）去指挥英格兰的远征军（莱斯特伯爵认为，公爵无法替代他）。伊丽莎白的背叛迫使奥兰治亲王将之前做出的威胁付诸实施，于 1578 年 8 月通过并不怎么靠得住的安茹公爵（他之前是阿朗松公爵）与法国缔结盟约[①]。1579 年年初，信奉新教的省份在 1 月结成了乌得勒支同盟（承诺叛乱的省份必须取得对西班牙作战的全面胜利），信奉天主教的省份在 5 月结成了阿拉斯联盟（承认腓力二世的一切权威），将尼德兰一分为二——尼德兰再也没能合二为一，而如果英格兰真的出手相助，那么说不定能维持尼德兰的统一。

“全世界”都与女王为敌，在这样一个绝望时刻，女王的头脑作为英格兰摇摆不定的政策中心，发生了令人惊讶的转变。伊丽莎白决定不再守护童贞女王的身份，将背信弃义的安茹公爵选作夫婿，而公爵的名声就像他那张满是麻子的脸一样不堪。信奉天主教的公爵是法国王位的假定继承人，年龄只有已经 45 岁的女王的一半，在法国和英格兰都得不到信任。渐渐地，伊丽莎白的近臣意识到，尽管女王在 1572 年觉得与安茹公爵谈婚论嫁令人作呕，但是

① 8月13日，安茹公爵与尼德兰国会达成协议，承诺向国会提供一万步兵、两千骑兵，而国会则应当将公爵奉为“帮助尼德兰对抗西班牙人及其盟友暴政的自由守护者”。此外，国会还向公爵承诺，一旦尼德兰决定不再将腓力二世视为君主，那么公爵就会成为国君的优先人选。

到了 1578 年她不再打算与公爵逢场作戏。女王的想法即是英格兰的国家政策和追求的目标。在想方设法得到伯利勋爵和苏塞克斯伯爵的支持后，女王只想着这个政策能带来哪些益处：与安茹公爵成婚可以使英格兰摆脱被孤立的困局，并化解眼前的危机，更是能够通过外交手段对法国施加控制，以保护英格兰免受越来越具有侵略性、不断对外扩张的西班牙的威胁。伊丽莎白认为，自己可以利用安茹公爵制衡西班牙，防止尼德兰再一次被西班牙征服，又能够阻止公爵将尼德兰并入法国或是据为己有。她甚至还想过为公爵生下孩子来确保继承权。女王越陷越深，在她一生最后一次谈婚论嫁的过程中，让个人的情感诉求取代了迫切的外交需求。1579 年年初，安茹公爵的特使斯米尔来到英格兰王庭，女王被浪漫冲昏了头脑，称他为“公爵先生的宠儿”，令廷臣惊恐不已。同年 8 月，“求爱的青蛙”① 本人，其貌不扬的安茹公爵来到了英格兰王庭。

安茹公爵的求婚在王庭和枢密院中产生了分歧，还有可能让全国有政治头脑的人产生意见分歧。许多人认为公爵是“异乡人、英格兰的天敌”，女王与他成婚只会令王国身处险境。女王在世时，英格兰的国家利益将服从法国的利益，她还会背离新教联盟，加入天主教联盟。倘若女王驾崩（在她这个年纪，一旦怀孕生子，这真

---

① “求爱的青蛙”是一首英格兰民谣，大体内容为：一只青蛙向老鼠小姐求婚，而老鼠小姐虽然很愿意嫁给青蛙，但却必须首先得到老鼠叔叔的同意。这首民谣最早出现的时间是1549年，暗指苏格兰王太后吉斯的玛丽为了应对亨利八世的粗暴求婚，想要把玛丽公主（即日后的玛丽女王）嫁给法国王子路易（青蛙）。1579年，伊丽莎白与安茹公爵谈婚论嫁时，心怀不满的英格兰人又重新开始传唱这首歌谣，就连女王本人也亲切地将公爵称作“青蛙”。

的有可能发生），信奉天主教的安茹公爵便有可能迎娶玛丽·斯图亚特，与她一起统治英格兰。一旦安茹公爵当上法国国王，就会任命总督，将英格兰作为法国的一个省来统治。笃信上帝的人担心女王与公爵的婚姻会“令新教信仰一蹶不振”。无论是玛丽·都铎与西班牙国王腓力结婚后爆发的宗教迫害，还是在巴黎举行的“杀戮婚礼”，至今仍然萦绕在新教徒的心头。并非所有英格兰人都对这场联姻的黑暗前景噤若寒蝉，有人敢于大声疾呼。约翰·斯塔布斯（John Stubbs）编写了小册子《明知前有深渊，英格兰却一往无前》（*The Discovery of a Gaping Gulf wherein England is Like to be Swallowed*），结果在沉默而惊恐的旁观群众面前，被砍下了右手。菲利普·西德尼则写信劝说女王不要与异乡人结婚。西德尼与恶毒的第十七代牛津伯爵的争执，表面上是为了争夺网球场地的优先使用权，可事情却绝非自尊心受伤那么简单，因为西德尼是奉行外向型政策的极端新教徒代表，而牛津伯爵属于对现状不满的天主教及秘宗天主教贵族组成的派系，前者的谏言被女王当成了耳边风，后者则顺着女王的心意说话，“在王庭中渐渐得势”。此时，才华横溢而又不安分的亨利·霍华德勋爵竟然拿新教的神学术语“上帝的选民”“遭上帝遗弃之人”开起了玩笑。1579 年秋，伊丽莎白考虑让 4 位信仰天主教的臣民进入枢密院。莱斯特伯爵发现“教皇崇拜者”希望高涨，纷纷“翘首企盼”，自玛丽女王去世起，从来没见过他们这般高兴。

婚姻计划暴露出女王与枢密院间的巨大分歧。一旦女王成婚，莱斯特伯爵就会成为最大的输家。他在 1578 年秘密再婚。当女王从伯爵的政敌口中得知再婚的消息后大怒，将他逐出了王庭。女王可以有理有据地提出抗议，指出枢密院一直劝她尽快结婚，如今她终于同意了，而众近臣却反过来从中作梗。没有得到枢密院的同意，女王也无法一意孤行，到了1579年年末，女王不得不含泪向这一前所未有的局面低头。伊丽莎白很清楚自己拥有强大的权力、坚定的意志，但现在她才了解它们的极限。她虽然没有认可笃信上帝的臣民强加在自己身上的新教斗士形象，但也不敢令这一形象因遭人唾弃的婚姻而受到玷污。

伊丽莎白仍然没有停止针对婚约的谈判，假装婚礼会照常进行。帕尔马亲王亚历山大·法尔内塞（Alexander Farnese, Prince of Parma）继唐胡安之后，成为西属尼德兰总督，在1580年10月声称伊丽莎白的所作所为无异于“佩涅罗珀织布的伎俩”。[①] 女王每天晚上都会让白天所做的一切前功尽弃，不仅令她的近臣感到厌烦，还失去了与她打过交道的人的信任。然而，此时英格兰必须尽快与强国结盟。腓力国王已经吞并了葡萄牙，而英格兰及其他欧洲国家则束手无策。“我们看着邻居家失火，却无动于衷”，菲利普·西德尼哀叹道。吉斯家族的使节杜欧比尼领主埃斯米·斯图亚特（Esmé Stewart，Sieur d’Aubigny）将苏格兰国王詹姆士六世（James Ⅵ）控制在股掌之间，令法国与苏格兰的反动天主教“古老同盟”死灰复燃，那样苏格兰又会为敌人提供入侵英格兰的通道。面对上述威胁，女王与安茹公爵的婚事开始得到支持，一些态度强硬的反对者也认为这桩婚事能确保英格兰的安全。1581年夏，沃尔辛厄姆肩

① 佩涅罗珀的丈夫伊塔卡国王俄底修斯参加特洛伊战争后滞留海外；佩涅罗珀受到众多追求者的威胁，要求她尽快选定新的丈夫，于是她便假装要为俄底修斯年迈的父亲拉厄耳忒斯织裹尸布，称要到裹尸布完成之后，她才会考虑再嫁。在此后的3年中，她每天夜里都将白天织好的部分偷偷拆除，不断地拖延时间。

负着一项不可能完成的任务出使巴黎：既要劝说法国与英格兰结成针对西班牙的攻守同盟，又要避免答应女王与安茹公爵的婚事这一能够确保两国结盟的条件。法国人担心，没有促成婚姻就贸然与英格兰结盟可能会让伊丽莎白“金蝉脱壳”，留下法国独自与西班牙作战，自己则在一旁围观。亨利三世既不相信西班牙是英法必须共同面对的威胁，也不确信伊丽莎白一定会遵守盟约。有关婚约的谈判走进了死胡同，沃尔辛厄姆只好壮着胆子对女王说，枢密院的大臣现在都想躲到“埃塞俄比亚最偏僻的角落”。

作为新教徒的噩梦，由那些“与上帝作对的君主”组成的好战的天主教联盟并没有消失。当帕尔马亲王准备为西班牙和罗马教廷再次征服尼德兰时，它怎么可能消失呢？16 世纪 80 年代，英格兰的新教徒普遍将目光转向了内部的敌人。在女王与安茹伯爵谈婚论嫁时，“饥寒交迫的教皇崇拜者”为没有得到女王的重用感到失望，但他们有可能利用其他的途径获得救赎。天主教徒声称，坚守信仰不能算作叛国。“我们为了获得灵魂的救赎踏上了苦旅，既不会干扰国家大事，也不会妄议朝政”，被押赴泰伯恩刑场的坎皮恩慷慨陈词。然而，曾与他一同前往英格兰的耶稣会会士珀森斯却采用了较为险恶的手段。1582 年 5 月，珀森斯前往巴黎，与吉斯公爵、教廷使节、玛丽·斯图亚特的使节威廉·艾伦共同制订了经由苏格兰入侵英格兰的“计划”。珀森斯承认，想要将苏格兰女王玛丽拥立为英格兰女王，暗杀伊丽莎白是必要的前提条件，于是便开始制订具体的计划。1582 年 8 月，高里伯爵、马尔伯爵为了不让詹姆士六世继续受埃斯米·斯图亚特的影响，发动了拉斯文突袭，劫持了国王，迫使斯图亚特退回法国，珀森斯的计划到此戛然而止。天主教徒很快又生一计。1583 年 11 月，沃里克郡的信奉天主教的绅士弗朗西斯·思罗克莫顿（Francis Throckmorton）被人告发，遭到当局的逮捕。当局从他的书房里搜到了物证，并从他口中问得证词，就这样拿到了足够多的证据，证明天主教徒的确是在密谋伙同外国势力入侵英格兰。当局还找出了一份名单，上面列出了支持天主教的英格兰人，其中包括诺森伯兰伯爵和阿伦德尔伯爵，而亨利·霍华德勋爵不仅名列其中，还在领着西班牙国王发放的年金。这些阴谋都被沃尔辛厄姆控制的情报网及时揭露出来。曾经信奉天主教的人最懂如何监视、渗透，以及收买潜在的叛徒。沃尔辛厄姆手下的天主教变节者紧盯着参与密谋的天主教徒，但他们无法监视所有的密谋者。刺杀女王只需要一个刺客，无论使用匕首还是子弹。

1584 年 7 月，奥兰治亲王遇刺身亡，这不仅仅只令尼德兰人悲痛欲绝。女王也终有一死，她的安危像一根丝线，维系着治下臣民的安全，尽管人们很少在公开场合谈论这个问题，但从未遗忘它。在女王与安茹公爵的婚姻危机期间，莱斯特伯爵的外甥菲利普·西德尼爵士创作了《老阿卡狄亚》(*Old Arcadia*)[①]，将田园诗歌这一传统体裁作为掩护，讨论起女王的生老病死，以及驾崩后将产生的后果。此时的伊丽莎白肯定不会结婚，也不会留下子嗣，换言之，她将是都铎家族的最后一人。1584 年 6 月，安茹公爵去世，只有伊丽莎白和公爵的母亲为他的早逝流泪，但是由于法国王位的

① 《阿卡狄亚》是长篇散文《彭布罗克伯爵夫人的阿卡狄亚》的简称，由菲利普·西德尼在16世纪末创作。西德尼一共创作了两个版本，在完成第一个版本后，又在第二个版本中大幅扩充了散文的内容。现代的学者将第一个版本称为《老阿卡狄亚》，将第二个版本称为《新阿卡狄亚》。

继承人是信奉新教的纳瓦拉的亨利，法国随时有可能爆发争夺王位继承权的战争。1584 年秋，在英格兰，成千上万的平民和新教徒预感灾难已近，纷纷立誓遵守《联合契约》(Bond of Association)。他们结成了“立场坚定、忠于女王的团体”，发誓守护女王，如果女王遇刺，他们就必须处死导致女王死亡的元凶——玛丽·斯图亚特。这是私刑，而英格兰的政治受到恐惧和复仇的驱使，将由宗教分歧所激起的阴暗面展现得淋漓尽致。事已至此，伊丽莎白和英格兰就只能独自面对国力如日中天的西班牙了。

第九章

英格兰大业

16 世纪 80 年代的新世界探险以及与西班牙不可避免的战争

“让航海家前往新世界探险吧。”

——摘自约翰·多恩的诗歌《早安》

1587 年春，女王没有兑现对尼德兰人的承诺，抛弃了新教事业，令极端新教徒陷入绝望。这时菲利普·西德尼对朋友说，自己“正在考虑实施一项印第安计划”——他准备扬帆远航，前往美洲。西德尼再也不愿“待在卑躬屈膝的王庭”，再也不愿躲在挂毯后阿谀奉承，与人交头接耳，再也不愿等待女王迟迟不来的恩宠，再也不愿忍受因长时间的和平而无法建功立业的痛苦，他向往加入探险家、殖民者的行列，前往新世界寻找在旧世界无法获得的自由和财富。这些航行既是导致英格兰与西班牙交恶的原因，也是两国交恶的必然结果，而西德尼的友人富尔克·格雷维尔写道，西班牙国王想要在西半球的整张地图上写上“*Yo el Rey*”(我是国王)。

在新世界被开发之前，英格兰就提出了对其的领土诉求。尽管约翰·卡伯特（John Cabot）获得了亨利七世的支持，于 1497 年的航行中发现了纽芬兰，但还是被西班牙、葡萄牙抢先了一步。

1580—1583 年，腓力二世完成了对葡萄牙及其海外帝国的吞并，成为东半球和西半球的霸主。腓力建立雄霸天下的天主教帝国的野心无限膨胀。西班牙的极度扩张依赖于对新世界的压迫和剥削，给新世界居民造成了巨大的苦难。16 世纪 70 年代，英格兰人也开始想要建立属于自己的帝国，与西班牙一争高下。一些人提出了大英帝国的愿景，这个帝国能够在注重美德的同时，商贸繁荣，在推行新教信仰的同时，维护和平。女王的天体数学家约翰·迪伊想要劝说女王建立拥有海外疆土的大英帝国，这一愿景继承自亚瑟王和据传曾经发现美洲的威尔士亲王马多格。伊丽莎白反对教皇将新世界赐给信奉天主教的西班牙、葡萄牙。“难道大海不是供所有人航行的吗？空气不是供所有人呼吸的吗？”女王质问道。女王承诺在尚未有欧洲人居住的地方建立英格兰殖民地。

摆在英格兰人面前的是整个世界，到处都是未知的神秘之地。宇宙学家、地理学家、哲学家，以及“忍受远航之苦的旅行家”通过观察大洋的水流，推断出大洋中存在一条连接亚洲与美洲的西北航道，将其称为亚尼安海峡。这相当于找到了通往中国、通往华夏的路径，可以获得东方无尽的财富。令人更加感兴趣的是，墨卡托（Mercator）[①]、奥特柳斯（Ortelius）[②]绘制的地图上都描述了一块名为未知南方大陆（Terra Australis Incognita）的土地，据传是马可·波罗笔下的罗凯特[③]的所在地，拥有惊人的财富。现在旅行家必须出

① 佛兰德斯地图学家，提出了墨卡托投影法。

② 布拉班特公国的地图学家、地理学家，是历史上第一本世界地图册的制图人。

③ 在马可·波罗的笔下，罗凯特是一个位于中国以南极远处的王国，有可能是古时的罗涡王国（位于现代泰国的南部）。

海去证明宇宙学家的理论。“任何我国的国民，只要他愿意扬帆远航，都可以有惊无险地通过美洲[①]，到达华夏”，汉弗莱·吉尔伯特爵士在 1576 年乐观地写道。

远航者要接受各种考验，包括暴风雨、各种事故和沉船的风险、严寒和酷热的极端天气，以及如山峰般的巨浪。《诗篇》第 107 篇讲述了人们探寻深海奇景的故事，海员们的确发现了奇景：他们在海上发现了独角兽和怪物，见到了“无情的冰川”，听到了赛壬的歌声，还瞥见了飘荡的鬼火。新奇的疾病也在折磨他们，有一种热病会令患者出现幻觉，误把碧蓝的海洋认作绿茵茵的草地，落入海中淹死。登岸之后他们发现了更多的奇景，包括吃人的短吻鳄和食人族。船航行到陌生的水域，缺少食物和淡水，船员不知道应该继续前行，还是知难而退。离开船队上岸的殖民者很有可能从此杳无音信；他们的消失，就像 1587 年留在罗阿诺克岛上的定居者一样[②]，令人困惑的同时也为垦殖事业蒙上了阴影。遭遇船难的海员还有可能被印第安人奴役，比如在巴西沿海沉船的约翰·德雷克

① 吉尔伯特认为，美洲就是柏拉图笔下的亚特兰蒂斯。他之所以会抱有这样的观点，有三大原因：其一，西方、东方的旅行者都认为美洲是一个岛屿；其二，美洲的土著从来都没有离开过美洲，既没有到达过欧洲，也没有拜访过亚洲；其三，包括鞑靼人、塞西亚人在内，亚洲的游牧民族从来都没有找到前往美洲的陆路通道。

② 1587年，沃尔特·雷利派约翰·怀特率领115名殖民者前往切萨皮克湾沿岸建立殖民地。在到达罗阿诺克岛后，殖民者决定留在原地建立殖民地。由于殖民地的处境十分艰难，他们劝说怀特返回英格兰，要求政府提供物资援助。由于英格兰与西班牙爆发战争，怀特在返回英格兰后，直到1590年才返回罗阿诺克岛。他在登岛之后发现，岛上的115名殖民者全都不见了踪影。

(John Drake)，有些情况甚至更糟。约翰·霍金斯写道，如果想要记录他1567年前往圣胡安德乌柳亚的“悲惨航程”，就必须请一位与“殉道者的生生死死”的记录者一样有耐心的编年史家。在伊丽莎白时期，安全待在家里的英格兰人对远航故事读得津津有味。航海家的事迹被美化以获得更多的资助。在之后的几个世纪里，这些故事令伊丽莎白时代探险家的那种无所畏惧的乐观精神深入人心。

1576—1578年，马丁·弗罗比舍（Martin Frobisher）先后率领三支探险队去寻找西北航道。弗罗比舍的船队穿过寒气逼人的海雾，驶过山峰、岛屿般的浮冰，终于来到了现在名为巴芬岛的地区，宣称这片土地是英格兰的疆土，由于实在太过遥远，女王也只能给它取名为 *Meta Incognita*（未知边界）。船队发现的因纽特人好似鞑靼人一般的面容能够证明西北航道的存在，但由于船队被纵横交错的小海湾误导，而且经常被浮冰挡住去路，他们终究还是没能找到这条航道。他们找到的是在阳光下金光闪闪的矿石。英格兰国内掀起了淘金的热潮，但弗罗比舍发现的矿石却像西北航道一样，虚无缥缈又令人心碎，因为它只不过是黄铁矿而已。

1582年，推崇殖民主义的理查德·哈克卢特（Richard Hakluyt）编写了一本献给菲利普·西德尼的小册子，要求当局尽快在“佛罗里达角以北的那片受到祝福，但仍然没有被基督徒殖民的土地”上建立殖民地。哈克卢特认为，英格兰之所以没能建立帝国，是因为“把追求利益看得比为上帝赢得荣耀更为重要”，他还提出“只要我们首先追寻上帝的国度”，那么金钱上的收益就肯定会随之而来。16世纪六七十年代，英格兰的私掠者在西非、西印度群岛间进行奴隶贸易，所作所为几乎与海盗毫无差别。然而，许多前往新世界的私掠者对财富的贪婪与宗教狂热交织在了一起。弗朗西斯·德雷克（Francis Drake）是英格兰航海技术最精湛、胆识最出众的航海家，他在1577—1580年进行了环球航行，并且一路劫掠西班牙的财宝，他随身携带福克斯的《事迹与见证》（书中的木版画全都上了色），在得知自己被腓力二世称为*corsario*（海盗）时，不禁火冒三丈。在德雷克看来，每一次攻击西班牙的领地、船队，都相当于攻打了罗马教廷，而每一个新发现，都是为了女王和上帝的荣耀。而德雷克本人同样也获得了荣耀。1579年，他的船队到达了也许是如今加利福尼亚的沿海地区，他代表伊丽莎白接受了对这片被他命名为新阿尔比恩的土地的统治权，印第安人以"*Hioh*[①]的名义"为他举行了加冕仪式。德雷克进行环球航行的最初目的已经不得而知，但在寻找太平洋进入亚尼安海峡的通道时，他并没有在预想的位置发现未知南方大陆。

在不见陆地的大洋上，船长可以选择做商人、海盗、探险家，或是轮流扮演这些角色。一旦出海，谁又能约束他们呢？远洋船队好似一个小王国，只要能控制船员，避免他们哗变，船长就有君主一般的权力，甚至可以如暴君一般。1582年，爱德华·芬顿（Edward Fenton）接受了女王的委托，前往远东开辟贸易航路，可是他听从了想要依靠劫掠西班牙发财的海盗般的船员的建议，将开辟新航路的任务抛诸脑后。"劫掠西班牙人是向上帝效忠的最好的途径"，莱斯特号帆船的船医一再强调。芬顿不仅想要效仿德雷克，还要超越他，他想在巴西或圣赫勒拿岛建立殖民地，自己成为国

① Hioh是当地的印第安人对国王的称呼。德雷克到达新阿尔比恩后，当地的印第安人把他奉为神明，在遭到他的拒绝后，Hioh将王位让给了他，并且为他举行了加冕仪式。

王。然而，船员的意见不一致，加上芬顿优柔寡断，令本次探险无功而返。船队是应当无视女王的命令向西航行，穿过由西班牙舰队把守的麦哲伦海峡，前往秘鲁劫掠，还是应当向东航行，绕过好望角，前往摩鹿加群岛呢？面对哗变的威胁，牧师徒劳地宣传基督徒应当具有博爱精神，不应该同时侍奉两位主人。即便是在这样多灾多难的航程中，船上地口令也充满了宗教色彩：哨兵在夜间会向从船舱里走出来的人说，“如果上帝与我们同在”，对方会回答“又有谁能阻挡我们前进的脚步呢？”

德雷克的凯旋激励了英格兰人，绝大多数伊丽莎白时代的探险策划者、探险家都将目光转向了西方。他们放弃了浮冰万里地“未知边界”，转向气候更温和的北美洲东海岸，不仅要探索那片土地，更要在那里定居并控制它。1578 年，伊丽莎白授权汉弗莱·吉尔伯特爵士在之后的 6 年中发现仍然没有成为“基督教君王”疆土的“那些边远的、信奉异教的蛮荒之地”，并在那里建立殖民地。女王禁止英格兰探险家对与英格兰维持和平关系的君王采取敌对行动。吉尔伯特之前的新世界计划仅仅只是在纽芬兰周边海域袭击西班牙的捕鱼船队，以及在加勒比海、西印度群岛进行海盗活动，而他的殖民事业也仅限于在芒斯特夺取爱尔兰人的土地。现在，他不仅想要寻找到西北航道，还要在西方建立帝国，让自己成为帝国的宗主。吉尔伯特的导师是占星师约翰·迪伊，他与迪伊都认为英格兰应当实现建立大英帝国的预言。然而，吉尔伯特与其他残酷无情的欧洲探险家一样，想用玻璃珠与印第安人换取足以为国王赎身的财富，甚至还要让穷人家的孩子做苦工，生产此类“不值钱的小玩意”。有一位阿什利先生是扑克牌生产商，在 1582 年为吉尔伯特生产了玻璃珠“及其他小玩意”。他希望有朝一日，五朔节时从伦敦寄出的信件能够在第二年的仲夏时节到达中国。

吉尔伯特获得了对尚未被欧洲人发现的土地和民族几乎无限的权力。他以女王封臣的名义，成为这些土地的统治者，拥有分封土地、制定法律的权利。吉尔伯特还在英格兰的时候就把这片仅仅存在于纸面上，还未见过的 8.1 万平方公里的土地给卖了出去。直到 1583 年 6 月，吉尔伯特才从英格兰出发前往纽芬兰和奴笼比加[①](未来的新英格兰)。到达圣约翰[②]之后，他宣称纽芬兰是女王的疆土，并挖出一块草皮作为对土地所有权的古老象征[③]，然后按照英格兰的惯例制定了法律及宗教制度。没有人知道他究竟在奴笼比加建立了什么样的殖民地，因为他根本没到达那里。与自己同父异母的弟弟沃尔特·雷利，以及西德尼和迪伊一样，吉尔伯特十分相信炼金术这门“与占星术相联系的科学”，在发现矿石之后，他将自己阴沉的想象力“全都集中在纽芬兰这片土地了”。他随后离开了这里，而且发誓会回来，但没想到船队会接连遭遇灾难。“愉悦号”最终沉没了，船员无一生还，船上的地图、矿石一并沉入海底，成了不解之谜[④]。吉尔伯特不想放弃自己的“小团队”，毕竟他们一起“经历了无数的风浪和危险”，最终也葬身大海。“松鼠号”缓缓沉

① “奴笼比加”是北美洲传说中的定居点，经常在16世纪的欧洲地图上出现。据传，那片土地上的建筑将黄金当作廊柱，而该地居民的头上则都戴满了珍珠。

② 圣约翰是哥伦布发现美洲之后，欧洲人在北美洲建立的历史最为悠久的定居点，现在是加拿大纽芬兰与拉布拉多省的首都。

③ 按照英格兰的普通法，挖出草皮的仪式代表着土地所有权的转变。

④ “愉悦号”是吉尔伯特的船队中排水量最大的船只，不仅载着地图、矿石，还有供应船队绝大部分的补给。

没的时候，其他船上的海员见证了吉尔伯特人生的最后时刻——他坐在甲板上平静地读着小册子，后又大喊道："无论死在海上还是陆地上，我们距离天堂只有咫尺之遥。"他当时也许正在读西塞罗讲述斯多葛派哲学的著作，以此获得慰藉，也有可能是莫尔的《乌托邦》，因为他喊出的那句话像是受到了希斯拉德格言[①]的启发，而《乌托邦》对殖民者也有借鉴意义。

对探险家来说，美洲大陆可能是一个"黄金世界"，像是人类在堕落之前上帝所创造出来的那个世界，大地尚未受到人类罪孽的沾染，无须劳作地里就能长出果实，人们"既不会使奸耍滑，也不会背信弃义"。1584 年，沃尔特·雷利的手下称他们发现了一片名叫温根达库阿的地方，那里还是一片处女地，他们称之为弗吉尼亚，以致敬他们的女王，因为女王也是处女。在这座尘世间的伊甸园中，土地"散发着芳香……我们就像置身于花园中一样"。然而，这批英格兰征服者来到新世界还想获取一种价值堪比黄金的资源。新世界有无尽的财富，供人们享用；对于那些想象力丰富和极度乐观的人来说，这并不算贪婪的梦想。他们对投资者说，新世界土地肥沃，稍微耕作一下就可以收获足够吃一年的粮食。包括油料作物、乳香、水果、蔗糖在内，产自南欧、东方的农产品都等待着殖民者种植。这里还有药用植物，比如烟草，托马斯·哈里奥特（Thomas Harriot）认为其有助于健康，而这种认识导致他自己以及后世数百万人丧命。这里的丰富资源有一个不可估量的优势，那就是被不知道如何利用它们的"野蛮人"所占有。这片丰饶之角对殖

① 在《乌托邦》中，希斯拉德的格言为："没有坟墓的人天当被子，地当床，无论葬身何处，都不会远离天堂。"

民者来说还有一个优点——土地的所有者还不知道如何利用眼前的资源。当雷利在 1595 年亲自前往新世界时，他在圭亚那发现了一块“仍然是处女地”的土地。然而，发现就意味着掠夺，猜疑和贪腐也随着探险家一起进入了这个新伊甸园。

英格兰宣示对新世界土地拥有统治权，是因为之前它们不属于任何一位基督教君王（但这并不妨碍他们掠夺在新世界建立殖民地的基督教邻居），但这些土地上还有原住民居住，如何处理与原住民及其君主的关系，成了当时亟待解决的问题。在托马斯·哈里奥特的笔下，弗吉尼亚的印第安人是一群无师自通的“神学家”，品德高尚的异教徒，就像莫尔在《乌托邦》里所描述的那些异教徒，他们崇拜多位神明，但认为“世间最伟大的神只有一位”，他们还相信灵魂不朽，已经在向“文明开化之路和真正的宗教”迈进。殖民者要完成三大目标：其一，向异教徒传播真正的宗教（此为官方的主要目标，但实际并非如此）；其二，开展贸易、进行农耕；其三，征服新的土地。不征服新土地，殖民和传教都无从谈起。殖民政策的最初倡导者强调，对待印第安人要“充满仁慈，彬彬有礼，并且克制报复的冲动”，建立起友好的关系才能够推进贸易，发展定居点。在印第安人土地上的定居者打算像绅士（即便他们不是绅士出身）一样生活：不用自己动手，而是靠印第安人的劳动过上富足的生活。但他们很快就意识到，必须采用“极端手段”来征服和巩固殖民地，因为印第安人不会放弃自己的土地。

应当如何让印第安人臣服并且变得“文明开化”呢？在距本土更近的地方，当局也遇到了类似的进退两难的境地；他们把“狂野的爱尔兰人”视为“野蛮人”“异教徒”，而不是历史悠久的基督教文明的成员，有几位爱尔兰总督曾极力要求使用武力推进改革，迫使爱尔兰人更加文明开化。当然，爱尔兰人不是异教徒，而是天主教徒；他们是英格兰女王的臣民，而伊丽莎白女王也是爱尔兰女王，所以他们受到英格兰法律的管辖；那些最桀骜不驯的爱尔兰臣民并非盖尔人，而是盎格鲁－爱尔兰人，这样很难把他们与印第安人归为一类。爱德华・芬顿曾经在阿尔斯特与第一代埃塞克斯伯爵共事，他在塞拉利昂发现非洲原住民与爱尔兰人存在相似之处，他说道："这完全就是爱尔兰人，因为爱尔兰人习惯这样做！"亨利・西德尼爵士还曾将某些盖尔人宗族比作食人族。对殖民者和殖民策划者来说，以印第安人、爱尔兰人的"文明开化"为焦点的争议并不令人感到陌生，因为包括德雷克、吉尔伯特、格伦维尔、弗罗比舍、雷利、莱恩、哈里奥特、菲利普・西德尼在内，很多新教新英格兰人曾经到访过爱尔兰或在那里任职。菲利普・西德尼参与过一项密谋，想要将芒斯特的部分地区据为己有，甚至还计划成为凯里男爵[①]，之后他向吉尔伯特购买了 1.2 万平方公里的"奴笼比加"土地，而他俩都没见过这块土地的真容。那些主张在爱尔兰推行殖民计划的英格兰人将目光转向了新世界，希望获得更广阔的土地，征服更狂野的民族。

伊丽莎白时代的冒险家一方面想在行动中展现美德，一方面为获取利益无所不用其极，两者的混合构成了他们的人生轨迹。新世界提供了许多自由。对那些类似雷利、哈里奥特、吉尔伯特的人来说，他们的投机不仅为了获得经济利益，还有神学和科学目的，而美洲"就像是一个孕育了无数新点子的子宫"。参与吉尔伯特殖

---

① 有证据指出，以莱斯特伯爵、菲利普・西德尼为首的英格兰权贵计划在当局镇压德斯蒙德伯爵的叛乱后，瓜分伯爵在芒斯特境内的领地。

民计划的人大多数是不服国教的天主教绅士，他们想通过逃离英格兰来避免为坚守信仰承担高额的罚金。沃尔辛厄姆也鼓励他们移民。对那些没有土地，生活没有着落的英格兰人来说，尤其是对那些非长子来说，新世界提供了致富的前景。殖民地的土地不受旧世界土地所有者的债务和遗产的束缚。在新世界，殖民者的生活很少受到总督的干涉，更不用说遥远的英格兰了。在这个没有约束和监督、没有战争法的边疆，他们可以大展拳脚。雷利和朋友计划以自己的殖民地为基地，掠夺西班牙帝国的财宝。美洲是“危机四伏之地”，让那些与英格兰的长久和平格格不入的好战之徒有机会赢得更多的名望和荣耀。而英格兰的长期和平也即将结束。

1585 年 9 月，西德尼最终决定逃往新世界。他赶往普利茅斯，在未经女王许可的情况下就加入德雷克前往西印度群岛的远洋船队，用他岳父沃尔辛厄姆的话来说就是“铤而走险”。在船队出发的前一晚，女王命令他尽快返回王庭。德雷克不能容忍这种有分歧的命令，而女王也不允许西德尼抗命。不过，女王在展现“雷霆之怒”后，马上又“降下恩典”。西德尼被任命为尼德兰的弗拉兴总督，为他渴望的新教事业提供了行动的机会。9 月 4 日，也就是德雷克启程的前一天，伊丽莎白派出了一支 4 000 人的军队，救援处于危难中的尼德兰人。女王委托德雷克驶往西班牙控制的美洲大陆[①]沿岸，并派兵保护低地诸国，导致她极力避免的事件发生了——与西班牙的战争。

① 即加勒比海及墨西哥湾的沿海地区。

* * *

1584年年末，伊丽莎白的近臣面对一个令人震惊的悖论：确保英格兰长久和平的唯一方式也许只能是发动战争。自前一年夏季起，英格兰在欧洲就处于孤立无援的境地。由于大量天主教臣民随时都有可能转而支持苏格兰女王和罗马教廷，所以伯利勋爵在谈到英格兰被迫孤立的危局时毫不掩饰地说，“孤立无援，只能自救，怎奈自救乏力”。尽管伊丽莎白一直担心英格兰遭到法国的合围，但她还是想要与亨利三世结成攻守同盟，以此对抗“实力强大”的西班牙国王，甚至还提议由英法两国共同治理低地诸国。这个计划并没能开花结果，安茹公爵作为当选君主，对尼德兰的糟糕统治（1581—1583）也随着他的退位而结束。1581年7月，《誓绝法案》（Act of Abjuration）废黜了腓力二世的王位，建立了尼德兰七省共和国。1583年春季，参与叛乱的省份已经濒临绝境，而奥兰治亲王提出宗教和平策略，要求地方当局允许信仰自由的做法，也同样全面失败。同年6月，安茹公爵离开了尼德兰，无人感到遗憾，而奥兰治亲王离开了南方的布拉班特，北撤至荷兰，没想到之前的预言会一语成谶，荷兰真的成了他的埋骨之地。1584年7月，一个刺客杀死了尼德兰的国父，获得了西班牙的巨额赏金。

在尼德兰总督帕尔马亲王老奸巨猾的外交手腕和神机妙算的战略面前，佛兰德斯、布拉班特两地的城镇斗志尽失、晕头转向，一个接一个地投降了。帕尔马对低地诸国的水道和地形了如指掌，他通过切断叛军补给线、利用城内变节者、贿赂等手段，再加上军事进攻，迫使叛军投降。1584年年末，只有布鲁塞尔、梅赫伦、安特卫普这三座城市还在抵抗——尼德兰南方的叛军似乎气数已尽。由于害怕落入西班牙人之手，尼德兰人准备投靠法国。“那些想逃离卡律布狄斯魔掌的人落入了斯库拉的虎口[①]”，英格兰驻巴黎大使爱德华·斯塔福德爵士（Sir Edward Stafford）评论道。1584年年末，参与叛乱的低地诸国请求亨利三世当国王，遭到了拒绝。法国的内战此时即将进入危险的新阶段。安茹公爵病逝后，继承王位的是波旁王朝信奉新教的纳瓦拉的亨利。成立于1576年的好战的天主教联盟，现在在吉斯公爵的领导下又复兴了，誓要阻止异端登上王位，必要时会使用“强力手段”来捍卫神圣的教会。自1584年夏末起，吉斯家族的领主便开始在法国北部、东部的省份召集贵族追随者，到了年末，腓力二世许诺会向联盟军队提供援助。如果天主教联盟获胜，他们在法国北部的海峡沿岸地区将向西班牙开放。法国会成为西班牙的附庸国吗？英国人对英吉利海峡的局势越来越警惕。

英格兰的援助又一次成了尼德兰叛军最后的希望。伊丽莎白会任由新教事业覆灭吗？1584年年末，女王的近臣在会议上讨论了两个重要的问题：英格兰应当向联省共和国提供保护吗？如果作壁上观的话，只要腓力二世镇压了荷兰、泽兰两地的叛军，他就会将矛头指向英格兰，届时英格兰又应当如何自保呢？一心想要寻仇的西班牙取胜之后，英格兰也别想拥有“平静的邻里关系”。以沃尔特·迈尔德梅爵士为首的干预派认为与其在国内与西班牙的力量对抗，还不如与盟友共同拒敌于国门之外。反对者针锋相对，提出

---

① 在希腊神话中，卡律布狄斯是居住在墨西拿海峡一侧的怪兽，会吞噬靠近的船只，而斯库拉则是居住在海峡另一侧的女海妖，只要有船只经过，就会吃掉船上的6个船员。

了此前一直能让伊丽莎白信服的论点：向叛党提供援助有违“荣耀与良知”；叛党无视天理伦常，组成了“没有国君的乱民国家”；出兵参战必将产生难以估量的军费，而女王的臣民很可能不愿意为军费买单。干预派最终取得了胜利。伯利勋爵对局势做出了总结，指出现在参战时最安全的，以防止腓力“实现全面的计划，完成全面的征服”，如果这样他就会势不可当，迫使伊丽莎白与英格兰在他“难以化解的敌意面前束手无策，这是最可怕的想法，落此境地将苦不堪言”。意识到局势极其凶险之后，伊丽莎白治下的新教贵族、绅士纷纷宣誓遵守《联合契约》。

1585 年 8 月，伊丽莎白与尼德兰叛军签订《无双宫条约》(Treaty of Nonsuch)，正式承认双方不愿意直面的现实——他们只能将对方当作结盟对象。若是向尼德兰叛军提供保护，肯定会招来西班牙的打击，曾经竭力避免任何风险的女王如今却冒着极大风险。“她摘下王冠，将它放在战场这张赌桌上”，瑞典国王说道。从扣押阿尔瓦公爵运送军饷的船只，到派出“志愿者”前往尼德兰参战，再到暗地里向尼德兰叛军借款，以及将满载着西班牙宝藏回国的德雷克封为爵士，伊丽莎白不断地挑衅着西班牙（尽管她不承认），最后不得不勉为其难地投身新教事业。腓力二世过去对英格兰的敌对行动为伊丽莎白援助尼德兰提供了借口。然而，英格兰的救援来得太晚，安特卫普在经历了长时间的围攻之后，忍受不住饥饿的折磨，在《无双宫条约》签订的三天前就向帕尔马亲王投降了。这座大城市曾经是叛军的首都，现在沦为了西班牙的堡垒。安特卫普本来能被解救吗？许多人认为是可以的，所以也就不会轻易原谅伊丽莎白。尽管女王派出了援军，但目标却不是尼德兰人所期待的。由于担心英格兰遭到法国的合围，女王仍然只想帮助西班牙治下的尼德兰恢复古老的自治特权，即便尼德兰人后来在 1581 年签署了《誓绝法案》，正式否定西班牙国王的君主地位。伊丽莎白一直回避尼德兰人最重要的请求，即成为他们的统治者。接受新阿尔比恩的统治权是一回事，而成为叛乱的尼德兰人的女王则是另一回事。女王身边的臣民对此另有打算。

女王的宠臣莱斯特伯爵以女王副统帅的身份被派往尼德兰。1585 年 12 月，他抵达了尼德兰，身边全都是英格兰最为杰出的骑士，其中不少人都对新教事业充满了热情。莱斯特伯爵想要得到"与奥兰治亲王等同的权威"，但与其说他拥有与奥兰治亲王不相上下的个人权威，还不如说他像安茹公爵一样傲慢、无能。尽管如此，在一段时间内，他的到来坚定了尼德兰人本已动摇的决心。菲利普・西德尼对伯爵说，尼德兰人将他视为"救世主"。他们邀请莱斯特伯爵担任联省共和国的总督。伯爵没有将这一提议告知女王，反倒违反女王的明确命令，接受了这一职位，这让世人认为，女王已经承认了自己尼德兰君主的地位，而伯爵则是她的总督。1586 年 1 月，伯爵正式就任"拥有绝对权力的总督"。得知这一消息后，伊丽莎白爆发出"雷霆之怒"，"破口大骂"，令身边的近臣抱头鼠窜。莱斯特伯爵以具有文艺复兴风范的王公贵族自居，但女王却把他看作自己的"玩物"。伊丽莎白作为女王和女人，一直担心自己实力最强大的男性臣民会密谋推翻她。如今，他们让女王的噩梦变成了现实。

这并不是莱斯特伯爵的个人行为，枢密院的大臣早已秘密共谋。这就是在尼德兰"建立井然有序的政府的密谋"，沃尔辛厄姆的间谍早先已就此事与一些"最有影响力爱国者"进行了商谈。事败后，莱斯特的"朋友"一边声称对他忠心耿耿，一边与他保持距离。伯爵的兄长[①]建议他流亡到“基督教世界最偏远的角落”。雷利写道，直到3月底，女王才重新称莱斯特伯爵是“亲爱的罗宾”，而莱斯特怀疑雷利曾经在女王面前诽谤他。伊丽莎白愤怒的部分原因是她听到了流言，得知莱斯特在低地诸国建立了另一个朝廷，而伯爵夫人做起了王后，但最主要的原因是，女王认为众近臣欺君罔上，她在最后才得知令自己“臭名昭著”的恶行。极端的新教臣下为了保护女王从未全心全意支持的新教事业，只好采用非常手段。

前往低地诸国的时候，莱斯特伯爵怀疑伯利勋爵会利用自己不在国内的机会推动和平计划。有传言称女王正准备与帕尔马亲王交涉，哪怕自己的士兵正为守护新教事业而冒着生命危险，也要背弃这一事业。1586年，英格兰与尼德兰组成的盟军连吃败仗。帕尔马亲王持之以恒、运筹帷幄，为西班牙赢得了一次又一次的胜利，而莱斯特伯爵的抱怨和不作为令盟军节节败退。并不是所有这一切都是莱斯特伯爵的责任。伯爵的到来在刚刚诞生的尼德兰七省共和国引发了一场法律与政治危机。女王并没有界定伯爵的职能，向他发布的命令也前后矛盾，而伯爵手下衣衫褴褛的军队更是缺少军需物资（只有伯爵自己购买的军需品），加上女王背着伯爵与敌方交易，所以莱斯特伯爵难以成功。

3月末，菲利普·西德尼被“危险、物资匮乏，以及耻辱”的境况所困扰，在写给沃尔辛厄姆的信中提到：“如果女王陛下是源泉，那么恐怕……我们将要干涸。”但女王并不是什么源泉。在西德尼看来，尼德兰的战事是震荡寰宇的斗争的一个篇章：“我看到惩治为祸人间的施暴者的伟大事业的确正在推进。”在这场斗争

① 第三代沃里克伯爵安布罗斯·达德利。

中，“明智且坚定的人”必须恪尽职守，相信“人的力量”，绝不能对“上帝的作为”感到绝望。8 月，西德尼在阿克塞尔城外鼓动手下的士兵投身针对西班牙的圣战，之后发动夜间奇袭，取得了在英格兰军队屡战屡败的那段时间中罕见的一场胜利。然而，由于发不出军饷，士兵哗变以及失败随时可能出现。9 月 22 日，在聚特芬城外的突袭中，西德尼受了致命伤。同时代的英格兰人心里清楚他们失去了什么。尽管雷利在西德尼生前嫉妒他的才能，但他写道：

> 我们抬着你的灵柩，缓缓地返回营地，
> 你虽身死，却流芳百世，
> 士兵无不黯然泪下，骄傲的卡斯蒂利亚人也羞愧不已，
> 你展现了无可比拟的美德，诠释了何为真正的高风亮节。

在那一年的耶稣升天节上的骑士比武中，一匹没有骑手的战马披着纯黑的马衣，在侍从的引导下缓缓而行。在前往尼德兰的时候，西德尼就怀疑在那里能否取得对西班牙的胜利，因为帕尔马亲王似乎势不可当。西德尼曾经梦想在更宽广的舞台上展开更大的行动，期望英格兰能够“将战火燃烧到西班牙的腹地”，不是进攻西班牙本土，就是摧毁它的海外帝国。

* * *

女王的座右铭是“*Semper eadem*”（始终如一），她本人也一直言出必行。伊丽莎白时期的政治似乎停滞不前。王位继承问题应当如何解决？应当如何处置苏格兰女王这个挥之不去的威胁？这

两大问题迟迟得不到化解。伊丽莎白的另一句座右铭是“*Video et taceo*”（明察无言）。尽管女王似乎只是默默地旁观和等待，但她心中有数，她的谨小慎微也是明智之举。然而，女王的近臣却越来越怀疑她的判断力。1586 年 5 月，沃尔辛厄姆在写给莱斯特伯爵的信中提到女王，称“我愈发觉得她无法处理任何重大事宜”。女王不仅不愿听取谏言，还禁止大臣在枢密院会议上自由讨论，而且她还喜欢“在暗地里”听取个别臣下的建议，这些都令众近臣倍感失望。

战争必然会改变政治的本质。伊丽莎白那象征和平统治的生锈长剑的徽章和她的治国理政方式，都变得不合时宜。在政治上无所作为、一拖再拖，支吾搪塞也许能保住和平，但无法赢得战争，在战争中必须深谋远虑、临机应变、当机立断。众近臣不得不像支持莱斯特伯爵接受尼德兰的统治权时那样，再一次因替女王做出决策而触犯君威。而更多的臣民也有可能主动采取行动。1584 年，成千上万的英格兰人在《联合契约》上签字，并宣誓要将任何企图谋害女王的人绳之以法。尽管议会通过了《女王安全保证法案》（Act for the Queen’s Safety，1584—1585[①]），以温和的方式替代了《联合契约》武断、动用私刑的方法，还制定了相应的法律程序，但以《联合契约》为依据组成的“社团”仍然受誓言的约束，只要女王的生命受到威胁，就必须采取行动。1586 年，当局又一次粉碎了天主教徒的阴谋。

① 该议案的实际通过时间是1585年，但根据英格兰议会的规定，法案的通过时间应当按照会议开幕的年份记录，所以在官方记录中，该法案的通过年份是1584年。

信奉天主教的流亡者、间谍、学院神父，以及在大学及律师学院学习，为理想而投身天主教事业的青年学生，组成了一个秘密的地下世界，一直梦想着解救苏格兰女王，让她登上英格兰王位。约翰·巴拉德（John Ballard），别名福蒂斯丘队长，是一个“油腔滑调，身穿士兵服装的神父”，他在 1586 年圣灵降临节时向在林肯律师学院学习的年轻绅士安东尼·巴宾顿（Anthony Babington）透露了一个大阴谋。各大天主教势力计划在该年夏天大举入侵英格兰。这是一个千载难逢的机会，因为英格兰的骑士全都前往佛兰德斯作战。巴宾顿反驳道，只要女王一息尚存，英格兰的天主教徒就不会起义，但巴拉德称女王命不久矣，已有人制订好刺杀女王的计划。然而，玛丽·斯图亚特的一些密探同时也在为沃尔辛厄姆工作。在准备殉教的天主教理想主义者中，沃尔辛厄姆安插了最见利忘义的暗探，利用这帮将出价最高者奉为主人的人获取情报。在沃尔辛厄姆看来，“情报永远是无价之宝”。后来有人指责沃尔辛厄姆给玛丽设下了陷阱。实际上（如果能用一个短语来形容看不清局势的玛丽女王的话）她根本就不需要引诱。

7 月初，巴宾顿致信苏格兰女王，向她描述了巴拉德提出的密谋，并提到有“六位高贵的绅士”准备执行“悲剧性的处决任务”。这是为了征得玛丽的同意，而玛丽也同意了。玛丽被关押在埃塞克斯伯爵位于斯塔福德郡境内的宅邸查特利城堡，她写给朋友的每一封信，以及朋友的回信，全都利用酒桶递送，但每封密信都被截获并呈给沃尔辛厄姆。7 月 17 日，沃尔辛厄姆得到了玛丽对巴宾顿的回复，能够证明她参与了密谋，犯下了叛国罪的铁证。巴宾顿及其同谋被逮捕和审讯，并被判处死刑。伊丽莎白以宽厚仁慈闻名天下，但这些密谋者却不能幸免。在伦敦塔中，一位名叫查德奥克·蒂奇伯恩（Chidiock Tichborne）的密谋者为自己写下了挽歌：

> 我寻找死亡，发现它就藏身于孕育我的子宫。
> 我追寻生命，发现它不过是一抹阴影。
> 我行走大地，深知它就是我的墓地。
> 我是将死之人，但我却刚刚成人。
> 计时的沙漏装满了沙粒，但转瞬间便颗粒无存。
> 前一刻我还在享受生命，后一刻却发现自己命数已尽。

当局按照处罚叛国者的刑罚处死了密谋者：刽子手先把他们吊起来，之后趁着他们还没有断气的时候割断绞索，让他们目睹自己被肢解的过程。巴宾顿见证了同谋者受刑时的痛苦，之后也遭受了同样的命运。

在证明玛丽犯下叛国罪的书信的副本上，沃尔辛厄姆的手下画了 3 条线，形状是这样的：-ᒥ-，意思是拦截此信件者必死无疑，而这也预示着苏格兰女王难逃一死。10 月中旬，玛丽在福瑟陵格城堡接受了由近臣及贵族组成的委员会的审判，被判有罪。伊丽莎白会放她一条生路吗？与 1572 年一样，伊丽莎白召开特别议会会议，既不是为了制定法律，也不是为了向君主提供补贴的议案，而是为了就玛丽·斯图亚特的命运向女王建言献策。上议院和下议院的议员轮番发言，表达了一致的意见，到了 11 月 12 日，两院议员联合向女王请愿，要求她处死玛丽。帕克林议长坚称，对玛丽仁慈就是对臣民残忍："饶了她，就等于要了我们的命"。帕克林的发言包含了毫不掩饰的威胁。难道成千上万的伊丽莎白臣民没有在上帝面前发誓："要将像玛丽那样，因危害女王而受到公正判决之人……置于死地吗？”他们如果不能违反法律处死玛丽，就只能放她一条生路，但会因违反誓言使灵魂受到威胁。11 月 24 日，女王终于做出回应，但没有给出明确的答案，而是要求臣民“欣然接受我不置可否的回答”。

伊丽莎白会心慈手软而令臣民遭受残酷的形势吗？12 月 4 日，当局宣布了玛丽的判决结果，此后马上起草了处决令，而伊丽莎白也签字批准了，但处决令一直未能发送出去。伊丽莎白不愿在世人眼中成为杀死妹妹的刽子手。“我要告诉你的时，我们这些君主，就像是舞台上的演员，一举一动都为世人所见。”苏格兰、法国都派出特使为玛丽说情。伊丽莎白告知国务大臣威廉·戴维森（William Davison）自己梦到了玛丽的死亡，但她不愿承担处死玛丽的罪责。难道就没有人愿意为她分忧解难吗？伊丽莎白问道，难道负责看管玛丽的保莉特就不能遵守加入《联合契约》时立下的誓言：“让那位女王无疾而终吗？”不，他不能。既然伊丽莎白无法下手，那么她的近臣就只能替女王采取行动。2 月 6 日，枢密院书记比尔将伊丽莎白签署的处决令送到了福瑟陵格；2 月 8 日，玛丽人头落地。玛丽以伊丽莎白所缺乏的决心面对死亡，称“自己很高兴，所有的悲伤终于要结束了”。在拒绝按照新教的方式为她祈祷后，玛丽祈求上帝原谅她的敌人，就像她原谅他们一样，请求他祝福伊丽莎白，并恳求所有的圣徒祈求救世主为她敞开天堂的大门。直到生命的最后一刻，玛丽仍然是一个天主教徒。

得知玛丽的死讯后，伊丽莎白极度内疚和悲伤。她疏远了欺骗她的枢密院，拒绝伯利勋爵觐见的请求，还将戴维森关进了伦敦塔。该年大斋节时，一位宫廷传道者指责女王假仁假义、忘恩负义，将她比作辜负了以色列人民的底波拉。斯宾塞不愧是文笔最为精妙的诗人，在史诗《仙后》中用明显的托寓手法，讲述了麦西拉出现在审判席上，饶恕了杜阿莎[①]，揭示出在仁慈和正义之间挣扎的女王备受煎熬的心理。玛丽之死消除了女王候补人选所造成的隐患，但带来了新的危险。由于王位继承问题仍然悬而未决，所以宗教问题、效忠问题这两块旧伤疤又被暴露出来。英格兰的新教徒如今可以支持苏格兰国王詹姆士六世成为英格兰王位的继承人，他是一个新教国家的新教国王，但是在天主教徒看来，他是一个异端，让他成为国王是绝不能容忍的。西班牙的腓力国王一直计划入侵英格兰，将玛丽拥立为女王，因为她不仅有王位继承权，也是一位天主教女王，将使英格兰回归罗马教会。现在玛丽已经死了，腓力不仅曾是英格兰女王的配偶，还是爱德华三世的兰开斯特家族的后代[②]，拥有英格兰王位继承权，他除了武力征服，还会声称自己是王位的正统继承人吗？

* * *

腓力国王从来不想与英格兰交战。1583 年，他勉为其难地为吉斯家族的“英格兰计划”提供了帮助，但没有亲自制订入侵计划。1585 年夏，教皇西克斯图斯五世（Sixtus V）要求腓力为了天主教信仰，承担出兵英格兰的光荣使命，腓力没有答应。伊丽莎白

① 在诗中，杜阿莎暗指苏格兰女王玛丽，而麦西拉作为审判杜阿莎的法官，则是全诗中最为贴近伊丽莎白女王的形象。

② 腓力二世是兰开斯特的菲莉帕的后代，而菲莉帕则是兰开斯特公爵冈特的约翰的长女、爱德华三世的孙女。

的所有挑衅都招致了报复，但为此只需对爱尔兰进行惩罚性远征就够了。后来腓力改变了主意，决定进行十字军运动，在英格兰复兴天主教信仰。德雷克的环球航行令腓力杯弓蛇影，认为英格兰有可能会不断袭击西班牙的海外帝国。1586 年春，教皇同意一旦苏格兰女王玛丽成为英格兰女王，腓力可以指定英格兰王位的继承人。腓力没有表露出想让自己的家族——不是他自己，而是他的女儿伊莎贝拉——获得英格兰王位继承权的意图。整个 1586 年，腓力都在组建一支规模庞大的舰队。他命人砍伐了数不清的树木，囤积了大量物资，还在意大利和伊比利亚征召了成千上万的人，这些都是无法掩盖的。舰队蓄势待发，它将驶向何方？与谁作战？该年春，在尼德兰的西班牙士兵都在议论入侵英格兰的问题，也有人认为，腓力组建无敌舰队是想对荷兰、泽兰两地发起总攻。尽管人们议论纷纷，但只有腓力和最高级的指挥官了解真正的战略意图，而且腓力的想法也在不断变化。1586 年夏，腓力给帕尔马亲王一封密信，信上说他会率领一支远征军从尼德兰出发与无敌舰队汇合，之后从肯特郡登陆入侵英格兰。这是一个宏大的计划，但在许多方面都显得准备不足。

腓力采购了火药、炮弹和口粮，还收买了英格兰驻巴黎大使。爱德华·斯塔福德爵士与沃尔辛厄姆、莱斯特伯爵势不两立，便把宝压在了有望成为下一位英格兰国王的腓力身上，因此成了家族第四代的叛国者。1587 年年初，斯塔福德对唐贝尔纳尔迪诺·德门多萨（Don Bernadino de Mendoza，1584 年之前任西班牙驻伦敦大使，之后担任西班牙驻巴黎大使[①]）夸口说，英格兰装备的每艘战

① 德门多萨因参与了弗朗西斯·思罗克莫顿的密谋而遭到驱逐。

船他都会通报给西班牙当局。同年 4 月，他向西班牙人透露了最高军事机密：女王命令德雷克率舰队前往西班牙沿岸，尽可能破坏西班牙的船只和财物，“烤焦西班牙国王的胡须”。但德门多萨的情报还是晚了一步，德雷克在 4 月 19 日的突袭取得了成功。1588 年 1 月，斯塔福德向英格兰当局递送情报称，腓力放弃了无敌舰队；4 月，他又称无敌舰队正驶向阿尔及尔；6 月，他先是说无敌舰队前往了西印度群岛，后又说舰队被调回了西班牙。每一条都是假情报，在英格兰处于极度危险的情况下，每一条都够得上叛国罪。5 月底，无敌舰队在不太情愿的梅迪纳－西多尼亚公爵①的率领下从里斯本启航。1588 年 7 月，这支由 130 艘舰船组成，水手 7000 余众，士兵 1.8 万名的有史以来最大的舰队从拉科鲁尼亚再次出航，而此时英格兰仍没有人知道这支舰队确切的目的地和目标。

7 月 19 日，有人在锡利群岛附近发现了无敌舰队。海军大臣埃芬厄姆的霍华德勋爵查尔斯·霍华德（Charles Howard, Lord Howard of Effingham）率领女王的舰队从普利茅斯港出发，在第二天遇到了排成新月阵型，沿着英吉利海峡缓缓航行的无敌舰队；舰队中的西班牙大帆船拥有高耸的船尾楼，好似漂浮在海上的木质城堡。7 月 21 日，海军大臣派出“蔑视号”向无敌舰队的统领舰发起了挑战。海军大臣的旗舰“皇家方舟号”与无敌舰队的黎凡特分队用舷边排炮交火，而德雷克、霍金斯、弗罗比舍则分别指挥“复

① 舰队的原指挥官圣克鲁兹侯爵病逝后，腓力任命梅迪纳–西多尼亚公爵为新任指挥官。公爵致信腓力国王，称自己不仅缺乏军事经验，还不了解英格兰海军的情况、己方的作战计划，他本人更是容易晕船，但腓力国王很可能从来都没有阅读过公爵的书信，因为国王的秘书在写给公爵的回信中称，他没有胆量让国王阅读此信。

仇号”“胜利号”“凯旋号”，攻击无敌舰队的副统领雷卡尔德指挥的舰队“后卫”。英格兰的战船比西班牙的排水量小，但是航速更快，更能适应复杂的天气，而更关键的是，他们占据上风处。在之后的几天内，英格兰舰船避开了用抓钩进行接舷战的西班牙舰船，并利用速度优势与地方保持距离，发挥出了火炮的优势。

英格兰舰队指挥官冒了极大的风险，决定让无敌舰队沿着英吉利海峡长驱直入，之后在后面追击。英格兰舰队一直不能突破无敌舰队严密的阵型，无敌舰队顺利抵达与帕尔马亲王约定好的汇合地点加莱。帕尔马亲王麾下的军队有 1.7 万之众，其中不乏一些欧洲最为骁勇善战的士兵，但亲王早已对渡海作战失去了信心，想要叫停远征计划。27 日，梅迪纳－西多尼亚公爵的舰队在加莱的近岸处停靠，准备护送帕尔马亲王的入侵大军的运兵船在肯特登陆。令他始料未及的是，尼德兰叛军的快速平底船控制了佛兰德斯沿岸的海岸、浅滩，帕尔马亲王无法与舰队汇合。就在无敌舰队等候汇合的时候，在 28 日夜突然有火船借着风势向他们袭来。由于担心来袭之船是“地狱燃烧者”[①]，它能引燃大火和引发爆炸，无敌舰队的船只四散逃窜。次日，无敌舰队重整阵型，与英格兰船队在格拉沃利讷附近的海域交战。参战的西班牙人回忆，这场海战甚至比勒班陀海战还要激烈，但那次西班牙人大获全胜，这一次却不是。

无敌舰队迎风北上，英格兰舰队紧追不舍。碍于风向、涌流的不利影响，无敌舰队险些在泽兰沿海的浅滩处搁浅，多亏在最后

---

① “地狱燃烧者”是一种特殊的火船，由伊丽莎白雇用的意大利工程师费代里戈·詹贝利设计，在安特卫普围城站中首次使用，令西班牙军队遭受到严重的损失。

一刻风向发生改变才躲过一劫。西班牙舰队指挥官仍然计划再次与英格兰舰队交战，但无敌舰队已在风暴的助推下身不由己，只得向北逃往苏格兰，选了一条最远的航道返乡。由于淡水短缺，西班牙士兵不得不将军马抛入大海，有一艘荷兰商船驶过这片海域时发现，这批军马在海中奋力挣扎。虽然腓力收集了大量英格兰沿岸的海图，但他没有极其凶险的爱尔兰西海岸的海图。西班牙舰船的残骸如今仍然躺在凯里、多尼戈尔、斯莱戈附近的海域中。那些因为船只沉没或是饥饿而被迫踏上爱尔兰土地的西班牙士兵很少得到救助。乔治·卡鲁爵士（Sir George Carew）写道，爱尔兰人“就在一旁看着，错过了时机”。只有少数的酋长敢为落难的西班牙士兵提供庇护，比如利特里姆境内的奥鲁尔克、麦克克兰西。其他的酋长害怕遭到报复，将西班牙士兵转交给英格兰当局，随后都被处决。在克莱尔岛，奥马利家族贪图黄金，谋杀了唐佩卓·德门多萨（Don Pedro de Mendoza）舰船上的幸存者。数以千计的西班牙士兵客死他乡，不是成了刀下鬼，就是葬身大海。西班牙人与爱尔兰人结盟，共同对抗英格兰，所以统治爱尔兰的英格兰人不会放过他们。在最恐慌的时候，都柏林议事会英格兰出身的近臣在递送英格兰中央政府的急件中加了一条“仅由我们英格兰人签名核准过”的附言：他们担心不仅遵从盖尔文化的阿尔斯特会揭竿而起，帕莱地区可能也会跟随西班牙人发生叛乱，因此请求当局派遣一支 2 000 人的援军。

10 月中旬，在折损了近一半的舰船之后，无敌舰队返回了西班牙，近 9 000 名士兵丧命，剩下的饥渴交加，甚至奄奄一息，舰船也残破不堪。这次的备战出现了很多疏漏：水手太少，食物、淡水也很少，关键是帕尔马的部队未能登船。然而，这一切并不能掩盖英格兰无力抵抗外敌的现实。英格兰南部海岸线的防御工事形同虚设，而且那里的军队全都由“工匠、泥腿子（手艺人、农民）”组成，不懂如何行军打仗。在埃塞克斯境内的蒂尔伯里，缺乏经验和装备的应征兵在莱斯特伯爵这样战绩乏善可陈的将领的指挥下，承担防守伦敦的重任。在无敌舰队向北逃去，而英格兰仍然担心它杀个回马枪的时候，伊丽莎白一身戎装来到军营，鼓舞全军士气："我将亲自拿起武器，带领你们作战，我将亲自评判你们立下的军功，论功行赏。”女王此举如此英勇、振奋人心，但如果西班牙人在肯特郡登陆，这一切也无济于事。英格兰舰队由于缺乏食物和弹药，无法继续北上追击无敌舰队。海军大臣放下了架子，用豆子充饥（只有农民才吃豆子），水手们则以尿解渴。

阿伦德尔伯爵菲利普·霍华德（Philip Howard）因被怀疑参与了天主教的“阴谋”而身陷伦敦塔中，但他为了让无敌舰队取得“令人欢欣鼓舞的成功”，创作了一篇祈祷词，并偷偷举行了一场圣灵弥撒。这是叛国行为，而且徒劳无益。早在1586年，帕尔马亲王就担心“上帝很快会厌倦为我们展现神迹”。此时看来，上帝也许真的失去了耐心。英格兰人和西班牙人认为，每次胜利或失败皆由上帝的旨意决定。德雷克欣喜若狂，感谢上帝“用狂风暴雨教训了这个傲慢的敌人”，他认为碰巧出现有利于英格兰舰队的风向是上帝在保佑他们。许多英格兰人都沾沾自喜。英格兰还发行了庆祝击败无敌舰队的纪念章，对凯撒的名言做了改编："它来了，它看到了，它逃跑了。”① 但仍有许多英格兰人为没能取得的战果扼腕叹

① 凯撒的原话是“我来了！我看见了！我征服了！”

息。亨利·怀特（Henry White）船长[①]写道："由于政府的吝啬，我们与海上最辉煌的战果失之交臂。"伊丽莎白一直没能筹措到足够的军费，一方面是因为国内商业不景气，另一方面是因为没人能料到英格兰会取胜。由于缺乏补给，英格兰没能取得彻底的胜利，无敌舰队只是暂时吃了败仗。一向悲观的沃尔辛厄姆感叹道："我们就这样半途而废，不但失去了荣誉，也没能消除心腹大患。"伊丽莎白不顾王国的安危，似乎准备取消备战状态，但无论是在西班牙，还是在英格兰，人们都认为腓力必定会派出另一支无敌舰队。当无敌舰队兵临城下时，上帝可能不会再给英格兰带来胜利。在笃信上帝之人看来，无敌舰队不只是敌对国家发动的军事行动，更是反基督的教皇派出的使者；对抗无敌舰队也就成了不可避免的末日之战中的一个篇章。

① 亨利·怀特是德雷克麾下的船长，他指挥的舰艇是"海龙号"。

第十章

上帝的审判庭
伊丽莎白时代英格兰人的世界观

16 世纪八九十年代，埃塞克斯境内流传着一则极具煽动性的谣言，声称一支由流浪者组成的军队即将到来，会在西班牙国王、长期流亡的威斯特摩兰伯爵的带领下，解放英格兰的穷人。这只是绝望之人的妄想罢了。16 世纪 90 年代，穷苦人遭受的苦难、忍受的饥寒比所有人记忆中的都要严重。这些苦难中的人会寻求自救吗？1596 年秋，在比斯特镇的集市上，当得知一蒲式耳[①]的小麦售价高达 9 先令，相当于 10 年前的 3 倍时，一位镇民发问："穷人该怎么办呢？"

"他们肯定会揭竿而起，而不是这样挨饿。"有人回答道。

伊丽莎白时代的统治阶层对过去通常逆来顺受、毕恭毕敬的穷人越来越警惕。

1585 年之前的和平年代是繁荣的年代；肯特郡的古文物研究者、治安法官威廉·兰伯德（William Lambarde）将这一时期称为"财富的母亲，众多子嗣的父亲"。英格兰的人口以惊人的速度增

① 蒲式耳是一种定量单位，1蒲式耳约为36.37升。——编者注

长：1576—1586年，人口的年增长率有可能达到了1%，而在伊丽莎白的统治时期，人口数量增长多达35%——从1571年的330万增长到1603年的415万。伦敦的人口增长更为惊人。1548年，在城墙内、位于泰晤士河南北两岸的周边地区，伦敦的人口数量也许已经多达6万；到伊丽莎白去世时，伦敦的城区早已突破了古城的城墙，人口数量可能达到了20万。移民蜂拥而至，在城内拥挤的小巷中，死亡率超过了出生率。穷人来到伦敦并不是为了自寻死路，但结局往往如此。

这些城市居民急需果腹之食，这种紧迫性带来了新的机会和新的风险。有许多绅士阶层、约曼农阶层的人乐于迎接这一挑战，他们提升农耕作业的集约化程度，获得了更高的效益，生产出多余的粮食在市场上销售。他们收购小农场，将贫寒的邻居自给自足的农场并入自己更具经济效益的农场。随着人口的增长，他们通过降低工资来剥削供大于求的劳动力；随着土地竞争加剧，以及因供不应求导致的地租上涨，他们夺走了苦苦经营的小农手中的租约。善于为自己的行为找借口的地主为了消除租户约定俗成的权利而采取的最臭名昭著的手段是圈占耕地或公共牧场。在许多地区，圈地运动早已尘埃落定，但在一些地区，贪得无厌的地主仍然在不断地圈地，每一次新的圈地都会导致失去权利的租户产生强烈的不满。圈地不仅会改变实际的土地图景，还会令因圈地而失去权利的人脑海中的社会图景发生变化。圈地的经济利益（对圈地者而言），被由此产生的社会及道德上的代价所掩盖。以拉德温特的威廉·哈里森（William Harrison of Radwinter）为代表，许多传道者将圈地看作无节制地追求一己私利的行为，也是对上帝所赐予的资源的不可重复的利用。

农业变革的受益者变得越来越富有，他们不仅新建了更加宏伟的住宅，还请画家为自己画像，更是因新获得的财富而变得自信满满，开始将子嗣送往大学、律师学院接受教育。当然，也有一些地主在租约到期后无情地驱逐佃户；他们为了扩大自家狩猎围场的面积，将邻居赖以为生的半雅兰薄田据为己有；他们还会将一顷又一顷的土地租给不亲自管理牧场的牧场主。但 16 世纪末期的巨大农业变革与其说是由农业资本家的阴谋造成的，不如说是由巨大的人口压力造成的。英格兰人为经济增长和农业进步付出了沉重的代价。当家庭无法维持生计时，他们就会失去土地，变得无家可归；他们不是承担不起地租，就是无法在土地以交易或继承的方式转手的时候，按照规定支付高额的土地易主费，所以不得不举债来购买粮食、种子，最终债台高筑，只得转让租种的土地，而且再也无法收回。劳动力供大于求，工资一降再降，即便能够找到工作，许多劳工也很难靠工资来养家糊口，无论他们工作的时间多长、工作得多么辛苦。对穷人来说，拾落穗、打柴是两种赖以为生的重要手段，也被视为他们的权利，他们有时会因此与否认这两项权利的地主发生争执。随着越来越多的家庭被赶出租种的土地，农村无地可耕的雇工及小屋农阶层人数不断增长，约曼农与其他贫困的农村居民间的隔阂也越来越大。市场的非个人力量产生悲惨的个人后果。

在城镇和乡下，大部分人的生活都没有多少保障，一家人能否填饱肚子取决于担负养家糊口重任的人能不能保持健康；对穷人来说，收成的好坏更是生死攸关的大事。遇到丰年，有地可耕的人能靠自己的土地维持生计，做工的人也买得起足够的谷物，用来制作作为主食的面包——如果买不起小麦，也可以吃黑麦买包，而如果连黑麦都买不起，那么大麦或燕麦同样能填饱肚子。穷人也许能挨过一个荒年，若如果荒年连续不断，他们肯定会山穷水尽。在伊丽莎白统治的最初 30 年中，收成还说得过去，但到了 1586 年，收成就不理想了。1594—1597 年，由于阴雨连绵，再加上天气反常的寒冷，连续 4 年歉收。歉收给粮食市场造成了巨大灾难，而对没有储备粮的穷人来说，他们除了劳动力以外一无所有。1594 年的歉收导致粮食价格暴涨——在剑桥郡、诺丁汉郡、牛津郡，谷物的价格比前一年翻了一倍。1595—1596 年，歉收令谷物价格进一步攀升，而到了 1596—1597 年，谷物价格达到了 16 世纪的峰值，引发了席卷全国的饥荒——这是英格兰历史上迄今为止最后一次饥荒。

死亡随饥荒而至。堂区记事册更多地记录了葬礼，而不是洗礼和婚礼。在英格兰的许多地区，尤其是在北部及西部地区的村庄，以及城市中贫民聚居的区域，歉收导致了高死亡率。尽管仅仅死于饥饿的情况很少，但在某些地区，它却是最致命的因素。1597 年 7 月，罗伯特·塞西尔（Robert Cecil）接到达勒姆郡送来的报急信，得知涌向瘟疫肆虐的纽卡斯尔的绝大多数人已经有 20 天没吃到面包了。虽然三艘尼德兰的运粮船停靠纽卡斯尔，形势暂时得到缓解，但是到了九十月，纽卡斯尔的市政当局还是出资为 25 个“饿死在街头的穷人”举行了贫民葬礼。营养不良会令人体抵抗力下降，所以穷人更易患痢疾、肺结核，以及斑疹伤寒之类的流行病。食不果腹之人会因吃下不能食用的东西而患上名为“血痢”的肠道疾病，加速了他们的死亡。在粮食短缺最为严重的冬春两季，流行病最为猖獗。因饥寒交迫，得不到救济而死亡之前，人们还要经历许多痛苦。

有人试图救济穷人。枢密院意识到了灾难的严重性，担心产生不良的社会及政治后果，开始在粮食紧缺的年份规范谷物市场；许多的城镇委员会组织成立了公共粮站，以补贴价格出售谷物、面粉、面包，并从国外进口粮食。但穷人还是生活在痛苦中，尤其是在英格兰北部、西部——1595—1597 年，这两个地区的济贫体系已经在灾难的冲击下崩溃了。大量饥民涌向已经自顾不暇的城镇寻找食物。流浪者走上街头，寻找工作或是乞讨。有些饥民开始偷盗食物，但为此上了绞架。随着 16 世纪 90 年代后半段贫民的生活越来越艰难，因犯罪而遭到控告的人也越来越多，尤以盗窃、入室行窃、抢劫之类，侵犯财产权的罪行最为普遍，而主持巡回审批的法官则通过死刑来杀鸡儆猴。1598 年，单单德文郡就有 74 人被判处死刑。流动人口、擅自占用他人房屋之人、做零工的劳工、小偷、无依无靠之人越来越多，令与人为善这一维系邻里关系的纽带受到了严峻的考验。没人记得曾有这样的苦难。1598 年，牛津郡文德尔伯里堂区的牧师在日记中写道："对生活在这片土地上的穷人来说，这是一段悲惨的时期。上帝保佑，愿天下再也不要出现如此悲惨的饥荒。"

比饥荒更可怕、更令人畏惧的是鼠疫。即便不是严格意义上的流行病，鼠疫在都铎时期的英格兰也是反复发生的。疫不仅对那些失去亲人或贫困的家庭是灾难性的，对整个社区也是如此。生产停滞，贸易瘫痪，人们穷困潦倒。更加糟糕的是，社区生活也会留下创伤，因为每个人都必须做出艰难的抉择：是应当慈悲为怀，帮助瘟疫的受害者，还是应当小心地避开？是应当逃离家园，还是应当留下来听天由命？

穷人是瘟疫主要的受害者，特别是在城市中。在城镇中，市政当局也许有机会救济饥民，但无法防止疫病在人满为患的街巷、出租屋中传播。1579 年，诺里奇城有近 1/3 的人口死于瘟疫。人口最多、最拥挤的伦敦受到的影响最持久。1563 年，伦敦城及周边的自治市镇共有超过 2 万人死于瘟疫，相当于人口总数的近 1/4；1593 年，近 1.8 万人死亡；1603 年，死亡人数高达 3 万。1563 年，伦敦的市中心是死亡率最高的地区，而到了 16 世纪末，受疫情影响最严重的地区成了位于克理波门、阿尔德门、主教门三大城门外人口密集的堂区。1603 年，约克郡的霍比女爵（Lady Hoby）[①] 听闻伦敦疫情肆虐，市政当局已经不再清点尸体，只计算生者的人数。她在日记中写道："上帝啊，但愿英格兰人在遭受如此审判之后尽快返回主的怀抱。"

由于整个世界都是见证上帝意愿的丰碑，所以自然灾害也是上帝全能意志的表现。不断更迭的四季、物产丰饶的大地、繁星点点的夜空是自然达到和谐融洽的表现，但与之相比，更令人敬畏的是对自然界正常、良性模式的破坏。自然界异象的背后隐含着神的训诫——上帝想要向他的子民传达某种信息。描绘风暴、地震、畸胎的图文并茂的小册子成了抢手货，人们迫不及待地想要了解异象背后的含意。天空和天气的变化都会被当作凶兆。1593 年，在伦敦遭受瘟疫袭击时，卡姆登写道，"土星从巨蟹座的最上方与狮子座的最前端之间经过"，星相与 1563 年发生瘟疫时一样。1583 年，土星与木星相会，人们认为这是一个凶兆。然而，当时的人们被灌输的理念是，大自然的舞台虽然令人赞叹，

---

① 即玛格丽特·霍比女爵（1571—1633）。她是伊丽莎白时代的日记作者，留下的日记是历史上首部女性以英语书写的日记。她接受清教主义教育，经常在日记中讨论宗教问题，但却很少流露出个人的感情。

但不可探究其中的奥秘。

弗兰西斯·培根将彻底改革对自然界进行科学研究的方法作为目标，他在 1592 年对姨夫伯利勋爵说过一句著名的话："我将所有的知识都当作自己的研究领域。"然而，就在同一年，他写道，上帝引发瘟疫，却又"心存博爱，点到即止"，是因为他想教导那些胆敢在自然中寻找原因的人，这些都来自博爱为怀的上帝。在那个信仰上帝极为浓厚的时代，虔诚地屈服于上帝的意志这一首要原因是一种必要。教士阶层声称，最为危险是混淆了首要原因与次要原因，认为了解了自然世界就可以参透上帝神秘莫测的意志。理性的解释无法解开宇宙的奥秘，因为上帝的意志不受自然规律的限制。人类的理性能够预测出，上帝会用大洪水摧毁自己创造的世界吗？只有基督教经典才是了解自然的关键。

就人类的理性所能观察和理解的而言，上帝按一套有规律的法则管理自然世界。但瘟疫没有任何规律可言：有些城镇会遭到瘟疫袭击，另一些则安然无恙；瘟疫在冬季会销声匿迹，但并不总是如此；瘟疫似乎不可抵抗，有人却活了下来。瘟疫的这种不可预测性证明能够引发瘟疫的只有上帝。就鼠疫而言，有人认为其次要原因是，星辰相会会把地下引发瘟疫的蒸气吸出，形成瘴气。（人们当时还不知道，实现上帝旨意的是黑鼠身上的跳蚤。）瘟疫被认为是由腐化堕落引起的，在肉体腐化之前，首先是道德的堕落。因此，在 1603 年，托马斯·德克尔（Thomas Dekker）[①] 才会这般描述伦敦的疫情："死亡（就像西班牙的围城大军，或者更确切的说，好像兵临城下的帖木儿）在受到罪孽沾染的城郊……扎下了

① 托马斯·德克尔（1572—1632），伊丽莎白时代的剧作家。

大营。”无论是制造瘟疫，还是制造其他自然灾害，上帝都是为了惩罚犯下罪孽的人类。不管是不像夏天的夏天，还是连绵的阴雨，16 世纪 90 年代接连出现的反常自然现象被视作人类的罪孽触怒上帝的体现。1596 年 12 月，乔治·阿博特（George Abbott）[①]在布道时说：“我们的罪孽触怒了上帝，那些还没有意识到的人全是睁眼瞎。”整个社会遭受灾难的原因在于所有居民犯下的罪孽，以及他们不知感恩，不接受上帝的启示。而把灾难当作惩戒手段的正是那个被忘恩负义惹怒的上帝。

* * *

对于那些发生在个人身上的灾难，如长期的疾病、子女的夭亡、牲畜患病死去、奶牛无法产奶、黄油无法凝结等，人们不再将上帝的旨意当作直接的原因（尽管没有上帝的允许什么都不会发生），而是将神秘的巫术当成罪魁祸首。撒旦作为“现世的神”[②]，手下有大量的爪牙，可以用神秘、邪恶的力量作恶，即施展巫术。与偶像崇拜一样，巫术也是违反十诫中第一诫的罪孽。自古人们就认为巫师拥有神秘的力量，但直到 16 世纪末英格兰人才痴迷迫害所谓的巫师，他们按照字面意思执行一条《出埃及记》的训诫——“行邪术的女人，不可容她活命”。巫术为意外的个人灾难提供了一种解释，而猎巫则提供了补救办法。议会先后在 1542 年、1563

① 乔治·阿博特（1562—1633），英格兰的高级教士，在1611—1633年担任坎特伯雷大主教。

② 将撒旦称为“现世的神”是《圣经》中的说法。这并不是指他在现世应有绝对的权力，而是指他能够以某种特定的方式来统治不敬上帝之人。

年、1604 年通过法案（最后的法案直到 1736 年才被废除），除了将巫术定为罪行，还设立了相应的审判程序和刑罚。埃塞克斯是英格兰猎巫最多的郡，该郡的布道者乔治·吉福德（George Gifford）写道，普通民众坚信，“如果没有巫师，郡内就不会暴发瘟疫”。如果将巫师逮捕，由他们造成的危害就会消失不见。只要在法庭上将他们判为魔鬼的爪牙并绞死，就可以打败魔鬼。

在追求这种简单的补救方法的过程中，对巫术的起诉大幅增加，在伊丽莎白统治的最后几十年间达到了峰值。辖区为埃塞克斯郡、赫特福德郡、肯特郡、萨里郡、苏塞克斯郡的巡回法庭受理的指控数量，在 16 世纪的 70、80、90 年代，分别达到 109 起、166 起、128 起；此后直到 17 世纪中期，起诉的数量一直在下降。1570—1609 年，在 263 个被指控为女巫的被告中，有 64 人被处以极刑，其中多达 53 人在埃塞克斯郡被定罪。16 世纪 80 年代，在埃塞克斯郡的巡回审判中，涉及巫术的案件占到了刑事案件总量的 13%。埃塞克斯的社会环境、经济状况与邻近各郡没有太大差别，学界也没搞清楚为何该郡的居民热衷于猎巫活动。在英格兰被指控为巫师的被告中，有 90% 是女性，而她们的罪名是施展巫术，为祸人间。

猎巫带来的恐怖，以及它引发的社会动荡和精神折磨，永远不应被忘记。女性是猎巫活动的主要受害者，尤其是那些身无分文、年老体迈、外表可憎、无依无靠的女人，邻居会以各种各样的罪名指控她们。原告给出的证据荒唐透顶：他们遭遇了不幸；被告一直不怀好意；被告的“密友”（通常都是猫）是恶魔的化身；被告身上有疤痕，那是女巫的标记。那时和现在一样，用小碟子喂养一只猫，用垫好羊毛的篮子给它做窝，很可能是贫苦的老妪获得慰藉的唯一途径；但这可能会被看作与魔鬼签订契约。对那些想要抓捕女巫，找寻她们犯罪证据的人来说，有足够多的方法。

被指控为女巫的人都与原告相识并且发生过纠纷；她在社区里是个不安分的人，甚至动不动就骂人。在父权社会，这些贫穷的老妇人通常处于传统的家庭和社会等级架构之外，没有父亲、兄弟、子嗣可以为自己证明并提供保护。女性争取权力无异于妄图颠覆社会权力架构，更不用说想要利用魔鬼来获得这些权力了。如果说女巫指控有什么规律的话，那就是被告都去过受害者（通常比她富有）的家里寻求帮助，但不管是讨饭、讨水，还是借钱，全都被主人拒绝了。女巫有可能受到侮辱或是戏弄，也许是把她的鹅吓跑了，或是把她铺在门口遮盖泥地的树枝移走了，所以她要报复。受到冷落、空手而归的女巫会诅咒那些无情的邻居，上至一家之主，下至猪圈里的小猪。在之后的几个星期至几个月里，要是发生了不幸，受害者会想到乞丐的诅咒，知道该怪谁。1567 年 4 月，在萨里郡，有位母亲失手让怀中的孩子跌进了火里，当地没有治疗烧伤和缓解疼痛的药品，孩子在 9 月离世，而这位母亲在数月的煎熬后，认为巫术是导致事故的罪魁祸首。

迫害村中的女巫，通常会得到全村人的认可。当时，经济变革导致了社区内人际关系的疏远，随着农村地区贫困的加剧，寻求施舍的老妪不再是人人怜悯的对象，反倒成了村子稳定的威胁。这是一个在对待贫困问题上有些混乱和道德矛盾的时期。随着贫苦之人的生活变得越来越窘迫，迫切需要基督徒尽到慈善义务，但无地可耕、穷困潦倒之人日益增加的财产却引起了人们的警觉。在过去作为济贫制度两大支柱的教会和庄园正在衰落，而以《济贫法》为基础的新制度还没有建立起来。遇到需要接济的穷人时，富人也许不愿意慷慨解囊；即便当局下达了接济穷人的命令，富人也未必会从命。怨恨和责任之间的冲突带来了一种矛盾心理，导致较富裕的人拒绝乞丐后，对自己缺乏慈悲心感到内疚。在爱尔兰，由于社会环境大不相同，所以猎巫活动未能掀起波澜。

猎巫狂潮的社会背景是分裂的村庄，而其在理智及情感方面的起源是迷信魔鬼法力无边、无所不在的想法。村民开始相信，在他们熟悉的环境里隐藏着一些人，能够与地底下的恶灵建立联系。巫术不过是上帝与撒旦、善与恶、救赎与永罚永不停息的斗争中的一个篇章。民众担心巫师会用神秘的力量作恶，而神学家认为巫术涉及与魔鬼的契约。威廉・珀金斯（William Perkins）是伊丽莎白时代最负盛名的神学家，他敦促处死所有的巫师，这并不是因为巫师为祸人间，而是因为在他看来，巫师将撒旦视为神明。尽管在 1542 年、1563 年颁布的法案没有提到巫师与魔鬼签订契约的说法，英格兰的巫师通常也是被指控作恶，而不是与魔鬼订立契约的异端，但是仍有一些巫师在法庭上宣称自己向魔鬼效忠。1566 年，伊丽莎白・弗朗西斯（Elizabeth Francis）承认，每次她的猫（名字是充满恶意的撒旦）帮她做恶，她都会用一滴血作为奖励。塞缪尔大妈（Mother Samuel）是亨廷登郡沃博伊斯村三个巫师中的一个[①]，她在 1593 年接受审判时承认自己背离了上帝，把灵魂献给了魔鬼。即使被指控的巫师能够大声祈求耶稣基督，也难逃遭到裁决的命运，比如，1563 年，埃塞克斯郡沃尔瑟姆村的伊丽莎白・路易丝（Elizabeth Lewys）就是如此，她曾祈

① 塞缪尔大妈在受审的时候已经年近八旬。受到指控的另外两人是她的丈夫、女儿。三人最终都被判处死刑。

求：“基督，基督，我的基督啊，如果你真的是救世主，就快点现身，惩罚我的敌人吧！”因为将诅咒付诸实施的不是上帝，而是撒旦。

撒旦是黑暗之王，他既没有失去自古以来的狡诈，也没有放弃在天堂中引发大战的傲气，更没有丧失诱使人类犯罪、陷入绝望的能力。撒旦曾经是上帝的天使，他了解自然界和人类心中的所有秘密。他能够假扮成人类和各种动物，还能突然现身。上帝将撒旦作为代行正义的使者。约翰·诺克斯认为撒旦是“现世的君王、神明”，撒旦也是地狱的统治者，负责让遭到天罚的人永受折磨。撒旦的力量没有遭到削减，但罪孽深重的基督徒可以用来与他作斗争的实际帮助却越来越少。天主教会将咒语、符咒和受过祝福的盐、圣水、蜡烛当作驱逐撒旦及其手下恶魔的武器，但这些都被新教教会取缔了。祛除魔鬼的仪式、祷文，以及用涂抹圣油、画十字来驱邪的做法，都被视为偶像崇拜、迷信的行为，遭人唾弃。取而代之的是基督徒的信仰、基督教经典、悔改、斋戒、祈祷——这些手段的确是对付魔鬼的利器，但此后基督徒只能孤军奋战了。忏悔不再是一件圣事，而是信徒坚守良知的个人斗争。魔鬼的凶恶达到了前所未有的程度，即便对意志最坚强的信徒也是如此。

* * *

1588—1589 年，在贝尔萨维奇剧场的舞台上出现的众多魔鬼中，有一只并不是演员假扮的。这只想象出来的魔鬼在由克里斯托弗·马洛（Christopher Marlowe）的舞台剧《浮士德博士的悲剧》

(*Tragical History of Doctor Faustus*）的一次表演中登场[①]，而这部剧讨论的是一个危险的主题。大幕拉开后，文艺复兴时期的学者浮士德博士正坐在位于维滕贝尔格的书房中，不停地翻阅藏书，将包括逻辑、医学、法律在内的学科一一否定，并大喊“永别了，神学！”“只有魔法，只有魔法才能让”他“狂喜不已”。他宣称：

> 术士的方术妙不可言，
> 魔法书更是神乎其神……
> 法力高强的术士无异于神力无边的天神。

堕天使夸下海口，称术士“名冠天下的法术”能够让浮士德“像统治天空的朱庇特一样，在地上”呼风唤雨。然而，术士的方术是“受到诅咒的法术”，因为术士妄图“探究上帝想要保密的知识”，威廉·珀金斯在布道时这样解释。亚当正是因为偷吃了知善恶树的果实才被逐出伊甸园。好奇心曾经诱使人类犯下了第一宗不尊上帝旨意的罪行，并带来了堕落，也将导致浮士德的堕落。

浮士德是文艺复兴时期的术士。文艺复兴时期的术士渴望重新获得上帝曾经赐给亚当的启示，并搞清楚自然的奥秘。他们认为亚当的知识是由远古神学家（prisci theologi）代代相传的，从摩西到代表埃及智慧的赫耳墨斯·特里斯墨吉斯忒斯（Hermes

① 在刚刚上演的那段时间，《浮士德博士的悲剧》引起了巨大的轰动，产生了不少传说，而发生在贝尔萨维奇剧场的事件则刚巧就是当时众多的传言之一。据传，一只魔鬼真的出现在了舞台上，不仅是观众，就连台上的演员都目瞪口呆，甚至还有一些观众惊吓过度，变成了疯子。

Trismegistus），再到代表迦勒底智慧的琐罗亚斯德，最后到柏拉图、俄耳甫斯、毕达哥拉斯，这些人都得到了上帝的启示，是拥有古老智慧的导师。文艺复兴时期的思想家研读赫耳墨斯的著作，得知人类虽然因为堕落失去了对自然的支配权，但只要举行神秘的再生仪式，支配权就可以失而复得，届时人类便可以操控甚至命令自然，实现崇高的目标。人类的目标是通过对自然的沉思和对宇宙的共鸣来达到上帝的面前，因为在上帝创造的世界中，类比与对应无处不在，那么研究自然就一定可以成为接近上帝的途径。人类希望最终摆脱变幻莫测的物质世界，升入天上的神圣境界，与上帝交流，了解宇宙隐藏的法则。卡巴拉是研究神圣的希伯来语字母体系排列组合的方法，也被视为一种可以解开宇宙奥秘的途径。

只有极少数人掌握这种神奇又神秘的卡巴拉知识。在英格兰，伊丽莎白的天体数学家约翰·迪伊博士不仅拥有不可思议、博见多闻的学识，还善于做出惊人的预测，而他和他的哲学理念在政治界、知识界顶层都极具影响力，就连他的图书馆也成了全国求知欲最强的知识分子的学院。菲利普·西德尼与迪伊和意大利宇宙学家、哲学家、间谍焦尔达诺·布鲁诺（Giordano Bruno）相熟，他在弥留之际曾问过他们远古神学家对灵魂不朽说的看法。众所周知，迪伊本着虔诚的精神，使用仪式魔法与天使交流，以求接近神圣的真理。1581 年，迪伊与大天使乌列尔首次会面，留下这段记录：

迪伊：除了你，还有其他天使吗？

乌列尔：还有米迦勒、拉斐尔，米迦勒是我们的领袖。

殖民者汉弗莱·吉尔伯特爵士曾向迪伊学习航海学。他也会与异世界的灵体沟通，而为他牵线搭桥的是占卜师（先知）。亚当告诉他："保持衣装整洁；善待穷人；不要赌咒……这样你就不会有什么缺憾了。"虽然这种手段既可以向善，也可以为恶，但它被视为巫术，为人不齿。超自然的力量只可能有两种源泉，上帝或是撒旦，所以追寻神秘知识很快就被视作与魔鬼为伍的恶行。观看《浮士德博士的悲剧》的观众不安地意识到博士的神秘研究的危险性，但又被博士施展的魔法所吸引。

浮士德想利用神秘力量成为"统治全世界的大帝"，他竟以自己为中心画下魔法阵，召唤地狱的恶灵。靡菲斯特粉墨登场，但并不是因为受到了浮士德的召唤，而是因为只要有人亵渎上帝，"虔诚地向地狱君王祈祷"，魔鬼就会出现在他的面前。"浮士德就这样闯下了大祸"，因为"对他来说，'永罚'不足为惧"，至少在自食恶果之前，他是这样想的。浮士德早已"万劫不复 / 因为他想要获得朱庇特的神力"，他把灵魂献给了路西法，以换取在之后的二十四年中过上"恣意妄为"的生活，并让靡菲斯特对自己唯命是从：

> 满足我的一切要求，
> 回答我的一切问题。

浮士德仍然有机会回头，摒弃邪术，但他认为自己永远也无法得到上帝的关爱，所以将反常的魔法作为了替代品。浮士德用庄严的誓言订立了契约，将灵魂献给路西法，之后用自己的鲜血在契约上签字。他还亵渎性地模仿耶稣在十字架上的最后遗言，说道："成了。"（*Consummatum est*）然而，对浮士德来说，这并不是结束，而是开始。

签订契约后，浮士德向靡菲斯特提出了第一个问题，这个问题一直困扰着他和在场地观众。“告诉我，人们称作地狱的地方到底在哪？”

靡菲斯特的回答令人毛骨悚然：“我们所在的地方就是地狱/我们永远也无法离开地狱。”

靡菲斯特最开始就警告浮士德，背离上帝必将痛苦万分，但浮士德却没有当回事，到现在也不愿意相信靡菲斯特：“别闹了，我认为地狱不过是无稽之谈。”

“嗯，你现在这样想也无妨，因为亲身经历肯定会改变你的想法。”

亲身经历让浮士德认清了现实，他在之后的24年中“游历世界各地”，最终回到维滕贝尔格，终于认识到地狱不仅是一个真实存在的地方，还隐藏在人的心中。有一段时间，浮士德沉迷于“歌舞升平”，将“极度绝望”抛诸脑后，一边聆听盲目诗人荷马吟唱的诗歌，一边与“最美丽的歌妓”寻欢作乐，更是遇到了超越诗文描述的特洛伊的海伦：

> 难道这就是那张引得千帆万舸竞相远航，
> 将伊利昂高耸的塔楼烧成废墟的脸庞吗？
> 美丽的海伦，吻我一下，让我不朽吧！

然而，这个海伦只是浮士德的幻觉，她其实是一个魔鬼，浮士德亲吻她之后，便与魔鬼签订了无法反悔的契约，彻底交出了自己的灵魂。

浮士德出卖灵魂，只为参透被上帝定为禁忌的宇宙的真理。

为了“证明宇宙的真理”，他登上了“奥林匹斯山的巅峰”，还“乘上由巨龙拉着的闪亮的马车”。浮士德和台下观看这场悲剧的观众都生活在一个天文学知识正在发生革命性变革的时代。哥白尼、布鲁诺的新发现和新理论，打破了以地球为中心的托勒密宇宙学说。宇宙是无极限的，太阳是宇宙的中心，地球围绕太阳旋转，星空中存在人类观测不到，但能够造成不可估算的影响的星辰，宇宙中还有数不清的其他世界——在约翰·迪伊看来，这一切太过神秘，非心智脆弱者所能承受。1583 年，焦尔达诺·布鲁诺在牛津大学讲授哥白尼派宇宙学的课程被叫停了，至于这到底是因为他想要在保守的牛津大学阐述革命性的理论，还是因为他大肆剽窃他人的学术成果[①]，就不得而知了。

得知地球与其他行星一样，也遵循运动定律运转，这很令人懊恼；而在观察到天空会不断变化之后，人们认识到苍穹也不是完美的，震惊不已。1557 年，有人认为天空中出现了一颗“新的”星星，这怎么可能呢？托马斯·哈里奥特手持英格兰第一架望远镜，登上雷利位于伦敦城内的达勒姆府的屋顶，和伽利略一样，他也发现了天体表面的瑕疵：太阳表面有大量的黑点，而月亮表面则遍布陨石坑。这些天文发现颠覆了天体与月下层的物质截然不同的观点[②]，甚至还证明了地球并不会受天体的支配。因此，浮士德向靡

① 乔治·阿博特认为他剽窃了意大利人文主义哲学家马尔西利奥·费奇诺的学术成果。

② 亚里士多德提出的物理学理论及古典天文学认为，月下层是宇宙中位于月球以下的部分，由土、水、空气、火四种元素组成。组成月下层的物资不断地发生变化，而包括月亮在内，从月亮往上，宇宙中的其他物质都是永恒不变的。

菲斯特提出的关于宇宙本质的问题，将观众带到了最具有怀疑精神的学者的辩论现场；带到了合法知识与禁忌知识的界限；带到了托勒密学派与哥白尼学派的对峙中。

浮士德问道："告诉我，月球之上有数不尽的天堂吗？"浮士德的问题并没有直接涉及有争议的日心说，但触及了托勒密宇宙学说的一个致命的软肋，即托勒密无法解释为什么行星的运动轨迹是不规则的。靡菲斯特必须有问必答，所以便将自己所有的知识倾囊相授。浮士德仍急躁地问道："那么你告诉我，宇宙中的每一个圈层都有相应的领域吗？……告诉我，世界的创造者是谁，亲爱的靡菲斯特，快告诉我。"

靡菲斯特拒不回答："别再打听了，我不会告诉你的。"如果他透露了这些知识，会"对我们的王国不利"。

神学学者浮士德提出了一个亵渎上帝的问题，因为每个学童都知道，上帝仅用 6 天时间，便从无到有（*ex nihilo*）创造了天地万物。"好吧，我懂了"，浮士德答道，他明白他对禁忌知识的追求是徒劳的，自己白白出卖了灵魂。观众中有多少人也像浮士德那样，认为这个时代的正统宇宙学说不过是骗人的把戏，并对真理被隐藏感到不满呢？对物质世界的疑惑已经让观众焦虑不安，而这部剧对精神世界提出的疑问更令人心神不宁。

浮士德必须为自己对天堂的蔑视付出代价。灵魂的不朽困扰着他："啊，遭到永罚的灵魂永无解脱之日！"然而，在想到天堂的时候他心生悔意，想知道自己是不是永远也无法回归天堂。在剧中难得一见、若隐若现的善的力量向浮士德承诺，如果他恳求上帝怜悯，就能获得恩典，而浮士德也有些被说服了：

就算我是个魔鬼，上帝也有可能怜悯我；
没错，只要我悔过自新，上帝就一定会怜悯我。

只要能悔过自新。然而，悔过不是魔鬼的本性。浮士德铁了心，决定一心为恶；他做不到悔过自新：

我的确想要悔过，但我还是感到绝望。
地狱想要驱除恩典，占据我的心灵。

浮士德后来还是选择了邪路。正是上帝出于公正，才令那些被祂拒绝的人变得铁石心肠；上帝虽然慈悲为怀，能够拯救一些人的灵魂，但无法拯救所有人。浮士德站在悬崖边上，上帝与他开了个玩笑，指出基督的血能够让他获得原谅："快看，快看！苍穹上流淌着基督的鲜血！"哪怕是半滴，也可以拯救浮士德的灵魂，但他只得到了"上帝的盛怒"。这部剧有着严厉的救赎观，符合基督教的正统教义，所以剧作家认为浮士德堕入地狱是罪有应得。在浮士德遭人唾弃，陷入绝望时，他得不到任何帮助。这不是一部简单的道德剧，而是一部在强度和胆量上令人恐惧的作品，它暗示着一种危险的质疑。

* * *

戏剧不是现实生活，浮士德也不是马洛。然而，马洛却招致了灾难，他带着浮士德的嘲弄性的虚张声势走向堕落。有人声称，他虽然在剧中塑造了一个公正的上帝，但在现实生活中却蔑视上帝。在那个同性恋会被处以死刑的年代，马洛描写了爱德华二世与“甜心”加韦斯顿间必将以悲剧收场的爱情和欲望。马洛曾经是天主教徒，他在 1587 年成了沃尔辛厄姆手下的双面间谍，负责监视流亡至兰斯的英格兰天主教徒。马洛因亵渎上帝而遭到严重的指控：他拿基督教经典开玩笑；他是无神论者；他利用马基雅维利主义来分析宗教，认为宗教是威慑民众的手段。《西班牙悲剧》（*The Spanish Tragedy*）的作者托马斯·基德（Thomas Kyd）曾经与马洛同住一室，他与马洛结交的间谍对马洛提出了指控。1593 年 5 月，在一个位于德特福德的酒馆，马洛据说是卷入了斗殴事件而被杀害。对马洛的指控和他被杀事件的背后，都隐藏着沃尔特·雷利与第二代埃塞克斯伯爵之间的宫廷权力争斗。

马洛以诗会友，与雷利交往密切。马洛创作了优美动人，充满异教风情的情诗“多情牧羊人的情话”：

来到我身边，与我生活，成为我的挚爱，
我们将会享尽幸福，无比畅快，
在河谷、果园、山岗、原野相互依偎，
在寂静的树林、险峻的山峰缠绵幽会。

雷利用诗作答，暗示人生短暂，世事无常：

如果世间尽是情窦初开的男女，爱情没有老于世故的虚情假意，
如果所有的牧羊人都心口如一，
那么这种种快乐也许会让我喜上眉梢，

和你一起生活，与你百年偕老。

相同的宗教观念，或者说都缺乏宗教信仰，也将两人联系在一起。1592 年，耶稣会会士罗伯特·珀森斯指责雷利建立了“无神论学校”，让年轻绅士对基督教经典嗤之以鼻。也许马洛向“沃尔特·雷利等人宣读无神论讲义”的场所就是这所所谓的“学校”。如果马洛被坐实了无神论的罪名，那么雷利也会被怀疑。虽然托马斯·哈里奥特不太可能真的抱有亡者不能复生的异端思想，但一旦被证实，他的主子雷利肯定会受到牵连。尽管雷利的言论和著作都证明他不是无神论者，但无神论者的危险名声一直伴随着他。

剑桥大学基督圣体学院保管着一幅据说是马洛的肖像画；画的左上角有“*Quod me nutrit me destruit*”（滋养我的东西，同样也是毁灭我的东西）这样一句格言，传达出伊丽莎白时代知识分子喜爱的黑暗、深奥的信息。是什么滋养又毁灭了他：爱情、野心，还是知识？没有经验的观赏者很难理解伊丽莎白时代晚期的肖像画，而此幅画中的年轻人头脑中肯定翻滚着许多危险的思想。而画中深色的衣服，交叉的双臂，以及晦涩难懂的格言，都是描绘忧郁者的典型手法。与细剑、史诗、十四行诗、牧歌、流行的黑色系、同性之爱、无神论、马基雅维利主义一样，忧郁源于意大利，被视为与想象力、天赋密切相关的性格特质，伊丽莎白时期年轻的唯美主义者尤其喜欢摆出这种姿态。虽然忧郁可以算作言行举止，但到了 16 世纪八九十年代，它也是宣扬政治立场的手段。忧郁之人是对现状不满之人。他（不满之人通常是男性）怀才不遇，无法实现理想抱负，只能虚度时日，眼睁睁地看着对手夺走（他认为）本该属于自己的奖赏。与兄长菲利普爵士一样，罗伯特·西德尼爵士（Sir

Robert Sidney）没有获得荣誉以及与身份相称的官职，他在 16 世纪 90 年代在弗拉兴度过了半流放的时光，那里是他青春与前途的“坟墓”，他还创作了冰冷晦涩的诗歌，描绘了充满暴力与监禁的景象。

对伊丽莎白时代的新一代贵族来说，这是政治理想幻灭的年代。他们满怀希望进入王庭，发现只有无休止的等待，但迟迟等不来女王的重用与恩赏，因而变得心灰意冷，过上了挥霍无度的生活，毕竟他们拥有大把的金钱和时间。清教徒传道者、谨慎的父辈教导他们不要沾染恶习，可他们反其道而行之：赌博、决斗、乱搞男女关系。他们越陷越深，不仅赌注越来越大，而且还为了小事与人决斗，更是公开地“感谢女士们”，或者说表面上看如此。少数人的挥霍无度震动了整个王庭，因为这些人恰好是大贵族——埃塞克斯伯爵、南安普敦伯爵、拉特兰伯爵、牛津伯爵——更巧的是，他们的监护人是女王的重臣伯利勋爵（勋爵眼睁睁看着自己的忠告变成耳边风）。16 世纪末是传教士所说的英格兰在覆亡前最后的灿烂时光，其间战争、饥荒、瘟疫、死亡这四名《启示录》提到的灾厄骑士在各地横行，令穷人挨饿，基督收容院门口经常出现弃儿，像奥范·斯通加登、威廉·克罗伊斯特[①]这类姓名既是他们唯一的财产，也是他们凄凉身世的见证。英格兰政治体系愈发腐朽，让少数既得利益者过着纸醉金迷的生活。1597 年是穷人生活最为困苦

① 奥范·斯通加登的原文为Orphan Stonegarden，其中orpan的原意是孤儿，在古时经常会被用作弃儿的名字，而stonegarden则是指多石的花园，所以这个名字的意思有可能是“在有很多乱石的院子里被人捡到的孤儿”。威廉·克罗伊斯特的原文是William Cloister，有可能是指这个名叫威廉的孤儿是在回廊中被人发现的。

的一年，但还有廷臣用 2 000 镑包养情妇，而女王的侍女拉特克利夫则身穿银线织物[①]裁剪、价值 180 镑的华服出现在王庭。

埃塞克斯郡有位劳工在被问及“穷人能拿富人怎么办”时回答说：“如果穷人团结起来，富人又敢对穷人怎么样呢？”虽然这位劳工反唇相讥，但除了几次因粮食短缺而引发的暴动外，伊丽莎白时代的平民并没有起义。虽然人们的不满显而易见，但并没有演变成叛乱。1596 年，牛津郡有人意图发动起义，目的是刺杀大地主，而不是破坏私有财产，但最终未能成事。起义的发动者没有争取到足够的支持，平民虽然心存不满，能动性却非常不足，也没有认识到自己的力量。不过，统治阶层仍然担心穷人会了解自己的力量并利用它。一些统治者看到，英格兰的政治秩序只是空有其表，而实际早已是脆弱不堪。1593 年，富尔克·格雷维尔在议会上警告道，“我们都知道作为政治体双足的平民遭到了怎样的欺压，如果他们意识到自己力量强大，恐怕就不会像现在这样忍气吞声了”，而后他又提出了十分激进的建议——议会应该只向有能力缴税的人征收补助金。只有靠贫困、服从和权谋才能使穷人保持秩序。穷人传统上将贵族阶层看作领袖，而贵族却不愿为了那些导致贫困的弊端起义。英格兰终究还是爆发了叛乱，而参与其中的是对现状不满的贵族。他们通过史诗和莎士比亚、马洛这两位剧作家的历史剧，了解了中世纪英格兰男爵阶层与政坛新秀的斗争，而女王任用新人，剥夺他们认为本应属于自己的权力，以及损害贵族荣耀的做法令他们对王权极端不满。

① 银线织物与金线织物类似。

第十一章

宫廷与军营

伊丽莎白在位的最后几年

预测女王的死亡时间等同于叛国。然而，托马斯·哈里奥特在 1596 年（女王 63 岁的时候）还是秘密地为伊丽莎白占卜，预测她将会在 1617 年去世。她的臣民怀着焦虑的心情等待着新王即位，既希望又害怕她会活这么久。他们表现得好像女王会长命百岁，但心里清楚她不可能长生不死，所以对继位者是谁，以及新王继位后局势会如何发展深感不安。君主日见衰老，王国的政治道德也会每况愈下。伊丽莎白是都铎王朝最后一位君主，没有延续家族统治的利益诉求，也不会将王国的未来与个人利害联系起来；她一如既往地只注重眼前利益，只满足于维持自己的统治。然而，只要女王一息尚存，她就是统治者，她的意志仍是权威。女王知道人们猜测自己将在何时死去，便自我解嘲——自己已经死了，只是没有下葬而已（*mortua non sepulta*）。女王假装自己不会受到时间的影响，呈现出来的形象亦是如此。王庭中没有安放镜子，以防让女王看到自己衰老的面容，女王的画像也都经过粉饰，修复了因时光流逝而愈现苍老的容颜。只有“年轻的面具”这幅画像流传于世，成为敬爱女王的臣民珍藏的纪念品。女王要求一种如情人般的奴役，假装臣民的爱和责任是他们的选择，而不是她的强迫。廷臣必须膜拜女王，而将她奉为偶像也并不新鲜，他们也将此当作获取政治利益的手段。雷利称自己向圭亚那的酋长展示了女王的画像，但很快就收了起来，生怕他们犯下偶像崇拜的罪行。英格兰的童贞女王取代了天堂的童贞女王，成了民众崇敬的对象——伊丽莎白的生日取代了圣母马利亚降生日，成了举国同庆的节日。天主教徒就是这样指责新教徒的，而新教徒的否认显得很无力。

伊丽莎白的身边总有宠臣的身影，她要求这些宠臣必须唯命是从，随叫随到。莱斯特伯爵在 1588 年 9 月去世，令女王深受打击（但对某些人来说，这是一件可以与击败无敌舰队相媲美的大喜事）；1591 年去世的哈顿也是女王的宠臣。这些宠臣愿意分享女王的恩宠，女王也乐于让他们相互制衡。然而，在下一代宠臣中出现了一个想要独占女王恩宠的异类，引发了激烈的权力斗争，令王庭分裂。这个人就是第二代埃塞克斯伯爵罗伯特·德弗罗（Robert Devereux）。伯爵不仅拥有贵族血统，还拥有亚里士多德在《尼各马可伦理学》（*Nicomachean Ethics*）中描述的 *megalopsychia*（伟大的灵魂）[①]，表现出与高尚的灵魂相称的高尚品格、自尊心，他的英勇气概也与伟大的灵魂相得益彰。埃塞克斯伯爵受到良好的教育的熏陶，致力于为君主和臣民共同体效力。伯爵最为才华横溢的政敌当属沃尔特·雷利；他是文艺复兴时期多才多艺的代表——探险家、士兵、学者、诗人和炼金术士。尽管雷利得到女王的重用，过

---

① megalopsychia源自希腊语μεγαλοψυχία，意为伟大的灵魂。一般认为，这种品质有三大特点：不斤斤计较，勇于面对危险，愿意为崇高的目标奋斗。

上了“极为奢华的生活”，但他出身于德文郡的绅士家庭。埃塞克斯伯爵标榜自己的古老血统，对雷利冷嘲热讽：“我很清楚他之前是个什么货色，也知道他现在的嘴脸。”

雷利曾写道，“为了这场斗争，我浪费了整整12年的时间”，他指的是始于16世纪80年代晚期，宠臣间为了争宠而进行的争斗。他们起初将十四行诗和肖像画当作武器。1588年，雷利请人为自己画了一幅肖像，画中的他着装的主色调是女王偏爱的代表忠诚的黑色和纯洁无瑕的白色，他的左耳垂上戴着一颗珍珠，也是女王心爱的珠宝。人物的右侧写了一句格言“*Amor et virtut*”（充满爱，以美德为荣），格言上方画有一弯新月。新月代表了雷利对月亮女神辛西娅的崇拜，辛西娅是大海的主人，虽有阴晴圆缺，却始终如一，正是女王本人的写照。起初，对辛西娅的崇拜只是自诩为“海上牧羊人”的雷利的个人崇拜，但不久辛西娅就成了英格兰人崇拜的对象。在同一时期，另一位年轻贵族也画了一幅肖像画。他忧郁地站在象征女王的红蔷薇丛中，倚靠着一棵象征永恒的大树，也穿着黑白色调的制服。最上方的格言“*Dat poenas laudata fides*”（广受赞赏的忠诚却是我苦难的源泉）将年轻人与古罗马军事领袖、受罗马公民爱戴的庞培联系到了一起①。这个年轻人就是大红大紫的埃塞克斯伯爵。这幅画像是他抒发苦闷心情的手段——他对女王忠心耿耿，却得不到回报。伯爵自认女王对自己恩宠有加，所以与女

① Dat poenas laudata fides引自古罗马诗人卢坎的史诗《内战记》，是托勒密十三世的宦官波提纽斯在杀害庞培前对他说的话，全文为“Dat poenas laudata fides, cum sustinet inquit quos fortuna premit”，意思是“人人都颂扬忠诚，但如果选错了效忠的对象，忠诚的人就必须付出代价，被命运碾压”。

王间既有争吵，也有和解，既有无理取闹，也有宽恕与谅解。伯爵自比为庞培可能会惹祸上身。他的密友弗兰西斯·培根好言相劝，称通过煽动民众来获取支持，以及依靠赢得战功建立威信，就好比伊卡洛斯的双翼，最后会将人带向致命的太阳。

1596 年，伯爵对秘书安东尼·培根（Anthony Bacon）说："我知道上帝对我委以重任，想要让我完成伟大的事业。"这项伟大的事业不是奉承年迈的女王，尽管这似乎是他的命运，而是要将战火烧到西班牙，为英格兰和他自己赢得荣耀。伯爵不是天生的宠臣，他通过对女王虔诚的侍奉和竭力的劝说，才赢得了军事指挥权。菲利普·西德尼去世前将宝剑赠与埃塞克斯伯爵，希望他能继承骑士精神，实现未竟之志。1590 年，伯爵率领追随者来到骑士比武场，他们身着黑色丧服悼念西德尼，"他曾发誓要永远成为西德尼的继承人，充满仁爱之心，且能征善战"。埃塞克斯伯爵娶了西德尼的遗孀，这让女王很不高兴。沃尔辛厄姆、莱斯特伯爵、诺利斯、迈尔德、西德尼是态度较为激进的新教徒，他们结成联盟，共同对抗埃塞克斯的激进天主教势力，认为只有通过战争才能实现和平。反对这种观点的是女王和有着"老萨图尔努斯[①]"之称的伯利勋爵，到了伊丽莎白统治的后期，伯利勋爵身兼财政大臣、王室监护法庭庭长[②]、国务大臣三大要职，影响力极大。伊丽莎白向来反对宏大的

① 萨图尔努斯是罗马神话中的神祇，为朱庇特、尼普顿、普路托等主要神祇的父亲。

② 王室监护法庭由亨利八世设立，职责除了包括管理监督封臣履行封建义务的体系，还要代替君主行使对贵族继承人的监护权。作为庭长，塞西尔是所有失去了父母的贵族后代的监护人，在他们成年之前有权管理他们的领地。

计划，更不想让宗教主宰国家政策。女王天性谨小慎微，也没有扬立军威、建立帝国的冲动，再加上她对财力状况有自知之明，所以她总是倾向于防御外敌入侵，而不是发动战争。但埃塞克斯伯爵瞧不起那些缺乏荣誉感，只想维持国内和平的人。为了女王，他甘愿“将危险当作游戏，将死亡当作筵席”。

击退“无敌舰队”并不是结束，反倒拉开了英格兰与西班牙全面战争的帷幕。对西班牙来说，这场战争不再是报复性的袭击，而是一场复仇之战，并彻底征服英格兰、法国、尼德兰。事态的发展令伊丽莎白不得不发动令她谨慎的天性避而远之的进攻性战争。1589 年，无敌舰队不仅缺兵少将，舰船也不适合出航，只能在西班牙港口停靠，而西班牙当局则紧锣密鼓地备战，想要尽快让无敌舰队恢复。对英格兰来说，此时正是派舰队“进攻西班牙腹地”的大好时机。令人颇感意外的是，伊丽莎白抓住了这次机会。1589 年 4 月，一支英格兰舰队扬帆启航；舰队共有 1.9 万名士兵、4 000 名海员，与西班牙无敌舰队几乎不分伯仲。此次远征共有三大目的：一是摧毁西班牙的战舰；二是将唐・安东尼奥（Dom Antonio）拥立为葡萄牙国王；三是占领亚速尔群岛，为袭扰西班牙的贸易航线提供基地。

意见的分歧和目的上的冲突甚至在航行时就破坏了这个“葡萄牙计划”，而与其说这是一个皇家舰队，不如说是一个大规模的私掠船队；指挥官德雷克和诺里斯在成为海军将领之前就是冒险家。女王的首要目标是摧毁西班牙舰船，防止无敌舰队再次入侵英格兰，但两位指挥官另有打算，他们只想猎取战利品和洗劫里斯本。他们准备海陆合击，攻占里斯本，但海陆军协作不力，而葡萄牙人也没有群起响应，支持唐・安东尼奥。对女王来说，葡萄牙计划是一场大灾难，而对她的士兵来说，则是一场更大的灾难，有超过半数的士兵不是当了逃兵，就是死在了异国他乡。遇挫之后，伊丽莎白决定再也不为赢得军事荣耀而冒险了。埃塞克斯伯爵与女王的想法相反。在计划刚开始时，伯爵不顾女王的禁令，擅自离开王庭，在一天半的时间里骑行了 220 英里（不愧是御马官），赶到普利茅斯参加远征。围攻里斯本未果后，他将长矛扎进里斯本的城门，宣称总有一天会回到这里。

* * *

到目前为止，英格兰避免了像法国、尼德兰那样爆发内战。英格兰观察家将法国视为“上演悲剧的舞台”，他们目睹了宗教狂热演变成暴力革命，以及一个王朝灭亡的极端过程。1584 年，法国的天主教联盟重组，除了要恢复“神圣的教会”外，还要防止信奉新教的继承人登上王位，并准备清洗东部各省的胡格诺派信徒。在巴黎，天主教联盟最激进的成员“十六区”[①] 派遣数以千计的激进分子组建基层组织，并计划在法国各地建立类似的组织网络。在认识到亨利三世对天主教事业缺乏热情后，“十六区”策划了针对他的政变；1588 年 5 月，巴黎市民按计划封锁了出入市区的交通要道，把亨利三世赶出了城。吉斯公爵成了巴黎的统治者。1588 年年末，即将失去王位的亨利国王命人刺杀了吉斯公爵，传教士也将吉斯家族的枢机主教称作当代的希律。天主教联盟走上了更加绝望

---

① “十六区”是一个致力于守护天主教信仰的组织，得名于当时组成巴黎城的十六个城区（巴黎是全法国天主教信仰最为坚定的城市）。

的道路，在没有法律依据也没有先例的情况下，将宗教使命当作理由，称亨利三世未能履行国王的神圣职责，所以联盟无法向国王效忠。“十六区”开始在巴黎施行恐怖统治，甚至建立了革命公社。亨利三世被迫与信奉新教的王位继承人纳瓦拉的亨利结成联盟，并在 1589 年 4 月，率领瓦卢瓦、波旁王朝组成的联军准备与天主教联盟交战。这个联盟并没有维持多久，因为在 7 月，瓦卢斯家族的末代国王亨利三世被暗杀了。英格兰当局不断接到来自法国的线报，得知在这段政治危机时期，法国人的虔诚心备受折磨，举行了壮观的火炬游行，并掀起了悔罪狂潮。

法国成了“基督教世界的大舞台，所有国家都想要在这场悲剧中登场，扮演自己的角色”。亨利・昂顿爵士（Sir Henry Unton）在 1593 年的议会会议上如此评价。腓力二世必然会阻止纳瓦拉的亨利成为法国国王。1589 年 9 月，帕尔马亲王接到了命令，虽然不太情愿，但还是率领驻扎在佛兰德斯的军队去驰援天主教联盟。这令欧洲宗教战争的局面发生了巨大的变化。西班牙军队在尼德兰节节胜利，在经历长期的消耗，快要看到胜利的曙光时，亲王突然离去，军队只得转攻为守。西班牙在尼德兰的军队只剩下老弱残兵，而尼德兰军队在英格兰士兵的支持下，并在极具军事天赋的那骚的莫里斯（Maurice of Nassau）的统领下变得信心百倍。英格兰在尼德兰的目标并没有改变。英格兰应当守护尼德兰人的特权，但不能支持尼德兰人争取独立，因为尼德兰一旦独立，就必定难逃被法国吞并的厄运。像以前一样，英格兰的安全取决于两个大国之间的平衡，所以英格兰急需法国恢复国力，对抗好战的西班牙。

1589 年，腓力放弃了“英格兰计划”，开始推动“法国计划”，这一调整只是暂时缓解了对英格兰的威胁。帕尔马亲王的军队离法国的边境线越近，英格兰的危险就越大，因为一旦英吉利海峡法国一侧的海岸线被西班牙控制，无敌舰队的入侵就会事半功倍。天主教联盟的势力范围东起洛林地区，西至布列塔尼，对英格兰来说是近在咫尺的威胁，因为在之前的历史中，曾经有过征服者通过诺曼底入侵了英格兰。1587 年，伊丽莎白曾经借款给纳瓦拉的亨利，用来雇用德国佣兵，所以现在女王也必须提供援助和资金；她这样做不仅是想要帮助亨利守护自己的权利，防止法国沦为西班牙的附庸国，也是为了确保英格兰的安全。1589 年 9 月，威洛比勋爵率领 4 000 名英格兰士兵前往法国，准备辅助亨利。如果没有英格兰援军，亨利几乎难以在战场上与敌人对抗，但他无法为援军提供军需物资。英格兰军队既领不到军饷，又得不到军粮，还受到了疾病的侵袭，减员严重。亨利四面受敌、穷困潦倒，只得将军营当作王庭，而且只控制着法国的半壁江山，根本无力将天主教联盟逐出法国北方。他的首要目标也在别的地方。“十六区”仍然控制着巴黎，所以亨利必须首先占领王都，才能着手夺回整个王国。1590 年，亨利率兵围攻巴黎，但因帕尔马公爵在 9 月率大军解围，最终无功而返。

诺曼底从法国激进天主教势力的核心腹地跃升为国际政治的焦点。1591 年，伊丽莎白派出了两支远征军，分别前往布列塔尼、诺曼底。英格兰随后为此投入了大量的人力、财力——1589—1595 年，英格兰总共向欧洲大陆派遣了 2 万名士兵，军费开支高达 37 万镑。然而，这些投入几乎都打了水漂。亨利的策略和迫切需求与伊丽莎白的并不一致。伊丽莎白无法让亨利信守承诺，无法让他准时到达约定的地点，也无法让他全力支持被他视为辅助的英格兰军队。亨利指责伊丽莎白，称她“面对如此强大的敌人，竟然还想节省军费”，她自己作壁上观，却让他在法国奋战。然而，在那些厌战的指挥官看来，这场战争早已变得劳民伤财，而他们也被迫做出在国内不受欢迎的决定，对于那些在面目全非的法国农村漫无目的地游荡，已经衣衫褴褛、溃不成军的英格兰士兵来说，代价也足够大了。亨利厌倦了无休止的战争并面临失败的前景，而在 1593 年 4 月有传言称他准备“自甘堕落，做出转变”，放弃新教信仰。1593 年 7 月，亨利前往圣德尼大教堂望弥撒，以皈依天主教为代价，入主巴黎。伊丽莎白心乱如麻，既为亨利的背信弃义而痛苦，又害怕他与西班牙结盟并拒绝偿还债务。女王从哲学中寻求慰藉，把斯多葛派的波爱修斯（Boethius）的著作翻译成了英文[①]。

英格兰在法国的作战既不成功，也没有赢得荣耀。然而，在英格兰尚武的贵族阶层看来，前往法国作战是展现骑士精神的大好机会，他们认为自己是天生的指挥官，但还未能在战场上一试身手。埃塞克斯伯爵写信给伊丽莎白，请求女王让他指挥军队：当军队在那里作战时，诺曼底就是“我们这个时代最伟大的学校”。伯爵手下“英勇的骑士”抵制女王对他们的驯服，想在展现骑士精神的冒险行动中扬名立万，他们“逞匹夫之勇”，与敌军发生没有意义的小规模冲突，而且有时会为此丧命——比如，伯爵的弟弟沃尔特。女王警告亨利四世，称埃塞克斯伯爵行事鲁莽，建议亨利给他套上“缰绳”，而不要使用“马刺”。在鲁昂城下，伯爵向勒阿弗尔总督维拉尔公爵发出单挑的挑战。女王不为所动，指责他“像敢死队一样”，在战斗时冲在最前面送死。

1592 年，埃塞克斯伯爵从诺曼底返回王庭，受到了惨痛的教

① 波爱修斯是6世纪早期的哲学家，被奉为“最后一位罗马哲学家”“经院哲学第一人”；伊丽莎白翻译的著作是《哲学的慰藉》。

训：其一，军人的荣誉得不到奖励，也不受重视；其二，他的政敌趁他不在的期间削弱了他的权势；其三，在伊丽莎白时期的政治中，笔比剑更有力。伯利勋爵想让能力出众的儿子罗伯特·塞西尔继承自己权势、官职。1592 年，有人声称伯利勋爵存心打压古老的贵族家庭，很快又有人称塞西尔家族只提拔“出身低微的文书”。埃塞克斯伯爵仪表堂堂，而驼背的塞西尔其貌不扬，两人之间的对比体现了文艺复兴时期骑士精神与文官风度的对立。塞西尔决心继承父亲的衣钵，大权独揽，而埃塞克斯伯爵誓要阻止他的企图。伯爵想要进入枢密院担任大臣。他决定掌握足够的知识，让自己可以引导局势的发展，为此伯爵成立了秘书处，将堪比受过最好教育的贵族的英才任命为秘书，让他们收集与外交事务相关的情报并制定“谋略”。1593 年 2 月，埃塞克斯伯爵终于宣誓成为枢密院的大臣。

埃塞克斯伯爵的一个主要政敌也被迫暂时退出政治舞台。1592 年夏，伊丽莎白发现雷利背着自己与寝宫的女官贝丝·思罗克莫顿（Bess Throckmorton）成婚，不仅玷污了她的一个女官，还侵犯了宫廷内的所有秘密。雷利遭到驱逐后，埃塞克斯伯爵的朋党为伯爵把他赶出王庭，并赶到爱尔兰而高兴。

* * *

1593 年 5 月，失宠的雷利致信罗伯特·塞西尔，绝望地写道：“我们身陷无休无止的法国战争，反倒忽略了对要害之地的防守。”爱尔兰遭到入侵的风险，关乎国内的防御，必须优先考虑，其他一切，甚至国家的偿付能力，都要为此让路。该年春，雷利警告称“爱尔兰人重新勾结了起来”，将会造成严重的威胁，但他好似“特洛伊的预言者”[①]，无法说服众人。雷利抱怨说，女王已经为爱尔兰耗费了大量的财力，还不如花更少的钱买一个更好的王国；而且如今爱尔兰的局势更加岌岌可危。西班牙人把爱尔兰人武装了起来，让“一大帮乞丐骑到了我们头上”。雷利还在信中揭露出治理爱尔兰的英格兰官员日益加深的失望和分歧。他认为，16 世纪 80 年代的爱尔兰“就像待宰的羔羊”，但英格兰当局没能抓住大好的机会。

1580 年，亨利·西德尼爵士在为下一任爱尔兰总督威尔顿的格雷勋爵出谋划策时，暗示在爱尔兰的英格兰官员间存在分歧：他们应当暂缓还是追求“在那个可憎的国家推行全面改革”呢？在帕莱地区和芒斯特，格雷选择了第二条路线，残酷地镇压爱尔兰人。在道德和政治需要的驱使下，格雷对那些他认为“阴险狡诈，背信弃义”的爱尔兰人毫不怜悯和宽恕。在那里，同情是一种错觉。在英格兰的强硬派看来，格雷展示出只要善于利用饥荒与武力，就可以在爱尔兰推行“完美的改革”，但在那些希望通过外交手段劝说爱尔兰人进行改革的人看来，高压手段的局限性显而易见，虽然能在短时间内奏效，却无法实现长期的政治利益。1582 年，格雷在质疑的声浪[②]中卸任总督之职。两年后，前芒斯特地方军事长官约翰·佩罗特爵士（Sir John Perrot）成为新一任总督，他曾在 16 世纪 70 年代向

---

① 指特洛伊城中海神波塞冬的祭司。他曾警告特洛伊人，要他们不要接受希腊人的木马，但白费口舌，还搭上了性命。

② 格雷虽然镇压了第二次德斯蒙德叛乱，大体上恢复了爱尔兰的秩序，但他的某些手段却遭到了质疑。比如，他下令屠杀了斯梅里克的守军；又比如，他以莫须有的罪名处死了曾经担任爱尔兰民事诉讼法院首席大法官的尼古拉斯·纽金特。

议会提出野心勃勃的计划，成为总督之后，马上表现出对改革的狂热。他一方面想要彻底镇压芒斯特，建立大量的殖民地；另一方面又计划将盘踞在爱尔兰东北方的苏格兰人驱逐出境，粉碎特洛・卢恩尼奇・奥尼尔及其妻子金泰尔女爵在该地区建立“新苏格兰”的计划，最终平定阿尔斯特。以往的经验充分证明，只要能够控制住阿尔斯特，爱尔兰岛就有可能风平浪静。他认为只要废除酋长继承人制度，就可以解决永无休止的继承权纠纷，以及各大盖尔领地因纠纷而愈演愈烈的军事化问题。更加野心勃勃的是，他重启了西德尼的征税方案，准备与爱尔兰各地的领主协商，在爱尔兰全境敲定统一的“补偿金”，取代旧有的“地方税”（各种苛捐杂税），从而让政府获得稳定的收入，并能够成立地方民兵组织。

1584 年，佩罗特首次前往爱尔兰各地巡视，之后他每年都会前往爱尔兰盖尔文化区的核心腹地巡察；同年 8 月，他进军安特里姆，驱逐该地的苏格兰人。该年秋，他劝说阿尔斯特境内的爱尔兰领主放弃按照旧习俗要求领民缴纳税捐，而以固定金额的地租取代之，与领主使用私人武装收取的税捐相比，由英格兰驻军收取的固定地租金额更高。在领民被迫接受补偿金之后，大部队便会撤出领地，留下小规模的驻军为领主按照商定的金额收取地租。然而，伊丽莎白否决了佩罗特修建一系列堡垒的计划，破坏了他的政策。佩罗特无法震慑阿尔斯特各地的领主，防止他们利用组建的军队“鱼肉乡里”，或发动私人战争[①]。阿尔斯特的绝大部分地区很快就分

① 按照佩罗特的“补偿金”计划，阿尔斯特的领主在获得固定的地租之后，应当向英格兰当局缴纳价值相当于1.3万镑的军需物资，用来为1 100名英格兰士兵提供给养，从而防止苏格兰人卷土重来，重新进入阿尔斯特。为了确保计划的顺利执行，佩罗特提议在阿尔斯特境内建立7座

成了三个代管者的辖区，分别由亨利·巴格纳尔爵士（Sir Henry Bagenal）、特洛·卢恩尼奇·奥尼尔、邓甘嫩男爵休·奥尼尔管理。此三人相互猜忌，而对那两位以奥尼尔自居的领主来说，英格兰当局任命的代管者职位不能与阿尔斯特领主的头衔相提并论，所以他们仍旧为了领主的地位明争暗斗。

佩罗特颠覆盖尔领地的社会及政治结构的决心甚至在他的就职演讲中就很明显了，他承诺将会终结“泥腿子”受到的压迫。1584 年年末，佩罗特开始在奥赖利家族的领地东布雷夫实施以分割领地为手段来推翻酋长继承人制度的计划。他将奥赖利家族的领地一分为四，任命该家族四个主要分支的头领为领主，令酋长继承人制度被搁置。然而，在梅奥，佩罗特在 1586 年想要将下麦克威廉领地一分为六，赐给六个竞争对手，结果导致伯克家族及其从属氏族发动叛乱。“他们会有一个麦克威廉领地”，伯克家族宣称，“否则他们会去西班牙找一个。”

佩罗特继续对盖尔人领主的领地进行攻击，以使盖尔人领主将领地上交君主，而君主则反过来以公开令状或契约的形式，把领地重新赐给领主。到佩罗特卸任的时候，只有奥唐奈、奥卡恩、奥罗克三位大领主没有同意在交出领地后接受分封。然而，盖尔人领主的服从通常都是权宜之计，他们与当局达成协议则是获取私利的手段，被用来篡取领地内从来不属于他们的权利、土地。就算他们缺乏遵守协议的意愿，他们同样也缺乏违反协议的实力。他们向

堡垒，并且另外招募2 400名士兵作为堡垒的驻军，但这一提案却遭到了女王的否决。到头来，各地的领主反倒变成了用“补偿金”组建的军队的指挥官，而军队的士兵则更是只能靠在领地内横征暴敛来维持生计。

女王效忠，向当局缴纳地租，而当局保证他们免遭盖尔人宗主的欺压。所以，斯莱戈的奥康纳酋长才会指望获得女王的保护，以对抗特康奈尔的奥唐奈。然而，当局没有提供保护，所以这位领主发现自己既受制于女王，又受制于奥唐奈，必须同时上缴两份贡赋，最终不得不在两者之间做出选择。

佩罗特的许多政策都是宣言式的、流于形式的、不攻自破的，结果不仅地租没收上来，许多协议也没有兑现。在阿尔斯特，他重新规划盖尔人领地的计划成了一出闹剧。改革的计划越是宏大，失败就越大。都柏林和伦敦的许多批评者现在成了他的政敌，这不仅是因为他的专制和粗暴的风格，还因为他的政策失败了。许多管理爱尔兰的英格兰官员认识到，武力镇压是在爱尔兰推行改革的唯一途径。当爱尔兰人始终拒绝承认英格兰的法律和行政程序有着无可比拟的优越性时，推广英格兰法律和文明的希望就破灭了。改革派的方案被强硬派更为残酷的计划取代。当面对英格兰与西班牙开战的新需求时，改革派也做出了让步，他们害怕西班牙从东边入侵，而没有意识到从西边入侵的可能性。1586 年，伊丽莎白命令佩罗特停止一切可能产生开支的政策。沃尔辛厄姆同情地告诉佩罗特，他应当生活在亨利八世的时代，那时“君主意志坚定，不会令光荣事业半途而废”。1588 年年初，佩罗特卸任总督时，爱尔兰虽然维持着表面的和平，实际上却暗流涌动。

芒斯特很安静，但这种安静来自疲惫和绝望。1583 年，德斯蒙德叛乱遭到残酷镇压之后，芒斯特变得人烟稀少，一些人认为殖民是解决爱尔兰问题的灵丹妙药，可以令爱尔兰在混乱中重生。“殖民”既是耕种土地的过程，也是培养文明礼仪的过程。1585 年 12 月，当局制订了在芒斯特殖民的计划。芒斯特的土地将会被分成大小均为 4 800 公顷，名为领地（反映出殖民者想要成为领主的愿望）的地块，分配给“致力于”让英格兰定居者（而不是爱尔兰定居者）安居乐业的英格兰殖民者。雷利是弗吉尼亚殖民者，虽然与芒斯特殖民计划没什么关系，但他摆出了廷臣的架子，无视任何殖民者只能领取一块领地的限制，获取了三块半领地。1587 年，他在科克郡、沃特福德郡两地拥有 1.6 万公顷最为肥沃的土地，之后还在 1588—1589 年成为约尔的市长。

埃德蒙·斯宾塞在位于科克郡基尔科曼的宅邸创作了诗歌《柯林·克劳特重返家园》(*Colin Clout's Come Home Again*)，描述了两个牧羊人相会的场景。诗中名叫柯林·克劳特的牧羊人就是斯宾塞本人，而“海上牧羊人”则是雷利。“他吹起笛子，为我的歌声伴奏，之后轮到我吹笛子，为他的歌声伴奏。”柯林哀叹自己遭到流放，“在那片荒芜之地，几乎被人遗忘”，但“重返家园”之后他发现，自己的家乡已经不是英格兰，变成了爱尔兰。从“辛西娅的土地”被放逐是痛苦的，因为英格兰与芒斯特不同，“既没有可怕的饥荒，也没有狂暴的刀剑”。而在荒野生活能够让人享受自由。在爱尔兰，斯宾塞不仅想念英格兰，还想念他所在的新教团体致力于拯救全欧洲基督徒灵魂的那段一去不返的时光。正是在爱尔兰，斯宾塞创作了兼具预见性、启示性、寓意的史诗《仙后》。在芒斯特，斯宾塞创作了另一部作品，但这部作品远非描绘骑士精神的史诗，而是一份新英格兰人的宣言，一部希望彻底破灭又冷酷无情的作品——《爱尔兰现状大观》(于 1596 年成书，但由于审查，直到 1633 年才出版)。由于生活在英格兰统治区的边境地带，被因失去土地而充满敌意的爱尔兰人、盎格鲁－爱尔兰人包围，境况险恶又凄凉，所以斯宾塞考虑用极端的方法来解决爱尔兰的问题——用饥饿、驻军、彻底征服来应对叛乱的威胁。

爱尔兰成了实用主义者、殖民者、强盗的天下。接替佩罗特的威廉·菲茨威廉爵士（Sir William Fitzwilliam）精通爱尔兰事务，在 1588 年再次作为总督重返爱尔兰[①]。菲茨威廉没有理想，也不支持任何派系或政策，他主要想避开返回伦敦的佩罗特的暗算，并用爱尔兰人的贿赂减轻这份差事的痛苦。他采用放任不管的态度，认为只要顺其自然，就可以维持表面的和平，这是他的妄想，也是爱尔兰的不幸。佩罗特曾经竭尽全力控制各省充满野心和干劲的官员，而菲茨威廉玩忽职守的统治风格很快就令这些官员成了脱缰的野马。1584 年夏，理查德·宾厄姆爵士（Sir Richard Bingham）受命在康诺特实施戒严法，结果矫枉过正。1586 年，他"深入密林、翻山越岭"，"缉捕"发动叛乱的梅奥·伯克家族，在阿尔德那丽屠杀了上百名伯克家族的苏格兰雇佣兵。宾厄姆重新就之前敲定的"补偿金"协议展开谈判，在增加自己份额的同时，剥夺了一些爱尔兰领主获取"补偿金"的权利，并调整了当局曾经授予的特权，以及之前与其他一些领主达成的协议，其中以奥罗克受到的影响最大。宾厄姆穷兵黩武、无视法纪的做法，令爱尔兰人和他的顶头上司都感到震惊。菲茨威廉用都铎时期最为恶毒的话形容宾厄姆，称他是"无神论者"。1589 年 12 月，都柏林法庭宣判宾厄姆没有犯下治理不当的罪行，被判无罪之后，宾厄姆马上开始对付伯克家族及其追随者，而此时伯克家族反抗宾厄姆统治的叛乱已经蔓延到梅奥、斯莱戈和利特里姆。此后，宾厄姆巩固了对康诺特的军事控制，并将军衔赐

① 他曾经在1571—1575年担任爱尔兰总督。

给了兄弟、近亲、好友，建立起权力网，过上了好似专横的盖尔人领主的日子。

将爱尔兰划分为郡是从亨利·西德尼爵士担任总督时开始的，到佩罗特担任总督时完成，在爱尔兰建立起英格兰人熟悉的地方政府体系，任命了包括郡长、执达吏、治安官在内的地方官。然而，他们的激励机制和统治方法与英格兰各郡忠实的官员截然不同。"这些总管、郡长、其他大小官员本应是改革者……却成了破坏者"，新英格兰士兵巴纳比·里奇（Barnaby Rich）写道。1588 年，斯莱戈的奥康纳的土地被没收，成为女王的领地，而休·罗·奥唐奈遭到佩罗特的劫持，成为都柏林城堡中的阶下囚，斯莱戈的民众得以暂时摆脱斯莱戈的奥康纳、奥唐奈的横征暴敛，但是乔治·宾厄姆（George Bingham）队长却开始"鱼肉乡里"，为了获取钱财，不惜动用私刑。新的郡长率领大批随从前往郡内各处巡察，除了要求治下之民提供餐食、住宿，还像之前的爱尔兰领主那样收取"黑租"。16 世纪 80 年代末，英格兰当局在爱尔兰北方开展巡回审判，将阿尔斯特纳入王权的司法管辖范围，并将执行法庭判决的职责交给了亨利·巴格纳尔爵士，但盖尔人领主休·奥尼尔却认为，巴格纳像"土皇帝"一样统治自己的辖区。在爱尔兰人看来，英格兰法律的普及似乎带来的是奴役，而不是司法公正。

菲茨威廉并不想推行改革。然而他的所作所为让盖尔人领主认为他是个独断专行、只顾私利的人，担心失去自己的权力、土地和习俗。在阿尔斯特南部，麦克马洪家族因争夺领地奥利尔起了争执，菲茨威廉的裁决十分极端，好似杀鸡儆猴，令盖尔人领主为之恐惧。1587 年，麦克马洪领主为了不再受蒂龙伯爵休·奥尼尔的统治，将土地交给了当局，但是到了 1589 年 8 月，这一任麦克马洪领主去世之后，氏族成员否认了英格兰的主权，并在蒂龙伯爵的支持下，按照盖尔人的习俗选出了新一任麦克马洪。菲茨威廉按照英格兰法律逮捕了继承人休·罗·麦克马洪（Hugh Roe MacMahon），指控他犯了叛国罪①，而爱尔兰人认为，麦克马洪真正的罪行是没能照着约定的金额向菲茨威廉行贿。由于麦克马洪只是“违反了边境法，这对那里的居民来说只是家常便饭”，所以女王敦促菲茨威廉谨慎行事，但没起什么作用。他对麦克马洪审判的合法性令人生疑，死刑的执行也显得武断，而随后发生的事情则撼动了盖尔社会土地保有制度的根基。菲茨威廉把麦克马洪的领地分给了七位领主，还将大片土地分给了新出现的世袭地产保有者阶层。在蒂龙伯爵看来，这种做法威胁到了自己对从属领主的宗主权。盖尔人领主也认识到，必须遵守与王权达成的协议，否则就会成为报复的对象。他们都“惶惶不安”，猜测谁会成为下一个打击对象。

下一个遭到打击的是布赖恩·奥罗克爵士（Sir Brian O'Rourke）。奥罗克发动了叛乱②，结果宾厄姆入侵他名下的领地西布雷夫，导致这块如今被重划为利特里姆郡的土地于1590年春被占领。奥罗克前往特康奈尔避难，之后来又前往苏格兰招募雇佣

① 一共有4名麦克马洪家族的成员想要争夺领地的继承权，菲茨威廉的本意是将领地一分为四，但由于继承权的争夺者全都不认可这样的分配方案，所以他便将休·罗·麦克马洪定为唯一的继承人。之后，他派遣步兵400人随休进入麦克马洪领地，驱逐了当选酋长继承人的布赖恩·麦克马洪·欧格。然而，菲茨威廉的态度突然发生180度大转弯，以劫掠牲畜的罪名逮捕了休，之后又指控他私自发动战争，犯下了叛国罪。

② 促使他发动叛乱的原因有两个：其一，他对当局在1585年时开出的“补偿金”条件心存不满；其二，他不愿当局将自己的领地划为利特里姆郡。

兵，但在 1591 年 4 月被詹姆士六世引渡回了英格兰。奥罗克因不承认女王的君主权，以及向无敌舰队遭遇船祸的西班牙士兵提供援助，而遭到了叛国的指控。尽管奥罗克犯下叛国罪的地点是爱尔兰，爱尔兰也有相应的法律来审判他，但他仍然在英格兰接受了审判，因为他犯下了针对女王的叛国罪，理应在英格兰受审。1591 年 10 月，奥罗克在泰伯恩刑场被处以绞刑，对所有不愿承认女王君主地位的盖尔人领主来说是不祥之兆。

休・奥尼尔在阿尔斯特雄霸一方，实力不断增长，阻碍了阿尔斯特及爱尔兰全岛的改革。奥尼尔幼时前往帕莱地区，在新英格兰人的家庭中长大，不仅熟知英格兰人的作战方式、文明礼仪，还结交了许多伦敦、都柏林的权贵，他长大后获封邓甘嫩男爵，之后于 1585 年成为蒂龙伯爵，他兼具盖尔文化、英格兰文化两方面的特点。但自 1579 年起，在成为奥尼尔家族的酋长继承人之后，他还想要获得奥尼尔的名号，成为阿尔斯特的亲王。休・奥尼尔以帕莱地区英格兰利益的守护者自居，标榜自己与特洛・卢恩尼奇、麦克沙恩家族对抗，守护阿尔斯特的和平，并宣称自己遭到贪得无厌的英格兰官员的排挤，没有得到应有的奖赏。然而，英格兰政府早就认清了他言而无信、妖言惑众、诡辩欺世的嘴脸，怀疑他有不忠之心。1588—1591 年，麦克沙恩家族实力强盛，而蒂龙伯爵陷入困境，但英格兰当局没有趁机打压伯爵的势力，到 1592 年才发现为时已晚。

奥尼尔家族长久以来的权力斗争使家族领地蒂龙动荡不安，到了 16 世纪末，内斗落下帷幕，下属领主纷纷脱离特洛・卢恩尼奇的控制，投奔了休・奥尼尔。1592—1593 年，休・奥尼尔挤压了家族其他支系的生存空间，完全控制了蒂龙领地。他以婚姻和寄养为手段，与阿尔斯特境内的大部分领主都建立了联系：弗马纳的休・马圭尔（Hugh Maguire of Fermanagh）和休·罗·奥唐奈成了他的女婿。奥尼尔还与亨利·巴格纳尔爵士的妹妹玛贝尔私奔，尽管巴格纳尔对奥尼尔充满敌意，也不赞同这门婚事，但最后也只能认了这个妹夫。1587 年，佩罗特劫持了奥唐奈，目的是要限制奥尼尔家族的势力[①]，所以 1591 年年末，奥唐奈逃离都柏林城堡前往特康奈尔不仅是一个英雄冒险故事，也极具政治意义。回到领地后，休·罗·奥唐奈对英格兰人的入侵满腔愤怒，发誓要重建威信，令遭受外敌蹂躏的领地重获新生。1592 年 2 月，他将威利斯队长（Captain Willis）赶出了多尼戈尔修道院。同年 5 月，他获得奥唐奈的名号，成为宗族的酋长。爱尔兰北方两大领地蒂龙、特康奈尔长久以来的继承权之争和传统的敌对关系都已解决，并结成了危险的联盟。

1593 年春，威利斯队长入侵马圭尔的领地，并试图成为弗马纳郡郡长，迫使马圭尔家族发动叛乱。马圭尔家族的吟游诗人伊尔柴德·奥伊尔顾萨（奥赫西，Eochaidh Ó Heóghusa）将休·马圭尔奉为大救星，称他将用英格兰人的鲜血浸透爱尔兰的大地，让爱尔兰重享和平与繁荣：“休就像大地一样，守护着弗马纳。”1593 年 5 月，马圭尔的军队进入斯莱戈，而布赖恩·麦克阿特·麦克巴伦（Brian MacArt MacBaron）入侵了位于阿尔斯特最东端的南克兰迪博伊。马圭尔是奥尼尔的女婿，而麦克巴伦是奥尼尔的侄子，两人都不可能在不告知奥尼尔，没有得到允许的情况下擅自行事。在叛乱爆发之前，爱尔兰天主教会各教区的主教于 1592 年年末在特

① 1587年，休·罗·奥唐奈与奥尼尔家族订立婚约；为了防止这两大家族结成同盟，时任爱尔兰总督的佩罗特以邀请奥唐奈赴宴为由，把他劫持到都柏林城堡，关押了起来。

康奈尔召开了宗教会议。这些“勾结在一起的爱尔兰人”将目光投向了爱尔兰以外的西班牙，呼吁腓力二世提供援助以拯救爱尔兰和爱尔兰教会。腓力没有提供援助。虽然奥尼尔的名字没有出现在请愿书上，但少不了他在幕后的操控。他手下的领主在他面前发誓，要帮助西班牙的入侵军队。奥尼尔放任下属领主攻击自己的政敌宾厄姆、巴格纳尔，以此证明自己至高无上的地位，以及缺了他奥尼尔，就别想治理好阿尔斯特。

都柏林委员会虽然不信任奥尼尔，但仍在1593年夏命令他驱散叛军，收服马圭尔，以此考验他的忠诚。该年秋，奥尼尔与巴格纳尔一边相互提防，一边与马圭尔作战，在厄恩福德之战中击败了马圭尔。奥尼尔在战斗中负伤，声称这是他忠于女王的证明，但是间谍透露他曾与叛乱的奥唐奈、马圭尔密会过。1594年2月，军队统领巴格纳尔写道，奥尼尔“哪怕是在背地里搞小动作也不会露出马脚”，但他利用自己的儿子、兄弟、侄子“作为实现邪恶企图的工具”。该年年初，奥尼尔违抗女王的命令，拒绝镇压奥唐奈，标志着他从顺从到阻碍再到公然叛国的转变。1594—1595年，阿尔斯特的领主准备与当局交锋，奥尼尔作为幕后的领袖指挥叛军。奥尼尔的下属领主代表他与英格兰对战，而都柏林的官员错过了将他逮捕归案的机会。1594年7月，马圭尔与休·奥尼尔的弟弟科马克·麦克巴伦·奥尼尔（Cormac MacBaron O’Neill）在阿尼河边大败乔治·宾厄姆的军队，取得了这场史称饼干渡口战役（因英格兰军队丢弃粮草辎重而得名[①]）的胜利。威

① 英格兰军队的主要军粮是硬饼干；在乔治·宾厄姆的军队放弃辎重溃逃之后，阿尼河的河面上到处都漂着硬饼干。

廉·罗素爵士（Sir William Russell）成为爱尔兰的新任总督，他是16世纪最没用的总督之一。奥尼尔除了憎恨英格兰官员干涉阿尔斯特的内部事务的行为，还有个人的不满：他声称自己不受重视，没有得到应有的奖励；他怀疑巴格纳尔、菲茨威廉“朝中有人”（伯利勋爵是他们的靠山），而他的靠山沃尔辛厄姆、莱斯特伯爵已经撒手人寰。（他没有提自己与埃塞克斯伯爵的“友好关系”，而这将产生重大影响。）伦斯特的叛党与爱尔兰北方的领主缔结盟约之后，战火很快烧遍了爱尔兰。1595年6月，在莫纳亨境内的克朗蒂布雷特，奥尼尔不再为政府军作战，而是与其交战。10天后，当局宣称奥尼尔叛国。

阿尔斯特各领主发动叛乱最初是为了守护私人利益：保护自己的领地、领主权免遭英格兰蚕食；避免弗马纳、特康奈尔、蒂龙步莫纳亨的后尘[①]。然而，1596年1月，罗素总督在得知他们的要求后大惊失色，甚至不敢向枢密院传达要求的内容——他们要求宗教自由，能根据自己的良知礼拜上帝。一直以来，女王都认为爱尔兰的天主教徒虽然忠于罗马，但作为臣民也向女王效忠，所以她从来没有处罚向罗马教廷尽忠的爱尔兰人。可是，1595年9月，当局截获了一封奥尼尔、奥唐奈联名写给腓力二世的信件。他们在信中请求西班牙提供援助，帮助天主教信仰在爱尔兰复辟，并承诺拥立腓力为爱尔兰国王。当他们以宗教的名义向英格兰宣战之后，女王为自己未能在宗教问题上迫使爱尔兰人做出违心的选择而后悔。

---

① 莫纳亨曾经是麦克马洪家族的领地奥利尔的一部分，在休·罗·麦克马洪被处死之后被菲茨威廉肢解。

* * *

作为英格兰女王，伊丽莎白从未想过窥探臣民的内心，她充满政治智慧，愿意等臣民慢慢意识到，在宗教问题和所有其他问题上，女王能够为他们争取到最好的结果，但到了 16 世纪末，她失去了耐心，因臣民对上帝和她本人指手画脚而怒火中烧。女王认为对“君主的统治造成威胁”的不仅有教皇崇拜者，还有某些不知妥协的新教徒，即那些不仅在“万能的上帝面前得寸进尺”，还认为在以个人的观点解读基督教经典之后，便可以对“君主治国理政的方针”指指点点的清教徒。清教徒要求政府进一步改革，开始挑战女王的至尊王权。政权、教权是国家的两大职能，一旦有人声称自己有权不服从其中之一，也就意味着有权不服从另一个。女王将清教徒视为新教中“标新立异之徒”，决心不与他们妥协，而是对抗到底，所以在选择近臣和神职人员时，她越来越倾向于重用观点与自己相同的人。

1583 年，失去女王信任的格林德尔去世，约翰·惠特吉夫特成为新任坎特伯雷大主教，他十分看重大主教的权威，决定尽快恢复礼拜仪式的一致性。这项政策无异于向所有笃信上帝的清教牧师发出了挑战，因为他们虽然传播上帝的圣言，却不愿意遵从《公祷书》，即便没有全盘否定，也会断章取义。1583 年 11 月，惠特吉夫特命令所有的神职人员必须遵守新出台的条款[①]，但所有清教牧

① 惠特吉夫特的条款共有3条，分别为：第一，女王在教会及世俗事务中对治下所有臣民拥有绝对的统治权；第二，所有的神职人员必须承认，《公祷书》中不存在任何与上帝的圣言不符的内容，并且确保按照《公祷书》的要求，进行所有的礼拜活动；第三，所有的神职人员必须

师、“严守上帝圣言之人”无法昧着良心执行。这些人也许承认王权至尊，但他们绝不承认《公祷书》中没有一星半点“与上帝的圣言”不符的内容，更不会强迫自己使用它，因为书里还保留着诸多令他们憎恶的“教皇崇拜”的余孽——听到耶稣的名字时鞠躬表示敬意、天主教神父惯用的语言、洗礼时画十字手势、戴结婚戒指、圣徒的瞻礼日。拒绝遵守条款会被停职，甚至会失去圣职，无法继续履行传播福音的义务，而清教牧师当初接受圣职就是为了传播福音。不愿宣誓遵守条款的牧师有三四百人。惠特吉夫特的举措令希望推进改革，但存有意见分歧的改革派团结了起来，还坚定了不少人的看法，即主教是反基督的。极端主义者变得更加激进，随时可能打破教会表面上的平静。他们据理力争，声称自己不愿遵守条款绝非抓着无关紧要的细节不放，而是关乎“上帝的国度的大事”。如果承认《公祷书》完全符合上帝的圣言，无须做出任何修改，就无异于让教皇崇拜者误认为自己无知的错误做法是上帝的真理；而反对《公祷书》的斗争能对教皇崇拜者起到教化的作用。面对如此严重的分裂，甚至惠特吉夫特也动摇了，他允许神职人员有保留地遵守条款。所以，诡辩术不仅是天主教徒的拿手好戏，也是清教徒的本领。自 1584 年起，最坚定的不愿遵从国教的神职人员成了当局重点监视的目标。当局知道他们是谁，在什么地方；他们也成了清教运动的领军人物。

英格兰笃信上帝的新教徒中绝大多数是温和派，虽然他们期望推动改革，但要么不愿与当权者对抗，要么认为世风日下，根

承认，1562年，坎特伯雷、约克两个教省的大主教、主教在伦敦召开会议，制定的信纲完全符合上帝的圣言。

本无法建立真正的教会。如果不能召集“像猎犬一样用狂吠来对付罗马恶狼的传道者”，组成精通基督教经典的传教机构，改革就只能是纸上谈兵，所以建立归正的教会和社会的重点是建立能够真正传播圣言的传教机构。温和派的清教运动开始在议会、教士会议、枢密院，甚至女王那里赢得了支持——清教徒仍然认为在女王面前拥有话语权十分重要。然而，在伊丽莎白时代的清教徒中有一个团体，他们不亚于革命者，将“教会官员”视为暂时的安排。这个团体就是长老会，他们希望能够“按照耶稣基督的教导订立戒律、管理教众”，为此建立“讨论会”“研习会”“学习会”这一可以让志同道合的教士各抒己见的权利架构，以及教省一级的宗教会议，然后成立由牧师、长老、神学博士、执事共同管理的教会，进行具有民主特点的统治。在他们改革后的教会中，作为教会最高管理者的女王以及各教区的主教都没有任何权力。在 1584—1585 年、1586—1587 年召开的议会会议上，长老会提出了激进的议案，要求按照上帝的旨意制定戒律，并提出将加尔文派的祈祷书作为官方指定的祷文。长老会提出的纲领不仅威胁到了英格兰教会，也威胁到温和派的清教运动，最终没有获得通过。长老会一派被称作无政府主义者：他们的戒律，以及笃信上帝的信众团体循规蹈矩的生活都没有体现出无政府主义，但是他们想要颠覆王权，挑战现有政权制度的做法却是无政府主义行径。尽管伊丽莎白说自己统治教会、国家的权力是神赐的，但一些下议院议员认为，教会的管理应当受到普通法、成文法、议会三方的制约。1590 年 7 月，女王写信警告詹姆士六世，无论是他的王国，还是她的王国，都遭到了“用心险恶的宗派”的渗透，“他们想要推翻国王，用长老会取而代之”。

在利用议会法案建立己方的教会管理体系的企图失败后，长老会派便开始暗中改变英格兰教会，甚至不惜违反法律。他们无所畏惧的领袖约翰·菲尔德宣称："想要施行理想中的戒律，我们必须依靠群众的力量。"在 16 世纪 80 年代，长老会派实施在英格兰教会内部建立新的教会的计划，"将主教制度作为载体，让长老会制度破茧而出"。为了防止被怀疑分裂教会，长老会派的成员全都秘密行事。只要态度激进，认同长老会派观点的神职人员能够在某郡成为牧师，都会举行议事会，并与长老会总部即伦敦的议事会保持联系。然而，在伊丽莎白时代，与长老会运动相比，清教运动更加务实，更具有包容性。温和派清教徒主要关注的不是教会的管理，而是建立传教机构。戴德姆的监督会是英格兰活跃度最高的长老会组织，但即便在这里，许多成员也认为严格的戒律不是教会最根本、最绝对的标志。

传播福音才是紧迫的任务。温和派清教徒认为，当下让"像猎犬一样，用狂吠来对付罗马恶狼的传道者"传播福音已经刻不容缓，他们担心长老会强硬派会危害到清教的传道使命。大多数地区的清教徒表现出妥协的姿态，将英格兰教会的组织形式、礼拜仪式稍加改动，用来实现其改革的目的：堂会理事、堂区执事成了长老、执事；《公祷书》经过恰当的"斧正"，删除了"反基督"的内容，将上帝的圣言置于圣事之上，被用作礼拜上帝的依据。听取史诗般的布道词，聆听布道者诵读《日内瓦圣经》中一篇又一篇的经文，吟唱赞美诗，在日常生活遵循耶稣的教诲，绝大多数的清教徒希望既不脱离英格兰教会，与堂区其他的信众保持着良好的社会关系，又能够以正确的方式礼拜上帝。即便不觉得能取得预期的效果，他们还是希望从内部改变教会，因为他们认为其他教众好似一团死面，而他们好似酵母一样，会令友邻变成上帝真正的追随者。少数清教徒想让子女与对上帝不够虔诚的人有所区分，给他们起了诸如“敬畏上帝”“狂热的”“坚定不移”之类强调基督徒身份的名字。约翰·彭里（John Penry）[①]认为英格兰教会越来越明显地出现了“兽的印记”，所以他为流亡苏格兰期间出生的女儿取了“安全”这个名字。让笃信上帝的少数人从世俗的人群中脱离出来，成立独立的教会，并非清教徒的普遍想法。避免教会分裂是一种宗教义务。但有一些清教徒开始与教会当局划清界限，引发了分裂教会的风险。作为分裂教派[②]最严苛的批判者，理查德·胡克（Richard Hooker）写道，分裂教派的信徒在基督教经典中读到了有关新耶路撒冷的描述，便“认为他们就是所谓的新耶路撒冷”。

长老会派运动不仅受到了反对者的阻挠，就连新教盟友也不赞同。自 1588 年 10 月起，一处秘密印刷所陆续发行了一系列小册子，作者用了马丁·马普莱雷特（Martin Marprelate）[③]这个笔名，表明了想要颠覆教会当局权威的企图。这些大师级的讽刺文不仅嘲笑主教们的浮夸和自命不凡，还将他们的基本职能当作嘲讽对象。在小册子中，惠特吉夫特成了“兰贝斯的教皇”[④]、背叛改革之徒。主教们纷纷驳斥小册子的观点。库珀主教冗词

① 约翰·彭里是清教派的殉教者，于1593年被英格兰当局处死。

② 不承认教会权威的清教徒。

③ 笔名中的Marprelate可以拆分为mar、prelate这两个英文单词，意思分别是“毁坏”、“高级教士”，所以这个笔名可以理解为“抨击高级教士的马丁”。

④ 兰贝斯宫是坎特伯雷大主教在伦敦的府邸。

赘句的回应（“如果马不是太瘦弱的话，也许它能驮得动主教大人的回答”，马丁调侃道）很快就遭到了名为“能给库珀找点活干吗”（Hay any work for Cooper）[①]的短文的驳斥。1589 年 2 月，新一届议会会议开幕时，大法官的专职教士理查德·班克罗夫特（Richard Bancroft）博士的布道词充满敌意，一边把清教徒称作“假先知”，一边称赞主教的权威。当局一直没能查出马丁的真实身份，但找到了帮他出版小册子的印刷商，1589 年夏天，马丁便销声匿迹了。在搜捕的过程中，当局发现了由学习会组成的秘密网络，即长老会以宗教会议为基础建立的教会管理架构的原型。承担调查长老会派领袖的任务之后，宗教事务委员会（又称高等委任法庭）命令他们做出职权上的（*ex officio*）自证其罪的宣誓[②]，迫使他们完整地回答审问者的问题，等于让他们在回答问题时自行入罪。这是大陆法系的法律程序，与普通法系的原则背道而驰。笃信上帝之人抗议说，这就是英格兰的宗教裁判所。他们质问道，既然耶稣会会士、教皇崇拜者更为危险，为什么对女王忠心的新教臣民反倒遭受迫害？

1587 年 3 月，大法官哈顿在议会上发言，将“教皇与清教徒”相提并论，他提出两者都是女王的敌人，对女王和女王的法律都同样危险，想要颠覆宗教权威，并妄图推翻现有的财产所有制。

① 库珀主教的英文名是Cooper，在英语中有箍桶匠的意思，于是小册子的作者便用箍桶匠在伦敦街头招揽生意的叫卖声“有需要箍桶匠干的活吗？”（*Hay any work for cooper*）当作双关语，开起了玩笑。

② 立下誓言之后，宣誓者就不得不面临三难困境，要么就必须违反以自己的宗教信仰为凭据立下的誓言；要么就会因保持沉默而犯下藐视法庭的罪行；要么就只能如实供述，自行入罪。

马普莱雷特将惠特吉夫特称为“坎特伯雷大人”，指责他迫害清教徒，还偏袒了教皇崇拜者、不服国教的天主教徒。清教徒哀叹受到严刑峻法的迫害，以及受到布道词的攻击，被指为与无政府主义者同流合污、与耶稣会会士及不服国教者为伍。1593 年，政府提出一项议案，对天主教的不服国教者实施更为严厉的惩罚，没收几乎所有的财产，并扩大到那些因属于分裂教派而被视为不服国教者的清教徒。下议院一片哗然。“无辜之人”也会受到威胁，雷利警告道。4 月 6 日，由于担心议案无法在下议院通过，惠特吉夫特抢先执行了对分裂教派成员亨利·巴罗（Henry Barrow）、约翰·格林伍德（John Greenwood）的绞刑判决，似乎证明了下议院对各教区的主教“目无法纪”的担忧。当局成立了新的委员会，负责搜捕属于分裂教派的清教徒以及“崇拜教皇的恶徒”，伦敦城又笼罩在宗教压迫的阴云之下。间谍和神父缉捕者活跃了起来。1593 年 5 月末，因被指宗教观点具有无政府主义倾向而受到当局调查的克里斯托弗·马洛遭到谋杀。当时马洛的同伴中有一个叫罗伯特·波利（Robert Poley）的人是政府的线人。本·琼森作为天主教徒，对那个充斥着间谍、神父缉捕者的世界并不陌生，所以他在写诗“邀请朋友来家中享用晚餐”时承诺，称受邀者可以享受一个没有阴影的友情之夜，不会成为告密者暗害的目标：

我们身边既不会有波利，也不会出现帕罗特①；

---

① 波利、帕罗特分别指罗伯特·波利（与马洛谋杀事件的当事人是同一人）、亨利·帕罗特，他们都是沃尔辛厄姆手下的间谍。本·琼森曾经因此两人告密而遭到当局逮捕。

我们的酒后真言也不会让任何人锒铛入狱。

在此时的英格兰，想要坚守良知，与国法对抗不是一件容易的事；每个人都必须在遵守上帝的法律与服从世俗的法律间做出抉择。就在对宗教的分歧“达到最高潮”的时候，理查德·胡克发表了《教会体制法则》(*Laws of Ecclesiastical Polity*) 的前四卷，为英格兰教会辩护，也是为教会改革所作的宣言。他概述了清教派多元主义、教会分裂主义会令教会每况愈下的风险，并主张建立一个有序的教会体制，在这个体制中，英格兰教会成员和臣民共同体成员的身份是互通的。胡克设想的教会是一个介于罗马与日内瓦之间的折中的教会，虽然是伊丽莎白时期的理想教会，但天主教徒和清教徒都对它不屑一顾。乔布·思罗克莫顿（难道是马丁·马普莱雷特的分身？）在1587年的议会上提出，“如今遵守世俗法律竟然与宗教虔诚画上了等号”，简直就相当于无宗教的恶行。

就在当局以最为严厉的手段惩罚不服国教者的时候，约翰·多恩创作了离经叛道、极为激进的《三号讽刺诗》(*Satire 3*)。“去寻找真正的宗教吧。但是路在何方呢？”在这首讽刺诗中，旁白对选择天主教、加尔文主义、英格兰教会，或是分裂教会的理由都不信服。想要追寻真理，必须“绞尽脑汁”、冥思苦想，因为错误选择的后果不是什么世俗权威的惩罚，而是接受上帝的审判。尽管世俗权威会用严刑峻法惩罚质疑者、不服国教者，但真理的追寻者对它嗤之以鼻：

守护真理理所当然，
即便是面对获得了上帝签发的空白令状，

可以随意诛杀仇敌的国王也依然如此。

多恩本人也曾受到宗教迫害。1593年5月，当局在多恩弟弟亨利的住所逮捕了一个被怀疑是天主教神父的年轻人。亨利·多恩经不住酷刑折磨，背叛了他。神父被处以极刑，而亨利·多恩则在同一年夏天死在瘟疫肆虐的监狱。约翰·多恩受到了神父缉捕者的监视，背叛了他父亲信仰的天主教会，做出了他的讽刺诗中所声讨的让灵魂万劫不复的选择：

愚蠢的人啊、不幸的人啊，不要让灵魂受到束缚，
因为审判她的不是世俗的法律。
想想最后的审判日吧！

一些英格兰人宁可冒着违反“世俗法律”的风险，也不愿意服从英格兰教会。1593年，托马斯·特雷瑟姆爵士（Sir Thomas Tresham）在位于北安普敦的地产上修建了一座宅邸，用巨石料表达了他的天主教信仰。这是伊丽莎白时代的巧妙暗喻，是关于三位一体和弥撒[①]的寓言。在雕带周围刻有由33个字母组成的铭文：“谁能使我们与基督的爱分开？[②]”（*Quis separabit nos a charitate Christi?*）谁有这本事呢？政府当局试图让特雷瑟姆放弃他的天主教信仰。对当局来说，罗马教廷仍然是敌人，教皇还是

① 这座宅邸一共有3面墙，长度都是33英尺，而且每面墙上还都设有3扇三角形的窗户；此外，这座建筑一共分为3层，并且还设有三角形的烟囱。所有这一切都是为了表达特雷瑟姆对三位一体的坚定信仰。

② 引自《罗马书》第八章第35节。

“罪大恶极之人”，对天主教徒颠覆政权的担忧更是无法消散。只要当局不停止通过迫害天主教徒来灭绝天主教信仰，罗马教廷就永远不会放弃令天主教在英格兰复兴的宗教使命。耶稣会会士罗伯特·索思韦尔（Robert Southwell）坚称“我们使用的武器”取自精神层面：“传道的义务是束缚我们的牢笼；放弃信仰是我们所能承受的唯一惩罚；我们的尸骸会令异端思想无所适从。”然而，1584 年之后，耶稣会传教领袖珀森斯、艾伦开始编写激进的反抗理论。无敌舰队大兵压境时，英格兰的天主教徒并没有响应他们武装反抗新教君主的号召，而信奉天主教的绅士中的头面人物向女王请愿，希望能够为女王抗击教皇的军队。虽然英格兰的天主教徒希望复辟天主教信仰，但不想通过西班牙军队或是“教皇在海上搭起的木桥”来实现。可是当局仍然担心，如果再出现危机，他们可能会做出不同的选择。

天主教徒坚决驳斥宣称他们是“有违天理伦常的臣民”的言论，否认自己是逃亡者、叛国贼。然而，随着每一次英格兰因外敌入侵而慌乱，每一次欧洲政局发生变化，英格兰天主教徒面临的危险都在增加。尽管激进的天主教徒只是极少数，但他们的所作所为也令想要息事宁人的天主教徒深受其害。政府接连颁布法令，将天主教神父认定为叛国者，而有意帮助他们的天主教徒将被判为重罪。天主教徒的忠诚一直让当局生疑，天主教神父时常暗中传播天主教信仰。在新教社区，一小批天主教神父、耶稣会会士和神学院学生被孤立和追捕，他们冒险举行弥撒、传教布道，希望信众能够重新回到天主教的怀抱。天主教社区好似一座座被围困的城堡，不管有没有神父主持仪式，都要坚守信仰。如果有神父到来，当地的天主教俗众就要为他提供食宿，为了保证他不被当局发现，通常让他藏在“神父洞”[①]中，之后再匆匆送他上路。当罗伯特·索思韦尔在1586年前往英格兰传教时，他已经被监视了。索思韦尔将伦敦当作活动中心，得到了阿伦德尔伯爵夫人的庇护，他也经常接待被派到首都的神父。1588年年末，他被派往英格兰各地传教。有时候，索思韦尔会乔装打扮去拜访信奉新教的郡长，对方在看到他华丽的着装、贵族般的随从之后，会为他举办丰盛的宴会。他也会悄悄拜访不敢声张信仰的天主教徒，在他们的宅邸举行宗教仪式。然而，到了1592年2月，索思韦尔的上级亨利·加尼特（Henry Garnet）担心英格兰已经没有他的藏身之地了。同年6月，索思韦尔离开位于伦敦城弗利特街的藏身处，前往米德尔塞克斯的乌克森顿，准备为贝拉米一家举行弥撒，却遭到了户主妹妹的背叛。之后的3年，索思韦尔都待在牢房中，受尽了折磨，直到1595年2月殉教。

罗马教廷派出神父的目的是传教而不是殉教，所以神父为了躲避追捕，生存下来，必须学会在憎恨他们的异端信徒中生活，不能将对新教异端的痛恨表露出来。神父会得到应对“良知问题”的指南。对被异端包围的天主教徒来说，如果身边的人突然唱起了赞美诗，或者有人想要拉他去教堂，他该怎么办呢？如果有人盘问旅途中的神父，想要知道他的目的地或宗教信仰，他应当三缄其口，还是如实回答呢？对最后一个问题，艾伦和珀森斯给出的回答是，神父永远不能否认自己的天主教信仰，但如果暴露信仰就会有性命

① “神父洞”是当局搜查天主教徒住所时天主教神父用来藏身的场所，其设置地点既可以是在墙壁中，也可以是在地板下，还可以是在护墙板后，通常都能让神父逃过一劫。

之忧，那么他就不需主动承认。应当如何既不撒谎，又不透露真实信息？神父被训练如何在误导不义的审讯者的同时，不违反绝不可撒谎的戒律。在接受审问时，罗伯特·索思韦尔承认自己曾经给一个女性提出建议，指出如果有人问她有没有看到神父，只要她在心里默念自己看到神父的时候并没有想要举报，那么她就可以回答“没有”。最为凶险的问题当属那个“该死的问题”——如果教皇入侵英格兰，那么天主教徒会支持哪一边？

天主教徒的反抗精神主要体现在不去教堂做礼拜、从不考虑去教堂这些具有象征性意义的行为。这样做是向世人展示天主教徒是什么样的人。参与异端的宗教仪式也是罪孽深重的行为。然而，向罗马教廷效忠是会令人倾家荡产的决定。当局出台了罚金制度，艾尔默主教将其称作“破财之痛”；家境较为殷实的天主教徒每月必须缴纳 20 镑的不服国教罚金，生活会越来越窘迫。一些天主教徒遭受了长期的监禁，而托马斯·特雷瑟姆爵士将这些苦难称为“我们多年好似置身熔炉一般的逆境”。不服国教的天主教徒不能成为议员、不能担任官职，甚至也不能接受大学教育。1593 年之后，没有当局签发的许可证，他们不能离家超过 8 公里。除了受到上述有辱人格的限制，他们还会产生疏离感、孤立感和恐怖感。

天主教神父清楚人性的弱点，认识到彻底否认英格兰教会的权威，从教会中分离出来，会导致当局没收天主教徒的全部财产，令天主教信仰失去立锥之地，从而危害天主教事业，所以他们会原谅信徒做出妥协、让步的行为。他们允许天主教徒与异端一起参加新教的宗教仪式，让他们等待英格兰回归罗马教廷的那一天。他们提出了“正当恐惧”的概念，认为为了避免破家散业而偶尔顺从教会当局是可以理解的。传教任务的领袖出于同情，并在获得教皇克雷芒八世（Pope Clement Ⅷ）的首肯之后，承诺服从国教的天主教徒可以在未来得到赦免。早在1582年，这些顺从国教的天主教徒就被蔑称为“教会派教皇崇拜者”。尽管坚持不服国教的态度作为教会提出的幻景，是天主教会在英格兰复兴的基础，但对那时的天主教徒来说，奉行“教会派教皇崇拜主义”却有着不可抵挡的诱惑。面对监禁和贫困的前景，天主教徒从不服国教者转向教会派教皇崇拜者，之后又重新成为不服国教者。男性天主教徒会时不时去教堂礼拜，但会将不服国教的妻子留在家中；即使他们去教堂礼拜，也会尽量不领圣餐，只有极少数情况才会领圣餐。虽然天主教徒为了“装模做样”而服从国教，但他们在心中做出承诺，会为自己的行为做出补偿；他们在一种信仰中生活，在另一种信仰中死去。在英格兰的北部及西部地区，天主教徒会表现出不服国教的倾向，而在米德兰兹及南部地区，天主教徒基本上会在表面上摆出服从国教的姿态。

贵族及乡绅阶层的家庭有许多从属者，对此类家庭而言，遵从教会派教皇崇拜主义有可能尤其重要。天主教的领袖意识到，任何运动必须得到权贵的荫庇，所以必须帮助天主教权贵保住他们尊贵的地位，好让他们在伊丽莎白去世后担负起天主教复辟的重任。在伊丽莎白时代，许多拥有爵位的贵族及其家庭成员都是天主教徒或天主教秘密支持者。教廷会向贵族及女贵族签发特别豁免令，让他们能够在女王去教堂做礼拜的时候随侍左右。蒙塔古子爵就有一个天主教家庭，由他的妻子照拂，而他仍侍奉女王。但对极少数人来说，遵从国教仍然是痛苦的。1581年9月，在旁听了坎皮恩就教义问题进行的论战[①]之后，阿伦德尔伯爵菲利普·霍华德重拾天主教信仰，之后他在威斯敏斯特大教堂做礼拜时，不是四处踱步，就是找理由离开，直到他终于不愿继续遵从国教。他决定流亡国外，但在逃亡途中被当局逮捕。

天主教信仰能够在英格兰存续下来，在很大程度上归功于贵族及乡绅阶层的保护。按照传统，佃户倾向于在宗教问题上跟随领主，而如果领主愿意守护双方共同的信仰，那么会令佃户更加坚定地听从领主的号令。天主教领主庞大的府邸可以成为新教堂区的替代品。尽管宗教游行、宗教节日作为天主教重要的组成部分已经消失，但领主可以利用府邸，将天主教的瞻礼日融入自己每年的宴请活动中。神父可以装作客人，或是乔装成教师或管家，寄住在府邸中。为了摆出遵纪守法的样子，教会派教皇崇拜者会前往堂区教堂礼拜，但为了履行宗教义务，要前往领主的府邸参加天主教仪式。只要有心存不满的仆人向当局揭发主人暗中遵从天主教教义，那么全府上下就会受到牵连。然而，仍然有许多天主教徒成了英格兰的当权者。他们不认为遵从罗马教廷与向女王效忠是对立的，从未放弃遵照法律与秩序向女王效忠的义务。16世纪60年代，兰开夏郡、柴郡、苏塞克斯郡信奉天主教的官员遭到了清洗，一个世代之后，三郡仍有许多教会派教皇崇拜者在治安委员会或市政当局任职。威尔士边境委员会代理首席大臣约翰·思罗克莫顿爵士（Sir John Throckmorton）就是偶尔装作遵从国教的天主教徒。地方上有许多绅士担任治安法官，由于他们与天主教友邻沾亲带故，所以并不热衷

① 在被捕之后，坎皮恩分别在1581年的9月1、18、23、27日与新教当局进行了4次公开辩论。

于迫害天主教徒。菲利普·西德尼就对收取不服国教罚金极度反感。

尽管到了16世纪90年代早期，长老会运动已经折戟沉沙，但笃信上帝的清教徒的宗教热情却没有衰减。虽然天主教势力作为一股政治力量气数已尽，但天主教信仰却存续了下来。在恩典、自由意志、罪孽、预定论、称义、经典、圣事、教会权威等重大信仰问题上，新教与天主教的分歧越来越大。新教教众内部也出现了令人不安的分歧。在16世纪七八十年代，由于加尔文主义在英格兰教会中占据统治地位，所以笃信上帝之人争议的焦点并不是教义，而是教会的治理体系。加尔文主义已经进入了教条阶段，以威廉·珀金斯为代表，加尔文理念的支持者就预定论提出了比加尔文本人更加强硬的理念。珀金斯认为，上帝在亚当堕落之前，就无条件地把人分成了选民和被弃者，所以并非所有人都能够获得上帝的恩典。然而，英格兰教会的某些成员抱有异议，认为核心教义的宿命论色彩太过强烈，并坚称信徒被上帝选中或抛弃是有条件的。他们坚信，耶稣是为了拯救全人类才献出了自己的生命，所有人都有获得恩典的机会（即便并不是所有人都一定能够得到恩典）。他们质疑加尔文主义的教义对基督徒选民得到拯救过于自信。到了16世纪90年代中期，伊丽莎白的新教信仰的根基遭到攻击，令暗中倾向于教皇崇拜的危险教义开始威胁到教会的安宁。

长老会派与天主教派都知道只要女王一息尚存，己方的事业就一定会停滞不前，所以他们全都将女王驾崩之日当作秋后算账之时。罗伯特·索思韦尔写道，在英格兰“惹是生非之人大行其道，不同派系各行其是”，所以“民众的骚乱”比外敌入侵更让人心惊胆战。随着王位的继承问题迫在眉睫，包括珀森斯在内，一些流亡国外的天主教徒联合编写了一本讨论王位继承的著作，提出了极为激进的反抗理论。这本名为《关于下一位王位继承人人选的讨论》(*Conference about the Next Succession*)的著作提出，虽然世袭君主制是最佳的政府组织原则，但并不意味着君主制度和王位继承原则神圣不可侵犯。如果君主违背加冕誓言以及与治下之民定下的契约，那么他就会成为暴君，有可能遭到臣民的罢黜，而臣民也就有权更改王位继承人。这本书是献给伊丽莎白时代的一个政治人物的，他是那些有抱负的天主教或清教团体、外国元首、士兵、文人和臣民现在都想投靠之人——埃塞克斯伯爵。

* * *

1595 年 11 月初，女王在埃塞克斯伯爵面前拿出了一本《关于下一位王位继承人人选的讨论》，伯爵辩称政敌为了诋毁他而把此书题献给他。脸色苍白的伯爵离开了王庭。是夜，宫廷大门紧锁，所有的钥匙都由宫务大臣掌管，而内廷查账官举着火把在宫中巡视。埃塞克斯伯爵将私人信件付之一炬。如此严密的预防措施在女王的父亲、弟弟在位时极为常见，但是在女王统治期间还未采取过。这种极度不安的情绪源于对西班牙入侵的恐惧，对王位继承的担忧，以及埃塞克斯伯爵和伯利勋爵间“你死我活的争斗”。刚从圭亚那探寻黄金国①之旅返回的雷利也离开了王庭，但由于他在

① 黄金国(El Dorado)的传说源自“黄金国王”。在哥伦比亚，有一个名为穆伊斯卡人的民族，他们的酋长在举行继位仪式时会用金粉裹满全身，然后在瓜塔维塔湖中潜水，因此得名“黄金国王(El Rey Dorado)”。之后，“黄金国王”的说法在传播的过程中变得越来越离奇，从“黄金国王”变成“黄金城”，之后又变成“黄金国”，最后甚至还出现了“黄金帝国”的说法。

“朝中有许多得力的靠山”，所以他返回王庭是早晚的事。没过几天，女王便拜访埃塞克斯伯爵，让他回归王庭，获得了比原来更加尊贵的地位，就此让王庭恢复了平静。从人人自危的气氛，到“你死我活的争斗”，再到握手言和，是 16 世纪 90 年代晚期英格兰政治的惯常模式，而埃塞克斯伯爵则是所有不和的始作俑者。

埃塞克斯伯爵虽然野心勃勃，但他仍然尽臣下的义务，向女王效忠。1592 年，他曾向伊丽莎白承诺，将“一统意见两极分化的枢密室，令其在我的掌控下”。作为公认的宠臣，伯爵享有特权，受到保护，虽然女王越来越财力匮乏，但在她给出的恩赏中，伯爵仍能获得近半的金额，并因此得意扬扬。他不能容忍其他人在女王面前争宠，但又不愿扮演好宠臣的角色。他的挚友弗兰西斯·培根曾劝他“赢得女王的心”，建议他对女王“曲意奉承、唯命是从”。但埃塞克斯伯爵拿“权威”和“必要性”说事儿，要用自己的意志压服女王的意志。在他看来，男性必须利用权威压服优柔寡断的女性：“她并没有自信地反驳我的意见；在通晓妇人心的人看来，这便是做出让步的表现。”1594 年，他在与女王意愿不合时这样评价。在“采用极端手段”达到自己的目的后，埃塞克斯伯爵向培根发问：“怎么样，爵士大人，到底谁的处事原则是正确的？”然而，埃塞克斯伯爵反复挑战女王的宠幸，早晚有一天会因得寸进尺而彻底失去宠臣的地位。

在埃塞克斯伯爵看来，友情也像其他所有事情一样，是事关荣誉的大事。他为朋友和追随者争取官职的鲁莽程度不亚于他的其他活动。1593 年，伯爵先是为弗兰西斯·培根争取检察长的职位，之后又为他争取副检察长职位，由于培根在该年的议会上违背了女王的利益，所以伯爵的努力注定失败。接下来，他又为弗拉兴总督罗伯特·西德尼争取宫务大臣、五港[1]同盟总督、副宫务大臣的职位，但也未能如愿。罗伯特与兄长菲利普·西德尼一样，也无法获得女王的信任，而他的政敌还在背后打小报告，说他与女王的未婚侍女谈情说爱。而在伯爵看来，女王拒不重用自己的朋友等同于对他本人的冷落。

自 1593 年 2 月起，埃塞克斯伯爵就既是女王的宠臣，又是枢密院大臣。在枢密院中，他可算得上是自成一派：他是枢密院中年纪最小、出身最高贵的大臣，也是枢密院众多行政官员、政客中唯一一位军事指挥官，而且他还掌握了大量外国情报。他在枢密院中拥有压倒性的优势，尤其是在战争时期，但他也令枢密院的气氛变得剑拔弩张。在枢密院这种王国权力中心，一个宠臣对女王的私下影响令人憎恨，尽管不容易抵制。尤其是塞西尔父子，他们在政治问题以及个人野心方面都与伯爵水火不容，但还是表面上心平气和地与伯爵共事。但他们在任用下属、获得赏赐和争取官职方面与伯爵作对，并且在大政方针上也是如此。法国的内战事关英格兰的安危，所以双方暂停了对抗，但之后就并非如此了。

尽管双方都认为应该开战，但就如何开战以及在哪里开战存在巨大的分歧。在财政大臣伯利勋爵看来，战争是令人痛心疾首的必要之恶，所以应该是防御性的。他认为，爱尔兰紧邻英格兰本土，是最大的威胁。在埃塞克斯伯爵看来，一旦 1595 年年初西班牙军队撤出法国，而英格兰军队紧随其后，那么英格兰当局就

---

① 五港指的是位于肯特郡、萨塞克斯郡沿岸的5座港口。这5座港口地处英吉利海峡东端，与海峡南岸的距离很短，是天然的贸易良港。

只有一个策略：向西班牙开战，拼个鱼死网破。只要进攻西班牙本土，在其境内建立永久的军事基地，就可以切断西班牙与其海外帝国的联系，从而令西班牙失去从美洲运往国内的白银，就此取得战争的胜利。埃塞克斯伯爵的政治野心和个人抱负是一致的：成为远征军的指挥官。伯爵并不在意军费开销，而伯利勋爵则对国库的实际收入与支出间的巨大赤字了如指掌，必须锱铢必较。这就是他们之间“你死我活的争斗”的根源。

女王十分清楚枢密院内剑拔弩张的局势。甚至还有人提出，女王对此起到了推波助澜的作用。当时的一位匿名人士写道，“女王一贯的策略是令手下的权臣结党营私”，这样“迫使所有人都必须依靠君主的恩宠”才能占据上风，“从而令自己立于不败之地”。他认为女王在用莱斯特伯爵制衡沃尔辛厄姆的同时，又用沃尔辛厄姆制衡莱斯特伯爵，之后又让哈顿与他们相互制约，从而让自己在统治的初期就把控住了实权。1596 年，罗伯特·西德尼接到手下的汇报，得知女王仍然想要“用智谋来平衡臣下的权势”，但她的宠臣打破了旧模式，不愿意被人制衡。女王对将官职授予埃塞克斯伯爵的政敌都很谨慎，生怕激怒伯爵而自己也无法控制局面，但女王也不愿意受制于这位宠臣。1594 年，女王既发出了警告，也做出了承诺：“管好你自己的事情，埃塞克斯卿，自助者天助之，别让敌人抓住你的把柄；如若这样，我就愿意出手相助，把你排在其他所有人前面。”

1595 年，女王被说服重启对西班牙势力的攻击：这一方面由于埃塞克斯伯爵的主张，另一方面是因为西班牙舰船在 7 月袭击了康沃尔，以及无敌舰队正在重组的传言带来的恐慌。同年夏，德雷克、霍金斯再次出航，这将是他们最后一次远航。两人最初的目的是攻占巴拿马地峡，切断西班牙从秘鲁向本土输送白银的必经之路，但有个“不安分守己之辈”（一位宫廷观察员写道：“你能猜到是谁。”）提出应当首先攻击西班牙沿海地区，结果导致他们远征美洲的计划功败垂成[①]。伯利勋爵和伊丽莎白迟迟不肯相信西班牙将重建无敌舰队的情报，而在他们确认情报后，行动仍然迟缓，直到 1596 年 6 月，英格兰才派出舰队攻击加的斯。埃塞克斯伯爵担任远征军的陆军统领，埃芬厄姆的霍华德勋爵担任海军统领，这两位指挥官互为掣肘。远征军与西班牙守军发生“地狱般”的激烈海战，双方的水兵从燃烧的战船上跳下海，而指挥官们却仍在争抢战功。雷利指挥“战仇号”一马当先，称“谁都别想抢在我前面”，埃塞克斯伯爵的“反击号”与雷利并驾齐驱。陆军元帅弗朗西斯·维尔（Francis Vere）命人用缆绳把座舰“彩虹号”与“战仇号”拴在一起，但雷利将绳子一刀砍断。远征军攻占并洗劫了加的斯。虽说这是一场大捷，但远征军获得的荣誉明显多于黄金，而且由于指挥官邀名射利，这两者都不愿与人分享。与 1589 年一样，女王的目标仍是摧毁停靠在港内的西班牙舰队，但埃塞克斯伯爵却另有打算。他违反了女王的指示，提出将加的斯作为英格兰的海外军事基地。在作战会议上，其他的指挥官否决了这项提议，但伯爵又一次做出了违抗君命的举动，招致了更多的猜疑。

加的斯战役，以及随之而来的追名逐利和互相倾轧，令英格

① 当时的英格兰王庭对远征的战略目的有不同的意见，既有人认为应当攻击西班牙在美洲的殖民地，又有人认为应当攻打西班牙本土，结果不仅泄漏了秘密，还贻误了战机，导致西班牙对德雷克即将远航的舰队有所防备。虽然德雷克、霍金斯最终还是率舰队前往了美洲，但却屡次受挫，没能取得任何战果。最终二人先后因病去世，埋骨异国他乡。

兰的权力中心内部出现了公开的分歧。埃塞克斯伯爵返回王庭后发现，自己成了宫廷阴谋的受害者。女王因埃塞克斯伯爵违反军令而火冒三丈，没有兑现之前的承诺，将罗伯特·塞西尔任命为首席国务大臣，而海军指挥官则指责伯爵的手下藏匿战利品，令作为陆军统领的伯爵颜面扫地。伯爵的老对手雷利不仅重新获得了女王的恩宠，还与塞西尔父子结成了政治同盟，而首先站出来，批评伯爵的也正是雷利。雷利与埃塞克斯伯爵再次交恶，二人的关系也映射出海军指挥官与陆军指挥官之间对战利品分配的争斗。他们都想要以加的斯的胜利者自居，并进行了极具煽动性的宣传，但随后都被当局压制了。尽管如此，在这场争斗中，埃塞克斯伯爵获胜了。当时的人们玩起了文字游戏，把伯爵名字德弗罗（Devereux）的字母调换了一下顺序，拼写出了 *Vere dux*（真正的领袖），而伯爵也成了伦敦民众眼中的大英雄，在城中总有一大群军官前呼后拥。伯爵实现了在前文中提到的肖像画中表达的志向，成了像庞培一样的军事领袖。

加的斯之战后，培根给埃塞克斯伯爵写了一封极其直白的劝诫信。培根指出，伯爵给人的印象极其危险，尤其是在对他恩宠的女王面前：“一个生性不愿被人统治的人……一个功绩与身份地位不符的人；一个获得民众支持的人；一个倚靠军事力量的人。”。培根还解释了一个宠臣应该如何待人接物，以及应该避免什么行为。他认为伯爵必须仿效莱斯特伯爵、哈顿爵士的做法，向女王献殷勤。为了讨好女王而抛弃某些追随者、放弃某些计划、改掉某些行为是明智的。最重要的是，伯爵必须让自己在战场上赢得的荣耀“暂时休眠一段时间”。他不应与人抢夺军事统帅职位，而是应当立志成为掌玺大臣，因为“对宠臣来说，掌管刻有女王形象的印章是再合适不过的职责”。伯爵必须设法消除自己因获得民众的支持而受到的猜忌，还要反对支持“公众事业”的言论。更为关键的是，他应当与其他宠臣分享女王的恩宠。那年秋天，尽管埃塞克斯伯爵并不打算按照培根的建议行事，但也乐于听取不同的意见。他表现得极其虔诚，对妻子也十分忠诚，待人接物时也显得宽宏大量，他将精力集中在上帝要他完成的那个“伟大事业”上——施展与西班牙作战的宏图伟略。

经历加的斯的奇耻大辱之后，腓力二世采取了报复行动。但他于 1596 年 10 月派出的舰队在航行到比斯开湾后就遭遇风暴，被困在下风处，最终在菲尼斯特雷角附近的海域损失了大量舰船——与其说这支西班牙舰队被英格兰人先见之明的防御策略击败，不如说是守护新教信仰的狂风吹散了来犯之敌。这支舰队不一定是最后一支出航的西班牙舰队，但它可能是最后一支因风暴而偏离航线的舰队。在王庭，西班牙舰队的威胁令之前针对作战方案的争议再次浮出水面，决策者又一次犹豫不决——是否应当派陆军和海军一起出征？应当由谁担任指挥官？女王的臣下在骑士比武场和觐见厅的一团和气，掩盖了他们在政治上日益严重的两极分化。埃塞克斯伯爵沮丧地退缩了。伊丽莎白威胁称她将“粉碎伯爵的意志，让他不再心高气傲”，但在她震慑群臣并贯彻君主的意愿之后，埃塞克斯伯爵与塞西尔就出人意料地在雷利的斡旋下和解了，于 1597 年 3 月结束了敌对行动。他们认为只要团结起来就可以控制住女王，不仅能够瓜分王室的官职，还能为下一次对西班牙作战制订计划。面对权臣组成的统一战线，女王失去了政治上的主动权。雷利成为王室卫队队长，埃塞克斯伯爵就任军械总管（他早已忘记培根的建议）。4 月 18 日，3 人共进晚餐，向外界展示了这个暂时性的联盟。

想要应对西班牙的进攻，只有主动出击。女王非常犹豫，但最后还是被说服了。5 月，她将总指挥的大权交给埃塞克斯伯爵；伯爵终于获得了完成大业的机会。前一年秋天，伯爵制订了大胆且有创新性的军事计划，想要在攻占西班牙的主要港口之后派训练有素的士兵驻守，对西班牙进行海陆双重封锁，但这一计划没有得到女王的同意。伯爵接到的第一个命令是摧毁停泊在拉科鲁尼亚附近的港口埃尔费罗尔的西班牙舰队；第二个命令是拦截从西印度群岛驶向西班牙的珍宝船队[①]。但由于风暴的影响，以及计划长期拖延造成的高昂的军费，埃塞克斯伯爵不得不解散了大部分随舰队出征的陆军士兵，他最终也没有与西班牙舰队交战。在前往亚速尔群岛的途中，他迷失了方向，与珍宝船队擦肩而过。8 月 11 日，塞西尔在信[②]中讥讽伯爵道，“停靠在费罗尔的西班牙舰队不会被烧毁……亚速尔群岛不会被占领……焚舰登岛的希望已成泡影，只能用来让那位高贵的伯爵聊以自慰”。当时只有雷利有所斩获，占领了亚速尔群岛中的法亚尔岛，而伯爵认为他虽然获胜，但没有得到命令，属于擅自行动。诗人约翰·多恩参加了亚速尔群岛远征，记录下妨碍远征的恶劣天气：风暴“犹如炮弹，直到被它击中才让人领教到恐惧的滋味”，以及令人心神不宁的风平浪静——“我们漂在海面上无所事事，仿佛成了苍天的笑柄”。伯爵错误的判断令情况雪上加霜。当伯爵也像他谴责的那样“在海上四处飘荡”的时候，英格兰却面临外敌入侵的风险。由于伯爵获得了独立的指挥权，亚速尔群

① 指从1566年起，到1790年为止，定期往返于西班牙本土及西班牙海外殖民地之间的运输船队，运送的货物有金银、宝石、香辛料、烟草等。

② 收信人是时任爱尔兰总督的托马斯·伯格。

岛远征败得越是惨重，他的耻辱也就越大。

回国之后，埃塞克斯伯爵发现政敌像往常一样，趁着自己不在国内的时机大行其道。伯爵在颜面尽失之后愁眉不展，甚至拒不出席新一届的议会。1597年年末，为了安抚这位宠臣，让朝廷恢复平静，女王把他封为司礼大臣[①]，命他统领管理贵族事务的机构。埃塞克斯伯爵开始查找与司礼大臣、治安大臣（仅存在于纸面上的中世纪官职）相关的先例。根据中世纪的先例和当时的政治思想，治安大臣拥有逮捕国王的权力。埃塞克斯伯爵的思想倾向令人不安。他看到了法国大贵族在政治生活陷入暴力和混乱时所掌握的权力。一旦女王去世，伯爵便会失去宠臣的地位，所以他必须提前为自己赢得支持。而除了他，又有谁有资格在下一任君主继位后成为操纵朝政的权臣呢？1598年，乔治·查普曼（George Chapman）[②]将自己翻译的荷马史诗《伊利亚特》（*Iliad*）第一部分的译文献给了埃塞克斯伯爵，并称他为“最真实的阿喀琉斯”，还建议他不要“像尘世间的俗人那样沉迷政治事务”，而“要像天神一般追求永恒的荣耀”。

从王庭传出的消息多半都有“同伙”“党派”“派系”“朋友”“敌人”之类的词语。由于埃塞克斯伯爵特立独行，王庭内部分裂成两个并不势均力敌的派系。其中一派是伯爵本人的派系，成员是对现状不满的年轻贵族和军人，另一派是由塞西尔父子和雷利

① 在中世纪，司礼大臣与治安大臣一起，负责为国王管理马匹、马厩，以及与骑兵作战相关的军事行动；骑士制度衰落之后，司礼大臣变成了纹章院的长官，负责管理贵族事务。

② 乔治·查普曼（约1559—1634）是英格兰的剧作家、翻译家、诗人，因将荷马史诗《伊利亚特》和《奥德赛》翻译成英文而闻名于世。

领衔的派系，包括了政府当局。伯爵像中世纪的骑士、古罗马的政客那样，常常把友情挂在嘴边。友情不仅意味着深挚的私交，在战场上赢得荣耀的过程中建立起的战友关系，还包括以主从关系为基础的社会关系网。王庭里的朝臣会时不时地假装称兄道弟，正如富尔克·格雷维尔写道，“在王庭中，虚情假意就像传染病一样，见怪不怪”。埃塞克斯伯爵、塞西尔、雷利依旧摆出友好的姿态，在政治上互相配合。1598 年春，塞西尔奉命出使法国，伯爵承诺帮他守护在国内的利益。然而，伯爵认为友情是具有排他性的——“如果不把他当作唯一的朋友，那就是塞西尔的朋友，也就是伯爵的敌人”。不能与自己共进退的人，就是与自己作对的人。培根在回忆录中写到，有位“朝中大官”听到了伯爵的追随者在偷偷地谈论伯爵的“敌友”，称“据我所知，伯爵大人只有一位朋友，就是女王陛下，也只有一个敌人，就是他自己”。最后，培根以及伯爵的其他朋友，都不得不在他的友谊与效忠女王间做出抉择。

埃塞克斯伯爵倒行逆施，即便是女王也失去了耐心。罗伯特·塞西尔虽然出使法国，但没能劝阻亨利四世与西班牙单独签订和约，塞西尔父子在枢密院讨论时争辩说，即便让尼德兰最后独自面对腓力二世，英格兰也必须与西班牙言和。在埃塞克斯伯爵看来，寻求和平是无耻的行为。时日无多的伯利勋爵默默地指了指手中的《诗篇》中的一句诗文：“血性之人活不过半生。”1598 年 7 月，埃塞克斯伯爵与女王大吵了一架，之后对女王不理不睬。女王扇了他耳光，而他则把手放在了剑柄上。他好似遭受了奇耻大辱，质问道：“难道君主就不会犯错吗？难道君主就没有可能错怪臣民吗？难道世俗的权力、权威是无限的吗？”他又声称，如果扇他耳光的是女王的父亲，那么他不会忍气吞声。亨利八世不会宽恕像伯爵这样的叛国言论，而女王还是原谅了伯爵，但恐怕也是最后一次了。伯爵擅自离开了王庭，过上了“流亡生活”，他的未来又在何方呢？

1598 年，埃塞克斯伯爵声称，爱尔兰出现了危机，女王的君主权和英格兰的安全受到了威胁，只有让声名显赫、身份高贵，且受到军队尊重的贵族（伯爵本人）出马，才能力挽狂澜。伯爵获得了指挥权，还得到了“女王代表”[①] 这样一个显赫的头衔，但他又打起了退堂鼓。他的父亲就是在爱尔兰去世的。他告诉格雷维尔，女王打算“伤透我的心，好让那些在爱尔兰作乱的叛党好过一些”。伯爵还想到了死亡。1599 年大斋首日当天，兰斯洛特·安德鲁斯（Lancelot Andrewes）[②] 在女王面前解释了《申命记》的第二十三章第九节：“你出兵攻打仇敌，就要远避诸恶。”他想向埃塞克斯伯爵发出警告：“战争不是儿戏。”

* * *

阿尔斯特、康诺特两地爆发叛乱后，战火很快就烧遍了爱尔兰。虽然爱尔兰之前的叛乱被称为“全面叛乱”，但这一次才名副其实。一开始，叛乱只是针对横征暴敛的英格兰总督菲茨威廉，

① 在本书讲述的历史时期，“国王的副手”（Lord Deputy）与“国王的代表”（Lord Lieutenant）其实都是爱尔兰总督；两者的区别在于，包括爱尔兰本土的领主在内，即便是社会地位较低的人也可以担任“国王的副手”，但如果想要成为“国王的代表”，那么获任者就必须是英格兰的贵族。

② 兰斯洛特·安德鲁斯（1555—1626），历任奇切斯特主教、伊利主教、温彻斯特主教，在英格兰教会中位高权重。

后来变成了一场旨在推翻英格兰统治，令爱尔兰重获自由的斗争。盖尔人领主承认英格兰王权的宗主地位是有条件的：一旦这种臣服威胁到他们赖以维护领主权的军事势力，令他们的下属领主变成不受控制的世袭地产保有者，从而令领主权分崩离析，他们就会守护自己的既有利益。出于策略和信仰的考量，盖尔人领主将守护领主权、维护自身利益的叛乱粉饰成了一场十字军圣战，先是将目标定为争取按照良知礼拜上帝，之后提出要令天主教重新成为爱尔兰的官方信仰。1595 年 6 月，当局宣布蒂龙伯爵休·奥尼尔是叛国贼，但此时的蒂龙伯爵根本不承认自己是女王的臣民。同年 9 月，蒂龙伯爵在塔拉霍格石举行继位仪式，获得了奥尼尔的名号。女王的封臣蒂龙伯爵可能是叛国贼，但阿尔斯特的“君主”奥尼尔却不是。有人认为奥尼尔想成为爱尔兰国王；或许如此，但这不妨碍他在 1595 年 9 月与奥唐奈联名致信腓力二世，提出“机不可失”，请求腓力提供援助，并承诺事成之后把腓力奉为爱尔兰国王。

虽然奥尼尔、奥唐奈主动提出要成为西班牙国王的封臣，但他们自身也是独立的君主。盖尔人领主仍然记得他们的先祖曾是爱尔兰割据一方的藩王。爱尔兰人为了守护盖尔领主权结成同盟，极大地增强了盖尔人上级领主的权势。奥尼尔曾经扮演或假装扮演女王的副手，裁决阿尔斯特境内下属领主间发生的争端，为遭到侵害的人主持公道。对爱尔兰下属领主的控制权一直是王权与爱尔兰传统领主争夺的焦点，女王也提出过“朕的下属国王[①]”这一说法。与当局交战后，阿尔斯特、康诺特两地的大领主命令各自的下属领主

① 原文为urriaghs，是爱尔兰语单词uirríthe英语化的结果。

交出人质，提供 bonnaght（雇佣兵），上缴供品，依令“起兵”（提供军事服务），以证明他们承认上级领主的宗主权，下属领主都唯命是从。1596 年，科马克·麦克巴伦·奥尼尔在给腓力二世的信中写道，“所有爱尔兰人都服从奥尼尔，好比顺风而行的帆船”。麦克巴伦称，这种奉献是出于爱，但是，扣押人质，以没收牛群为手段获取担保物，以及要求下属领主“支付代价，换取保护”（缴纳保护费，否则便会在其领地内纵兵为祸）的做法，则表明情况并非如此。比如，斯莱戈领地就受到奥唐奈的震慑，变得“低眉顺眼”。能否在从属领地内拥立下属领主成了检验上级领主宗主权的试金石。1595 年圣诞节，奥唐奈命令士兵将奥唐奈家族的“王室堡垒”（可用作堡垒和居所的建筑物）团团围住，行使自己作为康诺特上级领主的权力，裁定了伯克家族的头领继承权纠纷。他把盟友蒂博特·菲茨沃特·基塔（Tibbot Fitzwater Kittagh）拥立为下麦克威廉。没过多久，奥尼尔开始干涉阿尔斯特境内乃至爱尔兰各个领地的继承权纠纷，对罢黜、拥立领主均拥有定夺权，这也是他拥有爱尔兰至高权力的标志。伊丽莎白在写给臣下的信中轻蔑地称奥尼尔为“出身低微，在草丛中谋生的泥腿子”[①]，但也把他比作爱尔兰人的“金牛犊”[②]，承认他有让追随者对自己死心塌地的能力。

英格兰当局对奥尼尔和奥唐奈的独立统治权的诉求不屑一顾，对他们关于盖尔人领主拥有古老特权，盖尔人的法律、习俗自成体

① 1599年7月，女王在写给埃塞克斯伯爵的信中指责他平叛不力，让“出身低微”的奥尼尔变成了闻名天下的叛党。

② 金牛犊是以色列人在离开埃及后最先拜的偶像，所以女王将奥尼尔比作金牛犊是在讽刺爱尔兰人，认为他们误入歧途，将名不正、言不顺的人奉为君主。

系的主张嗤之以鼻，对他们提出的要按照个人良知礼拜上帝尤其鄙夷不屑。当局也可以把爱尔兰战争标榜为一场捍卫自由的战争，并以爱尔兰平民的守护者自居，指责盖尔人领主都是“专横跋扈的暴君”，发动叛乱只为一己私利。1599 年，巴纳比·里奇写道，爱尔兰的平民“不知道国王的存在，只知道自己的领主，所以不敢违抗领主，只能跟随领主叛乱”。斯宾塞也表达了相同的观点。英格兰改革者认为，想要平定爱尔兰，就必须建立世袭地产保有制度，让民众摆脱因遭到领主驱逐而失去土地的恐惧。1594 年，道特雷队长告诉女王，爱尔兰的领主没有“*Meum*（我的）和 *tuum*（你的）的概念，只要是能用武力抢夺到的东西，都会据为己有”。推广普通法可以保护民众免遭目无法纪的领主的蹂躏，让弱者在强者面前获得话语权。

当局遏制了英格兰贵族更多的暴力和压迫行为。之后当局认为，想要维持爱尔兰的和平安定，就必须震慑盖尔人领主，并控制住那些想要把领地变为独立的巴拉丁伯爵领的盎格鲁-爱尔兰领主。1596 年 8 月到 1598 年 2 月，爱尔兰的战事进入了关键阶段，而莎士比亚的《亨利四世（上篇）》恰好在此期间首演，舞台下的观众会不会觉得抵抗亨利四世的格兰道尔与蒂龙伯爵有几分相似？看到浑身沾满血污的热刺[①]在战场上与那个来自他们王庭的“散发着香水味的花花公子”对峙的场景，观众有没有回想起中世纪末期贵族阶层的尚武精神，以及把荣誉看得比生命还珍贵的气概？在追思早已逝去的骑士精神的时候，他们有没有想到于 1599 年奉命前往爱尔兰镇压叛军领主的埃塞克斯伯爵？

① 热刺是亨利四世手下的将领亨利·珀西爵士的外号。

1598 年 8 月初，塞西尔致信负责爱尔兰事务的国务大臣杰弗里・芬顿爵士（Sir Geoffrey Fenton），命令他制订计划暗杀奥尼尔。有爱尔兰通之称的雷利也承认，“出重金悬赏叛党的项上人头，是我们在爱尔兰的一贯做法”。然而，让英格兰当局遗憾的是，暗杀失败了。8 月 14 日，奥尼尔、奥唐纳、马圭尔的联军在布莱克沃特河边大败英格兰统领巴格纳尔，打赢了黄水渡口之战，伊丽莎白几乎失去了爱尔兰。奥尼尔取得了对阿尔斯特的控制权，奥唐奈牢牢控制住了康诺特。1596 年，伦斯特各地的领主结束了持续已久的内斗，加入反抗英格兰的联盟。1596 年 7 月，爱尔兰北方的领主致信全体“爱尔兰人”，敦促他们“与我们并肩奋战”，并且呼吁“芒斯特的绅士”奋起抗争。“芒斯特的绅士”很快就揭竿而起了。1598 年 10 月初，奥尼尔命令突击队从伦斯特出发，进入芒斯特，几天后芒斯特便爆发了叛乱。在这里，失去土地的爱尔兰人对英格兰定居者进行了可怕的报复。这个时期出现了一本佚名的小册子，其书名就不寒而栗地表达出作者的意图——《在爱尔兰惨遭屠杀的英格兰人在九泉之下发出的泣血控诉》(*A Supplication of the Blood of the English Most Lamentably Murdered in Ireland, Crying out of the Earth for Revenge*)。作者问道：“为什么地上、墙上涂满了孩子的鲜血、脑浆？”接着他给出了答案：“因为他们和我们一样，都是英格兰人。”

以菲茨托马斯家族、凯里骑士、格林骑士、怀特骑士[①]、利克斯瑙男爵、凯尔男爵、芒加雷特子爵、罗奇勋爵为首，芒斯特境内

---

① 怀特骑士（白骑士）是菲茨吉本家族的世袭爵位，与凯里骑士（绿骑士）、格林骑士（黑骑士）一起，是诺曼人在入侵爱尔兰后设立的三大世袭骑士爵位。

的盎格鲁－爱尔兰领主即便没有带头叛乱，也没有阻止叛党屠杀英格兰定居者。麦卡锡宗族的两个氏族是德斯蒙德家族的宿敌，他们没有参与此次屠杀。在《爱尔兰现状大观》(1596 年成书）中，斯宾塞借书中人物伊雷纽斯指出，“与爱尔兰人相比，那些盎格鲁－爱尔兰人才是真的残暴”。此时看来，之前诸多关于盎格鲁－爱尔兰人自甘堕落的警告具有可怕的先见之明。斯宾塞也被逐出了爱尔兰，他的基尔科曼城堡被叛军夷为平地。1583 年，第十五代德斯蒙德伯爵遭人谋杀之后，杰拉尔丁家族的追随者群龙无首，他们将拥有菲茨杰拉德血统，但没有继承权的詹姆斯·菲茨托马斯(James Fitzthomas)[①] 拥立为领袖，奥尼尔把他封为德斯蒙德伯爵。然而，只有国王才有权册封伯爵，菲茨托马斯被轻蔑地称作“草绳”[②] 伯爵，英格兰人嘲笑他领受了一个冒牌伯爵的册封，成了双重冒牌伯爵。多个领地内对现状不满的人想要利用奥尼尔的权势打压竞争对手，奥尼尔承诺为支持自己的人加官晋爵，并剥夺反对者的爵位。

在爱尔兰定居的新移民会遭人憎恨，因为他们夺走了爱尔兰人的土地，他们是英格兰人，而且他们还都是新教徒，是爱尔兰人眼中的异端。如果《泣血控诉》的作者的观点能够代表所有新移民的话，那么在爱尔兰人的包围下生活的新移民则将爱尔兰人视作被上帝抛弃的人——“爱尔兰人为之奋斗的上帝”“朝生暮死”“昏昏

① 詹姆斯·菲茨托马斯的父亲托马斯·鲁阿兹是第十四代德斯蒙德伯爵与第一任妻子的儿子，但由于伯爵与妻子存在亲属关系，婚姻被判无效，所以鲁阿兹虽是长子，但却没有继承权。

② 草绳（súgán）在爱尔兰语中是一个贬义词，相当于英语中的稻草人（无足轻重的人）。

欲睡”“软弱无力”，而他们信奉的上帝则全知全能，只是由于他们对教皇崇拜者听之任之，上帝才会对他们严加惩罚。11 月，参与反抗联盟的芒斯特领主在凯尔召开会议，参会的教廷使节宣称所有承认伊丽莎白是女王的人都应当下地狱。叛军祈求上帝让英格兰女王不知所措，无法应对失去爱尔兰王冠的困局。如果想要夺回爱尔兰王冠，伊丽莎白就必须在战场上与叛军一较高下。女王只能着手重新征服爱尔兰。

1599 年 4 月，埃塞克斯伯爵率领步兵 1.6 万人、骑兵 1 300 人在爱尔兰登陆。伯爵获得了大军的指挥权，还被委以重任，而他手下的职业士兵和自愿参军之人则更是准备建功立业，这令爱尔兰的叛党和留在国内的大臣都感到恐慌。在旁人看来，他的显赫地位既来自女王的偏爱、重用，也来自女王对他的忌惮。在 1595 年、1596 年、1597 年 3 年间，当局不断与叛军谈判、停战，以及赦免叛军领袖，结果给了叛党聚集兵力、整顿军备、训练士兵的时间。奥尼尔收编了曾经为英格兰效力的士兵，率领他们与当局作战。埃塞克斯伯爵到达爱尔兰时，反抗联盟的军队分成了两支部队，一支驻扎在阿尔斯特，由奥尼尔统领，包括麦克马洪、莫根尼斯、奥奎因、奥汉隆等所有从属于奥尼尔的下属领主，兵力 6 000 人；另一支驻扎在康诺特，由奥唐奈统领，麾下有马圭尔、奥罗克、麦克威廉 3 位领主，兵力 4 000 人。尽管英格兰军队在人数上占有优势，但伯爵却仍然担心兵力不足，在写给女王的信中声称，自己手头的膏药不够涂抹伤口。4 月末，伯爵接受劝说，放弃了自己的首要目标，决定不进兵阿尔斯特，与奥尼尔交战，而这是唯一能为英格兰赢得胜利的策略。“如不进兵阿尔斯特，一切努力都会付诸东流，没有什么比这更重要”，女王在信中写道。

伯爵没有直击阿尔斯特，而是在芒斯特、伦斯特“小打小闹”地与叛军交战，不仅浪费了 5 月、6 月这两个月的时间，还把士兵搞得筋疲力尽。5 月 29 日，外号“山中恶狼”的费利姆・麦克费・奥伯恩（Phelim MacFeagh O’Byrne）在威克洛大败英格兰军队，令当局颜面扫地。埃塞克斯伯爵的战报令女王愁眉不展：击败“乞丐一般的守军”，占领凯尔城堡根本算不上什么战绩，但女王每天都要为伯爵支付 1 000 镑的军费。奥尼尔固守阿尔斯特，将易守难攻的要道当作屏障，并利用自己规模庞大的畜群和西班牙提供的金钱供养军队，准备让英格兰军队来进攻他。英格兰军中“勇武的骑士”以南安普敦伯爵为代表，埃塞克斯伯爵任命他为骑兵统领，这令女王火冒三丈，而这些骑士希望以骑兵突击的方式进攻，但爱尔兰叛军从不给他们机会。奥尼尔固守不出，拖延时间，想要让“缺粮、疾病、饥荒像复仇三女神一样”袭击英格兰军队，令他们因疲惫和绝望而溃不成军，在等待中变得草木皆兵。埃塞克斯伯爵曾谴责其他人“无所事事”，想要将战火烧到西班牙本土，但如今却不愿攻入阿尔斯特。伯爵在英格兰的政敌收到战报，得知他所有的军事行动都“不足为道”。

埃塞克斯伯爵一直认为自己率领的爱尔兰远征军必将折戟沉沙：“我前往爱尔兰最终多半是为女王成为殉道者。”在伯爵看来，自己相当于遭到放逐，必将给政敌可乘之机，让他们“在暗地里不断造谣中伤我”。他指出科伯姆勋爵、雷利就是造谣中伤之人。7 月 1 日，伯爵痛苦地写道，“我失败是因为有人在英格兰暗箭伤人”；他认为自己奉命前往爱尔兰，虽然胸前有坚固的甲胄，但让人在背后捅了刀子，被“刺中了心脏”。一个失宠遭贬的指挥官怎么可能取得战争的胜利呢？伯爵在爱尔兰遭遇的失败完全是咎由自取，是他在策略和士气上的失败造成的。到了伯爵鼓足勇气“挥军北上”，与奥尼尔交战的时候，他的大军只剩下残兵败将。8 月 5 日，奥唐纳在罗斯康芒境内的科柳斯山大败康诺特的地方军事长官科尼尔斯·克利福德爵士（Sir Conyers Clifford）；在得知这个消息之后，埃塞克斯伯爵麾下的“一小撮军队”认为失败已经不可避免。英格兰军队中的爱尔兰士兵“作鸟兽散”，纷纷投靠叛军，而其余的士兵则卧病在床。埃塞克斯伯爵写道，“这些低贱的泥腿子”，必须重新训练才能上战场作战。8 月 21 日，在都柏林召开的军事会议致信英格兰当局，称伯爵的军队只剩下 3 500 名士兵，如果与北方的叛军交战，必将“寡不敌众”。

一周后，埃塞克斯伯爵出发准备与奥尼尔交战，但两人的军队却没有刀兵相向。相反，奥尼尔来到阿尔斯特南部边境的贝拉科林斯渡口，摆出恭顺服从的姿态，策马蹚水到河水漫过马腹，在没有人旁听的情况下，与埃塞克斯伯爵谈判。两人达成了停战协定。伊丽莎白认为，这份协定除了令英格兰颜面扫地，更是痴人说梦：“与其相信那个叛徒会信守诺言，还不如相信魔鬼拥有宗教信仰。”谁也不知道伯爵与奥尼尔交谈的内容。然而，人们很快就担心这位英格兰总督与那位爱尔兰“大叛贼”在暗地里承诺会帮助对方赢得属于自己的王国。伯爵向密友透露，奥尼尔煽动他，提出“如果他愿意为自己出头，他（奥尼尔）就会与他同心协力”。王庭对埃塞克斯的怀疑越来越重。埃塞克斯伯爵与奥尼尔会面为何要避人耳目？他为什么没有与奥尼尔交战？女王认为伯爵在爱尔兰并不是为了向君主尽忠，而是别有用心，于是她禁止伯爵回国。在离开都柏林前往阿尔斯特之前，埃塞克斯伯爵向朋友预演了孤注一掷的计划：他决定擅自返回英格兰，以避免自己成为任政敌宰割的鱼肉。

他将率军在米尔福德港登陆，之后向伦敦挺进，用武力控制住王庭。朋党们劝说他放弃了率军进入英格兰的想法，因为如此以下犯上的行为会留下“难以消除的污点”，但他仍然决定返回英格兰。伯爵马不停蹄，于 9 月 28 日到达王庭。这位风尘仆仆的宠臣在寝宫遇见了满脸憔悴，还没来得及梳妆打扮的女王。“以圣子之名起誓”，伊丽莎白咒骂道，“我哪里还是个女王；那个人已经骑到了我的头上”。

自那天晚上起，埃塞克斯伯爵就被关押了起来，释放之日全凭拖延成性的女王定夺。由于伯爵的罪行还只是不尊君命、冒犯女王，所以他并没有遭到正式的指控。女王的敌意像冰川一样难以消融，而伯爵则日渐憔悴。1599 年圣诞节时，约翰·多恩写道：“王庭中没有人怀念埃塞克斯伯爵大人和他的党羽，他们就像是被逐出天堂的天使，遭人唾弃……重返天堂的希望更是渺茫。”次年 2 月，芒乔伊勋爵奉命前往爱尔兰，成为新一任总督，不情愿地成为埃塞克斯伯爵的继任者。枢密院督促女王释放埃塞克斯伯爵，宫中的侍女也请求女王从轻发落，而伯爵的追随者则声称他是无辜的。尽管伯爵在 5 月致信女王，希望她言而有信，只是惩罚他的罪过，而不是毁了他的前途，但在 6 月举行的半公开审判仍然做出判决，剥夺了伯爵除御马官之外的所有官职。之后，忧郁的女王经常在格林尼治宫的御花园中散步。伯爵的朋党仍然满怀希望，因为伊丽莎白与她的父亲不同，一直以来都能够原谅犯错的贵族，而且她虽然教训了伯爵，但没有提拔任何一个伯爵的政敌。然而，到了 10 月末，女王终止了伯爵的甜酒专卖权[①]，他认为这是女王怀恨在心的表现，自己的前途注定无法挽回，只能屈辱一生。此后，他听着自己

---

① 甜酒的专卖权是埃塞克斯伯爵的主要收入来源。

的秘书、姐姐、管家的闲言碎语，认为自己不仅颜面尽失，而且马上就只能靠救济度日。

此时的埃塞克斯伯爵虽有伯爵之名，但既没有地位，又没有收入；虽以庇护人自居，却失去了庇护追随者的手段；虽有指挥官之名，却没有军队。即便只是埋头读书，研究学问，也会令他身陷险境。约翰·海沃德的《亨利四世的生平与统治》(*Life and Reign of Henry* Ⅳ) 记录了古时的英格兰贵族如何奋起抗争，清除在理查二世统治时期祸乱朝纲的新贵宠臣，而伯爵阅读此书的做法很快就被认为是具有反叛性的行为。1591 年，亨利·萨维尔爵士（Sir Henry Savile）[①] 翻译出版了古罗马史家塔西佗的作品，而本·琼森认为，以“AB”为笔名，为译本撰写优美序言的正是埃塞克斯伯爵。塔西佗的史书令伯爵体会到罗马帝国时期的宫廷斗争，听到“见不得人的窃窃私语”，目睹了充满伪装者、间谍、告密者的黑暗世界，见证了无法遏制的暴力事件。伯爵越来越相信来自政敌的威胁：他们在他的府邸安插了间谍，唆使证人对他不利，伪造他的笔迹，并且密谋取他的性命。(他们的确盗走了伯爵的信件，并伪造他的笔迹）伯爵同样也坚信他的朋友全都忠心耿耿，愿意为他献出生命。

埃塞克斯伯爵及其朋友被逼入绝境，必须寻找求生之路。伯爵不愿逃往国外，成为流亡者。1600 年年初，爱尔兰总督芒乔伊向苏格兰国王詹姆士效忠，提出将驻扎在爱尔兰的军队作为外援，帮助詹姆士对抗英格兰国内的敌人（他们恰巧也是伯爵的敌人），助他登上王位。自 1598 年起，埃塞克斯伯爵就与詹姆士保持联系。

---

① 约翰·萨维尔（1549—1622），英格兰学者、数学家；他参与了将希腊语的《新约圣经》翻译成英语的工作。

詹姆士经历了苏格兰贵族无休止的密谋后变得小心谨慎，不愿参与其中。埃塞克斯伯爵一再请求芒乔伊从爱尔兰调兵，或者即便他不愿出兵，那么也应当写一封抗议信指责当局不力，好让伯爵上呈给女王，但芒乔伊反倒嘱咐伯爵耐心等待。然而，伯爵已经没有退路，只得公然做出叛国的行径。他派出信使，要求奥尼尔兑现承诺——“如果埃塞克斯伯爵对他臣服，他就会让伯爵成为英格兰地位最高的人”。1600 年年末，位于河岸街的埃塞克斯伯爵府汇聚了各色人等，既有对现状不满的士兵，又有前来听布道的伦敦市民。1601 年 2 月 3 日，埃塞克斯伯爵在南安普敦德鲁里府的住所，与党羽商讨控制王庭、攻占伦敦塔、占领伦敦城这三套计划哪套可行。他们最终的方案是突袭王庭，逮捕王室卫队队长雷利，让伯爵有机会跪请女王将他的政敌驱逐出王庭。然而，由于突然接到前往枢密院接受质询的命令，伯爵不得不打提前发动叛乱。

在 2 月 8 日这个令人震惊、亵渎上帝的星期天，伦敦市民刚刚在圣保罗十字架[①]前听完布道，就看到伯爵身后紧跟着一小撮贵族追随者以及他们的随从，大喊着“杀人了！杀人了！上帝啊，快救救女王！”伯爵一行从府邸出发，经鲁德门穿城而过，他嚷着自己的生命受到了威胁，整个王国都被卖给了西班牙。就像 1554 年发动叛乱的怀亚特一样，伯爵认为伦敦市民会在爱国热情的驱使下聚集到自己身边，而自己一直都深受他们的爱戴，所以他们也会为自己“肝脑涂地”。可是没有人响应他的号召。伯爵沿着泰晤士河撤回了伯爵府，之后遭到当局的围攻，成了阶下囚。伦敦的学徒工

① 圣保罗十字架位于圣保罗大教堂内，是专门用来布道的场所，在17世纪中期被拆毁。

计划聚集 5 000 人解救关押在伦敦塔中的伯爵，之后又想恳求女王放他一条生路。然而为时已晚。埃塞克斯伯爵再也没有见到女王，也没有向她讨饶；女王也不可能有任何怜悯。1601 年 2 月 25 日，也就是大斋首日，伯爵来到伦敦塔引颈受戮，他的老对手王室卫队队长雷利旁观了行刑过程。一个月后，女王致信伯爵的昔日挚友，已病入膏肓的威洛比勋爵，称赞他是唯一“尽忠职守”之人，并感叹道，“与其他所有人相比，那个人的所作所为更能显示出如今以色列人的信仰是多么薄弱”。

埃塞克斯伯爵的叛乱也许是英格兰贵族最后一次利用武力手段兴风作浪，要求获得近臣的合法地位；同时也是英格兰贵族最后一次认为民众会响应号召，参与他们的私人争斗。埃塞克斯伯爵和他的朋党在两个世界的边缘摇摆不定：一个是“权势熏天的臣子”的失落世界，他们依靠战友关系建立起友谊，又对各自领地内的地方事务说一不二，更是能够依靠忠诚的下属封臣获得军事支持；另一个是臣子在王庭内追寻仕途，依赖王权的现实世界。伯爵一派虽然做着在失落世界中生活的美梦，但他们实际上属于现实世界。伯爵的父亲也许会炫耀自己拥有 56 个纹章的盾徽，但他只是都铎王朝的君主册封的新晋伯爵。16 世纪 90 年代，第二代埃塞克斯伯爵在南威尔士、威尔士边境领地割据一方，之后计划像都铎家族的王位争夺者一个世纪之前那样，将米尔福德港作为入侵的登陆地点，但他无法取得威尔士人的支持，所以只能把伦敦作为起事地点，令王位争夺战变成了一场宫廷政变。

埃塞克斯伯爵要求获得与自己崇高的身份地位相符的奖赏，结果反倒令自己在王庭中失去了立足之地，让塞西尔及他厌恶的“出身低微的文书”成为掌权者。由于无力约束埃塞克斯伯爵，伊丽莎白失去了对王庭的控制，无法在不同的派系间建立起相互制衡的关系，以此维持内部稳定；即便在伯爵倒台之后，女王也无法重新建立起权力平衡。塞西尔在信中用密文向身在爱尔兰的乔治·卡鲁爵士（芒斯特的地方军事长官）透露了王庭的秘事，言语中充斥着怀疑、嫉妒。塞西尔曾与科伯姆勋爵、雷利暂时结盟，对抗埃塞克斯伯爵，但现在联盟分崩离析，三人重新成为竞争对手。伊丽莎白时代的英格兰人认为，野心就像是鳄鱼，只要活着就不会停止生长。尽管女王的权力欲没有减损，但是她对埃塞克斯伯爵的背叛心有余悸，害怕其他人也会心怀不轨。女王的教子约翰·哈林顿爵士回忆道，女王经常在枢密室中踱步，时不时地为发泄愤懑用手中的剑猛刺挂毯。如今几乎没有臣子能够获得女王的信任，只有接替伯利勋爵的巴克赫斯特勋爵例外。女王的统治已接近尾声，除了在公开场合，已经没有臣民把她奉为月亮女神；人们在私底下说，“女王是如月亮般的统治者，实际上只是在反射落日的余晖”。

* * *

1599 年 11 月，权势达到巅峰的奥尼尔发表了面向所有爱尔兰人的宣言，这是一份关于天主教和民族主义的宣言。他向英格兰当局提出了 22 项条款，即他签订和约的前提条件。他的要求十分极端：英格兰当局允许天主教会在爱尔兰复辟，承认教皇对爱尔兰教会的领导权，所有的圣职只能由爱尔兰人担任；除总督之外，爱尔兰政府的所有官职都应当由爱尔兰人担任；奥尼尔、奥唐奈、德斯蒙德伯爵以及他们的盟友有权保有各自古老的领地、特权。如果当局答应了上述条件，爱尔兰就会再次成为一个独立的王国。塞西尔在文件页边处写下了“乌托邦”几个字——事实真的是这样吗?

在这一关键的转折点，即将重新征服爱尔兰的似乎并不是英格兰人，而是爱尔兰人。埃塞克斯伯爵一事无成，打道回府了；接替他的奥蒙德伯爵不懂治军之道，令军队成了一盘散沙，而当局设在都柏林的爱尔兰政府已经在崩溃的边缘。只有帕莱地区，以及那些城高池深的城镇能够抵抗叛军。奥尼尔承诺将直击帕莱地区的心脏地带，即便他无法用大炮轰塌各大城镇的城墙，也可能利用内奸，从内部瓦解城镇的防御。帕莱地区就有大量的盖尔人定居者。就算诸如托蒙德伯爵、克兰里卡德伯爵、德尔温勋爵克里斯托弗·纽金特（Christopher Nugent）之类的大领主对当局忠心耿耿，他们能阻止自己的下属封臣、追随者加入叛军吗？在芒斯特，那些在上一次屠杀中幸存的新英格兰定居者胆战心惊，等待着另一场大屠杀。所有人都等待西班牙派出舰队，在爱尔兰登陆。

尽管绝大多数盎格鲁-爱尔兰人没有忘记自己的英格兰血统，以及对英格兰当局的忠诚，但奥尼尔带来的希望和英格兰官员的恐惧，令他们对爱尔兰和天主教信仰的忠诚高于了对英格兰和信奉新教的女王的忠诚。奥尼尔声称，自己唯一的目的是，“为天主教信仰、为祖国的自由”浴血奋战。他有意在信件中强调“爱尔兰”“我们爱尔兰人”这两个概念，好像对这片土地的热爱能够让帕莱地区的居民忘记自己曾经是英格兰人，能够让他们无视自己与生活在周围的盖尔人原住民间巨大的文化差异。盖尔人吟游诗人原先负责称颂领主的功德、领地的伟大，而此时他们开始称颂爱尔兰岛，把它奉为祖国（*athardha*）。莎士比亚曾在《理查二世》（*Richard* Ⅱ）中将英格兰岛称颂为“第二座伊甸园，人间的乐园/堡垒。”爱尔兰同样也是一座岛屿、一个伊甸园——“一座像堡垒的伊甸园”，梅尔维拉·奥休根（Maolmhuire Ó hUiginn，约 1591 年去世）写道。在爱尔兰，盖尔人和盎格鲁－爱尔兰人虽说是两个历史渊源截然不同的群体，却有可能在此时团结起来，对抗外来的新教异端。

天主教传道者，尤其是反改革修会成员、教廷使者、耶稣会会士和学院神父这些被反改革理念所激发的传道者坚信，爱尔兰人要为天主教信仰而战，要成为爱尔兰人必须首先成为天主教徒。叛乱期间，教廷使节在芒斯特布道时说："英格兰凭什么管我们爱尔兰的事？除了用武力胁迫，英格兰女王又有什么权力统治我们？"苏格兰虽然与英格兰都在一座岛上，但仍然有本国的国王——爱尔兰为什么就不行呢？叛乱者的回报将是独立的爱尔兰王国和自由权利。而除了生命，他们还能失去什么？天主教传道者在做出承诺的同时，也威胁爱尔兰人，既向他们描述天堂的美好，又用地狱的惨景吓唬他们。科克主教、教皇任命的宗座代牧[①]欧文·麦克伊根（Owen MacEgan）威胁巴里子爵，如果不加入叛军阵营，"灵魂就会万劫不复"，领地也会化为乌有。天主教传道者还谎称如果子爵不参与叛乱就会遭到绝罚，但教皇克雷芒八世从来没有授予叛军绝罚令。相反，教皇在 1600 年的 4 月 18 日（新历）面向所有奥尼尔的支持者颁布了十字军赦免令[②]，并称奥尼尔是"爱尔兰境内天主教军队的大统领"。芒斯特地方军事长官卡鲁写道，爱尔兰人对"罗马的神父""唯命是从"，"生怕遭到绝罚，为此不惜承受尘世间的种

① 宗座代牧是宗座代牧区的管理者；宗座代牧区指天主教会在天主教信仰尚不成熟，还不能划分为教区、堂区的地区设立的教务管辖区划。

② 即免除所有罪孽的大赦。

种苦难”。

1600 年 1 月，奥尼尔率领北方的反抗联盟军南下进入芒斯特，一路忍受了冬季行军的艰难困苦。马圭尔的吟游诗人奥伊尔顾萨创作诗歌，哀叹自己的恩主遭受的苦难：

> 今夜，休·马圭尔身处异乡，在滂沱的大雨中席地而卧，把闪电当作烛火，把翻滚的乌云当作华盖，令我不禁悲从中来……
>
> 一想到马圭尔的南下之旅，我的内心就因为那寒冷的天气而充满苦痛。

休·马圭尔再也没能回到自己的领地弗马纳。3 月 1 日，他与沃勒姆·圣莱杰爵士狭路相逢，虽然让对方受了致命伤，但自己也战死沙场。奥尼尔将南下的战役称作“神圣的旅程”，为此前往圣十字架的存放地蒂珀雷里[①]朝圣。然而，此次南下与其说是神圣之旅，还不如说是南侵之战。他曾派出代表，将詹姆斯·菲茨托马斯封为德斯蒙德伯爵；而这一次，他亲自将弗洛伦斯·麦卡锡（Florence MacCarthy）册封为麦卡锡·莫尔，即芒斯特境内的“爱尔兰人的酋长”。奥尼尔威胁那些不愿加入叛军的人，宣称他们会遭到地狱火的炙烤，还声称让自己的追随者“进入你的领地，并逗留一段时间”，让他们领教一下什么叫人间地

① 蒂珀雷里的圣十字架修道院保存有真十字架（钉死耶稣的十字架）的碎片。这块碎片是在1233年前后，被已故英格兰国王约翰的王后带到爱尔兰的。

狱。芒乔伊总督派兵进入阿尔斯特的北部沿海地区，在福伊尔湖沿岸建立了卫戍区，奥尼尔接到消息后挥军北上，将芒斯特境内的叛军指挥权交给了弗洛伦斯·麦卡锡。

芒乔伊心里清楚，能否平定爱尔兰王国，关键在于“北方战场的成败”。只要击败奥尼尔、奥唐奈，就万事大吉。1600 年 5 月，他与副手亨利·多克拉爵士（Sir Henry Docwra）一起，完成了福伊尔湖畔要塞的修建。同年夏，他发动闪电战，突袭爱尔兰的中部地区，确保了帕莱地区的安全，之后又在 10 月突破了位于邓多克、纽里之间的莫伊瑞隘口，打通了阿尔斯特的南大门。8 月，芒乔伊承诺称“无论林子有多深，我也要让那些松鼠没有藏身之地”。然而，做起来就难了。9 月，塞西尔在给卡鲁的信中提到：“你之前坚称，想要镇压叛乱，就必须把饥饿当作武器。”英格兰当局、爱尔兰叛军都将毁坏农作物、捕获畜群当作作战手段，造成了毁灭性的后果。1600 年夏，在将叛军驱逐出凯里之后，卡鲁宣称：“（感谢上帝）这下他们的粮食就都是我们的了。”如果有人提出忠于当局的爱尔兰民众也会和参与叛乱的人一起忍饥挨饿，就有人会辩称，前者人数少之又少。

1600 年年末，乔治·卡鲁爵士平定了芒斯特绝大部分地区，至少恢复了表面的平静。他既采用军事手段，又玩弄政治权谋，难怪塞西尔会把他当朋友。他一边用大炮轰击叛军的堡垒，一边利用叛军的派系斗争，激化分歧和对背叛的恐惧，瓦解了叛军。他和塞西尔决定以保证对英格兰当局唯命是从为前提，重建芒斯特旧有的权力架构，起用在父亲发动叛乱之后就一直被关押在伦敦塔中的德斯蒙德伯爵，取代奥尼尔册封的“草绳”伯爵。女王以及当时有可能负责教导德斯蒙德伯爵的诗人本·琼森，都对这一提议疑虑重重。琼森警告德斯蒙德伯爵“远离令国家误入歧途的政治权谋”，并劝他“牢记自己身陷囹圄的日子，对任何形式的叛乱都敬而远之”。1600 年 10 月，德斯蒙德伯爵回到芒斯特，成为“女王的伯爵”。一开始，他受到了热烈的欢迎，但很快他的新教信仰就被指责为有辱杰拉尔丁的血脉，所以他于次年春返回了英格兰，落得个名誉扫地的结局。1600 年秋末，弗洛伦斯・麦卡锡投降，再也无法作为有可能统领芒斯特全境的盖尔人封建宗主对当局造成威胁了；次年春，逃亡的“草绳”伯爵也成了阶下囚。1601 年夏，两人被关入了伦敦塔。在阿尔斯特，由于遭到饥荒和战败的双重打击，叛乱难以为继。在意识到奥尼尔并非不可战胜之后，叛军的内部出现了分裂，之前被奥尼尔铁腕统治的下属领主陆续离开叛军。许多阿尔斯特的领主请求英格兰当局赦免，在康诺特，尼尔・加尔弗・奥唐奈还与多克拉建立了同盟。然而，这并不意味着当局官员与爱尔兰领主间的盟友关系坚如磐石。芒乔伊的秘书法因斯・莫里森（Fynes Moryson）认为，“当局对爱尔兰领主的保护和赦免助长了作乱者的气焰。”叛党把赦免当作缓兵之计，为下一次起兵积聚力量，也为等待西班牙援军的到来争取时间。

1601 年 9 月，有人在老金塞尔角附近发现了西班牙舰队。自与西班牙开战时起，英格兰人就担心西班牙派出登陆大军，如今他们的担忧成了现实。整个 11 月，芒乔伊不断加强对困守金赛尔的西班牙军队的包围，而奥尼尔、奥唐奈则率领大军南下驰援，一路烧杀抢掠。西班牙军队与反抗联盟联合起来之后，如果芒斯特的爱尔兰叛军加入其中，他们就有可能把英格兰人赶出爱尔兰，并使爱尔兰成为入侵英格兰的桥头堡。对那些返回道恩郡勒凯尔，终于能够寻欢作乐的英格兰纨绔子弟来说，芒乔伊总督围城大营的艰苦生活仍然历历在目——“难以忍受的寒冷，无休无止的劳作，缺衣少食的窘迫”，以及围困和被围困的不确定性。奥尼尔仍然想采取拖延战术，让寒冷、绝望赶走英格兰人，而奥唐奈提出了更具英雄气概，但也更鲁莽的策略；奥唐奈的策略赢得了广泛的支持。在圣诞前夜，爱尔兰援军做好了进攻的准备，而英格兰军队则于次日拂晓时分在金赛尔城外冒险发动了骑兵突击。“开弓没有回头箭，此战的胜利者将赢得整个爱尔兰王国”，卡鲁写道。爱尔兰援军被击溃了。没有人怀疑这次失败的意义。“四大师”指出，“爱尔兰民族在金赛尔城下遭受了不可估量的巨大损失”；这不是指失去了众多生命，而是，

> 在这一战役中，爱尔兰失去了英勇作战的品格、繁荣与富足、贵族与骑士精神、尊严与名望、热情好客的风范、勇于保家卫国的气概、虔诚而纯洁的宗教信仰。

1602 年春，西班牙军队离开了爱尔兰。奥尼尔撤回到阿尔斯特的堡垒，而奥唐奈则在 1601 年 12 月 27 日乘船前往西班牙，想要请求进一步的援助。一名刺客紧跟着奥唐奈，而这少不了卡鲁的默许[①]。奥唐奈扬帆远航时，他的吟游诗人奥恩·鲁阿兹·麦克安贝尔德（Eoghan Ruadh Mac an Bhaird；此人英语化的名字为 Red Owen Mac Ward，即雷德·欧文·麦克沃德）吟诗一首，表达对这位酋长的担忧：

---

① 1602年5月28日，卡鲁致信芒乔伊，称“一个叫杰克·布莱克的刺客已经前往西班牙，要除掉奥唐奈”。

我……奥休因你冒险远行而思绪翻涌，心绪难平。

你远航之后，海浪的每一次翻滚都让我心烦意乱，每一阵强风都令我胆战心惊，每次海面因暴风雨而波涛汹涌，我都会痛苦万分。

这位诗人的确不是杞人忧天。1602 年 9 月，奥唐奈在巴利亚多利德附近的锡曼卡斯死去[1]。这对他为之奋斗的事业造成了致命的打击。奥唐奈死后不久，他的弟弟罗里·奥唐奈（Rory O'Donnell）便在继承酋长之位后向英格兰当局投降。

Pacata Hibernia——爱尔兰恢复了和平。盖尔人酋长都签订了和平协议，接受当局的保护，令叛乱难以为继，为战争画上了句号。英格兰为此付出了沉痛的代价。伊丽莎白知道爱尔兰的战事令“我们的臣民离我们而去”。尽管塞西尔在 1601 年的议会会议上对古罗马女性为帮助祖国抗击汉尼拔，不惜将自己的珠宝捐作军费的义举大加赞赏，但绝大多数议员却仍然对无休无止的军费开支（达到 200 万镑之后还在不断攀升），对政府为了获取军费而采取的各种权宜之计、各类花招极为不满，尤其是女王出售专卖权的行为，被称作“吃人的巨兽”。1600 年，精疲力竭的塞西尔写道：“那片愤怒的土地[2]令这边的希望之乡民生凋敝。”英格兰当局没能正确理解爱尔兰的局势并且管理不善，引发了这场本可避免的战争，令

① 有人指称，一个名叫杰克·布莱克的盎格鲁–爱尔兰双重间谍下毒杀死了奥唐奈。

② 爱尔兰（Ireland）一词中的ire在爱尔兰语中的本意是女神爱尔（Éire），而由于ire在英语中有愤怒的意思，所以塞西尔玩起了文字游戏，把爱尔兰称作爱尔的土地（愤怒的土地）。

大批英格兰士兵客死异乡。

爱尔兰同样也付出了沉痛的代价。叛乱及战争令爱尔兰民族遭受了致命的打击。与欧洲其他地方不同，爱尔兰的人口在16世纪从未增长过。战争爆发后，阿尔斯特受到战火的摧残，庄稼、牧群全都毁于一旦，与芒斯特一样，也出现了饥荒，人们在绝望中渐渐失去了人性。阿尔斯特好似一片荒野。爱尔兰货币的贬值令本就极其脆弱的爱尔兰经济雪上加霜。战败之后，爱尔兰人开始了内斗。一些爱尔兰领主选择与英格兰当局妥协，而另一些领主决定抗争到底，导致统治阶层内部出现了严重的分歧。邓博伊城堡被英格兰军队攻破之后，奥沙利文·比尔从班特里逃往利特里姆，途中虽然得到了许多领主的庇护，但也有不少领主对他大开杀戒。尼尔·加尔弗的妻子努阿拉是奥唐奈的姐姐，她在加尔弗投靠英格兰当局之后抛弃了他。那些渴望爱尔兰独立的人将希望寄托在了西班牙人的身上，指望西班牙军队能够再次登陆爱尔兰；芒乔伊总督认为，最令这帮爱尔兰人担心的是，“当局会在平定爱尔兰后，用严厉的手段强推宗教改革”。

即便大势已去，奥尼尔也不愿投降，而芒乔伊讽刺地写道，没有爱尔兰人会“对他们神圣的君主……对他们的奥尼尔动武”。1602年10月，女王决定“不以任何形式饶恕”那个大叛徒。但到了1603年2月17日，女王接受了现实，写信授权芒乔伊饶恕奥尼尔，保证他的生命安全、自由权利。而他必须放弃对外国君主的效忠以及奥尼尔的名号。3月30日，奥尼尔前往劳斯郡的梅利丰特。这里有爱尔兰的第一座西多会修道院，其所属建筑如今已改建成了堡垒，而这座建筑成了奥尼尔请降的场所。受降那天，芒乔伊虽然早已得知，在将近一周前，赦免奥尼尔的女王已经驾崩，但他仍然以女王的名义接受了奥尼尔的投降。

* * *

1602年，王庭为了向伊丽莎白致敬，举行了盛大的游行，并且仍然把她奉为“爱与美的女王”辛西娅，颂扬她永恒不变的品质。塞西尔于1602年12月6日在位于河岸街的塞西尔府为女王举办最后一次重大节庆活动，其间艾斯特莱雅的神龛前烛火通明，向这位“圣人”致敬，因为“她是所有人心里崇敬的对象”。在维吉尔的《牧歌集》(*Eclogues*)中，艾斯特莱雅是纯洁的正义女神，她重返人间并带来了和平与永恒的春天，而伊丽莎白就是艾斯特莱雅的化身。广大臣民心知肚明，自己把女王奉为偶像来崇拜。英格兰人也清楚辛西娅不可能永恒不变，他们担心一旦这位月亮女神无法再用月光普照大地，整个王国就会陷入一片混乱。这位君临天下的处女疲惫、孤独，还突然感到恐惧，令崇拜者与被崇拜者的关系变得紧张起来。女王的臣民厌倦了她的统治，也厌倦女王将关爱臣民当作幌子来行使权力的做法。约翰·哈林顿爵士回忆道，“我们都爱女王，因为她说她爱我们，而在这件事上她展示了出足够的智慧”。

1603年3月中旬，伊丽莎白病危。她焦躁不安、彻夜难眠；她既不吃药，也不进餐，又不就寝。她终日唉声叹气，除了被迫命人砍下苏格兰女王玛丽的首级那段时间，她从未这样忧愁。对仍然与西班牙处在战争状态的英格兰来说，这是一个危机四伏的时刻。女王随时可能失去统治国家的能力。即便到了生命的最后时刻，她也不愿指定继承人，生怕臣民将爱和责任转移到“东升的旭日”那里。到1600年，英格兰王位的潜在继承人有至少12人。其中威胁最大的当属佛兰德斯总督阿尔布雷希特大公（Archduke Albert）的妻子伊莎贝拉公主，她也是被所有忠于教皇的天主教徒寄予厚望的人选。亨利八世的血脉终于彻底断绝（尽管比他预测的时间延后了很久）；此时，亨利七世的直系后代是詹姆士·斯图亚特。

尽管女王并不知情，但她那些“最受信任的密友”与最有希望的王位继承人私通最为密切——要是女王知道的话，想必她会暴跳如雷。埃塞克斯伯爵将一封据传来自詹姆士六世的信件保存在一个黑色的小钱袋里，之后又把钱袋挂在了脖子上。埃塞克斯伯爵怀疑伊丽莎白的大臣准备将来自西班牙的继承人扶上王位，而詹姆士被伯爵的猜疑和军事计划冲昏了头，一度认为要入主新的王国，就必须使用武力手段，甚至还说服了苏格兰的主要贵族结成“联盟”，守护他的安全和权利。伯爵死后，更为明智的意见（塞西尔的意见）占据了上风，令詹姆士意识到，等待“神的时间”才是聪明的选择。詹姆士不再依靠武力来确保继承权，而是把继承权看作本就属于自己的权利，所以“登上英格兰王位是民心所向，无须扮演征服者的角色”。英格兰全国上下，几乎所有人都承认詹姆士的继承权，而那些持有异议的人则保持沉默。英格兰政府的头面人物纷纷致信詹姆士，确保在“上帝认为时机成熟之时”，守护整个王国及他们本人的命运；在这些信件中，他们的姓名全都被加密，以确保詹姆士国王和他们自身的安全。

3 月 23 日（星期三）下午，弥留之际、早已失语的伊丽莎白终于用手势示意由苏格兰国王继承自己的王位。据伊丽莎白的表侄，年龄比她小得多的罗伯特·凯里（Robert Carey）[①] 回忆，那天

① 罗伯特·凯里是玛丽·博林的孙子。

夜里，坎特伯雷大主教跪在女王的病榻旁不停地祈祷，并让她牢记“她是何人，她将前往何处；尽管她一直都是尘世间的伟大女王，但她马上就要来到万王之王面前，陈述自己治理国家的所作所为”。到了那时，女王也许会用那些经常对治下之民说的话向上帝陈述：英格兰有可能会出现“更加贤明的君主”，但像她这样“爱民如子”的君王却不会再有；在“尘世间”，她只求“让治下之民安居乐业，防止他们遭到暴政的欺压、错待”。在自己的最后一届议会会议上，女王自问自答道：“如果没有万能的上帝的天佑，我本人又能算作什么呢？我不过是一个不明事理、意志薄弱、缺点众多的弱女子，像你们一样，也必须在未来接受上帝的审判。”伊丽莎白女王终于等到了接受审判的时刻。

后记

失落的世界，新世界

1607 年 9 月，在圣十字架节当天，蒂龙伯爵、特康奈尔伯爵、马圭尔宗族的酋长、莫根尼斯宗族的酋长一行人携家带口，率领追随者，与伦斯特北部的主要盎格鲁－爱尔兰家庭一起从阿尔斯特起航，抢先一步躲过了当局的缉捕。他们前往西属尼德兰寻求庇护，只当权宜之计。尽管奥尼尔、罗里·奥唐奈得到了当局的原谅，还保住了各自庞大的领地，以及蒂龙伯爵、特康奈尔伯爵的头衔，但他们却从未打算永远臣服。有流言称两位伯爵仍然与西班牙人勾结，并与盎格鲁－爱尔兰人团体密谋，想要以守护天主教信仰的名义再次发动叛乱，这些流言以及英格兰当局对此的担忧并非毫无根据。随着当局开始用武力强行推广新教信仰，之前没有参与蒂龙伯爵叛乱的盎格鲁－爱尔兰人也开始支持叛乱。“四大师”哀叹两位伯爵做出的决定太过草率：“那些不知道自己能不能返回家乡……便打算前往世界尽头的人……内心必然充满了悲伤。”两位伯爵再也没能返回爱尔兰。他们寻求庇护的打算变成被迫永久流亡的现实。

伯爵出逃后，在阿尔斯特乃至全爱尔兰，盖尔人统治阶层的独立地位一去不返。盖尔人领主的权势分崩离析，他们庞大的领地被没收，他们的个人联盟和私人军队被解散，他们的追随者群龙无首。当局派军队驻守阿尔斯特，镇压了该地的反抗。阿尔斯特成了人迹罕至的“荒野”，终于像英格兰强硬派期望的那样，成了“收拾得干干净净的桌面”。爱尔兰向殖民者敞开大门，而这些殖民者不仅想要发家致富，还将推广英格兰法律、传播文明、宣扬新教信仰视为自己的权利与义务。英格兰及苏格兰的殖民者建立起新世界，令爱尔兰的旧世界“烟消云散”。

直到女王去世，英格兰当局在政治、军事上对爱尔兰的征服依然没有带来对其精神的征服。爱尔兰出现了两个针锋相对的教会：一个是信奉新教信仰的官方教会，虽然取得了对堂区教堂的控制权，却无法令爱尔兰人心悦诚服；另一个是遵从罗马教廷的教会，神父在“弥撒房”内偷偷举行天主教仪式，获得了爱尔兰人的拥戴。爱尔兰的君主与臣民信奉着不同的宗教，几乎是欧洲唯一的例外。爱尔兰人一直将教皇奉为教会的领袖，拒不承认女王的王权至尊。爱尔兰议会发言人早在 1569 年就呼吁，将英语作为同化工具，让爱尔兰儿童在学习过程中慢慢忘记“他们顽固不化的边境居民归属感”，但英语却没有普及开来。而英语也是当局在传播福音，宣扬新教信仰时使用的主要语言。遵循盖尔文化的爱尔兰人和盎格鲁－爱尔兰人这两个具有历史渊源的共同体都信奉天主教，而对宗教改革的抵制缓和了他们的宿怨。伊丽莎白没有在宗教问题上迫害持有异见者，一向对英格兰王权尽忠的盎格鲁－爱尔兰共同体能够在遵从王权、服从女王，以及自己的天主教信仰、良知间建立平衡，但一旦当局采取激进的改革措施，这种忠诚就会动摇。爱尔兰人之所以藐视法律，无视爱尔兰女王的至尊王权，是因为掌握政治权力的统治阶层没能将女王的新教信仰推广开来；而天主教的圣事之所以屡禁不止，则是因为爱尔兰民众为神父、托钵修士提供了庇护。在都柏林，少数显贵家庭接受了改革派的信仰，却只形成了一个信奉新教的小团体，渐渐遭到了天主教大众的孤立。都柏林的名门望族大多不愿抛弃传统的宗教、习俗，自 16 世纪 80 年代末 90 年代初，他们都成了不服国教者。由于当局没有取缔爱尔兰的祈唱堂、宗教协会，天主教的传统得以流传下来。人们仍然前往都柏林城外的圣泉朝拜。少数天主教学院神父的到来也坚定了都柏林市民不服国教的决心。这座城市的女性居民成了天主教信仰最为坚定的守护者；她们为举行弥撒的神父提供了庇护。城中的大户人家会把子嗣送往国外接受教育，目的地不限于英格兰的大学、律师学院，还包括天主教会在 16 世纪 90 年代于杜埃、萨拉曼卡两地修建的爱尔兰学院。1593 年，雷利在下议院发言时表示，他认为在爱尔兰只有不超过 6 位绅士在宗教问题上算得上忠诚。10 年后，在得知伊丽莎白驾崩的消息后，芒斯特的各个城镇驱逐了当局任命的牧师，撕毁了官方祈祷书，并请来天主教神父公开举行弥撒。他们要求当局采取宽容的宗教政策，允许宗教自由，但任何统治者都不会正式认可这种要求，因为统一的宗教信仰、稳定的教会是统治者维护自身权威的重要支柱。

经过改革的正统罗马天主教建立了一个全新的天主教世界，令爱尔兰的天主教信仰重获新生。学院神父、耶稣会会士、“弥撒神父”除了在天主教徒的家中举行弥撒，为新生儿施洗，主持各类圣事，还在爱尔兰的战事中发挥了他们的作用。自 16 世纪 60 年代起，罗马教廷为爱尔兰各教区任命了主教，并建立与当局的教区体系分庭抗礼的制度，还派出教廷大使，让这些深受激进天主教传教理念影响的教士在爱尔兰兴风作浪。欧文·麦克伊根是教皇在 16

世纪 90 年代派往芒斯特的使节，在乔治·卡鲁爵士看来，他握有“绝对的权力”，实施了“宗教暴政”。埃塞克斯伯爵曾嘲讽奥尼尔说，“比起守护天主教信仰，你更想得到我的骏马”，但奥尼尔受到耶稣会会士詹姆斯·阿彻（James Archer）的影响，越来越认同天主教反宗教改革[①]的理念和做法。托钵修士在 15 世纪曾令天主教信仰老树发新芽，如今他们继续激发信众的信仰。1574 年，在康诺特境内的梅奥地区、斯莱戈地区、戈尔韦地区，托钵修院的数量分别达到 21 处、11 处、20 处；到了 1594 年，阿尔斯特境内仍然有 20 处修道院、托钵修院。这些修道院在各地领主的保护下幸存下来，这些领主也是修道院的赞助人。1601 年 8 月，尼尔·加尔弗·奥唐奈背叛了他的宗族和信仰，遵从英格兰当局的命令，派兵进驻多尼戈尔修道院，休·奥唐奈因方济各会的“生命之子”遭到驱逐而愤怒，率兵围攻了这座修道院。“四大师”写道，上帝引爆了存放在修道院中的火药，将驻军与修道院炸得支离破碎[②]，“惩罚了亵渎神明的英格兰人，大快人心”。这一天正好还是米迦勒节。叛乱与战争令爱尔兰社会道德沦丧，人们认为那是上帝在插手尘世间的争斗，借此传达自己的旨意。经常还会有人看到鬼魅一般的天兵神将在空中厮杀。甚至英格兰士兵也为爱尔兰士兵坚定的信仰所震慑。1599 年，在英格兰兵至阿斯隆后，约翰·哈林顿爵士在信中写道：“我真心觉得爱尔兰人那满是魔法与巫术的信仰一无是处，但我们的士兵却受其蛊惑，让胜利化为了泡影。”

---

① 反宗教改革又称天主教改革，是罗马教廷为应对宗教改革而开展的革新运动。

② 在遭受围攻期间，修道院的火药库因意外而发生爆炸。

爱尔兰人的世界仍然是一个充满奇观、神迹的旧世界。包括崇拜圣徒、朝圣之旅、对圣物及圣像顶礼膜拜在内的传统宗教习俗仍然广有受众，而圣地、圣泉、高十字架[①]更是备受尊崇。爱尔兰的天主教世界独树一帜，不仅与新教截然不同，与正统罗马天主教也大相径庭。英格兰人试图摧毁爱尔兰人偶像崇拜的陋习，但他们失败了。在踏上“神圣的旅程”，进军芒斯特的途中，奥尼尔首先拜访了西多会的圣十字架修道院，请出存放在修道院中的圣物真十字架，为自己的军队保驾护航。1608 年，修道院院长再次请出了这件圣物，想令基尔肯尼地区贫瘠的土地焕发生机。天主教会的改革派决心将神迹都限制在教会内部，并力图控制教众过度的虔敬心。耶稣会会士埃德蒙·坎皮恩在他的《两卷本爱尔兰史》(*Two Books of the Histories of Ireland*，1571 年成书）中，有一章专门用来驳斥位于德格湖的圣帕特里克炼狱。信众前往这处所谓的地下世界入口忏悔，如果能够安然返回，他们便会夸夸其谈，说自己“看到了怪异的幻景，体会到了痛苦和极乐”，“好似看到地狱之后又见证了天堂”。1563 年的特伦托大公会议判定所有与炼狱的教义有关的幻影全是耸人听闻的谎言，而坎皮恩则对朝圣者目睹奇迹的言论口诛笔伐：“我既不相信他们的话，也不愿其他人以讹传讹”。不过，传统的旧世界对大众的精神世界有着更强的控制力。上至领主，下至农民，爱尔兰社会各阶层普遍认为，逝者的亡魂会在尘世间游走，魔鬼可能会突然出现。

在英格兰，天主教徒时常谈论自己的信仰重见天日的那一天——“我们很快就能迎来一个全新的世界”，巴宾顿及其共谋者曾

① 中世纪出现在爱尔兰及不列颠的十字架石雕，通常都装饰得极其华丽。

经承诺。然而，改革派的信仰渐渐巩固了地位，令天主教信仰主宰的旧世界一去不复返。新教信徒认为，只要能够让教众接受上帝的圣言，就能改变宗教和社会。他们的确取得了胜利，但英格兰为此付出了巨大的代价。宗教改革造成了巨大的破坏：堂区教堂内的祭坛、圣祠都被拆毁，描绘世界末日的图画、耶稣受难像被付之一炬；修道院不是成了废墟，就是沦为乡绅的宅邸。比天主教的珍宝遭到亵渎更令人痛苦的是，这些珍宝所代表的信仰本身也难以为继——天主教徒再也无法指望圣徒在上帝面前为自己求情，再也无法指望亲朋好友为自己代祷，再也无法蒙受天恩，依靠积累“善功”来抵偿罪孽。宗教改革否定了有关炼狱的教义，令生者与逝者从此阴阳两隔。如果炼狱是子虚乌有的，那么基督徒死后就无法进入这个介于天堂与地狱间的世界洗清自己的罪孽，而不得不马上面对无情的审判，不是成为选民，升入天堂，就是成为被弃者，堕入地狱。由广大教众的共同信仰凝聚在一起的旧世界已然分崩离析，基督徒共同体也四分五裂。在宗教改革运动中，基督徒被迫在两个各自宣称是真正教会的对立教会间做出选择，有时还要在坚守个人信仰与服从国教间做出选择。在都铎时代，绝大多数人在宗教问题上都顺从当局推出的改革政策，尽到臣民的义务，由于他们认为君主的良知掌握在上帝的手中，所以服从了君主的意愿。在此过程中，大多数人都会明哲保身，要么投身于家庭生活，要么躬耕于田野，要么经营生意，要么在和谐的邻里关系中寻求慰藉，而不愿依着良知在宗教问题上与当局对抗，牺牲自己。普通人一般优先考虑家庭生活，考虑养家糊口。有许多人尝尽了生活的辛酸，没有时间和精力去表达自己的立场。然而，在宗教改革带来的剧变中，任何人都无法做到独善其身。

随着时间的推移、世代的更替，随着教育及福音传播的逐渐影响，以及随着既得利益的巩固，天主教的传统信仰在新教信仰面前节节败退。1600年，在某些地区，新一代的英格兰人在回首过去时，会认为天主教信仰属于失落的世界。这只是某些地区的情况，远不能代表英格兰的所有地区。1590年前后，威廉·珀金斯写道，绝大多数英格兰平民本质上仍然是教皇崇拜者。“这片土地上黑暗的角落”远离改革中心，不仅上帝的福音几乎闻所未闻，还不断传出与教皇崇拜、偶像崇拜相关的传言，而最重要的是，那里的人愚昧无知。《公祷书》是判别臣民是否遵从国教的试金石，但即便是这本圣典，也充斥着圣徒瞻礼日、跪拜、用手势画十字架、神父的胡言乱语等中世纪天主教的余孽，令笃信上帝之人愤怒。遵从《公祷书》甚至有可能被视为教皇崇拜的表现。

威尔士是凯尔特文化占统治地位的地区，位于都铎王朝的边境地带，遵从清教教义的福音传播者认为，威尔士人“沉迷于迷信、教皇崇拜”，因而对这里感到绝望。威尔士人皈依新教信仰的过程极其缓慢。然而，天主教信仰在威尔士延续并不代表威尔士人在政治上有不忠之心。民众“与世无争，安分守己”，他们对女王的忠诚从未遭到质疑。威尔士人没有像爱尔兰人那样，将宗教改革看作统治者迫使自己的民族皈依异族信仰的暴行。英格兰当局没有像在康沃尔和爱尔兰那样，把英语当作在威尔士推广新信仰的语言媒介。伊丽莎白在位期间，英格兰当局做出一个审慎的决定，用威尔士本民族的语言在威尔士推广新信仰，一旦基督教经典、祈祷书被翻译成威尔士语，新信仰便可以借助威尔士的民族文化和民族主义精神来传播。渐渐地，改革派的宗教与威尔士人的两大效忠目标联系在一起——向都铎王朝（威尔士人从来都没有忘记都铎王朝的威尔士血统）和威尔士民族效忠。

威尔士与英格兰一样，统治阶层明白，想要长治久安，维持太平盛世，就必须服从王室权威，而由于英格兰君主同时又是教会的至高领袖，所以无论教会有何缺点，也都必须忠心不二。女王的职责是在上帝的引导下，维护真正的宗教，而广大臣民在宗教和政治上都有义务服从女王的领导。威尔士的绅士阶层与英格兰的绅士阶层一样，出于私利和义务都要服从女王领导，因为他们在教会权威转变的过程中成了既得利益者，除了将曾经属于教会的地产据为己有，还获得了本属于教会的推举圣俸领受者的权利。在英格兰受到国际天主教势力威胁的时候，他们团结了起来，抵御外敌。大多数威尔士人都有服从君主的传统，他们害怕叛乱，不管叛乱的理由多么充分。就算有人仍然遵从传统的天主教信仰，他们也不会向西班牙或罗马效忠。实际上，反抗外国君主不仅是被允许的，甚至还被鼓励。

一位贤明的君主应当懂得，时间——而不是胁迫——可能会带来服从，这也是伊丽莎白的切身体会。正如富尔克·格雷维尔所说，她"允许虔诚之人遵循良知，在她的王国内过着平静的生活"。女王命在旦夕之时，第九代诺森伯兰伯爵在信中对苏格兰国王说："如果因为不能容忍有人在角落里举行弥撒而失去这样一个王国（英格兰），那就太可惜了。"珀西家族是英格兰北方的望族，先祖曾在1536年、1569年为守护传统信仰发动叛乱，第九代诺森伯兰伯爵能提出这个建议，标志着另一个旧世界在历史变革中沦落成了失落的世界。16世纪末，英格兰历史悠久的贵族已经被驯服，失去了割据一方的权势。贵族阶层的军事荣威、骑士精神在文明开化的影响下冰消瓦解。第三代坎伯兰伯爵乔治·克利福德（George

Clifford）是第十代克利福德勋爵（在 1523 年去世）的后代，他仍然要求手下的骑士举行效忠仪式。伯爵在比武场上为女王效力，而且挥金如土。1600 年，他以“忿忿不平的骑士”这一形象出现在比武场，因为女王没有如他所愿将他任命为怀特岛总督。这与克利福德家族以前在北部边陲割据一方相比，简直是天壤之别。克利福德心里清楚，在英格兰的北方，贵族“地位是否尊贵，要看他名下有多少田产”，但他还是出售了先祖留下的领地，后来多亏女王将利润丰厚的布料出口许可赐予了他，克利福德家族才得以绝处逢生。

一个世纪前，绅士阶层的成员还追随地方领主，都身着领主的号衣，而如今，他们不仅开始担任官职，还买断了名下土地的所有权——这就是 16 世纪末探究王权本质的人的看法。都铎王朝的君主实现了令治下之民由忠于历史悠久的贵族阶层向忠于王权转变。尽管历史悠久的贵族阶层没有权势尽失，但他们还是让渡了权力给获得君主赏识、在朝中为官的新贵族。埃塞克斯伯爵是英格兰史上最后一位梦想拥有王位的旧贵族。他的密友诺森伯兰伯爵写道：“哎呀……这么多年来，他一直盘算着如何才能夺取英格兰的王冠。”然而，就连这位埃塞克斯伯爵也不能免俗，无论他本人多么不情愿，也必须把女王的恩宠当作获取权势的唯一途径。

王庭变成一个新世界，是权力、恩赏和王国稳定的中心，所以王国里所有重要的人都被吸引到这里。王庭也许可以成为文明礼仪的源泉。本·琼森在《辛西娅的狂欢》（*Cynthia's Revels*，创作时间为 1600 年）中写道，“品德高尚的王庭是一个美德不请自来的世界”，他希望现实确实如此。然而，现实中的王庭并不是可以寻找到美德的地方。约翰·多恩创作的《四号讽刺诗》（*Satire 4*）对王庭的讽刺一针见血，在 1599 年 6 月遭禁：

就藏污纳垢而论，君主的王庭鲜有对手，

但想要让我在其中获得美德，可就行不通了。

越来越多的人认为，王庭是充斥着谎言、密探、“见不得人的窃窃私语”和阴谋诡计的场所，没有一句真话。尽管女王穿着绣满了眼睛、耳朵的华服，寓意自己关注着臣民的一举一动，但她可能不知道自己身边都发生了什么。“最伟大、最美丽的女王啊，你知道这件事吗？”多恩在《五号讽刺诗》(*Satire 5*) 中发问——女王察觉到了发生在自己身边的腐败了吗？英格兰人对外国王庭穷奢极侈的做派和君主权势在欧洲的扩张感到震惊。一个世纪之前，英格兰曾经受到暴政的威胁，如果君主失去了高尚的品德，被佞臣误导，抑或与腐败的王庭同流合污，英格兰就有可能再次遭受暴政的蹂躏，而如今臣民还失去了许多可以用来约束王权的手段。在伊丽莎白的生命即将走到尽头时，人们有充分的理由对未来感到不安。这段时期不仅是女王“年老体衰的年代”，在格雷维尔的笔下，也是“这个诡计横行的世界世风日下的年代”，威廉·莎士比亚创作了一部戏剧，借主人公之口哀叹，“这是 ·个全盘错乱的时代”。

《哈姆雷特》(*Hamlet*) 于 1600 年或之前稍早的时候在伦敦首演。在该剧的世界中，存在着一种阴暗的质疑，其中的某些问题更是与观众所处的时代息息相关。尽管莎士比亚的艺术表现力超凡入圣，哈姆雷特王子提出的问题在任何时代都能够引起共鸣，但该剧也受到作者所处历史时期风物的影响，其主题也是文艺复兴时期、宗教改革时期的典型艺术主题。正如哈姆雷特对剧中剧的演员所说的那样，演戏的目的不过是把戏剧当作一面镜子，用来映照人性，将“世间百态呈现在观众的眼前”。演出拉开序幕时，丹麦王国像上帝一样贤明的哈姆雷特国王已经在两个月前驾崩。克劳狄斯不仅夺取了王位，还娶到了王兄的妻子，根本就不在乎此举有违哀悼逝者的基本礼仪，以及会犯下乱伦的禁忌。哈姆雷特王子承受丧父之痛，心情极度悲哀。他早已忘记爱为何物，也不知道为何自己近来失去了所有的欢乐。他哀叹自己遭到家人的背叛，母亲钻入“乱伦的床笫”，认为自己已经与亲人“视同陌路”[①]，而亲属关系只能带来“尔虞我诈”。他虽然痛不欲生，却有苦难言，只能长叹“我的心里有难以言表的悲伤”，之后变得自甘堕落。

悲不自胜的儿子发现父亲的鬼魂出现在了自己的眼前。鬼魂的出现令人不知所措——它到底从哪里来？它意欲何为？哈姆雷特决定与鬼魂交谈。

> 不管你是友善的阴魂，还是凶恶的魔鬼，
> 也不管你带来的是天堂的微风，还是地狱的热浪。

王子对父亲的鬼魂到底来自何处疑虑重重，反映出当时天主教信仰与新教信仰间持久的分歧，而对某些人来说，信仰的不确定性一直难以消除。由于改革派的信仰认为，炼狱是不存在的，所以根本不可能出现鬼魂，鬼魂只是魔鬼的把戏。在之后的剧情中，哈姆雷特承认自己受到了魔鬼的欺骗：

---

① 剧中的原文是“A little more than kin, and less than kind”，是哈姆雷特对克劳狄斯说的话，意思为：现在，我不仅是你的侄子，也是你的继子，所以我们亲上加亲，但与此同时，就我对你的感情而言，我们根本就算不上是亲人。

> 我之前见到的鬼魂也许是个魔鬼，
> 魔鬼法力强大，能变成可以取悦受害者的形态，
> 对了，也许正是因为我心智脆弱、愁肠百结……
> 他才会来诱惑我，让我万劫不复。

经过改革的天主教信仰对与炼狱相关的教义进行了修订，摒弃了鬼魂会出现在人间的说法。所以，以父亲的鬼魂形态困扰哈姆雷特的其实是传统天主教信仰所代表的旧世界。

> 我难逃厄运，在赎清罪孽之前，夜里会四处游荡，
> 白天要在炼狱的火焰中赎罪，
> 直到把我在人世间犯下的罪孽烧净为止。

鬼魂讲完了令人毛骨悚然的故事，之后又下达了可怕的命令：

> 如果你真的爱过你的父亲——……
> 就手刃违背天理伦常，谋杀为父的凶徒，为我报仇。

克劳狄斯国王是弑兄的刺客，哈姆雷特国王“没领圣体、没能忏悔、没有涂油”，便遭他的暗算而死。剧中人对没能行终傅圣事便死去的恐惧在全剧中反复出现。虽然鬼魂要求哈姆雷特尽孝道，但真正迫使王子遵从父亲命令的是超自然的力量。他“必须为父报仇，否则天地不容”。

与浮士德一样，哈姆雷特也曾在维滕贝尔格接受教育，他训练有素，能够在内心深处探讨良知问题，权衡利弊之后再决定是否

应当采取行动。然而，他最关心的是人类的存在性这一奥秘，以及文艺复兴时期人们特别关注的人类自相矛盾的本性：人类既被赋予了“只有神才能拥有的理性”，但又像野兽一样是“激情的奴隶”；理性与欲望抗争；罪孽与神性较量。哈姆雷特因人类的困境而备受煎熬：“像我这样的人为什么还能在天地之间挣扎求生？”他沉浸在生命的痛苦之中，历数“生活令我们的身心承受的打击”，抱怨“因时运不济而遭受的挫折”，还纠结于死亡的痛苦，以及死后世界的不确定性。思前想后会动摇人的决心，因为“良知会让我们变成懦夫”，而哈姆雷特的决心也减弱了，导致他推迟了复仇。

哈姆雷特接受鬼魂的命令之后，他寻私仇的行为将会对公众产生影响。作为王子，哈姆雷特向犯下弑君之罪的叔父宣战。在《哈姆雷特》中，君主犯下的滔天大罪会像传染病一样，令整个国家道德沦丧，而这种观点也反映了伊丽莎白统治末期英格兰人的思潮。“丹麦王国已经败絮其中。”丹麦人变得“不明事理，开始胡乱猜测”。按照文艺复兴时期的思想，克劳狄斯设立于埃尔西诺的王庭是典型的暴君建立并赖以依存的王庭。克劳狄斯被全副武装的瑞士佣兵保护，身边的近臣只知道阿谀奉承，从来不会讲一句实话，所以他滥用权力也不会受到约束。王庭内弥漫着疑神疑鬼的气氛，众臣揣着明白装糊涂，都担心自己朝不保夕。密探躲在挂毯后面“观人言行”，身边常备毒药。友情变成虚情假意。罗森克兰茨和吉尔德斯特恩虽然是哈姆雷特儿时的朋友，但他们却接受克劳狄斯国王的“召唤”，暗中监视哈姆雷特，而哈姆雷特决心“像提防露出毒牙的蝰蛇那样防着他们”。两人因背叛而命丧黄泉之后，哈姆雷特没有表现出悔意，因为“他们这是咎由自取”。拨乱反正的契机也许来自国外——年轻的挪威王子福丁布拉斯正率领着一帮

“无法无天的冒险家”向丹麦王国的边境线挺进。契机也有可能来自国内——哈姆雷特是一位王子，他与其他人不同，并不是生来只能逆来顺受，而是可以领导臣民，“补偏救弊”。面对弑君的凶手，哈姆雷特发誓采取行动。此时，剧作家借用王子进退维谷的处境，提出了关于服从的限度和反抗的责任这个在当时极度危险的政治话题。想要采取行动，就必须残忍无情。

直到最后一幕，哈姆雷特才消除了一切疑虑，结束了探寻良知的苦旅，执行起复仇计划。哈姆雷特问道，那个人“杀死了父王、让我的母亲变成了荡妇”，还想要设计谋害我的性命，“难道你不认为除掉他是我的义务吗？”

> 难道用我手中的宝剑杀死他
> 不是替天行道吗？给这样一个没有人性的怪物留一条性命，让他继续为祸人间，
> 岂不是造孽？

哈姆雷特虽然是一个虔诚的基督徒，但在绝大多数剧情中，他都认为人类被异教的命运女神福尔图娜玩弄于股掌之间，但到了最后一幕，他承认这些都是上帝的旨意：

> 冥冥之中的天意早已定下了我们的结局，
> 我们就算机关算尽，也只是徒劳——

他认识到鬼魂所说的话言之有理，凡人在有些事情上必须听从上帝的旨意。现在，他终于意识到自己既无法避免，也无法预知

即将发生的事情：

> 我对迷信嗤之以鼻。麻雀的生死也由上帝决定。如果事情注定现在就要发生，那它肯定不会拖到将来；如果事情注定在将来发生，它就绝不会发生在现在；该来的总会来的。我们唯一能做的就是做好准备，听天由命。

哈姆雷特手刃了克劳狄斯国王，但自己也命在旦夕。临死前，哈姆雷特承认了来自北方的王子福丁布拉斯对王位的继承权：“他得到了我的支持，这是我死前的愿望。”在这个几乎令天主教传统信仰彻底消亡，又解放了基督徒心智、精神的世纪结束时，莎士比亚让哈姆雷特的朋友霍雷肖向王子的遗体告别，他的话语虽然保留了传统拉丁语葬礼的余韵，但也展现出古人对灵魂获得救赎的信心是多么坚定：

> 永别了，亲爱的王子，
> 愿天使的歌声伴你长眠。

谱系图

谱系图

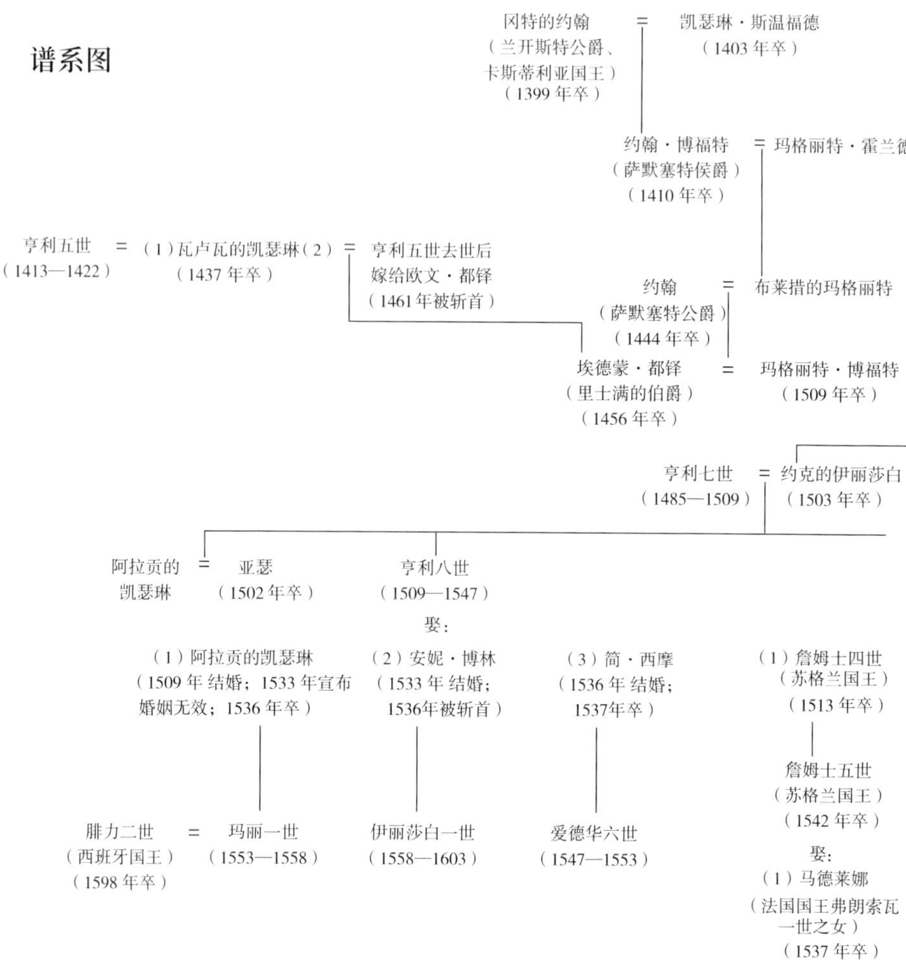

都铎王朝

（1）弗朗索瓦二世
（法国国王）
（1560 年卒）

爱德华四世
（1461—1483）

玛格丽特·都铎
（1541 年卒）
嫁：
（2）阿奇博尔德
（安格斯伯爵）
（1526 年前后离婚）

（3）亨利
（梅休因勋爵）

玛格丽特·道格拉斯
（伦诺克斯伯爵夫人）
（1578 年卒）
=
马修
（伦诺克斯伯爵）
（1571 年卒）

（2）吉斯的玛丽
（1560 年卒）

玛丽
（苏格兰女王）
（1587 年被斩首）
嫁：
（2）亨利
（达恩利勋爵）
（1567 年卒）

（3）詹姆斯·赫本
（博斯韦尔伯爵）
（1578 年卒）

詹姆士一世
（苏格兰的詹姆士六世）
（1603—1625）

玛丽·都铎
（1533 年卒）
嫁：
（1）路易十二
（法国国王）
（1515 年卒）

（2）查尔斯·布兰登
（萨福克公爵）
（1545 年卒）

亨利·格雷
（萨福克公爵）
（1554 年被斩首）
=
弗朗西丝·布兰登
（萨福克公爵夫人）
（1563 年卒）

简·格雷
（1553年被推举为
英格兰女王）
（1554年被斩首）
=
吉尔福德·达德利
（勋爵）
（1554 年被斩首）

凯瑟琳·格雷
（1568 年卒）
嫁：
（1）亨利
（赫伯特勋爵）
（1554年解除婚姻关系）

（2）爱德华
（赫特福德伯爵）
（1621 年卒）

玛丽·格雷

文献评述

创作《为诗辩护》时，菲利普·西德尼认为历史学家“身边摆满了虫蚀鼠咬的记事簿，（在大部分情况下）必须对历史事件发表自己的意见”。过去的史家如此，现代的史家也不例外。本书只有部分内容是以对史料手稿的研究为依据编写的，印刷版的原始手稿成了主要的依据，这些手稿是由自约翰·福克斯起，一代又一代的历史文献编辑者呕心沥血，转写、汇编、排定文献年份，才变得便于查阅和使用。

《英国历史书目：都铎时期（1485—1603）》（*Bibliography of British History: Tudor Period, 1485–1603*；由 Conyers Read 编辑；第二版；1959 年在牛津出版）全面收录了与本书所述历史时期相关的一手、二手文献。此外，各位读者还可以阅读收录在《英格兰历史资料》（*The Sources of English History*；1969 年在伦敦出版），由 G. R. 埃尔顿（G. R. Elton）编著的《英格兰（1200—1640）》（*England, 1200–1640*）。A. W. 波拉德（A. W. Pollard）、G. R. 雷德格雷夫（G. R. Redgrave）所著的《1475—1640 年在英格兰、苏格兰、爱尔兰等地印刷出版的书籍之简明目录》（*A Short-Title Catalogue of Books Printed in England, Scotland and Ireland... 1475–1640*；第二版；共 3 卷；1976—1991 年在伦敦出版）作为参考文献，对本书所述历史时期的研究功不可没。本书的许多诗句引自由 D. 诺布鲁克（D. Norbrook）选材、H. R. 沃德海森（H. R. Woudhuysen）编辑的《企鹅文艺复兴诗集（1509—1659）》（*The Penguin Book of Renaissance Verse, 1509–1659*；1993 年在伦敦出版），对这一历史时期诗文的研究来说，这部诗集好似沙漠中的一片绿洲。

《新编爱尔兰史（第二卷）：中世纪的爱尔兰（1169—1534）》

(*A New History of Ireland*, vol. 2: *Medieval Ireland 1169–1534*; 由 A. Cosgrove 编辑；1987 年在牛津出版)、《新编爱尔兰史（第三卷）：近代早期的爱尔兰（1534—1691）》(*A New History of Ireland*, vol. 3, *Early Modern Ireland, 1534–1691*；由 T. W. Mood、F. X. Martin、F. J. Byrne 编辑；1976 年在牛津出版）这两本书对参考文献收录得十分全面，是了解爱尔兰这一时期历史的不二之选。R. W. D. 爱德华兹（R. W. D. Edwards)、M. 奥多德（M. O'Dowd）所著的《早期现代爱尔兰历史文献（1534—1641）》(*Sources for Early Modern Irish History, 1534-1641*；1985 年在剑桥出版）对相关的印刷版史料进行了总结，具有重要的学术价值，其中部分章节介绍了现存的档案资料及史料编纂情况。

一手文献

最为重要的一手文献是将国务档案按时间顺序编写的一览。每位研究亨利八世统治时期的历史学家都离不开学术意义极其重要的史料集《亨利八世统治时期与外交及内政相关的信件、文集（1509—1547）》(*Letters and Papers, Foreign and Domestic, of the Reign of Henry* Ⅷ*, 1509–1547*；由 J. S. Brewer、J. Gairdner、R. H. Brodie 编辑；共 21 卷；1862—1932 年在伦敦出版)，以及《亨利八世的国务档案》(*State Papers... King Henry* Ⅷ；共 11 卷；1832—1852 年在伦敦出版)。在按照时间顺序编写一览的过程中，编者把它们分成了“国内政策”、“外交政策”、“苏格兰政策”、“爱尔兰政策”几个大类，由于都铎时代的大臣必须把政策看作一个整体，所以后人编写一览时使用的分类方法不能完全反映前人在制定政策时考虑问题的方式。《爱德华六世统治时期内政系列国务档案一览（1547—1553)；玛丽一世统治时期内政系列国务档案一览（1553—1558）》(*Calendar of State Papers, Domestic Series of the Reigns of Edward* Ⅵ*, 1547–1553; Mary* Ⅰ*, 1553–1558*；由 C. S. Knighton 编辑；共 2 卷；1992 年、1998 年在伦敦出版)；《伊丽莎白一世时期内政国务档案一览》(*Calendar of State Papers, Domestic: Elizabeth* Ⅰ；由 R. Lemon、M. A. E. Green 编辑；共 12 卷；1856—1872 年在伦敦出版）；《爱德华六世及玛丽统治时期外交国务档案一览》（*Calendar of State Papers, Foreign: Edward* Ⅵ *and Mary*；由 W. B. Turnbull 编辑；共 2 卷；1861 年在伦敦出版）以及《伊丽莎白统治时期外交国务档案一览》（*Calendar of State Papers, Foreign: Elizabeth*；由 J. Stevenson 等人编辑；共 23 卷；1863—1950 年在伦敦出版）；《与苏格兰及苏格兰女王玛丽相关的国务档案一览（1547—1603）》（*Calendar of State Papers Relating to Scotland and Mary, Queen of Scots, 1547–1603*；由 J. Bain 等人编辑；共 13 卷；1898—1969 年在爱丁堡及格拉斯哥出版）；《与威尼斯相关的国务档案一览》（*Calendar of State Papers, Venetian*；由 R. Brown 等人编辑；共 9 卷；1864—1898 年在伦敦出版）；《与西班牙相关的国务档案一览》（*Calendar of State Papers, Spanish*；由 G. A. Bergenroth 等人编辑；共 13 卷，以及两个增补卷；1862—1869 年在伦敦出版）；《英格兰枢密院法案》（*The Acts of the Privy Council of England*；由 J. R. Dasent 编辑；共 46 卷；1890—1964 年在伦敦出版）。在都铎时期，所谓的“国务档案”实际上是私人文件，国务档案的保管者其实是权臣的家人、后代。历史手稿委员会出版了大量的手稿文集，其中学术意义突出的有：《保管于彭斯赫斯特庄园的德莱尔及达德利勋爵手稿一览》（*Calendar of the MSS of Lord De L'Isle and Dudley at Penshurst Place*；共 3 卷；1925—1936 年在伦敦出版）；《保管于哈特菲尔德庄园的索尔兹伯里侯爵手稿一览》（*Calendar of the MSS of the Marquess of Salisbury at Hatfield House*；共 24 卷；1883—1976 年在伦敦出版）；《保管于朗利特庄园的巴斯侯爵手稿一览》（*Calendar of the MSS of the Marquess of Bath at Longleat*；共 5 卷；1904—1980 年在伦敦出版）。

若想了解爱尔兰的情况，可以参考以下印刷版文献：《爱尔兰国务档案一览（1509—1603）》（*Calendar of State Papers Ireland, 1509–1603*；由 H. C. Hamilton 等人编辑；共 11 卷；1860—1912 年在伦敦出版）；《保存于兰贝斯的卡鲁手稿一览》（*Calendar of Carew MSS... at Lambeth*；由 J. S. Brewer、W. Bullen 编辑；共 6 卷；1867—1873 年在伦敦出版）；《亨利八世的国务档案》（第二、三卷）。《以同时期史

料为据的爱尔兰史（1509—1610）》(*Irish History from Contemporary Sources, 1509–1610*；由 C. Maxwell 编辑；1923 年在伦敦出版）是一套实用的文献。位于都柏林的公共档案馆曾经保存有爱尔兰的官方历史记录，但其中绝大部分的文献在 1922 年“四法院”被卷入战火时付之一炬。因此，目前存世的记录爱尔兰历史的印刷版史料基本上是由英格兰人编纂的。各位读者可以阅读编写质量较高的《四大师所著爱尔兰王国编年史》(*The Annals of the Kingdom of Ireland by the Four Masters*；由 J.O’Donovan 编辑；共 7 卷；第三版；1998 年在都柏林出版)，一睹这部在 17 世纪早期成书的爱尔兰编年史的风采。此外，大家还可以阅读《凯伊湖编年史（1014—1590）》(*The Annals of Loch Cé, 1014–1590*；由 W. M. Hennessy 编辑；共 2 卷；1871 年在伦敦出版)。

通史

在概述都铎时期历史的著作中，约翰·盖伊（John Guy）的《都铎英国》(*Tudor England*；1988 年在牛津出版）当属最具权威性、最能代表最新研究进展的书。如果想进一步了解都铎时期的历史，还可以阅读 G. R. 埃尔顿的《都铎王朝统治下的英格兰》(*England under the Tudors*；第二版；1974 年在伦敦出版)、D. M. 洛兹（D. M. Loades）的《政治与民族（1450—1660）》(*Politics and the Nation, 1450–1660*；1974 年在伦敦出版)。下列著作以都铎时期的部分历史为主题，同样是具有较高学术价值的通史：C. S. L. 戴维斯（C. S. L. Davies）所著的《和平、印刷术与新教信仰（1450—1558）》(*Peace, Print and Protestantism, 1450–1558*；1976 年在伦敦出版)；G. R. 埃尔顿的《改革与宗教改革（1509—1558）》(*Reform and Reformation, 1509–1558*；1977 年在伦敦出版)；A. G. R. 史密斯（A. G. R. Smith）的《民族国家的出现：英格兰共同体（1529—1660）》(*The Emergence of a Nation State: The Commonwealth of England, 1529–1660*；1984 年在伦敦出版)；P. 威廉斯（P. Williams）的《都铎时代晚期的英格兰（1547—1603）》(*The Later Tudors: England,*

1547–1603；1995 年在牛津出版)。

在所有现代史家对 16 世纪的爱尔兰所做的分析中，当属 S. G. 埃利斯（S. G. Ellis）的《都铎时代的爱尔兰（1447—1603）：英格兰的扩张与盖尔人统治的终结》(*Ireland in the Age of the Tudors, 1447–1603: English Expansion and the End of Gaelic Rule*；1998 年在哈洛出版)，以及 C. 伦农（C. Lennon）的《16 世纪的爱尔兰：未竟的征服事业》(*Sixteenth-century Ireland: the Incomplete Conquest*；1994 年在都柏林出版）最为著名。理查德·巴格韦尔（Richard Bagwell）的《都铎王朝统治下的爱尔兰》(*Ireland under the Tudors*；共 3 卷；1885—1890 年在伦敦出版）详尽地记录了爱尔兰的政治历史。R. D. 爱德华兹的《都铎时代的爱尔兰》(*Ireland in the Age of the Tudors*；1977 年在伦敦出版）描述了爱尔兰总体状况，是一本不可多得的作品。尼古拉斯·坎尼（Nicholas Canny）的《从改革到复兴：1534—1660 年的爱尔兰》(*From Reformation to Restoration: Ireland, 1534–1660*；1987 年在都柏林出版）影响力不可小觑。

* * *

下文中，笔者有选择地列出了在编写本书过程中所用到的参考文献；各个章节所使用的文献均在对应的章节下方被提到，如果有章节分成了不同的主题，各个主题所引用的文献会列于对应的主题后面。如果本书引用的学术论文没有被著作收录，笔者会单独列出这些文章。

序言

《耶鲁版圣托马斯·莫尔全集》(*Yale Edition of the Complete Works of St Thomas More*；共 15 卷；1961 年后在纽黑文、伦敦陆续出版）收录了托马斯·莫尔的文字，是一部佳作。笔者选用了戴维·伍顿（David Wootton）编译的《乌托邦》(*Utopia*）——《托马斯·莫尔：乌托邦》(*Thomas More: Utopia*；1999 年在印第安纳波利斯出版)。后人为莫尔编写了大量的传记，历经数百年之后，其中最能感人肺腑的依旧是莫尔的女婿威廉·罗珀的《托马斯·莫尔爵士的一生》(*The Life of Sir Thomas*)；这本传记由《都铎时代早期两位伟人的生平》(*Two Early Tudor Lives*；由 R. S. Sylvester、D. P. Harding 编辑；1962 年在纽黑文出版）收录。若想换个角度了解莫尔，可以阅读 R. 马里厄斯（R. Marius）的《托马斯·莫尔》(*Thomas More*；1985 年在伦敦出版）想了解《理查三世史》(*The History of King Richard* Ⅲ)，可以阅读 R.S.Sylvester 编辑的《耶鲁版圣托马斯·莫尔全集》(第二卷)。想了解理查三世的统治，可以阅读 C. 罗斯（C. Ross）的《理查三世》(*Richard* Ⅲ；1981 年在伦敦出版)、R. 霍罗克斯（R. Horrox）的《理查三世：对尽忠的研究》(*Richard Ⅲ : A Study in Service*；1989 年在剑桥出版)。

第一章　与其以德服人，莫如以势压人

与亨利七世同时期的史家留下的编年史包括：《波利多尔·维吉尔所著英格兰史（1485—1537）》(*The Anglica Historia of Polydore Vergil, AD 1485–1537*；D. Hay 编辑；卡姆登学会会刊第 74 卷；1950 年在伦敦出版)、《伦敦大事记》(*The Great Chronicle of London*；由 A. H. Thomas、I. D. Thornley 编辑；1983 年在格洛斯特出版)。弗兰西斯·培根编写的史书不仅为我们打开了了解他本人所处历史时期的窗口，对亨利七世时期的历史来说，也算得上是拨云见日的史料——推荐大家阅读他的著作《亨利七世国王的历史》(*The History of King Henry the Seventh*；由 J. Weinberger 编辑；1996 年在纽约出版)。R. L. 斯托里（R. L. Storey）所著的《亨利七世的统治》(*The Reign of Henry* Ⅶ；1968 年在伦敦出版)、S. B. 克赖姆斯（S. B. Chrimes）的《亨利七世》(*Henry* Ⅶ；1981 年在伦敦出版）是研究亨利七世及其统治时期的经典。想了解亨利七世夺取王位之前的流亡生活，以及他前往博斯沃思的征程，可以阅读 R. A. 格里菲思（R. A. Griffiths)、R. S. 托马斯（R. S. Thomas）所著的《都铎王朝的建立》(*The Making of the Tudor*

Dynasty；1985年在格洛斯特出版）。

就对都铎时期英格兰及威尔士的土地使用方式的研究而论，眼光最为敏锐、观察最入微的史家当属都铎时代著名的地志学者约翰·利兰（John Leland）；各位读者可以阅读他的著作《1535—1543年及其前后的约翰·利兰游记》（*The Itinerary of John Leland in or about the Years 1535–1543*；由L. Toulmin Smith编辑；共5卷；1964年在伊利诺伊州的卡本代尔市出版）。此外，还可以阅读M. W. 贝雷斯福德（M. W. Beresford）、J. K. S. 圣约瑟夫（J. K. S. St Joseph）的《中世纪的英格兰：一次航空调查》（*Medieval England: An Aerial Survey*；第二版；1979年在剑桥出版）。想了解这一历史时期英格兰的乡村社会，一定要读一读《英格兰及威尔士的农业史（第四卷：1500—1640）》（*The Agrarian History of England and Wales*, vol. 4, *1500–1640*；由Joan Thirsk编辑；1967年在剑桥出版）。D. C. 科尔曼（D. C. Coleman）的《英格兰的经济（1450—1750）》（*The Economy of England, 1450–1750*；1977年在牛津出版）、D. M. 帕利泽（D. M. Palliser）的《伊丽莎白时代：都铎王朝统治后期的英格兰（1547—1603）》（*The Age of Elizabeth: England under the Later Tudors, 1547–1603*；1983年在伦敦出版）包含了有价值的介绍。此外，推荐大家读一读E. 凯瑞吉（E. Kerridge）的《16世纪及之后的农业问题》（*Agrarian Problems in the Sixteenth Century and After*；1969年在伦敦出版）、J. C. K. 康沃尔（J. C. K. Cornwall）的《16世纪早期英格兰的财富与社会》（*Wealth and Society in Early Sixteenth Century England*；1988年在伦敦出版）。W. G. 霍斯金斯（W. G. Hoskins）的《英格兰中部地区的农民：莱斯特郡境内一座村庄的经济及社会史》（*The Midland Peasant: The Economic and Social History of a Leicestershire Village*；1957年在伦敦出版），以亨利七世打赢王位争夺战的那次交战地点附近的地区为研究对象，描绘了当地的风土民情。霍斯金斯所著的《掠夺者的时代：亨利八世治下的英格兰（1509—1547）》（*The Age of Plunder: The England of King Henry* Ⅷ, *1509–1547*；1976年在伦敦出版）文风犀利，同样是一部研究英格兰社会的重要著作。如果想了解伦敦的情况，可以阅读G. A. 威廉斯

(G. A. Williams) 所著的《中世纪的伦敦：从公社到首都》(*Medieval London: From Commune to Capital*；1963 年在伦敦出版)。

想了解英格兰的宪政制度、政府体系，可以阅读下列著作：S. B. 克赖姆斯的《15 世纪时期英格兰的宪政观念》(*English Constitutional Ideas in the Fifteenth Century*；1936 年在剑桥出版)；G. R. 埃尔顿的《都铎时代的宪政制度：文献与评论》(*The Tudor Constitution: Documents and Commentary*；第二版；1982 年在剑桥出版)；S. J. 冈恩 (S.J. Gunn) 的《都铎时代早期的政府（1485—1558）》(*Early Tudor Governmentt, 1485–1558*；1995 年在贝辛斯托克出版)；《中世纪的终结？15—16 世纪时期英格兰》(*The End of the Middle Ages? England in the Fifteenth and Sixteenth Centuries*；由 J. L. Watts 编辑；1998 年在斯特劳德出版)；P. 威廉斯的《都铎王朝的政权》(*The Tudor Regime*；1979 年在牛津出版)；G. L. 哈里斯 (G. L. Harris) 在《过去与现在》(*Past and Present*) 第 138 期 (1993 年) 上发表的论文《中世纪晚期英格兰的政治社会与政府发展》("Political Society and the Growth of Government in Late Medieval England")。

如想了解"不列颠"，请阅读 R. 戴维斯 (R. Davies) 1996 年 2 月 29 日在牛津大学发表的就职演讲《不列颠诸事与英格兰诸事》(The Matter of Britain and the Matter of England)。R. 弗雷姆 (R. Frame) 所著的《不列颠群岛的政治发展（1100—1400）》(*The Political Development of the British Isles, 1100–1400*；1995 年在牛津出版) 比较了英格兰、威尔士、苏格兰、爱尔兰的社会状况、政府架构，令人茅塞顿开。如想了解威尔士的情况，可阅读 G. 威廉斯所著的《革新与改革：1415 年前后至 1642 年的威尔士》(*Renewal and Reformation: Wales, c. 1415–1642*；1993 年在牛津出版)、J. 格温弗·琼斯 (J. Gwynfor Jones) 的《近代早期的威尔士：约 1525—1640》(*Early Modern Wales, c. 1525–1640*；1994 年在贝辛斯托克出版)、《南威尔士的边境领地：1415—1536》(*The Marcher Lordships of South Wales, 1415–1536*；由 T. B. Pugh 编辑；1963 年在加的夫出版)。如想了解苏格兰的情况，可阅读下列著作：R. G. 尼科尔森 (R. G. Nicholson) 的《苏格兰：中世

纪晚期的历史》(*Scotland: the Later Middle Ages*；1974 年在爱丁堡出版)；G. 唐纳森（G. Donaldson）的《苏格兰：从詹姆士五世时起，到詹姆士七世为止的历史》(*Scotland: James* Ⅴ *to James* Ⅶ；1995 年在爱丁堡出版)；J. 沃莫尔德（J. Wormald）的《王庭、教会、社区：1470—1625 年的苏格兰》(*Court, Kirk and Community: Scotland, 1470–1625*；1981 年在爱丁堡出版)、《苏格兰的领主与领民：从属契约的联结力（1442—1603）》(*Lords and Men in Scotland: Bonds of Manrent, 1442–1603*；1985 年在爱丁堡出版)。如想了解英格兰北部的情况，可阅读 A. J. 波拉德（A. J. Pollard）所著的《玫瑰战争时期的英格兰东北部地区：世俗社会、战争、政治》(*North-Eastern England during the Wars of the Roses: Lay Society, War and Politics*；1990 年在牛津出版)。S. G. 埃利斯所著的《贵族权势的前沿阵地：不列颠国家的形成》(*The Frontiers of Noble Power: The Making of the British State*；1995 年在牛津出版）对同为边境地带的英格兰北方边陲与爱尔兰帕莱地区进行了比较，具有开创性的意义。

如想了解中世纪晚期爱尔兰盖尔文化区的社会及领主权，可阅读 K. W. 尼科尔斯（K. W. Nicholls）的著作《中世纪时期的爱尔兰盖尔文化区与盖尔化的爱尔兰》(*Gaelic and Gaelicised Ireland in the Middle Ages*；1972 年在都柏林出版)，《16 世纪时期爱尔兰的土地、法律和社会》(*Land, Law and Society in Sixteenth-Century Ireland*；1976 年在都柏林出版)，以及《新编爱尔兰史（第二卷）：中世纪的爱尔兰（1169—1534）》中由他编写的章节。如想了解盎格鲁－爱尔兰社会的情况，可阅读以下文献：R. 弗雷姆在《过去与现在》第 76 期（1977 年）上发表的论文《爱尔兰领地的权力架构及社会（1272—1377）》(“Power and Society in the Lordship of Ireland, 1272–1377”)；《中世纪时期生活在爱尔兰的英格兰人》(*The English in Medieval Ireland*；由 J. Lydon 编辑；1984 年在都柏林出版)；C. 伦农所著的《宗教改革时期的都柏林众领主》(*The Lords of Dublin in the Age of Reformation*；1989 年在都柏林出版)；D. 布赖恩（D. Bryan）的《权势熏天的基尔代尔伯爵杰拉德·菲茨杰拉德（1456—1513）》(*Gerald Fitzgerald the Great*

Earl of Kildare, 1456–1513；1933 年在都柏林、科克出版）。如想了解教会的情况，可阅读 J. A. 瓦特（J. A. Watt）的《中世纪时期的爱尔兰教会》（*The Church in Medieval Ireland*；1972 年在剑桥出版）、C. 穆尼（C. Mooney）的《13—15 世纪期间爱尔兰盖尔文化区的教会》（*The Church in Gaelic Ireland, 13th to 15th Centuries*；1969 年在都柏林出版）。

想要了解克里斯蒂娜·卡彭特（Christine Carpenter）对亨利七世的成就言辞犀利的再评估，可阅读她在文集《亨利七世的统治》（*The Reign of Henry* Ⅶ；由 B. Thompson 编辑；1995 年在斯坦福德出版）上发表的论文，以及她的著作《地方与政治组织：对沃里克郡地主阶层的研究（1401—1499）》（*Locality and Polity: A Study of Warwickshire Landed Society, 1401–1499*；1992 年在剑桥出版）的第 15、16 章。M. J. 本内特（M. J. Bennett）所著的《兰伯特·西姆内尔与斯托克之战》（*Lambert Simnel and the Battle of Stoke*；1987 年在格洛斯特出版）讲述了亨利七世夺取王位之后英格兰国内由觊觎王位者发动的第一次叛乱。想了解亨利七世是如何治国理政、如何处理与国内贵族阶层的关系的，可阅读以下文献：B. P. 沃尔夫（B. P. Wolffe）的《英格兰历史上的王室领地：从诺曼征服时起，到 1509 年为止，王室领地在治国理政中起到的作用》（*The Royal Demesne in English History: The Crown Estate in the Governance of the Realm from the Conquest to 1509*；1971 年在伦敦出版）；G. R. 埃尔顿的《对都铎及斯图亚特时代政治及政府的研究（第一卷）》（*Studies in Tudor and Stuart Politics and Government*, vol. 1；1974 年在剑桥出版）中的两篇文章：《亨利七世：贪婪与懊悔》（"Henry Ⅶ: Rapacity and Remorse"）、《再论亨利七世》（"Henry Ⅶ: A Restatement"）；J. P. 库珀（J. P. Cooper）在《历史杂志》（*Historical Journal*）第 2 期（1959 年）上发表的论文《再评亨利七世的最后几年》（"Henry Ⅶ' s Last Years Reconsidered"）；T. B. 皮尤在文集《都铎时代的贵族阶层》（*The Tudor Nobility*；由 G. W. Bernard 编辑；1992 年在曼彻斯特出版）上发表的文章《亨利七世与英格兰的贵族阶层》（"Henry Ⅶ and the English Nobility"）；J. R. 兰德（J. R. Lander）的《王

权与贵族（1450—1509）》(*Crown and Nobility, 1450–1509*；1976 年在伦敦出版)。如想了解珀金·沃贝克以及 1497 年的叛乱，可阅读 I. 阿图尔松（I. Arthurson）所著的《珀金·沃贝克阴谋（1491—1499）》(*The Perkin Warbeck Conspiracy, 1491–1499*；1994 年在斯特劳德出版)，以及他在文集《中世纪晚期的人民、政治、共同体》(*People, Politics and Community in the Later Middle Ages*；由 J. T. Rosenthal、C. F. Richmond 编辑；1987 年在斯特劳德出版）上发表的文章《1497 年的叛乱：这是一场农民起义吗？》("The Rising of 1497: A Revolt of the Peasantry?")。

如想了解亨利七世统治时期最后几年的情况，可阅读以下文献：M. M. 康登（M. M. Condon）、S. J. 冈恩分别在文集《都铎王朝的君主政体》(*The Tudor Monarchy*；由 J. Guy 编辑；1997 年在伦敦出版）上发表的文章《亨利八世统治时期的精英统治阶层》("Ruling Elites in the Reign of Henry Ⅷ")、《亨利七世的廷臣》("The Courtiers of Henry Ⅶ")；D. A. 勒基特（D. A. Luckett）在《英格兰历史评论》(*English Historical Review*）第 110 期（1995 年）上发表的论文《都铎时代早期国王的庇护与政治道德：多布尼勋爵贾尔斯的案例研究》("Crown Patronage and Political Morality in Early Tudor England: The Case of Giles, Lord Daubeney")；C. J. 哈里森（C. J. Harrison）在《英格兰历史评论》第 87 期（1972 年）上发表的论文《埃德蒙·达德利的请愿书》("The Petition of Edmund Dudley")；S. 安格鲁（S. Anglo）在《文艺复兴研究》(*Renaissance Studies*）第 1 期（1987 年）上发表的论文《说死人坏话：亨利七世死后的名声》("Ill of the Dead: The Posthumous Reputation of Henry Ⅶ")。

第二章 家庭与友邻

目前存世的连环神秘剧的剧本有三部，笔者将《X 镇的演出：保存于科顿图书馆韦斯巴芗书架上编号 D.8 的手稿》(*The N-Town Play: Cotton MS Vespasian D.8*；由 S. Spector 编辑的早期英语文本研究会增刊系列第 11—12 卷；1991 年在牛津出版）当作重点研究对象，作为主要的引用来源。V. A. 科尔韦（V. A. Kolve）和 R. 伍尔夫（R. Woolf）分别在《名叫基督圣体的演出》（*The Play called Corpus Christi*；1966 年在斯坦福出版）、《英格兰的神秘剧》（*The English Mystery Play*；1972 年在伯克利、洛杉矶出版）中阐明了神秘剧的意义、目的。

下列文献对弥撒和基督徒共同体的描述令人受益匪浅：约翰·博西（J. Bossy）在《过去与现在》第 100 期（1983 年）上发表的论文《作为社会制度的弥撒（1200—1700）》（"The Mass as a Social Institution, 1200–1700"），以及他的著作《西方基督教（1400—1700）》（*Christianity in the West, 1400–1700*；1985 年在牛津出版）；E. 达菲（E. Duffy）的《拆除圣坛：英格兰的传统宗教（1400—1580）》（*The Stripping of the Altars: Traditional Religion in England, 1400–1580*；1992 年在纽黑文、伦敦出版）的第一部分；曼宁勋爵伯纳德（Bernard, Lord Manning）的《威克里夫时期英格兰人的信仰》（*The People's Faith in the Time of Wyclif*；1919 年在剑桥出版）；M. 鲁宾（M. Rubin）的《耶稣圣体：中世纪晚期文化中的圣餐仪式》（*Corpus Christi: The Eucharist in Late Medieval Culture*；1991 年在剑桥出版）。此外，大家也可阅读 S. 布里格登（S. Brigden）在《过去与现在》第 103 期（1984 年）上发表的论文《16 世纪时伦敦市民的宗教与社会义务》（"Religion and Social Obligation in Sixteenth-Century London"）。《俗众弥撒经》（*The Lay Folks Mass Book*；由 T. F. Simmons 编辑；早期英语文本研究会原刊系列第 79 卷；1879 年在伦敦出版）是一部信息含量大的史料。

下列著作对基督徒的死后世界进行了讨论：J. 勒高夫（J. le Goff）的《炼狱的诞生》（*The Birth of Purgatory*；由 A. Goldhammer 翻译；1984 年在奥尔德肖特出版）；J-C. 施米特（J-C. Schmitt）的《中世纪时期的鬼魂：中世纪社会的生者与逝者》（*Ghosts in the Middle Ages: The Living and the Dead in Medieval Society*；由 T. L. Fagan 翻译；1998 年在芝加哥、伦敦出版）；R. 霍尔布鲁克（R. Houlbrooke）的《死亡、宗教与英格兰人的家庭（1480—1750）》（*Death, Religion and the Family in England, 1480–1750*；1998 年在牛津出版）；《逝者之地：中世纪晚期及近代早期的基督徒如何面对死亡、追思逝者》

(*The Place of the Dead: Death and Remembrance in Late Medieval and Early Modern Europe*；由 B. Gordon、P. Marshall 编辑；2000 年在剑桥出版)。如想了解古人如何崇拜圣徒、圣像，可阅读以下文献：《米尔克的节日》(*Mirk's Festial*；由 T. Erbe 编辑；早期英语文本研究会增补系列第 96 卷；1905 年)；M. 阿斯顿（M. Aston）的《信仰与烈焰：受到欢迎与遭到唾弃的宗教（1350—1600）》(*Faith and Fire: Popular and Unpopular Religion, 1350–1600*；1993 年在伦敦、里奥格兰德出版)；J. 赫伊津哈（J. Huizinga）的《中世纪的衰落》(*The Waning of the Middle Ages*；1955 年在哈蒙兹沃思出版)；E. 马勒（E. Mâle）的《12 世纪至 18 世纪期间的宗教艺术》(*Religious Art from the Twelfth to the Eighteenth Century*；1949 年在伦敦出版)；R. C. 菲纽肯（R. C. Finucane）的《神迹与朝圣者：中世纪时期英格兰的民间信仰》(*Miracles and Pilgrims: Popular Beliefs in Medieval England*；1977 年在伦敦出版)；J. 萨姆欣（J. Sumption）的《朝圣：中世纪宗教信仰的肖像》(*Pilgrimage: An Image of Mediaeval Religion*；1975 年在伦敦出版)。

如想了解宗教对民众生活的影响，以及教会和牧师阶层的权威，可阅读以下文献：J. J. 斯卡尔斯布里克（J. J. Scarisbrick）的《宗教改革与英格兰人》(*The Reformation and the English People*；1984 年在牛津出版)；R. 斯旺森（R. Swanson）的《天主教英格兰：宗教改革前英格兰人的信仰、宗教、仪式》(*Catholic England: Faith, Religion and Observance before the Reformation*；1993 年在曼彻斯特出版)；P. 马歇尔（J. Marshall）的《天主教神父阶层与英格兰宗教改革》(*The Catholic Priesthood and the English Reformation*；1994 年在牛津出版)；K. V. 托马斯（K. V. Thomas）的《宗教与巫术的衰落：对 16—17 世纪时期英格兰民间信仰的研究》(*Religion and the Decline of Magic: Studies in Popular Beliefs in Sixteenth and Seventeenth Century England*；1971 年在伦敦出版)；T. N. 滕特勒（T. N. Tentler）的《宗教改革前夕的罪孽与忏悔》(*Sin and Confession on the Eve of the Reformation*；1977 年在普林斯顿出版)。在本章所讲述的历史时期，下列同时期的

史料描述的是天主教的道德观念，对当今的史家具有启发意义：理查德·惠特福德的《一部针对一家之主或其他任何要带领、指导他人之人的著作》(*A Werke for Housholders, or for Them that Have the Gydynge or Gouernaunce of Ony Company*；1530 年在伦敦出版)；W. 哈林顿（W. Harrington）的《本书收录了值得称道的婚姻生活方式》(*In Thys Boke are Conteyned the Comendations of Matrimony*；1517 年前后在伦敦出版)；《共同体之树：埃德蒙·达德利所著论述》(*The Tree of Common-wealth: A Treatise Written by Edmund Dudley*；由 D. M. Brodie 编辑；1948 年在剑桥出版)。

如想了解英格兰社会的总体情况，可阅读以下著作：K. 赖特森（K. Wrightson）的《英格兰社会（1580—1680）》(*English Society, 1580–1680*；1982 年在伦敦出版)；J. A. 夏普（J. A. Sharpe）的《近代早期的英格兰：一部社会史（1550—1760）》(*Early Modern England: A Social History, 1550–1760*；1987 年在伦敦出版)；P. 拉斯利特（P. Laslett）的《我们失去的世界：深入探索》(*The World We Have Lost: Further Explored*；1983 年在伦敦出版)；J. 尤因斯（J. Youings）的《16 世纪的英格兰》(*Sixteenth-Century England*；1984 年在哈蒙兹沃思出版)。如想了解英格兰人的家庭生活、生老病死，可阅读以下著作：D. 克雷西（D. Cressy）的《出生、婚姻、死亡：都铎及斯图亚特时代英格兰人的仪式、宗教与生老病死》(*Birth, Marriage and Death: Ritual, Religion and the Life-Cycle in Tudor and Stuart England*；1997 年在牛津出版)；R. 霍尔布鲁克的《英格兰人的家庭（1450—1700）》(*The English Family, 1450–1700*；1984 年在哈洛出版)；B. 哈纳沃特（B. Hanawalt）的《血浓于水：中世纪时期英格兰的农民家庭》(*The Ties that Bound: Peasant Families in Medieval England*；1986 年在牛津出版)；P. 拉斯利特的《近代早期家庭生活与不伦之爱：历史社会学论文集》(*Family Life and Illicit Love in Earlier Generations: Essays in Historical Sociology*；1977 年在剑桥出版)；《古时的家庭与家庭生活》(*Household and Family in Past Time*；由 P. Laslett、R. Wall 编辑；1972 年在剑桥出版)。如想深入了解个别家庭的家事，可阅读《莱尔

信札》(*The Lisle Letters*; 由 M. St C. Byrne 编辑; 共 6 卷; 1981 年在芝加哥、伦敦出版)。此外，推荐大家阅读下列文献:《普兰普顿家族的书信、文件》(*The Plumpton Letters and Papers*; 由 J. Kirby 编辑; 卡姆登学会会刊第五系列第 8 卷; 1996 年);《杰维斯・霍利斯所著霍利斯家族大事记（1493—1656）》(*Memorials of the Holles Family, 1493–1656, by Gervase Holles*; 由 A. C. Wood 编辑; 姆登学会会刊第 3 系列第 55 卷; 1937 年在伦敦出版); B. 温彻斯特（B. Winchester）所著的《都铎时期的家庭肖像》(*Tudor Family Portrait*; 1955 年在伦敦出版); L. E. 皮尔逊（L. E. Pearson）的《伊丽莎白时期英格兰人的家庭生活》(*Elizabethans at Home*; 1957 年在斯坦福出版)。

想了解当时的人口状况，可阅读 E. A. 里格利（E. A. Wrigley）、R. S. 斯科菲尔德（R. S. Schofield）兼具开创性与权威性的著作《重新定义英格兰人口史（1541—1871）》(*The Population History of England, 1541–1871: A Reconstruction*; 1981 年在伦敦出版)。还推荐大家阅读 J. 哈彻（J. Hatcher）所著的《瘟疫、人口与英格兰的经济（1348—1530）》(*Plague, Population and the English Economy, 1348–1530*; 1977 年在贝辛斯托克出版)。

如想了解这一历史时期儿童及青年的情况，可阅读下列著作: P. 阿利埃斯（P. Ariès）的《儿童生活百年史: 家庭生活的社会史》(*Centuries of Childhood: A Social History of Family Life*; 由 R. Baldick 翻译; 1962 年在伦敦出版); I. 平奇贝克（I. Pinchbeck）、M. 休伊特（M. Hewitt）的《英格兰社会的儿童: 从都铎时代到 18 世纪》(*Children in English Society: From Tudor Times to the Eighteenth Century*; 1969 年在伦敦出版); K. V. 托马斯在《英国学院学报》(*Proceedings of the British Academy*) 第 62 卷（1976 年）上发表的论文《近代早期英格兰的年龄与权威》("Age and Authority in Early Modern England"); S. 布里格登在《过去与现在》第 95 期（1982 年）上发表的论文《青年人与英格兰的宗教改革》("Youth and the English Reformation"); I. K. 本・阿莫斯（I. K. Ben Amos）的《近代早期英格兰的青年与青春期》(*Adolescence and Youth in Early Modern England*;

1994 年在纽黑文出版）。

如想了解这一历史时期的婚姻及谈婚论嫁，可阅读下列文献：R. B. 乌思怀特的《英格兰人的秘密婚姻（1500—1850）》（*Clandestine Marriage in England, 1500–1850*；1995 年在伦敦出版）；M. 英格拉姆（M. Ingram）的《1570—1640 年英格兰的教会法庭、性、婚姻》（*Church Courts, Sex and Marriage in England, 1570–1640*；1987 年在剑桥出版）；R. H. 赫姆霍尔兹（R. H. Helmholz）的《中世纪时期英格兰的婚姻纠纷诉讼》（*Marriage Litigation in Medieval England*；1974 年在剑桥出版）；《婚姻与社会：婚姻的社会史研究论文集》（*Marriage and Society: Studies in the Social History of Marriage*；由 R. B. Outhwaite 编辑；1981 年在伦敦出版）；A. 麦克法兰（A. Macfarlane）的《英格兰人的婚姻与爱情：生育的模式（1300—1840）》（*Marriage and Love in England: Modes of Reproduction, 1300–1840*；1986 年在牛津出版）。

下列著作解释了都铎时期死前仪式及优雅地面对死亡的方法：圣托马斯・莫尔的《英语诗歌、皮科的一生、死前仪式》（*English Poems, Life of Pico and The Last Things*；由 A. S. G. Edwards、K. G. Rodgers、C. H. Miller 编辑），以及《耶鲁版圣托马斯・莫尔全集》（第一卷）；理查德・惠特福德的《日常活动与死亡体验》（*A Dayly Exercyse and Experyence of Death*；由 J. Hogg 编辑；萨尔茨堡大学英语文学研究学报；1979 年）；N. L. 贝蒂（N. L. Beaty）的《死亡的艺术：英格兰文学传统中的善终方式》（*The Craft of Dying: The Literary Tradition of Ars Moriendi in England*；1970 年在纽黑文、伦敦出版）。如想了解这一历史时期的葬礼，可阅读《伦敦市民服饰商人亨利・马钦的日记（自 1550 年起，到 1563 年止）》（*The Diary of Henry Machyn, Citizen and Merchant-Taylor of London, from AD 1550 to AD 1563*；由 J. G. Nichols 编辑；卡姆登学会原刊系列第 42 卷；1848 年），以及 C. 吉廷斯（C. Gittings）所著的《近代早期英格兰的死亡、葬礼与个人》（*Death, Burial and the Individual in Early Modern England*；1984 年在伦敦出版）。如想了解祈唱堂，以及古人为逝者祈祷的方法，可阅读 J. T. 罗森塔尔所著的《购买天堂的门票》（*The*

Purchase of Paradise；1972 年在伦敦出版），以及 K. L. 伍德－利（K. L. Wood-Legh）的《不列颠境内的永远的祈唱堂》（*Perpetual Chantries in Britain*；1965 年在剑桥出版）。

如想了解都铎时期对亲属关系的看法，以及贵族即绅士阶层的家系，那么劳伦斯·斯通（L. Stone）所著的《贵族的危机（1558—1641）》（*The Crisis of the Aristocracy, 1558–1641*；1965 年在牛津出版）、J. 休斯（J. Hughes）的《牧者与理想家：中世纪晚期约克郡的宗教与世俗生活》（*Pastors and Visionaries: Religion and Secular Life in Late Medieval Yorkshire*；1988 年在伍德布里奇出版）、C. 卡彭特的《地方与政治组织》算是必读书。此外，建议大家阅读 M. E. 詹姆斯（M. E. James）的《家庭、血统与民间社会：对达勒姆地区社会、政治、居民心态的研究（1500—1640）》（*Family, Lineage and Civil Society: A Study of Society, Politics and Mentality in the Durham Region, 1500–1640*；1974 年在伦敦出版），以及 J. P. 罗森塔尔的《15 世纪英格兰的父权制度与特权家庭》（*Patriarchy and Families of Privilege in Fifteenth-Century England*）。G. 麦克唐纳·弗拉泽（G. MacDonald Fraser）的《钢帽子：盎格鲁－苏格兰边境地区掠夺者的故事》（*The Steel Bonnets: The Story of the Anglo-Scottish Border Reivers*；平装版；1995 年在伦敦出版），以及 R. 罗布森（R. Robson）的《英格兰高地宗族的盛衰兴废：都铎王朝的君主用来解决一个中世纪时期问题的方式》（*The Rise and Fall of the English Highland Clans: Tudor Responses to a Medieval Problem*；1989 年在爱丁堡出版）描述了英格兰北部边陲的“同姓人”制度。如想了解爱尔兰人对亲属关系的看法，可阅读 K. 尼科尔斯的《中世纪时期的爱尔兰盖尔文化区与盖尔化的爱尔兰》。此外，还建议大家阅读《土地与亲属关系、生老病死》（*Land, Kinship and Life-Cycle*；由 R. M. Smith 编辑；1984 年在剑桥出版）、D. 克雷西在《过去与现在》第 113 期（1986 年）上发表的论文《近代早期英格兰的亲属关系与亲属互动》（“Kinship and Kin Interaction in Early Modern England”），以及《近代早期英格兰的人口迁移及社会》（*Migration and Society in Early Modern England*；由 P. 克拉克、D. Souden 编辑；1987

年在伦敦出版）。

下列文献描述了绅士及贵族阶层府邸的特点：戴维·斯塔基（D. Starkey）在文集《中世纪晚期》（*The Later Middle Ages*；由 S. Medcalf 编辑；1981 年在伦敦出版）上发表的文章《府邸的时代：政治、社会与其中的艺术（约 1350—1550 年）》（“The Age of the Household: Politics, society and the arts, c. 1350–c.1550”）；K. 默特斯（K. Mertes）的《英格兰的贵族府邸（1250—1600）：优良的管理与明智的规则》（*The English Noble Household, 1250–1600: Good Governance and Politic Rule*；1988 年在牛津出版）；F. 希尔（F. Heal）的《近代早期英格兰的好客精神》（*Hospitality in Early Modern England*；1990 年在牛津出版）；K. 西姆斯（K. Simms）在《爱尔兰王室古物学会会刊》（*Journal of The Royal Society of Antiquaries of Ireland*）第 108 期（1978 年）上发表的论文《爱尔兰盖尔文化区的宴客之道》（“Guesting and Feasting in Gaelic Ireland”）。如想了解贵族阶层是如何教育子嗣的，可阅读 N. 奥姆（N. Orme）的《从孩童到骑士：英格兰的国王及贵族所接受的教育（1066—1530）》（*From Childhood to Chivalry: The Education of English Kings and Aristocracy, 1066–1530*；1984 年在伦敦出版）。

下列文献研究了商人及其他社会地位较低的家庭、宅邸：M. 斯布福德（M. Spufford）的《截然不同的团体：16—17 世纪英格兰各地的村民》（*Contrasting Communities: English Villagers in the Sixteenth and Seventeenth Centuries*；1974 年在剑桥出版）；M. K. 麦金托什（M. K. McIntosh）的《经历剧变的社区：黑弗灵庄园及特权领地（1500—1620）》（*A Community Transformed: The Manor and Liberty of Havering, 1500–1620*；1991 年在剑桥出版）；M. 佩林（M. Pelling）的《平民的命运：近代早期英格兰的疾病、医者与城市贫民》（*The Common Lot: Sickness, Medical Occupations and the Urban Poor in Early Modern England*；1998 年在哈洛出版）；A. 库斯莫尔（A. Kussmaul）的《近代早期英格兰农夫阶层中的仆人》（*Servants in Husbandry in Early Modern England*；1981 年在剑桥出版）。

《约翰·斯托的伦敦调查》（*A Survey of London by John Stow*；由

C. L. Kingsford 编辑；共 2 卷；1908 年在牛津出版）是一份描述编者所处历史时期伦敦城状况的史料，能让人有种身临其境的感觉。就对都铎时期英格兰各地城市、城镇的研究而言，当属下列文献较为优秀：S. L. 斯鲁普（S. L. Thrupp）的《中世纪时期伦敦的商人阶层（1300—1500）》(*The Merchant Class of Medieval London, 1300–1500*；1976 年在安娜堡出版)；C. 菲西安 - 亚当斯（C. Phythian-Adams）的《一座城市的衰落：考文垂与中世纪晚期的城市危机》(*Desolation of a City: Coventry and the Urban Crisis of the Late Middle Ages*；1979 年在剑桥出版)；S. 拉帕波特（S. Rappaport）的《世界中的世界：16 世纪时期伦敦的社会结构》(*Worlds within Worlds: Structures of Life in Sixteenth-Century London*；1989 年在剑桥出版)；D. M. 帕利泽的《都铎时代的约克城》(*Tudor York*；1979 年在牛津出版)；G. 罗瑟（G. Rosser）的《中世纪时期的威斯敏斯特（1200—1540）》(*Medieval Westminster, 1200–1540*；1989 年在牛津出版)。如想了解爱尔兰的情况，可阅读 C. 伦农的《宗教改革时期的都柏林众领主》。

下列文献讨论了都铎时代的堂区、邻里关系、互助组织：I. 阿彻的《对社会稳定的追寻：伊丽莎白时代伦敦的社会关系》(*The Pursuit of Stability: Social Relations in Elizabethan London*；1991 年在剑桥出版)；S. J. 赖特（S. J. Wright）的《堂区、教堂与民众：俗众宗教信仰的地区性研究（1350—1750）》(*Parish, Church and People: Local Studies in Lay Religion, 1350–1750*；1988 年在伦敦出版)；《争议与解决方案：英国西部的法律与人际关系》(*Disputes and Settlements: Law and Human Relations in the West*；由 J. 博西编辑；1983 年在剑桥出版)；A. G. 罗瑟在《英国皇家历史学会学报》(第 6 系列第 1 卷)(*Transactions of the Royal Historical Society*, 6th series, i；1991 年）上发表的论文《中世纪末期英格兰各堂区的宗教一致性及民间信仰》(“Parochial Conformity and Popular Religion in Late Medieval England”)。如想了解堂区内的互助组织，可阅读下列文献：H. F. 韦斯特莱克（H. F. Westlak）的《中世纪时期英格兰的堂区宗教协会》(*The Parish Gilds of Medieval England*；1919 年在伦敦出版)；《堂区互助记录：奥尔

德斯门外的圣博托尔夫堂区以三体及圣法比盎、圣圣巴斯弟盎之名建立的互助组织》(*Parish Fraternity Register: Fraternity of the Holy Trinity and SS. Fabian and Sebastian in the Parish of St Botolph without Aldersgate*；由 P. Basing 编辑；伦敦记录学会；1982 年在伦敦出版)；C. 巴龙（C. Barron）在文集《宗教改革前英格兰社会中的教会》(*The Church in pre-Reformation Society*；由 C. 巴龙、C. Harper-Bill 编辑；1985 年在伍德布里奇出版）上发表的文章《中世纪时期伦敦的堂区互助组织》("The Parish Fraternities of Medieval London")。D. 诺尔斯（D. Knowles）的《英格兰的修道院组织》(*The Religious Orders in England*；共 3 卷；1959 年在剑桥出版）是研究英格兰各地修道院的经典著作。此外，还建议大家阅读 L. 巴特勒（L. Butler)、C. 吉文·威尔逊（C. Given Wilson）所著的《大不列颠中世纪时期的修道院》(*Medieval Monasteries of the Great Britain*；1979 年在伦敦出版)。如想了解爱尔兰的情况，可阅读 A. 格温（A. Gwynn)、R. N. 哈德科克（R. N. Hadcock）所著的《爱尔兰中世纪时期的修道院》(*Medieval Religious Houses in Ireland*；1970 年在伦敦出版)，以及 B. 布拉德肖(B. Bradshaw）的《亨利八世统治时期爱尔兰境内修道院组织的解散情况》(*The Dissolution of the Religious Orders in Ireland under Henry* Ⅷ；1974 年在剑桥出版)。

如想了解穷苦人及社会弃儿的情况，以及社会各界为帮助、控制他们而采取的措施，可阅读 P. 斯莱克（P. Slack）的《都铎时代及斯图亚特时代英格兰的贫穷问题及应对政策》(*Poverty and Policy in Tudor and Stuart England*；1988 年在伦敦出版)，以及 A. L. 贝耶尔(A. L. Beier）的《无依无靠的人：英格兰的流民问题（1560—1640）》(*Masterless Men: The Vagrancy Problem in England, 1560–1640*；1985 年在伦敦出版)。如想了解犯罪问题，可阅读 J. A. 夏普所著的《近代早期英格兰的犯罪问题（1550—1750）》(*Crime in Early Modern England,1550-1750*；1984 年在伦敦出版)，以及《英格兰的犯罪问题(1550—1800）》(*Crime in England, 1550–1800*；由 J. S. Cockburn 编辑；1977 年在伦敦出版)。如想了解自杀问题，可阅读 M. 麦克唐纳

(M. MacDonald)、T. R. 墨菲（T. R. Murphy）的《死不瞑目的灵魂：近代早期英格兰的自杀问题》(*Sleepless Souls: Suicide in Early Modern England*；1990 年在牛津出版)。

第三章　改革之路

约翰·福克斯是第一位为罗拉德派编写传记的史家，也是第一个收集证据，记录罗拉德派成员受审情景的人；各位读者可以阅读《约翰·福克斯的行传与见证》(*The Acts and Monuments of John Foxe*；由 G. Townsend 编辑；共 8 卷；1848—1849 年在伦敦出版)，尤其是这本书的第 4 卷。在“心知肚明的男女作家”的著作中，学术价值最为突出的当属安妮·哈德斯（Anne Hudson）的《操之过急的宗教改革：威克里夫派的文字与罗拉德派的历史》(*The Premature Reformation: Wycliffite Texts and Lollard History*；1988 年在牛津出版)。其他有醍醐灌顶作用的文献还包括：M. 阿斯顿的《罗拉德派与改革派：中世纪末期时宗教中的图像与文字》(*Lollards and Reformers: Images and Literacy in Late Medieval Religion*；1984 年在伦敦出版)；A. 霍普（A. Hope）在文集《新教与国教教会》(*Protestantism and the National Church*；由 P. Lake、M. Dowling 编辑；1987 年在伦敦出版）中发表的文章《罗拉德主义：被建筑师抛弃的石料？》(“Lollardy: The Stone the Builders Rejected?”)；D. 普拉姆（D. Plumb）在文集《农村地区持异议者的世界（1520—1725）》(*The World of Rural Dissenters, 1520–1725*；由 M. Spufford 编辑；1995 年在剑桥出版）中发表的文章《罗拉德运动末期罗拉德派成员的社会及经济地位》(“The Social and Economic Status of the Later Lollards”)、《聚众而成的教会？罗拉德派与他们所处的社会》(“A Gathered Church? Lollards and Their Society”)。A. G. 迪肯斯（A. G. Dickens）、J. F. 戴维斯（J. F. Davis）在各自的著作《约克教区境内的罗拉德派与新教徒（1509—1558）》(*Lollards and Protestants in the Diocese of York, 1509–1558*；1959 年在伦敦出版)、《英格兰东南部的异端思想与宗教改革（1520—1559）》(*Heresy and Reformation in the*

South-East of England,1520—1559；1983 年在伦敦出版）提出，罗拉德派与改革派的新宗教间存在联系。

如想了解基督教人文主义及天主教内部对改革的期盼，可以阅读以下文献：J. H. 赫克斯特（J. H. Hexter）在《耶鲁版圣托马斯·莫尔全集》(第四卷）中为《乌托邦》编写的引言；M. M. 菲利普斯（M. M. Phillips）的《伊拉斯谟的“格言”：对翻译的研究》(*The “Adages” of Erasmus: A Study with Translations*；1965 年在剑桥出版)；J. C. 奥林（J. C. Olin）的《天主教改革：从萨佛纳罗拉到依纳爵·罗耀拉》(*Catholic Reformation: Savonarola to Ignatius Loyola*；1969 年在纽约出版)；D. 芬伦（D. Fenlon）的《遵循正统罗马天主教的意大利的异端思想与严守教义：枢机主教波尔与反宗教改革》(*Heresy and Obedience in Tridentine Italy: Cardinal Pole and the Counter-Reformation*；1972 年在剑桥出版)。如想了解科利特主任牧师和圣约翰·费希尔的生平以及他们所造成的影响，可阅读 J. H. 勒普顿（J. H. Lupton）的《约翰·科利特的一生》(*A Life of John Colet*；1887 年在伦敦出版)、J. B. 格利森（J. B. Gleason）的《约翰·科利特》(*John Colet*；1989 年在伯克利出版)、《人文主义、改革与宗教改革：约翰·费希尔主教的职业生涯》(*Humanism, Reform and Reformation: The Career of Bishop John Fisher*；由 . B. Bradshaw、E. Duffy 编辑；1989 年在剑桥出版)。D. 贝克 - 史密斯（D. Baker-Smith）所著的《莫尔的“乌托邦”》(*More’s “Utopia”*；1991 年在伦敦出版)、S. 格林布拉特（S. Greenblatt）的《从莫尔到莎士比亚——文艺复兴时期文人的自我塑造》(*Renaissance Self-Fashioning from More to Shakespeare*；1980 年在芝加哥出版）对莫尔的《乌托邦》进行了批判，学术价值出众。伊拉斯谟主要著作的译文包括：收录在《托马斯·莫尔：乌托邦》中的《阿尔西比亚德斯的西勒诺斯》(*The Sileni of Alcibiades*)；《基督教君王教育手册》(*The Education of a Christian Prince*；由 Lisa Jardine 编辑；1997 年在剑桥出版)；《基督教骑士手册》(*Enchiridion Militis Christiani or The Manual of the Christian Knight*；1905 年在伦敦出版)；《愚人颂》(*Praise of Folly*；由 A. H. T. Levi 编辑；1993 年在哈蒙兹沃思出版)。此外，推荐

大家阅读《伊拉斯谟的“遭到放逐的尤利乌斯”》(*“Julius Exclusus” of Erasmus*；由 P. Pascal 翻译、J. Kelley Sowards 编辑；1968 年在布卢明顿、伦敦出版)。R. J. 舍克（R. J. Schoeck）的《欧洲的伊拉斯谟》(*Erasmus of Europe*；1993 年在爱丁堡出版)、J. K. 麦克柯尼卡（J. K. McConica）的《伊拉斯谟》(*Erasmus*；1991 年在伦敦出版)、L. 贾丁（L. Jardine）的《文豪伊拉斯谟》(*Erasmus, Man of Letters*；1993 年在普林斯顿出版）对伊拉斯谟的研究具有启发意义，也建议阅读。

下列著作讨论了路德其人、他在神学方面的新发现，及其对教会的挑战：R. H. 班顿（R. H. Bainton）所著的《寸步不让：马丁・路德的一生》(*Here I Stand: A Life of Martin Luther*；1951 年在伦敦出版)；A. 麦格拉思（A. McGrath）的《路德的十字架神学》(*Luther's Theology of the Cross*；1985 年在牛津出版)、《上帝的义：基督教称义教义的历史》(*Iustitia Dei: a history of the Christian Doctrine of Justification*；共 2 卷；1986 年在剑桥出版)；H. 奥伯曼（H. Oberman）的《宗教改革的导师》(*Masters of the Reformation*；1981 年在剑桥出版)。如想了解天主教会在宗教改革中的立场，以及英格兰神学家反驳路德的论调，下列文献是必读资料：R. 雷克斯（R. Rex）的《约翰・费希尔的神学理论》(*The Theology of John Fisher*；1991 年在剑桥出版)，以及他在《英国皇家历史学会学报》(第 5 系列第 39 卷，1989 年）上发表的论文《16 世纪 20 年代期间英格兰神学家声讨路德的运动》(“The English Campaign against Luther in the 1520s”)，收录在《耶鲁版圣托马斯・莫尔全集》(第五卷）中的《回应路德》(*Responsio ad Lutherum*，1969 年在纽黑文、伦敦出版)。J. J. 斯卡尔斯布里克的《亨利八世》(*Henry* Ⅷ；1968 年在伦敦出版)，以及《亨利八世的统治：政治、政策与虔诚》(*The Reign of Henry* Ⅷ*: Politics, Policy and Piety*；由 D. MacCulloch 编辑；1995 年在贝辛斯托克出版）点明了亨利八世本人的神学观点。

研究英格兰早期宗教改革的重要综述性文献包括：A. G. 迪肯斯具有开创意义的《英格兰的宗教改革》(*The English Reformation*；修订版；1989 年在伦敦出版)；C. A. 黑格（C. A. Haigh）的《英格兰的宗教改革：都铎王朝时期的宗教、政治、社会》(*English Reformations:*

Religion, Politics and Society under the Tudors; 1993年在牛津出版); R. 雷克斯的《亨利八世与英格兰的宗教改革》(*Henry VIII and the English Reformation*; 1993年在贝辛斯托克出版)。如想了解福音派的“兄弟会”, 可阅读S. 布里格登所著的《伦敦与宗教改革》(*London and the Reformation*; 1989年在牛津出版), 以及她在文集《都铎时期的法律与政府: 在杰弗里·埃尔顿爵士退休之际献给他的纪念文集》(*Law and Government under the Tudors: Essays Presented to Sir Geoffrey Elton on His Retirement*; 由C. Cross、D. M. Loades、J. J. Scarisbrick编辑; 1988年在剑桥出版) 中发表的文章《托马斯·克伦威尔与兄弟会》(“Thomas Cromwell and the Brethren”)。如想了解莫尔对兄弟会的口诛笔伐, 下列文献值得一读: 收录于《耶鲁版圣托马斯·莫尔全集》(第六卷) 中的《关于异端思想的对话》(*A Dialogue Concerning Heresies*); 收录于《耶鲁版圣托马斯·莫尔全集》(第七卷) 中的《灵魂的祈求》、《写给弗里思的反驳信》(*Letter against Frith*); 收录在《耶鲁版圣托马斯·莫尔全集》(第八卷) 中的《对廷代尔答复的驳斥》(*The Confutation of Tyndale's Answer*); 收录在《耶鲁版圣托马斯·莫尔全集》(第九卷) 中的《辩解》(*The Apology*)。

廷代尔将希腊语、希伯来语版本的基督教经典译成英文, 译本妙笔生花, 为新教信仰的传播奠定了基础, 如想一睹风采, 可阅读下列再版的译本:《廷代尔的新约圣经》(*Tyndale's New Testament*; 由D. Daniell编辑; 1989年在纽黑文、伦敦出版), 以及《廷代尔的旧约圣经》(*Tyndale's Old Testament*; 由D. Daniell编辑; 1992年在纽黑文、伦敦出版)。如想了解廷代尔的一生, 可阅读福克斯的《约翰·福克斯的行传与见证》(第5卷), 以及J. K. 莫兹利 (J. F. Mozley) 的《威廉·廷代尔》(*William Tyndale*; 1937年出版)。

第四章　统治权

王庭与国王

目前, 怀亚特诗集最为优秀的版本是《托马斯·怀亚特爵士: 诗歌全集》(*Sir Thomas Wyatt: The Complete Poems*；由 R. A. Rebholz 编辑；1978 年在哈蒙兹沃思出版)。如想了解怀亚特的生平、著作，可阅读 S. M. 福利（S. M. Foley）的《托马斯·怀亚特爵士》(*Sir Thomas Wyatt*；1990 年在马萨诸塞州波士顿市出版)。

下列著作描述了亨利八世为自己搭造的小世界：S. 瑟利（S. Thurley）的《都铎时期英格兰的王宫：建筑与宫廷生活（1460—1537）》(*The Royal Palaces of Tudor England: Architecture and Court Life, 1460–1537*；1993 年在纽黑文、伦敦出版)；C. 劳埃德（C. Lloyd）、S. 瑟利的《亨利八世：一位都铎王朝国王的画像》(*Henry Ⅷ: Images of a Tudor King*；1990 年在牛津出版)；J. N. 金（J. N. King）的《对都铎王朝君主的肖像研究》(*Tudor Royal Iconography*；1989 年在普林斯顿出版)；J. 罗伯茨（J. Roberts）的《荷尔拜因与亨利八世的王庭》(*Holbein and the Court of Henry Ⅷ*；1993 年在爱丁堡出版)；《亨利八世：英格兰的欧洲化王庭》(*Henry Ⅷ: A European Court in England*；由戴维·斯塔基编辑；1991 年在伦敦出版)。戴维·斯塔基通过研究发现，枢密室在都铎时期的英格兰政治中起到了重要的作用。他发表了一系列具有重大学术意义的论文，阐述了枢密室的工作方式：收录在文集《都铎王朝的君主政体》中的论文《王庭与政府》(“Court and Government”)、《依靠近臣地位获得的代表权：对近代早期英格兰君主制度及宫廷职位象征意义的研究》(“Representation Through Intimacy: A Study of the Symbolism of Monarchy and Court Office in Early Modern England”)；《自玫瑰战争时起，到内战时为止的英格兰王庭》(*The English Court from the Wars of the Roses to the Civil War*；由戴维·斯塔基等人编辑；1987 年在哈洛出版)。亨利八世的第一部传记是舍伯里的赫伯特勋爵爱德华所著的《亨利八世的一生与统治》(*The Life and Raigne of King Henry the Eighth*；1649 年在伦敦出版)；时至今日，此书仍然具有学术价值。此外，亨利八世的治下之民爱德华·霍尔（Edward Hall）写了本《约克与兰开斯特——两个高贵而显赫的家族的融合》(*The Union of the Two Noble and Illustre Famelies of York and Lancaster*；由 H. Ellis 编辑；1809 年在伦敦出版)，记录了亨利八世的统治，是一份不可或缺的史料。J. J. 斯卡尔斯布里克所著的《亨利八世》(1968 年在伦敦出版）不仅是目前重现这位国王生平的最为优秀的传记作品，更是对他统治时期英格兰政治历史最为全面的记录。戴维·斯塔基所著的《亨利八世的统治：品格与政治》(*The Reign of Henry Ⅷ: Personalities and Politics*；1985 年在伦敦出版）是一份兼具可读性与洞察力的记录。S. 冈恩的下列著作展现出了亨利统治时期的政治、战争、宫廷文化：收录在《历史研究》(*Historical Research*) 第 64 期（1991 年）中的论文《亨利八世的继位仪式》(“The Accession of Henry Ⅷ”)；收录在文集《近代早期欧洲的战争起源》(*The Origins of War in Early Modern Europe*；由 J. Black 编辑；1987 年在爱丁堡出版）中的文章《亨利八世对法国的战争》(“The French Wars of Henry Ⅷ”)；收录在文集《文艺复兴时期的骑士制度》(*Chivalry in the Renaissance*；由 S. Anglo 编辑；1980 年在伍德布里奇出版）中的文章《骑士精神与都铎时代早期的宫廷政治》(“Chivalry and the Politics of the Early Tudor Court”)。P. 格温（P. Gwyn）的《国王的枢机主教：托马斯·沃尔西的宦海沉浮》(*The King's Cardinal: The Rise and Fall of Thomas Wolsey*；1990 年在伦敦出版)，以及文集《枢机主教沃尔西：教会、国家、艺术》(*Cardinal Wolsey: Church, State and Art*；由 S. J. Gunn、P. G. Lindley 编辑；1991 年在剑桥出版)，研究了托马斯·沃尔西在教会及政府中叹为观止的政治生涯。枢机主教沃尔西的礼仪官乔治·卡文迪什近水楼台先得月，为主上编写了《枢机主教沃尔西的生与死》(*The Life and Death of Cardinal Wolsey*；由 R. S. Sylvester 编辑；早期英语文本研究会原刊系列第 243 卷；1959 年在牛津出版）这样一部记述较为详细的传记。

G. R. 埃尔顿写的文章《都铎时代的政府：接触点（第三部分）——王庭》(“Tudor Government: The Points of Contact, Part 3, The Court”) 讨论了亨利八世治下英格兰政治的本质；这篇文章收录在埃尔顿的著作《对都铎及斯图亚特时代政治及政府的研究（第三卷）》中。学界对亨利的王庭到底在多大程度上被不同的派系支配众说纷纭。笔者在这一问题上紧跟戴维·斯塔基、埃里克·艾夫斯（Eric Ives）的脚步，给出了相似的解释，建议大家阅读 E. W. 艾夫斯的《都铎时期英格兰的政治派系》(*Faction in Tudor England*；第二版；1986 年在伦敦出版)。埃里克・艾夫斯所著的《安妮・博林》(*Anne Boleyn*；1986 年在牛津出版）不仅是一部记录安妮・博林生平的扣人心弦的传记，对研究这一历史时期的政治、宗教、宫廷文化也有重要的学术意义；此外，还建议大家阅读 J. S. 布洛克（J. S. Block）的《派系政治与英格兰的宗教改革：1520—1540》(*Factional Politics and the English Reformation, 1520–1540*；1993 年在伍德布里奇出版)。如想了解这一时期的宫廷政治文化，可阅读戴维・斯塔基在《瓦尔堡学院及科陶德学院学报》(*Journal of the Warburg and Courtauld Institutes*）第 45 期（1982 年）上发表的论文《王庭：卡斯蒂廖内的理念与都铎王朝的现实》(“The Court: Castiglione’s Ideal and Tudor Reality”)，以及 F. W. 康拉德（F. W. Conrad）在文集《政治思想与都铎时期共同体》(*Political Thought and the Tudor Commonwealth*；由 P. A. Fideler、T. F. Mayer 编辑；1992 年在伦敦出版）上发表的文章《再议进谏问题：托马斯・埃利奥特的案例研究》(“The Problem of Counsel Reconsidered: The Case of Sir Thomas Elyot”)。如想了解王庭中的女性，可阅读 B. J. 哈里斯（B. J. Harris）在《历史杂志》第 33 期（1990 年）上发表的论文《都铎时代早期英格兰的女性与政治》(“Women and Politics in Early Tudor England”)。S. 安格洛（S. Anglo）所著的《盛大的活动、隆重仪式与都铎时代早期的政策》(*Spectacle, Pageantry and Early Tudor Policy*；1969 年在牛津出版）对宫廷娱乐与盛大活动进行了研究。

王权至尊

想要研究亨利的“头等大事”，我们就得将 J. J. 斯卡尔斯布里克所著的《亨利八世》(1968 年在伦敦出版）当作研究的起点。此外，弗吉尼娅・墨菲（Virginia Murphy）在文集《亨利八世的统治：政治、政策与虔诚》中的文章《亨利八世为了与第一任妻子离婚而发动的文学及政治宣传攻势》(“The Literature and Propaganda of Henry Ⅷ’s First Divorce”)，以及 H. A. 凯利（H. A. Kelly）的《亨利八世的婚姻审判》

(*The Matrimonial Trials of Henry* Ⅷ；1976 年在加利福尼亚州斯坦福市出版）同样是重要的著作。如想了解福音派成员安妮·博林的所作所为，可阅读艾夫斯的《安妮·博林》，以及 M. 道林（M. Dowling）在《教会史杂志》(*Journal of Ecclesiastical History*）第 35 期（1984 年）上发表的论文《安妮·博林与宗教改革》("Anne Boleyn and Reform")。E. W. 艾夫斯在文集《枢机主教沃尔西：教会、国家、艺术》上发表的文章《沃尔西的覆亡》("The Fall of Wolsey"）解释了沃尔西失势这件事的来龙去脉。想了解托马斯·莫尔作为大法官以及改革反对者的所作所为，可阅读 J. A. 盖伊（J. A. Guy）所著的《托马斯·莫尔爵士的政治生涯》(*The Public Career of Sir Thomas More*；1980 年在布赖顿出版)。

G. R. 埃尔顿的《改革与宗教改革》是解释亨利统治时期政治革新前因后果的权威作品。如想了解克兰默的事迹，可阅读迪尔梅德·麦卡洛克（Diarmaid MacCulloch）受到广泛认可的传记《托马斯·克兰默》(*Thomas Cranmer*；1996 年在纽黑文、伦敦出版)。G. R. 埃尔顿的《改革与革新：托马斯·克伦威尔与臣民共同体》(*Reform and Renewal: Thomas Cromwell and the Common Weal*；1973 年在剑桥出版）研究了托马斯·克伦威尔对臣民共同体进行改革的愿景。J. J. 斯卡尔斯布里克在文集《人文主义、改革与宗教改革：约翰·费希尔主教的政治生涯》中发表的文章《费希尔、亨利八世与改革危机》(*Fisher, Henry* Ⅷ *and the Reformation Crisis*）讨论了费希尔的立场。S. E. 莱姆贝格（S. E. Lehmberg）所著的《宗教改革时期的议会（1529—1536）》(*The Reformation Parliament, 1529–1536*；1970 年在剑桥出版）研究了议会通过法律的相关情况。如想了解叛国法及其执行方式，可阅读 G. R. 埃尔顿的《政策与监督：托马斯·克伦威尔掌权时期对改革政策的强制执行》(*Policy and Police: The Enforcement of the Reformation in the Age of Thomas Cromwell*；1972 年在剑桥出版)，以及 R. 雷克斯在《历史研究》第 114 期（1991 年）上发表的论文《肯特圣女的处刑》("The Execution of the Holy Maid of Kent")。

D. 麦卡洛克在文集《亨利八世的统治》中发表的文章《亨利八

世与英格兰教会的改革》（“Henry Ⅷ and the Reform of the Church”）对亨利本人的神学理论以及他想要带领自己领导的教会前往何方，做出了透彻的分析。此外，大家可以阅读 G. W. 伯纳德（G. W. Bernard）在《历史杂志》第 41 期（1998 年）上发表的论文《宗教政策的制定（1533—1546）》（“The Making of Religious Policy, 1533–1546”）。如想了解政治改革与宗教改革间存在的联系，可阅读 S. 布里格登的《伦敦与宗教改革》。E. W. 艾夫斯的《安妮・博林》以及他在《历史杂志》第 34 期（1994 年）上发表的论文《安妮・博林与英格兰的早期宗教改革：该历史时期留下的证据》（“Anne Boleyn and the Early Reformation in England: the Contemporary Evidence”）是研究安妮・博林倒台过程的权威学术著作。

D. 诺尔斯所著的《英格兰的修院组织》（第三卷）既是研究修道院解散问题的权威之作，也是目前为止对该过程最为全面的记录。J. 尤因斯的《修道院的解散》（*The Dissolution of the Monasteries*；1971 年在伦敦出版）是一部实用型作品。就“求恩巡礼”而论，目前公认具有权威性的记录仍然是 M. H. 多兹（M. H. Dodds）、R. 多兹（R. Dodds）的《求恩巡礼与埃克塞特阴谋》（*The Pilgrimage of Grace and the Exeter Conspiracy*；1915 年在剑桥出版）。大家还可以阅读 M. L. 布什（M. L. Bush）的《求恩巡礼：对 1536 年 10 月出现的叛军的研究》（*The Pilgrimage of Grace: A Study of the Rebel Armies of October 1536*；1996 年在曼彻斯特出版）。C. A. 黑格的《兰开夏郡境内各处修道院的最后时光与求恩巡礼》（*The Last Days of the Lancashire Monasteries and the Pilgrimage of Grace*；切塔姆学会会刊第三部第 17 期；1969 年出版），以及 S. M. 哈里森（S. M. Harrison）的《湖区诸郡的求恩巡礼（1536—1537）》（*The Pilgrimage of Grace in the Lake Counties, 1536–1537*；1981 年在伦敦出版）是具有学术意义的地方志。C. S. L. 戴维斯在文集《近代早期英格兰的秩序与混乱》（*Order and Disorder in Early Modern England*；由 A. Fletcher、J. Stevenson 编辑；1985 年在剑桥出版）中发表的文章《民间宗教与求恩巡礼》（“Popular Religion and the Pilgrimage of Grace”）记录了引发叛乱的原因，是一篇说服力强

的论文。

如想了解福音派对圣像的敌意，以及官方为取缔圣像崇拜而发起的运动，可阅读 M. 阿斯顿意义深远的研究型著作《英格兰的圣像破坏者（第一卷）：禁止圣像崇拜的法律》（*England's Iconoclasts*, vol. 1, *Laws against Images*；1988 年在牛津出版）。P. 马歇尔在《教会史杂志》第 46 期（1995 年）上发表的论文《博克斯利的耶稣受难像、黑尔斯修道院的圣血与守护亨利所辖教会的措施》（"The Rood of Boxley, the Blood of Hailes and the Defence of the Henrician Churche"）是一篇令人眼界大开的论文。如想阅读改革派成员写的信件，可阅读《与英格兰宗教改革相关的信件原文》（*Original Letters Relative to the English Reformation*；由 H. Robinson 编辑；共 2 卷；帕克协会；1847 年在剑桥出版）。麦卡洛克的《托马斯·克兰默》、C. W. 达格莫尔（C. W. Dugmore）的《弥撒与英格兰的改革派》（*The Mass and the English Reformers*；1958 年在纽约出版）检视了改革派神学理论的发展，以及改革派内部出现的分歧。如想了解《六条信纲法案》以及克伦威尔倒台的过程，可阅读下列文献：G. R. 埃尔顿的《对都铎时代政治及政府的研究（第一卷）》（*Studies in Tudor Politics and Government*, vol 1；1974 年在剑桥出版）中名为"托马斯·克伦威尔的覆亡"（Thomas Cromwell's Decline and Fall）的章节；S. 布里格登在《历史杂志》第 24 期（1981 年）上发表的《民众的骚乱与以克伦威尔为首的改革派的倒台（1539—1540）》（"Popular Disturbance and the Fall of Thomas Cromwell and the Reformers,1539-1540"），《安妮·艾斯丘的审讯记录》（*The Examinations of Anne Askew*；由 E. V. Beilin 编辑；1996 年在纽约出版）。如想了解亨利是如何度过生命中最后几个月的，可阅读 S. 布里格登在《历史杂志》第 37 期（1994 年）上发表的论文《萨里伯爵亨利霍华德与"莫须有联盟"》（"Henry Howard, Earl of Surrey, and the 'Conjured League'"），以及 G. 瑞德瓦茨（G. Redworth）的《为天主教会辩护：斯蒂芬·加德纳的一生》（*In Defence of the Church Catholic: The Life of Stephen Gardiner*；1990 年在牛津出版）。斯塔基的《亨利八世的统治》、E. W. 艾夫斯在《历史杂志》第 35 期（1992 年）上发表的论文《亨利八世的遗嘱——缺乏证据的难解之谜》（“Henry Ⅷ’s Will- a Forensic Conundrum”）讨论了亨利建立摄政议事会的计划，以及他的遗嘱是如何被人篡改的。

第五章　掌管天下

领主权

如想了解富尔克·格雷维尔对贵族阶层地位的思考，可阅读《布鲁克勋爵富尔克·格雷维尔散文集》（*The Prose Works of Fulke Greville*；由 J. Gouws 编辑；1986 年在牛津出版）中名为“献给菲利普·西德尼爵士”（（“A Dedication to Sir Philip Sidney”）的章节。在研究中世纪晚期贵族阶层的领域，K. B. 麦克法兰（K. B. McFarlane）是最具影响力的学者，大家可以阅读他的《中世纪晚期的英格兰贵族》（*The Nobility of Later Medieval England*；1973 年在剑桥出版）。如想了解 16—17 世纪期间贵族阶层的角色转变，可阅读劳伦斯·斯通的权威著作《贵族的危机：1558—1641》。C. 卡彭特所著的《地方与政治组织：对沃里克郡贵族封建社会的研究（1401—1499）》不仅对英格兰中部地区的社会进行了细致的分析，还将该地区作为一个政治实体，得出了重要的研究结论。大家还可以阅读 J. M. W. 比恩（J. M. W. Bean）的《从领主到庇护人的转变：中世纪晚期英格兰的领主权》（*From Lord to Patron: Lordship in Late Medieval England*；1989 年在曼彻斯特出版）。下列文献以个别贵族家庭为对象展开研究，具有较大的学术价值：C. 罗克利夫（C. Rawcliffe）所著的《斯塔福德家族：历代斯塔福德及白金汉公爵（1394—1521）》（*The Staffords, Earls of Stafford and Dukes of Buckingham, 1394–1521*；1978 年在剑桥出版）；M. E. 詹姆斯的《社会、政治、文化：对近代早期英格兰的研究》（*Society, Politics and Culture: Studies in Early Modern England*；1986 年在剑桥出版）；S. 冈恩的《萨福克公爵查尔斯·布兰登（约 1484—1545 年）》（*Charles Brandon, Duke of Suffolk, c. 1484–1545*；1988 年在牛津出版）；G. W. 伯纳德的《都铎时代早期的贵族权势：对第四代、第五代什鲁斯伯里伯爵的研究》(*The Power of the Early Tudor Nobility: A Study of the Fourth and Fifth Earls of Shrewsbury*；1985 年在布赖顿出版)；《都铎时代的贵族阶层》。H. 米勒（H. Miller）所著的《亨利八世与英格兰的贵族阶层》(*Henry Ⅷ and the English Nobility*；1986 年在牛津出版）将英格兰的贵族阶层当作一个整体进行研究，F. 希尔、C. 霍姆斯（C. Holmes）的《英格兰及威尔士的绅士阶层：1500—1700》(*The Gentry in England and Wales, 1500–1700*；1994 年在贝辛斯托克出版）则将绅士阶层当作整体来研究。

对爱尔兰的统治权

《四大师所著爱尔兰王国编年史（第 4—6 卷）》在本书所述历史时期结束后不久成书，生动地描绘了盖尔人的领主权。1577 年，都柏林城的居民理查德・斯坦霍斯特（1547—1618）完成了编年史《霍林斯赫德的爱尔兰编年史》(*Holinshed's Irish Chronicle*；由 Liam Miller、Eileen Power 编辑；1979 年在都柏林出版）的编写，书中不仅记录了盖尔人社会的情况，还探究了为何对盖尔人来说，社会改革势在必行。下列文献研究的是爱尔兰盖尔文化区的政治架构：K. 西姆斯的《从国王到军阀的蜕变：中世纪晚期爱尔兰盖尔文化区政治架构的改变》(*From Kings to Warlords: The Changing Political Structure of Gaelic Ireland in the Later Middle Ages*；1987 年在伍德布里奇出版)，以及他在文集《爱尔兰军事史》(*A Military History of Ireland*；由 T. Bartlett、K. Jeffer 编辑；1996 年在剑桥出版）上发表的文章《中世纪盖尔人的战争》(“Gaelic Warfare in the Middle Ages”)；K. W. 尼科尔斯的《中世纪的爱尔兰盖尔文化区与盖尔化的爱尔兰》；M. 奥多德的《权力、政治与土地：近代早期的斯莱戈（1568—1688）》(*Power, Politics and Land: Early Modern Sligo, 1568–1688*；1991 年在贝尔法斯特出版)。S. G. 埃利斯所著的《都铎王朝的边疆之地与贵族权势：不列颠国家的形成》(*Tudor Frontiers and Noble Power: The Making of the British State*；1995 年在牛津出版）研究了历代基尔代尔伯爵的权势。如想了解亨利七世发动的宪政改革，可阅读下列文献：B. 布拉德肖的《16 世纪爱尔兰的宪政革命》（*The Irish Constitutional Revolution of the Sixteenth Century*；1979年在剑桥出版）、《亨利八世统治时期爱尔兰境内修道院组织的解散情况》；夏兰·布雷迪（C. Brady）在文集《原住民与后来者：爱尔兰殖民社会的形成（1534—1641）》（*Natives and Newcomers: The Making of Irish Colonial Society, 1534–1641*；由C. Brady、R. Gillespie编辑；1986年在都柏林出版）上发表的文章《宫廷、城堡与国家：都铎时代爱尔兰的政府架构》（"Court, Castle and Country: The Framework of Government in Tudor Ireland"），以及《历任爱尔兰总督：都铎时代爱尔兰改革派政府的兴衰沉浮（1536—1588）》（*The Chief Governors: The Rise and Fall of Reform Government in Tudor Ireland, 1536-1588*；1994年在剑桥出版）。如想阅读1515—1547年的历任总督就爱尔兰问题向中央政府递交的报告，可查阅《亨利八世的国务档案》（第二、三卷）。

司法

《约翰·斯佩尔曼爵士的报告》（*The Reports of Sir John Spelman*；由J. H. Baker编辑；共2卷；塞尔登协会年刊第93、94卷；1976—1977年出版）十分权威，是目前为止关于英格兰法律及其体系最为优秀的综述型文献。如想了解英格兰法律的特点，可阅读J. G. 波科克（J. G. A. Pocock）的《古老的宪章与封建法律》（*The Ancient Constitution and the Feudal Law*；1987年版；在剑桥出版）。E. W. 艾夫斯所著的《宗教改革前英格兰的普通法律师：对托马斯·科贝尔进行的案例研究》（*The Common Lawyers of Pre-Reformation England. Thomas Kebell: A Case Study*；1983年在剑桥出版）收录了许多重要的通史史料。如想了解叛国法及其受害者，可阅读G. R. 埃尔顿的《政策与监督：托马斯·克伦威尔掌权时期对改革政策的强制执行》的第九章。K. 缪尔（K. Muir）所著的《托马斯·怀亚特爵士的一生及其信札》（*The Life and Letters of Sir Thomas Wyat*；1963年在利物浦出版）收录了怀亚特用来开脱罪责的"辩护"。如想了解衡平法的发展，可阅读下列文献：J. A. 盖伊的《枢机主教的法庭：托马斯·沃尔西对星室法庭的影响》(*The Cardinal's Court: The Impact of Thomas Wolsey in Star Chamber*；1977 年在哈索克斯出版)；A. 福克斯（A. Fox)、J. 盖伊的《对亨利时代的重新评估：人文主义、政治、改革（1500—1550）》(*Reassessing the Henrician Age: Humanism, Politics and Reform, 1500–1550*；1986 年在牛津出版)；W. J. 琼斯（W. J. Jones）的《伊丽莎白时代的衡平法院》(*The Elizabethan Court of Chancery*；1967 年在牛津出版)。下列著作研究了教会法庭及其司法管辖范围：B. L. 伍德科克（B. L. Woodcock）的《中世纪坎特伯雷教区的教会法庭》(*Medieval Ecclesiastical Courts in the Diocese of Canterbury*；1952 年在牛津出版)；R. A. 霍尔布鲁克的《英格兰宗教改革时期的教会法庭与民众：1520—1570》(*Church Courts and the People during the English Reformation, 1520–1570*；1979 年在牛津出版)；R. M. 伍德利（R. M. Wunderli）的《宗教改革前夕时伦敦的教会法庭与社会》(*London Church Courts and Society on the Eve of the Reformation*；1981 年在马萨诸塞州的剑桥市出版)。

如想了解仲裁的作用，可阅读 E. 鲍威尔（E. Powell）在《英国皇家历史学会学报》(第 5 系列第 33 卷；1983 年）上发表的论文《中世纪晚期的仲裁与英格兰法律》("Arbitration and the Law in England in the Late Middle Ages")，以及文集《不列颠历史上法律及社会的沿革》(*Law and Social Change in British History*；由 J. A. Guy、H. G. Beale 编辑；1984 年在伦敦出版)。此外，还建议大家阅读 J. G. 贝拉米（J. G. Bellamy）的《变态封建制度与法律》(*Bastard Feudalism and the Law*；1989 年在伦敦出版)，以及 I. 索恩利（I. Thornley）在文集《都铎研究》(*Tudor Studies*；由 R. W. Seton-Watson 编辑；1924 年在伦敦出版）上发表的文章《毁于一旦的避难圣所》("The Destruction of Sanctuary")。如想了解边境法，可阅读下列文献：R. 罗布森的《英格兰的高地宗族：都铎王朝的君主用来解决一个中世纪特有的问题的方式》；R. R. 戴维斯在《威尔士历史评论》(*Welsh History Review*）第 5 期（1970 年）上发表的论文《边境领地的法律》("The Law of the March")，在《历史》(*History*）第 54 期（1969 年）上发表的论文《中世纪时期“血仇”制度在威尔士的延续》（“The Survival of the ‘Bloodfeud’ in Medieval Wales”），在《历史》第 51 期（1966 年）上发表的论文《威尔士法律的衰落（1284—1536）》（*The Twilight of Welsh Law, 1284–1536*）；J. 沃莫尔德在《过去与现在》第 87 期（1980 年）上发表的论文《近代早期苏格兰的血仇、亲属关系与政府》（“Bloodfeud, Kindred and Government in Early Modern Scotland”）。如想了解布里恩法，可阅读 K. W. 尼科尔斯所著的《中世纪时期的爱尔兰盖尔文化区与盖尔化的爱尔兰》、K. 西姆斯的《从国王到军阀的蜕变》，以及 N. 帕特森（N. Patterson）在《爱尔兰历史研究》（*Irish Historical Studies*）第 27 期（1991 年）上发表的论文《盖尔人的法律与都铎王朝对爱尔兰的征服》（“Gaelic Law and the Tudor Conquest of Ireland”）。

平民阶层

都铎王朝治下之民留下的论文为现代的史家打开了一扇窗，可以帮助他们了解生活在这个时代的英格兰人对义务及社会等级制度的看法，下面列出的是一些值得阅读的著作：《共同体之树：埃德蒙·达德利所著论述》；约翰·奇克（John Cheke）的《叛乱论之伤（1549）》（*The Hurt of Sedition, 1549*；重印版；1971 年在门斯顿出版）；《对英格兰王国公共福利的论述》（*A Discourse of the Common Weal of this Realm of England*；由 E. Lamond 编辑；1954 年版；在剑桥出版）中收录的《约翰·黑尔斯的辩护》（Defence of John Hales）；《人文主义学问与公共秩序：理查德·莫里森爵士著短文两篇批判求恩巡礼》（*Humanist Scholarship and Public Order: Two Tracts against the Pilgrimage of Grace by Sir Richard Morison*；由 D. S. Berkowitz 编辑；1984 年在华盛顿出版）。

如想了解都铎时代发生的叛乱，可读性最强的文献当属 A. 弗莱彻（A. Fletcher）、D. 麦卡洛克所著的《都铎时代的叛乱》（*Tudor Rebellions*；第四版；1977 年在伦敦出版）。此外，大家还可以阅读 R. B. 曼宁（R. B. Manning）的《揭竿而起的村民：1509—1640 年英格兰的社会抗议与民众异议》（*Village Revolts: Social Protest and Popular Dissent in England,*

1509–1640；1988 年在伦敦出版），以及 G. W. 伯纳德的《都铎时代早期英格兰的战争、税收与叛乱》(*War, Taxation and Rebellion in Early Tudor England*；1986 年在布赖顿出版)。如想了解“邪恶五朔节”即伦敦对王权不忠的行为，可阅读 S. 布里格登的《伦敦与宗教改革》。如想了解北方的情况，可阅读 M. A. 希克斯（M. A. Hicks）在《北方历史》(*Northern History*）第 22 期（1986 年）上发表的论文《再论约克郡 1489 年的叛乱》(The Yorkshire Rebellion of 1489 reconsidered)，以及 A. J. 波拉德的《玫瑰战争时期的英格兰东北部地区》。如想了解林肯郡居民内部出现的社会分歧，可阅读 M. E. 詹姆斯在《过去与现在》第 48 期（1970 年）上发表的论文《亨利统治时期英格兰的顺从者与持有异议之人：1536 年在林肯郡爆发的叛乱》(“Obedience and Dissent in Henrician England: The Lincolnshire Rebellion, 1536”)，以及 S. 冈恩对这篇文章铿锵有力的反驳——收录在《过去与现在》第 123 期（1989 年）中的论文《1536 年林肯郡叛乱中的贵族、贫民、绅士》(“Peers, Commons and Gentry in the Lincolnshire Revolt of 1536”)。

如想了解等级制度、权力架构，可阅读文集《近代早期英格兰的权力体验》(*The Experience of Authority in Early Modern England*；由 P. Griffiths、A. Fox、S. Hindle 编辑；1996 年在贝辛斯托克出版）所收录的论文，以及 S. 欣德尔（S. Hindle）在《英国皇家历史学会学报》(第 6 系列第 8 卷，1998 年）上发表的论文《17 世纪时英格兰穷苦人的婚姻问题》(“The Problem of Pauper Marriage in Seventeenth-Century England”)；如想了解奴隶及奴隶解放问题，可阅读 D. 麦卡洛克在文集《都铎时期的法律与政府》上发表的论文《都铎王朝统治时期的奴隶》(“Bondmen under the Tudors”)。

如想了解女性在英格兰社会中的地位，可阅读 S. 阿穆森（S. Amussen）的《秩序井然的社会：近代早期英格兰社会中的性别与阶层》(*An Ordered Society: Gender and Class in Early Modern England*；1988 年在牛津出版)，以及《英格兰社会中的女性（1500—1800）》(*Women in English Society, 1500–1800*；由 M. Prior 编辑；1985 年在伦敦出版)。

第六章 重建神殿

如想了解亨利八世的苏格兰政策，可阅读《亨利八世的国务档案》(第四卷)。如想了解在都铎时期令英格兰与苏格兰成为统一国家的可能性，可阅读下列文献:《征服与统一：打造不列颠国家（1485—1726）》(*Conquest and Union: Fashioning a British State, 1485–1726*; 由 S. G. Ellis、S. Barber 编辑；1995 年在伦敦出版)；《1534 年前后到 1707 年间的不列颠问题：发生在这片大西洋群岛上的国家形成过程》(*The British Problem c. 1534–1707: State Formation in the Atlantic Archipelago*；由 B. Bradshaw、J. Morrill 编辑；1996 年在贝辛斯托克出版)；《苏格兰与英格兰（1286—1815）》(*Scotland and England, 1286–1815*；由 R. A. Mason 编辑；1987 年在爱丁堡出版)。

如想了解爱德华国王的品格与政治关切，最值得阅读的文献仍然是《爱德华六世国王的遗著》(*The Literary Remains of King Edward the Sixth*；由 J. G. Nichols 编辑；1857 年在伦敦出版)。如想了解爱德华接受的政治教育，可阅读《爱德华六世统治时期的编年史与政治文献》(*The Chronicle and Political Papers of Edward* Ⅵ；由 W. K. Jordan 编辑；1966 年在伦敦出版)，以及《休·拉蒂默的布道词及遗著》(*Sermons and Remains of Hugh Latimer*；由 G. E. Corrie 编辑；共 2 卷；帕克协会；1844 年、1845 年在剑桥出版)。下列文献收录了爱德华及玛丽统治时期英格兰人所写信件的原文：P. F. 泰特勒（P. F. Tytler）的《爱德华六世及玛丽统治下的英格兰》(*England under the Reigns of Edward* Ⅵ *and Mary*；共 2 卷；1839 年在伦敦出版)；J. 斯特赖普（J. Strype）的《教会的记录——以亨利八世国王、爱德华国王、玛丽一世女王统治时期的宗教为主》(*Ecclesiastical Memorials, Relating Chiefly to Religion under King Henry* Ⅷ*, King Edward and Queen Mary* Ⅰ；共 3 卷；1822 年在牛津出版)；《博德瑟特的佩吉特勋爵威廉的书信集（1547—1563）》(*The Letters of William, Lord Paget of Beaudesert, 1547–1563*；由 B. L. Beer、S. Jack 编辑；卡姆登学会杂集第 25 卷；卡姆登学会会刊第四系列第 13 卷；1974 年)。下列研究爱德华统治的文

献具有重要的学术意义：W. K. 乔丹（W. K. Jordan）的《爱德华六世：年轻的国王》(*Edward* Ⅵ *: The Young King*；1968 年在伦敦出版)、《爱德华六世：权力的临界点》(*Edward* Ⅵ *: The Threshold of Power*；1970 年在伦敦出版)；M. L. 布什的《护国主萨默塞特公爵的政府政策》(*The Government Policy of Protector Somerset*；1975 年在伦敦出版)；D. 霍克（D. Hoak）的《爱德华六世统治时期的枢密院》(*The King's Council in the Reign of Edward* Ⅵ；1976 年在剑桥出版)；《都铎中期的政治体（约 1540—1560 年）》(*The Mid-Tudor Polity, c. 1540–1560*；由 J. Loach、R. Tittler 编辑；1980 年在伦敦出版)。

如想了解经济问题，以及当局的应对措施，可阅读下列文献：《对英格兰王国公共福利的论述》;《英格兰及威尔士的农业史（第四卷）：1500—1640》；D. M. 帕利泽的《伊丽莎白时代：都铎王朝统治后期的英格兰（1547—1603）》；C. E. 查利斯（C. E. Challis）的《都铎时代的货币》(*The Tudor Coinage*；1978 年在曼彻斯特出版)。B. L. 比尔（B. L. Beer）所著的《叛乱与暴动：爱德华六世统治时期英格兰的民众骚乱》(*Rebellion and Riot: Popular Disorder in England during the Reign of Edward* Ⅵ；1982 年在俄亥俄州的肯特市出版)、朱利安・康沃尔（Julian Cornwall）的《1549 年的农民起义》(*The Revolt of the Peasantry, 1549*；1977 年在伦敦出版）描述了 1549 年爆发的叛乱。S. T. 宾多大所著的《凯特的叛乱》(*Kett's Rebellion*；1949 年在伦敦出版)，以及 D. 麦卡洛克在《过去与现在》第 84 期（1979 年）上发表的论文《时代背景下的凯特起义》("Kett's Rebellion in Context"）生动翔实地描绘了东安格利亚社会。

《改革时期叙事集》(*Narratives of the Days of the Reformation*；由 J. G. Nichols 编辑；卡姆登学会第 1 系列第 77 卷；1859 年在伦敦出版）收录了福音派成员留下的自传体史料。D. 麦卡洛克的《托马斯・克兰默》、S. 布里格登的《伦敦与宗教改革》探究了福音派宗教的发展以及与之相关的政治权谋。大家还可以阅读《威廉・鲍德温所著“小心有猫”——第一部英文小说》(*Beware the Cat, by William Baldwin: The First English Novel*；由 W. A. Ringler、M. Flachmann 编辑；1988 年在圣马力诺出版）。如想了解 1553 年的危机，可阅读下列文献：《简女王与玛丽女王的编年史》（*The Chronicle of Queen Jane and Queen Mary*；由 J. G. Nichols 编辑；卡姆登学会第 1 系列第 48 卷；1850 年在伦敦出版）；《英格兰女王玛丽的一生》（*Vita Mariae Angliae Reginae*；由 D. MacCulloch 编辑；卡姆登学会杂集第 28 卷；卡姆登学会会刊第 4 系列第 29 卷；1984 年）；M. 莱文（M. Levine）的《都铎时代的家族问题（1470—1571）》（*Tudor Dynastic Problems, 1470–1571*；1973 年在伦敦出版）。

如想了解玛丽女王，可阅读 D. M. 洛兹所著的《玛丽·都铎的统治：1553—1558 年英格兰的政治、政府、宗教》（*The Reign of Mary Tudor: Politics, Government and Religion in England, 1553–1558*；1979 年在伦敦出版）、《玛丽·都铎的一生》（*Mary Tudor: A Life*；1989 年在牛津出版）。如想了解玛丽的枢密院、枢密室，可阅读《再评革命：对都铎时期政府及施政历史的修正》（*Revolution Reassessed: Revisions in the History of Tudor Government and Administration*；由 C. Coleman、戴维·斯塔基编辑；1986 年在牛津出版），以及 S. 冈恩在《英格兰历史评论》第 114 期（1999 年）上发表的论文《诺森伯兰公爵夫人简 1553 年时的一封信》（“A Letter of Jane, Duchess of Northumberland in 1553”）。下列文献研究了玛丽与西班牙王子腓力的婚姻计划在英格兰国内引发的反对呼声：《斯蒂芬·加德纳所著马基雅维利主义论文》（*A Machiavellian Treatise by Stephen Gardiner*；由 P. S. Donaldson 编辑；1975 年在剑桥出版）；E. H. 哈比森（E. H. Harbison）的《玛丽女王王庭中针锋相对的大使》（*Rival Ambassadors at the Court of Queen Mary*；1940 年在伦敦出版）；D. M. 洛兹的《两大都铎阴谋》（*Two Tudor Conspiracies*；1965 年在剑桥出版）；J. 普罗克特（J. Procter）在文集《都铎时代短文》（*Tudor Tracts*；由 A. F. Pollard 编辑；1903 年在伦敦出版）中发表的文章《怀亚特叛乱的历史》（“The History of Wyatt’s Rebellion”）。

如想了解天主教信仰复兴的情况，可阅读下列文献：J. 洛克（J. Loach）的《玛丽·都铎统治时期的议会与王权》（*Parliament and the Crown in the Reign of Mary Tudor*；1986年在牛津出版)；E. 达菲的《拆除圣坛：英格兰的传统宗教（1400—1580）》；R. 普格森（R. Pogson）在《历史杂志》第18期（1975年）上发表的论文《雷金纳德·波尔与玛丽·都铎治下英格兰教会的优先治理事项》（"Reginald Pole and the Priorities of Government in Mary Tudor's Church"）；M. 阿斯顿的《英格兰的圣像破坏者》。《约翰·福克斯的行传与见证》第6—8卷以编年体的形式记录了新教殉教者的经历，颂扬了他们为信仰献身的精神；此外，大家还可以阅读D. M. 洛兹的《牛津的殉教者》（*The Oxford Martyrs*；1970年在伦敦出版）。如想了解为反抗精神奠定基础的理论，可阅读J. 波内特（J. Ponet）所著的《关于政治权力的短论》（*A Short Treatise of Politic Power*；1970年在门斯顿出版）、Q. R. D 斯金纳（Q. R. D. Skinner）的《现代政治思想的基础（第二卷）：宗教改革时代》（*The Foundations of Modern Political Thought*，vol. 2，*The Age of Reformation*；1978年在剑桥出版），以及《剑桥政治思想史：1450—1700》（*The Cambridge History of Political Thought*, 1450–1700；由J. H. Burns编辑；1991年在剑桥出版）。

第七章 "危机四伏、千钧一发"

本章标题的灵感来自威廉·塞西尔编写的国事备忘录，他在备忘录中写到自己为英格兰的危险处境感到忧心忡忡，得不到片刻的安宁，这个标题正是对这种心情的真实写照；标题文字具体来源于《伯利勋爵威廉·塞西尔所留……国务档案全集》（*A Collection of State Papers... left by William Cecil, Lord Burghley*；由S. Haynes编辑；1740年在伦敦出版）。伊丽莎白的往来信件能够让我们一窥她的真实想法，推荐大家阅读《女王伊丽莎白一世书信集》（*The Letters of Queen Elizabeth* Ⅰ；由G. B. Harrison编辑；1935年在伦敦出版）。在以女王为主题的众多传记中，尤其推荐阅读的是J. E. 尼尔（J. E. Neale）的《伊丽莎白女王》（*Queen Elizabeth*；1938年版；在伦敦出版），以及W. T. 麦卡弗里（W. T. MacCaffrey）的《伊丽莎白一世》（*Elizabeth*

Ⅰ；1993 年在伦敦出版）。作为一位生活在伊丽莎白时代的史家，威廉·卡姆登（William Camden）亲历了女王统治时期的诸多事件，编写出了首部全面记录女王在位时期的史记，即便是在几百年后的今天，读起来仍然扣人心弦——推荐大家阅读卡姆登的《伊丽莎白公主……的历史》（*The History of... Princess Elizabeth*；第三版；1675 年在伦敦出版）、《伊丽莎白公主……的历史：节选篇章》（*The History of... Princess Elizabeth: Selected chapters*；由 W. T. 麦卡弗里编辑；1970 年在芝加哥、伦敦出版）。此外，还可以阅读约翰·海沃德爵士所著的《伊丽莎白女王在位前四年的编年史》（*Annals of the First Four Years of the Reign of Queen Elizabeth*）；由 J. Bruce 编辑；卡姆登学会；1840 年在伦敦出版）。研究女王在位初期的历史且具有重要学术价值的文献包括：W. T. 麦卡弗里的《伊丽莎白政权的塑造：伊丽莎白时代的政治（1558—1572）》（*The Shaping of the Elizabethan Regime: Elizabethan Politics, 1558–1572*；1969 年在伦敦出版）；C. 里德（C. Read）的《国务大臣塞西尔与伊丽莎白女王》（*Mr Secretary Cecil and Queen Elizabeth*；1955 年在伦敦出版）；《伊丽莎白一世的统治》（*The Reign of Elizabeth* Ⅰ；由 C. Haigh 编辑；1984 年在贝辛斯托克出版）；R. B. 沃纳姆（R. B. Wernham）的《无敌舰队出航之前：英格兰民族国家的出现：1485—1588》（*Before the Armada: The Emergence of the English Nation, 1485–1588*；1966 年在伦敦出版）；N. L. 琼斯（N. L. Jone）的《伊丽莎白时代的诞生：16 世纪 60 年代的英格兰》（*The Birth of the Elizabethan Age: England in the 1560s*；1993 年在牛津出版）；S. 奥尔福德（S. Alford）的《伊丽莎白时代早期的政体：威廉·塞西尔与不列颠的继位危机（1558—1569）》（*The Early Elizabethan Polity: William Cecil and the British Succession Crisis, 1558–1569*；1998 年在剑桥出版）。

《苏黎世信札（1558—1602）》（*Zurich Letters, AD 1558–1602*；由 H. Robinson 编辑；共 2 卷；帕克协会；1847 年在剑桥出版）收录了改革派成员的信件，能够提供与伊丽莎白时代的英格兰教会及宗教相关的信息。目前，N. L. 琼斯所著的《依法信教：议会与宗教问题解决方案（1559）》（*Faith by Statute: Parliament and the Settlement of Religion, 1559*；1982 年在伦敦出版）是关于伊丽莎白宗教解决方案最让人信服的作品。如想了解议会辩论的过程，可阅读《伊丽莎白一世治下议会会议记录（第一卷：1558—1581）》（*Proceedings in the Parliaments of Elizabeth* Ⅰ, vol. 1, *1558–1581*；由 T. E. Hartley 编辑；1981 年在莱斯特出版）。

下列著作探究了宗教分歧及欧洲的政治问题：N. M. 萨瑟兰（N. M. Sutherland）的《圣巴托罗缪大屠杀与欧洲的冲突（1559—1572）》（*The Massacre of St Bartholomew and the European Conflict, 1559–1572*；1973 年在伦敦、贝辛斯托克出版）；D. R. 凯利（D. R. Kelley）的《意识形态的萌生：法国宗教革命中的意识与社会》（*The Beginning of Ideology: Consciousness and Society in the French Reformation*；1981 年在剑桥出版）；《国际加尔文主义（1541—1715）》（*International Calvinism, 1541–1715*；由 M. Prestwich 编辑；1985 年在剑桥出版）。文集《欧洲的加尔文主义（1540—1610）》（*Calvinism in Europe, 1540–1610*；由 A. Duke、G. Lewis、A. Pettegree 编辑；1992 年在曼彻斯特出版）收录了很有价值的文献资料。如想了解西班牙国王腓力二世，可阅读 G. 帕克（G. Parker）的《腓力二世》（*Philip* Ⅱ；1979 年在伦敦出版），以及 H. 卡门（H. Kamen）的《腓力二世》（*Philip* Ⅱ；1997 年在纽黑文、伦敦出版）。下列文献研究了尼德兰的叛乱：P. 盖尔（P. Geyl）的《尼德兰的叛乱（1555—1609）》（*The Revolt of the Netherlands, 1555–1609*；第二版；1958 年在伦敦出版）；G. 帕克的《尼德兰叛乱》（*The Dutch Revolt*；1977 年在哈蒙兹沃思出版）；A. 杜克（A. Duke）的《低地诸国的改革与叛乱》（*Reformation and Revolt in the Low Countries*；1990 年在伦敦、朗斯弗特出版）；M. 范格尔德伦（M. Van Gelderen）的《尼德兰叛乱的政治思想（1555—1590）》（*The Political Thought of the Dutch Revolt, 1555–1590*；1992 年在剑桥出版）。此外，还可以阅读 W. T. 麦卡弗里在《历史杂志》第 40 期（1997 年）上发表的论文《纽黑文远征（1562—1563）》（The Newhaven Expedition, 1562–1563）。

如想了解新教政治家对建立信奉新教的统一不列颠岛的希望，可阅读J. 道森（J. Dawson）在《历史》（第74期；1989年）上发表的论文《威廉·塞西尔与伊丽莎白统治时代初期着眼不列颠全局的对外政策》（“William Cecil and the British Dimension of Early Elizabethan Foreign Policy”），以及S. 奥尔福德的《伊丽莎白时代早期的政体》。G. 唐纳森所著的《皆为女王之臣：玛丽·斯图亚特统治时期苏格兰的权力与政治》（*All the Queen's Men: Power and Politics in Mary Stewart's Scotland*；1983年在伦敦出版）则讨论了苏格兰的政治局势。

下列著作研究了伊丽莎白女王的婚姻及继承问题：M. 莱文的《伊丽莎白统治早期的王位继承问题（1558—1568）》（*The Early Elizabethan Succession Question, 1558–1568*；1966年在加利福尼亚州斯坦福市出版）；S. 多兰（S. Doran）的《君主制度与婚姻：伊丽莎白一世的婚嫁》（*Monarchy and Matrimony: The Courtships of Elizabeth I*；1996年在伦敦出版）；M. 阿克斯顿（M. Axton）的《女王的两个身体：充满戏剧性的伊丽莎白王位继承问题》（*The Queen's Two Bodies: Drama and the Elizabethan Succession*；1977年在伦敦出版）。如想了解当时的英格兰人是如何谈婚论嫁的，可阅读C. 贝茨（C. Bates）的《伊丽莎白时期语言及文字中的求婚说词》（*The Rhetoric of Courtship in Elizabethan Language and Literature*；1992年在剑桥出版）。

《西德尼国务档案（1565—1570）》（*Sidney State Papers, 1565–1570*；由T.Ó Laidhin编辑；1962年在都柏林出版）收录了许多封亨利·西德尼爵士收到的信件。如想阅读西德尼在爱尔兰任职期间所写的信件，可翻阅《与国务相关的信件及记录》（*Letters and Memorials of State*；由A. Collins编辑；共2卷；1746年在伦敦出版）的第一卷。《卡鲁手稿一览（1575—1588）》（*Calendar of Carew MSS, 1575–1588*；由J. S. Brewer、W. Bullen编辑；1868年在伦敦出版）第334—360页收录了他在1583年3月写给弗朗西斯·沃尔辛厄姆爵士的《西德尼在爱尔兰任职情况的总结》（“Summary Relation of All His Services in Ireland”）。在撰写16世纪60年代的爱尔兰史，以及讨论爱尔兰与英格兰两地派系间的相互影响所造成的后果时，笔者将下列具有学术价值的文献作为依据：C. 布雷迪的《历任爱尔兰总督：都铎时代爱尔兰改革派政府的兴衰沉浮（1536—1588）》，以及他在《爱尔兰历史研究》（第 22 期；1981 年）上发表的论文《派系与 1579 年德斯蒙德叛乱的起源》（"Faction and the Origins of the Desmond Rebellion of 1579"）；N. 坎尼的《伊丽莎白时代英格兰对爱尔兰的征服：既成的模式（1565—1576）》（*The Elizabethan Conquest of Ireland: A Pattern Established, 1565–1576*；1976 年在哈索克斯出版）；J. G. 克劳福德（J. G. Crawford）的《爱尔兰政府的英格兰化：爱尔兰枢密院与都铎王朝统治力的扩张（1556—1578）》（*Anglicizing the Government of Ireland: The Irish Privy Council and the Expansion of Tudor Rule, 1556–1578*；1993 年在都柏林出版）。此外，大家还可以阅读 D. 爱德华兹在《爱尔兰历史研究》（第 28 期；1992—1993 年）上发表的论文《1569 年的巴特勒叛乱》（"The Butler Revolt of 1569"）。如想了解汉弗莱·吉尔伯特爵士在爱尔兰的所作所为，可阅读《汉弗莱·吉尔伯特爵士的航海及殖民事业》（*The Voyages and Colonising Enterprises of Sir Humphrey Gilbert*；由 D. B. 奎因编辑；共 2 卷；哈克卢特学会；1940 年在伦敦出版），以及 T. 丘奇亚德（T. Churchyard）的《丘奇亚德的选集：对战争的总体回顾》（*Churchyarde's Choise: A General Rehearsal of Warres*；1579 年在伦敦出版）。

只需阅读《伊丽莎白统治时期内政国务档案一览、外交国务档案一览（1566—1568、1569—1571）》，以及《伊丽莎白一世治下议会会议记录（第一卷：1558—1581）》，便可了解 16 世纪 60 年代末令伊丽莎白政治实体如坐针毡的危机感，以及在现世中引发危机感的内忧外患。如想了解这一时期的政治局势，可阅读下列文献：W. T. 麦卡弗里的《伊丽莎白政权的塑造：伊丽莎白时代的政治（1558—1572）》；C. 里德的《国务大臣沃尔辛厄姆与伊丽莎白女王的政策》（*Mr Secretary Walsingham and the Policy of Queen Elizabeth*；1925 年在伦敦出版）；S. E. 莱姆贝格的《沃尔特·迈尔德梅爵士与都铎政府》（*Sir Walter Mildmay and Tudor Government*；1964 年在得克萨斯州的奥斯汀市出版）；M. R. 索普（M. R. Thorp）在《16 世纪期刊》（*Sixteenth Century*

Journal）第 15 期（1984 年）上发表的论文《天主教密谋与伊丽莎白在位早期时的对外政策》（*Catholic Conspiracy in Early Elizabethan Foreign Policy*）。如想了解达恩利谋杀事件及苏格兰女王玛丽因此遭到罢黜，被迫流亡国外所引发的危机，可阅读下列文献：A. 弗雷泽（A. Fraser）的《苏格兰女王玛丽》（*Mary, Queen of Scots*；1989 年在伦敦出版）；J. 沃莫尔德的《苏格兰女王玛丽：对失败的研究》（*Mary, Queen of Scots: A Study in Failure*；1991 年在伦敦出版）；G. 唐纳森的《对苏格兰女王玛丽的第一次审判》（*The First Trial of Mary, Queen of Scots*；1969 年在伦敦出版）；H. 维利尔斯（H. Villius）在《历史杂志》第 28 期（1985 年）上发表的论文《镀金银匣信件：对著名案例的再审》（*The Casket Letters: A Famous Case Reopened*）。威廉·卡姆登所著的《伊丽莎白公主……的历史》第七章，以及 M. 詹姆斯（M. James）的《社会、政治、文化：对近代早期英格兰的研究》中名为“秩序观念与北方叛乱（1569）”（“The Concept of Order and the Northern Rising, 1569”）的章节讲述了诺福克公爵与玛丽的婚事、北方伯爵的叛乱。E. 罗斯（E. Rose）所著的《良知的案例：伊丽莎白一世及詹姆士一世在位期间不服国教者及清教徒的可选出路》（*Cases of Conscience: Alternatives Open to Recusants And Puritans under Elizabeth Ⅰ and James Ⅰ*；1975 年在剑桥出版）讨论了英格兰的天主教徒必须面对的艰难抉择。如想了解因应当如何惩罚苏格兰女王玛丽而引发的争议，可阅读帕特里克·柯林森（P. Collinson）的著作《关于伊丽莎白时代的短文》（*Elizabethan Essays*；1994 年在伦敦、里奥格兰德出版）中名为“女王伊丽莎白一世的君主制共和国”（“The Monarchical Republic of Queen Elizabeth Ⅰ”）的一篇。

第八章　宗教战争

约翰·加尔文的著作《基督教要义》（*Institutes of the Christian Religion*；由 H. Beveridge 翻译；共 2 卷；1962 年在伦敦出版）收录了加尔文主义的教义；《要义》第三部收录了加尔文提出的关于恩典的

教义。如想了解上帝的旨意对笃信上帝之人生活的影响，可阅读 K. V. 托马斯的《宗教与魔术的衰落：对 16—17 世纪英格兰民间信仰的研究》第四章。如想了解加尔文主义在英格兰的发展情况，可阅读下列文献：P. 莱克（P. Lake）在《过去与现在》第 114 期（1987 年）上发表的论文《加尔文主义与英格兰教会（1570—1635）》(Calvinism and the English Church，1570–1635)；R. T. 肯德尔（R. T. Kendall）的《加尔文与英格兰的加尔文主义（至 1649 年为止）》(*Calvin and English Calvinism to 1649*；1979 年在牛津出版)；N. 泰亚克（N. Tyacke）的《加尔文主义的反对者：阿民念主义在英格兰的兴起（约 1590—1640 年）》(*Anti-Calvinists: The Rise of English Arminianism, c.1590–1640*；1987 年在牛津出版)。G. J. R. 帕里（G. J. R. Parry）的《新教的愿景：威廉·哈里森与伊丽莎白时代的英格兰宗教改革》(*A Protestant Vision: William Harrison and the Reformation of Elizabethan England*；1987 年在剑桥出版）解释了新教徒对历史的理解；此外，还推荐大家阅读 R. 赫尔格森（R. Helgerson）的《民族性的不同形式：伊丽莎白的治下之民关于英格兰的著作》(*Forms of Nationhood: The Elizabethan Writing of England*；1992 年在芝加哥、伦敦出版)，以及 K. R. 弗思（K. R. Firth）的《宗教改革时期不列颠的启示录传统：1530—1645》(*The Apocalyptic Tradition in Reformation Britain, 1530–1645*；1979 年在牛津出版)。

P. 柯林森撰写了一系列不可多得的权威著作，为我们打开了了解伊丽莎白时代新教徒生活的窗口：《伊丽莎白时代的清教运动》(*The Elizabethan Puritan Movement*；1967 年在伦敦出版)、《格林德尔大主教（1519—1583）：为建立归正教会而奋斗》(*Archbishop Grindal, 1519–1583: The Struggle for a Reformed Church*；1979 年在伦敦出版)、《新教徒的宗教：英格兰社会中的教会（1559—1625）》(*The Religion of Protestants: The Church in English Society, 1559–1625*；1982 年在牛津出版)、《笃信上帝之人：研究英格兰新教及清教的短文》(*Godly People: Essays on English Protestantism and Puritanism*；1983 年在伦敦出版)、《新教英格兰的分娩之痛：16—17 世纪期间的宗教及文化

变革》(*The Birthpangs of Protestant England: Religion And Cultural Change in the Sixteenth and Seventeenth Centuries*；1988 年在贝辛斯托克出版)。《都铎时代英格兰的清教》(*Puritanism in Tudor England*；由 H. C. Porter 编辑；1970 年在伦敦、贝辛斯托克出版）不仅收录了许多重要文献，还提供了评注。如想了解议会的讨论过程，可阅读《伊丽莎白一世治下议会会议记录（第一卷：1558—1581）》。G. R. 埃尔顿所著的《英格兰的议会（1559—1581）》(*The Parliament of England, 1559–1581*；1986 年在剑桥出版）对 J. E. 尼尔的《伊丽莎白一世与她的议会》(*Elizabeth* I *and Her Parliaments*；共 2 卷；1953—1957 年在伦敦出版）中所做的历史解释提出了异议。《下议院（1558—1603）》(*The House of Commons, 1558–1603*；由 P. W. Hasler 编辑；共 3 卷；1981 年在伦敦出版）收录了这一时期所有议员的传记资料。

如想了解英格兰的政治以及英格兰在欧洲的国际地位，国务档案是不可或缺的文献资料——建议阅读《外交国务档案一览》。此外，可以阅读下列文献：《尼德兰与英格兰的政治关系》(*Relations Politiques des Pays-Bas et de l'Angleterre*；由 Baron J. Kervyn de Lettenhove 编辑；共 11 卷；1882—1900 年在布鲁塞尔出版)；W. 穆丁（W. Murdin）的《与伊丽莎白女王统治时期的事务相关的国务档案集（1571—1596）》(*A Collection of State Papers Relating to Affairs in the Reign of Queen Elizabeth from 1571 to 1596*；1759 年在伦敦出版)；T. 赖特（T. Wright）的《伊丽莎白女王与她的时代》(*Queen Elizabeth and Her Times*；共 2 卷；1838 年在伦敦出版)。与本章相关的著作包括：C. 里德的《伯利勋爵与伊丽莎白女王》(*Lord Burghley and Queen Elizabeth*；1960 年在伦敦出版)、《国务大臣沃尔辛厄姆与伊丽莎白女王的政策》；W. T. 麦卡弗里的《伊丽莎白女王与政策的制定（1572—1588）》(*Queen Elizabeth and the Making of Policy, 1572–1588*；1981 年在普林斯顿出版)；R. B. 沃纳姆的《无敌舰队出航之前：英格兰对外政策的发展（1485—1588）》(*Before the Armada: The Growth of English Foreign Policy, 1485–1588*)；C. 威尔逊的《伊丽莎白女王与尼德兰的叛乱》(*Queen Elizabeth and the Revolt of the Netherlands*；

1970 年在伦敦出版)。B. 沃登所著的《美德之声：菲利普·西德尼的阿卡狄亚与伊丽莎白时代的政治》(*The Sound of Virtue: Philip Sidney's Arcadia and Elizabethan Politics*；1996 年在纽黑文、伦敦出版）引人入胜，不仅研究了奉行外向型政策的新教大臣的行为准则、政治思想，还探讨了政治领域是如何对文学领域造成深远影响的。

如想了解在巴黎引发大屠杀的事件，可阅读下列文献：N. M. 萨瑟兰的《圣巴托罗缪大屠杀与欧洲的冲突（1559—1572）》；B. B. 迪芬多夫（B. B. Diefendorf）的《十字架下：16 世纪巴黎的天主教徒与胡格诺派》(*Beneath the Cross: Catholics and Huguenots in Sixteenth-Century Paris*；1991 年在纽约出版)；《欧洲的加尔文主义（1540—1610）》；G. 帕克的《尼德兰叛乱》。

下列文献分析了伊丽莎白时期王庭的结构，以及王庭的政治本质：S. L. 亚当斯（S. L. Adams）在文集《伊丽莎白一世的统治》中发表的文章《伊丽莎是被扶上王位的吗？王庭与王庭政治》(“Eliza Enthroned? The Court and its Politics”)，以及他在文集《都铎王朝的君主政体》上发表的文章《伊丽莎白时代王庭中的宠臣与派系》(“Favourites and Factions at the Elizabethan Court”)；P. 威廉斯在《约翰·莱兰兹图书馆学报》(*Bulletin of the John Rylands Library*）第 65 期（1982—1983）上发表的文章《伊丽莎白一世统治时期的王庭与政治体》(“Court and Polity under Elizabeth I”)。《克里斯托弗·哈顿爵士的一生及其所处时代的回忆录》(*Memoirs of the Life and Times of Sir Christopher Hatton*；由 H. Nicolas 编辑；1847 年在伦敦出版）中收录的信件拨云见日，让我们了解到廷臣在王庭中的生活。

P. 柯林森所著的《伊丽莎白时代的清教运动》解释了“上帝教会的内部争斗”。如想了解清教徒为改变社会而付出的努力，可阅读下列文献：柯林森的《新教英格兰的分娩之痛》，以及他的论文《清教徒的品格：17 世纪早期英格兰文化中的论战与两极分化》(“The Puritan Character: Polemics and Polarities in Early Seventeen-Century English Culture”；在威廉斯·安德鲁斯·克拉克纪念图书馆主办的研讨会上发表；1989 年在洛杉矶出版)；M. 斯布福特在文集《近代早期英格兰的秩序与混乱》上发表的文章《清教与社会控制？》(Puritanism and Social control?)。R. 赫顿（R. Hutton）所著的《快活英格兰的潮涨潮落：仪式年代（1400—1700）》(*The Rise and Fall of Merry England: The Ritual Year, 1400–1700*；1994 年在牛津出版）研究了宗教以及世俗仪式的沿革，是一部具有启发性的著作。

如想了解爱尔兰的情况，下列文献是必读的：C. 布雷迪的《历任爱尔兰总督：都铎时代爱尔兰改革派政府的兴衰沉浮（1536—1588）》；N. 坎尼的《伊丽莎白时代英格兰对爱尔兰的征服：既成的模式（1565—1576）》；J. G. 克劳福德的《爱尔兰政府的英格兰化：爱尔兰枢密院与都铎王朝统治力的扩张（1556—1578）》。如想了解埃德蒙·坎皮恩在都柏林的生活，可阅读 E. 坎皮恩（E. Campion）的《爱尔兰历史两卷本》(*Two Bokes of the Histories of Ireland*；1571 年成书；由 A. F. Vossen 编辑；1963 年在阿森出版)。《菲利普·西德尼爵士杂文集》(*Miscellaneous Prose of Sir Philip Sidney*；由 K. Duncan-Jones、J. van Dorsten 编辑；1973 年在牛津出版）中收录的文章反映了菲利普·西德尼对爱尔兰问题的看法。如想了解斯宾塞在爱尔兰的生活，可阅读下列文献：E. 斯宾塞的《1596 年时的爱尔兰现状纵览》(*A View of the Present State of Ireland in 1596*；由 W. L. Renwick 编辑；1934 年在伦敦出版；1970 年在牛津再版)；《斯宾塞：诗文集》(*Spenser: Poetical Works*；由 J. C. Smith、E. de Selincourt 编辑；1912 年在牛津出版；1989 年再版）中《仙后》(*The Faerie Queene*）的第五章；A. 哈德菲尔德（A. Hadfield）所著的《斯宾塞在爱尔兰的经历：野果与蛮荒之地》(*Spenser's Irish Experience: Wilde Fruit and Salvage Soyl*；1997 年在牛津出版)；C. 布雷迪、R. 麦凯布（R. McCabe）在文集《斯宾塞与爱尔兰》(*Spenser and Ireland*；由 P. Coughlan 编辑；1989 年在科克出版）中发表的具有重要学术价值的论文。如想了解英格兰当局对爱尔兰人的态度是如何变得强硬的，最为翔实的著作当属 J. 德里克（J. Derricke）的《爱尔兰的画像》(*The Image of Irelande*；1581 年在伦敦出版)；还可以阅读 V. P. 凯里（V. P. Carey）在《爱尔兰历史研究》第 31 期（1999 年）上发表的论文《约翰·德里克的〈爱尔兰的画像〉：

亨利·西德尼爵士与穆拉马斯特大屠杀（1578）》(John Derricke's *Image of Ireland*: Sir Henry Sidney and the Massacre at Mullaghmast, 1578)，以及 A. 哈德菲尔德在《爱尔兰历史研究》第 28 期（1993 年）上发表的论文《布立吞人与塞西亚人：都铎时代英格兰人眼中的爱尔兰人民族起源》("Briton and Scythian: Tudor Representations of Irish Origins")。H. 摩根（H. Morgan）在《历史杂志》第 28 期（1985 年）上发表的论文《托马斯·史密斯爵士在阿尔斯特的殖民活动（1571—1575）》("The Colonial Venture of Sir Thomas Smith in Ulster, 1571–1575")，研究了英格兰当局为阿尔斯特制订的殖民计划。如想了解补偿金的情况，可阅读 B. 坎宁安（B. Cunningham）在《爱尔兰历史研究》第 24 期（1984 年）上发表的论文《康诺特的补偿金制度在克兰里卡德领地、托蒙德领地的执行情况（1577—1641）》("The composition of Connaught in the Lordships of Clanrickard and Thomond, 1577–1641")。

伊丽莎白时代天主教信仰的本质及其取得的成就在学界引发了争议。J. 博西在《英格兰的天主教共同体（1570—1850）》(*The English Catholic Community, 1570–1850*；1975 年在伦敦出版）一书中提出，英格兰的传统天主教会退出了历史的舞台，被全新的天主教共同体取代，而 C. 黑格在文集《重温英格兰宗教改革》(*The English Reformation Revised*；由 Haigh 编辑；1987 年在剑桥出版）中发表了名为《英格兰宗教改革期间天主教信仰的延续性》("The Continuity of Catholicism in the English Reformation"）的文章，反驳了博西的观点。此外，建议大家阅读 C. 黑格的《英格兰的宗教改革：都铎王朝时期的宗教、政治、社会》，以及他在《英国皇家历史学会学报》(第 5 系列第 31 卷；1981 年）上发表的论文《从垄断者到少数派：近代早期英格兰的天主教信仰》("From Monopoly to Minority: Catholicism in Early Modern England")。P. 霍姆斯所著的《抵抗与妥协：伊丽莎白时代天主教徒的政治思想》(*Resistance and Compromise: The Political Thought of the Elizabethan Catholics*；1982 年在剑桥出版）、A. 普里查德（A. Pritchard）的《伊丽莎白时代英格兰天主教徒的效忠思想》(*Catholic Loyalism in Elizabethan England*；1979 年在伦敦出版）分别讨论了天主教徒对自己在英格兰所处地位的态度。就对坎皮恩生平的记录而言，R. 辛普森（R. Simpson）的《埃德蒙·坎皮恩传》（*Edmund Campion: A Biography*；1896 年在伦敦出版）算是一部优秀文献。此外，大家可以阅读《安东尼·曼迪：英格兰罗马天主教徒的一生》（*Anthony Munday: The English Roman Life*；由 P. J. Ayres 编辑；1980 年在牛津出版）。

如想了解约翰·迪伊，可阅读 P. 弗伦奇（P. French）所著的《约翰·迪伊：伊丽莎白时代占星家的世界》（*John Dee: The World of an Elizabethan Magus*；1984 年版；在伦敦出版）。就 16 世纪 70 年代末期笃信上帝之人所面临的危机而论，下列文献给出的解释比较有说服力：B. 沃登的《美德之声》；P. 柯林森、W. T. 麦卡弗里分别在文集《英格兰的臣民共同体：1547—1640》（*The English Commonwealth, 1547–1640*；由 P. Clark、R. Smith、N. Tyacke 编辑；1979 年在莱斯特出版）上发表的文章《格林德尔大主教的倒台与该事件在伊丽莎白时代英格兰政治中、在英格兰教会史上的地位》（"The Downfall of Archbishop Grindal and Its Place in Elizabethan Political and Ecclesiastical History"）、《女王与安茹公爵的婚事与伊丽莎白的对外政策》（"The Anjou Match and the Making of Elizabethan Foreign Policy"）；C. 马什（C. Marsh）的《英格兰社会中的"爱之家"（1550—1630）》（*The Family of Love in English Society, 1550–1630*；1994 年在剑桥出版）；C. 威尔逊的《伊丽莎白女王与尼德兰的叛乱》。如想了解苏格兰的情况，可阅读 G. R. 休伊特（G. R. Hewitt）的《莫顿伯爵治下的苏格兰（1572—1580）》（*Scotland under Morton, 1572–1580*；1982 年在爱丁堡出版），以及 K. M. 布朗（K. M. Brown）的《苏格兰的血仇制度（1573—1625）：一个近代早期社会中的暴力、司法与政治》（*Bloodfeud in Scotland, 1573–1625: Violence, Justice and Politics in an Early Modern Society*；1986 年在爱丁堡出版）。如想了解女王与安茹公爵的婚事在英格兰国内掀起的轩然大波，可阅读约翰·斯塔布斯所著的《难以逾越的鸿沟：信件及其他相关文献》（*Gaping Gulf: With Letters and Other Relevant Documents*；由 L. E. Berry 编辑；1968 年在弗吉尼亚州夏洛茨维尔市出版）。如

想了解天主教势力是如何批判莱斯特伯爵及其意图的，可阅读《莱斯特伯爵的共同体：一封由剑桥大学人文学科导师所写的信件的复本（1584）》〔*Leicester's Commonwealth: The Copy of a Letter Written by a Master of Art of Cambridge (1584)*〕；由 D. C. Peck 编辑；1985 年在俄亥俄州阿森斯市、伦敦出版）。J. 博西在文集《知难而进：埃德蒙·坎皮恩及最先进入英格兰的耶稣会会士》（*The Reckoned Expense: Edmund Campion and the Early English Jesuits*；由 T. M. McCoog 编辑；1996 年在伍德布里奇出版）中发表的文章《罗伯特·珀森斯的内心世界》（"The Heart of Robert Persons"）讲述了罗伯特·珀森斯在英格兰传播天主教信仰的经历。J. 博西的《焦尔达诺·布鲁诺与大使馆事件》（*Giordano Bruno and the Embassy Affair*；1991 年在纽黑文、伦敦出版）描绘了间谍的地下世界，引人入胜的同时，又令人毛骨悚然。P. 柯林森在《英国学院学报》第 84 卷（1994 年）上发表的论文《伊丽莎白时代的继承权排除危机与伊丽莎白时代的英格兰政治体》（The Elizabethan Exclusion Crisis and the Elizabethan Polity）对《联合契约》及其后果进行了分析。

第九章　英格兰大业

如想了解西德尼功业未成身先死的命运，可阅读《布鲁克勋爵富尔克·格雷维尔散文集》中名为"献给菲利普·西德尼"的章节。就对英格兰在爱尔兰、美洲的殖民史研究而论，D. B. 奎因是一位做出过开创性贡献的史家——推荐大家阅读 D. B. 奎因、A. N. 瑞安（A. N. Ryan）合著的《英格兰的海外帝国（1550—1642）》（*England's Sea Empire, 1550–1642*；1983 年在伦敦出版）及其文献评述，以及 D. B. 奎因的《英格兰与美洲大陆的发现（1481—1620）》（*England and the Discovery of America, 1481–1620*；1974 年在纽约出版）。M. S. 莫尔特比（W. S. Maltby）所著的《在英格兰流传的黑色传说：反西班牙情绪的发展（1558—1660）》（*The Black Legend in England: The Development of Anti-Spanish Sentiment, 1558–1660*；1971 年在北卡罗来纳州达勒姆市出版）研究了伊丽莎白时代的英格兰人将西班牙丑化为压迫者的思维定式。

如想了解英格兰的殖民事业，可阅读英格兰帝国最早的鼓吹者留下的文字：理查德·哈克卢特（Richard Hakluyt）的《关于在西方建立殖民地的论述》(*Discourse of Western Planting*；由 D. B. 奎因、A. M. 奎因编辑；1993 年在伦敦出版)；《汉弗莱·吉尔伯特爵士的航海及殖民事业》；收录在《罗阿诺克远航（1584—1590）》(*The Roanoke Voyages, 1584–1590*；由 D. B. 奎因编辑；共 2 卷；哈克卢特学会；第二部；1955 年在伦敦出版）中的 T. 哈里奥特的著作《关于弗吉尼亚这片新发现的土地简短而真实的报告》(*A Briefe and True Report of the New Found Land of Virginia…*；1588 年在伦敦出版)；收录在《沃尔特·雷利爵士文选》(*Sir Walter Ralegh: Selected Writings*；由 G. Hammond 编辑；1986 年在哈蒙兹沃思出版）中的 W. 雷利（W. Ralegh）的著作《广袤、富饶、美丽的圭亚那帝国发现记》(*The Discovery of the Large, Rich and Beautiful Empire of Guiana*)；《帝国的起源：不列颠在 17 世纪末之前的对外扩张》(*The Origins of Empire: British Overseas Enterprise to the Close of the Seventeenth Century*；由 N. Canny 编辑；收录在《牛津不列颠帝国史》中；1998 年在牛津出版)。史家发现，英格兰在爱尔兰的殖民活动与其在新世界的殖民活动有许多相似之处，如想了解这方面的内容，可阅读下列文献：D. B. 奎因的《伊丽莎白时代的英格兰人与爱尔兰人》(*The Elizabethans and the Irish*；1966 年在伊萨卡出版)，要重点读第九章；N. 坎尼的《王国与殖民地：处在大西洋沿岸世界中的爱尔兰（1560—1800）》(*Kingdom and Colony: Ireland in the Atlantic World, 1560–1800*；1988 年在马里兰州巴尔的摩市出版)；《向西扩张的事业》(*The Westward Enterprise*；由 K. R. Andrews 等人编辑；1978 年在曼彻斯特出版)。C. 布雷迪对认为爱尔兰被当时的英格兰当局看作前沿殖民地的观点提出了异议；建议阅读他在文集《斯宾塞与爱尔兰》中发表的文章《看清真相的旅途：对改革思想在都铎时代的爱尔兰日渐式微的思考》(“The Road to the View: on the Decline of Reform Thought in Tudor Ireland”)。大家还可以阅读弗朗西斯·德雷克的《西印度远航（1585—1586）》(*West Indian Voyage, 1585–1586*；由 M. F. Freeler 编辑；哈克卢特学会；第二部第 148 卷；1981 年在伦敦出版)。

如想了解英格兰与西班牙一触即发的战争，可阅读《外交国务档案一览》，以及 W. T. 麦卡弗里的《伊丽莎白女王与政策的制定（1572—1588）》。K. R. 安德鲁斯所著的《伊丽莎白时代的海盗活动：与西班牙交战期间英格兰的海盗活动（1585—1603）》(*Elizabethan Privateering: English Privateering during the Spanish War, 1585–1603*；1964 年在剑桥出版）是一部学术价值不可低估的著作，由于这本书将以掠夺为目的而发动的战争作为研究对象，我们也可以把它看作一部全面研究 16 世纪海战的作品。《莱斯特伯爵罗伯特·达德利 1585 年和 1586 年的书信往来》(*Correspondence of Robert Dudley, Earl of Leicester... 1585 and 1586*；由 J. Bruce 编辑；卡姆登学会；第 27 卷；1844 年在伦敦出版）记录了莱斯特伯爵率领军队在尼德兰取得的进展。此外，大家还可以阅读 R. C. 斯特朗（R. C. Strong)、J. A. 范·多斯滕（J. A. van Dorsten）所著的《莱斯特伯爵的凯旋》(*Leicester's Triumph*；1964 年在莱顿、伦敦出版)。如想了解菲利普·西德尼的生前身后事，可阅读 K. 邓肯 – 琼斯（K. Duncan-Jones）所著的《菲利普·西德尼爵士：廷臣诗人》(*Sir Philip Sidney: Courtier Poet*；1991 年在伦敦出版)。

J. 盖伊在文集《伊丽莎白一世的统治：女王在位最后十年间的王庭与文化》中发表的文章《16 世纪 90 年代：伊丽莎白一世统治的第二春？》(“The 1590s: The Second Reign of Elizabeth I?”）讲述了与西班牙开战之后，伊丽莎白时期英格兰的政治发生了哪些翻天覆地的变化。下列文献记录了巴宾顿密谋的来龙去脉：《与苏格兰及苏格兰女王玛丽相关的国务档案一览（1585—1586）》；C. 里德的《国务大臣沃尔辛厄姆与伊丽莎白女王的政策》第三卷。如想了解议会的辩论过程，可查阅《伊丽莎白一世治下议会会议记录（第二卷：1584—1589）》。此外，大家还可以阅读 P. 柯林森的《苏兰格女王玛丽在英格兰的牢狱生活》(*The English Captivity of Mary, Queen of Scots*；1987 年在谢菲尔德出版)，以及 P. E. 麦卡洛（P. E. McCullough）的《王庭内的布道词：伊丽莎白及詹姆士时代布道词中的政治与宗教》(*Sermons at Court: Politics and Religion in Elizabethan and Jacobean Preaching*；1998 年在剑桥出版)。

G. 马丁利（G. Mattingley）的经典之作《西班牙无敌舰队的溃败》(*The Defeat of the Spanish Armada*；1959 年在伦敦出版）记录了西班牙无敌舰队进攻英格兰以及之后溃逃的过程，扣人心弦，尽显大师风范。此外，推荐大家阅读 M. J. 罗德里格斯 - 萨尔加多（M. J. Rodriguez-Salgado)、S. 亚当斯（S. Adams）的《英格兰、西班牙与无敌舰队（1584—1604）》(*England, Spain and the Gran Armada, 1584–1604*；1991 年在爱丁堡出版)，以及 C. 马丁（C. Martin)、G. 帕克的《西班牙无敌舰队》(*The Spanish Armada*；1988 年在伦敦出版)。如想了解英格兰派往巴黎的大使是如何受到国外势力的收买的，可阅读 M. 雷蒙（M. Leimon)、G. 帕克在《英格兰历史评论》第 111 期（1996 年）上发表的论文《伊丽莎白时代外交领域出现的叛国与密谋：再论爱德华·斯塔福德爵士的“名声”》(“Treason and Plot in Elizabethan Diplomacy: The ‘Fame’ of Sir Edward Stafford Reconsidered”)。如想了解无敌舰队的残兵败将抵达爱尔兰时的情况，可阅读下列文献：《卡鲁手稿一览（1575—1588）》；R. 巴格韦尔的《都铎王朝统治下的爱尔兰》(第三卷)；L. 弗拉纳根（L. Flanagan）的《西班牙无敌舰队留在爱尔兰的残骸》(*Irish Wrecks of the Spanish Armada*；1995 年在都柏林出版)。《内政国务档案一览（1581—1590）》、《入侵大业：西班牙无敌舰队的历史——以事件发生时期的历史文献为依据汇编》(*The Great Enterprise: The History of the Spanish Armada, as Revealed in Contemporary Documents*；由 S. Usherwood；1978 年在伦敦出版）收录了无敌舰队溃败之后，生活在同一历史时期的人对这一事件的评述。W. 卡姆登所著的《伊丽莎白公主……的历史》中记录 1589 年事件的篇章讲述了阿伦德尔伯爵犯下的叛国罪行。

第十章 上帝的审判庭

托马斯·比尔德（Thomas Beard）所著的《上帝的审判庭：一部历史作品集》(*The Theatre of God's Judgements: Or a Collection of Histories*）于1597年成书，记录了一系列天罚罪人的事例，本章的标题正是引用了这本书的书名。如想了解在埃塞克斯境内流传的有关流浪者军队的传言，可阅读W. 亨特（W. Hunt）的《清教的时刻：英格兰某郡迎接革命的时刻》(*The Puritan Moment: The Coming of Revolution in an English County*；1983年在马萨诸塞州剑桥市出版)；如想了解1596年牛津郡那场未能成事的起义，可阅读J. 沃尔特在《过去与现在》第107期（1985年）上发表的论文《人民起义？1596年的牛津郡起义》(“A Rising of the People? The Oxfordshire Rising of 1596”)。

本章使用的人口数据取自E. A. 里格利、R. S. 斯科菲尔德的《重新定义英格兰人口史（1541—1871）》，伦敦的人口数据取自V. 哈丁（V. Harding）在《伦敦学报》(*London Journal*）第15期（1990年）上发表的论文《伦敦的人口（1550—1700）：对已发表的证据的回顾》(“The Population of London, 1550–1700: A Review of the Published Evidence”)。

如想了解农业的发展情况，可阅读下列文献：D. 帕利泽的《伊丽莎白时代：都铎王朝统治后期的英格兰（1547—1603）》；C. G. A. 克莱（C. G. A. Clay）的《经济扩张与社会变革：英格兰（1500—1700）》(*Economic Expansion and Social Change: England, 1500–1700*；共2卷；1984年在剑桥出版)；《英格兰及威尔士的农业史（第四卷）：1500—1640》；M. 斯布福德的《截然不同的团体：16—17世纪英格兰各地的村民》；J. 尤因斯的《16世纪的英格兰》；J. A. 耶林（J. A. Yelling）的《1450—1850年英格兰的公地与圈地运动》(*Common Field and Enclosure in England, 1450–1850*；1977年在伦敦出版)；C. 普拉特（C. Platt）的《都铎及斯图亚特时期英格兰乡村地区的大规模重建》(*The Great Rebuildings of Tudor and Stuart England*；1994年在伦敦出版)。

下列文献研究了英格兰人对16世纪90年代危机的认知，以及危机的真实情况：R. B. 乌思怀特（R. B. Outhwaite）、P. 克拉克（P. Clark）分别在文集《16 世纪 90 年代的欧洲危机》（*The European Crisis of the 1590s*；由 P. 克拉克编辑；1985 年在伦敦出版）上发表的文章《灾荒、英格兰王权与 16 世纪 90 年代出现的危机》（“Dearth, the English Crown and the Crisis of the 1590s”）、《得到控制的危机？16 世纪 90 年代英格兰城镇的状况》（“A Crisis Contained? The Condition of English Towns in the 1590s”）；J. 夏普在文集《伊丽莎白一世的统治：女王在位最后十年间的王庭与文化》中发表的文章《社会压力与社会失序（1585—1603）》（“Social Strain and Social Dislocation, 1585–1603”）；I. 阿彻的《对社会稳定的追寻：伊丽莎白时代伦敦的社会关系》；S. J. 沃茨（S. J. Watts）的《从边境地区到中部各郡：诺森伯兰（1586—1625）》（*From Border to Middle Shire: Northumberland, 1586–1625*；1975 年在莱斯特出版）；A. L. 贝耶尔的《无依无靠的人：英格兰的流民问题（1560—1640）》；A. 阿普尔比（A. Appleby）的《都铎及斯图亚特时代的饥荒》（*Famine in Tudor and Stuart England*；1978 年在利物浦出版）；《饥荒、疾病与近代早期社会的社会秩序》（*Famine, Disease and the Social Order in Early Modern Society*；由 J. Walter、R. Schofield 编辑；1989 年在剑桥出版）。

如想了解瘟疫及其后果，P. 斯莱克所著的《瘟疫对都铎及斯图亚特时代的英格兰造成的冲击》（*The Impact of Plague in Tudor and Stuart England*；1985 年在伦敦出版）算得上是必读书。P. 莱克所著的《温和派的清教徒与伊丽莎白统领的教会》（*Moderate Puritans and the Elizabethan Church*；1982 年在剑桥出版）、G. J. R. 帕里的《新教的愿景：威廉·哈里森与伊丽莎白时代英格兰的宗教改革》第七章讲述了笃信上帝之人是如何在自然界事件中看到上帝的旨意的。《弗兰西斯·培根的信件及生平（第一卷）》（*The Letters and the Life of Francis Bacon*, vol. 1；由 J. Spedding 编辑；1861 年在伦敦出版）中的文章《对今年（1592 年）出现的诋毁之言做出的某种评论》（Certain Observations Made upon a Libel Published This Present Year, 1592）记录了培根对瘟疫的评论。

以巫术及猎巫狂热为研究对象的著作数量众多，其中学术价值比较大的是 K. V. 托马斯的《宗教与魔术的衰落：对 16—17 世纪英格兰民间信仰的研究》，以及 A. 麦克法兰的《都铎及斯图亚特时代的巫术：地区性及比较性研究》(*Witchcraft in Tudor and Stuart England: A Regional and Comparative Study*；1970 年在伦敦出版)。J. 夏普的《作恶的工具：英格兰的巫术（1550—1750）》(*Instruments of Darkness: Witchcraft in England, 1550–1750*；1996 年在伦敦出版）是一部优秀的概述类作品。《威廉·珀金斯作品集》(*The Work of William Perkins*；由 I. Breward 编辑；1970 年在阿宾登出版）中收录了威廉·珀金斯的《对巫术这门邪术的论述》(*A Discourse of the Damned Art of Witchcraft*)。

笔者研读了克里斯托弗·马洛所著的《浮士德博士》(*Doctor Faustus*；由 D. Bevington、E. Rasmussen 编辑；1993 年在曼彻斯特出版）中的“一号文本”。如想了解约翰·迪伊的生平、思想，可阅读下列文献：迪伊非同寻常的个人日记《约翰·迪伊日记》(*The Diaries of John Dee*；由 E. Fenton 编辑；1998 年在查尔伯里出版)；P. 弗伦奇的《约翰·迪伊：伊丽莎白时代占星家的世界》；N. H. 克鲁利（N. H. Clulee）的《约翰·迪伊的自然哲学：在科学与宗教间徘徊》(*John Dee's Natural Philosophy: Between Science and Religion*；1988 年在伦敦出版)。D. B. 奎因所著的《探险家与殖民地：1500—1625 年的美洲》(*Explorers and Colonies: America, 1500–1625*；1990 年在伦敦出版）第十二章描述了汉弗莱·吉尔伯特的愿景。如想了解伊丽莎白时代的科学以及神秘主义哲学，可阅读 F. 耶茨（F. Yates）的《焦尔达诺·布鲁诺与赫耳墨斯主义的传统》(*Giordano Bruno and the Hermetic Tradition*；1964 年在伦敦出版)、《伊丽莎白时代的神秘主义哲学》(*The Occult Philosophy in the Elizabethan Age*；1979 年在伦敦出版)，以及 A. G. 德布斯（A. G. Debus）的《英格兰的帕拉塞尔苏斯》(*The English Paracelsians*；1966 年在纽约出版)。如想了解哈里奥特，尤其推荐阅读的是《文艺复兴时期的科学家托马斯·哈里奥特》(*Thomas Harriot, Renaissance Scientist*；由 J. W. Shirley 编辑；1974 年在牛津出版)。S. 格林布拉特所著的《从莫尔到莎士比亚——文艺复兴时期文人的自我塑造》、C. 尼科尔（C. Nicholl）的《大清算：克里斯托弗·马洛的谋杀案》（*The Reckoning: The murder of Christopher Marlowe*；1993年版；在伦敦出版）记录了克里斯托弗·马洛的生前身后事。如想了解伊丽莎白时代的英格兰人对忧郁的推崇，可阅读R. 斯特朗的《英格兰的画像：伊丽莎白及詹姆士时期的肖像画》（*The English Icon: Elizabethan and Jacobean Portraiture*；1989年在伦敦出版）。如想具体了解相关个例，可阅读《罗伯特·西德尼诗歌集》（*The Poems of Robert Sidney*；由P. J. Croft编辑；1984年在牛津出版）。劳伦斯·斯通的《贵族的危机（1558—1641）》描述了贵族阶层在王庭内纸醉金迷的生活。如想了解富尔克·格雷维尔及其权力的艺术，可阅读D. 诺布鲁克的《英格兰文艺复兴时期的诗歌与政治》（*Poetry and Politics in the English Renaissance*；1984年在伦敦出版）第六章。

第十一章　宫廷与军营

如想了解占星图，可阅读H. 加蒂（H. Gatti）的论文《托马斯·哈里奥特的自然哲学》（"The Natural Philosophy of Thomas Harriot"；归到托马斯·哈里奥特的讲座课题之中；1993年在牛津出版）。R. 斯特朗的代表作《对伊丽莎白的崇拜：伊丽莎白时代的肖像画和盛典》（*The Cult of Elizabeth: Elizabethan Portraiture and Pageantry*；1999年版；在伦敦出版）探究了女王向臣民展示的君主形象，以及臣民必须对女王表现出的热爱之情；此书还提到了，名画《玫瑰丛中的年轻人》（*Young Man among Roses*）中的人正是埃塞克斯伯爵。此外，建议大家阅读H. 哈克特（H. Hackett）的《处女慈母、童贞女王：伊丽莎白一世与对圣母马利亚的崇拜》（*Virgin Mother, Maiden Queen: Elizabeth Ⅰ and the Cult of the Virgin Mary*；1996年在贝辛斯托克出版）。

雷利、埃塞克斯两人分别在各自的书信、诗句中表达了内心真实的想法——建议大家阅读下列文献：W. 德弗罗的《德弗罗家族历代埃塞克斯伯爵的生平及信件（1540—1646）》（*Lives and Letters of the Devereux, Earls of Essex, 1540–1646*；共2卷；1853年在伦敦出版）；《沃尔特·雷利爵士书信集》（*The Letters of Sir Walter Ralegh*；由A.

Latham、J. Youings 编辑；1999 年在埃克塞特出版）；《沃尔特・雷利爵士诗文集》（*The Poems of Sir Walter Ralegh*；由 A. Latham 编辑；修订版；1951 年在伦敦、马萨诸塞州剑桥市出版）。M. E. 詹姆斯《社会、政治、文化：对近代早期英格兰的研究》中名为《站在政治文化的十字路口：1601 年的埃塞克斯叛乱》（"At a Crossroads of the Political Culture: The Essex Revolt, 1601"）的文章入木三分地分析了埃塞克斯伯爵对荣誉的执念，令人大为震惊。如想了解雷利与十二年战争的故事，可阅读《雷利爵士诗文集》中《海洋——献给辛西娅》（The Ocean to Cynthia），以及 W. 奥克肖特（W. Oakeshott）的《女王与诗人》（*The Queen and the Poet*；1960 年在伦敦出版）。

如想了解 16 世纪 90 年代英格兰人最为关注的事情，以及当时的政治权谋，那么这一时期存留至今的信件、回忆录就值得一览；还建议大家阅读下列文献：《与国务相关的信件及记录》中收录的罗伯特・西德尼爵士派往伦敦的手下写给他的信件；《女王伊丽莎白一世书信集》；《保管于哈特菲尔德庄园的索尔兹伯里侯爵手稿一览（第 4—12 卷）》；《约翰・张伯伦书信集》（*The Letters of John Chamberlain*；共 2 卷；1939 年在费城出版）；《保存于格里姆索普庄园的安克斯特伯爵手稿》（*Manuscripts of the Earl of Ancaster Preserved at Grimsthorpe*；1907 年在都柏林出版）；《弗兰西斯・培根的书信及生平（第一卷、第二卷）》（*The Letters and Life of Francis Bacon*, vols. 1–2；由 J. Spedding 编辑；1868 年在伦敦出版）；《罗伯特・凯里回忆录》（*The Memoirs of Robert Carey*；由 F. H. Mares 编辑；1972 年在牛津出版）；《约翰・哈林顿爵士的书信及警句集》（*Letters and Epigrams of Sir John Harington*；由 N. M. McClure 编辑；1930 年在牛津出版）。

威廉・卡姆登亲历了伊丽莎白女王在位最后几年发生的重大事件，想要了解这一时期英格兰的对外、对内政治，就得读一读他的《伊丽莎白公主……的历史》。研究这一时期历史的重要文献还包括：W. T. 麦卡弗里的《伊丽莎白一世：战争与政治（1588—1603）》（*Elizabeth I: War and Politics, 1588–1603*；1992 年在普林斯顿出版）；R. B. 沃纳姆在文集《伊丽莎白时代的政府与社会》（*Elizabethan Government and*

Society；由 S. T. Bindoff 等人编辑；1961 年在伦敦出版）上发表的文章《伊丽莎白的战争目标及战略》（“Elizabethan War Aims and Strategy”），以及他的《无敌舰队折戟沉沙之后：伊丽莎白统治下的英格兰与对西欧霸权的争夺（1588—1595）》（*After the Armada: Elizabethan England and the Struggle for Western Europe, 1588–1595*；1984 年在牛津出版）、《死灰复燃的无敌舰队：伊丽莎白在位最后几年间英格兰与西班牙的战争（1595—1603）》（*The Return of the Armadas: The Last Years of the Elizabethan War Against Spain, 1595–1603*；1994 年在牛津出版）；C. 里德的《伯利勋爵与伊丽莎白女王》；《伊丽莎白一世的统治：女王在位最后十年间的王庭与文化》。

如想了解法国是如何成为“上演悲剧的舞台”的，可阅读下列文献：收录在《培根的信件及生平（第一卷）》中的培根的《对今年（1592 年）出现的诋毁之言做出的某种评论》；J. H. M. 萨蒙（J. H. M. Salmon）的《陷入危机的社会：16 世纪的法国》（*Society in Crisis: France in the Sixteenth Century*；1979 年在伦敦出版）；P. 贝内迪克特（P. Benedict）的《宗教战争时期的鲁昂》（*Rouen during the Wars of Religion*；1981 年在剑桥出版）；H. 劳埃德（H. Lloyd）的《鲁昂战役（1590—1592）：政治、战争与近代早期的国家》（*The Rouen Campaign, 1590–1592: Politics, Warfare and the Early Modern State*；1973 年在牛津出版）。

如想了解所谓的“*regnum Cecilianum*（塞西尔的王国）”及其在英格兰激起的憎恶，可阅读下列文献：J. E. 尼尔的《关于伊丽莎白时代历史的文章》（*Essays in Elizabethan History*；1958 年在伦敦出版）中名为“伊丽莎白时代的政治局势”（“The Elizabethan Political Scene”）的篇章；N. 米尔斯（N. Mears）、P. E. J. 哈默（P. E. J. Hammer）分别在文集《伊丽莎白一世的统治：女王在位最后十年间的王庭与文化》中发表的文章《塞西尔的王国？从塞西尔的角度看英格兰王庭》（“Regnum Cecilianum? A Cecilian Perspective of the Court”）、《君主的恩赏、派系与埃塞克斯伯爵》（“Patronage at Court, Faction and the Earl of Essex”）；P. E. J. 哈默在《英格兰历史评论》第 109 期（1994 年）上发表的论文《学问的妙用：第二代埃塞克斯伯爵罗伯特·德弗罗的秘书处（约 1585—1601 年）》（"The Uses of Scholarship: The Secretariat of Robert Devereux, second Earl of Essex, c. 1585–1601"）。

《与爱尔兰相关的国务档案一览》（*Calendar of State Papers, Ireland*）、《卡鲁手稿一览》收录了与爱尔兰相关的重要信件、报告。如想了解 16 世纪 80 年代的爱尔兰史，以及英格兰派遣的总督为何会在爱尔兰连连受挫，C. 布雷迪的《历任爱尔兰总督：都铎时代爱尔兰改革派政府的兴衰沉浮（1536—1588）》、H. 摩根的《蒂龙伯爵的叛乱：爱尔兰九年战争的爆发》（*Tyrone's Rebellion: The Outbreak of the Nine Years War in Ireland*；1993 年在伍德布里奇出版）就值得一读，后者解释了爱尔兰为何会爆发都铎时期声势浩大的叛乱。如想了解英格兰王庭内部的派系斗争是如何不断地令爱尔兰总督难以施展拳脚的，可阅读 H. 摩根在文集《伊丽莎白一世的统治》中发表的文章《约翰·佩罗特爵士失势记》（"The Fall of Sir John Perrot"）。M. 麦卡锡 - 莫罗（M. MacCarthy-Morrogh）的《芒斯特殖民计划：英格兰人进入爱尔兰南部的移民活动（1583—1641）》（*The Munster Plantation: English Migration to Southern Ireland, 1583–1641*；1986 年在牛津出版）、N. 坎尼（N. Canny）的《暴发户伯爵：对第一代科克伯爵理查德·博伊尔社会环境及精神世界的研究（1566—1643）》（*The Upstart Earl: A Study of the Social and Mental World of Richard Boyle, First Earl of Cork, 1566–1643*；1982 年在剑桥出版）研究了当局的芒斯特殖民计划及殖民者的野心。对这一时期爱尔兰史的研究来说，埃德蒙·斯宾塞所著的《爱尔兰现状观》（*View of the Present State of Ireland*；由 W. L. Renwick 编辑；1970 年在牛津出版）是不可或缺的文献，而 C. 布雷迪在《过去与现在》第 111 期（1986 年）上发表的论文《斯宾塞的爱尔兰危机：人文主义与斯宾塞在 16 世纪 90 年代的经历》（Spenser's Irish crisis: Humanism and Experience in the 1590s）则解释了斯宾塞为何会形成《大观》中的那种观点。如想了解趁火打劫的雇佣兵，可阅读 C. 布雷迪在文集《爱尔兰军事史》中发表的文章《佣兵队长的游戏：伊丽莎白时期爱尔兰的社会及爱尔兰境内的军队》（"The Captains' Games: Army and Society in Elizabethan Ireland"），以及 M. 奥多德的《权力、政治与土地：近代早期的斯莱戈（1568—1688）》。

女王在议会会议上的言行反映出她已经失去了耐心，难以忍受清教臣民的举动；建议大家阅读《伊丽莎白一世治下议会会议记录（第三卷：1593—1601）》。此外，可以读一读 J. 盖伊在文集《伊丽莎白一世的统治》上发表的文章《伊丽莎白当局与教会政治体》（"The Elizabethan Establishment and the Ecclesiastical Polity"）。P. 柯林森的经典作品《伊丽莎白时代的清教运动》分析了清教徒对当局造成了什么挑战，他们自己又面临着哪些挑战，以及长老会主义的发展，就对这三大问题的解答而论，目前还没有著作能够与这部作品相提并论。此外，还推荐大家阅读下列文献：P. 莱克的《温和派的清教徒与伊丽莎白统领的教会》、《国教教徒还是清教徒？从惠特吉夫特时起，到胡克为止的长老会主义与英格兰遵从国教者》（*Anglicans and Puritans? Presbyterianism and English Conformist Thought from Whitgift to Hooker*；1988 年在伦敦出版）；H. C. 波特（H. C. Porter）所编的《都铎时代英格兰的清教信仰》；《伊丽莎白女王统治时期的长老会运动——以戴德姆监督会的会议记录为据（1582—1589）》（*The Presbyterian Movement in the Reign of Queen Elizabeth as Illustrated by the Minute Book of the Dedham Classis, 1582–1589*；由 R. G. Usher 编辑；卡姆登学会；第三系列第八卷；1905 年）；D. 麦卡洛克所著的《萨福克与都铎王朝的历代君主：一个英格兰郡的政治与宗教（1500—1600）》（*Suffolk and the Tudors: Politics and Religion in an English County, 1500–1600*；1986 年在牛津出版）。如想了解马丁·马普莱雷特及其所造成的影响，可阅读 L. H. 卡尔森（L. H. Carlson）的《绅士马丁·马普莱雷特：乔布·思罗克莫顿的本色》（*Martin Marprelate, Gentleman: Master Job Throckmorton Laid Open in His Colors*；1981 年在圣马力诺出版），以及 P. 柯林森在文集《伊丽莎白一世的统治》中发表的文章《批判教会的言论：16 世纪 90 年代宗教讽刺文章与清教信仰的出现》（"Ecclesiastical Vitriol: Religious Satire in the 1590s and the Invention of Puritanism"）。如想了解 1593 年的危机，可阅读 P. 柯林森在文集《理查德·胡克与基督徒共同体的构建》(*Richard Hooker and the Construction of a Christian Community*；由 A. S. McGrade 编辑；1997 年在亚利桑那州坦佩市出版）上发表的文章《胡克与伊丽莎白当局》("Hooker and the Elizabethan Establishment")。

如想了解约翰·多恩，可阅读《英语诗歌全集》(*The Complete English Poems*；由 C. A. Patrides 编辑；1985 年在伦敦出版)，以及 J. 凯里（J. Carey）所著的《约翰·多恩：生命、思想与艺术》(*John Donne: Life, Mind and Art*；1990 年版；在伦敦出版)。N. 佩夫斯纳（N. Pevsner）的《英格兰的建筑：北安普敦郡》(*The Buildings of England: Northamptonshire*；第二版；1973 年在哈蒙兹沃思出版）描述了特雷瑟姆修建的三角形宅邸。

罗伯特·索思韦尔在《为回应最近发表的声明而向女王陛下做出的谦卑请求》(*An Humble Supplication to Her Maiestie in Answere to the Late Proclamation*；1595 年成书；1973 年在门斯顿再版）中解释了自己传播天主教信仰的使命；此外，大家还可以阅读《罗伯特·索思韦尔诗集》(*The Poems of Robert Southwell*；由 J. H. MacDonald、N. Pollard Brown 编辑；1967 年在牛津出版)。下列著作讨论的是天主教徒对自己所处境地的认知：P. 霍姆斯的《抵抗与妥协：伊丽莎白时代天主教徒的政治思想》、《伊丽莎白时代的诡辩法》(*Elizabethan Casuistry*；天主教记录学会；第 67 卷；1981 年)；A. 普里查德的《伊丽莎白时代英格兰天主教徒的效忠思想》；L. 伍丁（L. Wooding）的《重新思考宗教改革时期英格兰的天主教信仰》(*Rethinking Catholicism in Reformation England*；2000 年在牛津出版)；A. 沃尔沙姆（A. Walsham）的《教会派教皇崇拜者：近代早期英格兰的天主教信仰、对国教的遵从、因信仰而发生的争辩》(*Church Papists: Catholicism, Conformity and Confessional Polemic in Early Modern England*；1993 年在伍德布里奇出版)。J. C. H. 埃夫林（J. C. H. Aveling）的《北方的天主教徒：约克郡北赖丁区不服国教的天主教徒（1558—1790）》(*Northern Catholics: The Catholic Recusants of the North Riding of Yorkshire, 1558–1790*；1966 年在伦敦出版）是以天主教信仰为对象的地区研究中最为优秀的范例之一。J. 博西在《过去与现在》第 21 期（1962 年）上发表的《伊丽莎白时期天主教信仰的特点》（“The Character of Elizabethan Catholicism”）是一篇给人启发的论文。如想了解英格兰新教信仰的变革，H. C. 波特的《都铎时代剑桥的改革与阻碍》（*Reformation and Reaction in Tudor Cambridge*；1958 年在剑桥出版）、N. 泰亚克的《加尔文主义的反对者：阿民念主义在英格兰的兴起（约 1590—1640 年）》算得上是必读资料。

如想了解埃塞克斯伯爵采用的“极端手段”，《与国务相关的信件及记录》中收录的信件，以及《弗兰西斯・培根的书信及生平》就是十分重要的文献。此外，还建议大家阅读文集《伊丽莎白一世的统治》中米尔斯、哈默所发表的文章，以及 R. 麦科伊（R. McCoy）的《骑士的仪式》（*The Rites of Knighthood*；1989 年在伯克利、洛杉矶出版）。P. 哈默在《英格兰历史评论》第 111 期（1996 年）上发表的论文《埃塞克斯伯爵与欧洲：以埃塞克斯伯爵向亲信发出的命令为据（1595—1596）》（“Essex and Europe: Evidence from Confidential Instructions by the Earl of Essex, 1595–1596”）、L. W. 亨利（L. W. Henry）在这本期刊的第 68 期（1953 年）上发表的论文《身为战略家与军事组织者的埃塞克斯伯爵（1596—1597）》［The Earl of Essex as Strategist and Military Organiser (1596–1597)］讨论了埃塞克斯伯爵在处理欧洲事务时所采取的策略。沃纳姆的《死灰复燃的无敌舰队》，以及 P. E. J. 哈默在《历史杂志》第 40 期（1997 年）上发表的论文《造神运动：政治、宣传与 1596 年占领加的斯的军事行动》（Myth-making: Politics, Propaganda and the Capture of Cadiz in 1596）对加的斯探险和海岛航程进行了描写。如想了解埃塞克斯伯爵及其亲党，下列具有学术价值的文献或许能够提供帮助：M. 詹姆斯、D. 伍顿分别在文集《宠臣的世界》（*The World of the Favourite*；由 J. H. Elliott、L. W. B. Brockliss 编辑；1999 年在纽黑文、伦敦出版）上发表的文章《站在政治文化的十字路口：1601 年的埃塞克斯叛乱》、《弗兰西斯・培根：你能屈能伸的挚友》（Francis Bacon: Your Flexible Friend）；以及 R. A. 雷波尔茨（R. A. Rebholz）的《第一代布鲁克勋爵富尔克・格雷维尔的一生》（*The Life of Fulke Greville,*

First Lord Brooke；1971 年在牛津出版）。卡姆登在《伊丽莎白公主的历史》（*The History of Princess Elizabeth*）一书中描述了埃塞克斯伯爵与女王的争吵。《尊敬的兰斯洛特・安德鲁斯主教阁下的 96 篇布道词》（*Ninety-six Sermons by the Rt. Hon. and Revd. Father in God, Lancelot Andrewes*；由 J. P. Parkinson、J. P. Wilson 编辑；1843 年在牛津出版）收录了安德鲁斯充满威胁意味的布道词。

如想了解爱尔兰的战事，下列文献是必读的：《与爱尔兰相关的国务档案一览》；《卡鲁手稿一览（1589—1600、1601—1603）》；《法因斯・莫里森游记》（*The Itinerary of Fynes Moryson*；1907 年在格拉斯哥出版）的第二卷、第三卷；唐菲利普・奥沙利文・贝尔（Don Philip O'Sullivan Bear）所著的《伊丽莎白统治下的爱尔兰……》（*Ireland under Elizabeth*...；由 M. J. Byrne 翻译；1903 年在都柏林出版）；《四大师所著爱尔兰王国编年史》。研究九年战争的重要文献包括：H. 摩根的《蒂龙伯爵的叛乱：爱尔兰九年战争的爆发》；C. 福尔斯（C. Falls）的《伊丽莎白的爱尔兰战争》（*Elizabeth's Irish Wars*；1950 年在伦敦出版）；J. 麦格克（J. McGurk）的《伊丽莎白对爱尔兰的征服：16 世纪 90 年代的危机》（*The Elizabethan Conquest of Ireland: The 1590s Crisis*；1997 年在曼彻斯特出版）；《在爱尔兰惨遭屠杀的英格兰人在九泉之下发出的泣血控诉》（"A Supplication of the Blood of the English Most Lamentably Murdered in Ireland, Cryeng out of the Yearth for Revenge"；《爱尔兰文选》第 36 期；1994 年）；A. J. 希恩（A. J. Sheehan）在《爱尔兰宝剑》（*Irish Sword*）第 15 期（1982—1983）上发表的论文《在 1598 年 10 月破灭的芒斯特殖民计划》（"The Overthrow of the Plantation of Munster in October 1598"）。

下列文献记录了埃塞克斯伯爵密谋发动叛乱的行径：《苏格兰国王詹姆士六世与罗伯特・塞西尔爵士及其他英格兰臣民通信的书信集》（*Correspondence of King James* Ⅵ *of Scotland with Sir Robert Cecil and others in England*；由 J. Bruce 编辑；卡姆登学会；第 78 卷；1861 年在伦敦出版）；收录在《弗兰西斯・培根的信件及生平（第二卷）》中的文章《关于原埃塞克斯伯爵罗伯特……阴谋叛国行径的声明》（"A

Declaration of the Practices and Treasons... by Robert, Late Earl of Essex"）；卡姆登的《伊丽莎白公主的历史》;《保管于哈特菲尔德庄园的……手稿一览（第 11 卷）》；M. 詹姆斯的文章《站在贵族文化的十字路口：1601 年的埃塞克斯叛乱》("At a Cross of the Aristocratic Culture: The Essex Revolt,1601")。

如想了解“九年战争”末期的历史，可阅读下列文献：H. 摩根在《尼尔家族的世袭领地：奥尼尔故国历史学会学报》(*Dúiche Néill: Journal of the O'Neill Country Historical Society*）第九期（1994 年）上发表的文章《是忠于信仰和祖国，还是为女王和国家效忠？奥尼尔与英格兰当局在九年战争激战正酣时未向外界公布的对话》("Faith and Fatherland or Queen and Country? An Unpublished Exchange between O'Neill and the State at the Height of the Nine Years War")，在《爱尔兰历史研究》第 26 期（1988 年）上发表的论文《阿尔斯特境内盖尔文化的终结：对 1534—1610 年发生的事件进行的专题研究》("The End of Gaelic Ulster: A Thematic Interpretation of Events between 1534 and 1610")，在《历史杂志》第 36 期（1993 年）上发表的《休·奥尼尔与都铎王朝统治时期爱尔兰爆发的九年战争》("Hugh O'Neill and the Nine Years War in Tudor Ireland")；N. 坎尼在《爱尔兰研究》(*Studia Hibernica*）第 10 期（1970 年）上发表的《蒂龙伯爵休·奥尼尔与盖尔文化区阿尔斯特不断变化的面貌》("Hugh O'Neill, Earl of Tyrone, and the Changing Face of Gaelic Ulster")；M. 卡巴尔（M. Caball）在文集《不列颠居民的群体意识与民族身份：不列颠的塑造（1533—1707）》(*British Consciousness and Identity: The Making of Britain, 1533–1707*；由 B. Bradshaw、P. Roberts 编辑；1998 年在剑桥出版）上发表的《信仰、文化与主权：爱尔兰人的民族身份与发展（1558—1625）》("Faith, Culture and Sovereignty: Irish Nationality and Development, 1558–1625")；J. J. 西尔克（J. J. Silke）的《金赛尔：伊丽莎白战争末期西班牙对爱尔兰的军事干涉》(*Kinsale: The Spanish Intervention in Ireland at the End of the Elizabethan Wars*；1970 年在利物浦、纽约出版)；《阿尔斯特考古学学报》第 2 期（1854 年）收录的论文《博德利对唐郡境内勒凯尔的访问（1602—1603）》("Bodley's Visit to Lecale, County of Down, AD 1602–1603")。托马斯·斯塔福德（Thomas Stafford）的《镇压爱尔兰》(*Pacata Hibernia*；由 .S. O'Grady 编辑；共 2 卷；1896 年在伦敦出版）记录了 1600—1603 年乔治·卡鲁爵士镇压芒斯特叛乱的过程。如想了解爱尔兰的吟游诗人是如何哀叹爱尔兰的损失的，可阅读 O. 伯金（O. Bergin）的《爱尔兰吟游诗人诗歌集》(*Irish Bardic Poetry*；1970 年在都柏林出版)。罗伯特·凯里见证了女王临终前的最后时刻；可阅读他的回忆录了解相关事件。《苏格兰国王詹姆士六世与罗伯特·塞西尔爵士通信的书信集》(*Correspondence of King James VI of Scotland with Sir Robert Cecil*；由 J. Bruce 编辑）描述了女王去世、詹姆士继承王位时英格兰臣民惶恐不安的心情。

后 记

如想了解伯爵出逃事件，可阅读 J. 麦卡维特（J. McCavitt）在《爱尔兰历史研究》第 29 期（1994 年）上发表的《1607 年的伯爵出逃事件》("The Flight of the Earls, 1607")。

对爱尔兰宗教改革及反宗教改革历史的研究是一个充满争议的领域。R. D. 爱德华兹所著的《都铎时期爱尔兰的教会与国家：针对爱尔兰天主教徒的惩罚性法律的历史（1534—1603）》(*Church and State in Tudor Ireland: A History of the Penal Laws against Irish Catholics, 1534–1603*；1935 年在都柏林出版)、M. V. 罗南（M. V. Ronan）的《伊丽莎白统治时期爱尔兰的宗教改革（1558—1580）》(*The Reformation in Ireland under Elizabeth, 1558–1580*；1930 年在伦敦出版）以叙事的方式搭建起相关历史的框架，建议阅读。如想了解宗教改革为何未能在爱尔兰取得成功，天主教改革为何能在爱尔兰展现出旺盛的生命力，可阅读 B. 布拉德肖在《历史杂志》第 21 期（1978 年）上发表的论文《爱尔兰宗教改革中的武力、文字与策略》("Sword,Word and Strategy in the Reformation in Ireland")，以及他在文集《不列颠居民的群体意识与民族身份：不列颠的塑造（1533—1707）》中发表的文章《英格兰的宗教改革与爱尔兰人、威尔士人民族身份的塑造》(The

English Reformation and Identity Formation in Ireland and Wales）。N. 坎尼在《教会史杂志》第 30 期（1979 年）上发表了论文《宗教改革为何没能在爱尔兰取得成功——问错的问题》（“Why the Reformation Failed in Ireland: Une Question mal Posée”），以此反驳布拉德肖原先提出的论点。如想了解爱尔兰教会的历史及其采取的改革措施，可阅读 A. 福特（A. Ford）的《爱尔兰的新教宗教改革（1590—1641）》（*The Protestant Reformation in Ireland, 1590–1641*；1997 年在都柏林出版）、《依法成立：宗教改革后的爱尔兰教会》（*As by Law Established: the Church of Ireland since the Reformation*；由 A. Ford、J. McGuire、K. Milne 编辑；1995 年在都柏林出版）。如想了解爱尔兰民众所处的宗教环境，可阅读 R. 吉莱斯皮（R. Gillespie）的《虔诚的民众：近代早期爱尔兰的信仰及宗教》（*Devoted People: Belief and Religion in Early Modern Ireland*;1997 年在曼彻斯特出版）。C. 伦农的《宗教改革时期的都柏林众领主》则专门研究了宗教改革在都柏林的贵族阶层中激起的反应。

如想了解半个多世纪的宗教改革对英格兰产生了什么影响，下列文献算得上是必读资料：克里斯托弗・黑格的《英格兰的宗教改革：都铎王朝时期的宗教、政治、社会》；M. 阿斯顿的《英格兰的圣像破坏者》；P. 柯林森的《新教英格兰的分娩之痛》；E. 达菲的《拆除圣坛：英格兰的传统宗教（1400—1580）》；C. 马什的《16 世纪时期英格兰的民间宗教》（*Popular Religion in Sixteen-century England*；1998 年在贝辛斯托克出版）。G. 威廉斯的《威尔士与宗教改革》（*Wales and the Reformation*；1997 年在加的夫出版）是对威尔士宗教改革的权威研究，建议大家读一读。劳伦斯・斯通的《贵族的危机（1558—1641）》、M. 詹姆斯的《社会、政治、文化：对近代早期英格兰的研究》研究了都铎时代贵族阶层发生的变化，是这一领域比较优秀的两部著作。

如想了解这一历史时期的文学及伊丽莎白统治末期的王庭，可以阅读下列文献：D. 诺布鲁克的《英格兰文艺复兴时期的诗歌与政治》，第五到第七章建议重点阅读；B. 沃登在《新历史主义》（*Neo-historicism*；由 G. Burgess、R. Headlam Wells、R. Wymer 编辑；2000 年在伍德布里奇出版）上发表的文章《本・琼森与君主制度》（“Ben Jonson and the Monarchy")。哈罗德·詹金斯（Harold Jenkins）编辑的《哈姆雷特》(阿登版；1982 年在伦敦出版）是目前最为优秀的版本。C. 德夫林（C. Devlin）所著的《哈姆雷特的神圣地位及其他论文》(*Hamlet's Divinity and other Essays*；1963 年在伦敦出版)、R. M. 弗赖伊（R. M. Frye）的《文艺复兴时期的哈姆雷特：1600 年遇到的问题及回应》(*The Renaissance Hamlet: Issues and Responses in 1600*；1984 年在普林斯顿出版）是两部具有启发性的著作，不仅研究了《哈姆雷特》这部剧作，还探索了剧作家所处的世界。